武汉大学法学学科重建40周年（1979—2019）纪念丛书

珞珈法学博士学位论文题录

（2009—2018）

顾　问　冯　果
主　编　严　玲　吴育生
副主编　周华敏　张　芳

WUHAN UNIVERSITY PRESS
武汉大学出版社

图书在版编目（CIP）数据

珞珈法学博士学位论文题录.2009—2018/冯果顾问；严玲，吴育生主编.—武汉：武汉大学出版社，2019.10
武汉大学法学学科重建40周年（1979-2019）纪念丛书
ISBN 978-7-307-21000-4

Ⅰ.珞…　Ⅱ.①冯…　②严…　③吴…Ⅲ.法学—博士—学位论文—武汉—2009-2018—题录索引　Ⅳ.Z89：D90

中国版本图书馆 CIP 数据核字（2019）第 132289 号

责任编辑：陈　帆　　　责任校对：汪欣怡　　　版式设计：马　佳

出版发行：**武汉大学出版社**　（430072　武昌　珞珈山）
（电子邮箱：cbs22@whu.edu.cn　网址：www.wdp.com.cn）
印刷：武汉中远印务有限公司
开本：787×1092　1/16　印张：33.25　字数：785 千字　插页：2
版次：2019 年 10 月第 1 版　　2019 年 10 月第 1 次印刷
ISBN 978-7-307-21000-4　　　定价：88.00 元

目　　录

编 制 说 明

1. 为了全面反映武汉大学法学院各学科专业自 2009 年至 2018 年 10 年来在培养法学博士高层次法律专业人才方面所取得的成就，展示法学博士研究生培养情况，我们编撰了《珞珈法学博士学位论文题录（2009—2018）》。

2. 本书收录范围：（1）以武汉大学法学院 2009 年 1 月至 2018 年 12 月间授予博士学位名单为收录标准，即通过武汉大学法学院博士学位论文答辩，并获得武汉大学颁发的法学博士学位证书的博士毕业生（含同等学力人员）的博士学位论文题录。（2）本书应收录 2009—2018 年间授予博士学位者论文题录 1143 篇，实收录 1141 篇。其中 2008 年答辩、2009 年获学位的吴用、张帆同学论文因已在《珞珈法学博士学位论文题录（1987—2008）》收录过，本书不再反映。（3）本书中凡是涉密等学位论文，只在附录一、二中反映博士毕业生与指导教师姓名。（4）本书中姓名右上角标有＊者为同等学力。

3. 本书编排体例：（1）此次收录博士学位论文题录正文排列顺序按法学博士学位答辩所属学科专业汉语拼音字母顺序排列，即法律史、法学理论、国际法学、环境与资源保护法学、经济法学、民商法学、诉讼法学、体育法学、宪法学与行政法学、刑法学、知识产权法学，共计 11 个学科专业。（2）每一学科专业内按照授予博士学位年代排列，将每年 1—6 月统称上半年，7—12 月统称下半年；同一时段内按照博士学位论文题名的汉语拼音字母顺序排列。（3）每条题录依次包含中文题名、英文题名、研究生、指导教师、授予学位时间、内容介绍。（4）书后附有按照姓氏汉语拼音字母顺序排列的附录一：指导教师姓名索引（索引中对第二、三指导教师进行了轮排）；附录二：论文作者姓名索引。

4. 参加本书编辑的人员与分工：（1）周华敏 350 篇（法律史、法学理论、宪法学与行政法学、刑法学 2009 年、国际经济法学 2012—2013 年）；张芳 201 篇（民商法学、诉讼法学）；吴育生 188 篇（刑法学 2010—2018 年、经济法学）；严玲 402 篇（国际法学、环境与资源保护法学、体育法学、知识产权法学、诉讼法学）。（2）全书由严玲、吴育生最后统一定稿，冯果审定并作序。

5. 由于本书编撰时间紧，博士研究生培养阶段形式多样化，学生数量多，以及其获得学位时间与毕业时间不同步等诸多因素，书中疏漏、错误之处在所难免，请读者见谅。

序

2019 年是武汉大学恢复法学教育 40 周年。在举院欢庆之际，我们决定对学院的发展历程进行必要的梳理。本书就是为院庆献礼的重要作品之一。

众所周知，真正意义上的现代大学肇始于 19 世纪的研究生教育。19 世纪上半叶，德国柏林洪堡大学首创的"大学自治""学术自由""教育与科研相统一"等现代大学三大理念，从根本上打破了传统大学只传授传统知识的旧观念，树立了"传授知识和创造知识相统一"的现代大学观，同时开启了由哲学院授予的哲学博士学位、赋予博士以新的内涵的现代研究生教育之先河，并由此催生了以美国普林斯顿大学、芝加哥大学等为代表的一批新型研究型大学。自此以后，研究生教育，尤其是最高层次的博士生教育便成为现代大学知识创新的重要途径和方式，研究生特别是博士生培养质量也成为衡量一所大学学术水准和人才培养质量的主要标尺。

武汉大学法科源远流长，研究生教育弥久日新。早在 1935 年，国立武汉大学就筹办了法科研究所，研究所以"招收大学本科以上者研究社会科学并供给教员研究便利，提高学术程度及解决实际问题为宗旨"，我国国际法的开山鼻祖——周鲠生先生出任法科研究所首任主任，这是中国法科研究生教育之开端。1979 年 8 月，结束了十年"文革"飘摇的武汉大学决定恢复法律系，韩德培先生担负起了恢复中断 21 年的武汉大学法学教育的重任。建设一流的法学院是韩德培、马克昌等前辈大师们的共同愿望，恢复研究生教育也成为武汉大学法科重建的核心任务之一。武汉大学法科研究生教育的恢复可谓神速：在法律系恢复不到两年的时间内就获批一个硕士点；4 年时间，获批 6 个硕士点、2 个博士点；6 年时间，获批自行增列硕士点资格、3 个博士点，1987 年培养出中国第一批国际法学博士。2002 年获批国家首批法学一级学科博士学位授予权。武汉大学法学院成为中国法学教育的重镇和高端法治人才培育的摇篮。

武汉大学法科教育具有法学博士点涵盖面广、学术研究成果质量高等特点。厚重的历史传承和经世致用的严谨学风，为武汉大学法学博士高质量培养提供了良好的保障。几十年来，武汉大学法学院为社会培养了一批又一批优秀的博士人才，为社会作出了巨大贡献。他们中的大多数已经成为国内外高校，公、检、法、司等领域的学术骨干、学术带头人，成为有影响的法律实践家、法律学问家、杰出政治家、外交家和管理工作者，在各自的岗位上发挥着重要作用。

在 30 年院庆之时，我们曾经组织出版了《珞珈法学博士学位论文题录（1987—2008）》，对 30 年来的博士生培养作出了梳理和总结，取得了良好的效果。本书是在前本书的基础上对最近十年博士论文信息所作出的汇集和整理，是近十年武汉大学法学院在培养法学博士方面取得成果的一次集中展示。光阴似箭，十年弹指一挥间。自

2009 年以来，武汉大学法学院在博士生人才培养方面又有了新的突破和进展。在我院获得首批国家法学一级学科博士点并在自主增设知识产权法和体育法学博士点的基础上，我们又以 2011 年司法文明协同创新中心和武汉大学党内法规研究中心为依托，增设了司法文明和党内法规博士生培养方向，为全面依法治国源源不断地输送高素质的创新型法治人才。

四十年惊涛拍岸，九万里风鹏正举。回首往事，我们心潮澎湃；展望未来，我们信心百倍。我们将以"双一流"建设为契机，进一步立足中国法治实践，弘扬学术自由，秉承学术理性，扬帆再航，开拓创新，为中国法治建设高层次法治人才的培养谱写更加绚丽的华章！

冯果

2019 年 6 月

法 律 史

2018 年

中文题名：英国议会监察专员制度变迁史研究（1967—2017）

英文题名：On the Changing History of the British Parliamentary Ombudsman System（1967-2017）

研 究 生：王佳红

指导教师：项焱教授

授予学位时间：2018 年上半年

内容介绍：在我国国家监察体制改革全面铺开之际，研究法治文明发达的域外类似制度便有了重大的理论和现实意义。本文以英国议会监察专员制度为研究对象，旨在通过历史梳理揭示该制度萌发、形成、变迁的完整轨迹，并从中发掘出服务于当代中国改革的"真"和"精"的经验。全文由导论、理论、史论、结论四个部分构成，共分六章展开研究。第一章导论。第二章论述了英国议会监察专员制度的合宪性原理。第三章阐述了英国议会监察专员制度的确立。第四章论述了英国议会监察专员制度的发展。第五章论述了英国议会监察专员制度的变革。第六章结论。

法 学 理 论

2011 年

中文题名：法、人格、自由的内在逻辑结构研究——立基于康德和黑格尔的法哲学

英文题名：Research on the Intrinsic Logistic Configuration of Law Personality and Freedom：On the Basis of Kant and Hegel's Jurisprudence

研　究　生：周雪峰

指导教师：李龙教授

授予学位时间：2011 年上半年

内容介绍：本文主要从法哲学的角度对法、人格和自由的内在逻辑结构进行深入研究，核心论点立基于人格的定义上，即人格是指以自我规定性的能力为基质的同一性表象，核心命题的立论根基主要是康德和黑格尔的理性的自由观和法哲学，从实践理性和辩证逻辑的方法论上厘清法、自由、人格三者之间内在逻辑关系是本文的主要任务。论文共分六章。第一章导论。第二章探讨自然法与实证法以理性概念为中介的辩证关系。第三章论述人格与自由的内在逻辑结构。第四章论述自由与法的内在逻辑结构。第五章论述法与人格的内在逻辑结构。第六章探讨法之超验性与经验性的辩证统一。

中文题名：法律实施的精确性研究——以卡普洛的均衡程序正义观为分析框架

英文题名：On the Accuracy of Legal Enforcement：An Analysis Framework by Louis Kaplow's Balancing Model of Procedural Justice

研　究　生：汪沛

指导教师：汪习根教授

授予学位时间：2011 年上半年

内容介绍：本文主要通过研究美国福利经济学法学家路易斯·卡普洛的程序均衡论思想，循着其福利经济学和信息经济学的角度研究法律的精确性及其在中国法律语境中的应用。开篇为导论部分，就研究问题和研究范畴进行了界定，对法律的精确性与几个相关概念进行对比，提出了法律的精确性概念及特征等。正文分四章。第一章介绍了卡普洛法律程序思想。第二章循着上一章中对程序正义的分析，展开程序正义理论中的分析的核心工具——法律的精确性。第三、第四章是对上文中的两个法律精确性模型的中国问题的分析应用。结语部分提出了对公平与正义的重新理解，认为两者间的均衡可以通过深入研究法律的精确性获得新知。

中文题名：国家转型的法理

英文题名：Jurisprudence Interpretation on State Transformation

研 究 生：王康敏

指导教师：汪习根教授

授予学位时间：2011 年上半年

内容介绍：民族国家的政治逻辑和经济逻辑所构成的内在矛盾，使得法律移植和国家普法之间产生了微妙的张力。法律移植和国家普法都是试图借助法律的力量造就强大民族国家的政制实践，但当主权者试图借助法律移植的力量来推动中国由传统伦理文明秩序向现代法律文明秩序转型时，现代民族国家经济逻辑所派生的自由市场、方法论个人主义、族群、阶层、资本等分离力量，却征用了国家普法所造就的法律的表达合法性，进而构成了一种"反法治的法治"。而导致这一现象产生的深层原因，就是来自国家转型与社会变迁之间双向的互动、脱嵌、征服与反抗，可以将其总结为"国家转型的假说"，这其中自然涉及国家法律观的转变。为了检验国家转型定律，本文细致考察了作为重大公共事件的教育公平改革和重庆打黑。全文主体分四章。第一章法律移植、普法与国家转型。第二章国家转型的法理建构。第三章国家转型的法律叙事。第四章国家转型的法治革命。

中文题名：弱势儿童权利保护研究

英文题名：Study on the Protection of the Rights of the Vulnerable Children

研 究 生：孙晶晶

指导教师：汪习根教授

授予学位时间：2011 年上半年

内容介绍：本文分五章对弱势儿童权利保护展开研究。第一章概述有关弱势儿童权利，分析了弱势儿童权利的一些基本概念。第二章论证了《儿童权利公约》在儿童权利保护方面的价值，并对儿童公约中所包含的几项原则进行了分析。第三章对教育领域中几种典型的有关弱势儿童入学机会、教育过程以及教育结果等方面遭遇到的不公平以及国家教育资源分配对其的影响进行了剖析。第四章以离婚家庭中的儿童以及遭受家庭暴力的儿童作为分析对象，论证其权利侵害的类型以及负面影响。第五章讨论有关司法领域中的弱势儿童即未成年罪犯，通过对行刑社会化，尤其是社区矫正以及前科消灭制度进行了分析，以求对未成年罪犯的权利保护进行探索。

中文题名：乡村人民法庭研究

英文题名：Research on the Rural Tribunal

研 究 生：刘晓湧

指导教师：汪习根教授

授予学位时间：2011 年上半年

内容介绍：本文以民族国家建设理论为视角，通过对我国国家建设历史的描述来解释司法制度，尤其是乡村人民法庭制度的运作方式以及存在问题的原因。除引言、结论部分外，正文分五章。第一章主要介绍民族国家建设理论，学者们运用该理论对我国国家政权建设实践所作的解释，以及对该理论发展所作的努力。第二章从乡村人民法庭"两便原则"中的两个方面——方便群众诉讼和方便法院审判，来考察司法制度发展的不同阶段。第三章从乡村人民法庭履行其公民权利保护职能的主要途径角度来讨论司法调解在乡村人民法庭实践中的意义。第四章讨论乡村人民法庭的"地方化"问题。第五章讨论乡村人民法庭的"行政化"问题。

中文题名：中国第三部门的法理学研究

英文题名：The Jurisprudential Research on the Third Sector in China

研究生：卫欢

指导教师：李龙教授

授予学位时间：2011 年上半年

内容介绍：本文采取从理论基础到制度构建的研究方式对中国第三部门进行法理学研究。本文首先对中国第三部门的发展现状进行客观阐述，以事实为基础，对中国第三部门所具有的不同于西方国家第三部门的特征进行梳理，再以此为依托，对其功能进行阐述，并总结得出第三部门对法治发展的重要意义。其次，辨明中国第三部门的理论根基，认为坚持以马克思市民社会理论为基础，并以包容的、开放的态度对待西方市民社会理论发展过程中的其他相关学说，汲取其精华，才能够真正起到夯实中国第三部门理论基础的作用。最后，明确第三部门的法律权利和义务，并就制度构建过程中的主要问题进行分析和探讨，使对第三部门的研究从基础理论迈向具体制度构建。

中文题名：法律的和谐价值

英文题名：On the Harmonious Value of Law

研究生：李伟迪*

指导教师：汪习根教授

授予学位时间：2011 年下半年

内容介绍：本文试图用和谐价值及基于和谐价值的团结功能，解析我国法治的现状，寻找问题，重构法律的价值结构和功能结构，并提出解决我国法治问题的建议。全文共分五章。第一章依次界定了"和谐""价值"的概念和"法律的和谐价值"。第二章主要研究法律和谐价值的位阶。第三章研究法律和谐价值的理论基础。第四章构建了法律和谐价值的机理。第五章研究基于和谐价值的法律团结功能。

2012 年

中文题名："公共法律案件"的法理学研究

英文题名：Jurisprudence Research on "Public Legal Litigation"

研究生：邓珊珊

指导教师：徐亚文教授

授予学位时间：2012 年上半年

内容介绍：本文建立在对"国家—社会"框架的反思和应用上，拟提出新的研究范畴"公共法律案件"，认为公共法律案件在中国语境下二元公共领域结构中生成，从立法和司法上推动了"国家—社会"的良性互动，是我国"回应型法治"的有效实践。全文分五章。第一章提出"公共法律案件"这一新的概念，主要阐述了公共法律案件的定义、特征及类型。第二章以对"国家—社会"框架/公共领域理论的理论反思为基础，提出二元公共领域。第三章借助梅丽教授在《诉讼的话语》一书中对纠纷的意义解释，从公共法律案件中的三类社会行动者对许霆案进行了意义解释等。第四章将目光转向国家对公共法律案件进行的解释，认为这是一种选择性的国家回应。第五章通过对"公共法律案件"这类案件产生、发生的内在规律揭示，通过司法过程总结我国当代转型时期法律和社会紧张与互动关系，无疑对于建设社会主义法治国家有着十分重要的理论意义和实践意义。

中文题名："政法"研究

英文题名："Political-law" Research

研 究 生：邓达奇

指导教师：徐亚文教授

授予学位时间：2012 年上半年

内容介绍：本文通过对"政法"含义的解读及其相关范畴的挖掘，从表象的背后梳理政法实践的演化过程。"政法"的现代性、本体论、方法论、社会关系的博弈互动均是理解政法范畴的重要方面。政法范畴的提出为我们深刻理解"政法"概念以及进一步准确地把握我国现今的法律社会图景具有极佳的参照意义。全文共分六章。第一章界定"政法"与相关概念，主要在于研究方法上的复合，搭建"政法"范式的研究平台，梳理"政法"研究的先决性问题。第二、第三章从两个层面对以"政法"为特征的法律文化进行梳理。第四、第五章从制度衍生层面对政法制度进行解读。第六章从概念、思想、制度三个层面，最终范畴性地提出"政法"的基本内涵。

中文题名：当代中国地方法院竞争研究

英文题名：Research on Competition Among Local Courts in Contemporary China

研 究 生：童海超

指导教师：徐亚文教授

授予学位时间：2012 年上半年

内容介绍：中国改革开放以来经济发展的奇迹要归功于地方之间为实现经济增长而展开的竞争，中国的地方法院也参与到地方的竞争之中，存在着政绩型竞争、公共型竞争和知识型竞争这三种竞争形态。当代中国地方法院竞争是司法改革的内在动力来源，地方法院竞争的方向是建立公正、高效、权威的司法制度。全文共分六章展开研究。第一章导论。第二章提出当代中国地方法院竞争问题，论述了竞争的概念及意义，对当代中国地方法院竞争的背景进行了分析，等等。第三章法院竞争的比较研究，以英、美、法等国的法院竞争为考察对象。第四章当代中国地方法院竞争的形态分析。第五章探讨了对中国地方法院竞争的调控。第六章讨论当代中国地方法院竞争的法理意义与目标模式。

中文题名：当代中国法官角色研究——以"中国法官十杰"为样本

英文题名：The Research on the Role of Judges in China of the Present Age：Take "the Ten Outstanding Judges in China" as an Example

研 究 生：陈阳

指导教师：李龙教授

授予学位时间：2012 年上半年

内容介绍：本文通过对当前中国法官角色的较为微观的分析，揭示了法官角色行为背后的各种社会动因，进而对转型时期司法制度建设和法官角色建构提出了一些理性建议。全文除绪论和结语外，共设六章。第一章是对角色理论、法官"角色"以及当代中国的法官角色的初步考察。第二章主要论述了政策"剧本"对法官的期望。第三章主要围绕司法"剧班"对法官的期望展开。第四章主要分析社会"观众"对法官的期望。第五章主要借用角色理论中分析角色的重要工具——角色关系——对法官所生存的关系网络在宏观和微观方面进行探讨。第六章对法官角色建构提出建设性方案。

中文题名：地方人大常委会规范性文件备案审查制度研究

英文题名：On the Research of System that the Standing Committee of Local People's Congress to Request the Normative Documents Put on Record and Review

研 究 生：李豪

指导教师：李龙教授

授予学位时间：2012 年上半年

内容介绍：法制统一是依法治国的前提，地方人大常委会规范性文件备案审查制度则是法制统一的基本路径。本文从理论到实践，从历史到现实，从问题到对策，对该制度进行了全方位的论述。全文除引言和结语外，正文分六章。第一章论述地方人大常委会规范性文件备案审查制度的内涵及外延。第二章论述地方人大常委会规范性文件备案审查制度的理论基础。第三章论述地方人大常委会规范性文件备案审查制度的历史沿革。第四章论述地方人大常委会规范性文件备案审查制度的现实状况。第五章论述地方人大常委会规范性文件备案审查制度存在的问题及原因。第六章论述地方人大常委会规范性文件备案审查制度的完善。

中文题名：工商行政执法有效性研究

英文题名：Research on Effectiveness of Administrative Law Enforcement for Industry and Commerce

研 究 生：张晓

指导教师：李龙教授

授予学位时间：2012 年上半年

内容介绍：随着社会主义法律体系建设初步完成，我国政府治理逐步转入法治化轨道。然而，从行政执法的角度来看，虽然相关的实体和程序法律体系相对完善，但行政执法有效性仍有不足。本文以我国工商行政执法为样本，通过对其有效性现状进行考察，试图探析影响工商行政执法乃至中国行政执法有效性的相关因素。全文除导言外，共分六章。第一章考察工商行政执法有效性。第二章至第五章对影响工商行政执法有效性之根源进行探讨。具体为：第二章工商行政执法的模式分析。第三章工商行政执法的制度透视。第四章工商行政执法的控制研究。第五章工商行政执法的评价机制。第六章工商行政执法有效性的实践应对和理论探析。

中文题名：立法的合法性研究——以当代中国立法现象为分析对象

英文题名：Research on the Legitimacy of Legislation：Based on the Analysis of Contemporary Chinese Legislation Phenomenon

研 究 生：张书豪

指导教师：李龙教授

授予学位时间：2012 年上半年

内容介绍：合法性是广泛运用于社会科学各领域的理论分析工具，其内涵非常丰富，本文旨在将合法性理论运用于分析立法现象和立法制度，研究立法的合法性。本文包括导论和正文共五章。导论从我国当代的立法成就入手，提出我国改革开放 30 年来虽然取得了辉煌的立法成就，但立法的合法性程度尚待提高。第一章论述合法性和立法的合法性问题。第二章讨论立法合法性的研究进路，分别对西方和中国关于立法合法性理论成果进行了归纳和总结。第三章是对立法合法性的现象透视。第四章是对当代中国立法合法性缺失的成因分析。第五章探讨立法合法化的实现路径。

中文题名：体育发展权研究

英文题名：On the Right to Development in Sports

研 究 生：兰薇

指导教师：汪习根教授

授予学位时间：2012 年上半年

内容介绍：当今社会，体育与人权这两种多元的文化现象处于文化多元的社会中，出现频频交往并渐呈契合之态，这种契合显露出两者内在深刻的关联和共同的话语基础，作为人权的体育已受到国际社会的普遍认同。此外，在和平与发展已成为人类社会两大主题的背景下，作为人权的体育也历经自由权和社会权而最终纳入发展权的运行轨道，因此，以发展的视角来诠释体育，以发展权的视角来诠释体育权，并从中提炼出符合时代发展要求的体育发展权并加以科学释义是体育和人权理论创新与实践演进的必然。本文分五章对体育发展权进行研究。第一章导论。第二章体育发展权的理论基础。第三章体育发展权本体论。第四章群众体育中的体育发展权。第五章竞技体育中的体育发展权。

中文题名：信任与法治

英文题名：Trust and the Rule of Law

研 究 生：伍德志

指导教师：徐亚文教授

授予学位时间：2012 年上半年

内容介绍：本文的主要目的是对信任与法治之间的复杂关系进行社会学上的解释与分析，探明信任与法律之间的功能区分与联系，法律信任的建构方式，法律信任对于社会信任与政治信任的意义，并根据本文提出的理论对当下中国的信任危机进行分析与批判，寻找问题症结，以期对中国社会的不稳定能有更深入的理解。全文除引言外，正文分为三个部分，共计十二章。第一部分包括第一、第二章，主要论述信任的基本原理以及信任的基本分类。第二部分包括第三至第六章，主要探讨法律与信任之间在功能上的悖论关系、法律信任的必要性及其建构。第三部分包括第七至第十二章，主要论述法治与其他社会领域中信任之间的关系。

中文题名：中国语境下的能动司法

英文题名：On Active Judiciary in Contemporary China

研 究 生：李晓奋

指导教师：徐亚文教授

授予学位时间：2012 年上半年

内容介绍：本文基于对中国语境下多方面的能动司法的自觉思考，从司法理论出发，通过能动司法的实践予以展开，归结于中国法学理论新主张的提出。全文除引言和结语外，正文共七章。第一章解析能动司法的内在机理。第二章考察西方司法能动主义历史和本质，厘清西方司法能动主义与中国司法能动的区别，明确研究和解决中国问题旨意。第三章梳理能动司法的历史，从司法本质之源到能动司法之流，探寻了中国古代能动司法的各种形态等。第四章从理论到实践，以一起群体性纠纷案例为样本，诠释了中国当下能动司法的运作。第五章解析了能动司法作为司法制度层面的情况。第六章探讨能动司法与现实的相互作用。第七章探讨能动司法对司法主体——法院和法官的影响。

2013 年

中文题名：健康权之法理研究

英文题名：The Jurisprudential Research on the Right to Health

研 究 生：舒德峰

指导教师：汪习根教授

授予学位时间：2013 年上半年

内容介绍：健康不仅是经济和社会发展的前提，也是经济和社会发展的目标，更是人类全面发展的基础。本文依据法理学、宪法学、人权法学、卫生法学和立法学等基本原理，综合运用类型分析、比较分析、历史分析等方法，试图解决以下四个方面的问题：健康权的基本理论、健康权保障的价值取向和立法原则、健康权的权利体系和评价标准、健康权的法律体系框架。全文除导论外分五章。第一章健康权本体论。第二章健康权源流论。第三章健康权价值论。第四章健康权体系论。第五章健康权实现论。

中文题名：律师伦理研究
英文题名：Research on Lawyer Ethics
研 究 生：袁丁
指导教师：汪习根教授
授予学位时间：2013 年上半年
内容介绍：本文旨在从职业伦理角度进行各国律师伦理之比较研究，共分九章。第一章讨论本文的研究背景、动机与目的、国内外研究现状以及研究的内容与方法。第二章论述何谓职业，分析了律师伦理的宏观价值视角与微观价值视角、律师伦理的目标与功能，以及律师职业在当代面临的种种冲击。第三章探讨律师伦理与伦理学流派的关系。第四章讨论律师伦理责任，包括地位责任、原因责任、义务责任与能力责任，以及律师伦理责任的不同理据。第五章论述律师的伦理困境及其解决，包括内部伦理困境与外部伦理困境及其解决。第六章讨论律师与委托人关系的伦理。第七章讨论司法活动中的律师伦理。第八章论述律师经营活动中的伦理，包括市场宣传伦理和收取报酬的伦理。第九章探讨律师的同行伦理与社会责任。

中文题名：民意与司法关系研究
英文题名：Research on the Relationship Between Popular Opinion and Justice
研 究 生：朱兵强
指导教师：李龙教授
授予学位时间：2013 年上半年
内容介绍：民意与司法的关系问题已然超出了个案的范围，而成为一个从整体上关涉当代中国司法制度与模式的问题和全民关注的社会政治问题。本文拟从司法开放与自治的角度全面考察民意与司法这一主题，以有助于更为深入地认识二者的内在复杂关系，从而为民意与司法关系的和谐平衡提供更为合理的解决之道。全文分为六个部分。第一部分绪论。第二部分民意的概述，厘清了民意的概念、特征，并将其与相关概念进行辨析，也讨论了民意的形成。第三部分考察了民意与司法关系的历史演变。第四部分探讨司法自治语境下的民意与司法。第五部分探讨司法开放语境下的民意与司法。第六部分论述民意与司法关系的平衡问题，认为建构一种整体自治但适度开放的司法制度是比较合理可行的。

中文题名：社会稳定风险评估机制的法理研究
英文题名：Jurisprudence Research on Social Stability Risk Assessment Mechanism
研 究 生：张红显

指导教师：徐亚文教授

授予学位时间：2013 年上半年

内容介绍：社会稳定风险评估机制是化解社会矛盾、维护社会和谐稳定的重要举措，同时也是社会管理体制创新的主要内容，因此，法理学应该面向社会需求，对社会稳定风险评估机制作出理论贡献。本文共分五章展开研究。第一章概述社会稳定风险评估机制。第二章研究社会稳定风险评估机制的理论基础。第三章探讨社会稳定风险评估机制的价值取向。第四章探索社会稳定风险评估机制的体系建设，包括评估主体、评估内容和评估程序。第五章专题探讨不同领域内的社会稳定风险评估机制。

2014 年

中文题名：论公众参与社会治理的法治化

英文题名：Making Public Participation in Social Governance Under Rule of Law

研 究 生：武小川

指导教师：汪习根教授

授予学位时间：2014 年上半年

内容介绍：本文就公众参与社会治理的法治化展开研究，正文共包括六章。第一章导论。第二章论述了公众参与的场域，梳理了社会治理在中国的历史、现状和内涵，从而引出公众参与所处的具体语境以及必要性。第三章详细阐述了公众参与的概念、主体、方式与特点，还分析了公众参与所具有的非正式性、分散性、自发性、不确定性等特征。第四章为公众参与的具体内容。分别介绍了阿恩斯坦、康纳等人所提出的参与阶梯理论，并分析了各个参与阶梯的特点和不足。第五章从公众参与理论转向参与实践，分析归纳了公众参与社会治理的各种途径以及所反映的公众参与的层次。第六章将影响公众参与社会治理的因素分为参与权利、参与途径、参与意愿、参与能力、参与秩序五个方面。结语指出了与公众参与层次相匹配的政府类型。

中文题名：社会稳定形势分析及评价体系研究

英文题名：Analysis of Social Stability Situation and Research on Evaluation System

研 究 生：杨智

指导教师：李龙教授

授予学位时间：2014 年上半年

内容介绍：开展社会稳定形势分析及评价体系研究，是变末端应急为源头维稳的重要举措，是对不稳定问题进行预警、预知、预防的重要前提，有利于全面准确地掌握社会稳定的运行状态，有利于预测和决策，有利于从源头上预防、减少不稳定问题的发生。本文在阐明社会稳定形势分析的理论和实践意义的基础上，提出了分析评价的指标体系。全文分上、中、下三篇，共计八章。上篇为维护社会稳定的基本理论，包括第一至第二章，分别阐述了社会稳定的概念、体制、原则及思维。中篇为维护社会稳定的法治认识，包括第三章维护社会稳定中各主体权力与权利的法治认识。第四章为依法维护社会稳定的实现途径。下篇为维护社会稳定的预警预防，包括第五至第八章，分别阐述了社会稳定风险评估的实践与完善、维护社会稳定的形势分析、社会稳定形势评价体系研究、对社会稳定形势分析及评价体系的应用内容。

中文题名：当代中国证券法治的理论建构与实践路径——以权力制约与权利保障为分析框架

英文题名：Theoretical Construction and Practical Route About Modern Chinese Securities Rule of Law：The Analytical Framework of Power Restraint and Right Protection

研 究 生：罗文锋

指导教师：徐亚文教授

授予学位时间：2014 年下半年

内容介绍：改革开放以来，法治逐渐成为我国社会生活的"关键词"，尤其是法治理论成了解决中国政治、经济、文化领域难题的"元理论"。在此背景下，随着证券市场的飞速发展导致问题丛生，越来越多的学者从法治的视角来审视证券市场的缺陷，并将"法治"作为治理与优化证券市场的"灵丹妙药"，以期解决证券市场运行过程中的诸多问题，"证券法治"应运而生。本文分六章围绕当代中国证券法治的理论建构与实践路径展开研究。第一章阐释了法治的基本理论，提出了"证券法治"这一基本范畴。第二章从权力—权利属性这一角度对证券市场的本质进行了探析。第三、第四章分别分析了我国证券市场权力和权利的属性及其表现类型。第五、第六章提出并论证了推进我国证券法治建设的基本路径。

2015 年

中文题名：党内法规研究

英文题名：On the Intra-party Regulations of the Communist Party of China

研 究 生：凌彦君

指导教师：李龙教授

授予学位时间：2015 年上半年

内容介绍：随着党的十八届四中全会关于全面推进依法治国的决定中将形成完善的党内法规体系作为建设中国特色社会主义法治体系的重要内容之一提上日程，对党内法规的研究仅仅局限于政治学的视角和党的建设的维度已不能满足理论和实践的需要。本文从法学的视角对党内法规展开的研究。本文基于法社会学的立场，将党内法规作为在当前中国社会特别是政治领域发挥实效的行为规范加以考察，运用软法理论探讨了党内法规的性质，论证了党内法规对于国家治理的作用。全文除绪论、结语外，正文共分五个部分。第一部分对中国共产党党内法规作了概括性的阐述。第二部分对党内法规性质的界定。第三部分对党内法规和国家法律的关系进行了探讨。第四部分考察了党内法规与国家治理现代化。第五部分阐述了完善党内法规体系，全面推进依法治国。

中文题名： 法律与数字

英文题名： Law and Number

研　究　生： 汪地彻

指导教师： 徐亚文教授

授予学位时间： 2015 年上半年

内容介绍： 本文立基于古今中外法律中的数字规定，并从数字的科学精神和理性精神的视角切入，将数字引入法的本体论研究，探讨数字与法律相关联的内在机理。同时，通过对数字立法论证问题的分析，结合我国法律中数字规定的现状，提出我国数字立法的完善之道。全文共分六章。第一章引言。第二章数字概说。第三章法律中数字的历史和现实考察。第四章法律与数字相关联的内在机理。第五章法律中数字的立法论证。第六章我国法律中的数字应用与变革，探讨中国法律中数字语言的实际运用现状及数字立法完善的设想。

中文题名： 法与神经科学研究刍议

英文题名： On Law and Neuroscience

研　究　生： 肖杰文

指导教师： 汪习根教授

授予学位时间： 2015 年上半年

内容介绍： 法与神经科学，亦称"法神经学"（neurolaw），是通过神经科学的理论、方法和手段来研究与法律有关的问题的一个交叉领域。本文分四章展开讨论。第一章概述认知神经科学作为一种范式的出现，解释其如何与法律理论和实践产生联系，展现当前法学理论与实践中的一个正在进行的辩论。第二章专注于一个案例研究——美国刑法中精神失常辩护的神经科学研究，通过考察法与神经科学研究中这一具体论题的研究现状，分析神经科学对法学的一般问题与具体问题研究可能提供的启示、贡献以及挑战等。第三章分析神经科学对法的可能影响的实质、法神经学研究在多方面的局限和难题，并提出一些开放性的问题。第四章转向当代科学哲学和心灵哲学有关心灵的（不）可化约性的解决上，并将重点放在 Rom Harré 的科学哲学观和 John Searle 有关规范性知识的学说上，试图在物理主义和不可化约主义之间找到一条可行的道路。

中文题名： 我国地方立法权的整合问题研究

英文题名： Research on the Issues of Configuration of Local Legislative Authority in China

研　究　生： 袁明圣

指导教师： 李龙教授

授予学位时间： 2015 年上半年

内容介绍： 本文就我国地方立法权的整合问题展开探讨。全文除引言、余论外，共分六章。第一章梳理了我国地方立法权之变迁，在厘定地方立法权概念后，先后阐述了清末地方立法的萌芽、民国时期地方立法制度的形成与发展以及中华人民共和国成立后地方立法权之变迁。第二章论述我国地方立法权的体系与运行现状，分别对一般地方立法权、民族自治地方立法权、经济特区立法权的运行进行了阐述。第三章讨论了我国地方立法权的问题与困境。第四章探讨我国地方立法权存在的可欲性。第五章研究了我国地方立法权整合的考量因素。第六章探讨我国地方立法权整合的路径与法律进路。

2016 年

中文题名： 党领导法治中国建设的逻辑进路研究

英文题名： Logical Approach Research of Rule-of-law China Construction with the Leading of the Party

研 究 生： 汪火良

指导教师： 汪习根教授

授予学位时间： 2016 年上半年

内容介绍： 本文综合运用文献研究法、比较研究法、定性分析法、跨学科综合研究法等多种研究方法对党领导法治中国建设这一宏大叙事进行研究。本文主体部分共七章。第一章确立了党领导法治中国建设的理论基础，回答了本文的立论依据问题，也就是党依据什么来领导法治中国建设。第二章确立了党领导法治中国建设的实践基础，回答了本文立论的现实缘由。第三章指明了党领导法治中国建设的切入路径，回答了本文立论的方法论问题。第四章至第七章回答了党怎样领导法治中国建设的问题，即党通过领导立法、保证执法、支持司法、带头守法的具体方式去丰富和发展依法执政的基本方式。

中文题名： 法律与身份——基于对平等的阐释和反思

英文题名： Law and Identity：Elaboration and Reflection Based on the Equality

研 究 生： 邵敏

指导教师： 徐亚文教授

授予学位时间： 2016 年上半年

内容介绍： 本文建立在对身份理论阐释和平等理论反思的基础上，旨在探讨身份与法律的交互作用，以明晰身份作用于法律的原理，并以此为基础，为反思我国身份制度与平等的理论提供新视角。全文除引言和结语外，共分五章。第一章阐释身份的基本原理及历史沿革。第二章至第四章是对身份的静态法律调整机制的解读，分别分析了私法、公法和社会法对身份的调整与控制。第五章论述当代中国法律运行中的身份调整，是对我国法律运行过程中身份问题的反思。

中文题名： 公司人权义务的法哲学原理

英文题名： Corporate Human Rights Obligations：A Jurisprudential Analysis

研 究 生： 程骞

指导教师： 徐亚文教授

授予学位时间： 2016 年上半年

内容介绍：本文意在从法学基础理论的视角，澄清公司人权义务的概念，明确公司人权义务的内涵和性质，并且在此基础之上证成公司人权义务的合法性，梳理公司人权义务的具体内容，总结公司人权义务的制度实现路径。全文除绪论和结语外，正文共分五章。第一章澄清公司人权义务这一概念，从而明确公司人权义务是公司基于人权主体的人权需要而应当为或不为一定行为的尺度。第二章讨论公司人权义务的理论基础，提出公司兼具"市场主体""社会主体"和"政治主体"这三种性质和功能。第三章讨论公司承担人权义务主体资格，认为人权义务主要具有法律和道德两层属性，因此需要从这两个层面展开分析。第四章论述公司人权义务内容，认为公司人权义务的基本内容是尊重人权。第五章研究公司人权义务制度与规范，指出国际法、国内法和非正式制度构成了公司人权义务制度的主要内容。

中文题名：论良法的生成

英文题名：Research on the Generation of Good Law

研 究 生：余渊

指导教师：李龙教授

授予学位时间：2016 年上半年

内容介绍：以发展的理念看待良法的生成是本文的基本观点。本文分六章对良法的生成展开论述。第一章引言。第二章良法生成的基本概述。第三章良法生成的文明向度。以文明为切入口论证我国的法治建设何以能够以及如何融入法治文明进程，甚至能够立足于不同的文明用以开辟法治的源头。第四章良法的理性生成，指出良法生成过程蕴含的理性可概括为利益划分与促进利益增长的实现两个方面。第五章良法的结构性生成，提出良法的结构性生成又被看作一种创造、融合、自创生的无限循环的进程。第六章良法的组织性生成，阐明良法的组织性生成的隐含意义为良法的现实性生成，具体是指通过广泛的集体行为产生良法的过程。

中文题名：论中国特色社会主义人权理论体系的建构

英文题名：On the Construction of Human Rights Theory System of Socialism with Chinese Characteristics

研 究 生：任颖

指导教师：李龙教授

授予学位时间：2016 年上半年

内容介绍：中国特色社会主义人权理论体系以马克思主义人权观为指导思想，以马克思主义人权思想中国化与中国人权建设经验马克思主义化的有机统一为核心脉络，以人权理论与实践为研究对象，以坚持人权发展的中国道路、弘扬人权对话的中国精神、凝聚人权保障的中国力量为重要内容。本文除引言外，共分八章探讨中国特色社会主义人权理论体系的建构。第一章人权理论体系建构的历史文化资源。第二章中国特色社会主义人权理论体系建构的指导思想。第三章中国特色社会主义人权理论体系建构的基本纲领。第四章中国特色社会主义人权理论体系建构的逻辑探究。第五章中国特色的人权话语体系建构理论。第六章中国特色的人权规范体系建构理论。第七章中国特色的人权运行体系建构理论。第八章中国特色社会主义人权指标体系建构理论。

中文题名： 人权司法化问题研究

英文题名： Research on Judicature of Human Rights

研 究 生： 杨汉臣

指导教师： 汪习根教授

授予学位时间： 2016 年上半年

内容介绍： 本文旨在积极探索司法主导法定人权现实化的方法与途径，以期通过增强司法在人权法治保障方面的实效性以克服当前司法实践偏重于诉讼权利保障的潜在不足。在考察"人权司法保障"不同语义及其价值属性基础上，尝试性地提出了"人权司法化"的理论命题，并就其制度性实践机制等相关问题进行了积极探索。全文共分六个部分。第一部分绪论。第二部分"人权司法化"的本体论述，主要从命题的引出、理论内涵以及基本属性三大方面展开。第三部分"人权司法化"的逻辑证成，主要包括"理论可能性""现实必要性"。第四部分"人权司法化"的价值分析。第五部分"人权司法化"的实践探索。第六部分余论。

中文题名： 商鞅变法法理研究

英文题名： A Legal Principle Study on the Law Reformation of Shang Yang

研 究 生： 杨百胜

指导教师： 李龙教授

授予学位时间： 2016 年上半年

内容介绍： 本文通过对《商君书》及商鞅变法本土经验进行研究，归纳总结出商鞅变法之所以成功的七个关键词：法、壹、抟、农、战、富、强。正文共分七章。第一章介绍商鞅变法的时代背景等。第二章阐述商鞅变法的指导思想和总的原则，阐明商鞅变法通过"壹"与"抟"的理念来推动农战变革，从而取信于君、官与民。第三章论证商鞅变法是如何通过《垦令》中法规范的设计，确立法令在变法中的崇高地位。第四章阐述商鞅变法是如何通过田制、军制、政制、官制等方面的改革，从而富国、强兵、利民。第五章阐述商鞅变法是如何通过对立信（权威）、平等、公正、法治、自治和效率等价值的确立，从而取信于君、官与民的。第六章阐述商鞅变法是如何通过对富国、强兵、民本目标的追求和实现，从而取信于君、官与民的。第七章为对商鞅变法这一重大历史事件和法制事件的评价与再评价。

中文题名： 审判辅助职业研究——以我国法官助理制度改革与建构为中心视角

英文题名： Research on Court Support Profession：From the Perspective of the Reform and Construction of the Judicial Law Clerks System in China

研 究 生： 杨凯

指导教师： 李龙教授

授予学位时间：2016 年上半年

内容介绍：本文以马克思主义法学理论和法学基础理论为研究指导思想，综合运用历史分析、比较分析、实证调查研究、价值和功能分析、理论与实践相结合等方法，将法官助理审判辅助职业制度改革和职业化建设作为法官队伍整体职业化建设研究的一个重要部分进行专门研究。本文分为八章。第一章导论。第二章论述法官助理审判辅助职业的历史沿革与本土资源分析。第三章对两大法系审判辅助职业制度进行比较分析。第四章关于法官助理审判辅助职业制度改革的探索实践经验和理论思考。第五章论述法官助理审判辅助职业的职业角色定位和职业化建设的功能作用。第六章论述法官助理审判辅助职业建构的职业伦理、业务素质和综合素质培养要求。第七章论述法官助理审判辅助职业制度的职责范围和职业技能建构空间。第八章结语。

中文题名：司法能力嵌入与生成机理——以国家治理变迁为分析语境

英文题名：Embedding and Forming Mechanism of Judicial Ability on the Analyzing Context of National Governance's Change

研 究 生：徐钝

指导教师：徐亚文教授

授予学位时间：2016 年上半年

内容介绍：本文在国家治理变迁视角下研究司法能力嵌入与生成机理，揭示国家治理结构和形态、策略和方式对司法能力发展的深刻影响，分析国家治理现代化前景下司法能力新需求、新样态及相应建构理路。本文正文共分八章。第一章司法能力的内涵与分类。第二章西方嵌入性理论发展与司法能力嵌入机理。第三章西方法律治理范式演进与司法能力生成机理。第四章古代集权统治与司法能力特质生成。第五章乡村转型治理与司法能力需求形态。第六章国家治理现代化与司法能力关系概述。第七章国家治理现代化、司法社会化与新型司法能力生成。第八章国家治理现代化、司法去行政化与司法能力现代化。

中文题名：网络主权与互联网域名管理法律制度研究

英文题名：Internet Sovereignty and Legal Regulation of the .CN（China）Country-code Top-level Domain

研 究 生：丁春燕

指导教师：徐亚文教授

授予学位时间：2016 年上半年

内容介绍：本文以新制度经济学为理论框架，结合定性分析法、历史研究法、案例分析法和多元验证法，深入分析我国互联网域名管理法律制度形成及变迁过程，以期从法律制度移植、法律制度本土化、法律制度特色化的历程中探索互联网域名管理法律制度如何影响国家法治实践，如何影响国家网络主权的实现，分析政治、法律、经济、技术等因素如何促进和抑制互联网域名管理法律制度的形成和变迁。全文除引言外共分五章。第一章理论基础和方法论。第二章互联网域名管理法律制度的形成（1990—

1997）——法律制度移植。第三章互联网域名管理法律制度第一次变迁（2002）——法律制度本土化。第四章互联网域名管理法律制度第二次变迁（2004）——法律制度特色化。第五章域名管理法律制度再变迁及实现网络主权的政策建议。

中文题名：卫生正义论——以分配正义为视角

英文题名：Health Justice：From a Perspective of Distributive Justice

研 究 生：宋大平

指导教师：汪习根教授

授予学位时间：2016 年下半年

内容介绍：本文分八章讨论卫生正义，即卫生体系的分配正义问题。第一章引言。第二章阐明卫生正义的由来，从中国卫生体系的不正义乱象切入，引申出卫生不正义的实质性问题。第三章解读卫生正义的概念。第四章至第七章审视如何以正义理念重构中国的卫生体系，分别从卫生筹资体系、卫生服务提供、医药市场环境和卫生治理架构四个方面，阐述如何以正义视角，破解当前的体制顽疾，应对现阶段医改中的瓶颈问题，从而构建一个更为公平正义的卫生体系。第八章从发挥法治引领和推动卫生改革作用入手，审视当前的卫生法律构架，论述如何将正义融入卫生法律体系，实现卫生正义的宪法确认、卫生基本法保障和其他相关法保障。

2017 年

中文题名：从习惯理论到惯习理论：社会治理法治化模式的理论转向

英文题名：From Theory of Customary Law to Theory of Habitus：The Theoretical Transformation of the Mode of Social Governance Under the Rule of Law

研 究 生：刘柳

指导教师：李龙教授

授予学位时间：2017 年上半年

内容介绍：本文通过借助法国社会学家布迪厄对习惯理论的深刻解读，试图从习惯本身出发研究"惯习"范式以及它是如何在社会结构（法治结构）与内心图式之间运作机制，以实现一种治理法治化的新格局。全文共分为六部分。第一部分是绪论。第二部分对习惯相关概念予以梳理与澄清，并对惯例（convention）与惯习（habitus）的区别进行创新性解析。第三部分对既有的四大习俗法及其治理理论进行剖析与反思。第四部分对惯习及惯习系统进行理论论述，并创新性地提出惯习系统与内心图式、社会结构的关系是一种图式上的漏斗关系。第五部分对社会治理法治化的含义进行澄清，然后以具体案例再次论证基于既有习俗法理论的治理路径之不足。第六部分提出了惯习系统与法律系统双向互动的社会治理法治化模式，并进行了一定程度的创新性理论建构。

中文题名：法律与时间——基于"迟到正义"的思考

英文题名：Law and Time：Reflections on the "Justice Delayed"

研　究　生：郑华

指导教师：李龙教授

授予学位时间：2017 年上半年

内容介绍：本文基于对"迟到正义"的思考，从深层次法学理论本体论出发，剖析法律与时间的关系以揭示"迟到正义"所反映的本质问题，即法律与时间的关系问题。法律与时间之间存在着作用与反作用关系，法律中的时间具有重要的功能与地位，并在法律运行中促进法律价值的实现。全文除绪论和结语外，共有四章。第一章界定时间的概念，指出本文研究的时间主要是广义的法律运行中的时间，也会具体论及法律构成要素的部门法中的时间。第二章论述时间是法律存在与运行的基础，时间在法律中具有重要的作用、功能与地位。第三章论述法律中的时间在设置与运行中实现法律价值，尤其是对正义价值的实现。第四章研究如何通过法律中时间的设置来遏制"迟到正义"的到来，促进法律价值的实现，发挥法律应有的功能与作用。

中文题名：基于社会复杂性的科学立法研究

英文题名：Research on Scientific Legislation Based on Social Complexity

研　究　生：孙来清

指导教师：李龙教授

授予学位时间：2017 年上半年

内容介绍：本文在宏观上遵循"提出问题—分析问题—解决问题"的基本逻辑思路，通过对我国的社会复杂性和立法现状的考察，直面科学立法的种种挑战，通过理论分析与机制构建着力解决科学立法的路径选择问题。文章抓住科学立法的主要方面进行较为深入的考察，力图跳出传统的立法思维，将科学立法问题置于社会复杂性的现实环境中进行分析，审慎引入复杂性理论并专注于系统性思维，强调在科学范式的转换中把握科学立法。全文除引言外，共分七章。第一章社会复杂性：科学立法的现实挑战。第二章系统法治：科学立法的思维导向。第三章信息集成：科学立法的决策依据。第四章多体协同：科学立法的主体选择。第五章多样民主：科学立法的程序支持。第六章精细融贯：科学立法的技术要求。第七章党的领导：科学立法的政治保证。

中文题名：技术创新引起的法律难题及其回应研究——以网约车营运为样本

英文题名：Legal Problems Caused by Technological Innovation and Its Response：Take the Network Car as a Sample

研　究　生：蔡葵

指导教师：徐亚文教授

授予学位时间：2017 年上半年

内容介绍：本文针对法律法规总是滞后于新技术的发展这一问题，探求如何对技术创新所引起的法律难题进行回应。全文除引言和结语外，共分五章。第一章介绍了技术创新的概念、特征以及重要意义，特别是在中国现阶段供给侧结构性改革时期的重要意义。第二章论述了技术创新所产生的法律难题，在于技术创新不走寻常路，突破了人们的预期，以至于法律虽有一定前瞻性也可能完全无法预测，形成了法律监管的盲点。第三章论述了如何在法律理念上回应技术创新。第四章探讨了如何在法律规则上回应技术创新，涉及从法律规则上如何对技术创新进行合法与否的判断和如何进行法律规制。第五章论述法律实施上应如何回应技术创新。

中文题名：金融发展权研究

英文题名：Research on the Right to Financial Development

研 究 生：朱林

指导教师：汪习根教授

授予学位时间：2017 年上半年

内容介绍：本文旨在克服金融效率的价值局限，从社会公平和自由发展的双重视角，通过金融与发展权的融合生长而提出并研究一项新型的权利形式——金融发展权，并分六部分展开讨论。第一部分绪论。第二部分金融发展权的社会动因，分析了金融化这一催生金融发展权的社会动因以及人权在破解金融化问题方面的可行性。第三部分金融发展权的基本含义，分析了金融发展权的内涵和构成要件，总结了金融发展权在本体论、认识论、方法论、价值观方面的特点。第四部分金融发展权的价值分析，包括金融发展权以人为本的价值追求、金融发展权对发展正义的追求、金融发展权对主体自由的保障、金融发展权对金融民主的诉求。第五部分金融发展权的法治化探索，包括对发展权法治化进行一般理论分析和对金融发展权法治化探索的具体实现路径分析。第六部分余论。

中文题名：透明度的法哲学研究

英文题名：On a Jurisprudential Approach to Transparency

研 究 生：涂罡

指导教师：徐亚文教授

授予学位时间：2017 年上半年

内容介绍：本文旨在探讨透明度的独立价值，力图通过法哲学层面的研究正本清源，建构透明度的法学理论体系。全文共分五章。第一章对透明度学理进行梳理，考察透明度中西文词源，阐论透明度的理论基础，等等。第二章主要分析了透明度的基本范畴，包括透明政府、权力腐败治理、隐私保护和第四权力（新闻媒体），这四方面内容也决定了透明度理论的基本框架与主体内容。第三章旨在明确透明度的法学价值，分别从透明度与民主、人权、效率、法治方面展开讨论。第四章将透明度寓于法律运行的过程之中加以分析，指出透明度价值和功能的实现，实际也是其不断渗入立法、司法和行政执法的过程。第五章将透明度理论置于我国国家治理现代化的宏大语境之下，提出并阐论了治理透明化这一命题。

中文题名：文化多样一体的法哲学研究

英文题名：Research on Legal Philosophy of Cultural Diversity and Integration

研 究 生：刘国利

指导教师：李龙教授

授予学位时间：2017 年上半年

内容介绍：本文以唯物史观为理论基础，运用唯物辩证法的对立统一方法、比较研究方法、田野调查方法等，全面研究了中国特色的文化多样一体。全文除引言外，共分七章。第一章论述文化多样一体范式的形成。第二章讨论文化多样性与法价值体系的完善。第三章探讨传统文化合法性的承认。第四章讨论传统文化的平等保护。第五章论述文化生态与社会治理的完善。第六章论述原地居民权利的法律保护。第七章探讨文化宽容与包容性法治。

中文题名：我国社区矫正立法问题研究

英文题名：Research on the Legislation of Community Correction in Our Country

研 究 生：李钰

指导教师：汪习根教授

授予学位时间：2017 年上半年

内容介绍：本文对社区矫正立法进行系统和深入的研究，为相关立法提供学理支撑和实践参考，体现了对法制建设现实问题的回应，具有重要的学术价值与实践意义。全文融合了社区矫正的司法实践、理论创新、经验积累等方面，对社区矫正立法问题分八个部分加以探讨和论述。第一部分引言。第二部分从法理上分析研究了社区矫正的性质、目的及社会价值，阐明了社区矫正立法的必要性、可行性和重要意义。第三部分梳理了西方发达国家、我国台湾地区及香港特别行政区社区矫正立法与实践状况。第四部分论述我国社区矫正立法的必要性、可行性和重大意义。第五部分探讨我国社区矫正立法模式和基本原则。第六部分分析了社区矫正立法与实践面临的主要问题。第七部分针对社区矫正立法及实践现状，重点研究了我国社区矫正立法需要解决的若干问题。第八部分探讨了社区矫正立法涉及的配套法律制度的完善。

中文题名：我国人民陪审员制度改革研究

英文题名：A Study on the Reform of the System of People's Jury in China

研 究 生：郭敏

指导教师：汪习根教授

授予学位时间：2017 年下半年

内容介绍：本文梳理了陪审制度发展的历史脉络和人民陪审员制度的实施现状，比较分析了英美法系陪审模式、大陆法系参审模式和混合模式三种主要模式的特点和启示意义，总结了陪审员选任制度缺陷等现实问题和成因。全文共分八章。第一章绪论。第二章探讨陪审和陪审制度的概念界定，考察陪审制度在国外的历史起源。第三章论述人民陪审员制度在我国的发展历程和功能定位。第四章是关于我国人民陪审员制度发展现状的实践考察和实证分析。第五章探讨域外陪审模式选择，从技术设计的层面对目前的三种主流陪审模式进行比较考察。第六章论述人民陪审员制度改革的法理基础。第七章探讨改革背景下人民陪审员制度的组织架构。第八章论述人民陪审员制度的完善路径。

2018 年

中文题名：论我国儿童发展权的法律保障

英文题名：On the Legal Protection of Children's Rights to Development in China

研 究 生：宋丁博男

指导教师：汪习根教授

授予学位时间：2018 年上半年

内容介绍：本文以我国儿童发展权的法律保障为研究对象，共分八章展开论述。第一章对"儿童"一词进行了法律层面的辨析与厘清，对"儿童"与"少年""未成年人"的含义进行了区分，并对儿童发展权的概念进行了创新性解释。第二章从国际法角度出发，对儿童发展权的国际法律文本进行了具体分析。第三章从宏观和微观两个方面论述了我国目前关于儿童发展权保护的法治构建。第四至第七章立足于我国现状，从完善立法体系、健全司法制度、构建行政保护机制和优化社会法治模式四大方面，有针对性地提出了完善我国儿童发展权法律保障的对策建议，以期对儿童发展权保护实践能够有所助益。第八章结语。

中文题名：人权的宣言保障研究

英文题名：Research on the Safeguard of the Declaration of Human Rights

研 究 生：潘铭方

指导教师：徐亚文教授

授予学位时间：2018 年上半年

内容介绍：本文以我国国内对人权宣言的研究现状为基点，研究人权宣言的保障，除导言、结论外，分七章。第一章人权的宣言保障与法律保障。第二章人权宣言的历史性与人权宣言。第三章人权的政治性与人权宣告。第四章人权的道德性和人权宣告。第五章人权的法律性与人权宣告。第六章人权的宣言保障与法律保障的互补。第七章完善人权的宣言保障机制，实现人权进步。

中文题名：现代性视域下的法律数字研究

英文题名：A Study on Numbers in Law from the Perspective of Modernity

研 究 生：高一飞

指导教师：徐亚文教授

授予学位时间：2018 年上半年

内容介绍：本文旨在对法律中的数字进行整全性的研究，初步建构法律数字的理论体系。全文除引言外分五章。第一章阐释法律数字基本原理，揭示了数字之于法律的重要性和功能机制。第二章聚焦"不断接近科学"的法律数字，重在查究法律数字的性质转变。第三章重点讨论作为"客观标尺"的法律数字，将时间和货币作为法律数字的基本表达形式，并思考近代以来法律数字成为客观性标尺的缘由。第四章集中剖判法律数字的价值内涵，揭示了现代法律体系之下数字与价值的复杂关系。第五章从法的运行过程出发，致力于建构法律数字的合理性标准。

中文题名：新发展理念视域下中国特色人权发展道路研究

英文题名：The Research on the Development Path of Human Rights with Chinese Characteristics from the Perspective of New Development Concept

研 究 生：范兴科

指导教师：李龙教授

授予学位时间：2018 年上半年

内容介绍：本文力求系统考察人权发展演进的必然逻辑与规律，厘清中国特色人权发展道路的理论逻辑与现实基础，阐明中国特色人权道路的谋划与建构，澄明其与构筑人类命运共同体的内在关联。正文分十章。第一章追溯"人权"的法哲学意义。第二章阐释经典作家关于"发展"的论述。第三章论述以创新作为中国特色人权发展道路的灵魂，走中国特色人权发展道路。第四章探讨以协调发展理念消除人权不平衡不充分的矛盾。第五章论述以绿色发展理念确立人权发展的法治生态。第六章以开放发展理念借鉴各国人权理论与发展经验，构建人类命运共同体。第七章论述以共享发展理念保障全体人民的基本权利。第八章聚焦本土人权资源的传承与扬弃。第九章展开对于西方人权文化的评析与借鉴。第十章阐释构筑"人类命运共同体"。

中文题名：新时代法治政府建设中的政府职能转变研究

英文题名：Research on the Transformation of Government Functions in the Construction of a Rule of Law Government in the New Era

研 究 生：佘一多

指导教师：李龙教授

授予学位时间：2018 年上半年

内容介绍：本文以政府职能法治化、系统化为主线，从中西方政府职能转变历史出发，追寻法治政府建设和政府职能转变的逻辑联系，着眼于政府职能转变的重心、方式和动力，提出本文的基本立场、结论和对策。全文共分五章。第一章引言。第二章求索中西方政府职能转变的历史逻辑，认为法治化和系统化是植根于职能转变近现代进程中的主线。第三章立足政府职能转变面临的现实问题，建立法治政府和政府职能的逻辑联系，进而归结本文的基本结论。第四章论述新时代政府职能转变的重心、方式和动力，提出本文的基本对策。第五章以基本结论为基础，提出政府各项职能法治化、系统化的路径。

国 际 法 学

2009 年

中文题名： 2005 年海牙《协议选择法院公约》研究

英文题名： A Chinese Study on the 2005 Hague Convention on Choice of Court Agreements

研 究 生： 叶斌

指导教师： 韩德培教授

授予学位时间： 2009 年上半年

内容介绍： 2005 年海牙《协议选择法院公约》是海牙国际私法会议在国际民商事管辖权和外国判决承认与执行领域取得的最新和最大成果。公约调整基于选择法院协议而提起的国际民商事诉讼，对各国选择法院协议和外国判决的承认与执行规则进行协调。研究 2005 年海牙《协议选择法院公约》，不仅可以为我国加入公约的可行性和必要性进行深入和全面的研究，同时也能为完善我国的国际选择法院协议制度提供建设性的意见。本文除引言、结论外，正文共分四章对 2005 年海牙《协议选择法院公约》进行了全面研究。第一章介绍了 2005 年海牙《协议选择法院公约》缔结背景。第二章分析了 2005 年海牙公约产生的制度背景。第三章研究了 2005 年海牙公约主要内容和相关争议问题。第四章探讨了中国加入 2005 年海牙公约的可行性。

中文题名： WTO 文化贸易法律制度研究

英文题名： On Cultural Trade Legal System Under the WTO

研 究 生： 李洁

指导教师： 郭玉军教授

授予学位时间： 2009 年上半年

内容介绍： 本文在分析、总结现有成果的基础上，对 WTO 文化贸易法律制度进行了较系统、深入的研究。文章在分析 WTO 文化贸易法律制度的理论基础之上，侧重于研究 WTO 专家小组与上诉机构的报告，通过案例的形式逐行诠释与文化贸易相关的 WTO 法律规则在具体实践中的运用步骤与方法。结合 UNESCO《保护和促进文化表现形式多样性公约》，分析文化与贸易的国内法与国际法层面的冲突与协调。全文除导论外，正文分六章。第一章文化与贸易争论的源起。第二章 WTO 体制下文化贸易法律制度概述。第三章 WTO 体制下文化贸易具体法律规则。第四章 WTO 文化贸易争端解决机制。第五章 WTO 体制内外文化与贸易冲突的协调。第六章中国文化贸易法律制度研究。

中文题名：WTO 宪政理论研究

英文题名：Studies on Constitutionalism of WTO

研 究 生：王玉婷

指导教师：左海聪教授

授予学位时间：2009 年上半年

内容介绍：本文除前言、结语外，分五章对 WTO 宪政理论问题进行了系统研究。第一章国际法体系"宪法化"理论解读——WTO 宪政研究的相关理论背景。第二章国际法体系"宪法化"理论基本概念之探究。第三章阐述了关于 WTO 制度"宪法化"问题的理论之争。第四章探讨了关于 WTO 规则"宪法"功能和"宪法"价值的理论之争。第五章研究了 WTO"宪政"问题和国际法"宪法化"问题——对比思考下的理论解构。

中文题名：保险经纪人法律制度比较研究

英文题名：A Comparative Study on the Legal System of Insurance Brokers

研 究 生：陈文涛

指导教师：张湘兰教授

授予学位时间：2009 年上半年

内容介绍：保险经纪人是重要的保险中介主体。在国际保险市场上，通过保险经纪人安排保险或办理索赔，是投保人或被保险人获得保险保障的重要方式。对保险经纪人制度的比较研究将对我国保险经纪业的健康发展发挥积极的促进作用。本文除引言外，共分五章对保险经纪人法律制度进行了比较研究。第一章保险经纪人概述。第二章保险经纪人法律地位比较。第三章保险经纪人权利义务比较。第四章保险经纪人赔偿责任比较。第五章保险经纪人监管比较。

中文题名：不正当竞争国际私法问题研究

英文题名：A Study on Private International Law Problems of Unfair Competition

研 究 生：王定贤

指导教师：黄进教授

授予学位时间：2009 年上半年

内容介绍：涉外不正当竞争的国际私法问题，目前国内已有的研究多限于个别问题。本文尝试对不正当竞争的国际私法问题包括管辖权、法律适用、争议解决、法院判决和仲裁裁决的承认与执行以及法律适用的国际统一等问题，作系统梳理。全文除引言外，正文共分六章。第一章论述了不正当竞争的一般问题。第二章涉外不正当竞争国际私法问题概述。第三章分析了涉外不正当竞争的管辖权。第四章研究了涉外不正当竞争的法律适用。第五章探讨了涉外不正当竞争的争议解决。第六章分析了我国涉外不正当竞争问题。

中文题名：单一海洋划界公平解决的法律问题研究

英文题名：Research on the Legal Issues of Equitable Solution of Single Maritime Delimitation

研 究 生：黄伟

指导教师：杨泽伟教授

授予学位时间：2009 年上半年

内容介绍：本文通过考察单一海洋划界的国家实践尤其是国际司法和仲裁实践，系统深入地研究了单一海洋划界公平解决的核心问题，即如何兼顾和融合领海外 188 海里内与专属经济区（上覆水域）划界有关的公平和与大陆架（海床和底土）划界有关的公平问题。全文除引言、结论外，共分四章展开研究。第一章单一海洋划界概述。第二章单一海洋划界公平解决的法律基础。第三章寻求单一海洋划界公平解决的法律确定性。第四章对中国选择适用单一海洋划界的思考和建议。

中文题名：发展中国家在 WTO 争端解决机制中的参与及优惠待遇

英文题名：Developing Countries Participation and Favorable Treatment in the WTO DSS

研 究 生：穆罕默德（MOHAMMED AL ESSAWI）

指导教师：余敏友教授

授予学位时间：2009 年上半年

内容介绍：本文从发展中国家的角度出发，系统地对 GATT 与 WTO DSS 及其对发展中国家优惠待遇的相关规定和发展中国家参加 GATT 与 WTO DSS 的实践活动进行了研究，分析了发展中国家在 WTO DSS 中遇到的挑战，研究了 WTO DSS 应如何完善和改革，提出了解决这些挑战的办法与设计了几个有利于发展中国家和最不发达国家参与 WTO DSS 的改革措施。全文除前言、结论外，共分六章。第一章给予发展中国家优惠待遇的发展历程。第二章 WTO 争端解决机制下发展中国家优惠待遇的具体形式。第三章中国参与 WTO 争端解决机制的实践。第四章阿拉伯国家在 WTO 争端解决机制中的实践。第五章其他发展中国家参与 WTO 争端解决机制。第六章发展中国家有效参与 WTO 争端解决机制面临的主要挑战。

中文题名：国际法强制执行问题研究

英文题名：Research on the Enforcement of International Law

研 究 生：温树斌

指导教师：杨泽伟教授

授予学位时间：2009 年上半年

内容介绍：国际法能否被强制执行？如果能，是怎样被强制执行的？这是本文研究的两个核心问题。现代国际法通过单独、集体和司法三类措施得以强制执行。本文运用辩证唯物主义和历史唯物主义的方法、比较研究、历史考察、实证分析等多种研究方法，对国际法强制执行问题进行了系统研究。全文正文共分五章。第一章国际法强制执行的法理基础。第二章国际法的单独强制执行（自助），即由受害国单独采取的、对违反国际法的行为作出反应的强制性措施。第三章国际法的集体强制执行（制裁），即由国际社会两个或两个以上的国家采取的、对违反国际法的行为作出反应的强制性措施。第四章国际法的司法强制执行。第五章国际法强制执行的前瞻。

中文题名： 国际法自足制度研究

英文题名： Studies on the Self-contained Regime in International Law

研 究 生： 陈彬

指导教师： 左海聪教授、Francis G. Snyder 教授

授予学位时间： 2009 年上半年

内容介绍： 本文以国际法体制冲突为进路，以问题为导向，综合运用社会学、国际政治学和法学领域内的多种研究方法，通过对国际法上自足制度诞生背景、地位与性质、建立规则、失灵与协调问题的研究，为自足制度与外部国际法环境之间的关系提供宏观视角的框架性考察。全文除引言、导论、结束语外，共分五章。第一章论述了自足制度的诞生。第二章讨论了自足制度的地位。第三章研究了自足制度的建立规则。第四章分析了自足制度的失灵问题。第五章探讨了自足制度的协调。

中文题名： 国际贸易中的健康和安全法律问题研究：聚焦 WTO、欧盟和中国

英文题名： Legal Study on Health and Safety Issues in International Trade：Focus on the WTO, EU and China

研 究 生： 叶波

指导教师： 曾令良教授

授予学位时间： 2009 年上半年

内容介绍： 在多边贸易体制中，以 WTO 为代表的国际组织制定了一系列协定规范健康和安全问题，主要表现为 GATT 第 3、20 条，《TBT 协定》和《SPS 协定》，并通过争端解决实践明确协定规则的含义。欧盟不仅成立了专门机构监管食品和药品领域，还制定了一系列的条例、指令试图统一各国规则，贯彻了预防原则，体现于欧洲法院和初审法院的司法实践。要实现和平发展，中国也需要恰当处理好自身的健康和安全问题。本文聚焦 WTO、欧盟和中国，对国际贸易中的健康和安全法律问题进行了系统研究。全文由六章组成。第一章国际贸易中的健康和安全问题概述。第二章 GATT、《TBT 协定》和《SPS 协定》规则分析。第三章 WTO 健康和安全争端中的具体问题。第四章欧盟的健康和安全法律制度。第五章中国和平发展与国际贸易中的健康和安全问题。第六章结论。

中文题名： 国际贸易中的违约损害赔偿制度研究

英文题名： Studies on the System of Damages for Breach of Contract in International Trade

研 究 生： 莫万友

指导教师： 郭玉军教授

授予学位时间：2009 年上半年

内容介绍：本文主要从 CISG、UPICC 和 PECL 角度比较研究违约损害赔偿制度，旨在分析三者有关这一制度的异同，阐明该制度的统一化程度，对该制度的不同之处作出合理选择。此外，本文还分析了该制度的优缺点，为修订 CISG、UPICC 和 PECL 的相关条款提出建设性建议，为完善我国《合同法》中的违约损害赔偿条款提供借鉴。全文除引言、结语外，共分七章。第一章主要分析了违约损害赔偿的基础问题。第二章主要探讨了违约损害赔偿的请求权。第三章详细分析了确定违约损害赔偿范围的限制性规则。第四章明确了违约损害赔偿的计算标准。第五章讨论了计算违约损害赔偿中遇到的一些具体问题：其一是减价问题；其二是利润损失的赔偿问题。第六章论述了违约损害赔偿的例外情形。第七章具体分析了我国违约损害赔偿的立法及司法实践。

中文题名：国际民事责任竞合的冲突法研究

英文题名：On the Concurrence of International Civil Liabilities in the Conflict of Laws

研 究 生：王立武

指导教师：韩德培教授

授予学位时间：2009 年上半年

内容介绍：从冲突法的角度，运用比较法和国际私法研究方法，探讨如何解决国际民事责任竞合引起的法律冲突具有重要的理论意义和实践价值。本文根据传统国际私法研究法律冲突的路径，按照国际民事责任竞合的管辖问题、法律适用问题和外国判决的承认与执行问题的体系对国际民事责任竞合的冲突法进行了系统研究。全文除导论、结论外，正文共分六章。第一章国际民事责任竞合的基本理论。第二章国际民事责任竞合案件的管辖。第三章国际民事责任竞合案件的法律适用。第四章国际民事责任竞合案件的判决的承认与执行。第五章国际民事责任竞合的仲裁法问题——以侵权和违约的竞合为例。第六章我国国际民事责任竞合的冲突法制度的完善。

中文题名：国际能源机构能源安全法律制度研究

英文题名：On the Legal System of the International Energy Agency for Energy Security

研 究 生：肖兴利

指导教师：杨泽伟教授

授予学位时间：2009 年上半年

内容介绍：IEA 是发达石油消费国在经济合作与发展组织框架内成立的一个独立自治的国际组织，是世界上最重要的三大能源组织之一。IEA 保障能源安全的各项法律制度，对于中国构建能源安全框架、深化国际能源合作、完善能源法制建设具有重要的借鉴意义。本文除导论、结论外，共分六章对国际能源机构能源安全法律制度进行了系统全面的研究。第一章为 IEA 能源法律制度概述。第二章阐述了 IEA 的石油安全应急法律制度。第三章分析了 IEA 的石油市场信息法律制度。第四章研究了 IEA 的能源合作与研发法律制度。第五章论述了 IEA 的能源争端解决制度。第六章探讨了中国与 IEA 的能源合作现状与前景，以及 IEA 对中国能源安全的重要意义。

中文题名： 国际人权条约中的权利限制条款研究

英文题名： Study on Limitation Clauses of International Conventions on Human Rights

研 究 生： 毛俊响

指导教师： 万鄂湘教授

授予学位时间： 2009 年上半年

内容介绍： 本文主要分析了国际人权条约权利限制条款的具体内涵，在此基础上评析我国国内法中权利限制条款，并提出我国批准《公民权利和政治权利国际公约》的应对之策。全文除引言、结论外，共分七章。第一章阐述了国际人权条约权利限制条款的基本概念。第二章探讨了国际人权条约中的一般权利限制条款。第三章分析了国际人权条约中的暗示权利限制条款。第四章讨论了国际人权条约中的明示权利限制条款。第五章讨论了国际人权监督机构对缔约国适用权利限制条款的审查与监督。第六章比较分析了国际人权条约权利限制条款与国内宪法公民基本权利限制条款之间的关系。第七章以《公民权利和政治权利国际公约》权利限制条款为基点，分析我国国内法中的公民基本权利限制条款。

中文题名： 国际商法自治性研究

英文题名： Research on the Autonomy of New Lex Mercatoria

研 究 生： 向前

指导教师： 左海聪教授

授予学位时间： 2009 年上半年

内容介绍： 本文以国际商法的自治性为逻辑主线和研究对象，在对国际商法的有关重大基础理论问题进行深入分析与研究的基础之上，通过历史考察自治性在国际商法发展进程中的作用，深入剖析有关自治性的学说与理论，进而对国际商法自治性的实现进路作出一个科学和逻辑的构建并进行相应的论述，最后对国际商法及其自治性的发展障碍、前景作出分析与展望。全文除引言、结语外，共分五章展开论述。第一章对国际商法的有关基础理论问题进行研究。第二章从历史的角度，以自治性为主线对国际商法的发展历史作出了重新梳理，将国际商法的发展分三个阶段，并对自治性在国际商法发展历史中所起到的重要作用作出总结。第三章以自治性为主线对国际商法诸多学者的学说进行考察与分析。第四章对国际商法自治性的实现进路进行逻辑、科学的构建。第五章对国际商法及其自治性实现的外在、内在障碍进行了一个全面的剖析，并对国际商法在自治性指引下的未来发展前景作出了展望。

中文题名： 国际商事仲裁程序研究

英文题名： A Study of Procedure of International Commercial Arbitration

研 究 生： 杨玲

指导教师： 宋连斌教授

授予学位时间： 2009 年上半年

内容介绍： 国际商事仲裁程序是国际商事仲裁的中枢和灵魂，几乎所有国际商事仲裁的优势都是由国际商事仲裁程序来承载的。国际商事仲裁程序正当性的基础是国际商事仲裁程序自治；国际商事仲裁程序自治与程序正当性的实现，是以正当程序规范为限制、当事人意思自治与仲裁庭自由裁量权的相互补充为路径的。本文以此为中心，将整个国际商事仲裁程序视为一个整体，讨论其独立价值、功能实现及运行机制。全文除导论、余论外，正文共分五章。第一章国际商事仲裁程序的基本问题。第二章国际商事仲裁的程序自治。第三章国际商事仲裁的正当程序。第四章国际商事仲裁程序自治与正当程序之实现。第五章国际商事仲裁的程序管理。

中文题名：国际艺术品贸易中的法律问题

英文题名：Legal Aspects of International Sales of Works of Art

研 究 生：张函

指导教师：郭玉军教授

授予学位时间：2009 年上半年

内容介绍：本文采用历史分析的方法、比较法学的研究方法及实证分析的方法，围绕以美国为代表的普通法系国家和以法国为代表的大陆法系国家的立法和司法实践对艺术品贸易中的法律问题进行了研究。全文除导言、结语外，正文共分六章。第一章艺术品贸易概论。第二章对艺术品进出口贸易的法律规制进行了描述。第三章探讨了艺术品贸易中的所有权问题。第四章讨论了艺术品贸易中鉴定估价的法律问题。第五章讨论了艺术品贸易中的法律适用问题。第六章讨论了中国艺术品贸易中的法律问题。

中文题名：海上强制保险法律问题研究

英文题名：Study on Maritime Compulsory Insurance

研 究 生：张丽娜

指导教师：张湘兰教授

授予学位时间：2009 年上半年

内容介绍：本文从海上强制保险的基础理论入手，围绕海上强制保险的概念和特征、海上强制保险的法律定位、海上强制保险的适用范围、海上强制保险的投保主体和承保主体以及海上强制保险中的第三人直接请求权等问题展开论述与探讨。并在研究过程中注重从法理学、民法学等深度去考察海上强制保险制度，深入分析海上强制保险中的各种法律问题，以期为我国海上强制保险的立法和法律解释提供理论上的基础和论证。全文除引言外，共分六章。第一章海上强制保险概述。第二章海上强制保险的法律定位。第三章海上强制保险的适用范围。第四章海上强制保险的投保主体和承保主体。第五章海上强制保险中的第三人直接请求权。第六章我国海上强制保险法的完善。

中文题名：海上人身伤亡损害赔偿法律问题研究

英文题名：Legal Issues on Damage for Maritime Personal Injury and Death

研 究 生：殷悦

指导教师：张湘兰教授

授予学位时间：2009 年上半年

内容介绍：本文对海上人身伤亡损害赔偿所蕴含的法律问题进行各层面和多角度的分析和探究，在明晰现有相关法律制度的基础之上，进一步提出对其进行完善的建议。全文除引言、余论外，共分五章。第一章海上人身伤亡损害赔偿概述。第二章海上人身伤亡的赔偿责任问题。第三章海上人身伤亡的赔偿范围和金额问题。第四章海上人身伤亡损害赔偿的程序问题。第五章我国海上人身伤亡损害赔偿法律制度的完善。

中文题名：跨国证券权利冲突法之研究

英文题名：A Study of the Conflict of Laws to Certain Rights in Transnational Securities

研 究 生：陆尚乾

指导教师：黄进教授

授予学位时间：2009 年上半年

内容介绍：本文研究股票等资本证券权利之准据法问题，是一个原本在国际私法领域未受重视，直到近年随着国际资本流通全球化兴起大量交易活动而产生并已渐危及金融市场之稳定性的问题。全文针对跨国证券之权利冲突法问题，分七章展开论述。第一章导论。第二章跨国证券种类与处分之基本概念。第三章现代证券交易模式之变革——集中保管、账簿划拨与间接持有。第四章证券权利准据法决定之基础理论。第五章证券权利准据法决定之趋势——海牙证券公约。第六章主要国家、组织及地区之冲突法实践。第七章结论。

中文题名：论冲突法中的最密切联系理论

英文题名：The Most Significant Relationship Theory in Conflict of Laws

研 究 生：周晓明

指导教师：肖永平教授

授予学位时间：2009 年上半年

内容介绍：本文以最密切联系理论为研究对象，通过对最密切联系理论的产生和内涵、与冲突法制度的关系以及对各主要国家立法和司法实践的分析与归纳，旨在明确最密切联系理论在冲突法制度中的地位和具体运用。全文除引论、结论外，正文分六章。第一章阐述了最密切联系理论的历史演进。第二章论述了最密切联系理论的基本问题。第三章分析了最密切联系理论与冲突法一般问题的关系。第四章研究了合同领域的最密切联系理论。第五章论述了侵权领域的最密切联系理论。第六章探讨了其他领域的最密切联系理论。

中文题名：论欧共体与 WTO 的交互影响：法律、政策与实践

英文题名：On the Interaction Between European Communities and WTO：Law, Policy and Practice

研 究 生：程保志

指导教师：曾令良教授

授予学位时间：2009 年上半年

内容介绍：本文从欧盟对外贸易关系法的角度论述欧共体与 WTO 之间的交互性影响这一复杂课题，主要就 WTO 法的直接效力问题、欧共体运用 WTO 争端解决机制的政策与实践和欧共体在共同商业政策上的调整与改革这三个具体问题展开论述，从而揭示出欧共体是如何看待和运用 WTO 多边贸易体制来维护其重大经贸利益。全文除引言、结论外，共分五章。第一章欧共体在 GATT/WTO 中的法律地位。第二章 GATT/WTO 协议在欧共体法律体系中的地位与效力。第三章 DSB 裁决在欧共体法律体系中的地位与效力。第四章欧共体运用 WTO 争端解决机制的政策与实践。第五章欧共体共同商业政策对 WTO 体制的"适应性"调整。

中文题名：论中印东段边界划界的法律依据

英文题名：The Legal Basis on Delimitation of the Sino-Indian Eastern Boundary

研 究 生：曾皓

指导教师：杨泽伟教授

授予学位时间：2009 年上半年

内容介绍：本文从分析陆地划界的法律依据入手，确定了可以用来研究中印东段边界划界的法律依据；然后通过论述这些陆地划界法律依据的构成要件及其在中印东段边界划界中的适用，探讨了中印边界东段线的大致走向与位置。全文除前言、结论外，正文共分六章。第一章导论。第二章与"麦克马洪线"有关的条约。第三章承认、默认、禁止反言与中印东段边界划界。第四章中印争议地区的归属问题。第五章国际法中的衡平与中印东段边界划界。

中文题名：美国《外国人侵权请求法》研究

英文题名：A Study of the Alien Tort Claims Act of USA

研 究 生：李庆明

指导教师：黄进教授

授予学位时间：2009 年上半年

内容介绍：《外国人侵权请求法》根源于 1789 年《司法法》第 9 条，经过几次修订后，目前编纂在《美国法典》第 1350 条。在长期的实践中，面对各界的争议以及社会不断变迁的现实，《外国人侵权请求法》也在变迁，势力范围不断扩张。《外国人侵权请求法》诉讼是通过国际民事诉讼来执行国际法，尤其是国际人权法，是人权的私法救济。本文综合运用案例分析、比较分析、历史分析的研究方法，对《外国人侵权请求法》中涉及的管辖权、法律适用与障碍等方面进行了专门的论述。全文除引言、结语外，正文共分六章。第一章《外国人侵权请求法》的历史发展。第二章《外国人侵权请求法》的内涵。第三章《外国人侵权请求法》诉讼中的管辖权。第四章《外国人侵权请求法》诉讼中的法律选择。第五章《外国人侵权请求法》诉讼中的抗辩与障碍。第六章其他国家对于违反国际法的侵权诉讼实践。

中文题名：美国海事诉讼特别程序研究

英文题名：Studies on the Special Rules About Maritime Procedure of the United States

研 究 生：邢娜

指导教师：韩德培教授

授予学位时间：2009 年上半年

内容介绍：本文以美国《海事补充规则》为主线，以美国海事诉讼程序区别与普通民事诉讼程序的特殊规则为研究重点，系统论述了美国海事诉讼中一些特有的程序性规则。全文除引言、结语外，共分五章。第一章讨论了美国海事诉讼程序的一般问题。第二章探讨了美国法院对海事诉讼的管辖权。第三章主要研究了美国海事诉讼中对人诉讼及扣押制度，也就是《海事补充规则》的规则 B，又称为"B 规则扣押"（Attachment）。第四章分析了美国海事对物诉讼与船舶扣押制度。第五章论述了美国海事赔偿责任限制程序。

中文题名：欧洲联盟对外关系中的"人权条款"法律问题研究

英文题名：Legal Issues of Human Rights Clause in the External Relations of the European Union

研 究 生：张华

指导教师：曾令良教授

授予学位时间：2009 年上半年

内容介绍：本文从欧盟对外关系的大背景着眼，截取了欧盟对外人权政策中最富特色的一项法律工具——"人权条款"，尝试为中欧人权交流提供启发和借鉴。文章主要依据欧盟公布的基础条约、国际协定、二级立法、法院判例和政策文件等原始资料，从国际法和欧盟法的视角对"人权条款"的制度设计和实施机制问题进行了多维度的综合剖析，对欧盟的"人权条款"作出了更为清晰和完整的界定，重点探讨了"人权条款"的实效性问题，强调该条款同时具有实施积极措施和消极措施的功能，并且消极措施的实效性也有增强的趋势。全文除绪论、结论外，共计六章。第一章"人权条款"与欧共体缔约的关联性。第二章"人权条款"实施机制中的国际法问题。第三章"人权条款"实施机制中的欧盟法问题。第四章"人权条款"在欧盟对外关系中的现实作用。第五章《里斯本条约》与"人权条款"的改革。第六章中欧关系中的"人权条款"问题。

中文题名：气候变化国际法中的差别待遇研究

英文题名：Research on Differential Treatment in International Law of Climate Change

研 究 生：龚微

指导教师：曾令良教授

授予学位时间：2009 年上半年

内容介绍：本文在对现有成果分析、总结的基础上，较系统地探讨了气候变化国际法中差别待遇问题。全文紧扣差别待遇这一主题进行研究，立足于气候变化这一环境与发展相结合的问题，通过回顾差别待遇的产生、发展的过程，分析和总结发展中国家参与气候变化国际法的理论与实践。在差别待遇所面临的挑战及其解决途径问题上，力图用国际法视角下的和谐世界理念阐述差别待遇产生的合理性，并用和谐世界的理念指导差别待遇的进一步发展和完善。全文除引言外，共分六章。第一章气候变化与气候变化国际法中的差别待遇。第二章气候变化国际法中差别待遇的形成与发展。第三章气候变化国际法中差别待遇的基本原则。第四章气候变化国际法实施机制中的差别待遇。第五章国际法其他领域中的差别待遇：借鉴与影响。第六章和谐世界背景下的差别待遇：回顾与前瞻。

中文题名：文化财产所有权问题研究

英文题名：Who Owns Cultural Property

研 究 生：靳婷

指导教师：郭玉军教授

授予学位时间：2009 年上半年

内容介绍：本文通过考察相关国家和国际法理论与实践的发展，旨在证明文化财产所有权与文化财产来源国的天然联系，并为解决文化财产来源国（主要是发展中国家和不发达国家）与文化财产市场国（主要是西方发达国家）之间的文化财产掠夺与返还、赔偿纠纷，提供一些可以参考的办法。同时基于国际人权法对私人财产所有权的保护，为在战争中被劫掠了财产的战争受害者提供一些进行跨国索赔、追还被劫掠文化财产的方法，以保障真正平等独立的国家主权和公民权。全文除引言外，正文共分五章。第一章文化财产所有权问题概述。第二章水下文化财产的所有权及其保护。第三章武装冲突下文化财产的保护。第四章被掠夺文化财产的返还。第五章我国文化财产所有权及其保护制度研究。

中文题名：武装冲突中文化财产的国际法保护

英文题名：Protection of Cultural Property During Armed Conflict in International Law

研 究 生：胡秀娟

指导教师：郭玉军教授

授予学位时间：2009 年上半年

内容介绍：武装冲突中文化财产的国际法保护是国际人道法的重要内容。本文采用比较研究、实证分析和历史分析的研究方法，对武装冲突中文化财产的国际法保护问题进行了系统深入的研究。全文除导论外，正文共分六章。第一章绪论。第二章讨论了国际性武装冲突中文化财产的保护。第三章论述了非国际性武装冲突中文化财产的保护。第四章分析了被占领土文化财产的保护。第五章论述了武装冲突中针对文化财产的国际犯罪及其个人刑事责任。第六章探讨了中国与武装冲突中文化财产的国际法保护。

中文题名：域外取证的国际合作研究——以《海牙取证公约》为视角

英文题名：Studies on International Cooperation of Taking Evidence Abroad：A Perspective of the Hague Evidence Convention

研 究 生： 乔雄兵

指导教师： 郭玉军教授

授予学位时间： 2009 年上半年

内容介绍： 国际民事诉讼经常需要获取域外证据。为了进一步解决各国之间在域外取证方面的法律冲突，推动域外取证的国际合作，1970 年 3 月 18 日，第十一届海牙国际私法会议正式通过了《关于从国外获取民事或商事证据的公约》（以下简称《海牙取证公约》）。《海牙取证公约》构成了国际社会域外取证国际合作的法律基础。本文以《海牙取证公约》为视角，深入分析了公约在推动域外取证国际合作方面取得的成就和存在的不足，并就公约实施过程中所产生的问题进行了分析。同时，本文还分析了我国域外取证立法及实践所存在的问题，并提出了完善我国域外取证国际合作机制的相关建议。除引言和结语外，全文共分六章展开研究。第一章国际民事诉讼中域外取证概论。第二章《海牙取证公约》的产生及主要内容。第三章《海牙取证公约》实施的主要问题。第四章《海牙取证公约》在各国的实施。第五章信息技术与域外取证的国际合作。第六章中国域外取证国际合作的法律制度。

中文题名： 证券登记结算若干法律问题研究

英文题名： Study on Several Legal Issues of Securities Registration and Settlement

研 究 生： 周敬之

指导教师： 李仁真教授

授予学位时间： 2009 年上半年

内容介绍： 证券市场的运作可以从宏观上分为前台和后台两个层面。所谓"前台"是指证券的发行、承销、保荐、上市和交易等活动。所谓的"后台"是指证券的登记、持有、托管、存管和结算等活动。前台和后台既有区别，又有联系，共同构成了证券交易合同生效和履行的全过程。本文从后台制度中挑选出三个主要的法律问题，即证券登记和持有的法律问题、中央对手方的法律问题和证券结算风险控制的法律问题进行深入研究，以期为完善我国证券登记结算法律制度提供理论指导。全文除引言、结语外，共分五章。第一章证券登记结算制度的概述。第二章证券登记和持有法律制度。第三章中央对手方法律制度。第四章证券结算风险控制法律制度。第五章完善我国证券登记结算制度的法律思考。

中文题名： 转基因食品标识的比较法研究

英文题名： A Study on Comparative Regulations on Genetically Modified Foods Labelling

研 究 生： 付文佚

指导教师： 韩德培教授

授予学位时间： 2009 年上半年

内容介绍： 本文从比较法的角度，主要从国际层面来研究转基因食品标识制度，有利于对国内法的国内效果和国际影响进行综合理解，对国内制度可以有整体的掌握，便于国家间国际合作的进行和纠纷的避免。全文除导论、结论外，正文共分六章。第一章阐述了转基因食品标识的一般问题。第二章研究了转基因食品标识立法的理论基础。第三章分析了转基因食品标识的国际条约。第四章研究了转基因食品标识的国际组织标准。第五章研究了转基因食品标识的代表性法律制度。第六章分析了我国转基因食品标识制度立法的现状及完善。

中文题名：WTO《政府采购协定》研究

英文题名：Studies on the Government Procurement Agreement

研　究　生：富天放

指导教师：左海聪教授

授予学位时间：2009 年下半年

内容介绍：在国际和区域组织有关政府采购规则中，WTO《政府采购协定》（以下简称 GPA）因世界主要发达国家和一些发展中国家的加入，而成为政府采购国际法律制度中最为重要和最具影响力的一项国际规则。2007 年 12 月 28 日，我国政府向世界贸易组织正式提交了加入 GPA 的申请和首次出价清单，从而启动了加入 GPA 的谈判工作。本文采用理论与实践相结合、规范阐释与实证分析相呼应、国际规则查考与国内法制补正相应接的研究方法，从 GPA 的基本原则、GPA 的适用范围、GPA 对政府采购合同授予程序与授予方式的特殊规定以及 GPA 的双重救济制度等几个方面，详细阐释了与其他政府采购国际法律制度相比 GPA 的特性。全文除引言、结束语外，正文共分六章。第一章政府采购国际法律制度。第二章 WTO《政府采购协定》适用范围。第三章 WTO《政府采购协定》非歧视原则。第四章 WTO《政府采购协定》之合同问题。第五章 WTO《政府采购协定》救济制度。第六章完善我国政府采购法律制度构想。

中文题名：德国的外国法院判决承认与执行制度研究

英文题名：A Study on the Recognition and Enforcement of Foreign Judgments on Civil and Commercial Matters in Germany

研　究　生：帅颖

指导教师：韩德培教授

授予学位时间：2009 年下半年

内容介绍：本文研究的主要内容是德国的外国法院判决承认与执行制度。对外国法院判决的承认与执行，德国存在两套规则：一是非欧盟成员国法院的判决，这是更为典型意义上的外国判决，适用德国国内法承认与执行外国法院判决的一般规则。二是欧盟成员国法院的判决。本文通过运用规范分析、实证研究、比较分析等方法，理论联系实际，结合德国相关立法和判例对两套规则进行阐述，对德国的外国法院判决承认与执行制度进行了较为系统的探讨和研究，并归纳总结出可供我国立法和实践借鉴的内容。全文除引言、结论外，正文共分四章。第一章阐述了若干基本问题。第二章介绍了非欧盟国家法院判决在德国的承认与执行。第三章论述了欧盟成员国法院民商事判决在德国的承认与执行。第四章德国的外国法院判决承认与执行制度对我国的启示。

中文题名：公共秩序保留在我国涉外民商事司法实务中之适用研究

英文题名：On the Public Policy in Chinese Foreign Judicial Practice Relating to Civil and Commercial Matters

研　究　生：叶丹

指导教师：宋连斌教授

授予学位时间：2009 年下半年

内容介绍：公共秩序保留是国际私法法律适用中一项重要的制度。一国或地区的法院适用公共秩序保留的目的是为了维护法院地的道德传统、社会秩序和根本利益。本文综合运用了规范研究和实证研究等研究方法，立足于我国涉外民商事审判司法实务，对适用公共秩序保留的诸多问题进行了深入研究。全文除引言、结语外，共分五章。第一章我国适用公共秩序保留概述。第二章论述了国际私法上公共秩序保留的基础理论。第三章分析了适用公共秩序保留在我国司法实务中存在的问题。第四章公共秩序保留在我国司法实务中的适用思路再梳理。第五章分析了法官素质的提升与公共秩序保留的司法运用。

中文题名：国际货币基金组织治理金融危机的法律问题研究

英文题名：On Legal Issues in IMF Governing Financial Crisis

研　究　生：何焰

指导教师：李仁真教授

授予学位时间：2009 年下半年

内容介绍：20 世纪 90 年代以来，以亚洲金融危机和美国次贷风暴为代表，金融危机愈演愈烈，暴露出现行国际金融体系和相关法治的严重缺陷，加强危机治理、改革国际金融体系成为国际社会着力解决的当务之急。由谁担纲危机治理，怎样提高危机治理绩效，便是蕴含其中需要明确的先决问题。本文采取了理论与实践相结合、规范分析与实证分析相结合、国际政治经济学和法学相结合的多种研究方法，对 IMF 治理金融危机的法律问题进行了较为系统和深入的研究。文章系统阐释了 IMF 治理金融危机的有关法律问题，包括 IMF 在危机治理中的地位和作用、法律依据、法律条件、法律效力、理论基础、比较优势、主要挑战，进而提出改革 IMF、加强其金融稳定职能、构建以 IMF 为核心的，涵盖危机预警、危机防范到危机救济全过程的危机治理机制的法律建议。全文除引言外，共分七章。

中文题名：跨境教育法律问题研究

英文题名：Research on Legal Issues in Cross-border Education

研　究　生：李晓述

指导教师：黄进教授

授予学位时间：2009 年下半年

内容介绍：跨境教育是教育国际化的重要方面，同时又有别于教育服务贸易。跨境教育包含的内容广泛，而经济合作与发展组织（OECD）将跨境教育活动归纳为"人员流动""项目流动"和"机构流动"三大类型。随着时代的发展,跨境教育的内容更加丰富,形式也日趋多元化。跨境教育的迅猛发展引起了众多国家和国际组织的关注。本文采用比较研究、案例分析的方法,对跨境教育法律问题进行了研究。全文除引言外,正文共分五章。第一章跨境教育及其相关法律问题概述。第二章调整跨境教育的国际法。第三章调整跨境教育的国内法。第四章中外合作办学的法律问题。第五章中国跨境教育法律体系的构建。

中文题名: 魁北克国际私法研究——兼论对中国区际法律冲突问题之借鉴

英文题名: A Study on Quebec Private International Law: Additionally on Some Inspirations on Interregional Legal Conflicts of China

研　究　生: 邓朝晖

指导教师: 韩德培 教授、黄进教授

授予学位时间: 2009 年下半年

内容介绍: 1994 年生效的《魁北克民法典》第十卷"国际私法"是晚近国际私法立法浪潮中的代表作,其立法技术和立法理念都相当引人瞩目,而且魁北克和加拿大其他的普通法省之间区际法律冲突的协调和融合的立法和司法实践,对于解决我国的区际法律冲突也有重要的借鉴作用。本文通过系统地考察魁北克国际私法的原则、规则和制度,旨在从宏观上展示魁北克国际私法的风貌,揭示其独特性和先进性。文章采用历史分析、比较法分析、实证分析以及归纳法等多种研究方法,对魁北克国际私法进行了系统、多维度的研究。在此基础上,通过深入分析魁北克与加拿大普通法省之间的区际法律冲突的解决,旨在构建我国区际法律冲突的解决模式。全文除导论外,正文共分八章。第一章魁北克国际私法概述。第二章一般规定。第三章人法。第四章物法。第五章债法。第六章管辖权。第七章外国判决和仲裁裁决的承认与执行。第八章魁北克对加拿大省际法律冲突的协调——与中国区际法律冲突问题的比较和启示。

中文题名: 垃圾信息的全球法律控制

英文题名: Legal Control on Spam: From a Global Perspective

研　究　生: 李昕

指导教师: 曾令良教授

授予学位时间: 2009 年下半年

内容介绍: 垃圾信息是信息社会的一个副产品。随着商业活动与现代电子通信技术结合得越来越紧密,垃圾信息问题日益冲击着传统法律体系。本文主要从国际法学、社会法学、比较法学视角,寻求以法律规制、公私部门协作与国际合作等三条路径控制垃圾信息的结合点。在深入解析垃圾信息、垃圾信息行为的基础上,探讨对垃圾信息的全球法律控制。全文共分九章展开论述。第一章导论。第二章垃圾信息与垃圾信息行为的法律概念。第三章美欧反垃圾信息立法及其模式比较。第四章统一全球反垃圾信息立法的努力。第五章国际反垃圾信息的执法合作。第六章国际反垃圾信息的司法挑战。第七章非主权者的反垃圾信息行动。第八章中国与垃圾信息的全球法律控制。第九章结论。

中文题名：论 WTO 对能源贸易规则的重构——以能源安全为视角

英文题名：On the Reconstruction of Energy Trade Rules by the WTO：From the Perspective of Energy Security

研 究 生：唐旗

指导教师：余敏友教授

授予学位时间：2009 年下半年

内容介绍：本文在汲取国外研究成果精华的基础上，以中国能源安全为视角，对 WTO 对能源贸易规则的重构问题进行了系统研究。全文除引言、结论外，正文分六章。第一章从能源安全视角看能源国际机制的演进——兼论 WTO 的角色。第二章多边贸易体制中能源贸易规则的初建——GATT 时代回溯。第三章现行 WTO 规则适用于能源贸易的现实状况。第四章 WTO 能源贸易纪律/规则的重构——现实基础。第五章 WTO 能源贸易纪律/规则的重构——多哈回合的实践。第六章 WTO 能源贸易纪律/规则重构与中国。

中文题名：知识产权证券化——从比较法研究探讨立法可行性

英文题名：The Securitization of Intellectual Property：A Legalization Feasibility Study Utilizing Comparative Law

研 究 生：魏忆龙

指导教师：万鄂湘教授

授予学位时间：2009 年下半年

内容介绍：知识产权证券化是一种金融体系中融资的新方法。鉴于世界知识产权组织也强调知识产权证券化是一种新趋势，相关知识产权证券化的立法也是未来必然的趋势。本文从比较法角度研究探讨了知识产权证券化的立法可行性。在本研究中，依据国际公约对知识产权的定义，将焦点集中在商标、专利、著作权三方面；参考美、日、欧洲国家的法制与实践案例，介绍证券化的立法沿革、参与机构及机制，并就风险分析评估，通过比较研究，提供立法建议。全文共八章。第一章导论。第二章证券化的意义及法制沿革。第三章知识产权证券化的案例及种类。第四章知识产权证券化的风险。第五章知识产权证券化的流程与参与机构。第六章知识产权证券化的评估。第七章金融危机中证券化机制的检讨与反思。第八章结论。

2010 年

中文题名：WTO 法中的必要性检验法律问题研究

英文题名：Research on Legal Issues of Necessity Tests in WTO Law

研 究 生：曾炜

指导教师：左海聪教授

授予学位时间：2010 年上半年

内容介绍：本文综合运用历史分析方法、比较研究方法、实证分析方法等多种研究方法，将如何保持贸易自由化与国家管制权之间的平衡具有重要的理论意义与现实价值作为研究的出发点，对 WTO 协定中的必要性检验进行全方位的探讨。全文除引言、结语外，共分七章。第一章必要性检验的基本理论。第二章必要性检验的适用对象。第三章必要性检验的合法目标。第四至第五章分别为：必要性判断标准（一）、（二）。第六章必要性检验的举证责任规则。第七章不同协定必要性检验的差异及其趋同。

中文题名：冲突法的范式研究

英文题名：The Paradigm Analysis on Conflict of Laws

研 究 生：阎愚

指导教师：肖永平教授

授予学位时间：2010 年上半年

内容介绍：本文运用美国科学哲学家库恩的"范式"理论重新梳理和分析冲突法理论的历史发展过程。一方面确认、阐释和评价冲突法理论在其历史发展中已经形成的那些基本范式，并在这个意义上辨析各种思想或思潮的理论归属；另一方面依据冲突法范式发展的内在逻辑及其所面临的问题，推测冲突法理论范式的基本发展趋势。全文除导言、结语外，正文共分五章展开研究。第一章库恩的范式理论及其在冲突法中的应用。第二章重读巴托鲁斯——冲突法的第一个范式。第三章萨维尼的范式革命——法律关系本座说。第四章美国的"冲突法革命"与"最密切联系原则"。第五章冲突法理论范式的发展趋势。

中文题名：出口信用保险合同问题研究

英文题名：Studies on the Contract of Export and Credit Insurance

研 究 生：江丽娜

指导教师：左海聪教授

授予学位时间：2010 年上半年

内容介绍：作为 WTO 框架允许的出口鼓励措施，出口信用保险已成为当今世界各国贸易和金融体系普遍支持的对象。出口信用保险合同作为保险合同的一种，既具有与普通财产保险合同类似的共性问题，又有着自身特有的规律和特点。本文按照出口信用保险合同的内在逻辑联系，分八章对出口信用保险合同的有关问题进行了系统论述。第一章为出口信用保险概述。第二章分析了出口信用保险的本质属性。第三章研究了出口信用保险合同之要素。第四章探讨了出口信用保险合同之成立、生效、变更、履行与终止。第五章分析了出口信用保险合同之最大诚信问题。第六章深入研究了出口信用保险合同之保险利益问题。第七章重点分析了出口信用保险合同之损失赔偿问题。第八章研究讨论了出口信用保险之特殊问题。

中文题名：电影产业版权制度比较研究

英文题名：Comparative Study on the Copyright Systems in Film Industry

研 究 生：刘非非

指导教师：韩德培教授、黄进教授

授予学位时间：2010 年上半年

内容介绍：本文主要用比较研究方法对法律制度中具有代表性的国家的电影产业版权制度以及相关国际立法作了深入的比较研究，并在文章的最后为中国电影产业版权制度的完善提出立法建议。全文除导论、结语（代结论）外，共分五章。第一章电影产业版权制度概述。第二章论述了电影版权的保护制度。第三章论述了电影作品的版权权利分配与流转。第四章分析了电影产业版权制度的国际统一立法与发展趋势。第五章中国电影产业版权制度的现状与完善。

中文题名：非物质文化遗产的国际法保护问题研究

英文题名：A Study on Issues of Safeguarding Intangible Cultural Heritage in International Law

研 究 生：唐海清

指导教师：郭玉军教授

授予学位时间：2010 年上半年

内容介绍：本文综合运用历史分析、比较研究、跨学科分析、实证分析、系统分析等多种方法，从基本理论、立法和法律实践等方面对非物质文化遗产的国际法保护进行全方位的探讨。全文除引言、结语外，分七章探讨了三大问题：国际法为什么要保护非物质文化遗产；国际法如何保护非物质文化遗产；中国如何建立和完善非物质文化遗产法律保护制度。对这三大问题的研究，构架了非物质文化遗产国际法保护研究的逻辑起点、核心内容和根本目的。第一章非物质文化遗产国际法保护的正当性。第二章《保护非物质文化遗产公约》解析。第三章非物质文化遗产的国际人权法保护。第四章非物质文化遗产的国际知识产权法保护。第五章土著传统知识的国际法保护——非物质文化遗产国际法保护的典型。第六章非物质文化遗产跨国争议的解决机制。第七章中国非物质文化遗产法律保护的建立与完善。

中文题名：古代国际私法探微

英文题名：An Investigation on Ancient Private International Law

研 究 生：李建忠

指导教师：肖永平教授

授予学位时间：2010 年上半年

内容介绍：古代国际私法是国际私法历史的一个有机组成部分，它涵盖了从古希腊时期到 18 世纪晚期的国际私法制度遗迹与理论学说。本文以历史、比较的研究方法详细考察了古代国际私法在各个阶段发展的历史背景，展示了国际私法在古代社会的基本面貌。全文除绪论、结论外，正文共分六章。第一章主要阐述了国际私法在古希腊、古罗马社会的萌芽问题。第二章阐述了欧洲中世纪早期法律适用的属人主义。第三章阐述了西欧中世纪中后期法律适用的属地主义。第四章阐述了法则理论的意大利学派。第五章阐述了法则理论的法国学派。第六章阐述了法则理论的荷兰学派。

中文题名：国际海上货物运输公约外部关系研究——以《鹿特丹规则》为主要考察对象

英文题名：The External Relations of Conventions on Carriage of Goods by Sea with Other Rules of International Trade Law：Centering on the Rotterdam Rules

研　究　生：向力

指导教师：张湘兰教授

授予学位时间：2010 年上半年

内容介绍：随着《鹿特丹规则》的终获通过，国际海上货物运输领域已存在四部公约，即《海牙规则》《海牙-维斯比规则》《汉堡规则》和《鹿特丹规则》。较之前三部公约，《鹿特丹规则》在诸多方面对既有海运公约进行了修正和发展。本文将从海运公约外部关系协调角度研究四部海运公约与其他法律部门和部门分支的关系，对《鹿特丹规则》予以重点考察。全文除引言、结语外，共分五章。第一章海运公约外部关系概论。第二章海运公约与其他货运公约的冲突和协调。第三章海运公约与国际货物买卖法的协调（一）——实体法领域的协调。第四章海运公约与国际货物买卖法的协调（二）——程序法领域的协调。第五章海运公约与国内法的互动和协调。

中文题名：国际航空运输自由化的法律问题研究

英文题名：Research on the Legal Issues of Liberalization of the International Air Transport

研　究　生：孙玉超

指导教师：肖永平教授

授予学位时间：2010 年上半年

内容介绍：为了揭示各国已采取多种方式对国际航空运输法律体制进行改革的过程，剖析其中的法律问题，本文共分六章对国际航空运输自由化的法律问题进行了系统研究。第一章导论。第二章论述了国际航空运输双边体制自由化的法律问题。第三章分析了国际航空运输区域自由化的法律问题。第四章探讨了国际航空运输多边体制自由化的法律问题。第五章研究了 WTO 体制下的航空运输自由化。第六章探讨了航空运输自由化与我国的对策。

中文题名：国际商法视野中的法律重述

英文题名：The Restatement of Law in the Perspective of International Commercial Law

研　究　生：朱雅妮

指导教师：左海聪教授

授予学位时间：2010 年上半年

内容介绍：国际商法视野中的法律重述，实际上是将法律重述置于国际商法的大背景下，去理解前者之于后者的意义和价值。从历史的角度看，法律重述进入国际商法领域是一个由国内到国际的过程。从法哲学的角度看，法律重述代表着法律理念在大时代下的嬗变与革新，该两条主线贯穿文章的始终。全文除导论、结论外，共分五章，从法律重述的国际化的背景——法律重述在国内的缘起及自身特点——国际商法中的法律重述，即《国际商事合同通则》——国际商法中法律重述的原则观——法律重述引发的对国际商法形式渊源的反思，也即从外因、内因、成果、作用方式和价值的五个层面论述法律重述和国际商法之间的互动关系。

中文题名： 国际商事调解技巧研究

英文题名： A Study on the Techniques of International Commercial Mediation for Mediators

研　究　生： 王钢

指导教师： 宋连斌教授

授予学位时间： 2010 年上半年

内容介绍： 与诉讼、仲裁等争议解决方式有所不同，调解是以当事人意思自治为主导的一种自愿性争议解决模式。国际商事调解机制的当事人主导性和非约束性决定了调解员除了要遵守基本的调解规则外，还必须运用娴熟而有效的调解技巧和策略来促使当事人自愿达成和解，而不是像法官或仲裁员一样强制性地作出有约束力的判决或裁决。本文除引言、总结外，分六章对国际商事调解技巧进行了系统研究。第一章调解员处理国际商事调解文化差异的技巧。第二章调解员对调解心理和情绪的掌控技巧。第三章调解骗术和调解员促进诚信参与的技巧。第四章调解员的沟通技巧。第五章调解员促成和解的技巧。第六章调解员对主要调解规则的运用。

中文题名： 国际私法中的公共秩序研究

英文题名： A Study of the Order Public in Private Intenational Law

研　究　生： 马德才

指导教师： 黄进教授

授予学位时间： 2010 年上半年

内容介绍： 本文除引言、结语外，共分七章，主要从国际私法的视角探讨了公共秩序的源流考量、一般问题、与相关概念比较及立法与司法实践，国际民事诉讼中的公共秩序，国际商事仲裁中的公共秩序，我国国际私法中的公共秩序等相关问题。

中文题名： 国际私法中的国籍问题研究

英文题名： A Study on the Problems of Nationality in Private International Law

研　究　生： 张庆元

指导教师： 黄进教授

授予学位时间： 2010 年上半年

内容介绍： 21 世纪以来，国籍作为国际私法连结因素以及国际民事管辖权的根据，遇到前所未有的挑战。改革中国国际私法和制定新的国际私法的法律法规迫在眉睫。其中，作为属人法重要的连结因素的国籍研究显得尤为重要。本文分六章对国际私法中的国籍问题进行了系统、完整的研究。文章提出了互联网和全球化背景下国籍仍具有非常重要的理论和实践意义，着重强调弱者保护原则，并把它列为未来中国国际私法立法与发展的三大原则之一。本文第一章导论。第二章国籍的基本理论。第三章国际私法中的国籍冲突问题。第四章国际私法中本国法的适用问题。第五章国际民商事争议解决中的国籍问题。第六章中国国际私法中的国籍问题。

中文题名：开放条件下我国银行业金融安全法律制度的构建——以国际法与比较法为视角

英文题名：Constructing China's Legal System of Banking Sector's Financial Security Under Opening Conditions：From International Law and Comparative Law Perspectives

研 究 生：肖健明

指导教师：杨泽伟教授

授予学位时间：2010 年上半年

内容介绍：本文从银行业开放对银行业金融安全的影响着手，通过对国际组织及具有代表性国家与地区有关银行业金融安全的法律制度进行对比分析，从法律角度全面剖析北欧银行危机与美国银行危机，并在全面论述对推进银行业开放、促进国际银行业金融安全法律制度协调起着重要作用的跨国银行金融安全法律制度的基础上，对我国应如何构建完善的银行业金融安全法律制度提出了相应的建议。全文除引言、结论外，共计六章。第一章导论。第二章分析了有关银行业金融安全的国际法律制度。第三章具有代表性国家和地区银行业金融安全法律制度的比较研究。第四章银行业金融安全法律制度的实例分析。第五章开放条件下完善银行业金融安全法律制度的关键——跨国银行监管法律制度研究。第六章我国银行业金融安全法律制度的构建。

中文题名：柯里的利益分析理论研究

英文题名：A Study on Currie's Interest Analysis

研 究 生：王思思

指导教师：肖永平教授

授予学位时间：2010 年上半年

内容介绍：柯里的利益分析理论，国内学者普遍翻译为"政府利益分析说"，本文称其为"柯里的利益分析理论"或"支配利益分析说"。该理论是美国乃至世界冲突法上的重要理论，且对中国具有重要的启发和借鉴意义。除引言、结语外，正文分四章展开对柯里的利益分析理论的系统研究。第一章论述了柯里利益分析理论产生的背景。第二章阐述了柯里利益分析理论的内容。第三章分析了围绕柯里利益分析理论的争论。第四章讨论了柯里利益分析理论的影响。

中文题名：跨国旅游服务纠纷解决机制研究

英文题名：On the Dispute Settlement Systems of the Transnational Tourism Services

研 究 生：夏雨

指导教师：黄进教授

授予学位时间：2010 年上半年

内容介绍：本文对跨国旅游服务纠纷的解决机制进行了研究。文章立足理论和实践，以国际和国内的不同体制，综合运用共时性向度、历时性向度、比较分析和实证研究方法，对跨国旅游服务纠纷的解决机制进行了较为全面的梳理。主要对跨国旅游服务纠纷的基本问题、通常的纠纷解决方式和手段、解决纠纷可能适用的法律以及我国该如何进行有关制度的建立和完善作了比较系统的研究，认为它已经成为国际私法中一个值得探索的领域。全文除导言外，正文有六章。第一章跨国旅游服务纠纷概述。第二章和第三章分别从非诉讼方式和诉讼方式两个层面对跨国旅游服务纠纷的解决方式进行了探讨。第四章论述了跨国旅游服务纠纷的冲突规则选择。第五章论述了跨国旅游服务纠纷的实体法适用。第六章提出建立我国跨国旅游服务纠纷多元化解决机制。

中文题名：贸易与文化冲突的法律协调——以文化贸易为中心

英文题名：The Legal Coordination of Trade-culture Conflict：Centering on Cultural Trade

研 究 生：阳明华

指导教师：左海聪教授

授予学位时间：2010 年上半年

内容介绍：本文采取历史考察、经济分析、实证分析、规范分析、多学科交叉分析等方法，以文化贸易为中心，对贸易与文化冲突的法律协调问题进行了比较全面的研究，提出了一个以文化发展权为基础的协调贸易与文化冲突的方案。全文除引言、结束语外，正文共分五章。第一章以"文化例外"为切入点，分析了贸易与文化冲突的产生、发展和成因。第二章主要从规范层面就 WTO 法在贸易与文化冲突中的可适用性问题进行了研究。第三章主要从司法层面分析了 GATT/WTO 争端解决机构处理贸易与文化冲突的实践。第四章对联合国教科文组织 2005 年通过的《保护和促进文化表达形式多样性公约》进行了分析和评价。第五章对如何协调贸易与文化的冲突问题进行了一些思考。

中文题名：民事诉讼证明责任比较研究

英文题名：A Comparative Study on Burden of Proof in Civil Proceedings

研 究 生：赵耀斌

指导教师：肖永平教授

授予学位时间：2010 年上半年

内容介绍：本文从分析比较不同法系、不同国家的证明责任学说、立法和司法实践入手，细致梳理相关问题的脉络，建构证明责任之理论框架，以期对我国证明责任的立法和司法实践有所裨益。全文除引言外，正文分七章展开论述。第一章阐述了证明责任的基本问题。第二章考察了证明责任分配理论的历史发展与流派。第三章介绍了证明责任分配的基本原则。第四章介绍了证明责任分配的例外规则。第五章探讨了推定。第六章讨论了证明责任分配的国际私法问题。第七章提出了我国证明责任理论与制度之完善。

中文题名：纳税人权利保护法律问题研究

英文题名：Study of Legal Issues on Protection of Taxpayer's Rights

研 究 生：郭鸣

指导教师：余劲松教授

授予学位时间：2010 年上半年

内容介绍：本文从税收理论入手，在分析纳税人与国家关系的基础上对纳税人权利进行了深入剖析，针对纳税人权利的含义、分类、理论依据、法律渊源、保护方式等基础问题逐一探讨。随后从纳税人权利的立法保护、行政保护、司法保护等多个角度对中外立法与实践进行了深刻的比较与分析，探究了我国税收立法和实务中存在的问题和不足，着重对构建我国保护纳税人权利体系作出了全面构想。全文除绪论外，共分五章。第一章纳税人权利保护的基础理论问题研究。第二章纳税人权利立法保护的比较研究。第三章纳税人权利行政保护的比较研究。第四章纳税人权利司法保护的比较研究。第五章完善我国纳税人权利保障机制的建议。

中文题名：内地与香港特区法院判决承认与执行问题研究

英文题名：On the Reciprocal Recognition and Enforcement of the Judgments Made by Courts of the Mainland and Hong Kong Special Administrative Region

研 究 生：于志宏

指导教师：黄进教授

授予学位时间：2010 年上半年

内容介绍：一般而言，法院判决承认与执行可以分为两种情形：一种是国家之间法院判决承认与执行；另一种是区际法院判决承认与执行。国家之间法院判决承认与执行是受到了国家主权的影响，而区际法院判决承认与执行则更多受到一个国家宪法的影响。1997 年 7 月 1 日前，香港与内地法院判决的承认与执行问题属于国家之间法院判决承认与执行。1997 年 7 月 1 日以后，香港与内地法院判决的承认与执行问题属于区际法院判决承认与执行。本文对内地与香港特区法院判决承认与执行问题进行了系统、完整的研究。全文除引言、结语外，正文共分六章。第一章法院判决承认与执行问题概述。第二章影响内地与香港特区相互认可和执行民商事判决的因素。第三章香港对外地法院判决的承认与执行。第四章内地对域外法院判决的承认与执行。第五章内地与香港特区相互认可和执行民商事判决的安排。第六章内地与香港特区相互认可和执行民商事判决存在的问题。

中文题名：尼日利亚民主选举的国际法分析

英文题名：International Law Analysis of Democratic Election of Nigeria

研　究　生：纳西尔（Aliyu Nasiru Adamu）

指导教师：余敏友教授

授予学位时间：2010 年上半年

内容介绍：本文一方面讨论了在国际法和国际关系领域尼日利亚所遵守的概念，进一步分析了国际关系在国际习惯法下，通过政府和国际机构实现民主、自由和公正的民主选举方面发挥的重要作用。另一方面，本文还从历史的角度，介绍了在尼日利亚的民主化进程中发生的一系列事件，从而分析了尼日利亚选举的性质。全文除引论外，共分五章。第一章国际法上的民主选举概念。第二章民主选举的国际法渊源与背景。第三章尼日利亚民主选举剖析。第四章国际法选举标准。第五章结论。

中文题名：欧盟《金融工具市场指令》研究

英文题名：On EU Markets in Financial Instruments Directive

研　究　生：蔺捷

指导教师：李仁真教授

授予学位时间：2010 年上半年

内容介绍：如果说金融服务行动计划（FSAP）是欧盟金融服务市场一体化的里程碑，那么欧盟《金融工具市场指令》（MiFID）则是这一里程碑上着墨最重的一笔。在MiFID 的法律框架下，跨境筹集资本以及证券交易的渠道更加顺畅，市场流动性和透明度增强，投资者利益得到了更好的保护。本文综合采用了历史分析、比较研究、规范分析、案例分析和跨学科分析等多种方法，对《金融工具市场指令》作了全面深入、系统的研究。全文除引言、结语外，共分六章。第一章至第四章依次为：《金融工具市场指令》概论、投资者保护制度、对交易场所及其竞争的法律影响、对投资公司组织和业务的法律要求。第五章《金融工具市场指令》和美国全国市场系统规则之比较。第六章《金融工具市场指令》对我国的启示。

中文题名：全球化背景下两岸直接投资的法律制度研究

英文题名：Studies on the Legal System of Cross-straits Direct Investment Under Globalization

研　究　生：吴智

指导教师：曾令良教授

授予学位时间：2010 年上半年

内容介绍：为顺应全球化发展趋势和满足两岸投资未来发展的内在需要，两岸之间应构建持续、稳定和可预期的两岸直接投资法律体制，为此，本文除引言、结论外，共分六章进行论述。第一章全球化背景下国际投资规则的晚近发展。第二章中国的国际投资保护与自由化义务。第三章台湾地区的国际投资保护与自由化义务。第四章台湾地区外资法与海外投资法律制度。第五章两岸直接投资的法律制度。第六章全球化背景下两岸直接投资法律体制的构建。

中文题名： 私募股权基金组织与监管法律问题研究

英文题名： The Legal Issues Relating to Organizations and Regulation of Private Equity Funds

研 究 生： 胡永攀

指导教师： 李仁真教授

授予学位时间： 2010 年上半年

内容介绍： 本文着眼于我国发展私募股权基金的实际需要，对私募股权基金的组织形式与监管法律问题进行了论述与探讨。文章结合经济学的委托代理对私募股权基金的三种组织形式进行了制度分析，讨论了私募股权基金监管的必要性，考察了国外私募股权基金的监管制度，并对进一步改革和完善我国私募股权基金的法律和监管提出了建议。全文除导语外，共分四章。第一章私募股权基金概论。第二章私募股权基金的组织形式。第三章私募股权基金的监管。第四章私募股权基金在我国的发展和法制完善。

中文题名： 消费者破产法律制度比较研究

英文题名： Comparative Research on Consumer Bankruptcy Regimes

研 究 生： 卜璐

指导教师： 韩德培教授、黄进教授

授予学位时间： 2010 年上半年

内容介绍： 本文通过对相关国家消费者破产立法和实践运作的比较研究，在制度层面总结消费者破产制度设计和运行的应然形态，并结合我国消费市场发展的成熟度及现有的破产法框架，分析消费者破产法律移植的必要性、可行性和障碍性。旨在对代表性国家的消费者破产制度进行比较，分析破产制度的架构和成因；分析消费者破产法律差异产生的管辖权、法律适用等国际私法问题；以及分析消费者破产立法的趋势和我国消费者无力偿债问题的现状及解决途径。全文除引言外，共分五章展开论述。第一章消费者破产的一般问题。第二章法院外消费者债务和解程序。第三章法院内消费者债务清理程序——以消费者破产免责制度为核心。第四章消费者破产案件的国际私法问题研究——以欧盟《破产程序条例》为视角。第五章我国消费者破产法的构建。

中文题名： 银行系统风险监管的法律问题研究

英文题名： Studies on the Legal Issues of Banking Systemic Risk Supervision

研 究 生： 杨方

指导教师： 李仁真教授

授予学位时间： 2010 年上半年

内容介绍： 本文综合运用历史研究、比较分析、案例分析、跨学科分析等研究方法，对银行系统风险监管的法律问题进行了系统研究。全文除引言、结语外，共分五章。第一章银行系统风险监管的基础理论。第二章银行系统风险外部监管的法律问题。第三章银行系统风险内部控制的法律问题。第四章银行系统风险市场约束的法律问题。第五章银行系统风险监管体制的法律问题。

中文题名：有限责任公司少数股东权保护比较法研究

英文题名：Comparative Law Study on Protection of Minority Shareholders' Right in Limited Liability Company

研　究　生：杨凝

指导教师：韩德培教授、肖永平教授

授予学位时间：2010 年上半年

内容介绍：本文通过对西方各国的法律制度作一系统的比较和探讨，全面剖析其法理内核及实用价值，以及法律移植的可行性，借鉴两大法系的成功经验，引进西方国家公司制度中行之有效的法理和制度，从而健全和完善我国公司法律制度，为我国有限责任公司的发展提供良好的法治环境。全文从六个部分阐述了少数股东权保护问题：第一章有限责任公司少数股东权概述。第二章有限责任公司少数股东权保护制度的基本框架。第三章有限责任公司少数股东权能配置的比较法考察。第四章有限责任公司大股东、董事、高管权利规制的比较法考察。第五章有限责任公司少数股东诉权救济的比较法考察。第六章我国有限责任公司少数股东权保护法律制度重构之思索。

中文题名：争议区域石油资源共同开发法律问题研究

英文题名：Study on Legal Issues of Joint Development of Offshore Oil and Gas in Controversial Area

研　究　生：何秋竺

指导教师：黄进教授

授予学位时间：2010 年上半年

内容介绍：本文运用价值分析、实证分析、比较分析等多种研究方法，从微观上对维护能源安全的一个具体措施入手，对争议区域共同开发涉及的基本问题、公私法问题、争端解决机制等进行了详细的论述，特别是对争议区域共同开发的争端解决机制进行了重点研究。全文除引言、结语外，共分五章。第一章阐述了争议区域石油资源共同开发的若干基本问题。第二章论述了争议区域石油资源共同开发的公法问题。第三章分析了争议区域石油资源共同开发的私法问题。第四章探讨了争议区域石油资源共同开发的争端解决机制。第五章探讨了南海争议区域石油资源的共同开发。

中文题名：专利权限制制度比较研究

英文题名：Research on Restriction System of Patent Right

研　究　生：肖海棠

指导教师：郭玉军教授

授予学位时间：2010 年上半年

内容介绍：与其他知识产权法一样，专利法是一种协调和平衡知识产品利益关系的利益平衡机制，而专利权限制制度正是这一利益平衡机制的重要组成部分，该制度的构建是专利法在社会中有效运行的基础和保障。全文除导言、结语外，共分七章展开对专利权限制制度的比较研究。第一章专利权限制制度概论。第二章专利权限制制度的社会

基础和理论依据。第三章专利权一般限制制度。第四章专利强制许可制度。第五章民法对专利权的限制。第六章竞争法对专利权的限制。第七章中国专利权限制制度的建设与完善。

中文题名：自然遗产保护的立法与实践问题研究

英文题名：Research on Legal Issues of Legislation and Practice in Natural Heritage Protection

研 究 生：马明飞

指导教师：郭玉军教授

授予学位时间：2010 年上半年

内容介绍：自然遗产的保护与开发永远是一对不可调和的矛盾。目前，世界自然遗产的保护现状不容乐观，许多自然遗产已经处于濒临灭绝的边缘。有鉴于此，本文采用比较研究、案例研究、管理学研究、法经济学研究方法，对自然遗产保护的立法与实践问题进行分析，从立法和实践的角度，分析当前自然遗产法律保护所面临的困境，并提出相应的对策。全文除序言、结论外，正文共分五章。第一章自然遗产及相关概念的界定。第二章自然遗产保护的国际立法及缺陷。第三章自然遗产保护的国内立法及缺陷。第四章自然遗产保护的现实困境及法律对策。第五章我国自然遗产保护的法律现状及完善。

中文题名：《能源宪章条约》投资规则研究

英文题名：A Study on the Investment Rules of the Energy Charter Treaty

研 究 生：马迅

指导教师：张庆麟教授

授予学位时间：2010 年下半年

内容介绍：《能源宪章条约》作为一个缔约国数量众多的国际条约，其投资规则在国际投资法中占有重要地位，成为《多边投资协议》（草案）起草的蓝本。本文结合国际投资法的历史发展以及能源宪章条约投资仲裁案例，全面分析该条约的投资规则，有利于把握国际投资法的发展趋势，并能够为我国投资条约的签订以及能源投资立法提供建议。全文除引言外，共分八章展开研究。第一章为 ECT 及其投资规则概述。第二章分析了 ECT 投资规则的适用范围。第三章研究了 ECT 投资规则的国民待遇和最惠国待遇。第四章阐述了 ECT 投资规则的绝对待遇标准。第五章研究了 ECT 的征收与补偿规则。第六章 ECT 的其他实体性投资规则。第七章研究了 ECT 的投资者—东道国投资争议解决机制。第八章 ECT 投资规则之评判及对我国的启示。

中文题名：巴勒斯坦问题的国际法研究

英文题名：International Law Studies on Palestinian Question

研 究 生：拉斐尔（RAFEA ABU RAHMAH）

指导教师：余敏友教授

授予学位时间：2010 年下半年

内容介绍：巴勒斯坦问题，特别是巴勒斯坦民族权力问题，拥有坚实的国际法基础。本文除前言外，正文分六章展开研究。第一章巴勒斯坦问题的由来。第二章运用国际法剖析以色列在巴勒斯坦被占领土的行为。第三章隔离墙问题和加沙战争。第四章巴以冲突的国际法分析。第五章"国际合法性"的定义和以色列建国的非法性。第六章巴勒斯坦问题的前景。

中文题名：非政府组织参与全球金融治理的法律分析

英文题名：Legal Analysis on NGOs Participation in Global Financial Governance

研 究 生：孟昊

指导教师：张庆麟教授

授予学位时间：2010 年下半年

内容介绍：本文采用规范分析、实证分析、比较分析等研究方法，从全球治理视角，以非政府组织参与为切入点，探讨了非政府组织参与全球金融规则的制定与实施所涉及的国际法律问题，旨在发现并重视非政府组织在全球金融治理中的作用，并从法律角度对其进行阐释。全文除引言、结语外，共分四章。第一章非政府组织参与全球金融治理的概念界定。第二章非政府组织参与全球金融规则制定的法律分析。第三章非政府组织参与全球金融规则实施的法律分析。第四章非政府组织参与全球金融治理的民主赤字及其矫正机制。

中文题名：国际法视角下的清洁发展机制研究

英文题名：Clean Development Mechanism in the Perspective of International Law

研 究 生：陈淑芬

指导教师：杨泽伟教授

授予学位时间：2010 年下半年

内容介绍：本文将法社会学、法经济学和国际法基本理论相结合，从清洁发展机制（CDM）确立的背景、运行法则和存在问题入手，探求后京都时代 CDM 的改革路径，进而对我国现行 CDM 法律状况进行分析，在此基础上提出了若干立法完善构想。正文共计七章。第一章从气候变化的国际形势入手，对 CDM 进行全面概述。第二章着力于从理论角度论述 CDM 的国际法基础。第三章讨论了 CDM 实施中的具体法律问题。第四章 CDM 在欧盟的实践：欧盟排放权交易制度发展的启示。第五章 CDM 实施困境的国际法分析。第六章对后京都时代 CDM 发展前景进行了展望。第七章联系中国 CDM 的实施环境和现状，提出完善中国 CDM 政策和法律的若干建议。

中文题名：国际海事货物索赔管辖权的选择——从竞辖法院到适当法院

英文题名：Choice of Jurisdiction on Marine Cargo Claims：From Competing Court to Appropriate Forum

研 究 生：刘兴莉

指导教师：黄进教授

授予学位时间：2010 年下半年

内容介绍：择地诉讼是国际海事货物索赔诉讼中最常见和棘手的，它既是国际私法中一个重要的理论问题，也是航运实务中的一个实践问题。如，货物索赔人通过扣押船舶选择诉讼法院，与船方在提单或运输单证中订立法院管辖条款选择管辖法院形成对弈，导致管辖权冲突。本文通过对中国海事货物索赔管辖权实施状况的观察和剖析，探讨中国海事法院作为受诉法院应如何正当行使管辖权。全文共分六章。第一章导论。第二章影响海事货物索赔管辖权选择的因素。第三章海事货物索赔人选择管辖权——扣押船舶。第四章海事货物索赔船方选择管辖权。第五章法院选择管辖权。第六章结论：协调管辖权冲突——现状与未来。

中文题名：航空联盟反垄断豁免法律问题研究

英文题名：Research on Legal Issues of Antitrust Immunity for Airline Alliances

研 究 生：郑少霖

指导教师：张湘兰教授

授予学位时间：2010 年下半年

内容介绍：航空联盟一方面促进了国际航空运输的发展，另一方面也产生了反竞争的效果，引起各国反垄断机构的普遍关注。本文运用实证分析方法、比较研究方法和历史分析方法，对航空联盟反垄断豁免中存在的法律问题进行了较全面的论述。全文除引言、结语外，共分五章。第一章为航空联盟反垄断豁免概述。第二章阐述了航空联盟反垄断豁免审查的要件。第三章分析了航空联盟反垄断豁免的授予条件和相关补救措施。第四章探讨了航空联盟反垄断豁免的冲突与协调。第五章提出了构建我国航空联盟反垄断豁免制度的建议。

中文题名：欧盟专利诉讼制度研究

英文题名：A Study on the EU Patent Litigation

研 究 生：丛雪莲

指导教师：韩德培教授、黄进教授

授予学位时间：2010 年下半年

内容介绍：本文以欧盟专利诉讼制度为研究对象，以管辖权问题为研究重点，从欧盟专利一体化发展历程入手，归纳其协调与统一过程中的经验与问题，比较欧盟各国有关专利争议的救济模式，介绍各国在国际社会经济交往日益频繁、国与国之间技术合作越发密切的国际环境下为解决跨国专利纠纷、突破地域性管辖原则的种种做法，并结合国际公约与学术团体的研究成果，从理论与实践两方面阐释实现专利案件跨境管辖的可行性与合理性。此外，对"超国家的"专门性法院制度中的相关问题也予以探讨与研究。最后，就欧盟专利诉讼制度的发展趋势作出了预测。全文除引言外，共分五章。

中文题名：涉外保证的国际私法问题研究——以中国司法实践为视角

英文题名：Study on Guarantee Involving Foreign Elements in Private International Law: From Perspective of PRC Judicial Practice

研 究 生：张磊

指导教师：黄进教授

授予学位时间：2010 年下半年

内容介绍：本文分五章，以中国司法实践为视角，围绕涉外保证的国际私法问题展开研究。第一章阐述了涉外保证的若干基本理论。第二章论述了涉外保证管辖权的冲突与协调。第三章研究了涉外保证法律冲突及法律适用规则。第四章研究了涉外保证法律适用的限制。第五章分析了域外法院判决或仲裁裁决对涉外保证主债务的证据效力。

中文题名：战争罪的刑事责任问题研究

英文题名：Study on the Criminal Responsibility of War Crimes

研 究 生：杨咏亮

指导教师：邵沙平教授

授予学位时间：2010 年下半年

内容介绍：战争罪是国际刑法领域中十分重要的一个罪名，其刑事责任问题历来是推动国际刑法发展的重要因素。本文从简要分析战争罪与战争和战争法的关系入手，在深入探讨战争罪的概念、特征及其与邻近罪名区别的基础上，重点对战争罪的国家责任与个人责任（解决战争罪刑事责任的主体问题）、确定战争罪刑事责任的基本规则、追究战争罪刑事责任的国家机制和国际机制等问题，进行了较为系统深入的研究。全文除引言、结论外，共六章。第一章战争、战争法与战争罪。第二章战争罪概述。第三章战争罪的国家责任与个人责任。第四章确定战争罪刑事责任的基本规则。第五章战争罪刑事责任的国家追究机制。第六章战争罪刑事责任的国际追究机制。

2011 年

中文题名：《欧洲人权公约》实施机制——兼论对亚洲及中国的启示

英文题名：Study on the Implementation Mechanism of European Convention on Human Rights and Its Inspirations to Asia and China

研 究 生：刘丽

指导教师：万鄂湘教授

授予学位时间：2011 年上半年

内容介绍：本文对《欧洲人权公约》实施机制进行了研究，在此基础上探讨了亚洲区域性人权保护机制建立的可能性以及《欧洲人权公约》实施机制对亚洲及中国在人权保护方面的启示。全文除绪论、结语外，共分六章展开研究。第一章回顾了《欧洲人权公约》实施机构的演变历程，并对其多次改革进行原因分析。第二章评述了《欧洲人权公约》的实施程序。第三章分析了《欧洲人权公约》实施机制的效果及评析。第四章总结了《欧洲人权公约》实施机制本身存在的问题。第五章探讨了对亚洲区域人权保护的思考。第六章讨论了公约实施机制对中国人权国内保护的启示。

中文题名：OHADA 和中华人民共和国国际商事仲裁法比较研究

英文题名：A Comparative Study of International Commercial Arbitration Law：OHADA and People's Republic of China

研 究 生：姆多（Mamoudou Samassekou）

指导教师：宋连斌教授

授予学位时间：2011 年上半年

内容介绍：本文旨在比较国际商事仲裁领域的两个法律体系，即非洲商法统一组织的仲裁法律体系和中华人民共和国的仲裁法律体系。本文庞大的比较研究涉及仲裁中许多领域问题。全文除导论、结论外，正文共分四章。第一章重点探讨非洲商法统一组织和中华人民共和国仲裁体系的法律基础以及国际商事仲裁的法律适用问题。第二章重点探讨仲裁协议以及其在这两大不同仲裁体系中的影响。第三章分析这两大不同仲裁体系中领先的仲裁机构（CCJA、CIETAC、BAC），并描述这些机构中仲裁员的作用以及职业道德。第四章尝试着验证在这两大仲裁体系中仲裁裁决的有效性和在什么条件下当事人可以实施补救措施。

中文题名：TRIPS-Plus 知识产权执法研究

英文题名：TRIPS-Plus Enforcement of Intellectual Property Rights

研 究 生：廖丽

指导教师：余敏友教授

授予学位时间：2011 年上半年

内容介绍：本文综合运用比较研究、规范分析、历史分析和案例研究等多种研究方法，以《与贸易有关的知识产权协议》（TRIPS 协议）为基点，探讨后 TRIPS 时期知识产权执法领域最具特色的一大趋势——"TRIPS-Plus 知识产权执法"这一热点问题，尝试从理论、立法和个案角度进行研究。全文除导论、附录外，共分八章展开研究。第一章知识产权执法概述。第二章 TRIPS-Plus 知识产权执法。第三章 TRIPS-Plus 知识产权执法——单边实践。第四章 TRIPS-Plus 知识产权执法——双边和区域实践。第五章 TRIPS-Plus 知识产权执法——多边和诸边实践。第六章 TRIPS-Plus 知识产权执法——典型案例。第七章 TRIPS-Plus 知识产权执法对中国的影响。第八章结论和建议。

中文题名：船舶融资租赁若干法律问题研究

英文题名：The Legal Problems of Lease Financing for Vessels

研 究 生：郑雷

指导教师：张湘兰教授

授予学位时间：2011 年上半年

内容介绍：船舶融资租赁是国际船舶融资的一种重要方式，我国于 2009 年也开始船舶融资租赁的实践。本文将船舶融资租赁的法律问题系统区分为船舶融资租赁合同、物权规则、登记等方面，并采取"逐一击破"的方法进行针对性研究。文章不仅较为全面地梳理了船舶融资租赁合同中对合同的构成及主要条款；针对船舶融资租赁中的"双重所有权"现象和独特物权使用规则进行了法理上的解析；而且分析了船舶融资租赁登记中的主要问题，并提出我国未来船舶融资租赁登记制度的建构；在比较相关国际公约和其他有代表性国家的法律的基础上，为建构我国未来船舶融资租赁法律体系提供了一些思路。全文共分五章。第一章导论。第二章船舶融资租赁中的合同问题研究。第三章船舶融资租赁中的物权问题研究。第四章船舶融资租赁中的登记问题研究。第五章未来中国船舶融资租赁立法的完善。

中文题名： 国际法之治：从国际法治到全球治理

英文题名： The Rule of International Law：From the International Rule of Law to Global Governance

研 究 生： 刘衡

指导教师： 余敏友教授

授予学位时间： 2011 年上半年

内容介绍： 全球治理是国际法管理全球公共事务的方式。本文首先提出问题：全球治理依何而治？随后提出一个可能的答案——国际法，并在此基础上建立一个"国际法之治"的全球治理模型。接下来，分别通过对历史演变（三个阶段）的分析、对两种成功的全球治理范式（欧盟体制和 WTO 体制）的考察，以及对中国参与全球治理情况的个案研究，探讨国际法在全球治理中的重要作用和它是如何发挥作用的，以证成"国际法之治"，并总结不断演进的国际法的基本特征。在此基础上，对"国际法之治"的未来进行展望。全文除导论、结论外，共分五章展开论述。第一章概念与现状：国家法治、国际法治、国际法之治和全球治理。第二章国际法之治的历史演变：从三十年战争到三年危机。第三章国际法之治的当代实践：欧盟体制和 WTO 体制。第四章国际法之治与中国：五千年文明的两百年岁月。第五章国际法之治的标准。

中文题名： 国际航空运输侵权研究——以华沙体系为视角

英文题名： Research on Tort of International Air Transport：From the Perspective of Warsaw System

研 究 生： 屈凌

指导教师： 黄进教授

授予学位时间： 2011 年上半年

内容介绍： 自 1929 年《华沙公约》开始，以其为主体的华沙体系就一直致力于为国际航空运输侵权的责任问题提供统一的范本。本文在采取历史研究方法、案例分析方法、比较研究方法的基础上，以华沙体系为视角，对国际航空运输侵权的有关问题进行了讨论。论文内容主要有四个方面：首先是对国际航空运输侵权的基本概念、归责原则、责任限额、损害赔偿等理论问题进行分析；其次是通过对华沙体系公约和国际航空运输案例的比较，归纳出国际航空运输侵权责任的发展趋势；再次是对国际航空运输侵权的管辖权和法律适用问题进行分析；最后总结了我国现行航空运输侵权责任立法的不足之处，并对我国航空运输侵权责任制度的完善提出建议。全文除序言、结语外，共分六章。

中文题名：国际商事交易中独立担保法律问题研究

英文题名：Study on the Legal Issues of Independent Guarantee in International Commercial Transaction

研 究 生：郭德香

指导教师：左海聪教授

授予学位时间：2011 年上半年

内容介绍：独立担保以其独特的法律特征、功能和价值而与传统的从属性担保相区别，并且逐步获得了国际社会的承认，具有强大的生命力和发展空间。本文对独立担保理论和实务中蕴含的法律问题进行多方面的分析和探讨，以期为我国独立担保制度的构建提供理论分析和指导。全文除引言、结论外，共分六章。第一章独立担保的基础理论。第二章独立担保的功能和价值。第三章独立担保法律关系。第四章独立担保合同及其履行中需要注意的法律问题。第五章独立担保的不当索赔风险及其救济措施。第六章我国独立担保制度的构建。

中文题名：国际域名争议解决机制的利益平衡研究

英文题名：A Study on the Balance of Interests in the International Domain Name Dispute Resolution Mechanisms

研 究 生：崔明健

指导教师：韩德培教授、肖永平教授

授予学位时间：2011 年上半年

内容介绍：本文围绕国际域名争议的解决问题，以"利益平衡"为主线，对"国际域名争议解决机制的利益平衡"展开系统深入的研究，并提出作者自己的观点。全文除引言、结语外，正文分五章。第一章全面阐述了利益平衡理论。第二章明确提出了国际域名争议解决机制中利益平衡的基本问题。第三章深入探讨了国际域名争议案件司法管辖中的利益平衡。第四章系统研究了国际域名争议案件实体法中的利益平衡。第五章详细论述了国际域名争议专家裁决机制中的利益平衡。

中文题名：国家人权机构法律问题研究

英文题名：Study on Legal Issues of National Human Rights Institutions

研 究 生：杨帅

指导教师：万鄂湘教授

授予学位时间：2011 年上半年

内容介绍：本文主要采用实证研究、比较研究、历史研究、系统研究等方法，从概念、特征、类型、认证、成立和运行的法律依据、促进和保护人权职能几方面对国家人

权机构进行分析和研究，在上述理论研究的基础之上，论文最后对我国如何建立既符合国家人权机构的一般规律又与我国国情相适应的具有中国特色的国家人权机构进行了理论研究、构建和展望。全文共分八章展开分析与研究。第一章国家人权机构概述。第二章国家人权机构的认证。第三章国家人权机构运行的法律依据。第四章国家人权机构促进人权的职能。第五章国家人权机构保护人权的职能。第六章国家人权机构实例分析。第七章中国与国家人权机构。第八章国家人权机构的总结、展望及启示。

中文题名： 后危机时代国际金融监管理念的变革

英文题名： The Reform of International Financial Supervision Philosophy in the Post Sub-prime Crisis Era

研　究　生： 宿营

指导教师： 李仁真教授

授予学位时间： 2011 年上半年

内容介绍： 本文共分四章对后危机时代国际金融监管理念的变革趋势加以梳理与研究。第一章对次贷危机引发的国际金融监管原则的总体变革趋势进行了探讨。第二章对宏观审慎监管理念的制度构建及其对全球金融稳定的重要意义进行了全面研究。第三章对各国政府进行大规模危机救助的理论基础"大而不倒"原则进行了客观、理性的反思。第四章对次贷危机后加强保护金融消费者权益的理念进行了专题论述。

中文题名： 货币债务跨国履行的法律问题研究

英文题名： A Study of the Transnational Performance of Currency Obligation

研　究　生： 张晓静

指导教师： 张庆麟教授

授予学位时间： 2011 年上半年

内容介绍： 几乎所有的国际经贸合同都会涉及货币债务的跨国履行问题，而且国际范围内的损害赔偿和恢复原状等救济措施大多通过货币偿付予以实现。但往往会忽视货币债务跨国履行问题的复杂性。基于此，本文拟对这些问题进行梳理，通过分析相关法律原则和实践经验，试图提出解决这些问题的具体办法。全文除引言、结语外，共分五章展开论述。第一章货币债务跨国履行的界定。第二章货币债务跨国履行的法律原则。第三章货币债务跨国履行中的货币贬值。第四章货币债务跨国履行中的外汇管制。第五章外币债务判决。

中文题名： 莱弗拉尔的影响法律选择考虑说研究

英文题名： A Study on Leflar's Choice-Influencing Considerations

研　究　生： 蔡鑫

指导教师： 黄进教授

授予学位时间： 2011 年上半年

内容介绍： 莱弗拉尔（Leflar）的影响法律选择考虑说（Choice-Influencing Considerations）是美国冲突法中最主要的理论之一，至今仍在司法实践中发挥着重要作用。本文除导论外，分五章来系统梳理和研究这一理论，并在最后附有结语对全文进行总结和展望。第一章介绍了莱弗拉尔的生平及法学成就。第二章详细考察了莱弗拉尔理论构建的基础。第三章阐述了莱弗拉尔法律选择考虑说的内容。第四章讨论了莱弗拉尔影响法律选择考虑说的争论。第五章探讨了莱弗拉尔理论对美国冲突法实践的影响。

中文题名：论国际法的拘束力

英文题名：On Binding Force of International Law

研 究 生：潘德勇

指导教师：曾令良教授

授予学位时间：2011 年上半年

内容介绍：20 世纪后半叶以来，国际法拘束力的研究已经广泛涉及国际法拘束力的来源、要件、程度、改善途径等新课题。本文通过考察关于国际法拘束力的国际法与国际关系学说、国际法拘束力的形式要件与实质要件、国际法拘束力的程度、国际法拘束力的完善途径等内容，以揭示国际法拘束力在不同时期的发展和特点，总结特定领域国际法拘束力的实现方式，提出我国在参与国际条约立法方面的建议。全文除序言外，共分六章。第一章基本术语与研究范围。第二章国际法拘束力的来源：理论探讨。第三章国际法拘束力的要件——应然的国际法拘束力探讨。第四章国际法拘束力的界限与程度——国际法的位阶与相对规范化理论。第五章国际法拘束力的实现机制——国际法遵守的理论与实践的新发展。第六章结论。

中文题名：论国际商法的一般法律原则及其适用

英文题名：Research on General Principles of Law in International Commercial Law

研 究 生：刘丽

指导教师：左海聪教授

授予学位时间：2011 年上半年

内容介绍：本文主要研究国际商法中一般法律原则的内涵、性质和价值等本体问题以及它在国际商事仲裁中的适用问题。全文除引言、结论外，共分五章。第一章介绍了一般法律原则的法理基础。第二章阐述了一般法律原则在国际商法中的地位和价值。第三章为国际商法中一般法律原则之例示分析。第四章研究了国际商法中一般法律原则之适用问题。第五章探讨了国际商法中一般法律原则的障碍与前景。

中文题名：论文化遗产权

英文题名：On Cultural Heritage Right

研 究 生：周军

指导教师：郭玉军教授

授予学位时间：2011 年上半年

内容介绍：本文从全新的权利视角，运用比较分析法、历史分析法等多种方法，从基本理论、立法和法律实践等方面对文化遗产权进行了论述，其中重点论述了文化遗产权的主体、客体、内容、特征和文化遗产权的法律属性等，初步搭建了文化遗产权的理论框架，对文化遗产权的国际和国外立法进行了考察，并对如何构建我国文化遗产权法律制度等进行了详细探讨。全文除引言、结语外，共分五章。第一章文化遗产。第二章文化遗产权的法律界定。第三章文化遗产权的法律属性。第四章文化遗产权的法律保护。第五章我国文化遗产权法律保护制度的构建。

中文题名： 论植物新品种的知识产权保护

英文题名： Research on the Intellectual Property Protection of the New Plant Variety

研 究 生： 宋继瑛

指导教师： 聂建强教授

授予学位时间： 2011 年上半年

内容介绍： 随着经济全球化的不断深入，植物新品种保护制度成为农业知识产权中最重要的内容之一。本文对植物新品种的知识产权保护问题进行了系统的讨论和分析，希望能够引发我国在植物新品种保护领域方面的新思考。全文除导言、结语外，共分五章。第一章植物新品种知识产权保护的问题概述。第二章美国和欧盟植物新品种知识产权保护。第三章发展中国家的植物新品种知识产权保护。第四章植物新品种知识产权保护的国际协调。第五章我国的植物新品种知识产权保护。

中文题名： 绿色专利法律问题研究

英文题名： Research on the Legal Issues of Green Patent

研 究 生： 肖夏

指导教师： 聂建强教授

授予学位时间： 2011 年上半年

内容介绍： 多哈公共健康宣言达成之后，知识产权和环境政策问题就成为新的聚焦点。绿色专利制度成为新兴用语。本文以公共产品理论为出发点来解释绿色专利制度，将专利解释为公共产品的提供方式，并将专利法的目标重新定义为实现公共产品供应的最优化。为了实现公共产品供应的最优化，专利制度必须与环境政策相协调，在制度层面上作出相应的修改，从消极层面和积极层面作用于环境相关技术，建立环境友好型的专利制度。在对国际层面上绿色专利理论和规则讨论的基础上，结合中国绿色技术产业的现状和需求，讨论中国绿色专利相关规则的完善。全文除导言、结束语外，共分五章。第一章绿色专利问题的概述。第二章绿色专利审查与取得问题。第三章绿色专利的限制条款和强制许可问题。第四章绿色专利的若干新型法律实践。第五章中国绿色专利的相关规则的完善。

中文题名： 全球金融治理中的软法问题研究

英文题名： Research on the Soft Law in the Global Financial Governance

研 究 生： 刘天姿

指导教师：张庆麟教授

授予学位时间：2011 年上半年

内容介绍：本文以全球金融治理中的软法问题为研究主线，对全球金融治理中的某些国际规制问题进行了较为深入和系统的研究，在分析全球金融治理内涵的基础上，对参与其过程、具有重要实践意义的软法进行了具有开拓性与系统性的探索。全文除绪论、结语外，共分五章。第一章阐述了全球金融治理的基础理论。第二章分析了全球金融治理中软法的地位和作用。第三章研究了全球金融治理中软法的制定。第四章讨论了全球金融治理中软法的效力依据。第五章探讨了全球金融治理中软法的发展。

中文题名：数字版权管理的法律限制问题研究

英文题名：Studies on Problems of Legal Restrictions on Digital Rights Management（DRM）

研 究 生：王东君

指导教师：聂建强教授

授予学位时间：2011 年上半年

内容介绍：本文运用比较分析、历史考察、经济分析等多种方法，广泛比较分析国内外学者的研究成果，将 DRM 作为一个整体进行研究，并在此基础上分析其影响，探讨对其进行限制的法律途径，最终对我国有关的立法提出有益的建议。全文除导论、结束语外，共分五章。第一章数字版权管理及其限制概述。第二章讨论了数字版权管理许可协议的限制。第三章考察、比较分析了数字版权管理技术措施的限制。第四章介绍了数字版权管理的其他法律限制方式。第五章分析、研究了我国数字版权管理的法律限制及其建议。

中文题名：双重国籍的国际法问题研究

英文题名：A Study on International Legal Issues of Dual Nationality

研 究 生：郭明磊

指导教师：肖永平教授

授予学位时间：2011 年上半年

内容介绍：本文以双重国籍的国际法问题作为研究对象，通过分析国籍观念的演变对各国关于双重国籍态度发展变化的影响，比较系统地归纳和总结了国际法层面关于双重国籍问题的立法和实践，着重提炼了双重国籍引起的一些国际法问题，并以此为基础，分析论证了中国未来可能采纳双重国籍制度的模式、进路和方法。全文共分四章展开论述。第一章论述了双重国籍的概念和历史演进。第二章论述了双重国籍国际法的立法与司法实践情况。第三章论述了双重国籍国际法的实体内容。第四章讨论了中国的双重国籍问题。

中文题名：私营军事安保公司国际法研究

英文题名：A Research on Private Military and Security Companies in International Law

研　究　生：朱路

指导教师：黄德明教授

授予学位时间：2011 年上半年

内容介绍：随着时代发展及其自身的演化，雇佣军从以往的个体或松散的团体发展成组织结构严密的私营军事安保公司。本文除绪论、结论外，正文分六章对私营军事安保公司国际法问题进行了研究。第一章前私营军事安保公司时代：雇佣军。第二章私营军事安保公司：概况。第三章私营军事安保公司：国内法考察。第四章私营军事安保公司国际法分析：性质。第五章私营军事安保公司国际法分析：实践。第六章私营军事安保公司与中国。

中文题名：体育领域反歧视法律问题研究

英文题名：A Study on Legal Issues of Anti-discrimination in Sports Field

研　究　生：周青山

指导教师：肖永平教授

授予学位时间：2011 年上半年

内容介绍：体育领域的歧视不仅影响到体育权以及相关权利的实现，更关乎人的尊严。通过多种途径规制和消除体育中的歧视现象，既是保障人们体育权的需要，也是推动社会进步的需要。本文通过研究歧视和反歧视法的一般问题，具体考察体育领域的歧视现象和反歧视措施。全文包括引言、正文和结语三个部分。其中，正文共分六章。第一章概述了歧视和体育领域的歧视。第二章探讨了体育领域种族歧视法律问题。第三章分析了体育领域性别歧视的法律问题。第四章阐释了体育领域残疾歧视的法律问题。第五章研究了体育领域其他类型歧视法律问题。第六章讨论了中国体育领域歧视法律问题。

中文题名：渔业资源保育与可持续发展原则之研究——以贸易措施为手段

英文题名：A Study on Fishery Resource Conservation and Principle of Sustainable Development：On Behalf of Trade Related Measures

研　究　生：周怡

指导教师：曾令良教授

授予学位时间：2011 年上半年

内容介绍：本文以贸易措施为手段，对渔业资源保育与可持续发展原则进行了系统研究。全文除引言外，共分五章。第一章讨论了渔业资源与可持续发展原则。第二章研究了区域渔业组织与国家以有关贸易措施确保渔业资源可持续发展。第三章分析了渔业补贴与渔业资源可持续发展。第四章探讨了以合作方式解决渔业资源保育与贸易自由的冲突。第五章结论。

中文题名：主权财富基金监管法律问题研究

英文题名：Studies on Legal Issues of Regulation on the Sovereign Wealth Funds

研 究 生：陈克宁

指导教师：李仁真教授

授予学位时间：2011 年上半年

内容介绍：对主权财富基金监管问题的研究必须从主权财富基金本身和其投资行为入手。如何透过纷繁复杂的争论，抓住主权财富基金监管的实质，一直是学术界和各国主权财富基金面临的重大课题。本文在对主权财富基金的应有含义和特点进行澄清的基础上，力图对主权财富基金监管问题进行深入研究。全文除导论、结束语外，共分六章。第一章为主权财富基金的法律内涵及监管问题的提出。第二章探讨了主权财富基金监管的主要理论基础。第三章研究了主权财富基金母国监管的法律问题。第四章阐述了主权财富基金投资东道国监管的法律问题。第五章论述了主权财富基金监管的国际协调问题。第六章对中国主权财富基金的发展和建立中国主权财富基金监管法律制度提出建议。

中文题名：著作权的国际私法问题研究

英文题名：A Study on the Private International Law Issues of Copyright

研 究 生：徐妮娜

指导教师：韩德培教授、肖永平教授

授予学位时间：2011 年上半年

内容介绍：大陆法系作者权法律文化传统和英美法系版权法律文化传统强调的价值迥异，前者强调对作者自然权利的尊重，后者强调作品利用上的经济效益优先，著作权法律冲突的解决仍为各国司法机关不得不面对的问题。本文希冀依赖历史的、比较的、实证的研究方法对国际性著作权纠纷的解决之道进行探讨，为我国有关立法的完善及司法实践提供有益参考。全文除前言、结语外，正文共分五章。第一章阐述了著作权的法律冲突与解决方法。第二章论述了国际性著作权纠纷的管辖权问题。第三章探讨了涉外著作权纠纷的法律适用。第四章论述了涉外著作权案件中的一般国际私法问题。第五章探讨了互联网背景下国际性著作权纠纷的管辖权与法律适用。

中文题名：《能源宪章条约》的争端解决机制研究

英文题名：Dispute Settlement Mechanism Under the Energy Charter Treaty

研 究 生：白中红

指导教师：杨泽伟教授

授予学位时间：2011 年下半年

内容介绍：能源投资、过境、贸易与环境出现的种种问题引起各国对能源安全问题的高度重视。在这个背景下，《能源宪章条约》(Energy Charter Treaty，简称 ECT) 由于其对能源投资、能源过境、能源贸易和能源环境进行了专门的规制，对国际能源市场的影响日益增加，因此也越来越受到关注。ECT 包含的内容很多，但其争端解决机制是整个 ECT 最核心的法律制度，正是这套争端解决机制将整个 ECT 串联起来，使得整个 ECT 的各项法律制度成为一个不可分割的整体。因此，ECT 的争端解决机制成为本文

研究的重点。全文除导论、结语外，共分六章。第一章 ECT 的产生与发展。第二章 ECT 争端解决机制建立的基础。第三章 ECT 争端解决机制（一）：投资者与国家之间争端的解决。第四章 ECT 争端解决机制（二）：国家之间争端的解决。第五章 ECT 争端解决机制的特征与前景。第六章 ECT 争端解决机制对中国的影响及对策。

中文题名：跨国企业集团破产的国际私法问题研究

英文题名： A Study on Issues of Private International Law on Multinational Enterprise Groups Bankruptcy

研 究 生：邓瑾

指导教师： 韩德培 教授、肖永平教授

授予学位时间： 2011 年下半年

内容介绍：在跨国破产统一化运动举步维艰的今日，要想很好地解决此问题，就必须求助于国际私法规则，寻求国际合作机制。本文研究了在现有跨国破产法律框架下，如何解决跨国企业集团这一特殊主体的破产问题，并分析跨国破产的立法趋势以及可行的国际合作模式。全文除引论、结论外，正文分五章展开论述。首先对作为破产主体的跨国企业集团进行研究，分析其特殊性；接着研究跨国企业集团破产的管辖权问题；然后探讨跨国企业集团破产的法律适用、承认与执行问题；最后研究跨国破产合作机制在跨国企业集团破产中的运用。

中文题名：全球化背景下劳工问题研究

英文题名： The Study on Labor Issues Under the Globalization

研 究 生：金铮

指导教师：万鄂湘教授

授予学位时间： 2011 年下半年

内容介绍：劳工问题是关系中国实现可持续发展与建立和谐社会的主要问题之一，国内劳工法制已经相对滞后于经济与社会的发展。在这种情况下，研究国际劳工规则对于我国积极参与国际劳工组织的活动，积极实施国际劳工标准，加强劳动法治水平都有重要意义。本文试图在这方面做一点尝试与努力。全文除引言、结束语外，正文分五章展开对全球化背景下劳工问题的研究。第一章论述了劳工权利与国际劳工组织。第二章阐述了国际劳工标准。第三章论述了体面劳动。第四章主要分析了劳资关系与集体谈判问题。第五章主要研究了禁止就业和职业歧视问题。

中文题名：信用评级机构法律制度研究

英文题名： Research on Credit Rating Agency Legal Regimes

研 究 生：李雯

指导教师：黄进教授

授予学位时间： 2011 年下半年

内容介绍：本文通过对信用评级产生与发展的历史和理论基础进行梳理，对美国

信用评级法律制度包括监管制度和民事责任发展情况加以分析，对比新近出现的欧盟监管法规以及 IOSCO 的新规则总结对信用评级机构规制的方法，结合我国信用评级市场的发展程度和现有的信用评级相关法律法规，分析完善统一我国信用评级法律制度的可行之路。全文除引言、结语外，正文共分七章。第一章界定了信用评级机构和信用评级。第二章分析了信用评级的作用及其地位。第三章分析了美国信用评级法律制度的发展。第四章分析了 IOSCO 关于信用评级的规范。第五章分析了欧盟对评级机构监管法律制度的贡献。第六章信用评级机构的民事责任。第七章中国信用评级法律制度建设。

中文题名：中韩服务贸易市场开放若干法律问题研究——以法律、教育、金融服务贸易为分析重点

英文题名：Study on Some Legal Problems About the Opening of Markets for Trade in Services in China and South Korea：Analysis Focused on Legal，Educational and Financial Services

研 究 生：张银净

指导教师：张湘兰教授

授予学位时间：2011 年下半年

内容介绍：本文以中韩两国间法律产业、教育产业、金融产业为出发点，通过研究有关中韩服务贸易的若干法律问题，为推动中韩两国服务贸易及国民经济持续发展、提升两国国际竞争力、改善两国服务贸易自由化所带来的问题、加快两国融入区域经济一体化的步伐提供有效的法律依据，为完善中韩服务贸易中的法律问题提供切实可行的解决途径。全文除导论外，共分五章。第一章中韩服务贸易的发展。第二章中韩法律服务贸易市场开放的法律问题研究。第三章中韩教育服务贸易市场开放的法律问题研究。第四章中韩金融服务贸易的市场开放的法律问题研究。第五章推进中韩服务贸易开放的几点思考——以中国为视角。

2012 年

中文题名：WTO 货物贸易多边补贴规则的法律问题研究

英文题名：Legal Study on the Multilateral Rules of World Trade Organization on Subsidies

研 究 生：毛杰

指导教师：万鄂湘教授

授予学位时间：2012 年上半年

内容介绍：GATT 乌拉圭回合缔结的《补贴与反补贴协议》简称"SCM 协议"。SCM 协议的补贴规则有两大法律成果，其一是在多边贸易体制中首次确立了应受协议规范的补贴定义，包含三个主要法律要件——政府财政资助、授予利益及专向性，只有同时满足这些要件的政府措施才能成为多边救济或单边反补贴救济的对象。其二是把应

受协议规范的补贴分为禁止性补贴、可诉补贴和不可诉补贴，实现了在平衡补贴扭曲后果和政策空间需求基础上对补贴的分类规范。本文对体现这两个重大成果的法律规则加以全面、深入的探讨，揭示含义，寻找不足，提出建议，并结合近年来对华补贴争端的实践，探讨这些规则对于我国的实际意义。全文除引言外，正文分为绪论、上下篇和总结三个部分。其中，上篇有三章。第一章探讨了补贴定义的第一个要件：政府财政资助。第二章探讨了 SCM 协议补贴定义的第二个要件：授予利益。第三章分析了应受协议规范补贴定义的第三个要件：专向性。下篇有三章。第四章探讨了分类规范中的禁止性补贴规则。第五章关于可诉补贴的法律问题分析。第六章探讨了不可诉补贴规则的法律问题。

中文题名：辩论主义与我国涉外民事诉讼程序的完善

英文题名：Perfection of Civil Procedure Involving Foreign Factors Under Doctrine of Adversary Hearing in China

研 究 生：马永梅

指导教师：宋连斌教授

授予学位时间：2012 年上半年

内容介绍：本文围绕辩论主义与我国涉外民事诉讼程序的完善展开研究。全文除引言外，共分七章。第一章系统梳理了辩论主义的基本理论问题。第二章探讨了辩论主义与我国涉外民事诉讼程序的事实范围。第三章分析了辩论主义与我国涉外民事诉讼管辖制度。第四章论述了辩论主义与我国涉外民事诉讼证据制度。第五章论述了辩论主义下涉外民事诉讼的送达制度。第六章分析了辩论主义与我国涉外民事诉讼判决承认与执行制度。第七章对以辩论主义理念构建我国涉外民事诉讼制度的现有制度难题进行了分析和展望。

中文题名：传统文化表达的知识产权保护若干法律问题研究

英文题名：On the Legal Issues of Intellectual Property Protection on Traditional Cultural Expressions

研 究 生：王萌

指导教师：聂建强教授

授予学位时间：2012 年上半年

内容介绍：传统文化表达（Traditional Cultural Expressions，简称 TCEs）的诸多保护学说反映了目前针对传统文化表达进行公法和私法保护的两个层面理念。本文以传统文化表达作为新的权利客体为基线来分析知识产权保护下传统文化表达权的权利客体、权利主体、权利内容及保障等方面的问题。本文除引言、结语外，共分五章。第一章 TCEs 保护的基础理论。第二章 TCEs 知识产权保护客体问题研究。第三章 TCEs 知识产权保护主体问题研究。第四章 TCEs 知识产权权利保障问题研究。第五章我国 TCEs 知识产权保护问题研究。

中文题名：打击跨国人口贩运的国际法律制度研究

英文题名：On the Legal System of International Law Combating Transnational Human Trafficking

研　究　生：魏怡然

指导教师：曾令良教授

授予学位时间：2012 年上半年

内容介绍：本文从跨国人口贩运的概念、性质和发展趋势等基本问题入手，通过对打击跨国人口贩运的多边、区域、双边和单边法律制度进行分析，阐明它们的作用和特点，揭示存在的问题，进而剖析整个国际法律制度的成就和缺陷，并对如何完善和发展提出建议。正文共分六章。第一章为跨国人口贩运概述。第二章论述了打击跨国人口贩运的多边法律制度。第三章分析了打击跨国人口贩运的区域法律制度——以欧洲为代表。第四章为打击跨国人口贩运的双边法律合作机制——选择性实例分析。第五章论述分析了中国打击跨国人口贩运的法律制度。第六章结论：打击跨国人口贩运的国际法律制度面临的问题及建议。

中文题名：高度洄游鱼种之养护与管理的国际合作：原则、机制和组织

英文题名：A Study on International Cooperation of the Conservation and Management of Highly Migratory Fish Stocks：Principle，Mechanism and Organization

研　究　生：周怡良

指导教师：曾令良教授

授予学位时间：2012 年上半年

内容介绍：本文对高度洄游鱼种之养护与管理的国际合作的原则、机制和组织进行了系统的研究。文章以具高经济价值的高度洄游鱼种养护与管理的合作为议题，从国际规范角度提出国家间为达到养护与管理的目的，进行国际合作的必要性；对不同海域养护与管理的合作进行讨论，以相邻或相向国家间所主张的专属经济区海域之间及沿海国专属经济区与公海海域之间关于该鱼种养护与管理的合作模式为主，阐释其为达到养护与管理的目的，而为合作机制之内涵；并阐释现行国际间为养护与管理高度洄游鱼种而设立区域渔业管理组织的组成情形。全文除引言、结论外，共分四章。第一章国际法中的合作原则。第二章高度洄游鱼种养护与管理的基本原则。第三章专属经济区之养护与管理的合作。第四章区域渔业管理组织。

中文题名：国际合作打击索马里海盗问题研究

英文题名：A Study on Issues of International Cooperation Against Somali Pirates

研　究　生：黄莉娜

指导教师：曾令良教授

授予学位时间：2012 年上半年

内容介绍：近年来，国际社会加强合作，共同应对索马里海盗问题。但是，索马里海盗劫掠、勒索事件并未因此绝迹。如何从根本上解决这一问题，引起了各国政府、国

际组织以及相关领域学者的强烈兴趣。本文采用历史考察、比较分析、调查研究、综合归纳的研究方法，对国际合作打击索马里海盗问题进行了系统研究。全文除引言、结论外，共分六章。第一章为索马里海盗概述。第二章分析了国际合作打击索马里海盗之必要性及法律依据。第三章讨论了国际合作打击索马里海盗之武力使用问题。第四章讨论了国际合作打击索马里海盗之司法程序安排。第五章评述了国际合作打击索马里海盗之努力、不足和前景展望。第六章介绍了中国参与国际合作打击索马里海盗。

中文题名：国际河流水资源争端解决模式研究

英文题名：A Study on the Dispute Resolution Modes of International Water Resources

研 究 生：黄雅屏

指导教师： 韩德培 教授、郭玉军教授

授予学位时间：2012 年上半年

内容介绍：本文对国际河流水资源的争端解决模式进行了深入研究，并将之分为政治、法律、经济三大模式进行理论和实例分析。文章试图在分析国际河流争端的成因、争端的类型和特殊性的基础上，对各种国际河流争端解决的实践和案例加以分析与归纳，旨在明确三种争端解决模式的地位、表现形式、具体运用和利弊，为我国国际河流争端的解决提供可供借鉴的经验和方法。全文正文共分六章。第一章探讨了国际河流争端的产生。第二章主要阐述了国际河流水资源争端的类型和特殊性。第三至五章运用比较和实证方法，分别论述了"政治解决模式""法律解决模式"和"经济解决模式"的各种表现形式在国际河流水资源各种类型的争端解决中的运用。第六章探讨了我国国际河流水资源争端的解决模式。

中文题名：国际货物买卖中所有权功能的弱化

英文题名：The Weakening Function of Title in International Sale of Goods

研 究 生：郭载宇

指导教师：余劲松教授

授予学位时间：2012 年上半年

内容介绍：本文针对所有权这一国际货物买卖法中的核心问题在国际立法文件和有关司法实践中未能得到相应的映射，造成理论与实践的"失衡"而引起理论与实践的冲突，展开了相应的研究。全文共分九章。第一章导论。第二章基础概念的不确定性。第三章规则可预期性的弱化：冲突的实体法规则和多变的冲突法规则。第四章所有权保护方法之外的替代性制度设计。第五章海运承运人留置权对所有权保护功能的不利影响。第六章保险环节所有权因素的劣位。第七章所有权保留条款保障功能的局限性。第八章若干公法规则对所有权人权利的影响。第九章结论：国际货物买卖中所有权问题的弱化。

中文题名：国际金融稳定法律机制研究

英文题名：Study on International Financial Stability Legal Mechanism

研 究 生：刘真

指导教师： 李仁真教授

授予学位时间： 2012 年上半年

内容介绍： 以金融稳定理事会为核心的国际金融稳定法律机制正逐步显露端倪，站在国际金融法律变革的理论前沿，系统研究构建国际金融稳定法律机制涉及的一系列问题，无疑具有重要的理论和现实意义。本文共分五章对国际金融稳定法律机制及其制度构建进行探讨。第一章对国际金融稳定法律机制的内涵、必要性以及组织基础进行理论分析。第二章重点研究国际金融稳定法律机制的核心组织平台——金融稳定理事会，并以金融稳定理事会为中心，对未来国际金融稳定法律机制进行架构，同时对其中的全球金融体系脆弱性评估机制展开论述。第三章对国际金融监管合作机制进行专门探讨。第四章对国际金融标准实施协调机制进行重点研究。第五章对跨境风险应急管理机制进行专门分析。

中文题名： 国际商事仲裁裁决方法研究

英文题名： A Study of Award-making Approaches in International Commercial Arbitration

研 究 生： 王珺

指导教师： 宋连斌教授

授予学位时间： 2012 年上半年

内容介绍： 仲裁裁决是国际商事仲裁的目的和归宿，它承载着仲裁庭所有努力的最终目标，并关系到当事人切身权益的处置。本文对国际商事仲裁裁决的观察，以裁决方法为中心，着墨于裁决的整个动态过程，对事实认定、法律适用及裁决作出这三个主要环节进行系统的理论阐析和实践推演，尝试为仲裁员行使自由裁量权提供有益的指引和参考。全文除引言、结语外，共分五章展开研究。第一章国际商事仲裁裁决的基本问题。第二章国际商事仲裁裁决基础的确定：事实认定与建构。第三章国际商事仲裁裁决准据的确定：法律选择。第四章国际商事仲裁裁决准据的确定：法律查明与解释。第五章国际商事仲裁裁决的作出：合议与文书撰制。

中文题名： 国际私法条约在我国法院的适用

英文题名： The Application of Private International Law Treaty in Chinese Court

研 究 生： 徐光明

指导教师： 黄进教授

授予学位时间： 2012 年上半年

内容介绍： 本文采用共性和个性相结合、理论与实践相结合、跨学科研究、比较法研究的方法，共分四章围绕如何保证我国法院有效适用国际私法条约这一问题展开研究，目的在于为我国法院正确适用条约提供法理依据，并以此为基础，构建我国法院适用国际私法条约的制度。文章首先界定了国际私法条约概念的内涵和外延，然后从条约制订、条约缔结、条约接受、条约适用和条约解释等环节入手，通过比较发达国家的制度与实践，分析各个环节影响国际私法条约司法适用的因素及解决路径，从而建立和完善我国法院适用国际私法条约的制度。

中文题名：国家豁免中的商业例外问题研究

英文题名：A Study on Commercial Activity Exception to State Immunity

研　究　生：陆寰

指导教师：郭玉军教授

授予学位时间：2012 年上半年

内容介绍：本文从理论和制度两方面入手，对国家豁免中的商业例外问题进行了深入的研究和探讨，对我国目前有关国家豁免中商业例外问题的相关立法和司法实践进行了介绍和评价，并提出有关该问题的具体立法建议。全文除引言、结语外，共分五章。第一章论述了国家豁免中商业例外问题的理论基础。第二章探讨了国家豁免中商业行为的措辞、定义和范围。第三章阐释了商业行为的判断标准。第四章研究了国家豁免法中的商业例外条款。第五章主要分析了我国对国家豁免问题的态度、立法和最新的司法实践。

中文题名：海峡两岸民用航空损害赔偿制度比较研究

英文题名：Comparative Research on Damages System Between Cross-strait Civil Aviation

研　究　生：陈熊

指导教师：肖永平教授

授予学位时间：2012 年上半年

内容介绍：本文以海峡两岸民用航空损害赔偿的比较为研究对象，结合海峡两岸的民用航空立法和冲突规范，在海峡两岸民用航空直航后，对海峡两岸民用航空的损害赔偿制度进行了系统、综合性的研究。全文除导论、结语外，共分六章。第一章讨论了海峡两岸民用航空的法律渊源。第二章讨论了海峡两岸民用航空旅客运输损害赔偿的比较。第三章讨论了海峡两岸民用航空货物运输损害赔偿的比较。第四章讨论了海峡两岸民用航空旅客行李运输损害赔偿的比较。第五章讨论了海峡两岸民用航空器对第三人损害赔偿的比较。第六章论述了海峡两岸民用航空运输损害赔偿问题的识别、管辖权与法律适用。

中文题名：海洋石油开发环境污染法律救济机制研究——以美国墨西哥湾漏油事故和我国渤海湾漏油事故为视角

英文题名：Constrution of Legal Relief Mechanism for Oil Pollution Damages Resulting from Offshore Oil Development：From the Perspective of the U. S. Gulf of Mexico Oil Spill and China's Bohai Bay Oil Spill

研　究　生：高翔

指导教师：万鄂湘教授

授予学位时间：2012 年上半年

内容介绍：本文所指的"海洋石油开发"主要指在各国领海和专属经济区内进行的石油开发活动。文章以美国墨西哥湾漏油事故和我国渤海湾漏油事故为视角，对国际海洋油污立法进行了系统、全面的研究考察，对如何构建国际法上和我国海洋石油开发环境污染风险防范与损害赔偿法律机制提供了建议。全文除引言、结语外，共分六章。第一章海洋石油开发环境污染法律救济机制概述。第二章美国海洋石油开发环境污染法律救济机制解析。第三章墨西哥湾漏油事故及对美国油污法律机制的挑战。第四章国际海洋环境污染法律救济机制的立法现状。第五章国际海洋石油开发环境污染法律救济机制的构建。第六章我国海洋石油开发环境污染法律救济机制的构建——从渤海湾漏油事故谈起。

中文题名：联合国安理会职能的宪政改造——理论构建、法律困境与改革前景

英文题名：The Constitutional Renovation of the United Nations Security Council's Functions：Theoretical Construction，Legal Dilemma and Prospect for Reform

研 究 生：邓宁

指导教师：余敏友教授

授予学位时间：2012 年上半年

内容介绍：本文借鉴国内法中的宪政理论，以宪政改造为手段，促成安理会职权的宪政化，以提高其正当性并促进国际法治的实现。全文除导论、结论外，正文共分八章。第一章安理会在联合国中的职权、地位与现实挑战。第二章探讨了安理会职能宪政改造的理论基础。第三章研究了安理会的准立法职权的宪政改造。第四章探讨了安理会执行职权的宪政改造。第五章研究了安理会职能的宪政改造与司法审查。第六章安理会职能的宪政改造与"立法"监督。第七章为安理会职能宪政改造理论的评价。第八章分析了安理会职能宪政改造的法律困境与改革前景。

中文题名：联合国制裁措施的国内执行研究

英文题名：National Implementation of United Nations Sanctions

研 究 生：刘筱萌

指导教师：余敏友教授

授予学位时间：2012 年上半年

内容介绍：制裁措施是联合国安理会强制执行其决定的一种重要手段。本文以辩证唯物主义和历史唯物主义的方法统领全文，综合运用比较研究、历史考察、逻辑分析等多种研究方法，对联合国制裁措施的国内执行进行了系统研究。全文除绪论、结论外，共分四章。第一章对联合国制裁措施的法律性质、内容以及其沿革和所面临的挑战进行了整理和界定。第二章主要就建立联合国制裁措施国内执行的理论框架进行初步探索。第三章从实证考察和比较研究的角度，对联合国制裁措施在国内法上的执行体系作出分析。第四章对我国的立法模式和实践进行全面的考察。

中文题名：论冲突法上的侵权类型化与法律选择

英文题名：On Typology of Torts in Conflict of Laws and Their Choice of Laws

研 究 生：谌建

指导教师：韩德培教授、黄进教授

授予学位时间：2012 年上半年

内容介绍：关于侵权法律选择问题，本文从法律选择的连结因素出发，根据法律的效力范围及其实体法政策与侵权关系的构成要素之间的关系，对侵权从冲突法的角度进行类型化划分，并以此为基础分析对涉外侵权的法律选择问题。全文除引论、结语外，共分六部分展开研究。第一部分冲突法上的侵权类型化问题的提出。第二部分侵权类型化的理论基础。第三部分冲突法上的侵权类型化。第四部分一般侵权的类型化分析。第五部分几种特殊侵权的类型化分析。第六部分侵权类型化与中国的侵权法律选择。

中文题名：论法院在仲裁中的作用——以英国《1996 年仲裁法》为视角

英文题名：The Role of Courts in Arbitration: In the Perspective of English Arbitration Act 1996

研 究 生：董海洲

指导教师：宋连斌教授

授予学位时间：2012 年上半年

内容介绍：仲裁的民间性、契约性决定了仲裁活动离不开法院的支持和监督。英国《1996 年仲裁法》代表着英国仲裁法的重大进步，是一部全面、深入、适切的仲裁法。本文以《1996 年仲裁法》为视角，研究法院在仲裁中的作用，考察英国法院运用司法权力介入仲裁的现实情况，借鉴英国和国际上先进的仲裁制度、成熟的立法经验，为我国相关仲裁法律的完善提供建议。全文除引论、结论外，正文共分五章。第一章法院介入仲裁的一般问题与英国仲裁法。第二章法院与仲裁员职责的履行。第三章法院与仲裁管辖权的确定。第四章法院与仲裁程序的进行。第五章法院与仲裁裁决的执行和审查。

中文题名：论联合国安理会决议的司法审查

英文题名：On the Judicial Review of the United Nations Security Council Resolutions

研 究 生：熊安邦

指导教师：曾令良教授

授予学位时间：2012 年上半年

内容介绍：本文综合运用案例分析、实证分析、比较分析、交叉学科研究的研究方法，全面系统地研究了联合国安理会决议的合法性问题，探讨建立国际法院对安理会决议进行司法审查的可行性，并具体研究了国际法院司法审查的范围、标准、方式和效力等问题。全文除引言、结论外，共分八章展开探讨。第一章概述了联合国安理会决议司法审查的法理基础。第二章分析了联合国安理会决议司法审查的主体。第三章阐述了联合国安理会决议司法审查的原则。第四章探讨了联合国安理会决议司法审查的范围。第五章分析了联合国安理会决议司法审查的标准。第六章研究了联合国安理会决议司法审查的方式。第七章论述了联合国安理会决议司法审查的法律效力。第八章探讨了中国对安理会决议司法审查构建的立场。

中文题名：论欧盟竞争法纵向限制规制的"美国化"

英文题名：The Americanization of the Regulation of Vertical Restrains in Competition Law of the EU

研　究　生：王子妍

指导教师：黄进教授

授予学位时间：2012 年上半年

内容介绍：纵向限制是在纵向协议中设置的协议一方对另外一方或协议双方间的限制。在反垄断法领域，纵向限制的规制有其特殊的地位。欧盟对纵向协议的规制自 20 世纪 90 年代以来发生了一系列重要的变化，最显著的是对经济分析的引入和反垄断法的分权实施。本文对竞争法中的纵向限制规制问题进行了深入的研究。全文除绪论外，共分五章。第一章纵向限制的本质。第二章纵向限制规制理论基础演进及比较。第三章对经济分析应用成果的考量。第四章竞争法对纵向协议关系的影响。第五章欧盟竞争法纵向限制规制"美国化"对我国的启示。

中文题名：美国投资银行诚信义务研究

英文题名：Research on the Fiduciary Duty of American Investment Banks

研　究　生：卢青

指导教师：张庆麟教授

授予学位时间：2012 年上半年

内容介绍：本文探讨以美国为代表的西方国家投行业务诚信义务的演进趋势，并在此基础上尝试提出改进我国有关法律规则的建议。全文除引言外，共分四章。第一章从经济学、法学等角度对诚信的起源、发展以及作用等进行解读；还对投资银行的定义及其业务进行分析；随后以美国法为视角对诚信义务进行理论分析。第二章分析了美国法上投资银行对零售客户的诚信义务，主要是从投资银行基于其基本业务而产生的两种身份——投资顾问和经纪-交易商来分别进行探讨。第三章研究投资银行对其机构客户的诚信义务。选取了投资银行服务机构客户最具有代表性的两项业务——并购和 IPO，并对其进行研究。第四章讨论美国相关制度对我国的启示。

中文题名：欧盟新能源法律与政策研究

英文题名：The Research on EU's New Energy Laws and Policies

研　究　生：程荃

指导教师：杨泽伟教授

授予学位时间：2012 年上半年

内容介绍：本文以欧盟新能源法律与政策为研究对象，对欧盟新能源法律与政策的构成、目标、原则以及内容进行了较为系统的分析。在对欧盟新能源法律政策体系总体进行研究的基础上，根据欧盟对能源次级立法的划分，从四个方面分别探讨了欧盟的可再生能源法律政策、核能法律政策、节能与能效法律政策以及新能源参与能源市场竞争的有关法律政策，并分析有关立法的特点与不足，评析欧盟的最新立法和提案。通过深入研究欧盟的新能源法律与政策体系，分析中国新能源法律与政策的不足，借鉴欧盟新能源法律与政策的成功经验，提出了改进中国有关法律政策的建议。全文含引言，共分九部分展开研究。第一部分引言。第二部分欧盟新能源法律与政策概论。第三部分欧盟新能源法律政策与可持续发展。第四部分欧盟可再生能源法律政策。第五部分欧盟核能法律与政策。第六部分欧盟节能与能源效率法律政策。第七部分欧盟内部能源市场法律政策与新能源。第八部分欧盟新能源法律政策的主要特点及其发展趋势。第九部分欧盟新能源法律与政策对中国的启示。

中文题名：欧洲人权法院自由判断余地原则研究

英文题名：A Study of the Margin of Appreciation Doctrine in the European Court of Human Rights

研 究 生：廖济贞

指导教师：易显河教授

授予学位时间：2012 年上半年

内容介绍：本文结合欧洲人权法院的司法活动和判例法，分析自由判断余地原则的发展历史、具体内涵、适用模式、分歧意见和方法论，并在此基础上简要分析了对中国的借鉴意义。全文除导论、结论外，共分六章。第一章自由判断余地原则的法律渊源。第二章从理论角度分析了自由判断余地原则的法理基础。第三章研究了自由判断余地原则的适用模式与权利领域。第四章自由判断余地原则的分歧意见与功能评价。第五章自由判断余地原则的晚近发展与改革方向。第六章论述了自由判断余地原则对人权国际保护的价值。

中文题名：全球金融危机背景下国际货币体系改革的法律路径研究

英文题名：On Legal Approaches to Reform the International Monetary System Under the Background of Global Financial Crisis

研 究 生：向雅萍

指导教师：李仁真教授

授予学位时间：2012 年上半年

内容介绍：2007—2009 年的全球金融危机将世界经济推向全面衰退，在此背景下研究如何改革美国等发达国家主导的国际货币体系，对于提升中国等新兴市场国家在国际货币金融领域的话语权和构建更加公平合理的国际金融秩序有着重要意义。本文除导论外，共分五章，试图从法律角度探索国际货币体系改革的可行路径。第一章对本轮全球金融危机的形成机理进行了全面梳理，并指出现行国际货币体系的缺陷是导致金融危机爆发的制度性根源。第二章探讨国际储备货币体系改革的法律路径。第三章批判国际货币基金组织的汇率监督制度，并研究改革监督制度的法律路径。第四章论述构建国际最后贷款人的法律路径。第五章探究中国参与国际货币体系改革的若干对策。

中文题名：台湾"国际空间"问题研究

英文题名：Research on Taiwan's "International Space"

研 究 生：谢小庆

指导教师：余敏友教授

授予学位时间：2012 年上半年

内容介绍：本文除引论、结论外，分五章对台湾"国际空间"问题进行了详细的论述。第一章讨论了台湾"国际空间"问题的形成。第二章分析了台湾"国际空间"问题的潜伏。第三章讨论了台湾"国际空间"问题的凸显。第四章探讨了台湾"国际空间"问题的变异。第五章论述了台湾"国际空间"问题的良性发展。

中文题名：碳金融交易的法律问题研究

英文题名：Legal Analysis of Carbon Emission Trading System

研 究 生：涂亦楠

指导教师：李仁真教授

授予学位时间：2012 年上半年

内容介绍：本文主要从国际经济法的角度，以法学、经济学理论为主要分析工具，以国际气候变化法制立法谈判为背景，以其他国家的碳金融交易法为参照对象，结合我国现有的碳金融交易法律政策规定，以金融法律体系建构为切入点，探索建立我国的碳金融交易法律制度的可行模式。全文共分六章。第一章碳金融交易的基础研究。第二章国际碳金融交易的法律制度。第三章欧盟碳金融交易的法律制度。第四章国内碳金融交易的法律制度。第五章自愿碳金融交易的法律制度。第六章碳金融交易制度与中国。

中文题名：网间互联法律问题研究

英文题名：Study on Legal Problems of Interconnection

研 究 生：高媛

指导教师：肖永平教授

授予学位时间：2012 年上半年

内容介绍：本文系统分析了网间互联所涉及的法律问题，对网间互联的相关基本问题进行国别比较的初步研究，通过对每个基本问题的分析，对我国网间互联法律制度的立法完善提出了自己的建议。全文除引言外，共分八章。第一章网间互联的法律关系。第二章网间互联的法律根据。第三章网间互联的监管机构。第四章网间互联协议的法律问题。第五章网间互联中的物权法律问题。第六章网间互联争议的处理机制。第七章网间互联的竞争法管制。第八章完善我国网间互联的立法建议。

中文题名：英国新能源法律与政策研究——以国际法与比较法为视角

英文题名：Study on UK's New Energy Laws and Policies：In the Perspective of International and Comparative Law

研 究 生：吕江

指导教师：杨泽伟教授

授予学位时间：2012 年上半年

内容介绍：本文以国际法与比较法为视角，通过研究英国新能源法律与政策的历史演变、目前的立法实践以及英国新能源发展对联合国气候变化谈判的影响，指出当前国际社会对能源安全和可持续发展理论尚未达到完全充分解读。本文认为只有建立起能源变革原则的语境范式，才能从根本上较好地革除国际能源实践中的种种弊端，而英国新能源法律与政策的发展正体现这一语境范式在能源领域的运用。它独特的发展路径，为中国的新能源发展与合作提供了有益的制度借鉴。除绪论、结论外，正文分六章展开阐释。第一章论述了当前国际法视阈下能源安全与可持续发展的悖论及其解决方法。第二章审视了英国新能源法律与政策的历史演变。第三章分析了英国各类具体新能源法律与政策。第四章探讨了欧美新能源立法中的英国特色。第五章剖析了英国新能源立法与联合国气候谈判之间的互动影响。第六章提出了中英新能源合作的法律制度设计。

中文题名：远程消费者保护机制研究

英文题名：Hybrid Approach to Protect Distance Consumers

研 究 生：于颖

指导教师：黄进教授

授予学位时间：2012 年上半年

内容介绍：本文在我国现有立法缺失的现状下，通过对各主要远程消费者保护制度的分析、评鉴，归纳出适合我国采纳的制度体系。全文共分五章。首先探讨消费者保护的基本理论；其次分析在我国远程消费者交易中普遍使用的托付机制的实质、功能价值及局限；再通过对欧盟的远程消费者保护基本制度反悔权机制的介绍、分析及价值权衡，寻找该项机制在我国的可适性；另外还对远程消费者合同的纠纷解决机制进行了详细的分析比较；最后提出我国远程消费者保护机制的建立依据与实现途径。

中文题名：中国与非洲统一商法组织（OHADA）法域合同法若干方面的比较研究

英文题名：A Comparative Study of Some Aspects of Contract Law Between China and Ohada's Area Countries

研 究 生：申柯（Moussa Sékou TRAORE）

指导教师：肖永平教授

授予学位时间：2012 年上半年

内容介绍：本文致力于比较中国与非洲统一商法组织法域在合同法律制度若干方面异同的研究，并为中国与非洲统一商法组织法域的国家的经贸往来构建一个更为合理的法律框架。全文除引言、结语外，共分四章。第一章合同的成立。第二章合同的效力。第三章违约与救济。第四章违约责任。

中文题名：主权财富基金若干法律问题研究

英文题名：Studies on Several Legal Issues Concerning Sovereign Wealth Funds

研 究 生：练爽

指导教师：张庆麟教授

授予学位时间：2012 年上半年

内容介绍：为了解决由主权财富基金带来的法律问题，本文运用比较的方法，通过对各发达国家和国际组织对于主权财富基金的监管制定的法律规则的评述，厘清主权财富基金所涉及的法律关系的性质和内容，为主权财富基金的发展提供法理依据。全文共分七章。第一章讨论主权财富基金研究的理论基础。第二章从国际硬法规则和软法规范两个方面的制定讨论了主权财富基金的国际监管模式。第三章论述了主权财富基金透明度这一当前热点问题。第四章围绕主权财富基金的治理问题展开研究。第五章论述主权财富基金的投资准入问题。第六章探讨主权财富基金的豁免问题。第七章探讨主权财富基金的投资争端解决和法律选择问题。

中文题名：转基因食品国际法律冲突和协调研究

英文题名：Legal Study of Conflict and Reconciliation of International Genetically Modified Food

研 究 生：陈亚芸

指导教师：曾令良教授

授予学位时间：2012 年上半年

内容介绍：本文从转基因食品涉及的人权冲突入手，分析了欧盟和美国之间、WTO 和《卡塔赫纳生物安全议定书》之间、发达国家和发展中国家之间转基因立法理念和规则冲突，揭示其内在联系和影响，为我国转基因食品立法提供理论支持和经验借鉴，对转基因食品国际法律协调构建的可能路径提出了构想。除前言、结论外，正文共分六章。第一章分析了转基因食品与人权实现的冲突。第二章论述了欧盟和美国转基因食品立法冲突。第三章重点研究了 WTO 与《卡塔赫纳生物安全议定书》转基因食品规则交互影响和冲突。第四章分析了发达国家与发展中国家转基因食品立法博弈。第五章探讨了转基因食品国法律协调之构建。第六章具体针对中国转基因食品立法现状提出立法构想和建议。

中文题名：《全面禁止核试验条约》研究

英文题名：A Study on Comprehensive Nuclear Test Ban Treaty

研 究 生：郝发辉

指导教师：黄德明教授

授予学位时间：2012 年下半年

内容介绍：本文以《全面禁止核试验条约》为基础和轴线，评述了限制核武器的相关国际法的发展，和谐世界背景下《全面禁止核试验条约》是历史发展的必然，对未生效的《全面禁止核试验条约》的国际法律地位和法律效力进行了论述。在主体内容里评述了《全面禁止核试验条约》的基本义务、条约组织机构和建立的核查机制，并进一步深入分析条约组织机构和核查机构，最后通过视角试论《全面禁止核试验条约》的发展及法律救济措施，并探讨条约对中国的影响。全文除导论、结语外，共分九章展开论述。第一章达成《全面禁止核试验条约》的路径。第二章《全面禁止核试验条约》的法律地位和效力。第三章《全面禁止核试验条约》主要条款。第四章全面禁止核试验条约组织筹备委员会的内部结构。第五章全面禁止核试验条约组织筹备委员会外部交往。第六章各国对《全面禁止核试验条约》的"实施"。第七章《全面禁止核试验条约》所确立的国际核查机制。第八章《全面禁止核试验条约》的趋势和未来。第九章《全面禁止核试验条约》和中国。

中文题名：澳大利亚并购投资相关法律制度研究

英文题名：Research on the Legal System Relevant to the International M&A in Australia

研 究 生：汤海涵

指导教师：李仁真教授

授予学位时间：2012 年下半年

内容介绍：澳大利亚蕴藏非常丰富和优质的矿产资源和能源资源，因而成为能源企业跨国并购的重要目标国。本文主要研究澳大利亚关于跨国并购的法律监管制度，这对进一步推动我国企业在澳大利亚的并购活动，预防可能产生的法律风险，实现"走出去"战略的国家目标，提高我国企业国际化经营水平具有非常重要的现实意义。全文共分六章。第一章跨国并购概述。第二章澳大利亚的外资并购审查制度。第三章澳大利亚对外资并购反垄断审查制度。第四章澳大利亚上市公司跨国收购的法律规制。第五章澳大利亚关于跨国并购的税收制度。第六章中国企业赴澳大利亚并购的法律问题。

中文题名：产业安全视角下中国农业外资并购法律审查研究

英文题名：Study on the Legal Review of Foreign Capital M&A in China's Agricultural Industry on the Perspective of Industry Safety

研 究 生：谢翀

指导教师：张庆麟教授

授予学位时间：2012 年下半年

内容介绍：本文基于产业安全的视角，对农业产业领域进行综合性研究。针对外资并购对我国农业企业造成的实际影响，分析了立法推进过程中的现实基础与法律缺失，集中研究了构建法律审查体系的内容框架。全文除引言外，共分六部分展开研究。第一部分经济全球化背景下的农业产业安全。第二部分我国外资并购双重审查的构建基础。第三部分至第五部分依次为农业产业外资并购的反垄断审查、国家安全审查、双重审查的协调。第六部分农业外资并购法律审查的完善路径与前瞻。

中文题名：船舶碰撞民事责任法律问题研究

英文题名：Research on Legal Problems of Civil Responsibility of Ship Collision

研 究 生：廖云海

指导教师：张湘兰教授

授予学位时间：2012 年下半年

内容介绍：本文用侵权法的基本理论，以我国相关立法和司法实践为核心，以实现民事损害赔偿为目的，围绕船舶碰撞所涉及的主要法律问题，对船舶碰撞民事责任这一专题进行系统、深入的研究，并针对当前我国船舶碰撞民事责任立法中存在的问题和不足，提出修改的意见和建议，为完善我国船舶碰撞民事责任法律制度提供了一些理论依据和参考。全文共分六章。第一章概述船舶碰撞民事责任。第二章论述船舶碰撞损害赔偿的责任主体。第三章探讨船舶碰撞民事责任的归责原则。第四章论述船舶碰撞损害赔偿的范围。第五章探讨船舶碰撞司法管辖权和法律适用。第六章提出完善我国船舶碰撞立法的建议。

中文题名：国际法遵守理论与实践的新发展

英文题名：The New Development of Theories and Practice of Compliance with International Law

研 究 生：张弛

指导教师：余敏友教授

授予学位时间：2012 年下半年

内容介绍：当代国际法的遵守机制在多边、区域、双边、软法、非政府模式等不同层面均有创新，本文从遵守的视角来探求国际法理论与实践的新发展。全文除导论、结论外，共分四章。第一章国际法遵守理论评述与展望。第二章从人权、环境、军控与裁军三个领域来考察多边条约遵守实践的新发展。第三章考察了以联合国与八国集团（G8）、二十国集团（G20）为代表的两种治理模式下软法规范的遵守实践，重点分析了联合国主导下的可持续发展原则与 G20 峰会成果遵守监督机制。第四章从国际法主体的视角出发分析了中国遵守国际法的理论与实践。

中文题名：国际商事合同违约损害赔偿法律制度研究

英文题名：Research on the Damages for Breach of International Commercial Contracts

研 究 生：虞汪日

指导教师：余劲松教授

授予学位时间：2012 年下半年

内容介绍：本文在对两大法系违约损害赔偿制度进行比较研究的基础上，对《国际货物销售统一法公约》《联合国国际货物销售合同公约》《欧洲合同法原则》《国际商事合同通则》等国际商事合同统一法公约及示范法所确定的违约损害赔偿制度进行了全面和深入研究。全文共分五章。第一章绪论。第二章论述了国际商事合同违约损害赔偿法律制度的基本原则。第三章研究了国际商事合同违约损害赔偿责任的构成。第四章探讨了国际商事合同违约损害赔偿的范围。第五章研究了国际商事合同违约损害赔偿的计算。

中文题名：金融资产管理公司若干法律问题研究

英文题名：A Study on Some Legal Issues of the Financial Asset Management Corporations

研　究　生：陈南辉

指导教师：李仁真教授

授予学位时间：2012 年下半年

内容介绍：本文着重从法律角度，就金融资产管理公司及其运行涉及的主要法律问题进行探讨。全文除引言和结语外，共分六章。第一章概述银行不良资产和金融资产管理公司。第二章讨论金融资产管理公司的公司治理结构。第三章详细分析了金融资产管理公司的不良资产收购过程中的定价、融资渠道以及这一过程中产生的诸多相关法律问题。第四章通过对目前我国金融资产管理公司债权处置的五种主要方式，提出了其在实践中的法律运用。第五章考察金融资产管理公司对现有监管体制的挑战，指出由此引发的监管体制方面的问题。第六章分析我国金融资产管理公司运行中的法律障碍，并就其今后法律体系的完善提出针对性的建议。

中文题名：跨国银行服务合同法律适用问题研究

英文题名：Studies on the Application of Law in International Banking Contract

研　究　生：范晓亮

指导教师：何其生教授

授予学位时间：2012 年下半年

内容介绍：本文在国内外学者研究的基础上，采取法律比较、实证分析等方法，以有关国家的立法与司法判例为素材，以金融服务自由潮流为背景，从跨国银行服务合同法律冲突问题的产生入手，结合几类跨国银行服务基础合同和衍生合同进行论述，总结法律适用规则发展的趋势，并最终归结到中国的立法与司法实践。全文除引言、结语外，共分八章。第一章银行服务合同中的法律冲突。第二章跨国银行服务合同主体资格的法律适用。第三章跨国银行存款合同的法律适用。第四章跨国银行贷款合同的法律适用。第五章跨国银行金融工具合同的法律适用。第六章跨国银行信用担保合同的法律适用。第七章电子商务影响下金融服务自由与冲突规则的互动。第八章金融服务自由潮流下中国相关法律适用规则之完善。

中文题名：全球环境正义视域中的国际碳税制度研究

英文题名：Research on International Carbon Tax System：From the Perspective of Global Environmental Justice

研　究　生：陈渊鑫

指导教师：左海聪教授

授予学位时间：2012 年下半年

内容介绍：本文在对传统环境正义论进行分析的基础上，指出全球环境责任论是国际碳税制度的正义基础，进而从法哲学、经济学、税法学等方面分析国际碳税制度的正当性和合法性，并探索构建国际碳税制度，以实现人类保护全球环境的目标。除导论和结语外，全文共分五章。第一章论述全球生态危机与全球环境治理。第二章运用全球环境责任论阐述国际碳税制度的正义基础。第三章探讨国际碳税制度的构建。对国际碳税的内涵、特征予以界定，论证了国际碳税制度正当性的理论基石等。第四章论述国际碳税制度的运行机制，包括界定其内涵，确立三项国际碳税制度运行的基本原则等。第五章探讨国际碳税制度的中国立场。

2013 年

中文题名：《跨太平洋伙伴关系协定》谈判研究——以知识产权保护为落脚点

英文题名：Study on Negotiations of the Trans-Pacific Partnership Agreement：Putting the Foothold on Protection of Intellectual Property Rights

研 究 生：余楠

指导教师：余敏友教授

授予学位时间：2013 年上半年

内容介绍：《跨太平洋伙伴关系协定》（TPP 协定）源自亚太小国之间、贸易自由化程度较高的经贸合作协定《跨太平洋战略经济伙伴关系协定》（P4 协定），美国加入后主导其重新谈判，使之成为一个全新的自由贸易协定。本文研究了 TPP 的历史与谈判进展、该区域贸易机制在国际贸易体制中的关系、相关的知识产权规则内容及其评析、TPP 机制的理论基础等内容。全文除导论、结论外，正文共分四章。第一章《跨太平洋伙伴关系协定》概况。第二章分析了国际贸易体制中的 TPP 协定。第三章研究了 TPP 协定的知识产权规则。第四章对 TPP 协定知识产权机制之法理进行分析。

中文题名：WTO 与粮食安全——法律与政策问题

英文题名：WTO and Food Security：Law and Policy Issues

研 究 生：张晓京

指导教师：余敏友教授

授予学位时间：2013 年上半年

内容介绍：为厘清贸易自由化与粮食安全之间的关系，本文从法律与政策视角出发，分析论证农业贸易自由化进程对粮食安全的实际和潜在影响，并考察 WTO 对中国农业和粮食安全的影响与应对。全文除绪论、结论与展望外，共分五章展开探讨。第一章贸易自由化与粮食安全：两种不同的观点。第二章 GATT 时期的农业贸易与粮食安全问题：历史回顾。第三章 WTO 农业贸易自由化与粮食安全：成就与不足。第四章多哈回合农业谈判与粮食安全：进展与影响。第五章纳入 WTO 体制的中国：农业和粮食安全。

中文题名：产品责任惩罚性赔偿制度比较研究

英文题名：A Comparative Study on Punitive Damages in Products Liability

研 究 生：白峻

指导教师：肖永平教授

授予学位时间：2013 年上半年

内容介绍：本文综合运用比较研究、经济分析法、历史研究法、案例分析法、利益分析法等多种研究方法，对产品责任惩罚性赔偿制度进行了系统的比较研究。本文揭示了产品责任惩罚性赔偿的本质属性与功能，论证了产品责任惩罚性赔偿的正当性与合理性，阐述了产品责任惩罚性赔偿的历史发展规律，在具体剖析产品责任惩罚性赔偿制度构成要件的基础上，从实体法与冲突法的角度对我国产品责任惩罚性赔偿提出立法与司法的若干完善建议，力图解决其在我国"水土不服"的问题。全文除绪论、结论外，共分六章。第一章产品责任惩罚性赔偿制度的基础理论。第二章产品责任惩罚性赔偿的合理性与正当性比较研究。第三章主要国家产品责任惩罚性赔偿制度发展历程的比较。第四章产品责任惩罚性赔偿制度的要件比较。第五章国际产品责任惩罚性赔偿的法律适用。第六章我国产品责任惩罚性赔偿制度的完善。

中文题名：电信网互联互通若干法律问题研究

英文题名：Research on Legal Problems of Telecommunication Interconnection

研　究　生：陈小龙

指导教师：张湘兰教授

授予学位时间：2013 年上半年

内容介绍：研究互联互通法律问题是揭开电信法律问题的重要切入口。本文作者结合十几年的工作实践，抓住了互联接入、互联协议和互联争议解决这三个互相依存的揭示互联互通法律制度的重要法律问题，并进行深入研究，提出了完善我国互联互通法律制度的相关建议。全文除引言外，正文分五章。第一章电信网互联互通基础理论问题研究。第二章互联接入法律问题研究。第三章互联协议法律问题研究。第四章互联争议的法律问题研究。第五章我国电信网互联互通法律制度的不足与完善。

中文题名：法哲学视角下碳排放交易制度的法律问题研究

英文题名：Legal Issues on Carbon Emissions Trading System from the Perspective of Legal Philosophy

研　究　生：胡炜

指导教师：黄进教授

授予学位时间：2013 年上半年

内容介绍：在应对全球气候变化的多元制度体系中，碳排放交易制度具有明显优势，但是，碳排放交易制度的缺点也是明显的。本文从法哲学视角反思碳排放交易制度的弊端，目的在于找到克服其弊端的法律进路和法律方法，希望建立一个更健康、更有效的碳排放交易制度体系以贡献我们共同的未来。全文共分八章，依次从导论、本体论、理论基础、基本范畴（经济学上的产权和法学上的排放权）、方法属性（行政法治）、纠纷解决、国际法问题和中国道路几个方面展开研究。

中文题名：反腐败国际合作的几个法律问题研究

英文题名：Research on the Several Legal Issues of the International Cooperation in the Field of Anti-corruption

研 究 生：何平

指导教师：余敏友教授

授予学位时间：2013 年上半年

内容介绍：本文在长期跟进国内外反腐败实践和国际合作实务的基础上，选择治理商业贿赂、反洗钱、贪官遣返和资产追回等重要合作领域，作出分析和探讨，以期推动研究的深入发展。就目前的研究现状来看，反腐败国际合作问题研究的不足之处主要有三点：一是对中国近年来反腐败国际合作的基本历史轨迹没有全景式的研究；二是与国际反腐败合作的比较研究还有欠缺；三是缺乏对查办跨国腐败典型案件的过程描述和深度剖析。本文在这方面也试图进行尝试和探索。全文由导论和正文六章组成。第一章反腐败国际合作概述。第二章追回外逃贪官的国际合作。第三章腐败资产追回的国际合作。第四章反洗钱的国际合作。第五章治理商业贿赂的国际合作。第六章预防腐败的国际合作。

中文题名：国际私法文献的翻译问题研究

英文题名：Study on Translation of Private International Law Literature

研 究 生：杨晓强

指导教师：宋连斌教授

授予学位时间：2013 年上半年

内容介绍：法律翻译从来都是国与国之间互相交流和沟通彼此间法律制度不可或缺的工具。本文以法律翻译为研究对象，主要从国际私法英文文献翻译的角度出发，从理论和实践两个方面探讨法律文献翻译的一些理论和技巧；并结合译者与法律文化、译者与原作者间的关系以及译者的适格等多个角度，论述了译者在法律翻译活动中主体的创造性；最后针对当前法律翻译热的现状，在法律全球化、英语语言全球化的背景下，提出对国际私法文献翻译的几点思考。全文共分引言、正文和结语三部分。其中正文部分分为四章。第一章法律文献与法律翻译的基本理论。第二章国际私法文献的类型与翻译。第三章翻译理论与技巧在国际私法文献翻译中的应用。第四章国际私法文献的翻译与译者的创造性。

中文题名：国家财产执行豁免问题研究

英文题名：A Study on Immunity from Execution of State Property

研 究 生：刘元元

指导教师：郭玉军教授

授予学位时间：2013 年上半年

内容介绍：国家豁免是一个涉及国际公法、国际私法和国际经济法的问题。主权国家在法院地国的地位成了一个非常重要的问题，国家财产的执行豁免问题便是其中之一。本文分五章集中对国家豁免中的执行豁免部分进行研究。文章在探讨执行豁免的基本问题后，主要以各国执行豁免立法中的顺序为借鉴，依次讨论执行豁免的放弃、例外和特定种类的财产，最后在此基础上对中国出台国家豁免立法中的执行豁免部分提供建议。

中文题名： 国家单方行为的解释与效力判定
英文题名： Interpretation of Unilateral Acts of States and Ascertainment of Their Legal Effects
研 究 生： 朱玲玲
指导教师： 易显河教授
授予学位时间： 2013 年上半年
内容介绍： 在当今国际实践中，国家经常采用单方行动或发表一些单方声明来表达国家意愿。本文在参考现有研究成果的基础上，着重对国家单方行为的解释方法与规则及国家单方行为效力的判定进行了较为细致的研究。除导论、结论外，正文分为三个部分，共计九章。第一部分国家单方行为与行为意图，包含：第一章国家单方行为的界定。第二章国家单方行为的意图的含义、特点与表达。第三章国家单方行为意图与行为解释的关系。第二部分国家单方行为的解释，包含：第四章国际法委员会的研究与建议。第五章《条约法公约》主要解释规则的适用空间。第六章善意原则与国家单方行为的解释。第七章限制性解释在国家单方行为解释中的适用空间。第三部分国家单方行为的效力判定，包含：第八章行为国意图与国家单方行为的效力基础。第九章行为的解释对行为效力的影响。

中文题名： 国家豁免诉讼的若干程序问题研究
英文题名： A Study on Several Procedural Issues of State Immunity Litigations
研 究 生： 王卿
指导教师： 郭玉军教授
授予学位时间： 2013 年上半年
内容介绍： 在国家豁免诉讼过程中，由于被告特殊的国家豁免主体的身份，使得在一些程序问题的处理上呈现出与其他民事诉讼不同的特征。本文对国家豁免立法、条约和司法实践中的有关程序问题的规则和实践进行了细致的研究，并对这些特殊程序规则和实践的正当性进行反思和审视，力图对中国应对被诉和未来国家豁免立法提出一些对策和参考意见。除引言、结语外，正文共六章。第一章集中探讨了国家豁免诉讼的特殊性。第二章介绍了国家豁免诉讼的国内管辖。第三章重点研究了对外国国家的送达程序。第四章就国家豁免诉讼实践中的外交介入问题展开分析和比较。第五章介绍和阐述了外国国家的诉讼程序豁免问题。第六章详细分析了对外国国家作出缺席判决的问题。

中文题名： 海上货物运输迟延交付若干法律问题研究
英文题名： The Legal Issue of Delay in Delivery of Carriage of Goods by Sea
研 究 生： 杜以星

指导教师：张湘兰教授

授予学位时间：2013 年上半年

内容介绍：我国《海商法》关于迟延交付的相关规定吸收了当时国际上的先进成果，但依然存在一些不足。这些不足直接导致司法实践中对该问题认识混乱，裁判尺度不统一。因此，有必要深入研究迟延交付的相关法律问题，为海商法修改或司法解释的制定提供思路。全文共分五章。第一章介绍迟延交付的概念和性质，探讨迟延交付的认定标准等。第二章分析导致迟延交付的原因。第三章研究迟延交付诉讼的诉讼主体问题，同时应关注迟延交付诉讼的程序和法律适用方面的问题。第四章研究迟延交付责任的归责原则发展，分析索赔人的损失范围以及承运人的抗辩事由，有利于迟延交付诉讼的正确解决。第五章探讨我国迟延交付法律制度的完善。

中文题名：海上通道安全若干法律问题研究

英文题名：Legal Issues on the Sea Lanes of Communication Security

研 究 生：张芷凡

指导教师：张湘兰教授

授予学位时间：2013 年上半年

内容介绍：本文从理论与实践相结合的角度选取了海上通道安全有关的问题进行法律分析，以期为我国维护海上通道安全提供有益的思考进路。除引言和结尾外，正文分四章。第一章海上通道安全的基本理论，分析了海上通道和海上通道安全的含义，考察了重要航线和海峡的地理分布和特点，梳理了影响海上通道安全的因素和海上通道安全的价值。第二章论述传统海上通道面临的安全挑战，并以马六甲海峡为例。第三章探讨新兴海上通道面临的安全挑战，并以北极航道为例。第四章探讨海上通道安全形势对中国的启示与对应。

中文题名：海事赔偿责任限制制度比较研究

英文题名：Comparative Study on the System of Limitation of Liability for Maritime Claims

研 究 生：赵强

指导教师：张湘兰教授

授予学位时间：2013 年上半年

内容介绍：本文在比较国内外有关海事赔偿责任限制制度的基础之上，提出了完善我国该制度的对策。除导论、引言和余论外，正文共分五章。第一章海事赔偿责任限制制度概述，阐述了海事赔偿责任限制制度的含义与特征，海事赔偿责任限制的历史沿革，海事赔偿责任限制权利的法律属性。第二章论述海事赔偿责任限制制度的法理基础，探讨了该制度源起阶段的法理依据以及其当代法理渊源。第三章在探讨和比较各公约内容的基础上，深入研究海事赔偿责任限制实体制度的相关问题。第四章探讨海事赔偿责任限制程序制度，主要就海事赔偿责任限制程序的立法模式及海事赔偿责任限制基金程序等内容进行了比较研究。第五章讨论了我国海事赔偿责任限制制度现状、缺陷与完善。

中文题名：海洋法下的岛礁之辨

英文题名：Defining Islands and Rocks Under the Law of the Sea

研 究 生：樊懿

指导教师：张湘兰教授

授予学位时间：2013 年上半年

内容介绍：本文以岛屿制度为切入点，在涉及岛礁的划界案例以及国家单方海域主张实践基础上，总结影响岛礁法律地位的各种因素，系统地构建岛礁认定的评估标准，为解决现实中的岛礁主权争端以及海域管辖权争议提供理论指导与方法建议。全文共分六章。第一章引论。第二章争议缘起：岛礁认定问题的产生。第三章国家实践：涉及岛礁的划界与海域主张。第四章评估体系：岛礁的社会经济价值。第五章方法介入：岛礁评估的定量与定性分析。第六章现实博弈：南沙群岛的岛礁认定。

中文题名：基金会法律问题研究

英文题名：A Study on Foundation Law

研 究 生：张晓冬

指导教师：肖永平教授

授予学位时间：2013 年上半年

内容介绍：本文以具有代表性的数个民法和普通法国家基金会法律为基础，分析和比较公益和私益基金会包括离岸基金会的法律特征，以达到系统了解基金会法律制度的独到之处，并以此抛砖引玉引起学界和实务界人士对基金会法律制度和作用的关注和更深入研究。全文除引言、结语外，分六章展开研究。第一章基金会的界定。第二章基金会的创立、撤销、解散和迁册。第三章分析了基金会当事人。第四章关于基金会行为的法律问题分析。第五章研究了基金会财产的法律问题。第六章重点分析了基金会法律适用问题。

中文题名：美国航空产品责任的抗辩事由研究

英文题名：Studies of the Defense of Aviation Product Liability in the U. S.

研 究 生：李韶华

指导教师：肖永平教授

授予学位时间：2013 年上半年

内容介绍：航空运输业的发展有目共睹，但航空运输业的风险也随之加大。为有效解决航空产品责任问题，正确处理航空器的制造商、承运人和乘客之间的航空法律关系，美国先后制定了《商事航空法》《联邦航空法》《航空公司放松管制法》和《通用航空振兴法》。这些立法保障了航空运输的正常运行，实现了对航空工业由严格监管到放松监管的演变。本文依据这些立法，以航空产品责任的抗辩事由为切入点，结合相关司法实践，深刻分析各抗辩事由的含义、适用范围、适用条件等问题。全文除了引言，共分五章。第一章分析了以优先适用为由提出的抗辩问题。第二章探讨了以政府缔约人为由提出的抗辩问题。第三章阐述了以失权时效为由提出的抗辩问题。第四章概括和论证了抗辩事由的理论基础。第五章为结论与建议。

中文题名： 南海争端的相关法律问题研究

英文题名： A Study on Related Legal Issues of the South China Sea

研 究 生： 田辽

指导教师： 张湘兰教授

授予学位时间： 2013 年上半年

内容介绍： 近年来，南海争端不断升温，使得世界的焦点再次聚焦在南海争端上。基于此，本文选择南海争端的法律问题研究为题，希望就南海争端问题进行深入的分析和探讨，寻找其症结并对其解决模式进行分析。除引言和结论外，正文分四章。第一章南海争端概述，旨在对南海争端的相关事实问题进行总结，并对当前各国的权利主张进行提炼和对比。第二章对南海争端中的焦点问题——岛礁主权争端进行研究，试图弄清依照现存国际法对领土主权问题的相关规定，南海岛礁究竟应该归属哪个国家所有。第三章对南海争端中的另一个重要问题——海洋划界争端进行研究。第四章对南海争端的解决路径和方法进行思考，并为南海争端的最终解决提出了作者的制度构想。

中文题名： 欧盟保险合同法律适用规则研究

英文题名： A Study on Choice-of-law Rules of Insurance Contracts in the EU

研 究 生： 曹美阳

指导教师： 肖永平教授

授予学位时间： 2013 年上半年

内容介绍： 欧盟保险合同法律适用规则，是指欧洲共同体法层面上的有关保险合同的准据法选择规则。本文以《罗马条例I》第 7 条规定为分析基础，结合《罗马公约》和欧盟一系列《保险指令》中对保险合同法律适用的相关规定，在阐述合同一般法律适用规则的基础上，综合运用理论分析、文本分析、案例分析和跨学科交叉分析等方法对欧盟保险合同法律适用规则从规则背景、发展历程以及现行状况三个层次进行了比较全面、系统的分析和研究。本文内容包括导论、欧盟保险合同法律适用规则的历史回顾、自愿性保险合同的法律适用规则、强制性保险合同法律适用规则、欧盟保险合同法律适用规则中的强制性规则以及结论和完善建议六个部分。

中文题名： 欧盟能源并购的法律与政策问题研究

英文题名： Legal and Policy Issues of Energy Mergers in the EU

研 究 生： 孙吉

指导教师： 黄进教授

授予学位时间： 2013 年上半年

内容介绍： 本文以欧盟能源并购作为研究对象，从欧盟能源市场自由化改革出发，多角度综合研究了欧盟能源并购问题，旨在通过研究能源并购所体现出的政策考量，得出欧盟能源市场自由化改革的多重推力。全文除导言、结语外，共分六章。第一章介绍了欧盟能源市场自由化与能源并购。第二章分析了欧盟与成员国在能源并购中的政策冲突。第三章为欧盟在能源并购审查中的政策考量。第四章探讨了欧盟在救济措施中的政策考量。第五章讨论了能源并购与欧盟外部能源政策。第六章探讨了欧盟能源并购控制法律与政策对中国的启示。

中文题名：涉外国家侵权法律问题研究
英文题名：Studies on Transnational State Torts
研 究 生：李华成
指导教师：郭玉军教授
授予学位时间：2013 年上半年
内容介绍：2012 年国际法院作出的"德国诉意大利案"判决再次引起国际社会对国家管辖豁免问题的关注。尽管国际法院判决认为国家行为的违法性并不导致其豁免权的丧失，但对外国国家侵权行为的国内司法管辖早已被国际、国内立法所肯定，部分国家已有大量相关的案例。涉外国家侵权案件可能随着国际交往的加深而越来越多，司法解决该纠纷显得十分必要。除绪论、结语外，正文共分六章对涉外国家侵权法律问题展开研究。第一章涉外国家侵权的基础性问题说明。第二章涉外国家侵权法律冲突问题介绍。第三章涉外国家侵权管辖权问题探讨。第四章涉外国家侵权法律适用问题的论述。第五章涉外国家侵权判决承认执行问题的探讨。第六章中国涉外国家侵权司法解决制度的建构问题。

中文题名：条约在国内法院的适用问题研究
英文题名：Application of Treaties in National Courts
研 究 生：黄赟琴
指导教师：万鄂湘教授
授予学位时间：2013 年上半年
内容介绍：鉴于对国内法院适用条约重要性的体认，本文从司法实践角度出发，站在国内法院的立场，运用比较研究的方法，对国内法院在适用条约过程中面对的实际问题进行系统研究。除引论外，全文共分六章。第一章讨论了国内法院与条约的遵守。第二章讨论了条约在国内的接受问题。第三章分析了国内法院直接适用条约问题。第四章讨论了国内法院适用条约过程中的条约与国内法冲突问题。第五章论述了国内法院适用条约过程中的解释问题。第六章讨论了条约在中国法院的适用问题。

中文题名：文化权利的国际法保护研究
英文题名：Study on the Protection of Cultural Rights in International Law
研 究 生：黄晓燕
指导教师：黄德明教授
授予学位时间：2013 年上半年
内容介绍：本文采用案例分析法、历史分析法、归纳法、规范分析法等研究方法，对文化权利的国际法保护问题进行了全方位的探讨。除引言、结论外，全文共分为七章，围绕三个问题展开：为什么要对文化权利进行国际法保护；国际法如何保护文化权利及在经济全球化背景下如何加强文化权利保护；中国应如何加强文化权利的保护。第一章为文化权利的界定。第二章分析了文化权利的主体。第三章阐述了文化权利国际法保护之必要性。第四章研究了文化权利保护机制及相关实践：全球层面。第五章关注了文化权利保护机制及相关实践：区域层面。第六章分析了经济全球化背景下文化权利国际法保护的完善。第七章探讨了中国文化权利保护机制的完善。

中文题名：银行处置法律制度研究

英文题名：Research on the Legal System Relevant to Bank Resolution

研 究 生：王进

指导教师：李仁真教授

授予学位时间：2013 年上半年

内容介绍：以英美为代表的发达国家在总结金融危机经验与教训的基础上更新了本国的银行处置制度，有力促进了银行处置立法与技术的进一步发展。中国尚未建立特别的银行法律框架，相关立法仍存在欠缺。研究银行处置制度，尤其是危机后的技术创新与实践发展，对于进一步完善我国的银行处置立法，防范可能产生的银行风险，实现保护存款人利益和维护金融稳定的目标具有极为重要的现实意义。本文围绕银行处置法律制度，分六章展开研究。第一章银行处置的实证分析。第二章银行处置的基本理论。第三章银行处置机关及其权力。第四章银行处置的程序。第五章银行处置的保障措施。第六章跨国银行的处置。

中文题名：知识产权搭售反垄断规制研究

英文题名：On Antitrust Regulation on Tying Involving Intellectual Property

研 究 生：程松亮

指导教师：聂建强教授

授予学位时间：2013 年上半年

内容介绍：各国对于搭售行为的研究与规制由来已久，但是近年来很多搭售案件或多或少地涉及知识产权，这种情况下搭售行为的规制是否会有不同的考虑，或应该采用不同的分析方法或适用不同的规制规则。出于对这一问题的反思，本文尝试专门从知识产权的角度对搭售行为的规制法律制度进行研究。除导论和结束语外，全文共分五章。第一章介绍知识产权搭售的概念、特征及基本法律规制体系。第二章主要分析了知识产权搭售的一般理论问题。第三章对知识产权搭售的反垄断法规制制度进行了研究，主要研究对象是欧美的立法与司法实践。第四章对知识产权搭售中创新效果在反垄断法规则中的具体认定进行了分析。第五章对我国的具体法律制度提出建议。

中文题名：仲裁裁决撤销制度的比较研究

英文题名：Comparative Studies on Setting Aside Arbitral Awards

研 究 生：颜杰雄

指导教师：宋连斌教授

授予学位时间：2013 年上半年

内容介绍：本文综合运用比较研究、实证研究、历史研究的方法，对仲裁裁决撤销制度进行了系统的比较研究。除引言、结语外，全文共分五章。第一章为仲裁裁决撤销制度的基本问题。第二章概述了撤销仲裁裁决的理由。第三章探讨了仲裁裁决撤销的法律后果。第四章论述了撤销仲裁裁决的救济问题。第五章探讨了中国仲裁裁决撤销制度的完善。

中文题名：《SCM 协定》中补贴利益的认定问题研究

英文题名：On the Identification of Subsidy Benefit in the SCM Agreement

研 究 生：王庆湘

指导教师：左海聪教授

授予学位时间：2013 年下半年

内容介绍：本文对《SCM 协定》中补贴利益的认定问题进行系统和深入的研究。除导论和结语外，全文包括四个部分。第一章探讨了《SCM 协定》中的"利益"与"利益的接受者"两个概念。第二章深入研究了补贴利益的判断基准。第三章探讨了补贴利益的传递分析。第四章主要分析了《SCM 协定》中补贴利益认定方面的最新发展和我国对策。

中文题名：WTO 货物贸易框架下私人标准研究

英文题名：On the Private Sector Standards Under Trade in Goods in WTO

研 究 生：伍穗龙

指导教师：余敏友教授

授予学位时间：2013 年下半年

内容介绍：WTO 在解决私人标准所产生之贸易影响是当下多边贸易体制所要面临的重要问题之一。面对私人标准泛滥的问题，其成因以及理论基础为何，其对以 WTO 为核心的多边贸易体制产生何种影响？WTO 货物贸易协定又能在此发挥何种作用，又应该如何解决？除绪论、结论外，全文分四章就上述问题作出研究。第一章阐述了国际贸易与私人标准。第二章分析了 WTO 货物贸易体制下对私人标准的法律规制。第三章论述了私人标准对 WTO 法律体系的影响。第四章探讨了一种进路——多边货物贸易体制下私人标准问题的解决。

中文题名：WTO 争端解决中的证据问题研究

英文题名：Issues of Evidence in WTO Dispute Settlement

研 究 生：崔起凡

指导教师：张湘兰教授

授予学位时间：2013 年下半年

内容介绍：本文从 WTO 争端解决机制的内容和性质、证据规则的渊源以及具体争端解决中证据规则的确定与适用入手，主要以 WTO 专家组报告和上诉机构报告为主要线索进行实证分析，总结和梳理 WTO 争端解决中证据问题的"判例法"，分析其存在的问题并提出建议。除引言和结语外，全文共有六章。第一章 WTO 争端解决中证据规则的渊源与适用。第二章 WTO 争端解决中证据的可采性与证明力。第三章 WTO 争端解决中证据的收集与提交。第四章 WTO 争端解决中的证明责任（一）。第五章 WTO 争端解决中的证明责任（二）。第六章 WTO 争端解决中的初步证据案件与证明标准。

中文题名：澳大利亚新能源法律与政策研究——以国际气候变化法为视角

英文题名：Study on Australia's New Energy Laws and Policies：A General Perspective of International Climate Change Law

研 究 生：李化

指导教师：杨泽伟教授

授予学位时间：2013 年下半年

内容介绍：本文通过梳理澳大利亚新能源法律与政策的演变及其两大具体的法律制度——可再生能源配额制度和排放交易（碳税）机制，以及澳大利亚新能源法律与国际气候变化法之间的互动，提出新能源法律制度是国际气候变化法的重要组成部分。中澳两国相似的能源结构、全球能源市场的一体化和良好的双边关系，既为中国新能源立法提供了有益的制度借鉴，同时也为建立双边新能源合作机制奠定了基础。除绪论、结语外，全文分六章。第一章论述了新能源与可持续发展。第二章澳大利亚新能源法律与政策概览。第三章分析了澳大利亚可再生能源配额制度及其运行机制。第四章探究了澳大利亚排放交易（碳税）机制。第五章剖析了澳大利亚新能源法与国际气候变化法之间的契合。第六章提出了中澳新能源合作的国际法律调整的具体应对措施。

中文题名：非政府组织制度性参与国际法律体系研究

英文题名：Study on the Institutional Participation of Non-governmental Organizations in International Law System

研 究 生：李洪峰

指导教师：曾令良教授

授予学位时间：2013 年下半年

内容介绍：本文尝试对非政府组织参与国际法律进程中的各种制度安排进行梳理和分析，发现其存在的问题与不足，并对非政府组织制度性参与国际法律体系的发展和完善提出建议。除导论、结论外，全文共分五个部分。第一部分非政府组织制度性参与国际法律体系概述。第二部分非政府组织制度性参与国际立法进程。第三部分非政府组织制度性参与国际法的监督执行。第四部分非政府组织制度性参与国际司法诉讼进程。第五部分非政府组织制度性参与国际法律体系的发展。

中文题名：国际商事交易中反腐败法律问题研究

英文题名：Research on Some Legal Issues of Bribery in International Business Transactions

研 究 生：周银强

指导教师：左海聪教授

授予学位时间：2013 年下半年

内容介绍：本文从四个部分对国际商事交易中的腐败问题进行论述。第一部分对研究对象进行描述和界定，分别对国际商事交易中腐败的含义、腐败行为的构成及国际社会对这种腐败治理的立法进展情况进行讨论，认为经过近二十年的国际努力，国际商事交易中的腐败并未得到有效控制，因而有必要加强规制。第二部分主要探讨对国际商事交易中腐败行为的制裁，分别对制裁的原则和制裁的方式进行论述。第三部分就国际商事交易中腐败行为的司法管辖权问题展开讨论。第四部分就国际社会多年来对国际商事交易中腐败行为规制的效果进行分析，并就我国的相关法律制度进行探讨，提出修改完善的建议。

中文题名：国际私法视角下的跨境资产证券化研究

英文题名：A Study on the Cross-border Asset Securitization from the Perspective of International Private Law

研 究 生：潘江涛

指导教师：黄进教授

授予学位时间：2013 年下半年

内容介绍：本文围绕跨境资产证券化运作过程中面临的法律问题与挑战开展系统研究，并试图对证券化跨境运作中遇到的法律冲突提出相应的解决对策。除引言外，全文共分六章。第一章跨境资产证券化概述。第二章跨境资产证券化交易结构分析。第三章跨境资产证券化的主要法律冲突。第四章跨境资产证券化的法律适用。第五章跨境资产证券化法律冲突的统一实体法解决路径。第六章我国实施跨境资产证券运作中的法律问题及相关建议。

中文题名：国际投资条约仲裁中公共利益保护问题研究——以 ICSID 仲裁为视角

英文题名：Research on the Issue of Public Interest Protection in International Investment Treaty Arbitration：In the Perspective of ICSID Arbitration Mechanism

研 究 生：毛婵婵

指导教师：余劲松教授

授予学位时间：2013 年下半年

内容介绍：本文立足于公共利益的相关理论，通过实证研究的方式，对 ICSID 仲裁体制中不利于保护东道国公共利益的具体制度和东道国 BITs 中有关仲裁管辖权的条款和影响仲裁庭裁量权的条款进行研究，提出应建立或重构一个能有效保护东道国公共利益的投资争端解决机制；并在对我国国际投资条约仲裁实践和双边投资条约内容实证分析的基础上，从有利于维护我国社会公共利益的角度，提出修订和完善我国 BITs 中与管辖权有关条款和与仲裁庭行使裁量权有关条款的建议。全文共分六章展开研究。第一章导论。第二章公共利益的相关理论概述。第三章 ICSID 仲裁体制与东道国公共利益保护问题研究。第四章 BITs 中管辖权相关条款与东道国公共利益保护。第五章 BITs 中裁量权相关条款与东道国公共利益保护。第六章中国维护国际投资条约仲裁中公共利益的对策。

中文题名：国际组织与其成员间的法律责任问题研究

英文题名：Study on the Responsibility Between International Organizations and Their Members

研 究 生：罗超

指导教师：杨泽伟教授

授予学位时间：2013 年下半年

内容介绍：国际组织与其成员间的法律责任问题要受到国际组织内部法、国内法与国际法的三重调整。本文分别从国际组织的内部法、国内法与国际法三大层面，对国际组织与其成员之间的法律责任问题进行了立体式研究，勾勒出国际组织的责任问题在不同法律层面的发展轨迹。本文同时还紧密结合国际组织的实践、现行国际法规则，围绕联合国国际法委员会审议通过的《国际组织的责任条款草案》，对国际组织与其成员之间的法律责任问题进行了全面、系统的阐释与评析；重点关注了国际组织"揭开面纱"理论与制度、国际组织成员对第三方的责任承担问题、国际组织与其成员之间"反措施"制度等问题，提出了相应的学术观点；指明了国际组织责任法的未来发展趋势及其对中国"负责任"地参与国际组织实践活动的影响。全文除绪论、结论外，共分四部分。

中文题名：核能安全的国家责任研究

英文题名：The Analysis on the Issue of State Responsibility of Nuclear Energy Safety

研 究 生：罗嘉航

指导教师：黄德明教授

授予学位时间：2013 年下半年

内容介绍：随着核能和平利用的发展，核能安全的国家责任研究已经成为无法回避的问题。本文采用多种研究方法，综合各个学科独特而有益的视角，立足国际公法的基础理论，将国际私法、国际组织法、国际人道法、武装冲突法、国际环境法等诸多视角结合起来对核能安全的国家责任问题进行了系统的、全面的研究。全文除导论外，共分四章。第一章对传统国际法上国家责任的理论与实践进行了论述。第二章研究了核能安全与现代国际法上的国家责任。第三章全面深入地研究了核能安全的国家责任的承担及实现途径。第四章就中国应当如何对核能安全的国家责任问题进行了研究。

中文题名：两岸专利审查制度比较与调和之研究

英文题名：Study on the Comparative and Coordinative System of Patent Review Between

Taiwan Strait

研 究 生：王启行

指导教师：余劲松教授

授予学位时间：2013 年下半年

内容介绍：本文以填补两岸智慧产权保护协议的空白为目的，在智慧产权群组中，以专利为最核心。本文选择专利为焦点，集中研究两岸专利审查的调和。全文共分五章。第一章绪论。第二章论述两岸取得专利权之要件、发明专利、新型专利及设计专利。第三章说明两岸专利申请、审查及行政救济、专利范围与说明书撰写、申请专利之程序审查、发明专利早期公开与实质审查、新型专利之审查等。第四章论述两岸专利执法之调和、法律相关解释制度之调和、两岸智慧财产相关法律之调和、救济与赔偿之调和等。第五章结论。

中文题名：数字化孤儿作品法律问题研究

英文题名：A Study on Legal Issues of the Orphan Works in Mass Digitalization

研 究 生：赵力

指导教师：聂建强教授

授予学位时间：2013 年下半年

内容介绍：本文试图界定孤儿作品的内涵与外延，构建孤儿作品数字化权利取得制度和争议解决制度，尝试对孤儿作品及其数字化问题进行系统分析和论述，全文共分七章。第一章概述孤儿作品的定义并分析数字化孤儿作品的法律关系。第二章紧扣数字化孤儿作品制度的核心——合理勤勉检索展开论述。第三章论述数字化孤儿作品著作权的权属与取得标准问题。第四章论述数字化孤儿作品受控数据制作者的数据库权。第五章论述数字化孤儿作品进程中，传统文化表达利益主体的追续权。第六章探讨数字化孤儿作品争议解决机制。第七章为中国孤儿作品及其数字化问题研究。

中文题名：数字图书馆的著作权法律问题研究

英文题名：The Research on Copyright Law Issues of Digital Library

研 究 生：彭双五

指导教师：聂建强教授

授予学位时间：2013 年下半年

内容介绍：本文共分五章，从理论和实践两个方面对网络环境下的数字图书馆与著作权法问题进行系统研究。第一章从数字图书馆的概念、性质、特征、法律地位入手，介绍数字图书馆的相关理论。第二章对授权要约模式、集体管理模式、法定许可模式等数字图书馆获权模式的特点和优劣进行评述，并且对近年来比较成功的 Google 图书馆模式进行介绍。第三章从数字图书馆的具体运营层面介绍数字图书馆复制及网络传播行为法律问题。第四章结合技术保护措施，探讨了合理使用制度的理论基础。第五章从我国数字图书馆建设的实际建设情况出发，提出了只有进行模式整合，结合各种模式的优点，才能完善我国数字图书馆的法律保护。

中文题名：知识产权权利冲突解决论——以保护在先权利为视角

英文题名：The Study on the Resolution of Conflict of Intellectual Property Rights：A Perspective of Prior Right Protection

研 究 生：谢湘辉

指导教师：肖永平教授

授予学位时间：2013 年下半年

内容介绍：本文通过对知识产权权利冲突的成因和本质进行分析，发现保护在先权利原则的合理性，从而为完善以保护在先权利原则为主的知识产权权利冲突司法解决机制提供法理依据。同时，本文通过对国内外有关在先权利立法比较研究，提出完善我国在先权利立法的一些建议。并且，本文还通过对大量知识产权权利冲突典型案例的分析，得出保护在先权利是解决知识产权权利冲突的最基本原则，其他原则作为补充。最后，在此基础上，本文就知识产权权利冲突的立法解决机制和司法解决机制的完善提出建议。除引言、结语外，共分六章。第一章知识产权权利冲突成因论。第二章知识产权权利冲突本质论。第三章知识产权权利冲突中的在先权利。第四章知识产权权利冲突解决论之保护在先权利原则。第五章知识产权权利冲突解决论之司法实践。第六章知识产权权利冲突解决论之制度完善。

中文题名：中国-东盟能源贸易与投资合作法律问题研究

英文题名：The Legal Problems of Energy Trade and Investment Cooperation Between China and ASEAN

研 究 生：谭民

指导教师：杨泽伟教授

授予学位时间：2013 年下半年

内容介绍：本文首先从中国-东盟能源贸易与投资合作的概念和内涵入手，探讨中国-东盟能源贸易与投资合作的意义、现状、范围和存在的主要问题；继而在确认保障能源安全是中国和东盟当前的一项共同战略目标的基础上，分析中国-东盟能源贸易与投资合作现有的法律机制；然后分别从能源贸易合作与能源投资合作的角度，阐述中国-东盟能源贸易合作以及能源投资合作的法律制度与存在的法律问题；最后通过分析中国-东盟能源贸易与投资合作的有利因素和不利因素，提出完善中国-东盟能源贸易与投资合作法律制度的建议。除引言、结论外，全文共分五章。第一章中国-东盟能源贸易与投资合作概述。第二章中国-东盟能源贸易与投资合作的法律机制。第三章中国-东盟能源贸易合作的法律制度与存在的问题。第四章中国-东盟能源投资合作的法律制度与存在的问题。第五章中国-东盟能源贸易与投资合作的前景展望。

中文题名：资产价值最大化目标体现于两岸重整程序的法律研究

英文题名：Legal Research on the Objective of Maximizing Assets Value Reflected by the Cross-strait Restructuring Process

研 究 生：林仟雯

指导教师：余劲松教授

授予学位时间：2013 年下半年

内容介绍：本文主要以我国大陆《企业破产法》、台湾地区"公司法"及 2007 年台湾地区司法院所公告的"台湾债务理法草案"从法制面及运作面所可能衍生之法律议题为研究核心，并为尽量反映出重整程序实际执行可能遇到的法律争议，乃就两岸相关行政规定及司法实践上的法院见解等一并讨论。全文共分七章。第一章绪论。第二章资产价值最大化之程序滥用防止——重整适用条件。第三章资产价值最大化的法定手段——债务人资产维持与充实。第四章资产价值最大化之意定手段——提升资产价值的途径。第五章资产价值最大化对债权的保障功能——债权人利益平衡。第六章资产价值最大化之重建功能面向：重整计划批准与重整完成效力。第七章结论与建议。

2014 年

中文题名：WTO 保障措施法上的权利与权力

英文题名：Rights and Powers on the Safeguard Legislations of WTO

研 究 生：陈佳

指导教师：左海聪教授

授予学位时间：2014 年上半年

内容介绍：保障措施是 WTO 的一项重要贸易救济措施。本文使用规范分析、实证分析、比较分析等研究方法，围绕 WTO 保障措施法上的权利与权力及其相互关系展开研究，尝试在研究方法和制度设计上进行探索，对 WTO 保障措施法未来趋势进行展望。除引言、结语外，全文共分四章。第一章介绍了权利、权力及 WTO 保障措施法的基本问题。第二章探讨了 WTO 保障措施法制定和解释中的权力。第三章分析了 WTO 保障措施法实施中的权利。第四章论述了 WTO 保障措施法上的权利、权力制约与平衡机制。

中文题名：保护公共健康视角下的商标使用限制法律问题研究

英文题名：Legal Issues on Trademark Use Restriction in the Context of Public Health Protection

研 究 生：肖声高

指导教师：聂建强教授

授予学位时间：2014 年上半年

内容介绍：本文从当前全球公共健康与商标权保护的冲突实践出发，提出在这一实践现象背后的公共健康和商标权的关系问题，进而从法理上分析公共健康保护下商标使用限制的理论正当性，从价值理论、法哲学和法经济学等理论角度论证能否基于公共健康保护而对商标权这一私权进行限制；再从制度设计的层面论述如何对商标使用进行限制，阐述对商标使用限制的适用条件、使用对象和主要内容，并对商标使用限制措施的程序规则进行论述。最后在上述论证的基础上，从国际法层面分析当前知识产权国际公约中的商标使用限制条款以及全球健康治理机制上存在的不足，并根据前述研究结论提出若干改进建议。除导论、结论外，本文共分五章。第一章公共健康视角下商标使用限制的缘起、现状与趋势。第二章公共健康视角下商标使用限制的正当性分析。第三章公共健康视角下商标使用限制的实体性问题研究。第四章公共健康视角下商标使用限制的程序性问题研究。第五章全球健康治理与商标保护的国际法再审视。

中文题名：法律选择的本体与方法

英文题名：A Study of Ontology and Method in Choice of Law

研 究 生：翁杰

指导教师：宋连斌教授

授予学位时间：2014 年上半年

内容介绍：对于法律选择问题，本文采取了本体与方法在涉外民事法律适用过程中相统一的研究立场，以司法为中心视角，从认识论和方法论两个方面对法律选择过程中本体与方法的张力问题展开了系统研究。本文对法律选择中本体与方法进行了细致的研究，并对传统法律选择方法和美国现代法律选择方法进行反思和审视，力图在传统法律选择的基本框架下，吸收美国现代法律选择方法的合理因素，建构一种融合规则和方法的当代法律选择方法论。除引言、结语外，本文共分五章展开论述。第一章论述了法律选择及其范式转换。第二章阐述了传统法律选择方法论的生成及其理论基础。第三章分析了美国现实主义法学对传统法律选择方法论的反思。第四章阐述了美国现代法律选择方法论的建构和限度。第五章探讨了法律论证视野下当代法律选择方法论的重构。

中文题名：反垄断法在国际商事仲裁中的适用

英文题名：The Application of Antitrust Law in International Commercial Arbitration

研 究 生：魏增产

指导教师：宋连斌教授

授予学位时间：2014 年上半年

内容介绍：本文围绕反垄断法能否在国际商事仲裁中适用，如果可以，则如何适用，以及在反垄断事项仲裁的整个过程中如何保障反垄断法的适用与正确适用的思路展开，研究和探讨了反垄断法在国际商事仲裁适用中引发的各种问题，以期揭示反垄断法在国际商事仲裁适用领域的立法、司法及仲裁实践的发展趋势，从而为构建国际反垄断争议仲裁解决机制打下了基础。除引论、结论外，全文共分六章。第一章反垄断法在国际商事仲裁中适用的理论基础。第二章仲裁员适用反垄断法权力的确立。第三章仲裁员适用反垄断法的义务探究。第四章反垄断法在国际商事仲裁中的确定。第五章反垄断法在国际商事仲裁适用中的救济方式。第六章国际商事仲裁适用反垄断法的保障机制。

中文题名：非国际性武装冲突中国际人道法适用研究——以国际组织为视角

英文题名：Research on the Application of International Humanitarian Law to Non-international Armed Conflicts：From the Perspective of International Organizations

研　究　生：喻慧

指导教师：黄德明教授

授予学位时间：2014 年上半年

内容介绍：本文尝试从国际人道法适用的实践出发，以国际人道法实际的适用主体——国际组织为研究对象，分析国际人道法适用的实施框架，研究了目前非国际性武装冲突国际人道法适用问题中有关武装团体的法律地位及相关问题，分析了武装团体在未来国际人道法发展中的特殊地位，寻求解决路径。除引言、结论外，全文共分六章。第一章非国际性武装冲突中国际人道法适用的理论基础。第二章非国际性武装冲突中国际人道法的法律渊源。第三章联合国维持和平行动与非国际性武装冲突中的国际人道法适用。第四章红十字国际委员会与非国际性武装冲突中的国际人道法适用。第五章国际刑事司法机构与非国际性武装冲突中的国际人道法适用。第六章国际人道法适用于非国际性武装冲突面临的挑战。

中文题名：国际法人本化问题研究

英文题名：A Study of Humanization of International Law

研　究　生：万震

指导教师：杨泽伟教授

授予学位时间：2014 年上半年

内容介绍：本文以“人本主义”为分析工具，尝试从人文角度对人本国际法加以阐述，对现有国际法规则进行梳理，对人本化是否是国际法的应然趋势与必然归宿，还是乌托邦的幻想，国际法现有的人本因素是否是对人本化的显示与诠释，人本化将在国际法规范中如何加以推进，国际法的各部门规则将受到人本化的何种影响等国际法人本化的问题谱系进行纵深性的研究，从而全面审视现有国际法规范的价值准则与制度规范。除绪论、结论外，全文共分六章。第一章人本主义视阈下的国际法：概念的厘定。第二章国际法人本化的法理基础。第三章国际法历史演进的人本化考察。第四章当代国际法人本化的生成机制。第五章当代国际法的人本化制度规范与重要问题。第六章中国与国际法的人本化。

中文题名：国际海底区域生物资源的法律规制

英文题名：Legal Regulation of Living Resources in International Seabed Area

研　究　生：张善宝

指导教师：万鄂湘教授

授予学位时间：2014 年上半年

内容介绍：随着人类认识的加深与海洋开发，已有多种人类活动危害到国际海底区域生物资源的生存，如何保护这些位于各国主权管辖范围外的生物资源以及公正、平等地分享其所衍生利益成为国际社会亟待解决的问题。本文围绕如何解决这一问题展开。除序言、结论外，全文共分五章。第一章“区域”生物资源概述。第二章论述了“区域”生物资源法律制度的局限性及完善的途径。第三章研究了“区域”生物资源的获取与惠益分享。第四章探讨了"区域"生物资源的保护。第五章阐述了中国参与"区域"生物资源开发与保护的对策和建议。

中文题名：国际海底区域制度——在海底区域活动时保护海洋环境的义务

英文题名：The Area System; the Responsibilities to Protect the Marine Environment from the Activities of the Area: Including the EEZ Environment Though Establish the Protection Area

研 究 生：德里斯（DRISS Ed-DARAN）

指导教师：杨泽伟教授

授予学位时间：2014 年上半年

内容介绍：本文以在海底区域活动时保护海洋环境的义务为视角，研究了国际海底区域制度。除导论、结论外，本文共分五章。第一章和第二章研究了建立在《联合国海洋法公约》上的国际海底区域的海洋环境方面法规的发展。第三章讨论了在国际原则下，是奉行传统原则，还是奉行其他现代原则。第四章考察了责任以及担保缔约国对国际海底区域活动中对海洋环境所负有的义务的主要思想。第五章发现《公约》不能建立一个为保护专属经济区的海洋环境的统一的制度，特别是发生在国际海底区域的活动方面。对此，作者提出了建议。

中文题名：国际核污染争端的要素及解决

英文题名：The Elements of an International Dispute on Nuclear Pollution and Its Settlement

研 究 生：哈丽思

指导教师：易显河教授

授予学位时间：2014 年上半年

内容介绍：本文从现有国际法和核领域相关条约出发，全面梳理与国际核污染有关的国际公法规则，将可能适用于国际核污染争端中的相关规则依"尽责义务"和"直接义务"作划分，对国际核污染争端中的核损害，特别是公法语境下的核损害，本文给出了全面的阐述。本文的目的是明晰国际核污染争端的要素，试图在国际公法的语境下找到能够有效解决此类争端的方法。全文共分六章。第一章引言。第二章国际核污染争端的基本概念与界定。第三章国家预防核污染的国际义务。第四章为核污染的国家责任与损害赔偿责任。第五章为国际核污染争端的解决途径。第六章结论。

中文题名：国际商事仲裁司法审查制度研究

英文题名：A Study on Judicial Review on International Commercial Arbitration

研 究 生：宋家法

指导教师：佘劲松教授

授予学位时间：2014 年上半年

内容介绍：本文讨论了国际商事仲裁司法审查的价值取向和主要内容。除引言、全文论点与立法建议综述外，全文共分五章展开研究。第一章讨论了国际商事仲裁司法审查的若干基本问题。围绕司法审查的价值目标，主要讨论了国际商事仲裁的概念、司法审查的概念及论述国际商事仲裁司法审查的正当性及适度性三个问题。第二章专题论述了对国际商事仲裁协议有效性的司法审查。第三章讨论了国际商事仲裁程序的司法审查问题。第四章考察了关于国际商事仲裁裁决的司法审查。第五章讨论了关于承认与执行国际商事仲裁裁决的司法审查。

中文题名： 海上保险免责条款研究

英文题名： A Research on Marine Insurance Exclusion Clauses

研 究 生： 李兆良

指导教师： 张湘兰教授

授予学位时间： 2014 年上半年

内容介绍： 本文对海事司法实践中出现的海上保险免责条款的效力问题进行了研究探讨。除引言、结束语外，全文共分四章。第一章海上保险免责条款概述。第二章海上保险免责条款的范围。第三章提出要从海商法特点出发，对海上保险免责条款的形式等有关问题进行研究。第四章提出要从海商法的特点出发，对海上保险免责条款内容等有关问题进行研究。

中文题名： 海峡两岸经济合作架构协议法律问题研究

英文题名： A Study on the Legal Issues of Economic Cooperation Frame Agreement

研 究 生： 范相尧

指导教师： 余敏友教授

授予学位时间： 2014 年上半年

内容介绍：《海峡两岸经济合作架构协议》（简称 ECFA）是两岸间协议，在 WTO 架构下又属于区域贸易协议（RTA）。本文结合实务及当下法律问题对海峡两岸经济合作架构协议法律问题进行了研究。文章不单就文本及文献资料进行分析研究，各章节都追求结合实务，并且围绕两岸当前实际的人力、资本、货物交流问题展开。同时较为系统地对两岸相关制度安排提出设计方案，也尝试在系统探究 ECFA 法律基础、借鉴对象等后，在两岸想要更完好实施 ECFA 相关安排的目标下，提出具体建议及设计方案。除引言外，全文共分七章。第一章 ECFA 的基石－两岸协议的过去与现在。第二章纵观 ECFA 的相关问题及内容分析。第三章其他指标性 RTA 与 ECFA。第四章 ECFA 与 CEPA。第五章 ECFA 未尽之议——服贸协议及中美、亚太区域间之相关问题。第六章 ECFA 的执行与展望。第七章结论。

中文题名： 合同领域的第三国强制规范适用研究

英文题名： A Study on the Application of Third Country Mandatory Rules in the Field of Contract

研 究 生： 董金鑫

指导教师：肖永平教授

授予学位时间：2014 年上半年

内容介绍：本文以合同领域第三国强制规范的适用为研究对象，采用历史分析、规范分析、案例分析以及比较分析等研究方法，理论和实际并重，不仅强调设置正式制度直接适用第三国强制规范，还着重分析了第三国强制规范适用的替代方式，全面系统地对第三国强制规范的适用进行研究与论证。除引言、结束语外，全文分六章。第一章探讨了第三国强制规范适用的基本内涵。第二章论述了第三国强制规范适用的发展历程。第三章探讨了第三国强制规范适用的一般方式。第四章讨论了第三国强制规范适用的替代方式。第五章分析了中国法作为第三国强制规范的域外适用。第六章总结了第三国强制规范在中国适用的可行途径。

中文题名：技术性贸易壁垒法律问题研究

英文题名：Research on the Legal Problems of Technical Barriers to Trade

研　究　生：白云

指导教师：左海聪教授

授予学位时间：2014 年上半年

内容介绍：本文理论与实践相联系，运用比较分析法和案例分析法，围绕 WTO 一揽子协议中的技术性贸易壁垒协议展开研究，试图通过比较研究和实证研究，尝试对技术性贸易壁垒的发展新特点作一总结，探析 WTO/DSB 争端实践中对贸易自由和贸易限制态度的转变及其新动向。并通过对国际和国别的研究，借他山之石，在对中国遭遇 TBT 背后原因剖析的基础上，针对中国如何利用 WTO 规则处理与 TBT 有关的国际争端，如何通过投资和 RTA/FTA 来消减中国对外贸易中的 TBT，提出作者的看法和思路。除导论、结论外，全文共分四章。第一章技术性贸易壁垒一般理论的概述。第二章 WTO 法律对技术性贸易壁垒的规制研究。第三章主要贸易伙伴技术性贸易壁垒体系研究。第四章技术性贸易壁垒对中国的影响及其应对研究。

中文题名：美国消费争议仲裁若干法律问题研究

英文题名：Studies on Legal Issues of Consumer Arbitration in US

研　究　生：彭硕

指导教师：肖永平教授

授予学位时间：2014 年上半年

内容介绍：随着二战后世界经济的高速发展和消费行为的日益频繁，存在种种缺陷的诉讼越来越无法解决消费争议的需要。各国都在努力探索更为高效和公正解决消费争议压力的替代性争议解决机制，本文研究的美国消费争议仲裁被广泛认为是其中最为成功的代表。文章运用历史分析、实证分析、法社会学研究、比较研究等方法，对美国消费争议仲裁若干法律问题进行了系统研究，在合理借鉴美国消费争议仲裁的发展成果基础上，完善我国自己的消费争议仲裁制度。除引言、结论外，全文共分五章。第一章美国消费争议仲裁的相关概念与历史发展。第二章消费争议的可仲裁性问题。第三章消费争议仲裁协议。第四章消费争议仲裁程序的规范与实践。第五章消费争议仲裁的新发展。

中文题名：特定非金融行业反洗钱法律制度研究

英文题名：A Research on the Legal Regime of Anti-money Laundering by Designated Non-financial Businesses and Professions

研 究 生：刘凡

指导教师：张庆麟教授

授予学位时间：2014 年上半年

内容介绍：洗钱是当今国际社会公认的严重犯罪行为。针对洗钱渠道的不断变化，国际社会加大了对非金融行业反洗钱立法的研究，而且更是从中提取了具有典型代表意义的行业加以重点立法，这些行业被统称为"特定非金融行业"。本文从非金融行业反洗钱法律制度目前在国际反洗钱法律体系中的现状入手，从国际法和比较法的角度，梳理有关国际组织和相关典型国家关于特定非金融行业反洗钱立法，并针对我国特定非金融行业反洗钱法律制度存在的问题，提出了完善立法的建议。全文共分六章展开论述。第一章引言。第二章概论。第三章分析了房地产业反洗钱法律制度。第四章研究了博彩业反洗钱法律制度。第五章论述了黄金珠宝业反洗钱法律制度。第六章探讨了律师业的反洗钱法律制度。

中文题名：中国医患纠纷的解决机制研究

英文题名：Study on the Settlement Mechanism of Medical Disputes in China

研 究 生：傅宏宇

指导教师：肖永平教授

授予学位时间：2014 年上半年

内容介绍：全方位地研究我国医患纠纷的解决机制不仅有理论意义，更有强烈的现实意义。本文以文献研究为主，通过案例分析和比较研究方法，将收集到的国内外相关文献及案例，进行归纳整理，横向比较和综合分析，得到相应的结论，并针对目前存在的问题，结合国际先进的理论和实践经验，提出有效的改进意见。全文共分八章。第一章医患关系的界定。第二章医患纠纷的概念和分类。第三章医疗事故专业技术鉴定。第四章医患纠纷的诉讼解决机制研究。第五章医患双方协商解决机制研究。第六章医疗纠纷调解机制研究。第七章医患纠纷的仲裁解决机制。第八章构建多元化医患纠纷解决机制。

中文题名：中外学历学位互认中的法律问题研究

英文题名：Studies on the Legal Issues Concerning Mutual Recognition of the Record of Formal Schooling and Academic Degrees Between China and Foreign Countries

研 究 生：马杰

指导教师：黄进教授

授予学位时间：2014 年上半年

内容介绍：本文采取了文献研究、比较研究、历史研究和实证研究方法，以中国高等教育国际化为背景，以中外高等教育学历学位互认及其存在的问题为切入点，综合运用法学、政治学、管理学、教育学等理论分析工具，对中外高等教育学历学位互认的法律问题进行研究，分析了中外高等教育学历学位互认的法律依据、法律性质、法律效能、存在的问题与风险，提出了中外学历学位互认过程中存在的问题与风险的应对措施。除结语外，全文共分五部分。第一部分导论。第二部分国际教育合作与学历学位互认。第三部分中外学历学位互认的演变与比较。第四部分中外学历学位互认的法律分析。第五部分中外学历学位互认的法律问题与对策。

中文题名：1966 年联合国人权两公约的实施

英文题名：Implementation of the ICCPR and ICESCR

研 究 生：徐鹏

指导教师：曾令良教授

授予学位时间：2014 年下半年

内容介绍：1966 年通过的《公民权利和治权利国际公约》和《经济、社会、文化权利国际公约》（以下简称为两公约）确认了人权的基本特征，并成为无数国际人权条约的基础。本文采用跨学科、规范分析和案例分析相结合的方法，首先从两公约的实施方式和实施机制入手，逐一研究两公约实施机制中存在的主要问题。通过大量的国内案例与两公约人权机构发布的意见和建议，分析两公约对缔约国的人权保护产生的影响，进而推导出影响两公约实施的主要因素，并提出增强两公约实施效果的制度设想。最后，再结合中国的实践，针对两公约的实施要求提出具有参考价值的应对策略。除导论、结论外，全文共五章展开论述。

中文题名：国际法视野下的国家民主治理问题研究

英文题名：The Study on the State Democratic Governance Issues from the Perspective of International Law

研 究 生：王家兵

指导教师：杨泽伟教授

授予学位时间：2014 年下半年

内容介绍：本文运用学理研究与实证研究相结合的方法，在从国际法学的角度进行研究的同时，尝试用政治哲学、社会学等学科的概念与原理进行研究论证的多种研究方法，分别从国家实践层面、学说理论层面两个方面研究国家民主治理问题在国际法中的地位。除结论外，全文共分六章。第一章引言。第二章国家民主治理问题在冷战结束前的国际法中的地位。第三章冷战结束后国家民主治理问题进入国际法范畴的表现。第四章对国家民主治理问题在国际法中的地位的理论争论。第五章促进国家的民主治理是国际法的一项新的价值取向。第六章中国与国家民主治理问题。

中文题名：国际劳工标准执行：多维合作论

英文题名：The Enforcement of International Labor Standard：Theory of Multi-dimensional Cooperation

研　究　生：周杲

指导教师：余敏友教授

授予学位时间：2014 年下半年

内容介绍：国际劳工标准问题是近十几年来国际社会十分关注的一个热点，其中国际劳工标准的内涵和外延、核心国际劳工标准的界定、是否应当在多边贸易谈判中引入劳工条款等都产生了巨大争议，而本文围绕这些争议，以国际劳工标准执行为轴串联起相关问题，分析国际劳工标准执行遇到巨大挑战的原因，提出通过国际劳工组织与其他相关主体的多维合作方式解决国际劳工标准的执行问题。除导论、结论外，全文共分五章。第一章阐述了国际劳工标准执行的缘起与理念。第二章分析了国际劳工标准执行的维度与范畴。第三章论述了国际劳工标准执行的环境与挑战。第四章讨论了国际劳工标准执行的多维与合作。第五章探讨了国际劳工标准执行的中国化与国际化。

中文题名：国际投资协定中的劳工权保护问题研究

英文题名：Study on Issues of Protection of Labor Rights in International Investment Agreements

研　究　生：孙玉凤

指导教师：张庆麟教授

授予学位时间：2014 年下半年

内容介绍：本文运用比较分析、案例分析、综合研究等方法，在国际投资协定的范围内全面论述劳工权保护的现状、特点与趋势，对目前国际投资协定中的劳工权保护问题进行了较全面的研究。除引言、余论外，全文共分五章。第一章劳工权的保护。第二章国际投资协定中加强劳工权保护的必要性。第三章国际投资协定中劳工权保护的现状与缺陷。第四章国际投资协定中劳工权保护的完善。第五章中国国际投资协定的劳工权保护。

中文题名：海洋划界前资源开发临时安排法律问题研究

英文题名：Research on the Legal Issues of Provisional Arrangements for Resource Development Pending Maritime Delimitation

研　究　生：叶泉

指导教师：张湘兰教授

授予学位时间：2014 年下半年

内容介绍：本文在国内外学者研究的基础上，对海洋划界前资源开发临时安排所涉及的主要法律问题展开了研究，尤其在临时安排是否构成习惯国际法的问题上，通过运用大量案例得出结论，同时对当事国在海洋划界前所承担的两项义务是否构成习惯国际法予以论证等。除绪论、余论外，全文共分五章。第一章海洋划界前资源开发临时安排的产生与发展。第二章海洋划界前资源开发临时安排的法律基础。第三章海洋划界前油气资源共同开发协定法律问题研究。第四章海洋划界前渔业资源合作协定法律问题研究。第五章南海划界前资源开发临时安排法律问题研究。

中文题名： 金融包容法律问题研究

英文题名： Research on the Legal Issues of Financial Inclusion

研 究 生： 马诗琪

指导教师： 李仁真教授

授予学位时间： 2014 年下半年

内容介绍： 包容性发展逐渐成为当代提倡的一种经济发展模式。在国际金融领域，体现包容性要求的金融包容理念，受到越来越多的国家、国际组织、学者及相关研究人员的关注和重视。围绕金融包容的国际合作取得初步成果，同时也促进各国开展提高金融系统包容性的金融改革实践。本文试图探索金融包容的法律问题，并为中国推进金融包容的法制改革提供有益的建议。除引言、结语外，全文共分五章。第一章系统梳理了金融包容的概念。第二章深入探讨了金融包容的法理思考。第三章全面分析了金融包容的主体。第四章重点阐述了金融包容的原则和措施。第五章明确提出了中国推进金融包容的合理化建议。

中文题名： 论发展权在国际投资协定中的实现

英文题名： Research on the Realization of the Right to Development in International Investment Agreements

研 究 生： 刘艳

指导教师： 张庆麟教授

授予学位时间： 2014 年下半年

内容介绍： 本文采取判例和案例法、历史研究、跨学科等研究方法，以发展权为切入点，试图将发展权实现的考虑因素纳入追求一元高标准的投资自由化、保护投资者私人利益的投资体制中，并在国际投资协定中设置能够实现发展权原则的规则以及相关的制度安排，将抽象的发展权原则在国际投资实践中具体化，推进国际经济向和谐共进方向发展。除绪论、结论外，全文共分六章。第一章发展权原则在国际投资协定中的确立。第二章研究了发展权原则在国际投资协定中的适用。第三章国际投资准入制度中的发展权。第四章论述了国际投资中公平公正待遇的发展权。第五章研究了国际投资协定例外体系中的发展权。第六章探讨了国际投资征收制度中的发展权。

中文题名： 论我国政府采购法律制度的完善

英文题名： Research on the Improvement of China's Government Procurement Legal System

研 究 生： 陈向阳

指导教师： 李仁真教授

授予学位时间： 2014 年下半年

内容介绍：本文探讨了中国政府采购法律制度的完善。本文秉承对政府采购的全过程规制、以多元法律部门协调规制的思路，兼具国内法与国际法的双重视角，综合运用文献分析、比较研究、价值分析、规范分析、历史分析等研究方法，尝试提出一套系统科学的政府采购法律制度的完善建议。全文除绪论、结语外，共分五章。第一章阐述了政府采购与法律规制。第二章讨论了重构政府采购立法的总体设计原则。第三章分析了政府采购的适用范围。第四章论述了政府采购的方式与程序。第五章探讨了政府采购的救济与监督。

中文题名：信用评级机构监管法律问题研究

英文题名：Research on Legal Regulation of Credit Rating Agency

研 究 生：周俊杰

指导教师：李仁真教授

授予学位时间：2014 年下半年

内容介绍：加强信用评级机构监管制度建设已经成为后危机时代完善金融监管法律制度的重要课题。本文全面、深入地分析了主要发达国家信用评级业监管的演进变迁和实践经验，厘清信用评级监管中的主要法律问题，并对我国的信用评级业监管法律制度提出相关建议。全文除引言外，共分七章。第一章信用评级与评级机构。第二章评级机构监管制度的演进与改革。第三章评级市场准入制度的构建——垄断与竞争的平衡。第四章评级利益冲突问题的监管——基于发行人付费模式的分析。第五章评级信息披露问题的监管——自愿披露与强制披露的选择。第六章评级机构的法律责任——强化权利与义务的平衡。第七章我国信用评级机构监管制度的完善。

2015 年

中文题名："超 WTO 义务"问题的法律研究——以《中国加入世界贸易组织议定书》为焦点

英文题名：Legal Research on WTO-Plus Obligations：Focus on Protocol on the Accession of the People's Republic of China

研 究 生：刘雪红

指导教师：余敏友教授

授予学位时间：2015 年上半年

内容介绍：从过去、现在和未来的视角探讨"超 WTO 义务"相关法律问题具有重要的理论与实践价值。本文综合运用了法学方法中的规范分析法、条约解释法、比较分析法和案例分析法，以及跨学科的研究方法，以《中国加入世界贸易组织议定书》为焦点，对"超 WTO 义务"问题的法律问题进行了系统研究。全文除导论、结论外，共分五章展开探讨。第一章介绍了加入议定书和"超 WTO 义务"的概念和现象表征。第二章分析了"超 WTO 义务"条款存在的机制原因和政治原因。第三章探析了"超 WTO 义务"所引发的 WTO 体制性难题。第四章重新审视了 WTO 义务性质及其合法性与正当性问题。第五章深入分析了 WTO 司法解释规律下的"'超 WTO 义务'条款"。

中文题名:《儿童权利公约》在中非共和国的适用研究

英文题名: Implementation of Convention on the Rights of the Child in Central African Republic

研 究 生: 艾瑞拉(MOGA-KPELY AURELIE-CLEMENCE)

指导教师: 杨泽伟教授

授予学位时间: 2015 年上半年

内容介绍: 通过批准公约,各国政府负有保障儿童权利免遭侵犯的责任。中非共和国于 1990 年 7 月批准该公约,其有义务按公约行事。不过,不管中非共和国如何承诺,该国仍然面临着无法完全履行公约的重大挑战,这些挑战来自政治、经济和社会文化领域。本文确定那些阻碍中非共和国全面执行儿童权利公约的因素,并为应对这些因素的挑战,笔者建议调整国内法以适应国际法。本文呼吁创立相关组织,这些组织拥有司法权力,能用金融等手段加强落实现有标准,有效推进儿童权利的国际标准。本文强调了必须呼吁人们加强对保护和维护儿童权利的重要性的认识。全文围绕六个要点展开。第一章介绍了《儿童权利公约》。第二章确立了儿童保护的实施标准。第三章分析了实施《儿童权利公约》的政治与社会经济障碍。第四章探讨了中非共和国的儿童权利保护标准及其与国际标准之间的关系。第五章提出了确保儿童权利保护、从事该项工作人员的能力与资质及国家财政的分配等一系列要素构成的机制。第六章结论和建议。

中文题名:《联合国海洋法公约》对军事活动影响的法律问题探析

英文题名: A Legal Analysis of the Influence of the UNCLOS on the Military Activities

研 究 生: 杨瑛

指导教师: 易显河教授

授予学位时间: 2015 年上半年

内容介绍: 1982 年缔结、1994 年生效的《联合国海洋法公约》(以下简称《公约》)对沿海国产生了深远的影响。本文以《公约》为主要研究基础,以海上平时军事活动为视角对《公约》进行全面、深入、系统的探讨和解读,分析各项海洋法制度对军事活动的影响以及对各种海域的权益主张,对当今国际社会发生在海洋上的一些热点问题以及相关著名案例进行辩证分析等,以期能够给各国的平时海上军事活动以参考,使海上平时军事活动更加规范,减少冲突,维护海洋秩序。全文除绪论、结语外,共分八章。第一章《公约》与军事活动。第二章《公约》领海制度对军事活动的影响。第三章《公约》用于国际航行海峡制度对军事活动的影响。第四章《公约》群岛水域法律制度对军事活动的影响。第五章《公约》专属经济区制度对军事活动的影响。第六章《公约》大陆架法律制度对军事活动的影响。第七章《公约》公海法律制度对军事活动的影响。第八章《公约》航空飞行法律制度对军事活动的影响。

中文题名：ICSID 仲裁中的准据法问题研究

英文题名：A Study on Substantive Applicable Law in ICSID Arbitration

研　究　生：周园

指导教师：黄进教授

授予学位时间：2015 年上半年

内容介绍：本文从批判的视角对 ICSID 仲裁中准据法问题进行研究。全文除引言、结语外，分六章详细分析和阐述了 ICSID 仲裁中的准据法问题及中国参与 ICSID 仲裁时在准据法选择方面的策略。第一章阐述了 ICSID 仲裁中准据法的基本问题。第二章论述了 ICSID 仲裁中准据法确定的实践困境。第三章分析了 ICSID 仲裁中准据法的选择。第四章探讨了准据法适用错误的救济：ICSID 裁决撤销制度。第五章研究了确定准据法的规则重构。第六章分析了中国参与 ICSID 仲裁应当注意的准据法问题。

中文题名：WTO TRIPS 协定与老挝知识产权保护制度完善问题研究

英文题名：Research on the WTO TRIPS Agreement and the Laos Intellectual Property Protection System

研　究　生：万飞（Viengphet SENGSONGYIALOFAICHONG）

指导教师：聂建强教授

授予学位时间：2015 年上半年

内容介绍：本文运用制度比较、历史分析、实证分析等研究方法，选择世界贸易组织规则中的"与贸易有关知识产权"法律制度为理论基础和切入点，通过分析老挝的诸如工业产权、商标权、版权等知识产权法律制度在入世之前的状况及入世进行修改中存在的相关问题，展现了老挝在知识产权领域的政治经济文化等状态下，如何缩小与 TRIPS 协定的差距，提升知识产权保护力度，并促进国际知识产权体制的完善与发展。全文除导论、结论外，共分六章。第一章 WTO 体制下的知识产权协议概述。第二章老挝知识产权制度的基础现状考察。第三章 TRIPS 协定与老挝专利等制度完善问题。第四章 TRIPS 协定与老挝商标等保护制度完善问题。第五章 TRIPS 协定下老挝著作权保护完善问题。第六章 TRIPS 协定与老挝知识产权执法完善问题。

中文题名：WTO 应对国际法碎片化的路径选择——以贸易与环境问题为例

英文题名：The Path of WTO in Dealing with Fragmentation of International Law：Based on Trade and Environment Problems

研　究　生：左文君

指导教师：黄志雄教授

授予学位时间：2015 年上半年

内容介绍：本文以 WTO 中贸易与环境问题为例，从规范制定、司法裁决和组织机构层面对 WTO 中如何兼顾自由贸易价值与环境保护价值进行总结和分析。通过探讨 WTO 协调贸易与非贸易价值的基本路径寻找应对国际法碎片化的可行方案。通过案例分析法、规范分析法和比较分析法等研究方法，对 WTO 中环境与贸易问题有关的法律制度框架、组织机构的工作进展以及环境贸易争端解决中的法律解释进行分析，发现与归纳出 WTO 应对国际法碎片化现象的方式与路径。除导论、结论外，全文共分五章。第一章 WTO 发展中的国际法碎片化问题。第二章 WTO 规则制定层面应对国际法碎片化的制度安排。第三章 WTO 争端解决层面应对国际法碎片化的司法路径。第四章 WTO 组织机构层面的协调沟通机制。第五章 WTO 应对国际法碎片化对全球治理的影响。

中文题名：北极地区大陆架划界问题研究

英文题名：Studies on the Issues of Continental Shelf Delimitation in the Arctic Region

研 究 生：章成

指导教师：黄德明教授

授予学位时间：2015 年上半年

内容介绍：本文运用多种形式的研究方法来全面解读北极地区不同类型和不同自然条件的大陆架划界问题。全文除导论、结论外，共分五章。第一章关于北极与大陆架制度的相关概念。第二章北极国家间 200 海里以内的大陆架划界问题。第三章划定北极国家 200 海里外大陆架外部界限问题。第四章解决北极地区大陆架划界问题的具体构想。第五章中国应对北极相关问题的对策与建议。

中文题名：标准在全球治理中的地位及与国际法的关系

英文题名：Standards in Global Governance and Its Interaction with International Law

研 究 生：周银玲

指导教师：曾令良教授

授予学位时间：2015 年上半年

内容介绍：本文结合全球化的社会背景以及国际法的独特话语体系，发掘标准作为全球治理工具的内涵和角色定位，并以之为出发点展开对国际法相关理论和实践的反思。本文总体上考察了标准在全球治理中的历史和理论，随后探索了全球治理不同模式的特色与潜在缺失，并阐明标准在全球治理体系中的多元多层合作治理架构及其意义，最后结合经验和理论研究，说明和总结本文。全文除绪论、结语外，共分五章展开研究。第一章标准在全球治理中的特征与理论探源。第二章全球治理模式与标准在其中的地位。第三章标准在全球治理中的有效性与正当性：以 WTO 为例。第四章标准在国际法渊源中的地位。第五章全球治理中标准与国际法的交互推进。

中文题名：大陆架界限委员会建议的性质问题研究

英文题名：A Study on the Nature of Recommendations of CLCS

研 究 生：刘亮

指导教师：杨泽伟教授

授予学位时间：2015 年上半年

内容介绍：大陆架界限委员会的建议在沿海国对作为沿海国海洋权利重要组成部分的 200 海里外大陆架的角逐中扮演着特殊的角色，影响着沿海国外大陆架权利的实现。

本文从法理、历史、实践、比较、反证等多个角度对委员会建议的性质问题进行了研究。全文除导论、结论外，共分六章。第一章委员会建议性质的法理分析。第二章从历史的视角对委员会建议的性质进行考察。第三章从实践的角度分析委员会建议的性质。第四章采用比较分析法探寻委员会建议的性质。第五章研究了委员会建议的生效问题和影响委员会建议效力的例外因素。第六章委员会建议的性质问题与中国海洋权益的维护。

中文题名：国际民事诉讼中的临时措施研究

英文题名：Provisional Measures in International Civil Litigation

研 究 生：张文亮

指导教师：黄进教授

授予学位时间：2015 年上半年

内容介绍：本文运用教义式的分析法、实证研究法、历史分析法、比较研究法等多种研究方法，围绕国内外立法和司法实践的需要，选取临时措施的适用这一不断积聚重要性的"小问题"，以透视国际民事诉讼和国际民商事纠纷解决中的"大问题"，探求在当前新的国际民事诉讼和国际民商事纠纷解决大环境下围绕临时措施的适用反思纠纷解决机制的路径；系统地探究了临时措施的适用在当前国际民事诉讼和国际民商事纠纷解决大环境下遇到的不同层次的困境，并针对这些困境构建了相应的解决方案。全文除概论、结论外，共分五章。第一章临时措施：管辖权的确定。第二章临时措施：执行及跨国效力的实现。第三章临时措施：体系架构与路径选择。第四章临时措施：困境及出路。第五章临时措施：中国的现状及构建。

中文题名：国际人权保护机制中的临时措施研究

英文题名：Interim Measures in International Human Rights Protection Mechanisms

研 究 生：李霖

指导教师：曾令良教授

授予学位时间：2015 年上半年

内容介绍：国际人权保护机制中的临时措施作为一项基本的人权保护措施，其关注的重点是处于紧急且极端严重的情势之下，可能遭受不可恢复性损害的权利，其赋予个人或个人团体在一定情况下对抗国家的权利。当国家的行为致使个人或个人团体的权利处于紧急且极端严重情势之下时，个人或个人团体为了避免自身权利遭受不可恢复性的侵害，便可以提出临时措施请求以保护自身的权利免受侵害。本文除绪论、结论外，共分五章对国际人权保护机制中的临时措施展开研究。第一章联合国人权保护机制中的临时措施。第二章讨论了欧洲人权保护机制中的临时措施。第三章研究了美洲与非洲人权保护机制中的临时措施。第四章就亚洲人权保护机制引入临时措施的可能性进行讨论。第五章探讨了国际人权保护机制中临时措施的困境与出路。

中文题名：国际条约的演化解释研究

英文题名：Evolutionary Interpretation of International Treaties

研 究 生：吴卡

指导教师：宋连斌教授

授予学位时间：2015 年上半年

内容介绍：本文以国际法庭在条约解释上的"时间点"变量为切入点，以国际法庭的条约演化解释实践为依托，以寻求条约演化解释的合理正当性为主线，以条约演化解释对中国的启示与意义为落脚点，试图对这一当代条约解释重要方法作系统深入的研究。全文共分七章，前六章分别探讨了条约演化解释的实践、原因与影响、方法论、界限、国内法渊源、与其他条约解释方法的关系等问题，最后一章专门分析了国际私法条约的演化解释问题。

中文题名：金融消费者倾斜保护机制研究——以国际金融法为视角

英文题名：Strengthen Oversight of Consumer Issues in the Financial Sector：From the Perspective of International Financial Law

研 究 生：陶立早

指导教师：李仁真教授

授予学位时间：2015 年上半年

内容介绍：本文运用比较研究、实证研究、定量研究、归纳与演绎研究等多种研究方法，通过借鉴国际组织和美国、英国等主要发达国家（地区）对于金融消费者保护的成功经验，并结合我国当前在金融消费者保护中存在的问题，运用"总—分—总"的行文架构，围绕金融消费者倾斜保护机制展开研究，为我国构建金融消费者倾斜保护机制提出系统性的建议。全文除引言、结语外，共分五章。第一章金融消费者倾斜保护机制的基本理论探讨。第二章金融消费者权利的强化。第三章金融机构义务的规范化。第四章金融争议解决机制的多元化。第五章金融消费者保护机制的专门化。

中文题名：欧盟海运碳排放交易机制的国际法分析

英文题名：Research on the EU Marine ETS in the Context of International Law

研 究 生：胡斌

指导教师：张湘兰教授

授予学位时间：2015 年上半年

内容介绍：针对欧盟是否有权对国际海运温室气体排放这样一种全球性环境问题采取单边措施；如果欧盟根据国际法有权采取单边措施，欧盟是否有权将其单边海运碳排放交易机制（ETS）域外适用于外国船舶在欧盟管辖海域以外的温室气体排放行为这两个问题，本文共分六个部分进行了研究。本文在介绍和分析了欧盟总体的海运减排政策发展趋势之后，分别从习惯国际法管辖权规定，国际海洋法有关港口国管辖制度、联合国气候变化法律制度以及 WTO 贸易规则等四个方面对欧盟海运 ETS 域外管辖效力进行了分析和评价，在此基础上进一步就欧盟海运 ETS 对中国贸易以及海运的影响进行了全面的评估，进而就中国如何从经济、政治、法律以及外交层面应对可能的欧盟海运ETS 提出相应的建议。

中文题名：视听表演者权研究

英文题名：Study on Audiovisual Performers' Rights

研 究 生：朱光琪

指导教师：聂建强教授

授予学位时间：2015 年上半年

内容介绍：本文综合运用跨学科研究、文献研究、比较研究、历史研究、案例研究等多种研究方法，对视听表演者权进行了系统研究。全文除引言、结语外，共分五个部分。第一部分分析了视听表演者权保护现状及其不足。第二部分阐述了视听表演者权之理论基础。第三部分研究了视听表演者权之性质与内容。第四部分论述了利益平衡视角下视听表演者权之行使与限制。第五部分探讨了中国视听表演者权之完善。

中文题名：同性婚姻若干法律问题比较研究

英文题名：A Comparative Study of Several Legal Issues of the Same-sex Marriage

研 究 生：龙湘元

指导教师：肖永平教授

授予学位时间：2015 年上半年

内容介绍：本文通过对同性婚姻的合法化历史进程、相关基本权益等问题进行考察，梳理同性婚姻合法化背后的普世人权、自由、平等的价值诉求，对同性婚姻合法化国家不同的立法模式进行比较，以便为我国解决相关社会问题和国际私法问题提供借鉴。全文除导言外，共分六章。第一章概述了同性婚姻的基本问题。第二章说明了同性婚姻合宪性。第三章同性婚姻法律地位之比较。第四章同性婚姻当事人权利义务之立法比较。第五章探讨了涉外同性婚姻的国际私法问题。第六章论述了中国解决同性婚姻法律问题的对策。

中文题名：网络环境下版权侵权归责制度研究

英文题名：A Study on the Imputation System of Infringement of Copyright in the Internet

研 究 生：王斌

指导教师：肖永平教授

授予学位时间：2015 年上半年

内容介绍：本文主要从比较法视角，以网络技术发展与版权产品数字化相结合给版权保护带来的冲击为起点，对网络侵犯版权归责制度进行了系统的研究，并在此基础上为我国网络版权侵权归责制度的构建提供了对策与建议。全文除引言、结论外，共分五章。第一章阐述了网络环境下的避风港归责制度。第二章分析了网络环境下的间接侵权归责制度。第三章研究了网络环境下的版权合理使用制度。第四章论述了网络环境下的逐级回应归责制度。第五章探讨了我国网络版权侵权归责制度的构建。

中文题名：文化产业融资促进法律问题比较研究

英文题名：Comparative Studies on Legal Issues of Promoting Cultural Industry Financing

研 究 生：李云超

指导教师：郭玉军教授

授予学位时间：2015 年上半年

内容介绍：本文针对文化产业的特点，从法学的角度研究文化产业融资促进问题。本文通过比较法学的研究方法和实证分析方法进行研究，发现我国文化产业融资模式存在财政拨款和国有资本占比过大的问题，原因为法律体系的不完善阻碍了市场化融资方式的发展；通过分析我国文化产业发展的特点以及目前文化产业融资存在的实际困难，提出了我国文化产业融资急需完善的相关法律。全文除引言、结语外，共分五章。第一章界定了文化产业融资促进法律问题。第二章研究了文化产业融资中无形资产评估的法律问题。第三章研究了文化产业融资中著作权质押融资法律问题。第四章研究了文化产业融资中的征信法律问题。第五章研究了文化产业融资中的众筹法律问题。

中文题名：遗产管理法律制度比较研究

英文题名：A Comparative Research on Estate Administration Legal System

研 究 生：张弛

指导教师：肖永平教授

授予学位时间：2015 年上半年

内容介绍：遗产管理制度是妥善处理被继承人遗产的一种体系化安排。本文系统地论述了遗产管理的基本问题、遗产的范围、遗产管理人、遗产管理主要环节以及涉外遗产管理，并对我国遗产管理制度的构建提出具体建议。全文除引言、结语外，共分五章。第一章探讨了遗产管理的基本问题。第二章分析了遗产的范围。第三章研究了遗产管理人。第四章阐述了遗产管理过程中的主要环节。第五章讨论了涉外遗产管理的一些国际私法问题。

中文题名：仲裁裁决既判力问题研究

英文题名：Res Judicata of Arbitral Awards

研 究 生：傅攀峰

指导教师：黄进教授

授予学位时间：2015 年上半年

内容介绍：本文遵循从理论层面逐渐过渡至实践层面的探讨路径，对仲裁裁决既判力的相关理论与实践问题作了较为全面的探讨。全文除引言、结语外，共分五章。第一章仲裁裁决与既判力：历史、法理与比较分析。第二章分别探讨了仲裁裁决既判力的范围、效力内涵及其适用标准。第三章研究了比较法背景下仲裁裁决既判力。第四章分析了仲裁裁决既判力的实践问题。第五章仲裁裁决既判力典型案例的实证分析。

中文题名：儿童虐待国家干预制度比较研究

英文题名：A Comparative Research on State Interventions System Towards Child Mal-treatment

研 究 生：王慧

指导教师：黄进教授

授予学位时间：2015 年下半年

内容介绍：本文以儿童虐待的国家干预制度为研究对象，以利益保护为视角，深入分析国家干预儿童虐待的必要性问题。以儿童利益的客观属性为切入点，探讨了国家干预儿童虐待的最佳方式和路径问题。注重对儿童虐待干预制度的整体性研究，既有对干预制度的解构，又有对不同部分之间功能、目标和关系的分析和比较。全文除引言外，共分五章。第一章国家干预儿童虐待的基本问题。第二章儿童虐待的判断和干预启动程序。第三章国家干预儿童虐待的措施及适用条件。第四章国家干预儿童虐待的行政机构和司法机构。第五章我国儿童虐待干预制度现状及完善建议。

中文题名：全球行政法视野下投资仲裁机制（ISDS）的合法性研究

英文题名：A Study on the Legitimacy of Investment Arbitration Regime（ISDS）from the Perspective of Global Administrative Law

研 究 生：余海鸥

指导教师：张庆麟教授

授予学位时间：2015 年下半年

内容介绍：本文所称的投资仲裁是指投资者—国家间争端解决机制（investor-state-disputes-settlement，ISDS），是投资者为寻求投资争端的中立性解决，基于国家间签订的投资条约针对东道国提出仲裁申请，投资者仲裁请求权及其内容都由该投资条约规定。文章主要采用文献分析、案例分析、比较研究等研究方法，用全球行政法的视角与方法来研究 ISDS 机制的合法性问题，用国际组织法的方法尤其是国际机制方法来探讨机制的合法性等。全文除绪论、结论外，共分五部分。第一部分全球行政法与国际机制的合法性。第二部分全球行政法下的投资仲裁机制。第三部分投资仲裁机制的合法性质疑。第四部分投资仲裁机制的平行程序与裁决不一致问题。第五部分投资仲裁机制公正性与利益平衡。

中文题名：全球治理中的经合组织及中国与其合作的法律问题研究

英文题名：Research on the OECD in Global Governance and Its Legal Issues for Cooperation with China

研 究 生：许健

指导教师：余敏友教授

授予学位时间：2015 年下半年

内容介绍：世界贸易组织（简称 WTO）曾将经济合作与发展组织（简称 OECD）解读为未来能与世界贸易组织并驾齐驱的国际性组织之一。从整体上而言，OECD 成员国占全球国家数量不及 15%，而其 GDP 比重却占全球的 55%，由此可见经济合作与发展组织的重要性。近年来，OECD 一反常态，积极谋求与非成员国建立正式合作关系以扩大其影响力。与此同时，中国对于 OECD 应采取何种态度是目前应该考虑的问题。本文共分五章系统探讨、研究了全球治理中的经合组织及中国与其合作的法律问题。第一章导论。第二章阐述了 OECD 软法实践在全球治理中的地位与作用。第三章分析了 OECD 全球治理的问题与中国合作的现状。第四章探讨了中国未来加入 OECD 的法律问题及中国加入 OECD 的前景。第五章结论。

中文题名：战后法基本法律问题研究

英文题名：Research on Basic Theoretical Issues of Law of Jus Post Bellum

研 究 生：李若瀚

指导教师：黄德明教授

授予学位时间：2015 年下半年

内容介绍：国际法及其相关部门法在理论和实践方面的发展为战后法提供了大量法律理念、法律原则和法律规范等法律积累和支撑，这都为国际社会构建作为国际社会成员在冲突后阶段参与冲突发生国重建与恢复和平进程行为规范的战后法体系提供了基础。本文除导论、结论外，分五章对战后法基本法律问题进行系统的研究。第一章战后法的法理之维。第二章战后法的运行机理。第三章战后法的实施机制。第四章战后法的发展和完善。第五章战后法与中国。

2016 年

中文题名：IMF 贷款条件性国际法问题研究

英文题名：A Study on IMF Conditionality from the Perspective of International Law

研 究 生：王萍

指导教师：张庆麟教授

授予学位时间：2016 年上半年

内容介绍：IMF 作为全球最为重要的国际经济组织之一，其对处理与预防金融危机、稳定国际货币体系发挥着不可替代的作用。IMF 贷款条件性是 IMF 贷款资助职能下最为显著的特征，它是 IMF 为"保障"资金安全而要求成员国采取的一系列政策和要求。然而，IMF 贷款条件性的具体法律效力、对其的问责以及对国家主权和人权的影响到底如何，IMF 章程及其法律体系却没有作出明确说明。这就需要对 IMF 贷款条件性进行系统的研究。本文从法理、历史、实践、比较以及反证等多个角度对 IMF 贷款条件性等诸多问题进行了研究。全文除导论、结论外，共分六章。第一章 IMF 贷款条件性：定义与内容。第二章 IMF 贷款条件性法律分析。第三章 IMF 贷款条件性下主权问题研究。第四章 IMF 贷款条件性下国际人权问题研究。第五章 IMF 贷款条件性的问责制。第六章 IMF 贷款条件性与国际货币体系改革。

中文题名：国际海洋划界方法论研究

英文题名：The Methodology of Maritime Delimitation

研 究 生：吴继陆

指导教师：张湘兰教授

授予学位时间：2016 年上半年

内容介绍：国际海洋划界是在海岸相邻或相向国家的海洋权利发生重叠时，确立双方共同海洋边界的过程。"三阶段方法论"是国际法院和法庭新近较多采用的海洋划界方法理论，是对现有实践经验和划界理论的总结和发展。本文在梳理海洋划界的理论基础后，按照"三阶段方法论"阐述的三个阶段的划界过程，研究各阶段主要的法律问题，并对中国的海洋划界问题进行了法理分析。全文除绪论、余论外，共分五章。第一章海洋划界方法论概要。第二章临时等距离线的构建。第三章相关情况与临时等距离线的调整。第四章划界结果的公平性检验。第五章中国海洋划界的法理检视。

中文题名：国际商事仲裁中的临时措施域外执行研究

英文题名：On Extraterritorial Enforcement of Interim Measures in International Commercial Arbitration

研 究 生：邹晓乔

指导教师：肖永平教授

授予学位时间：2016 年上半年

内容介绍：国际商事仲裁法律制度的有效性越来越取决于临时措施的强制执行，这一制度建设的瓶颈正日益受到各国或地区仲裁立法和国际商事仲裁实践的关注。建立有效的仲裁临时措施域外执行制度已成为一国或一地国际商事仲裁法律制度现代化和吸引力的重要标志之一。本文综合运用系统研究、比较研究、理论分析等研究方法，紧紧围绕国际商事仲裁中的临时措施域外执行的三个核心理论和实际问题展开研究。全文除引言、结语外，分五章。第一章界定了国际商事仲裁中临时措施域外执行的概念。第二至第五章依次分析、研究、探讨、提出了国际商事仲裁中临时措施域外执行的依据、条件、方法与规则建议。

中文题名：国际知识产权保护与公共健康冲突与协调的国际法研究——从 WTO 协议到国际投资条约

英文题名：International Law Studies on Conflicts and Coordination Between International Intellectual Property Protection and Public Health：From the WTO Agreement to International Investment Treaties

研 究 生：田晓萍

指导教师：余敏友教授

授予学位时间：2016 年上半年

内容介绍：对知识产权与公共健康这两大议题的高度关切促使相关国际立法快速发展，在此背景下，这两个领域的规则开始发生碰撞和冲突。本文从国际法视角对国际知识产权保护与公共健康的冲突与协调问题进行了系统化的研究，并针对国际知识产权保护与公共健康的冲突，从 WTO 协议到国际投资条约的发展脉络，以及引发的典型国际争端，进行了系统的梳理和较为深入的分析，提出了国际法框架下协调国际知识产权保护与公共健康冲突的一些可行性建议。全文除导论、结论外，共分五章。第一章国际知识产权保护与公共健康冲突的由来。第二章国际药品专利保护与公共健康冲突的相关法律和实践。第三章国际商标保护与公共健康冲突的相关法律和实践。第四章协调国际知识产权保护与公共健康冲突的法理分析。第五章协调国际知识产权保护与公共健康冲突的法律途径。

中文题名：海上共同开发管理模式法律问题研究

英文题名：Legal Study on Management Models of Joint Development of Offshore Oil and Gas

研 究 生：邓妮雅

指导教师：杨泽伟教授

授予学位时间：2016 年上半年

内容介绍：海上共同开发是处理跨界资源和争议海域资源勘探与开发的一种国家间安排。海上共同开发的管理模式决定着海上共同开发区管理机构的权利和架构、开发区的管理方式、石油公司参与的方式、管辖权的分配、法律适用等一系列法律问题。本文在对国家实践分析的基础上，总结和归纳不同管理模式的共性法律问题，比较不同管理模式的优劣性，分析了联合管理机构和国家两个管理主体职能的分配和互补，深入地剖析海上共同开发管理模式的法律问题，并结合南海的具体情形，为中国在南海的共同开发模式提出法律建议。全文除绪论、结论外，共分五章。第一章海上共同开发管理模式概述。第二章海上共同开发管理模式法律框架的构建。第三章海上共同开发联合管理机构类型和职权。第四章海上共同开发管理模式及其机构的发展趋势。第五章中国在南海共同开发管理模式上的选择。

中文题名：柬埔寨法院特别审判庭的理论与实践

英文题名：The Theory and Practice of the Extraordinary Chamber in the Courts of Cambodia

研 究 生：苏里（Solida Svay）

指导教师：黄德明教授

授予学位时间：2016 年上半年

内容介绍：柬埔寨王国国民大会在 2001 年通过了建立审判发生于红色高棉政权统治时期的严重罪行的法庭的法案——最终导致在 2003 年成立附属于柬埔寨司法体系、用于审判发生于民主柬埔寨政权存续期间罪行的特别审判庭（以下简称"特别审判庭"或"ECCC"）。本文分八章对柬埔寨法院特别审判庭的理论与实践进行分析与研究。第一章表明了 ECCC 的目的和它是如何建立的。第二章描述了 ECCC 的组织架构及其如何运作以完成审判和其他司法任务。第三章阐释了 ECCC 作为第三代法庭的特殊地位。第四章详细陈述了 ECCC 的管辖权，具体包括属时、属人、属事管辖权，法庭由此确认控诉和被告人应承担责任的范围。第五章探讨了 ECCC 可适用法律的法理内涵及其如何将国内法律条款与国际法律规范相结合服务于审判。第六章主要内容是特别审判庭采用

115

的确保司法过程公正、迅速的证据及程序规则和被告根据《1966年公民及政治权利国际公约》所享有的权利。第七章讨论了 ECCC 的合法性问题以及如何在不偏离主要目的的情况下，通过协调不同领域规范而发展国际法的实践。第八章为总结。

中文题名：美国核安全法律制度研究

英文题名：A Study on American Nuclear Safety Legal System

研 究 生：郭舟

指导教师：杨泽伟教授

授予学位时间：2016 年上半年

内容介绍：核能是解决世界能源危机的重要路径，而核安全是核能的生命。本文坚持以问题为导向，以核安全法律和联邦法规为基础，结合判例法对美国核安全法律体系进行深层次、理论化、系统化的专项研究，梳理美国核安全监管体制的演变过程，对美国核安全监管体制进行历史考察，从历史角度探讨美国核安全监管体制的价值与特点，再结合《核安全公约》修正案探讨美国与国际核安全法律制度的互动关系，为完善国内核安全治理及国际协作机制提出具体建议。全文除导论、结论外，共分四章。第一章分析了美国核安全法律体系。第二章探讨了美国核安全监管体制的系统。第三章重点分析了美国与国际核安全法律制度的互动关系。第四章重点探讨了美国核安全法律制度对中国的启示。

中文题名：台湾地区涉陆区际私法问题实证研究

英文题名：Interregional Private Law Issues Between Mainland China and Taiwan: An Empirical Study of Legal Practice in Taiwan

研 究 生：曾丽凌

指导教师：黄进教授

授予学位时间：2016 年上半年

内容介绍：本文以"法律实证研究"为视角，深入考察以"两岸人民关系条例"为核心的台湾地区涉陆区际私法实践状况，并将关注点放在下列四个问题上：法源、涉陆民事案件管辖权、法律适用、判决认可与执行。全文除导论、结论外，共分五章展开研究。第一章主要探讨台湾地区涉陆民事司法活动中的法源问题。第二章对涉陆民事裁判管辖权进行实证分析。第三章对涉陆民事案件法律适用进行实证分析。第四章对五类民事关系法律适用进行实证分析。第五章对大陆地区作成之民事确定判决在台湾地区之认可与执行进行实证分析。

中文题名：文化产业外国直接投资限制的法律问题研究

英文题名：A Study on Legal Issues of the Restriction of Foreign Direct Investment in Cultural Industries

研 究 生：司文

指导教师：郭玉军教授

授予学位时间：2016 年上半年

内容介绍：本文以文化产业领域的外国直接投资究竟为何要受到限制，受到哪些限制，这些限制是否有可能放开为重点解决的问题，并围绕这一问题，通过比较研究有关国际组织和国家的立法政策及司法实践，探究文化产业领域外国直接投资受到限制的原因、限制准入的清单模式、限制准入和并购的条件与规则，对我国有关立法与实践提出建议。全文除引言、结语外，共分六章展开研究。第一章文化产业外国直接投资限制概述。第二章文化产业外国直接投资限制的原因。第三章文化产业外国直接投资准入的清单模式。第四章文化产业外国直接投资准入的限制条件。第五章文化产业外国直接投资并购的限制。第六章文化产业外国直接投资限制的中国视角。

中文题名：知识产权纠纷替代解决方式国际比较研究

英文题名：International Comparative Study of Alternative Disputes Resolution Concerning Intellectual Property

研 究 生：赵梅生*

指导教师：聂建强教授

授予学位时间：2016 年上半年

内容介绍：本文从国际视角，采取比较分析、系统分析与实证分析的研究方法，在理论、实践与规则分析的基础上，对知识产权纠纷替代解决方式国际比较问题进行了系统研究。文章首先阐释了有关知识产权纠纷替代解决方式的关键概念、理论要点；然后系统比较了知识产权纠纷替代解决方式在美国、英国、德国、西班牙、韩国、墨西哥与我国等国内层面的运行机制与国别特点；再者，比较研究了世界知识产权组织与世界贸易组织层面的相应机制及其特点；在此基础上，结合我国亟须解决的相应问题，围绕如何完善我国知识产权纠纷替代解决方式进行了研究分析，提出了相关的学术与政策建议。全文除导论、结论外，共分四章。第一章知识产权纠纷替代解决方式理论探析。第二章有关国家知识产权纠纷替代解决方式比较分析。第三章有关国际组织知识产权纠纷解决方式比较。第四章我国知识产权纠纷替代解决方式及完善。

中文题名：仲裁员责任制度比较研究

英文题名：A Comparative Study on Arbitrator's Liability Institution

研 究 生：彭丽明

指导教师：宋连斌教授

授予学位时间：2016 年上半年

内容介绍：民商事争议能否顺利解决与进行裁判的仲裁员的知识储备、裁判能力、道德素养等因素息息相关，可以说仲裁员是进行仲裁的核心人物，是仲裁制度赖以生存和发展的关键所在，因此我们有必要在借鉴国外成熟立法规定和司法实践的基础上，构建一个多层次的仲裁员法律责任体系，从民事责任承担与豁免、刑事责任、纪律责任三大方面进行规定，保障仲裁员正当权利的行使，同时又对违反法律规定的仲裁员进行适当的规制，从而推动我国早日成为国际商事仲裁的中心。本文除引言、结语外，共分五章展开对仲裁员责任制度的比较研究。第一章阐述了仲裁员责任制度的基本问题。第二章分析了仲裁员责任基础，即仲裁员与当事人的关系、仲裁员与仲裁机构的关系。第三章分析了仲裁员民事责任问题。第四章分析了仲裁员刑事责任问题。第五章分析了仲裁员纪律责任问题。

中文题名：国际金融消费争议处理比较研究

英文题名：A Comparative Research on International Financial Consumer Dispute Settlement

研 究 生：吴为杰

指导教师：黄进教授

授予学位时间：2016 年下半年

内容介绍：本文主要采用文献探讨分析及比较分析的方法，除导论、结论外，共分五章详细分析和阐述了金融消费者保护的理论基础、国际社会和我国目前金融消费者保护法律及争议处理机制，探讨了国际金融消费争议准据法的决定与法律适用。第一章金融消费者保护的理论基础。第二章环顾全球主要国家金融消费争议处理机制。第三章探讨海峡两岸暨香港、澳门目前对于金融消费争议的处理模式。第四章探讨国际金融消费争议的法律适用。第五章分析归纳侵权行为"地"的确定。

中文题名：文化产业补贴的国际法问题研究

英文题名：Studies on International Law Issues of Subsidies on Cultural Industries

研 究 生：樊婧

指导教师：郭玉军教授

授予学位时间：2016 年下半年

内容介绍：本文从国际法中文化、贸易和人权视角探讨文化产业补贴问题，梳理了国际法领域中文化产业补贴的几个特有问题，对文化产业补贴的国际法问题进行了较为深入、系统和全面的研究。此外，本文紧跟国际法的发展趋势，对 TPP、TTIP、TISA 等中与文化产业补贴相关的问题进行了分析。全文除引言、结语外，共分六章。第一章阐释了文化产业补贴的基本问题。第二章分析了文化产品的定性。第三章研究了文化产业补贴的合法性。第四章探讨了文化产业补贴的例外规则。第五章为文化产业补贴相关规则的冲突及解决。第六章探讨了国际法视野下我国文化产业补贴制度的反思。

2017 年

中文题名：《跨太平洋伙伴关系协定》中国有企业规则研究

英文题名：The Study of the State-owned Enterprises Rules in Trans-Pacific Partnership Agreement

研 究 生：毛真真

指导教师：黄志雄教授

授予学位时间：2017 年上半年

内容介绍：《跨太平洋伙伴关系协定》（简称 TPP）是国有企业规则最高水平的代表。研究 TPP 国有企业规则的主要目的在于通过对具体规则的分析，对比我国国有企业现状，提出相应的改革建议，以应对不断提升的国有企业规则。基于此，本文从 TPP 国有企业核心条款——国有企业定义和适用范围、商业因素考虑和非歧视待遇规则、非商业支持规则、透明度规则出发，针对我国国有企业改革存在的问题，提出新时期国有企业改革的具体方案，以期对提高我国国有企业国际竞争力、应对国有企业国际规则能有所助益。全文除引言、结论外，共分六章。第一章国有企业规则概述。第二章阐述了 TPP 国有企业规则概述与适用范围。第三章分析了 TPP 国有企业规则中非歧视待遇与商业元素规定。第四章研究了 TPP 国有企业规则下的非商业支持规则。第五章讨论了 TPP 国有企业规则中的透明度规则。第六章总结了 TPP 国有企业规则对我国国有企业的启示。

中文题名：《联合国海洋法公约》争端解决机制下的临时措施制度研究

英文题名：Provisional Measures Under the Dispute Settlement Mechanism of the United Nations Convention on the Law of the Sea

研 究 生：郝雅烨子

指导教师：易显河教授

授予学位时间：2017 年上半年

内容介绍：作为国际上解决有关海洋领域争端的重要司法机构——国际海洋法法庭、附件七仲裁庭根据《联合国海洋法公约》，应当事人请求，可规定临时措施。临时措施在现代国际司法程序中的本质和目的是使国际法庭能履行其职能。本文主要集中于国际海洋法法庭（包括海底争端分庭）、附件七仲裁庭的法律和程序以及实践上的临时措施相关问题研究，并与国际法院相关临时措施制度进行比较，寻找并探讨亚洲国家在面临临时措施相关争端时应如何应对。全文除引言、结论外，共分五章。第一章临时措施概述。第二章《联合国海洋法公约》下临时措施的管辖权、可受理性和"实体"要件。第三章《联合国海洋法公约》下临时措施的程序、内容、效力、执行和终止。第四章《联合国海洋法公约》下临时措施在亚洲争端解决中的应用。第五章诉讼策略与临时措施的滥用。

中文题名：海上油气资源共同开发的法律问题研究：以尼圣共同开发案和塞毛共同开发案为重心

英文题名：On Legal Issues on Joint Development of Hydrocarbon at Sea：From the Case of Nigeria-Sao Tome & Principe and the Case of Seychelles-Mauritius

研 究 生：迪佳（DJIBRIL Moudachirou）

指导教师：杨泽伟教授

授予学位时间：2017 年上半年

内容介绍：本文重点研究了两个共同开发协定：一个是尼日利亚与圣多美和普林西

比共同开发协定，另一个是塞舌尔与毛里求斯共同开发协定，并找出两个共同开发协定中的法律问题，以期在未来引起相关国家的关注。全文除导论、结论外，共分四章。第一章国际法上共同开发的理论。第二章进行共同开发的原因以及对现有共同开发协定的简要总结。第三章研究了非洲国家共同开发协定的主要法律问题，即 2001 年尼圣共同开发协定和 2012 年赛毛共同开发协定中的法律问题。第四章分析了一些非洲国家的海洋划界争端，并建议选择以签署共同开发协定的方式作为解决这些争端的法律途径的方法。

中文题名：打击跨国网络犯罪国际法问题研究

英文题名：On Issues of International Legislations Against Transnational Cybercrime

研 究 生：李彦

指导教师：黄志雄教授

授予学位时间：2017 年上半年

内容介绍：本文以《布达佩斯公约》为中心，对主要的打击跨国网络犯罪国际公约进行梳理，研究它们存在的一般问题并对需要关注的焦点问题进行系统的梳理和分析，进而得出构建新的全球性打击跨国网络犯罪国际公约的必要性和可行性，并提出中国在建构打击跨国网络犯罪国际法时的应有立场。全文除导论、结论外，共分六章。第一章为跨国网络犯罪及相关国际法规范概述。第二章探讨了打击跨国网络犯罪国际法中的实体规则。第三章研究了打击跨国网络犯罪国际法中的程序规则。第四章研究了打击跨国网络犯罪国际法中的国际合作规则。第五章研究了建构全球性打击跨国网络犯罪国际法律框架的路径。第六章探讨了建构全球性打击跨国网络犯罪国际法律框架的中国立场。

中文题名：风能利用法律与政策比较研究

英文题名：A Comparative Study on Laws and Policies of Wind Energy Application

研 究 生：王青松

指导教师：黄进教授

授予学位时间：2017 年上半年

内容介绍：本文通过比较分析先进国家风能立法和政策，归纳各国具有共同性的政策制定模式，结合我国实际，在借鉴其他国家经验的基础上，提出完善我国风能利用法律与政策的具体建议，以期对我国风能产业继续保持全球领先地位和进入更为良性的发展轨道有所裨益。文章选取了世界风电装机总量排名前五位的国家以及风电在发电总量中所占比例和人均风电发电量居于全球第一的丹麦，对这六个典型国家的风能利用法律和政策进行研究，将这些国家的风能利用法律与政策归纳为强制性法律制度、激励性法律制度和公共服务性法律制度三个类别分别进行讨论。全文除导论、结语外，共分五章。第一章典型国家风能利用概况及法律与政策变迁。第二章典型国家风能利用强制性制度。第三章典型国家风能利用激励性制度。第四章典型国家风能利用公共服务性制度。第五章外国经验与我国风能利用法律与政策之完善。

中文题名：国际法院对国际人权法的解释和适用问题研究

英文题名：On Interpretation and Application of International Human Rights Law by the International Court of Justice

研 究 生：朱慧兰

指导教师：冯洁菡教授

授予学位时间：2017 年上半年

内容介绍：本文综合运用案例研究、历史研究、比较研究的研究方法，系统深入地研究了国际法院对国际人权法的解释和适用问题。研究范围并非仅局限于联合国国际法院的相关案例，也包括其前身常设国际法院所处理的相关案件，"国际人权法"不仅包括专门国际人权条约中明确规定属于人权的内容，还包括当前不属于人权范围，但与基本人权相关的领域，如外交和历史保护。全文除引言、结语外，共分五章。第一章分析了联合国国际法院受理与人权相关案件的历史沿革。第二章探讨了国际法院所受理的与人权保护相关案件中的一般国际法问题。第三章研究了国际法院对若干人权条约中具体条款的解释和适用。第四章就国际法院对若干具体人权的解释和适用进行分析。第五章总结了国际法院在发展国际人权法方面的成就和局限性。

中文题名：国际航空融资租赁若干法律问题研究

英文题名：Studies of Several Legal Issues of International Aviation Financial Lease

研 究 生：孙建华

指导教师：肖永平教授

授予学位时间：2017 年上半年

内容介绍：本文从航空融资租赁的特征入手，从航空融资租赁的合同法、破产法、国际公约中的国际利益问题、法律适用的角度具体说明国际航空融资租赁的法律问题，完善我国航空融资租赁法律制度。全文除引论、结论外，共分五章。第一章介绍了航空融资租赁的一般问题。第二章探讨了航空融资租赁的合同法问题。第三章阐述了航空融资租赁的破产法问题。第四章分析了航空融资租赁的国际利益问题。第五章考察了国际航空融资租赁的法律适用问题。

中文题名：国际软法基本理论问题研究

英文题名：The Research on the Fundamental Theory of International Soft Law

研 究 生：严阳

指导教师：曾令良教授、余敏友教授

授予学位时间：2017 年上半年

内容介绍：作为国际法渊源的条约、习惯并不能及时应对全球化所带来的问题，国际软法的灵活便捷弥补了这一不足。法律多元主义为国际软法的兴起和研究奠定了理论基础。本文综合运用归纳、演绎相结合的理论研究方法以及法理学、国际关系理论等学科知识，对国际软法基本理论问题进行了系统研究，以期厘清国际软法的基本理论问题，在理论研究的基础上为中国参与国际软法之治提供策略和建议。全文除导论、结论

外，共分五章。第一章论述了国际软法的概念。第二章探讨了国际软法的性质和识别国际软法的标准。第三章从两个方面阐述了国际软法的作用。第四章从国际法治的视角对国际软法进行评价。第五章国际软法的未来与中国的应对。

中文题名： 国家管辖外海域生物多样性法律问题研究

英文题名： The Study of the Legal Issues of Marine Biodiversity in Areas Beyond National Jurisdiction

研 究 生： 李洁

指导教师： 张湘兰教授

授予学位时间： 2017 年上半年

内容介绍： 本文以梳理相关法律概况为起点，落脚于中国利益和中国应对，中间从生态养护、资源利用和协调机制三个视角深入研究国家管辖外海域生物多样性的核心法律问题。全文除引言、结语外，共分五章展开研究。第一章介绍了国家管辖外海域生物多样性的法律概况。第二章关注了国家管辖外海域生物多样性的养护问题。第三章主要分析了国家管辖外海域生物多样性，特别是海洋遗传资源的开发利用。第四章解决了国家管辖外海域生物多样性的协调机制问题。第五章落脚于中国视角和中国利益，旨在为中国应对国家管辖外海域生物多样性问题提出思考和建议。

中文题名： 论嗣后协定与嗣后惯例的适用——以 WTO 法律解释为视角

英文题名： Application of Subsequent Agreements and Subsequent Practice：From the Perspective of WTO Legal Interpretation

研 究 生： 邱思琦

指导教师： 曾令良教授、李雪平教授

授予学位时间： 2017 年上半年

内容介绍： 嗣后协定和嗣后惯例旨在找到一种灵活同时又是理性和可预测的条约适用和解释方法。嗣后协定和嗣后惯例的实践散见于各个国际法庭文书中，譬如判决、裁决、报告和咨询意见等。嗣后协定和嗣后实践不仅涉及国家之间的普通条约，也涉及作为国际组织组织法的条约。在世界贸易组织的法律体系中，嗣后协定和嗣后惯例的适用既体现一般国际法的规则，也体现国际组织的特殊自有规则。本文通过将一般国际法的最新成果引入世界贸易组织领域，分析了嗣后协定与嗣后惯例在具体适用时面临的问题和解决方式。全文除引言、结论外，共分五章。第一章阐述了嗣后协定与嗣后惯例的理论。第二章归纳出了嗣后协定与嗣后惯例的识别规则。第三章阐释了嗣后协定与嗣后惯例的具体适用。第四章分析了嗣后协定与嗣后惯例的效力。第五章概述了嗣后协定与嗣后惯例在条约解释中最重要的作用，即合理限制演化解释。

中文题名： 涉外监护法律适用问题研究

英文题名： A Research on the Governing Law in Foreign-related Guardianship

研 究 生： 秦红嫚

指导教师：肖永平教授

授予学位时间：2017 年上半年

内容介绍：本文以涉外监护法律适用为研究对象，采用历史分析、规范分析、案例分析、比较分析等研究方法，以监护及法律适用的界定作为起点，探寻监护制度的历史发展。从实体法层面比较分析各国不同的监护法律制度并总结分析实体法上存在的冲突；然后对冲突法规则以及规则适用过程中存在的一般问题进行探讨；最终探讨我国现有的规定以及司法实践中存在的问题，从实体与冲突法层面以及司法层面提出完善建议。全文除引言、结语外，共分五章。第一章涉外监护基本问题的厘定。第二章监护法律制度的比较与冲突。第三章涉外监护基本法律适用规则。第四章涉外监护冲突规则的运用。第五章我国涉外监护法律适用之局限与完善。

中文题名：网络空间国际软法研究

英文题名：Research on International Soft Law in Cyberspace

研 究 生：居梦

指导教师：黄志雄教授

授予学位时间：2017 年上半年

内容介绍：本文着眼于从实证的角度对网络空间国际软法的形成与发展的现状予以描述，总结出其在网络空间国际治理中的作用与局限性，选择了比较法的研究方法对网络空间与其他领域的国际软法进行对比，得出其共同点与区别之处。文章在探究网络空间国际软法的发展前景与方向的同时，结合中国参与网络空间国际软法实践中遇到的困境，尝试提出中国未来应对网络空间国际软法发展的建议。全文除导论、结论外，共分六章。第一章分析了国际软法的理论基础。第二章论述了网络空间国际软法的形成与发展。第三章分析了国际软法在网络空间国际治理中的作用与局限性。第四章为网络空间国际软法的比较研究。第五章探讨了网络空间国际软法的发展前景与方向。第六章剖析了中国参与网络空间国际软法进程的困境与未来应对。

中文题名：再保险的法律问题研究——基于与原保险关联的视角

英文题名：A Study on the Legal Issues of Reinsurance：Based on the Perspective of Association with Original Insurance

研 究 生：何丹

指导教师：何其生教授

授予学位时间：2017 年上半年

内容介绍：再保险源于保险对风险转移的需求，在保险制度中扮演着重要的角色。本文综合运用案例分析、比较分析、跨学科分析、历史分析等研究方法，基于与原保险关联的视角，对再保险的法律问题进行了系统研究。全文除绪论、结语外，共分七章。第一章阐述了再保险的基本问题。第二章论述了再保险法律问题研究的理论基础。第三章阐释了原保险条款的并入问题。第四章推定原保险与再保险背对背问题。第五章探讨了原保险人与再保险人同一命运问题。第六章研究了再保险合同的法律适用问题。第七章探讨了再保险法律问题的共性与特性及其对我国的启示。

中文题名：著作权法视角下学术信息开放存取的法律问题研究

英文题名：Study on Legal Issues on Open Access to Academic Information in the Context of Copyright Law

研 究 生：焦海洋

指导教师：聂建强教授

授予学位时间：2017 年上半年

内容介绍：本文以著作权法为视角深入探讨、系统研究了与学术信息开放存取相关的法律问题，为促进学术信息开放存取，专门提出了构建和完善中国著作权法律制度的初步建议。全文除导论、结论外，共分七章展开分析、论述。第一章学术信息开放存取问题的提出。第二章辨析了学术信息开放存取与著作权保护的对立统一关系。第三章探讨了学术信息开放存取与著作权的限制和例外。第四章厘清了学术信息开放存取与著作权侵权责任。第五章阐释了学术信息开放存取对于著作权许可方式的挑战。第六章分析了学术信息开放存取与出版权的行使。第七章论证了学术信息开放存取法律制度的构建与完善。

中文题名：环境友好技术强制许可问题研究

英文题名：Research on Compulsory Lisence Issues of Environmental Sound Technology

研 究 生：马文

指导教师：聂建强教授

授予学位时间：2017 年下半年

内容介绍：强制许可在维护社会公众享受专利制度带来的利益方面起着举足轻重的作用。本文以环境友好技术转让面临的困境作为切入点，从强制许可的角度对解决这一困境进行知识产权方面的尝试。文章通过对强制许可正当性、可能性、启动程序、实施适用的分析，探讨了现有与环境友好技术转让相关的法律制度局限性，尝试以强制许可的"利益平衡"原则作为构建环境友好技术转让制度的基础。在论证过程中结合知识产权法和国际环境法的研究方法和研究视角，结合中国的"一带一路"战略，对环境友好技术南南合作模式进行探讨，丰富和完善了环境友好技术转让的形式。文章认为需要构建多方协作的协调机制，环境友好技术的特殊性决定了该协调机制中应以知识产权调整为主，多边环境公约调整为辅；在环境友好技术转让为优先目标的法律框架下，以TRIPs 协议第 31 条统领环境友好技术转让协调制度，以气候公约体系下的技术转让要素为补充，同时不应忽视发展中国家之间的技术合作。全文除引言、结语外，共分五章。

中文题名：普遍管辖权基本问题研究

英文题名：A Study on Fundamental Issues of Universal Jurisdiction

研 究 生：郑锦墨

指导教师：黄德明教授

授予学位时间：2017 年下半年

内容介绍：普遍管辖权是国家对与本国无传统联系罪行行使的刑事管辖权。本文运用文献分析、实证分析、跨学科研究的方法，以普遍管辖权为中心，以基本问题为线索，除引言、结论外，共分六章对普遍管辖权基本问题进行了探讨、研究。第一章普遍管辖权的概念。第二章探讨了普遍管辖权的理论基础。第三章分析了普遍管辖权的国际法依据。第四章探讨了普遍管辖权与刑事豁免。第五章讨论了普遍管辖权的被告缺席适用。第六章对普遍管辖权的反思与展望。

中文题名：系统重要性金融机构处置的法律问题研究

英文题名：Research on the Legal Issues of the Resolution of Systemically Important Financial Institutions

研 究 生：周忆

指导教师：李仁真教授

授予学位时间：2017 年下半年

内容介绍：本文采用比较研究、实证研究、历史分析、理论联系实际等多种研究方法，针对系统重要性金融机构处置这一热点和难点问题进行研究，以期为实务界解决这一难题提供一种法律路径，为理论界研究这一问题提供一家之言。全文除引言、结语外，共分五章展开研究。第一章对系统重要性金融机构的定义和识别标准、处置的定义和正当性等进行了理论分析。第二章对系统重要性金融机构的处置机关及其拥有的一般处置权力进行了系统研究。第三章重点分析了系统重要性金融机构处置的程序。第四章对系统重要性金融机构处置的保障机制进行了专门探讨。第五章对我国建立和完善系统重要性金融机构处置法律制度提出建议。

中文题名：限制日本主权的北纬 29°线与钓鱼岛主权归属研究

英文题名：Studies on 29° North Latitude Used as a Sovereign Limit Line of Japan and Sovereignty of the Diaoyu Islands

研 究 生：张郭

指导教师：杨泽伟教授

授予学位时间：2017 年下半年

内容介绍：北纬 29°线是地理学名词，它横穿琉球群岛的北端，作为对日本战后主权的南向限制线，被规定在《旧金山对日和约》中，它源自美国提出的剥夺日本位于北纬 30°线以南所有海外领地的主张。本文除绪论、结论外，共分六章对限制日本主权的北纬 29°线与钓鱼岛主权归属问题进行了研究。第一章北纬 30°线作为日本战后主权限制线的确定。第二章北纬 30°线的国际法律依据。第三章琉球群岛问题。第四章对日和约与北纬 29°线问题。第五章北纬 29°线与奄美诸岛问题。第六章北纬 29°线与《美日共同合作和安全条约》。

中文题名：中西法律文化冲突与中国国际法实践及价值认同研究

英文题名：China's Practice and Its Value Identity of International Law and the Conflicts Against Western Legal Culture

研 究 生：徐敏

指导教师：杨泽伟教授

授予学位时间：2017 年下半年

内容介绍：本文通过对国际法上中西法律文化冲突的动态探索，以中国国际法发展史自身的"剧情主线"为蓝本，研究中国在其自身国际法实践中如何应对中西法律文化冲突，分析国际法调整中西法律文化冲突的障碍因素，得出促进国际法价值认同是一个可行的解决方案，最终提出构建中国特色的国际法价值认同路径。全文除绪论、结论外，共分五章展开研究。第一章国际法上中西法律文化冲突的历史缘起。第二章中国应对中西法律文化冲突的国际法实践。第三章中西法律文化冲突在当代国际法领域中的突出表现。第四章全球化背景下当代国际法调整中西法律文化冲突之障碍。第五章解决国际法上中西法律文化冲突的关键——促进国际法价值认同。

2018 年

中文题名：国际投资协定对知识产权的保护研究

英文题名：The Study on the Protection for Intellectual Property Rights Under International Investment Agreements

研 究 生：贾丽娜

指导教师：张庆麟教授

授予学位时间：2018 年上半年

内容介绍：本文以国际投资协定对知识产权的保护为研究主题，一方面从知识产权作为投资的视角，梳理和分析了当前国际投资协定在保护投资者的投资权益过程中所面临的制度困境；另一方面从国际投资协定的视角对知识产权的保护问题进行了深入的研究。文章重点探讨了国际投资协定及投资者——国家争端解决机制能够为知识产权提供的保护水平。全文除导论、结语外，共分六章。第一章国际投资协定与知识产权保护。第二章公平公正待遇标准中的知识产权保护。第三章征收条款对知识产权保护的适用。第四章 ISDS 机制中知识产权保护的程序性问题。第五章国际投资协定中知识产权保护的价值权衡与选择。第六章我国投资协定中知识产权保护的价值权衡与选择。

中文题名：国有企业国际经贸规则中的主要法律问题研究

英文题名：A Research on Major Legal Issues of International Economic and Trade Rules Concerning State-owned Enterprises

研 究 生：管健

指导教师：余敏友教授

授予学位时间：2018 年上半年

内容介绍：本文紧扣中国经济模式特点，以中西方经济模式的差异作为背景来研究和分析国有企业国际经贸规则的现状和未来发展中的法律问题。文章针对中国国有企业所面临的主要国际法律问题和挑战进行了系统全面的研究，提出了国有企业应对国际贸易规则挑战的中国方案。全文共分六章展开研究。第一章导论。第二章考察了西方国家强化国有企业国际经贸规则的背景。第三章分析了现行国有企业国际经贸规则的法律问题。第四章研究了国有企业国际经贸新规则的法律问题。第五章提出了应对国有企业国际经贸规则的中国方案。第六章结论。

中文题名：海上共同开发争端解决机制的国际法问题研究
英文题名：Study on International Law Issues of Offshore Joint Development Dispute Settlement Regime
研 究 生：黄文博
指导教师：杨泽伟教授
授予学位时间：2018 年上半年
内容介绍：本文全面系统地梳理了海上共同开发争端解决机制的相关问题，包括争端解决应遵守的原则、争端的预防、争端解决的方法和适用的法律以及对争端解决机制的完善几个部分，前瞻性地提出了可持续发展原则成为海上共同开发争端解决遵守的基本原则之一，更新了东帝汶与澳大利亚争端案件的最新进展，结合实证研究法指出了现有争端解决机制的不足，提出了完善建议。最后根据南海资源开发的现状以及中国此前处理共同开发争端吸取的教训，总结出中国政府和中国石油公司在建立和适用争端解决条款时应注意的问题。全文共分六章。第一章海上共同开发争端解决机制概述。第二章海上共同开发争端解决的基本原则。第三章海上共同开发争端解决的一般方法及其特点。第四章海上共同开发争端解决可适用的法律。第五章海上共同开发争端解决机制的完善。第六章南海共同开发争端解决机制的构建与适用。

中文题名：军舰海难救助相关法律问题研究
英文题名：Research on Relevant Legal Issues of Warship Salvage
研 究 生：卢卫彬
指导教师：黄德明教授
授予学位时间：2018 年上半年
内容介绍：军舰往往代表国家保卫海洋领土、执行军事任务，并不涉及各种海上商业性活动。对军舰海难救助中的相关法律问题进行探讨，在一定情形下允许军舰适用我国《海商法》的规定，对于解决实践中的争端是有利无害的。本文除引言、结语外，分六章展开对军舰海难救助相关法律问题的研究。第一章阐述了军舰海难救助的法律性质及法律适用问题。第二章分析了军舰海难救助的报酬请求权问题。第三章研究了军舰能否成为海难救助的客体问题。第四章探讨了军舰海难救助与主管机关海难救助的关系问题。第五章研究了军舰海上搜救问题。第六章研究了军舰海难救助的其他问题。

中文题名：跨境旅游纠纷非诉讼解决机制研究

英文题名：A Study on the Extra-judicial Disputes Resolution Mechanism in Cross-border Tourism

研 究 生：连俊雅

指导教师：黄进教授

授予学位时间：2018 年上半年

内容介绍：随着跨境旅游产业的蓬勃发展，旅游纠纷的发生数量和频率不断攀升，使处于相对弱势地位的旅游者的合法权益受到侵害。如何妥善解决跨境旅游纠纷以切实维护旅游者的合法权益问题成为国际社会日益关注的焦点。本文运用案例分析、比较研究、历史研究的研究方法，对跨境旅游纠纷非诉讼解决机制进行了系统研究。全文除导论、结论外，共分七章。第一章跨境旅游纠纷的特殊性。第二章跨境旅游纠纷非诉讼解决机制的兴起和发展。第三章跨境旅游纠纷非诉讼解决机制的协同。第四章跨境旅游纠纷的协商和调解。第五章跨境旅游纠纷的仲裁。第六章跨境旅游纠纷的行政裁决。第七章中国跨境旅游纠纷非诉讼解决机制的现状与完善建议。

中文题名：论第三方资助仲裁的法律规制

英文题名：A Study on the Regulation of Third-party Funding in International Arbitration

研 究 生：丁汉韬

指导教师：肖永平教授

授予学位时间：2018 年上半年

内容介绍：第三方资助仲裁是国际仲裁近年来的新发展之一，这种新兴的诉讼费用转嫁模式的本质是一种以争议解决的结果作为标的的风险投资。本文在总结现有研究成果的基础上，对第三方资助仲裁的发展、风险、法律基础进行系统分析，并提出对第三方资助进行法律规制的具体路径。全文除引论、结论外，共分六章。第一章系统分析了第三方资助仲裁的一般问题。第二章探讨了第三方资助的法理基础及争议。第三章分析了如何对第三方资助主体进行的监管。第四章分析了第三方资助仲裁与利益冲突披露。第五章分析了第三方资助与仲裁费用。第六章研究了受资助仲裁裁决在外国的承认与执行。

中文题名：欧洲能源互联网法律与政策研究

英文题名：Research on Law and Policy of European Energy Interconnection

研 究 生：张光耀

指导教师：杨泽伟教授

授予学位时间：2018 年上半年

内容介绍：欧洲能源互联网作为"全球能源互联网"全景式发展中的一部分，在法律与政策领域具有一定的示范意义。能源互联网的法律研究需要聚焦电力基础设施、电力市场和清洁能源三个方面，它们分别构成能源互联网的物理载体、交易载体和来源载体。通过对这三方面的欧洲能源互联网法律与政策的研究，能够提炼出欧洲能源互联网法律与政策的可借鉴之处，作为参照对亚洲能源互联网的建设提供政策框架和制度支持，并阐释建设能源互联网的中国策略。全文除引言、结论外，共分六章展开研究。第一章欧洲能源互联网的基本问题。第二章欧洲能源互联网的电力基础设施法律和政策。第三章欧洲能源互联网的电力市场法律和政策。第四章欧洲能源互联网的清洁能源法律和政策。第五章欧洲能源互联网法律与政策的启示。第六章中国构建能源互联网的策略。

中文题名：投资者-国家仲裁与国内法院的相互关系研究

英文题名：Research on the Interrelationship Between Investor-state Arbitration and National Courts

研 究 生：宁红玲

指导教师：漆彤教授

授予学位时间：2018 年上半年

内容介绍：本文按照争端解决的顺序对投资者-国家仲裁与国内法院的相互关系进行了全方位探讨。全文除引言外，共分五章。第一章介绍了投资者-国家争端解决：国内法院与投资仲裁的格局。第二章分析了投资仲裁庭与国内法院在管辖权上的竞争与冲突。第三章研究了投资仲裁庭对国内法院的审查。第四章探讨了国内法院对投资者-国家仲裁的支持与监督。第五章结论。

中文题名：外国法院判决承认和执行中的互惠

英文题名：Research on Reciprocity in Recognition and Enforcement of Foreign Judgments

研 究 生：王雅菡

指导教师：何其生教授

授予学位时间：2018 年上半年

内容介绍：互惠作为促进国家之间在民商事判决承认和执行领域的一种合作依据，在司法实践中被多数国家所采用。本文从相关理论、立法、司法实践三个方面对外国法院判决承认和执行中的互惠进行了系统全面的研究。全文除绪论、结语外，共计六章。第一章互惠的概念和源流。第二章互惠立法的确立和发展。第三章互惠立法的功能和考量因素。第四章互惠在司法实践中的适用类型。第五章互惠在司法实践中存在的问题。第六章互惠在中国的适用及变革。

中文题名：外资国家安全审查制度比较研究

英文题名：The Comparative Study on National Security Review System of Foreign Investment

研 究 生：黄翔

指导教师：张庆麟教授

授予学位时间：2018 年上半年

内容介绍：本文除导言、结语外，共分五章展开对外资国家安全审查制度的比较研究。本文前四章分别从理论基础和历史演进、外国投资界定标准、国家安全审查标准、审查机制四个方面对国家安全审查制度进行比较研究；第五章结合我国外资安全审查现状及立法进程，在借鉴美欧发达国家安全审查实践经验和立法改革动向的基础上，对建立符合我国国情的外资国家安全审查制度进行了系统论述。

中文题名：文化财产争议国际仲裁的法律问题研究

英文题名：A Study on the Legal Issues in International Arbitration of Cultural Property Disputes

研 究 生：李伟

指导教师：郭玉军教授

授予学位时间：2018 年上半年

内容介绍：本文阐述的核心问题是文化财产争议的可仲裁性体现在哪些方面，如何利用仲裁解决不同类型的文化财产争议的法律问题？围绕这些问题，本文通过对文化财产争议的历史演进过程以及相应仲裁的特殊性和优越性予以说明，并对不同类型的文化财产争议仲裁所涉及的法律问题进行探讨，从而为我国在处理文化财产争议提出可行性建议。全文除绪论、结语外，分五章展开研究。第一章文化财产争议的国际仲裁概述。第二章探讨了文化财产所有权争议的国际仲裁。第三章分析了文化财产非法进出口争议的国际仲裁。第四章研究了文化财产民商事争议的国际仲裁。第五章中国文化财产争议与相应仲裁机制的建立。

中文题名：运动员形象权保护问题研究

英文题名：Study on the Protection of Athlete's Image Right

研 究 生：宋雅馨

指导教师：聂建强教授

授予学位时间：2018 年上半年

内容介绍：除绪论、结语外，本文分六章对运动员形象保护实践中存在的现实问题进行了全面考察，对国际条约与域外立法和实践中运动员形象保护的规定进行了分析，探寻在知识产权体系中创设独立形象权制度来保护运动员形象的理论正当性与实践可行性，在此基础上配合以体育法规则的完善，保障运动员形象权的实现。具体内容如下：第一章运动员形象及其法律保护不足的分析。第二章运动员形象权之正当性基础。第三章运动员形象权之权利要素与性质。第四章运动员形象权之行使。第五章运动员形象权保护之域外立法与实践。第六章中国运动员形象权保护之不足与完善。

中文题名：中国南海历史性权利的国际法问题研究

英文题名：Study on the International Law Issues of China's Historic Rights in the South China Sea

研 究 生：刘晨虹

指导教师：罗国强教授

授予学位时间：2018 年上半年

内容介绍：历史性权利主要指一国长期、持续且有效地在某陆地或水域行使主权或进行捕鱼和航行，并获得利害关系国的默认后形成的所有权、捕鱼权及航行权。本文运用历史分析、跨学科研究、案例研究、归纳演绎法等多种研究方法，对中国南海历史性权利的国际法问题进行了系统研究。全文除导论、结论外，共分六章。第一章阐述了历史性权利的基本问题。第二章分析了中国南海历史性权利的主要内容。第三章研究了中国南海历史性权利的法律属性。第四章探讨了断续线内水域的性质。第五章为"南海仲裁案"有关中国南海历史性权利的实体裁决。第六章提出了中国南海历史性权利的出路。

中文题名：论 GATT 第 5 条对国际管道天然气运输过境自由的适用

英文题名：The Application of GATT Article Ⅴ to the Freedom of Transit for International Gas Pipeline

研 究 生：钟磊

指导教师：聂建强教授

授予学位时间：2018 年下半年

内容介绍：过境是一个可以直接影响国家之间和平共处以及经济发展，但是又并未引起重视，很少有人研究的领域。天然气运输具有管道网络依赖性，实践证明管道天然气的过境一旦出现问题，可能会影响国家能源安全。由于涉及的国家一般会超过两个，多边机制在这种情景中显得尤为必要。随着 2009 年俄罗斯终止对《能源宪章条约》的临时适用、大部分能源输出国逐步加入 WTO 以及《贸易便利化协定》的生效，WTO 规制能源问题成为必然趋势。GATT 第 5 条过境自由条款是 GATT 中非常复杂的一个条款，长期没有得到重视。本文旨在研究分析如何用 GATT 第 5 条来保护管道天然气过境自由。全文除引言、结论外，共分六章展开研究。第一章管道天然气运输过境自由问题的提出。第二章分析了 GATT 第 5 条对管道天然气过境运输的可适用性。第三章阐释了 GATT 第 5 条第 2 款规定的过境自由适用于管道天然气过境运输。第四章研究了 GATT 第 5 条第 5、6 款的最惠国待遇义务适用于管道天然气过境运输。第五章剖析了 GATT 第 5 条第 3、4 款的限制对管道天然气过环境自由的适用。第六章探讨了 GATT 第 5 条与中国的管道天然气过境运输保护问题。

中文题名：欧盟法一般法律原则——以欧盟法院司法实践为视角

英文题名：General Principles of EU Law: From the Perspective of Judicial Practice of the European Union Court

研 究 生：陈珺

指导教师：黄德明教授

授予学位时间：2018 年下半年

内容介绍：欧盟法一般法律原则是欧盟法最重要的渊源之一，这些原则约束有权制定二级立法的欧盟机关、欧盟法院以及所有负责欧盟法适用的国内机构。在欧盟法体系中，其地位类似于基础条约，具有宪法属性。其具体内容与适用范围、法律地位并非由基础条约确定，而是在欧盟法院的长期司法实践中被确立和认可的。从这个意义上讲，欧盟法一般法律原则是"法官造法"的结果。在欧盟这一特定的法律体系中，只有那些由欧盟法院确定的、具有宪法性地位的法律原则才能被认定为欧盟法一般法律原则。本文以欧盟法一般法律原则为研究对象，以欧盟法院司法实践为视角，着重对其内涵、性质、价值等本体问题，司法实践中的适用问题进行研究。全文除绪论、结语外，共分五章。第一章欧盟法一般法律原则概述。第二章分析了欧盟法一般法律原则的法律地位。第三章研究了欧盟法一般法律原则的功能与适用。第四章剖析了欧盟司法实践中的一般法律原则。第五章分析探讨了欧盟法一般法律原则的困境与前景。

中文题名：转基因食品安全监管法律制度比较研究

英文题名：A Comparative Research on Genetically Modified Food Safety Supervision Legal Systems

研 究 生：肖鹏

指导教师：肖永平教授

授予学位时间：2018 年下半年

内容介绍：我国转基因生物及食品安全监管法律制度还不健全。本文以问题为导向，通过比较研究了全球 80 多个国家转基因食品安全监管的风险分析、许可、追溯、标识法律制度，建议将新类型生物纳入转基因生物定义的外延之中，将转基因动物列入我国标识目录；将全球转基因食品安全监管法律制度分为采取预防原则或采取实质等同原则两类；提出全球转基因食品安全监管法律制度有趋同融合发展趋势；其中，许可制度有多元化趋势，追溯制度有趋同化趋势，标识制度有融合化趋势，提出 S. 764 法是美国自愿标识制度向强制标识制度转向的标志，并提出我国制定《转基因生物安全法》、完善《食品安全法》等法律的立法建议和完善安全监管体制机制的建议。全文除引论、结论外，正文共五章。第一章研究了转基因食品安全监管法律制度的一般问题。第二章研究了转基因食品风险分析制度。第三章研究了转基因食品许可制度。第四章研究了转基因食品追溯制度。第五章研究了转基因食品标识制度。

中文题名：自主武器系统的国际法问题研究

英文题名：Research on International Law Issues of Autonomous Weapon System

研 究 生：何蓓

指导教师：曾令良教授、黄德明教授

授予学位时间：2018 年下半年

内容介绍：随着武器系统的自主性能不断提升，越来越多的自主武器系统出现在战场上。自主武器系统的发展意味着战场上有关武力使用的决定可能越来越无需人为干预，甚至完全由机器做出。这一特性不仅带来了武器装备、战争理论和作战模式的改变，引发国家力量对比产生变化，还会给国际安全带来深远的影响，对现有的国际法体

系形成重大挑战。国际社会研究并考虑如何对自主武器系统进行规制已迫在眉睫。而中国由于现有的实际情况，更应该对自主武器系统有全面而深刻的认识并做好相应准备。本文除绪论、结论外，共分六章展开研究。第一章自主武器系统概述。第二章规制自主武器系统的法律体系。第三章自主武器系统对国际人道法的挑战。第四章滥用自主武器系统的责任承担。第五章自主武器系统的国际法规制完善。第六章自主武器系统与中国。

环境与资源保护法学

2009 年

中文题名："生态人"：环境法上的人之形象

英文题名：Ecological Man：The Image of Man in Environmental Law

研 究 生：吴贤静

指导教师：蔡守秋教授

授予学位时间：2009 年上半年

内容介绍：本文的主旨是对环境法上的人——"生态人"进行理论阐释和建构，表达环境法对人的深刻理解。全文除导论、结语外，分五章展开研究。第一章阐述了法律上的人。第二章分析了法律人模式的演化。第三章研究了"生态人"的理论基础。第四章探析了"生态人"的理论构成。第五章探讨了"生态人"理论的意义。

中文题名：法律生态化研究

英文题名：Research on Legal Ecologization

研 究 生：丁岩林

指导教师：王树义教授

授予学位时间：2009 年上半年

内容介绍：本文通过对"生态"的词源的考察、词义的演变来界定目前广为流行的生态化，进而对法律的生态化进行解读，探寻法律与生态之间的关系。通过分析法律生态化的起源和发展，探究法律发展和法律变革的趋势。法律生态化不仅带来的是法律的发展变化，同时也给法学研究提出了新的挑战。法学的理论必须革新，法学的范式必须转换。全文除引言外，共分五章。第一章法律生态化的概述。第二章法律生态化与法律社会化。第三章法律生态化与法律变革。第四章法律生态化与生态化的法律。第五章法律生态化与法学的发展。

中文题名：环境法在军事领域的适用研究

英文题名：Application Environmental Law to Military Activities

研 究 生：冯琳

指导教师：蔡守秋教授

授予学位时间：2009 年上半年

内容介绍：在军事安全威胁与环境安全威胁共存的当代社会，任何在两者之间单选一的试图都是不可能的。本文意图通过前瞻性的环境法适用制度安排和实施，在两者之间建立起科学有效的平衡关系。文章以军事领域环境问题作为逻辑起点，研究环境法因应这一问题的理论基础和美国及中国现行适用实践的得失。在此基础上提出我国的应然适用机制框架。全文由引言、结语及五章正文组成。第一章阐述了环境法在军事领域适用的逻辑前提——军事领域环境问题。第二章阐述了环境法在军事领域适用的理论研究——军事利益与环境利益协调理论及原则。第三章考察了美国环境法在军事领域的适用实践。第四章研究了我国环境法在军事领域的适用实践。第五章提出了完善我国环境法在军事领域适用的机制框架构建的建议。

中文题名： 环境犯罪及其刑事责任研究

英文题名： Study on Environmental Crime and Its Criminal Responsibility

研 究 生： 张海峰

指导教师： 王树义教授

授予学位时间： 2009 年上半年

内容介绍：本文围绕环境犯罪及其刑事责任这一主题进行了系统全面的研究。文章采用层层递进的结构形式，始终贯彻现代人类中心主义的环境理念，采用对比、归纳、演绎等推理论证方法以及历史学、社会学和法学等研究方法对环境犯罪概念、环境犯罪构成特征、环境犯罪刑事责任特征及其刑事立法完善等环境犯罪基本理论问题进行了深入的审视和探讨，获得了区别于传统环境犯罪及其刑事责任理论的现代人类中心主义视角下的包括环境犯罪概念、环境犯罪构成、环境犯罪刑事责任及其处罚在内的基本完备的环境犯罪基本理论体系。全文除引言、结语外，共分五章。第一章环境犯罪概述。第二章环境犯罪的刑事责任。第三章国外及我国港澳台地区环境刑事立法实证分析。第四章我国刑法关于环境犯罪及其刑事责任实证考察。第五章关于完善我国环境犯罪刑法立法的基本思路。

中文题名： 环境行政处罚研究：原则、罚制与方向

英文题名： Study on Environmental Administrative Penalty：Principle，Punishment System and Direction

研 究 生： 程雨燕

指导教师： 张梓太教授

授予学位时间： 2009 年上半年

内容介绍：环境行政处罚是人类因应环境污染与生态破坏的重要法律手段之一，相关制度的立法研究无疑具有深远的理论及实践意义。本文的主旨在于通过对环境行政处罚制度独特品格的探索，反思并重构相关立法理论。全文共分五章展开研究。第一章环境行政处罚的品格。从宏观与微观两个层面对环境行政处罚的品格予以剖析。第二章环境行政处罚立法现状分析。从纵向及横向视角检视现有的环境行政处罚立法，并凝练出现有立法中环境行政处罚品格的缺失之处。第三章环境行政处罚原则的重构。针对环境

行政处罚立法漠视环境价值的缺失，对现有的环境行政处罚原则进行反思。第四章环境行政处罚罚制的完善。针对环境行政处罚立法罚种的配置及规定欠科学的缺失，对现有的环境行政处罚罚制予以完善。第五章环境行政处罚的方向。针对环境行政处罚边界迷失的缺陷，对环境行政处罚的发展方向予以调度。

中文题名：环境正义的法律表达
英文题名：The Legal Expression of Environmental Justice
研　究　生：梁剑琴
指导教师：王树义教授
授予学位时间：2009 年上半年
内容介绍：环境正义是随着人类社会的发展而产生的一个正义的新领域，其核心内涵是环境利益和负担的公平分配，包括代内正义、代际正义和种际正义三个层面。本文采取新的研究思路对环境正义的法律表达进行了深入、系统、全面的研究。全文除引言、结语外，共分六章。第一章阐述了环境正义：正义的一个新面向。第二章分析了法律表达：环境正义实现的途径。第三章探讨了环境正义法律表达的范围。第四章研究了环境正义法律表达的性质。第五章剖析了环境正义法律表达的关键。第六章提出了环境正义法律表达的方式。

中文题名：可持续能源法问题研究
英文题名：A Study on the Sustainable Energy Law
研　究　生：王晓冬
指导教师：蔡守秋教授
授予学位时间：2009 年上半年
内容介绍：本文围绕可持续能源法问题进行了系统深入的研究。本文首先从可持续发展理念的诠释切入，提出了社会进步—环境良好—经济繁荣的"三维一体"可持续发展观，继而对能源可持续发展进行了三个维度的解读。回应三维能源可持续发展观的要求，能源法理应走向承载三维价值功能的"可持续能源法"。其后，在对可持续能源法进行法哲学之思和伦理学之思的基础上，分别具体研讨了社会维度下、环境维度下和经济维度下的可持续能源法律问题。本文主体包括四个部分：（1）能源可持续发展与可持续能源法；（2）社会维度下的可持续能源法律问题；（3）环境维度下的可持续能源法律问题；（4）经济维度下的可持续能源法律问题。

中文题名：论法律移植与中国环境法的发展
英文题名：Discuss on Legal Transplantation and the Development of Environmental Law in China
研　究　生：王宏巍
指导教师：王树义教授
授予学位时间：2009 年上半年

内容介绍：本文采用历史考察、比较研究和实证分析的研究方法，以法律移植与法律发展的关系作为逻辑起点，引出了环境问题的全球化要求在法律对策上进行回应，进而延伸到对法律移植与环境法发展的重要关系的论述，肯定法律移植是环境法律发展的主要途径。环境法律移植是环境法律发展的便捷之路，但是最终的落脚点是环境法律移植与法律的本土化，移植的实践应从中国的实际出发，即与本土的资源相融合，从而走出一条既与世界法律文明相沟通又具有浓郁本土特色的中国环境法制现代化的道路。全文除导论、结语外，共分五章。第一章法律移植与法律发展。第二章法律移植与中国环境法的发展。第三章中国环境法律移植的特点和值得研究的问题。第四章中国环境法律移植与法律本土化。第五章法律移植与中国环境法的发展展望。

中文题名：论后京都时代气候保护国际法律新秩序的构建
英文题名：On the Establishment of the Post-Kyoto International Legal System on Climate Protection
研　究　生：李静云
指导教师：王树义教授
授予学位时间：2009 年上半年
内容介绍：本文以环境法学理论为主基，以法理学、国际法学理论为辅基，结合国际政治学、经济学和环境科学等学科的最新知识，采用对比分析与归纳分析、历史研究与创新研究、理论推理与理论论证、定量分析和定性分析等多元化研究手段对后京都时代气候保护国际法律新秩序的构建问题进行了系统全面的研究。全文除导论外，共分五章。第一章气候保护国际法律秩序的产生。第二章京都时代气候保护国际法律秩序评析。第三章后京都时代气候保护国际法律新秩序的理论基础。第四章构建后京都时代气候保护国际法律新秩序的思路。第五章中国与后京都时代气候保护国际法律新秩序的建立。

中文题名：论环境法对健康权的保护
英文题名：On the Protection of the Right to Health in Environmental Law
研　究　生：杨凌雁
指导教师：蔡守秋教授
授予学位时间：2009 年上半年
内容介绍：健康权的保护涉及宪法、刑法、民法、环境法等多个法律部门。环境法作为一部调整人与自然关系的法律，在保障人类健康、预防健康权因环境的恶化而受损方面起着关键作用。本文在综合运用理论分析、比较分析、调查研究、实证分析等方法的基础上，注重从文本主义到功能主义，从法学理论到法律实践，通过对健康权保护基本范畴的分析及对各国环境法中健康权的保障制度的比较研究，提出环境法应以人为本，建立以健康权为价值中心的污染防治法体系，进而针对环境法在健康权的损害赔偿救济方面的特殊性进行分析以期为构建我国环境法上的健康权损害赔偿制度提供理论支持。全文除引言、结语外，共分五章。第一章健康权的一般理论。第二章环境污染与健康、健康权的关系。第三章健康权——环境法的价值追求。第四章环境法对健康权的保护措施。第五章健康权在环境法中的救济。

中文题名：论环境法协调发展原则——以利益为分析视角

英文题名：On the Harmonious Development from Principle of Environmental Law：From the Perspective of Interest

研 究 生：韩晶

指导教师：张梓太教授

授予学位时间：2009 年上半年

内容介绍：本文从社会需求的角度出发，对环境法协调发展原则中的利益关系进行结构性分析，以此为基础构建协调发展原则中的实质正义，并运用这些研究成果指导协调发展原则的具体适用。全文除引言、结语外，共分四章。第一章优先式协调：协调发展原则的利益分析。第二章紧迫需求优先：协调发展原则的利益实质。第三章利益补偿：协调发展原则的利益衡平。第四章优先与补偿：协调发展原则的运用。

中文题名：论水资源财产权——以公法与私法两分为视角

英文题名：On Property Right to Water Resources：A Perspective of Dichotomy of Public Law and Civil Law

研 究 生：曹可亮

指导教师：杜群教授

授予学位时间：2009 年上半年

内容介绍：本文以公法财产权与私法财产权两分为研究视角，对水资源财产权的基本问题进行了较系统深入的研究。全文除引言、结语外，共分五章。第一章水资源财产权概念界定之考察，分别就英美法系法学理论、立法实践以及中国法学理论对水源财产权概念的界定进行了研究分析。第二章水资源财产权概念之管见，从权利、财产权和水资源这三个基本概念入手对水资源财产权概念进行了思考。第三章水资源财产权分类之思考，对水资源财产权分类问题进行了分析并提出了新观点。第四章水资源所有权理论及立法检视，对水资源所有权理论及立法进行了检视。第五章水资源使用权之新视角研究，以公法与私法两分为视角对水资源使用权进行了研究。

中文题名：区域海洋环境保护法研究

英文题名：Study on Environmental Protection Law of Regional Seas

研 究 生：李建勋

指导教师：蔡守秋教授

授予学位时间：2009 年上半年

内容介绍：本文综合运用历史考察、比较研究、价值分析等多种研究方法，系统研究国际社会三十多年来通过区域合作解决海洋环境问题的法律制度的演进历程，考察区域海洋环境保护法的基本原则与基本制度等一般原理，为中国参与的东亚海、西北太区域海洋规划的发展提供理论支撑和经验指导。全文除引言、结语外，共分五章。第一章区域海洋环境保护法的演进。第二章区域海洋环境保护法的一般原理研究。第三章区域海洋污染防治法律制度。第四章区域海洋资源保护法律制度。第五章区域海洋环境保护实践——以东亚海、西北太区域海为例。

中文题名： 生态税的法律建构研究

英文题名： Study on Legal Construction of Ecological Taxes

研 究 生： 张炳淳

指导教师： 王树义教授

授予学位时间： 2009 年上半年

内容介绍： 本文对生态税法律制度的理论和实践问题采用实证研究、历史研究和比较研究的方法，运用多学科理论，从微观和宏观两个方面进行了较系统的研究，并从转型和生成的关系角度对我国转型发展期如何从法律上构造生态税制进行了具体分析。全文除绪论、结语外，共分七章。第一章生态环境保护法律手段的博弈与税收手段的确立。第二章生态税内涵的法律分析。第三章生态税制构建的理论依据。第四章生态税制的域外考察。第五章我国税制变迁与生态税收因素的渐入。第六章我国构建生态税制之必要性。第七章构建我国生态税制的构想。

中文题名： 政府环境质量责任研究

英文题名： A Study on Government Environmental Quality Responsibilities

研 究 生： 范俊荣

指导教师： 张梓太教授

授予学位时间： 2009 年上半年

内容介绍： 本文采用多元化研究方法，将规范分析与实证分析结合，从"地方环境质量到底由谁负责"的实践问题入手，依次找到环境质量问题的根源，分析政府环境质量责任的正当性、必要性、合理性，剖析中国政府和外国政府承担环境质量责任的实践，探寻中国政府在实践中存在的问题，并从社会学、经济学、法学的角度进行规范分析与理论论证，在环境法理念和制度方面进行拓展性回应，最后构建司法监督和救济制度。全文除导论、结语外，共分五章。第一章政府环境质量责任阐述。第二章政府环境质量责任理论根据。第三章政府环境质量责任实践。第四章政府环境质量责任完善途径。第五章政府环境质量责任的法律监督与救济。

中文题名： 中国自然资源国家所有权制度研究：面向可持续发展的思考

英文题名： On the China's System of State Ownership of Natural Resources Research：Reflections on Sustainable Development-oriented

研 究 生： 邱秋

指导教师： 王树义教授

授予学位时间： 2009 年上半年

内容介绍：本文着重论证，当代国家选择自然资源国家所有权制度时，传统的军事安全、意识形态等因素仍然存在，但主要原因已转变为保障可持续发展。中国现行的自然资源国家所有权制度不是可持续发展的对立物，现阶段之所以产生了一些不利于可持续发展的问题，是因为该制度不够完善。因此，应当厘清宪法和民法在规范和保护自然资源国家所有权制度上的不同功能，区分公共自然资源与国有自然资源，从而构建起一个包括宪法、民法、行政法和自然资源法在内的法律体系，对自然资源国家所有权制度进行综合调整和分类规范。全文除引言、结语外，共分五章。第一章阐述了自然资源与自然资源国家所有权制度。第二章考察了外国自然资源国家所有权制度。第三章分析研究了中国自然资源国家所有权制度及其变迁。第四章剖析了中国自然资源国家所有权制度存在的问题及其诊断。第五章提出了关于完善中国自然资源国家所有权制度的建议。

中文题名：环境法学对生态学的借用与误用——围绕生态学在环境法学中的三个核心面相的思考

英文题名：The Use and Misuse of Ecology by Environmental Law：Reflection on Three Core Faces of Ecology in Environmental Law Circle

研 究 生：汪再祥

指导教师：王树义教授

授予学位时间：2009 年下半年

内容介绍：本文运用了功能分析法、概念有限论以及多维度概念论等法学中不常见的研究方法，从交叉学科的视角，对生态学与环境法学两个学科的研究进展都进行了跟进研究，对于环境法如何更具有弹性和回应性提出一些具体制度建议，如进行调适性管理、放宽环境法的尺度、提供公民科学论坛、构建滚动式再评估机制等。全文除导论、结语外，共分四章。第一章生态学在环境法学中的三个核心面相。第二章生态平衡论在生态学中的衰落及其环境法效应。第三章反思生态学对环境法贡献的局限性。第四章环境法学在方法论上对生态学的借鉴之省思。

2010 年

中文题名：论环境公益损害救济——从"公地悲剧"到"公地救济"

英文题名：Theory of Environmental Public Damages Relief Legislation：From the "Tragedy of the Commons" to "Commons Relief"

研 究 生：傅剑清

指导教师：王树义教授

授予学位时间：2010 年上半年

内容介绍：损害救济制度设计的基本思路是先设置适宜人类生存的环境标准，并以此为依据，通过形式多样的公众信息渠道，获知环境品质下降的事实，再根据科技设定的因果关系推定规则，确定有人类共同利益受损的事实发生，然后根据一套迅速有效的责任判定机制，追究个人行为责任。本文采用历史分析、制度分析、比较研究、综合阐释等多种分析研究方法，围绕这一基本的救济制度设计思路展开，从法学基础理论出发，逐步推导出各个步骤所需要建立的法律原则和法律制度，以期建立一个全方位、多角度的立体法律救济框架。全文共分六章。第一章法域之维的环境与环境公益损害。第二章公地悲剧理论与环境公益损害救济。第三章环境公益损害救济的法理。第四章国外环境公益损害救济制度及其实践。第五章我国环境公益损害救济的困境。第六章建立我国环境公益损害救济制度之构想。

中文题名： 论全球环境法的形成与实现

英文题名： The Emergence and Realization of Global Environmental Law

研 究 生： 吴宇

指导教师： 王树义教授

授予学位时间： 2010 年上半年

内容介绍： 全球环境法是人们认识发展的必然。一个基于跨国民间环境保护活动的思考成为理解新的全球力量的起点。本文基于这样一个世界主义的视角，从私部门跨国活动的领域出发，考察一种未来可能形成的法律现象，即全球环境法的形成与实现。全文除引言、结语外，共分五章。第一章全球环境法问题之提出。第二章全球环境法载体之考量。第三章全球环境法之表现形式及其实现。第四章全球环境法实现之现实可行性分析。第五章全球环境法形成与实现之理论思考。

中文题名： 论应对气候变化的适应制度选择——受害者视角

英文题名： Legal Approaches to Climate Change Adaptation：The Victims' Perspective

研 究 生： 张乾红

指导教师： 张梓太教授

授予学位时间： 2010 年上半年

内容介绍： 适应，作为预防、减少气候变化损害的直接路径，对于正承受气候变化影响与损害的主要受害者而言，有迫切的现实必要性。本文聚焦于适应问题，探究促进适应制度深入发展的相关理论与实践路径。全文除引言外，共分六章。第一章论述了适应与气候变化。第二章考察了气候立法中的适应制度。第三章论述了适应制度评析与路径选择。第四章论述了适应制度的权利维度。第五章论述了适应制度的价值基础与价值选择。第六章论述了完善适应保障机制。

中文题名： 能源法的功能及其保障策略研究

英文题名： Studies of the Functions and Safeguards of Energy Law

研 究 生： 王利

指导教师： 杜群教授

授予学位时间： 2010 年上半年

内容介绍： 在各国为了维护能源安全而采取的诸多措施中，法律手段从来都是最重要的，而且能源安全也已经成为法的安全价值的重要追求，依靠法律的规范性和强制性对能源安全予以保障已经成为世界各国普遍的做法。本文结合有关能源法功能理论的分析，突出了能源法在实现能源安全保障目标中具有的经济、社会及环境保护功能的重要性及相关性，同时针对不同的具体功能领域提出了完善的应对策略。全文除导论外，共分五章。第一章初步分析了能源法功能的有关理论。第二章研究、分析了能源法的经济功能及其保障策略。第三章阐述了能源法的社会功能及其保障策略。第四章探析了能源法的环境保护功能及保障策略。第五章为结语——《能源法（意见稿）》的功能及保障策略简析。

中文题名：气候领域的国际合作机制——京都机制研究

英文题名：On International Cooperation Mechanism in Climate Change：The Kyoto Mechanism

研 究 生：刘功文

指导教师：杜群教授

授予学位时间：2010 年上半年

内容介绍：随着后京都时代的来临，京都机制何去何从成为国际社会关注的焦点。本文通过对京都机制的研究以及对后京都机制的展望，为中国应对后京都时代的气候变化问题提供对策建议。全文除前言、结语外，共分七章。第一章介绍了京都机制的衍生和发展。第二章分析了京都机制的理论依据：集体行动理论。第三章研究了京都机制的构成和影响。第四章以欧盟为例探析了京都机制在国际社会的实施。第五章分析了美国对京都机制的回应。第六章以中国为例探讨了京都机制在发展中国家的实践。第七章阐述了对后京都机制的展望及中国的回应。

中文题名：社会性别视角下环境法之反思

英文题名：Reflection of Environmental Law Under Gender Perspective

研 究 生：王欢欢

指导教师：蔡守秋教授

授予学位时间：2010 年上半年

内容介绍：社会性别理论是审视环境法治的新颖视角。本文采用逻辑分析方法、历史分析方法、比较分析方法、语义分析方法等研究方法，在我国的历史、文化和社会背景下，结合环境法的独特话语体系，发掘了环境保护语境中社会性别视角的内涵并尝试以之为出发点开展对环境法的反思。本文在对女性主义、生态女性主义等诸多理论考察的基础上，首先分析了社会性别理论的概观，并结合环境法治的独特语境，构建了拟采用的社会性别视角的内涵及使用，使社会性别视角具有了本体论和方法论的意义。随后，探讨了社会性别视角下环境治理中社会性别机制的形成及样态，揭示了跨文化存在着的性别/自然的象征体系、性别化的有关环境的科学与管理、环境问题承担环境权益分配、环境政治和基层运动。接着，研究分析了环境法治对上述社会性别机制形成的贡献及应对。随后，沿着环境法规范体系的阶次探究了社会性别视角下的环境法表征，并探索社会性别视角下环境法的完善之路。全文除引言、结论外，共分六章。

中文题名：生物自然力法的演绎式构建——自然资源法创新研究

英文题名：Deductive Construction of the Law of Natural Bio-forces：Innovation in Natural Resources Law

研 究 生：刘国涛*

指导教师：王树义教授

授予学位时间：2010 年上半年

内容介绍：本文要解决的核心问题是以演绎式方法构建"生物自然力法"。本文的方法特色在于演绎法和类型化方法。论证、构建的基本思路是：深层次寻找一个理论逻辑起点，论证构建的必要性和理论基础，以事实类型为研究对象构建生物自然力法的理论框架，对相关法律规范作典型性研究，为自然资源法的理论发展和法制建设作出有益探索。为此，全文除导论和结论外，共分六章。第一章生物自然力法构建的逻辑起点。第二章生物自然力法的构建理由。第三章生物自然力法构建的理论基础。第四章生物自然力法构建的方法基础。第五章生物自然力法的事实类型框架。第六章生物自然力法的规范典型研究。

中文题名：宪法环保条款的规范分析——以"环境国家"的建构为视角

英文题名：The Norm Analysis of Constitutional Environmental Protection Provisions：From the Perspective of the Establishment of "Environment State"

研 究 生：陈海嵩

指导教师：杜群教授

授予学位时间：2010 年上半年

内容介绍："环境保护入宪"逐渐成为世界各国宪法发展的趋势所在。本文运用规范分析、比较研究、历史考察、实证研究等多种研究方法，以"环境国家"的建构为视角，对宪法环保条款的规范进行了深入分析研究。全文除引言外，共分六章。第一章阐述了宪法环保条款的生成及其局限。第二章分析了规范法学视野中的宪法环保条款。第三章至第五章分别研究了环境保护基本权利的规范含义、环境保护基本国策的规范含义、环境保护宪法义务的规范含义。第六章探讨了"环境国家"在我国的实现——宪法解释的视角。

中文题名：中国环境管理体制改革研究

英文题名：A Study on the Reform of China's Environmental Administration System

研 究 生：铁燕

指导教师：王树义教授

授予学位时间：2010 年上半年

内容介绍：改革是个宏大的命题，需要在理论研究和实践探索中不断摸索前进。本文依据"问题模式"之思维，紧扣改革主题，以中国现行环境管理体制中"有何问题需要改革？""为何需要改革？""怎样进行改革？"为主线，综合采用历史分析、比较研究、法解释学、系统分析的方法，对中国环境管理体制改革的必要性、必然性和可行性展开论证分析，给出关于今后环境管理体制改革的基本思路、具体方案和立法建议。全文除前言外，共分八章。第一章环境管理体制的基本范畴。第二章中国环境管理体制的历史沿革。第三章中国现行环境管理体制及存在的问题。第四章中国环境管理体制问题的原因分析。第五章中国环境管理体制改革是环保发展的客观要求。第六章国外环境管理体制发展对中国改革的启示。第七章中国环境管理体制改革的基本思路。第八章中国环境管理体制改革的建议方案。

中文题名：环境法与公众参与：以现代性理论为视角

英文题名：Environmental Law and Public Participation：From the Perspective of Modernity

研 究 生：周艳芳

指导教师：王曦教授

授予学位时间：2010 年下半年

内容介绍：本文以现代性理论为视角，对环境法与公众参与有关问题进行了深入系统的研究，并从法哲学、法社会学、法学以及社会学的角度对公众参与对于环境法究竟意味着什么，我国环境法的发展是否需要公众参与，如果是，那么环境法需要怎样的公众参与，公众参与是否有助于环境法摆脱有效性不足的困境，我国现阶段公众参与的实践是否符合环境法对公众参与的需要，如何确保公众参与的实践有利于环境法的发展等问题作出了回答。全文除引言、结论外，共分两编九章。第一编现代性视角下的环境问题与公众参与。包含：第一章现代性与环境问题。第二章现代性重构、现代性建构与公众参与。第三章现代性视角下的环境法与公众参与。第二编环境法的有效性与公众参与。包含：第四章环境立法的可执行性。第五章环境执法的效果。第六章环境法公众参与制度及其司法救济。第七章环境保护公众参与与环保公民社会。第八章国家、经济和市民社会。第九章环保公民社会的制度构建。

中文题名：论我国基本环境法律制度之完善

英文题名：A Study on Improving China's Basic Environmental Law System

研 究 生：温英民

指导教师：王树义教授

授予学位时间：2010 年下半年

内容介绍：基本环境法律制度系污染防治法中调整作为特定对象的环境外部行政关系的环境法律规范组成的系统。本文对我国基本环境法律制度进行了历史性和宏观整体的研究。全文除引论、结论外，共分五章。第一章为我国现行基本环境法律制度概述。第二章研究了我国现行基本环境法律制度存在的主要问题。第三章分析了我国现行基本环境法律制度存在问题的原因。第四章探析了国外基本环境法律制度的发展和完善及对我国的启示。第五章提出了完善我国基本环境法律制度的思考。

中文题名：欧盟温室气体排放交易机制的立法研究

英文题名：On the EU Greenhouse Gases Emissions Trading Scheme Legislation

研 究 生：付璐

指导教师：王曦教授

授予学位时间：2010 年下半年

内容介绍：本文采用历史研究方法、分析研究方法和比较研究方法等研究方法，将法律视为政府进行环境管理的一种手段作为研究视角，以欧盟温室气体排放交易机制的立法作为研究对象，对欧盟温室气体排放交易机制的立法背景、立法框架和立法内容进行全面的、系统的分析与论述，并在此基础之上，对中国温室气体排放交易的立法提供可行性建议。全文除引言、结论外，共分五章。第一章阐述了排放交易概况及其在气候变化领域的适用。第二章考察了欧盟排放交易机制的立法现状。第三章分析了欧盟排放交易机制的立法设计。第四章研究了中国控制温室气体排放的对策与排放交易现状。第五章探讨了欧盟实践对中国温室气体排放交易立法的启示。

2011 年

中文题名：环境法的人文精神论纲

英文题名：Outline for the Humanistic Spirit of Environmental Law

研 究 生：王继恒

指导教师：王树义教授

授予学位时间：2011 年上半年

内容介绍：环境法的人文精神，是人文精神所蕴涵的"以人为本"的核心价值理念在环境法上的法律表达，即环境法所体现的以人为目的、以人为中心旨归，尊重人的价值和尊严的人文价值取向和价值追求。环境法的人文精神是生态人文精神。生态人文精神，既是我们在认识环境法的人文精神上所坚持的一个基本观点，又是贯穿于阐释环境法人文精神的一条基本线索。基于此，本文主要从人文精神与环境法的关系、环境法人文精神的生成背景与人的尊严生存、环境法人文精神的价值追求、环境法人文精神的理性建构、环境法理念与制度的人文审视以及人本环境法在当代中国的发展等六个方面对环境法的人文精神这一主题展开了讨论。全文除前言、结语外，共分六章。

中文题名：环境公众参与权的法律保障机制研究——以《奥胡斯公约》为中心

英文题名：Study on Legal Mechanisms of Participation Right in Environmental Matters：From the Perspective of the Aarhus Convention

研 究 生：王兆平

指导教师：杜群教授

授予学位时间：2011 年上半年

内容介绍：本文采用规范分析法和实证分析法相结合、比较分析法等多种综合研究方法，以《奥胡斯公约》为中心，首先对《奥胡斯公约》中的环境参与权（包括环境知情权、环境参与决策权和环境救济权）进行规范分析和实证考察，然后对我国的相关立法和实践具体分析和研究，最终借鉴公约的经验，并结合我国国情提出完善我国环境公众参与权法律保障的建议。全文除引言、结语外，共分六章。第一章介绍了环境公众参与权：《奥胡斯公约》的价值目标。第二章分析了环境知情权：环境公众参与的前提。第三章阐释了环境公众参与决策权：环境公众参与权的关键。第四章论述了环境公众参与救济权：环境公众参与权的最终保障。第五章总结了《奥胡斯公约》的经验及其对我国的借鉴性。第六章以《奥胡斯公约》为参照分析了我国环境公众参与权的立法及其完善。

中文题名：论环境立法的成本效益评估

英文题名：Research on Cost-benefit Analysis on Environmental Legislations

研　究　生：高敏

指导教师：蔡守秋教授

授予学位时间：2011 年上半年

内容介绍：成本效益评估是利用经济学原理识别产生净效益立法措施的一项制度。本文从环境立法的角度，在理论和制度层面全面地探讨成本效益评估，以论证环境立法的成本效益评估是正当的、必要的和可行的。全文除结语外，共分五章。第一章成本效益评估的基础理论，主要是论证成本效益评估的正当性。第二章环境立法成本效益评估的缘由，进一步论证对环境立法进行成本效益评估的必要性。第三章环境立法的成本效益评估内容和方法，探讨了环境立法评估的内容和正确方法，阐明如何实施成本效益评估，即讨论成本效益评估的可行性。第四章环境立法成本效益评估制度的实证分析——以美国为例，主要考察了美国成本效益评估的制度建设及其实效，即从制度运行实践中发现成本效益评估可能面临的问题。第五章我国构建环境立法成本效益评估制度的基本设想。

中文题名：论儒家环境伦理观对中国环境法的影响

英文题名：The Influence of the Confucian Environmental Ethics to the Chinese Environmental Law

研　究　生：黄莎

指导教师：王树义教授

授予学位时间：2011 年上半年

内容介绍：法与伦理在本质上均为社会规范。环境伦理观对于环境法治具有重要意义，它是环境法的价值基础和正当性来源，有助于环境法的顺利实施和发展过程中具体问题的合理解决。本文分析了体现中国民族精神的儒家环境伦理观，并论证儒家环境伦理观对中国环境法的理论与实践及发展方向的影响。全文除引言、结语外，共分四章。第一章阐述了中国环境法客观需求下的儒家环境伦理观的形成。第二章分析了儒家环境伦理观对中国环境法价值理念的深化。第三章研究了儒家环境伦理观对中国环境法运行的渗透。第四章探讨了儒家环境伦理观对中国环境法发展的指向。

中文题名：论我国环境司法中的利益衡量

英文题名：On the Interests Measurement in China's Environmental Justice

研 究 生：王婷

指导教师：王树义教授

授予学位时间：2011 年上半年

内容介绍：在利益主体多元化的时代，利益冲突在某种意义上构成了社会发展的基本内容。利益衡量要求在有多个权利或利益冲突、法律出现漏洞或矛盾的场合，具体权衡各方利益找到合法性依据并作出裁决。本文采取以定性为主的理论分析与定量为主的实证分析方法相结合，动态的纵向历史考察方法与静态的横向比较研究方法相结合等多种方法相结合的研究方法，多视角地对我国环境司法中的利益衡量问题进行了系统全面的研究。全文除导论、结语外，共分五章。第一章我国环境司法的现实困境及成因分析。第二章走出我国环境司法困境的"黄金方法"——利益衡量。第三章环境司法中利益衡量的适用。第四章环境司法中利益衡量适用的实证分析。第五章环境司法中利益衡量的约束与规范。

中文题名：农村环境自治模式研究

英文题名：Rural Environmental Autonomy Pattern

研 究 生：陈叶兰

指导教师：蔡守秋教授

授予学位时间：2011 年上半年

内容介绍：本文尝试构建一种以村民自治为基础，结合政府引导、市场推动、社会参与的"四位一体"农村环境自治模式，并以此模式为研究对象，采用兼备价值分析法与实证分析法的多元化研究方法，对农村环境自治模式进行了系统、全面的研究。全文除结束语外，共分七章展开论述。第一章为导论。第二章简述了农村环境自治模式。第三章分析了农村环境自治的必要性。第四章研究分析了农村环境自治的法理依据。第五章剖析了农村环境自治的现实基础。第六章探讨了"四位一体"农村环境自治模式的结构与内容。第七章提出了农村环境自治模式的法律构建及运行机制。

中文题名：排污权初始分配的法律调控

英文题名：On the Initial Allocation of Emission Rights

研 究 生：王清军

指导教师：蔡守秋教授

授予学位时间：2011 年上半年

内容介绍：严格意义上的排污权交易制度应当包括三个主要过程：排放总量控制、排污权初始分配（排污许可证配额分配）以及排污权交易（买卖交易）。对排污权初始分配机制进行专门研究不仅可以指导排污权初始分配的实践工作，而且对于排污权交易制度自身完善也有重要意义。本文通过选取排污权交易制度的一个重要环节和主要阶段——排污权初始分配机制进行专门研究，希望通过微观解构和细节描述实现一体化排污权交易制度的有效运行。全文除引言、结语外，共分四章。第一章阐述了排污权与排污权初始分配。第二章论述了排污权初始分配基本规则。第三章详细描述了排污权初始分配机制的比较法研究。第四章提出了中国排污权初始分配机制的完善思路。

中文题名：贫困问题的环境法应对

英文题名：Address Poverty Issues of Environmental Law

研 究 生：任世丹

指导教师：杜群教授

授予学位时间：2011 年上半年

内容介绍：本文采用类型化分析、历史研究、法解释学、文献分析等研究方法，围绕"贫困问题的环境法应对"这一主题，依据"应对什么—为何应对—何以应对"之逻辑进路开展分析论证，旨在从理论层面系统论证环境法应对贫困问题之合理性，并试图探求贫困问题的环境法应对途径。全文除导论、结论外，共分五章。第一章阐述了贫困问题与环境法应对的贫困问题。第二章分析了环境法应对贫困问题的正当性。第三章研究了国（区）际环境法律/政策对贫困问题的应对。第四章剖析了环境法应对贫困问题的基本原则。第五章探讨了环境法应对贫困问题的制度选择。

中文题名：我国环境纠纷非诉调解机制研究

英文题名：Study on Environmental ADR Mechanism of Our Country

研 究 生：付健

指导教师：王树义教授

授予学位时间：2011 年上半年

内容介绍：环境纠纷是关于环境权益的争议，既涉及环境私益，又涉及环境公益。目前我国环境纠纷非诉调解机制只呈现雏形，离社会要求相差甚远，因此我们不仅要研究建立和完善我国环境纠纷非诉调解机制的必要性问题，更要研究我国建立和完善什么样的环境纠纷非诉调解机制，和怎样建立和完善我国环境纠纷非诉调解机制的问题。本文从必要性和专门化、多元化、协调化的视角研究了我国环境纠纷非诉调解机制。全文除引言、结论外，共分六章。第一章为我国环境纠纷处理的现状、困境及环境纠纷非诉调解机制的作用。第二章为环境纠纷非诉调解机制相关理论问题考量。第三章为环境纠纷非诉调解机制的组织构造与协调。第四章为国外及我国台湾地区环境纠纷非诉调解机制的形成及发展。第五章为我国现行环境纠纷非诉调解机制存在的主要问题及其成因。第六章为建立和完善我国环境纠纷非诉调解机制的若干思考。

中文题名：我国气候变化立法研究——以减缓、适应及其综合为路径

英文题名：Research on Climate Change Legislation of China：From the Paths of Mitigation，Adaptation and Their Synthesis

研 究 生：廖建凯

指导教师：杜群教授

授予学位时间：2011 年上半年

内容介绍：气候变化已经成为国际社会普遍关注的重大问题。气候变化法是调整人们在减缓和适应气候变化过程中产生的各种社会关系的法律规范的总称。本文以法学视角为核心，从经济学、社会学和管理学等多学科角度出发，综合运用历史考察、价值分析、经济分析和比较研究等多种研究方法，以减缓、适应及其综合为进路，从综合性、国内性和理论性三个视角研究了气候变化法的理论与实践。全文除导论、结论外，共分六章。第一章简述了气候变化及其应对。第二章分析了气候变化法的缘起与建构。第三章分析了我国气候变化的立法需求。第四章比较并借鉴了国外气候变化立法。第五章研究了我国气候变化法的价值与目标。第六章提出了我国气候变化立法完善之构想。

中文题名：正外部性理论与我国环境法新发展

英文题名：Positive Externality and New Development of China's Environmental Law

研 究 生：张百灵

指导教师：蔡守秋教授

授予学位时间：2011 年上半年

内容介绍：本文以环境问题作为逻辑起点，把经济学领域的正外部性理论借鉴到环境法学研究中，尝试分析正外部性理论对我国环境法发展的全面影响和指导意义。本文从环境问题的根源——外部性出发，探讨了经济学和法学领域的外部性理论，分析了我国环境法对负外部性理论的理解、应用及其造成的消极影响。在分析了环境法领域的正外部性现象、对正外部性进行界定、探讨其理论支撑体系的基础上，结合我国社会现实，分析了我国环境法应用正外部性理论的现实必要性和现实可行性，为正外部性理论的应用提供了正当性。在此基础上，从宏观、中观、微观三个层面分析了在正外部性理论的指导下，我国环境法的具体发展。全文除导言、结语外，共分六章。第一章外部性理论及其在我国环境法中的应用。第二章正外部性理论解析及其应用依据。第三章正外部性理论与我国环境法的理念更新及价值扩展。第四章正外部性理论与我国环境法律体系的完善。第五章正外部性理论与我国环境法律原则的革新。第六章正外部性理论与我国环境法律制度的创新。

中文题名：中国特许取水权制度法理研究

英文题名：On Licensed Water Right System Legal Analysis in China

研 究 生：宋蕾

指导教师：蔡守秋教授

授予学位时间：2011 年上半年

内容介绍：水资源是一种珍贵的自然资源，取水权分配是水资源权益中的核心，我国水资源利用权益配置的法律制度也是水资源法律制度中最为重要的部分。本文共分五章，从法理的角度，以特许取水权制度为研究对象，对我国特许取水权制度进行全面的分析研究。第一章简述了特许取水权制度。第二章重点分析了中国特许取水权制度的法理逻辑。第三章重点阐释了特许取水权制度的基本范畴。第四章重点分析了特许取水权的法律性质。第五章重点分析了我国现行特许取水权制度的主要实践，以及当下特许取水权制度存在的主要问题，提出了完善我国特许取水权制度的构想。

中文题名：社会转型时期国有林管理立法研究
英文题名：A Study on State-owned Forest Management Legislation in the Process of Social Transition
研究生：敖安强
指导教师：蔡守秋教授
授予学位时间：2011 年下半年
内容介绍：本文运用系统分析、比较分析、实证分析等研究方法，以国有林管理创新与社会转型的互动为主线，对社会转型时期国有林管理立法进行了系统深入的研究。全文除引言、结束语外，共分五章。第一章分析了我国国有森林资源现状和国有林管理的变迁。第二章研究了我国社会转型与国有林管理立法的关联。第三章剖析了我国社会转型时期国有林管理改革实践对国有林立法的宝贵经验和重要启示。第四章论述了社会转型时期国有林立法的主要理念和主要原则。第五章集中研究了我国社会转型时期国有林管理法律体系建设的问题，论述了国有林管理法律体系构成和专门制定国有林管理法的特殊意义，就国有林管理法的主体内容、主要框架和主要法律制度提出了意见和建议。

2012 年

中文题名：风险社会中的环境责任制度研究
英文题名：Study of Environmental Liability System in the Risk Society
研究生：王岚
指导教师：张梓太教授
授予学位时间：2012 年上半年
内容介绍：针对风险社会引发的环境责任担当问题，寻求一种"有组织负责任"的环境责任制度成为横亘于我们面前的一个崭新课题。本文对风险社会中的环境责任制度进行了全面深入的研究。全文除导论、结语外，共分四章。第一章风险、风险社会与责任承担，从风险社会理论出发结合中国实际，提出问题。第二章风险社会理论下传统环境责任的制度困境，从内外两个方面入手分析环境责任的制度困境。第三章风险社会的环境责任制度重构，从如何明确责任主体的角度回应环境责任制度重构问题。第四章风险社会中环境损害责任的社会化分析，分析了环境损害责任社会化的需求、环境损害社会化途径之环境损害责任保险制度、环境损害社会化途径之环境损害补偿及其补偿基金制度问题。

中文题名：环境影响评价制度中的利益衡量研究
英文题名：Study on Interests Balance of Environmental Impact Assessment System

研 究 生：周杰

指导教师：张梓太教授

授予学位时间：2012 年上半年

内容介绍：本文运用法社会学、利益法学等理论对环境影响评价制度中的利益进行研究，同时运用规范分析方法，并对大量环境影响评价法律案例进行实证研究，深入细致地剖析了环境影响评价制度中的利益、利益关系和利益结构，运用经济分析法学方法对该制度的利益衡量进行定性和定量分析。全文除引言、结语外，共分五章。第一章阐述、分析了利益理论及引入环境影响评价制度的必要性。第二章深刻解析了环境影响评价制度中的利益关系。第三章研究了环境影响评价制度中利益衡量的运用与原则。第四章论述了环境影响评价制度中利益衡量的依据和方法。第五章探讨了环境影响评价制度利益衡量的法律调控机制。

中文题名：集体林权改革背景下的生态保护制度创新研究

英文题名：The Research on Innovation Regime of Ecology Protection on the Circumstance of Collective Forest Right Reform

研 究 生：程鹏

指导教师：王树义教授

授予学位时间：2012 年上半年

内容介绍：本文旨在通过生态保护政策措施的优化与创新，构建与集体林权改革相适应的集体林区生态保护制度体系。本文首先分析了集体林权改革背景下现有生态保护政策的适应性问题；进而探讨了集体林权改革背景下的生态保护制度框架的构建；最后在这一基本框架下通过三章的篇幅分别对集体林权改革背景下的生态保护激励、扶持与约束三大政策手段的具体措施进行了优化与创新分析，构建与集体林权改革相适应的集体林区生态保护制度体系。全文除引言外，共分七章。第一章问题的提出。第二章基本概念与理论基础。第三章现行生态保护制度适应性分析与生态保护制度创新基本构建。第四章集体林权改革背景下生态保护的激励制度优化与创新。第五章集体林权改革背景下生态保护的扶持制度优化与创新。第六章集体林权改革背景下生态保护的约束制度优化与创新。第七章基本结论与讨论。

中文题名：论环境管理创新的法律进路

英文题名：The Legal Approach Toward the Environmental Management Innovation

研 究 生：李丹

指导教师：杜群教授

授予学位时间：2012 年上半年

内容介绍：环境管理不善会加重环境的污染与破坏。围绕政府治理范式形成的诸多理论中影响较大的是善治理论，它强调在政府与公民合作基础之上追求社会利益最大化，注重公共事务管理中公民集体价值的体现。这对我国环境管理创新有很大启示。本文除绪语、结语外，分五部分对环境管理创新的法律进路问题进行了系统研究与探讨。

第一部分治道变革的兴起与发展：治理与善治理论。第二部分我国环境管理的发展与创新标向：迈向环境善治。第三部分环境管理创新的目标：实现行政管理与社会管理的合作。第四部分环境社会管理的法理进路：环境社会权力的确立。第五部分环境社会管理的实践进路：环境社会权力的运行。

中文题名： 论环境习惯法的现代价值

英文题名： The Modern Value of Environmental Customary Law

研 究 生： 郭武

指导教师： 别涛教授、王树义教授

授予学位时间： 2012 年上半年

内容介绍： 本文综合运用实证研究、历史研究、比较研究、类型化方法、理论法学、社会学研究等多种研究方法，以环境习惯法的理论分析、进入现代环境法的必要性及可行性、进入现代环境法的具体路径和方向为主要研究内容，形成了由六个"要素点"和四条"研究线"有机构成的研究体系，对环境习惯法的现代价值进行了系统分析研究。全文除导论、结语外，共分五章。第一章阐述了环境习惯法的基础范畴。第二章考察了环境习惯法的历史演变和现实表达。第三章分析了环境习惯法现代价值的理论思辨。第四章探讨了环境习惯法现代价值实现的条件、路径。第五章研究了环境习惯法现代价值的具体拓展。

中文题名： 论环境治理的金融工具

英文题名： Environmental Finance：A Tool for Environment Governance

研 究 生： 李妍辉

指导教师： 秦天宝教授

授予学位时间： 2012 年上半年

内容介绍： 本文以环境金融的相关法律问题为研究对象，以环境金融的概念、特征、内容以及形式为研究起点，分析论证环境金融的法律基础以及环境与金融、环境金融与环境治理的相互关系，在此基础上形成对环境金融作为一项创新型环境治理工具的相关法律问题的分析，围绕环境金融的法律主体、法律价值、法律原则、法律规制及实践、法律困境及环境法对环境金融的回应展开论述。从法学视角特别是环境法出发，赋予环境金融更多的"环境"色彩，将现有研究的侧重点从"金融"拉回到"环保"上，从经济学扩展到法学研究之中，使环境金融的目标更为清晰，以实现环境与资源的可持续发展。全文除引言、结论外，共分七章。第一章为环境金融概述。第二章分析了环境金融产生的理论基础。第三章研究了环境金融的治理功能及价值。第四章探讨了环境金融的治理主体及定位。第五章论述了环境金融的法律规制及实践。第六章分析了环境金融的困境。第七章论证了环境法对环境金融的法律应对。

中文题名： 论气候变化背景下水法的适应性

英文题名： The Adaptability of the Water Law Under the Background of Climate Change

研 究 生：陶蕾

指导教师：张梓太教授

授予学位时间：2012 年上半年

内容介绍：适应性水法律制度成为因应气候变化的适应性法律体系的重要组成部分。本文以气候变化适应为起点，广泛关注水法的适应性问题，不仅从应对气候变化的视角，立足脆弱性理论，研究以适应能力建设为导向的适应性水法律制度体系的构建，更尝试从水治道变革的角度，立足不确定性和复杂性理论，探讨水适应性管理、水风险管理、水综合管理对水法的挑战和立法诉求，以及水法能否有效回应并适应的问题。全文除引言、结论外，共分四章。第一章适应性立法的证成。第二章适应性水法的界说。第三章超越气候变化的水治道"适应性"变革。第四章基于水治道变革的水法的适应性。

中文题名：环境执法均衡论——以行政过程为中心

英文题名：Study on Equilibrium of Environmental Law Enforcement：In Adminstrative Process for the Clue

研 究 生：何春茜

指导教师：张梓太教授

授予学位时间：2012 年下半年

内容介绍：均衡是本文的核心理念和价值目标。在细述均衡理论渊源之后，本文创建性地提出了环境法的均衡理论：以供求分析为理论原点，以主体对比、利益平衡、成本——效益分析等为主要分析工具，以实现环境正义为最终目标。因应环境执法的现实困境，在分析环境执法现实不均衡的基础上，提出了均衡理论应用于环境执法研究的必要性。随后，以环境执法过程为线索，从环境执法的程序、证据、结果三个方面，进一步分析和论证了均衡理论应用的可行性和必要性。全文除引言、结语外，共分四章。第一章均衡理论：环境执法研究的新思路。第二章环境执法程序均衡论。第三章环境执法证据均衡论。第四章环境执法结果均衡论。

中文题名：中国环境立法理念批判

英文题名：Critique of the Idea of Environmental Legislation in China

研 究 生：解铭

指导教师：王树义教授

授予学位时间：2012 年下半年

内容介绍：环境立法理念契合了不同时期国家治理环境问题的方略，并随着经济和社会的变化而发生变化。以双向运动和两种理性作为框架分析我国环境立法理念上的问题及成因，是建构我国新的环境立法理念的前提条件。本文从双向运动和两种理性的视角来分析环境立法理念问题。全文除导论、结语外，共分五章。第一章从"双向运动"到"两种理性"：一种环境立法的新视角。第二章两种互动形式下的环境立法理念考察。第三章环境立法理念失衡成因分析一：市场化与形式理性的过度发展。第四章环境立法理念失衡成因分析二：环境保护运动与实质理性的不足。第五章提出了构建新的中国环境立法理念。

2013 年

中文题名：公众共用物的政府责任研究

英文题名：Government Responsibility in Commons

研　究　生：樊成

指导教师：蔡守秋教授

授予学位时间：2013 年上半年

内容介绍：公众共用物是环境法领域中建构的全新概念。政府作为国家管理者、服务者，也是公众共用物最主要的责任承担者。本文将政府保护公众共用物和防止共用物悲剧或损害的责任归纳概括在政府提供、管理公众共用物责任之中，力图站在环境法视角上分析和阐释公众共用物及其政府的相关责任。针对公众共用物的政府责任问题本文从公众共用物、公众共用物政府责任、政府提供和管理、责任追究几大方面进行构建。文章运用文献研究法、比较分析法、历史分析法和实证分析法等研究方法对公众共用物政府责任围绕上述内容进行论证分析，完善和健全我国公众共用物的政府责任之相关法律制度，以期政府更好地践行其相应的责任。全文除绪论、结语外，共分五章。

中文题名：环境司法制度研究

英文题名：Study on Environmental Judicial System

研　究　生：陈学敏

指导教师：别涛教授

授予学位时间：2013 年上半年

内容介绍：环境司法制度作为司法制度种概念下的属概念，是指国家审判机构用以处理环境纠纷这一专门活动的制度，包括法院的设置、法官、审判组织和活动等方面的法律制度。本文采用理论联系实际、比较研究与实证研究等研究方法，紧贴国际环境司法制度的发展趋势和我国环境司法制度的实际情况，在环境司法制度研究中将环境司法的普通审查制度和环境司法专门化制度结合起来，全面看待环境司法制度。本文的宗旨是通过环境司法制度的研究，构建起符合中国国情的公正合理的环境司法制度。全文包含引言、文献综述、结论，共分七部分。第一部分引言。第二部分文献综述。第三部分现代环境司法制度的考察。第四部分国外环境司法制度及对我国的借鉴。第五部分我国环境司法制度存在的问题及原因分析。第六部分我国环境司法制度的改革路径。第七部分结论。

中文题名：基于生态安全的建设用地供给法律制度研究

英文题名：The Law System Based on Ecological Security to Supply Construction Land

研　究　生：刘胜华

指导教师：蔡守秋教授

授予学位时间：2013 年上半年

内容介绍：本文围绕基于生态安全的建设用地供给法律制度方面的研究背景和选题意义，结合生态安全和建设用地供给法律制度相关研究现状及存在的问题，依据我国生态风险与建设用地供给基本国情，结合本文研究的关键问题，共分八章对基于生态安全的建设用地供给法律制度进行研究。第一章绪论。第二章建设用地供给与生态安全：互斥与互利。第三章建设用地供给法律制度中生态安全价值的演进。第四章基于生态安全的建设用地供给立法目标选择。第五章基于生态安全的建设用地供给主导法律制度构建。第六章基于生态安全的建设用地供给辅助法律制度的构建。第七章基于生态安全的建设用地供给法律制度的实施。第八章总结与展望。

中文题名：论环境保护的国家义务——以公民环境权益保障为视角

英文题名：On Environmental Protection of State Obligation：With the Perspective of Guarding the Citizen's Environmental Rights and Interests

研 究 生：陈真亮

指导教师：杜群教授

授予学位时间：2013 年上半年

内容介绍：根据人权与宪政理论，国家是保障人权的首要义务承担者。通过国家义务来保障公民环境权益是非常重要的，同时也是对公权力的一种内在化的自我控制和制约，更是公民环境权研究视角和保障手段的一次重大转换。在合宪的秩序下，"环境保护的国家义务"是公民环境权益的一种反射与镜像投映，规定"环境保护的国家义务"有助于对公民环境权益的肯定、实现和保障。本文基于对当前环境权研究困境的考量，采用"基本权利—国家义务"的分析框架，合理借鉴社会契约、福利国家、公共信托等理论，系统论证了"环境保护的国家义务"理论的合理性及其正当性。紧密结合公民环境权益如何保障的问题，探讨了"环境保护的国家义务"对立法权、行政权、司法权的规范功能等，展望了环境法和其他部门法的沟通与协调，得出了国家与社会的环境保护义务应当加以衡平的结论。全文除引言、结语外，共分五章。第一章国家保障公民环境权益的合理性与正当性。第二章"环境保护的国家义务"基本理论及其构成。第三章"环境保护的国家义务"之规范功能。第四章"环境保护的国家义务"之履行与保障。第五章走向"国家义务"时代的环境法。

中文题名：论遗传资源相关传统知识获取和惠益分享中的利益平衡

英文题名：The Interest Balance in the ABS of Traditional Knowledge Associated with Genetic Resource

研 究 生：李一丁

指导教师：秦天宝教授

授予学位时间：2013 年上半年

内容介绍：本文采用文献分析、比较研究、历史分析、个案研究等多种研究方法对遗传资源相关传统知识获取和惠益分享中的利益平衡问题进行了全面研究。全文共分为五章。第一章为本体论，分别阐述遗传资源相关传统知识的概念、类型、RABS 的参与主体、适用对象以及利益平衡的理论基础、知识产权具体制度等问题。第二章为原因论，着重介绍两个部分，即遗传资源相关传统知识获取和惠益分享活动利益失衡的原因，以及利益失衡的分类和具体表现。第三章重点介绍两个问题，即利益平衡引入 RABS 的必要性，以及利益平衡的基本原则和具体标准。第四章为对策论，从利益平衡视角研究遗传资源相关传统知识获取和惠益国际法律的创设和完善。第五章在对我国遗传资源相关传统知识 ABS 法制现状进行分析的基础上，结合我国实际情况提出了现阶段完善我国遗传资源相关传统知识 ABS 法制的建议和对策。

中文题名：气候难民的迁徙权研究

英文题名：Research on the Right to Movement of Climate Refugees

研 究 生：孙华玲

指导教师：蔡守秋教授

授予学位时间：2013 年上半年

内容介绍：气候难民的迁徙权是一种特定主体的特殊权利，从权利属性上讲，属于基本人权。对气候难民迁徙权的保障，是其享有生命权、健康权和人格尊严权等重要人权的基础。本文建议构建一个新的国际保护机制，该保护机制分为法律保障和实施保障两部分内容，为解决这一问题提供相应的法律路径。气候难民迁徙权的法律保障，主要是指建立气候难民迁徙权保护的相关法律制度和国际法律体系，而实施保障主要是保障气候难民迁徙权的具体实施机构、实施方式、基金机制和司法救济等。全文除引言外，共分五章。第一章概述了全球气候变化和气候难民问题。第二章论述了气候难民的涵义和对其权利的保护。第三章主要论述了气候难民迁徙权的涵义、本质特征、法律性质、法律价值和权利内容。第四章主要探讨了气候难民迁徙权保护的基本原则。第五章主要论述了气候难民迁徙权的国际法律保护机制。

中文题名：水资源管理法律制度创新研究

英文题名：Research on the Innovation of the Legal System of Water Resources Management

研 究 生：王健

指导教师：蔡守秋教授

授予学位时间：2013 年上半年

内容介绍：在水资源危机的解决中，法律扮演着不可替代的角色，实现最严格水资源管理确立的各项目标任务，最终还是要落实到法律制度的设置与实施上来，因此，迫切需要从法学的视角全面剖析这一制度创新体系，查找存在的问题，提出针对性的对策建议。本文定位于水资源管理法律制度的创新研究。全文除导论、结语外，共分为七章。第一章探讨了水资源管理基础问题。第二章分析了最严格水资源管理制度的形成与发展。第三章到第五章为"制度的法律问题研究"，文章逐项分析、研究了最严格水资源管理制度中与"三条红线"相对应的用水总量控制、用水效率控制、水功能区限制纳污等三项制度，高度概括出其制度的特点依次是"强化""统筹"和"整合"。第六章研究了水资源管理责任和考核制度法律问题。第七章提出了完善最严格水资源管理制度的政策建议。

中文题名：我国自然资源损害民事责任研究

英文题名：A Study on the Civil Liability of Natural Resource Damage

研 究 生：廖霞林

指导教师：杜群教授

授予学位时间：2013 年上半年

内容介绍：本文分六章对我国自然资源损害民事责任理论和实践中一些急需探讨的问题进行了研究。文章考察了相关国家和地区的先进立法经验，分析了我国自然资源损害民事责任制度的理论基础及必要性，探讨了自然资源损害民事责任的功能及设置，提出了自然资源损害的民事责任实行无过错责任的归责原则及三要件的构成要件，指出自然资源损害民事责任的承担方式根据资源的不同有所不同，并重点分析了损害赔偿的责任承担方式，确定了民事责任的承担主体以及救济权的行使主体，提出自然资源损害的民事责任的顺利实现还需要相关制度予以保障，建议在我国配套确立预缴保证金制度、自然资源损害赔偿责任限额、自然资源损害民事责任保险制度、自然资源损害民事责任公共补偿基金及公益诉讼的程序保障制度等。

中文题名：论我国第二代环境法的形成与发展

英文题名：The Formation and Development of Second-generation Environmental Law in China

研 究 生：皮里阳

指导教师：王树义教授

授予学位时间：2013 年下半年

内容介绍：第一代环境法已经不能满足现实需要，第二代环境法正是在这种情形下出现的。第二代环境法在对传统发展观进行反思的基础上，针对第一代环境法的局限性，通过更新价值观念，促进传统发展模式和行为方式的转变，来实现人类社会与自然界的可持续发展。我国第二代环境法是在经济发展和环境保护的双重压力下演化而来的，由政府推进，地方试点，并广泛借鉴国外立法经验。本文对我国第二代环境法的形成与发展进行了分析研究。全文除引言、结语外，共分六章。第一章阐述了第二代环境法的概念与特征。第二章考察了我国第二代环境法的演进。第三章分析了我国第二代环境法的规范变迁。第四章研究了我国第二代环境法的形成机理。第五章分析了我国第二代环境法的有效性。第六章展望了我国第二代环境法的未来图景。

2014 年

中文题名：核事故损害赔偿中的国家补偿责任问题研究

英文题名：Study on State Compensation Liability for Damages in a Nuclear Accident

研　究　生：尹颖舜

指导教师：王树义教授

授予学位时间：2014 年上半年

内容介绍：本文运用规范分析、文献分析、比较研究等研究方法，对核事故损害赔偿中的国家补偿责任问题进行了深入研究。文章从核能技术与核事故损害的基本特点出发，就目前对于核事故法律责任的各种类型进行解剖与分析，以国际社会与世界先进国家对于核事故法律责任的相关经验为参照，得出关于核事故损害赔偿中的国家责任理论基础，同时以此为基点对国家责任的具体制度提出了构想，然后，在风险社会的背景下，思考核事故损害赔偿的国家责任对大规模损害赔偿事件的范式意义。本文除导论、结语外，共分六章。第一章切尔诺贝利核事故与福岛核事故——两起警示性的核事故实例。第二章国家补偿责任制度的比较分析。第三章国家补偿责任性质的认定。第四章国家补偿责任正当性之争。第五章国家补偿责任制度之重塑。第六章国家补偿责任的范式意义。

中文题名：跨行政区水污染治理法律问题研究

英文题名：A Study on Legal Problems of Water Pollution Governance of Cross Administrative Regions

研　究　生：李广兵

指导教师：蔡守秋教授

授予学位时间：2014 年上半年

内容介绍：本文从环境法治的视角审视跨行政区的水污染现象，认为基本的法律原因是财产权结构与宪政结构的不完善，只有从财产权制度和宪政体制入手，才能从根本上建立起完善的跨行政区水污染治理法制制度。文章认为跨行政区的水环境及法制都是公共物品，传统的政府单一中心提供的这两类公共物品都显得不足。因此，需要借助治理理论，从单中心治理向多中心治理转变，充分发挥市场和社会的作用。文章重点从法律制度建设的视角讨论了政府之间的合作关系和公众参与环境治理。同时，本文以我国现有的跨行政区水污染法制的现状为基础，借鉴了经济学有关外部性的分析逻辑，尝试着构建类似的法律分析框架，指出导致现有法律失灵的基本原因是责任不明确，缺乏应有的追责机制。因此，制度建设的关键步骤是建立政府责任的可审性及违法责任的监督与追究机制，重点是启动社会的力量，赋予公众参与环境治理的权利。文章在介绍了国际国外跨区域的公共治理经验的基础上，结合我国的实际，在对策上给出了完善环境产权制度、将现有的各地自发的政府间合作模式制度化的建议，以及使公众通过公益诉讼参与环境治理的制度建设的建议。全文除引言、结语外，共分六章。

中文题名：论马达加斯加环境权的实现

英文题名：Implementation of the Right to the Environment in Madagasca

研　究　生：拉马罗（SOJA Tsimandilatse Lahimaro）

指导教师：秦天宝教授

授予学位时间： 2014 年上半年

内容介绍： 本文不仅关注自然环境的保护及其与人类基本权利的联系，更着重论述了环境权的实现以及国际环境法在国际、国内法律层面上强制实施的效力问题。马达加斯加作为地球上的天堂，拥有丰富的矿藏资源和独具特色的生物的多样性。然而，正如整个非洲的境况一样，马达加斯加一直遭受着贫穷、饥荒等多种灾难，其中环境的恶化最为严重。在此情况下，口头上对当地居民环境权的承诺是远远不够的。马达加斯加签署的所有条约，都明确指出了各国应该负有保护人权及环境权的国际义务，本文选择马达加斯加作为研究实例。全文除导论、结论外，共分三部分。第一部分主要论述环境法或者环境保护因得到宪法的认可而变得可能。第二部分指出，环境权这项基本权利至少存在一种重要的理论价值：承认环境权与保护环境同等重要。第三部分强调了保护环境措施与尊重民主之间保持平衡的重要性。

中文题名： 论推进民间环保服务的合同方法

英文题名： Legal Study on Contractual Approaches to Promote Civil Environmental Protection Service

研 究 生： 张宇庆

指导教师： 杜群教授

授予学位时间： 2014 年上半年

内容介绍： 合同是利益的交换，重视合同方法就是重视利益激励，注重市场体制的基础性地位。本文对推进民间环保服务的合同方法这一主题进行系统全面的分析研究。全文除导论、结语外，共分七章。第一章阐述了以合同方法推进民间环保服务。第二章关于本文研究的合同方法之限定说明。第三章研究了环境服务商与环保服务政府合同。第四章分析研究了企业与环保服务民事合同。第五章剖析了民事合同中的环保条款。第六章分析了私人订立的合同中的环保条款——以绿地保护为例。第七章研究了民间共同体合同中的环保条款。

中文题名： 论我国环境基本公共服务的合理分配

英文题名： A Study of Basic Environmental Public Services

研 究 生： 郭少青

指导教师： 王树义教授

授予学位时间： 2014 年上半年

内容介绍： 环境基本公共服务，是在一定社会经济发展阶段，以保障公民健康权为价值导向的，合理分配环境利益和环境风险的基本公共服务。本文采用文本分析、实证研究、比较研究等多种研究方法对我国环境基本公共服务的合理分配问题进行了深入系统的研究。全文除导论外，共分六章。第一章简述了环境基本公共服务。第二章探讨了我国环境基本公共服务分配及存在的问题。第三章分析了我国环境基本公共服务分配不公的原因。第四章考察了国外的环境基本公共服务分配。第五章讨论了环境基本公共服务合理分配的理论问题。第六章提出了我国环境基本公共服务合理分配的实现路径。

中文题名： 环境法律责任制度的反思与重构

英文题名： Reflection and Reconstruction on the Environmental Legal Responsibility

研 究 生： 庄超

指导教师： 王树义教授

授予学位时间： 2014 年下半年

内容介绍： 本文对环境法律责任制度的反思与重构问题进行了系统深入的研究。研究的主要内容围绕环境法律责任、反思、重构三个关键词展开。本文解析和回答了何为环境法律责任制度、为什么要反思、如何反思、反思的结论是什么、如何因应反思结果来重构，重构的理论与具体展开是什么等问题。全文除引论、结语外，共分五章。第一章环境法律责任概述。第二章对现行环境法律责任制度的评价：面向与问题。第三章对现行环境法律责任制度的反思：建构与运行。第四章环境法律责任制度的重构：理路与框架。第五章环境法律责任制度的重构：方法与方案。

中文题名： 环境权利的可诉性研究

英文题名： On the Justiciability of Enviromental Rights

研 究 生： 伊媛媛

指导教师： 王树义教授

授予学位时间： 2014 年下半年

内容介绍： 本文以环境权利损害司法救济的实践障碍为逻辑起点，提出环境权利可诉性问题和对环境权利可诉性的质疑，以环境权利的概念、性质和功能分析为基础，进一步梳理环境权利实现及其可诉性实践现状，剖析环境权利可诉的障碍，分析实现环境权利可诉的难点，从而证成环境权利的可诉性，探索环境权利可诉的有限性和实现路径，发现环境权利可诉的中国问题，探究中国环境权利可诉实现的路径。全文除引言外，共分六章。第一章环境权利可诉性问题的提出。第二章环境权利解读。第三章环境权利实现及其可诉实践。第四章环境权利可诉性的理论思考。第五章环境权利可诉的有限性及其实现。第六章走向可诉的中国环境权利。

2015 年

中文题名： 环境法私人实施研究

英文题名： A Study of Private Enforcement of Environmental Law

研 究 生： 冯汝

指导教师： 别涛教授、王树义教授

授予学位时间： 2015 年上半年

内容介绍： 私人实施法律是现行社会和经济制度的一项普遍特征，在某些情况下，私人实施法律比公共实施具有更高的效率。本文认为，环境法的私人实施是指私人为维

护自己的权益或社会公共利益,通过行使自己的权利实施环境法律,依法对环境违法行为进行监督、追诉、制裁和执行,以达到实现环境保护的目的。文章结合学说介绍、法解释等法规范分析的方法,尝试以法经济学和法社会学为分析框架,从深层次分析环境法私人实施及其问题,试图将理论和实践相结合,挖掘私人实施环境法存在障碍的深层次原因,并提出相应的对策。全文除引言外,共分六章。第一章概述了环境法的私人实施。第二章进行了环境法私人实施的理论考察。第三章分析了国外环境法私人实施的实践。第四章研究了我国环境法私人实施的实践。第五章讨论了如何推进我国环境法的私人实施。第六章提出了完善我国环境法私人实施的对策建议。

中文题名:环境软法研究

英文题名: Research on the Soft Law of Environment

研 究 生:夏少敏

指导教师:张梓太教授、王树义教授

授予学位时间:2015 年上半年

内容介绍:软法现象与软法机制是随着公共治理、全球化和区域经济一体化的推进兴起的。在社会转型期的中国,软法现象与软法机制发挥着弥合"碎片化的社会"、凝聚社会共识的作用。本文采用规范研究方法、学术谱系研究方法、实证研究方法和跨学科研究方法等方法对环境软法进行了研究,实质上是对现实存在的环境软法进行理论抽象。全文除引言、结语外,共分八章。第一章阐述了软法问题的提出与环境软法。第二章考察了规范性文件——环境软法的政策渊源。第三章分析了府际环境行政协议——环境软法府际渊源。第四章探析了环境软法的其他渊源。第五章研究了环境软法的具体问题。第六章剖析了环境软法的功能。第七章探讨了环境软法对环境管理的适应性。第八章展望了环境软法与环境法的发展。

中文题名:现代环境警察制度研究

英文题名: On Modern Environmental Police System

研 究 生:邢捷

指导教师:王树义教授

授予学位时间:2015 年上半年

内容介绍:环境警察制度是指环境警察机关及其环境警察在法定职责范围内,运用警察权对在环境与资源保护领域的违法行为实施制裁、对犯罪行为进行侦查的一系列法律制度的总称。本文针对环境警察制度进行研究,从其构建的理论基础,到国内外的实践做法展开探讨。全文除绪论、结语外,共分五章。第一章阐述了现代环境警察制度确立的理论背景。第二章分析了现代环境警察制度建立的现实基础——警察执法生态化。第三章考察了我国公安机关环境执法的历史与实践。第四章研究了域外环境保护执法中警察权的行使及启示。第五章提出了建构现代环境警察制度的本土设想。

中文题名： 英国共用地的环境治理研究

英文题名： On Environmental Governance of Common Land in UK

研 究 生： 文黎照

指导教师： 蔡守秋教授

授予学位时间： 2015 年上半年

内容介绍： 英国的共用地是一种具有特殊法律地位的土地，始于中世纪，只存在于英格兰和威尔士，既是英国历史文化的传统载体，又是多种珍稀野生动植物的栖息地。本文的主题是研究英国共用地的环境治理，采用法律史学、实证分析、比较分析等研究方法，首先对共用地的概念、历史和功能及共用地的权利结构进行分析，然后系统地论述共用地的环境治理方案，再分别选取英格兰和威尔士的一个共用地环境治理案例进行具体分析，最后总结出英国共用地环境治理给我国的启示。全文除引言、结语外，共分五章。第一章介绍了英国的共用地。第二章分析了英国共用地的权属。第三章探讨了英国共用地的环境治理。第四章分析研究了英格兰共用地环境治理案例。第五章研究了威尔士共用地环境治理案例。

中文题名： 我国环境法治的社会资本理论考察

英文题名： Social Capital Theory Study on Environmental Rule of Law in China

研 究 生： 徐忠麟

指导教师： 张梓太教授、王树义教授

授予学位时间： 2015 年下半年

内容介绍： 本文对环境法治的考察注重综合运用社会科学的各种方法分析法律现象、预测法律效果，引入社会资本理论重点研究了环境法治的网络、规范和信任等全新的内容，并以之对我国环境法治的失灵作出了新诠释，探寻了校正我国环境法治失灵的新路径。全文除引言、结语外，共分五章。第一章我国的环境法治建设与环境法治失灵。第二章社会资本理论：考察我国环境法治的新视角。第三章基于网络的环境法治考察。第四章基于规范的环境法治考察。第五章基于信任的环境法治考察。

中文题名： 专门环境诉讼研究

英文题名： On the Special Environmental Litigation

研 究 生： 蔡学恩

指导教师： 王树义教授

授予学位时间： 2015 年下半年

内容介绍： 我国当前的环境法治重心在于改革环境司法以解决环境权益纠纷、应对环境问题。运用完善的环境诉讼机制解决环境纠纷，保障与救济当事人的环境权益是环境法的目的追求。环境纠纷解决要求有因应其特殊性的专门环境诉讼机制体系，以从根本上解决传统诉讼机制与环境权益保护的矛盾。本文从对现行环境诉讼机制运行逻辑困境的检讨出发，探究了专门环境诉讼机制的法理与构造。全文共分五章。第一章分析了在传统民事诉讼、行政诉讼和刑事诉讼这三大诉讼模式框架下，现行环境诉讼机制的现

状及其困境。第二章论述了专门环境诉讼机制的必要性。第三章论述了美国、日本、澳大利亚以及新西兰等国家的环境公益诉讼、环境法院的设置与架构、环境法庭制度实践等相关制度及实践经验等。第四章论述了专门环境诉讼的内涵与价值。第五章论述了我国专门环境诉讼机制的构造。

2016 年

中文题名：环境渎职犯罪研究

英文题名：The Study on Environmental Crimes of Dereliction of Duty

研 究 生：帅清华

指导教师：秦天宝教授

授予学位时间：2016 年上半年

内容介绍：我国的环境问题与环境渎职犯罪关联度很高，环境执法者滥用职权或者玩忽职守是我国环境问题多发的主要原因之一。本文以环境渎职犯罪为研究对象，论述了环境渎职犯罪的概念与性质、环境渎职犯罪的现状与趋势、环境渎职犯罪的原因及防控对策。通过研究了解环境渎职犯罪发生发展的基本规律，为防控环境渎职犯罪提供对策，以期有效规制环境执法行为，保护生态环境，促进生态文明建设的有序推进。全文除导论、结语外，共分四章。第一章环境渎职犯罪概述。第二章我国环境渎职犯罪现象论。第三章我国环境渎职犯罪成因论。第四章我国环境渎职犯罪对策论。

中文题名：环境法的形式理性审视

英文题名：Form Rationality of Environmental Law Review

研 究 生：杜寅

指导教师：杜群教授

授予学位时间：2016 年上半年

内容介绍：法律的形式一直是法学研究的核心问题。对环境法的形式理性进行探讨，既是当前一个迫切的问题，也是解释许多环境法理论与实践问题的必要途径。本文力求通过对环境法的形式理性进行研究，为认识环境法提供一些新的视角和新的解释。全文除导论、结语外，共分六章。第一章中国环境法形式理性困境。第二章法律形式理性与环境法的形式理性要求。第三章形式理性检视下的中国环境法形式问题。第四章环境法律目的形式正当性的实现。第五章形式理性下环境法原则规范性的实现。第六章形式理性下环境法律规则确定性的实现。

中文题名：论环境法适应性与我国环境法治发展——基于开放系统论的展开

英文题名：The Adaptability of Environmental Law and the Development of Environmental Nomocracy in China：Based on the Analysis of the Theory of Open System

研 究 生：党惠娟

指导教师：别涛教授、王树义教授

授予学位时间：2016 年上半年

内容介绍：本文综合运用了系统论、类型化、比较研究、跨学科研究等多种研究方法，由"问题提出""理论剖析""实证探讨"三部分构成，递进式地将法的适应性理论，乃至环境法的适应性分析导入对中国环境法治发展的理论构想之中，并以此为总纲展开对我国环境法治的实证分析，包括环境法适应性与我国环境立法更新、环境法适应性与我国环境行政的功能演进以及环境法适应性与我国司法的功能拓展，从而以环境法的适应性分析勾画出中国环境法治未来发展的图式。全文除引言、结语外，共分五章。第一章环境法适应性问题的提出。第二章环境法适应性之于我国环境法治发展的理论重构。第三章环境法适应性与我国环境立法更新。第四章环境法适应性与我国环境行政的功能演进。第五章环境法适应性与我国环境司法的功能拓展。

中文题名：美国页岩气开发的法律调控及对中国的启示

英文题名：Legal Control on Shale Gas Exploitation：The Experience of US and the Enlightment to China

研 究 生：万丽丽

指导教师：杜群教授

授予学位时间：2016 年上半年

内容介绍：页岩气是非常规天然气的一种。2011 年国务院将页岩气列为独立矿种，相继出台多项政策鼓励页岩气发展，而目前我国页岩气发展仍然面临很多诸如市场机制不健全、管网设施不完善、水资源短缺等问题，这些问题可以通过页岩气开发的能源法律调控和环境保护法律调控加以解决，通过相关制度的完善，规避页岩气开发的负影响。本文通过对美国页岩气开发的法律调控的研究，提出对我国的启示，解决我国页岩气开发面临的问题。全文除引言、结语和后续的讨论外，共分六章。第一章页岩气概述和中美开发现状。第二章美国页岩气开发的政策立法。第三章美国页岩气开发的产权调整机制及对利益关联方的保护。第四章美国页岩气开发的行政管制机制。第五章美国页岩气开发的经济激励机制和社会监督机制。第六章对我国页岩气开发法律调控的启示。

中文题名：社会主体提起的环境行政公益诉讼研究

英文题名：The Research on Environmental Administrative Public Interest Litigation Sued by Social Organizations or Individuals

研 究 生：梁春艳

指导教师：杜群教授

授予学位时间：2016 年上半年

内容介绍：社会主体提起的环境行政公益诉讼是我国环境公益诉讼发展的最适当类型和应然主流，其他各类环境公益诉讼在特定适用条件下发挥补充性功能。本文运用案例分析、比较分析、规范法学分析等研究方法，分五章对社会主体提起的环境行政公益诉讼进行了系统全面的研究。本文针对社会主体提起的环境行政公益诉讼受阻的原因，进行制度构建，完善相关保障机制并建立与现有诉讼制度的衔接，使社会主体提起的环境行政公益诉讼不脱离现有诉讼体系或对现有诉讼体系干扰最少。第一章我国环境公益诉讼发展的阶段性特点分析。第二章我国环境公益诉讼的类型分析和最适当类型的提出。第三章社会主体提起的环境行政公益诉讼最适当性论证。第四章社会主体提起的环境行政公益诉讼成长的现实阻碍。第五章社会主体提起的环境行政公益诉讼的制度构建。

中文题名： 生态减灾的法律调整：以环境法为进路

英文题名： The Legal Adjustment of Ecosystem-based Disaster Management：Environmental Law Perspective

研 究 生： 黄智宇

指导教师： 杜群教授

授予学位时间： 2016 年上半年

内容介绍： 生态减灾作为一种新型的减灾方式，虽在科学和管理学上甚至政策中不断被提及与践行，但法律层面对生态减灾的保障却仍非常不足。本文以生态减灾这一问题为中心，对生态减灾的法律问题进行研究。全文除引言、结语外，共分五章。第一章阐述了生态减灾的理念与方式。第二章为生态减灾领域法的定性研究。第三章分析了生态减灾的法律调整现状。第四章研究了生态减灾法律制度的完善。第五章探讨了生态减灾的法律责任。

中文题名： 湿地保护立法研究

英文题名： Research on Wetland Protection Legislation

研 究 生： 钟华友

指导教师： 王树义教授

授予学位时间： 2016 年上半年

内容介绍： 作为重要的国土资源和自然资源，湿地是一种极其重要且不可替代的生态系统，与森林、海洋一起并称为地球三大生态系统，被形象地誉为"地球之肾"和"天然水库"。本文采用语义分析、比较分析、历史分析、价值分析等研究方法，就制定湿地法律的必要性、立法重点、难点和疑点问题进行了探讨，并借鉴域外经验，提出我国湿地保护立法的框架、基本原则和主要制度等内容。全文共分六章。第一章绪论。第二章需求和供给：我国湿地保护立法的检视。第三章考察和镜鉴：湿地保护立法的域外经验。第四章模式和定位：我国湿地保护立法的基本逻辑。第五章原则和制度：我国湿地保护专门法的具体设计。第六章保障和支持：我国湿地保护专门法的配套措施。

中文题名： 我国水资源权属制度研究

英文题名： On the System of the Attribution of Titles to Water Resources in China

研 究 生： 鲁冰清

指导教师： 蔡守秋教授

授予学位时间： 2016 年上半年

内容介绍：水资源权属制度是分配水资源、实现水资源合理和可持续利用的法律制度，在当前中国严峻的水危机背景下，对其进行反思与完善具有重要的现实意义和理论意义。本文立足于水资源特殊的自然属性与社会属性，从水资源所有权和使用权两个方面分析水资源权属存在的问题并探究问题之根源，同时对国外水资源权属制度开展比较研究，在符合生态文明理念和社会法治国家要求的价值取向指引下，提出了我国水资源权属制度的建构理路与具体建议。全文除引言、结语外，共分五章。第一章我国水资源权属制度概述。第二章我国水资源权属制度的历史回顾与现状评析。第三章国外水资源权属制度考察及其启示。第四章我国水资源权属制度的价值取向。第五章我国水资源权属制度的建构理路与路径选择。

中文题名：欧盟温室气体《减排分担决议》研究

英文题名：On EU Effort Sharing Decision on Greenhouse Gas

研 究 生：胡斌

指导教师：别涛教授

授予学位时间：2016 年下半年

内容介绍：欧盟为实现其减排目标，率先在内部进行了地区温室气体减排目标分解实践，在政策及法律层面的一个重大举措就是于 2009 年颁布了欧盟温室气体《减排分担决议》。本文以《减排分担决议》作为研究对象，对其立法背景、主要内容和基本原则进行全面、系统的分析与论述，并针对该决议的实施情况及实施效果分别从行业部门和国别两个角度进行了详尽的分析及评估。在此基础上，分析了该决议存在的不足，并提出改进的意见和建议。最后，本文论证了该决议的重大意义及其制度原理的适用性，并特别指出了该决议对我国开展减排目标地区分解工作的借鉴意义。全文除引言、结语外，共分七章。第一章介绍了欧盟温室气体《减排分担决议》的立法背景。第二章主要聚焦于《减排分担决议》的法律框架和内容。第三章讨论了《减排分担决议》在欧盟气候变化法律框架中的地位。第四章分析了《减排分担决议》的基本原则。第五章重点考察了《减排分担决议》的实施情况和实施效果。第六章阐述了《减排分担决议》的重要意义和存在的问题及改进。第七章探讨了《减排分担决议》制度原理的可适用性及对我国的启示。

中文题名：试论风险社会理论下的环境风险规制——以食品安全为视角

英文题名：The Study of the Regulation on Environmental Risk：Under the View of Food Safety

研 究 生：齐澍晗

指导教师：蔡守秋教授

授予学位时间：2016 年下半年

内容介绍：在全球化背景下，"逐步清晰"的环境风险成为了备受关注的社会问题。本文从食品安全的角度研究了风险社会理论下的环境风险规制问题。全文除引言外，共分六章。第一章风险社会理论观概述。第二章食品安全为视角的环境风险。第三章食品安全为视角的环境风险法律规制的问题。第四章食品安全为视角的环境风险法律规制问题解决的法理分析。第五章国外风险规制措施的经验考察。第六章完善食品安全为视角的环境风险法律规制措施。

2017 年

中文题名：国家公园创制：立法原理、实践考察与进路选择

英文题名：Institutional Creation of National Park：Legislative Principle，Practical Observation and Institution Arrangement

研 究 生：张文松

指导教师：蔡守秋教授

授予学位时间：2017 年上半年

内容介绍：世界上对自然遗产资源的保护主要采用国家公园模式，这种模式较好地协调了自然遗产资源保护与利用的关系，成为全球应用最广泛的自然遗产资源保护模式。本文采用理论研究、比较研究与实证研究的方法，从国家公园立法与实践的角度，分析了我国当前自然遗产资源保护面临的困境，并提出相应的对策。全文除导论、结语外，共分七章，分别从国家公园概论、国家公园创制的必要性和可行性、国家公园立法的价值取向、国家公园立法的制度逻辑、域外国家公园立法实践的考察、国家公园立法的理念与总体构想、国家公园立法的制度建构等七个方面对国家公园立法进行了理论论证、实践考察和进路选择。

中文题名：论多元共治下环境行政权的行使——以程序主义为视角

英文题名：A Study on the Exercise of Environmental Administrative Power in the Context of Governance：A Perspective of Proceduralism

研 究 生：段帷帷

指导教师：秦天宝教授

授予学位时间：2017 年上半年

内容介绍：在社会价值结构多元化的背景下，多元共治因具有平衡多主体间利益、提升行政管理效率等特点开始成为我国建设现代化环境治理体系的新理念。环境行政权的行使动机在于实现它的保障公共环境利益、保护生态环境的自身价值，而多元共治下环境行政权的价值演变也将必然对环境行政权行使的理念、方式及效果产生影响。本文综合运用了历史考察、文献分析、实证分析、比较分析与规范分析等多种研究方法，以程序主义为视角，对多元共治下环境行政权行使问题进行了系统研究。全文除引言、结语外，共分五章。第一章研究了多元共治对环境行政权行使的影响。第二章分析了程序主义对环境行政权行使的作用。第三章评析了环境行政权行使的现状与问题。第四章提出了环境行政权行使的完善建议。第五章以环境群体性事件为例阐述了环境行政权行使的现实意义。

中文题名：论国家管辖范围以外海洋保护区

英文题名：Study on Marine Protected Areas in Areas Beyond National Jurisdiction

研　究　生：王金鹏

指导教师：秦天宝教授

授予学位时间：2017 年上半年

内容介绍：国家管辖范围以外海洋保护区是指在公海或国际海底区域划定的或部分位于公海或国际海底区域的界线明确的采取保护措施以保护海洋生物多样性、栖息地、物种或生态系统的海域。本文采取分部门分析与综合分析结合的研究进路，系统性地对国家管辖范围以外海洋保护区实践及国际法发展对海洋法的影响以及我国的因应进行了研究。全文除引言、结语外，共分六章。第一章国家管辖范围以外海洋保护区概述。第二章国家管辖范围以外海洋保护区的国际法框架。第三章国家管辖范围以外海洋保护区实践的发展。第四章国家管辖范围以外海洋保护区国际法的发展。第五章国家管辖范围以外海洋保护区对海洋法的影响。第六章我国对国家管辖范围以外海洋保护区的因应。

中文题名：论环境保护第三方监督——以多元共治为背景

英文题名：Study on Third-party Supervision of Environmental Protection in the Context of Environmental Governance

研　究　生：王镥权

指导教师：秦天宝教授

授予学位时间：2017 年上半年

内容介绍：近年来出现的环境多元共治因应了我国现阶段对环境治理体系现代化的新要求。多元共治革新了传统公众参与环境保护的内涵和要求。环境多元共治要求环境治理主体的多元性、治理方式的多样性和治理目标的多层性。近年来，在贵州、浙江等地出现的环境保护第三方监督实践案例是环境多元共治的新模式。本文紧扣近年来兴起的"多元共治"理论热点，以多元共治对传统公众参与的革新为切入点，将环境保护第三方监督置于环境多元共治的背景下，研究理论和实践中的相关问题，并给出完善建议。全文除导论、结语外，共分六章。第一章多元共治背景下环境保护第三方监督的引出。第二章环境保护第三方监督的法理基础。第三章环境保护第三方监督的功能。第四章环境保护第三方监督的实践。第五章环境保护第三方监督存在的问题及原因。第六章环境保护第三方监督的完善。

中文题名：美国荒野法研究

英文题名：The Study of American Wilderness Law

研　究　生：潘凤湘

指导教师：蔡守秋教授

授予学位时间：2017 年上半年

内容介绍：我国对具有荒野特性的自然资源、环境、景观、生态系统的保护面临很多困境与挑战。美国通过设立荒野区这一保护区方式对"荒野"这一类资源进行专门性保存，建立了比较系统的全国性国家荒野保存系统，具有了较完整的法律规范与制度体系。因此，这种保护区方式可启示我国目前的国家公园建设与自然保护区制度的改进与完善。美国荒野法在荒野的概念、理念、立法思想、价值取向、法律体系、行政管理体制、保护制度方面对我国环境资源法治建设中相关制度的建设与困境的解决有重要的参考借鉴作用。本文使用历史分析法与比较分析法相结合的方式，从法学学科领域对美国荒野法进行了专题分析与研究论述。全文除绪论、结语外，共分六章。第一章为荒野的基本概述。第二章介绍了美国荒野法的思想基础与立法背景。第三章剖析了美国荒野法律体系。第四章分析了美国荒野行政管理体制。第五章研究了美国荒野保护法律制度。第六章探讨了美国荒野法对我国环境资源法的启示。

中文题名：生态修复责任研究

英文题名：A Study on Liability of Ecological Restoration

研 究 生：康京涛

指导教师：杜群教授

授予学位时间：2017 年上半年

内容介绍：本文立足于生态修复是一种法律责任方式的判断，采用法规范学的分析方法，围绕生态修复责任的法律概念、正当性、承担主体、承担方式及履行、责任追究程序以及保障机制等问题分六章展开对生态修复责任的研究，以期对生态修复责任法律问题有一个清晰的认识。在研究中，本文明晰了生态修复责任的法律概念及正当性，对生态修复责任的承担主体进行了类型化分析，将生态修复责任的承担方式区分为行为责任和经济责任，并确立了以行为责任为原则经济责任为例外的适用原则，提出了行政执法与司法相协调的生态修复责任追究程序。

中文题名：水资源红线管制效力研究

英文题名：The Legal Analysis of the Regulatory Effectiveness of Water Resources Red Lines

研 究 生：李显锋

指导教师：杜群教授

授予学位时间：2017 年上半年

内容介绍：水资源红线管制是指行政主体以红线为目标，通过法律、法规、规章、命令等管制工具，对个人和单位的水资源开发利用行为、节水行为、排污行为进行的直接控制和干预，和对相关行政主体行政行为和行政管理行为的监督管理。本文采用文本分析、实证研究、比较研究、历史分析等多种研究方法，在对现有关于水资源红线管制国内外研究现状进行全面总结的基础上，分五章对水资源红线管制效力进行了系统全面的研究。第一章介绍了水资源红线管制效力研究的基本概念和理论基础。第二章考察了水资源红线管制的历史发展。第三章研究了水资源红线管制的规范体系和制度内容。第四章分析了水资源红线管制的实践及问题。第五章探讨了水资源红线管制效力的实现。

中文题名：我国核能开发的风险规制研究——以核安全为视角

英文题名：A Study of Risk Regulation on Nuclear Energy Development in China：A Perspective of Nuclear Safety

研　究　生：卫乐乐

指导教师：秦天宝教授

授予学位时间：2017 年上半年

内容介绍：本文在采用常用的研究方法基础上，运用多学科的综合研究、比较研究、法律文本分析等方法，将核能开发的风险规制作为研究视角与切入点，较为系统地探讨了核能开发风险规制的必要性、正当性与可行性，并研究了核能开发风险规制的理念、原则、制度以及相关的主体权利（权力）、义务以及机制等内容。全文除引言、结语外，共分五章。第一章介绍了我国核能开发的概况。第二章考察、分析了我国核能开发规制的历程与困境。第三章分析了我国核能开发实行风险规制的必要性与正当性。第四章研究了我国核能开发实行风险规制的可行性。第五章探讨了我国核能开发风险规制完善的路径。

中文题名：环境民事诉讼科学证据适用问题研究

英文题名：A Study on the Application of Scientific Evidence in Environmental Civil Procedure

研　究　生：成锴

指导教师：王树义教授

授予学位时间：2017 年下半年

内容介绍：本文研究重心在于环境民事诉讼科学证据的适用问题，着力以科学证据适用过程不同环节中出现的问题为导向，以相应司法案例为切入点和连接点，探寻证据理论上的破解出路以及司法实践中的发展轨迹。文章一方面从整体上探究证据制度在环境民事诉讼中适用的发展趋向，另一方面则以科学证据这一颇具特殊性、代表性的证据制度为核心，对环境民事诉讼证据制度适用引发的诸多法律问题进行了深入探讨。并在可持续发展的语境下结合司法实践中法院考量环境法基本原则的方式进行分析。同时，本文广泛运用实证分析方法，结合国内外典型环境民事诉讼案例，探讨环境民事诉讼中证据适用如何体现法院对各种冲突利益的权衡。以此为指导，全文除引言、结束语外，共分五章。第一章环境民事诉讼科学证据基本问题考察。第二章法庭审判：科学证据采信之"去伪存真"。第三章环境民事诉讼科学证据之采纳。第四章科学证据适用中法院对环境法原则的考量。第五章环境损害价值评估的科学证据基础。

中文题名：论环境公共利益的司法保护——以环境公益诉讼制度与实践为研究中心

英文题名：Research on Judicial Protection of Environmental Public Interest：Focus on Environmental Public Interest Litigation

研　究　生：朱丽

指导教师：别涛教授、王树义教授

授予学位时间：2017 年下半年

内容介绍：司法保护环境公共利益是经济社会现代化的必然要求，世界各国都高度重视司法在环境公共利益保护和环境治理中的作用。本文以环境公共利益司法保护的特征与理论基础为逻辑起点，从探讨环境公共利益司法保护的现代需求开始，按照理论基础—国外经验的考察和借鉴—国内司法实践的障碍和困境—具体的制度构想，全面深入系统地对环境公共利益的司法保护问题进行研究。全文除引言、结语外，共分四章。第一章环境公共利益司法保护的现代需求。第二章国外环境公共利益司法保护理论与实践概览。第三章我国环境公共利益司法保护实践检视。第四章完善我国环境公共利益司法保护之进路。

中文题名：论环境治理行政权力的配置与运行

英文题名：On the Configuration and Operation of Administrative Power of Environmental Governance

研 究 生：蔡文灿

指导教师：王树义教授

授予学位时间：2017 年下半年

内容介绍：本文围绕一个纲领、两个场域、五条路径对环境治理行政权力的配置与运行问题展开研究，研究重点是元治理指导下环境治理行政权力的多向度演进，多向度演进的五条路径贯穿全文的论述脉络。本文从事实与规范两个研究视阈解读环境治理的行政权力：一是从规范视角分析环境治理行政权力的法律制度体系；二是从事实视角解构环境治理行政权力的运行状况。全文除绪论、结语外，共分五章。第一章环境治理行政权力概述。第二章环境治理行政权力内部配置的缺陷与运行偏差。第三章环境治理行政权力外部配置的形态与运行失灵。第四章环境治理行政权力内、外联结中的难解之困。第五章环境治理行政权力配置与运行的完善。

中文题名：论我国环境法律文化的贫困与繁荣

英文题名：Poverty and Prosperity of China's Environmental Law Culture

研 究 生：张莽

指导教师：王树义教授

授予学位时间：2017 年下半年

内容介绍：本文通过讨论中国特色社会主义环境法学理论和实践中的主要问题，从我国环境法律文化研究的现实问题入手，遵循从理论到实践，从资料到实际，从问题到实证，从课题到实施的研究思路，具体讨论了中国环境法律文化的内在差异及其演变方向存在的问题及复杂的因素、价值目标及其功能地位，以及现实和希望的路径选择及其效应评说。本文坚持"以问题为中心"的方法论原则，围绕中国环境法律文化的发展困境，分析其产生的历史背景和社会条件，探讨这一社会现象背后承载的横向和纵向联系，揭示其发展规律和发展趋势，有效地提出促进其繁荣的对策和建议。全文含导论在内共分五章展开研究。

中文题名：论我国环境法律责任承担方式的发展

英文题名：The Realization of Environmental Liability in China

研　究　生：刘琳

指导教师：王树义教授

授予学位时间：2017 年下半年

内容介绍：本文专门对环境法律责任承担方式进行了探讨与研究。本文考察了我国环境法律责任承担方式的实践发展，并以此为基础进行法理分析，并提出对策建议。全文除引言、结语外，共分五章。第一章阐述了环境法律责任及其承担方式。第二章考察了我国环境法律责任承担方式的实践发展。第三章分析了环境法律责任承担方式发展的法理解析。第四章研究了域外环境法律责任承担方式的发展。第五章探讨了完善我国环境法律责任承担方式的对策建议。

中文题名：论中央与地方环境立法事项分配

英文题名：The Allocation of Environmental Legislative Issues Between the Central and Local Authorities

研　究　生：周迪

指导教师：王树义教授

授予学位时间：2017 年下半年

内容介绍：2015 年《立法法》修改后首次明确赋予设区的市在"环境保护"方面的地方立法权。面对我国环境立法数量繁荣但法律实现效果不佳的困境，重新审视环境立法质量成为必然。面对老问题和新背景，本文认为需要通过中央与地方环境立法事项的分配以提高我国环境立法质量，并对我国中央与地方环境立法事项分配的必要性和可行性、分配原则、分配思路、分配方案、保障机制等方面进行研究。围绕上述方面，本文主要对"为什么要对中央与地方环境立法事项分配"和"如何对中央与地方环境立法事项进行分配"两大问题进行回应。本文认为，合理分配中央与地方环境立法事项不仅必要，而且可行，并提出，我国中央与地方环境立法事项分配应当兼容中央集权和地方分权，遵循适法性，体现差异性。文章根据我国的基本立法体制，对中央与地方环境立法事项分配提出了框架性方案。同时指出，应当通过法律确认、政策引导以及立法主体激励和赋能等为中央与地方环境立法事项分配提供保障。全文除导论、结语外，共分四章展开论述。

2018 年

中文题名：韩国环境管理体制与基本法律制度研究

英文题名：Research on South Korea Environmental Management System and Basic Legal System

研　究　生：韩承勋

指导教师：王树义教授

授予学位时间： 2018 年上半年

内容介绍： 本文运用历史分析、文献研究、法律解释、案例分析的研究方法，通过对过去与现在韩国环境管理体制与基本法律制度的研究来探索未来韩国环境管理体制与基本法律制度的发展趋势，并为中国环境管理体制及基本法律制度提供参考或借鉴。全文共分六章。第一章介绍了韩国环境管理体制的变迁。第二章分析了韩国现行环境管理体制的设计理念及体制运行。第三章考察了韩国环境立法的历史沿革。第四章研究了韩国环境管理的基本法律制度。第五章展望了韩国环境管理基本法律制度的未来发展趋势。第六章探讨了韩国环境管理体制及基本法律制度对中国的参考或借鉴。

中文题名： 环境公私合作的制度化选择与规范化构造

英文题名： On the Institutionalization and Standardization of Environmental Public-private Partnership

研 究 生： 吴隽雅

指导教师： 柯坚教授

授予学位时间： 2018 年上半年

内容介绍： 本文以环境公私合作的制度化选择与规范化构造作为具体选题展开内容论述，从实践考察分析到理论探寻求解再到规范构造研究，以环境公私合作法律关系为切入点，结合环境治理与环境公共服务的特殊性，政府环境行政任务和环境行政职能的变化，及中国语境下政府与社会资本合作的风险与困境，对环境公私合作的制度选择、法理透析及规范建构展开研究，以期推动我国环境公私合作法治建设、提升我国环境保护实效。全文除绪论和结语外，共分五章。第一章阐述了公私合作的基本背景与环境公私合作的制度化选择。第二章论述了环境公私合作制度的理论基础与法理透析。第三章论证了环境公私合作制度化选择的必要性与可行性。第四章分析探讨了环境公私合作的公（法）私（法）共治与规范化路径。第五章详细论述了环境公私合作的具体规范化构造。

中文题名： 环境诉讼整序化研究——以行政主治为背景

英文题名： A Study on the Sorting of Environmental Litigation：With the Executive-led Governance Background

研 究 生： 范兴嘉

指导教师： 秦天宝教授

授予学位时间： 2018 年上半年

内容介绍： 本文综合运用实证研究、历史研究、比较研究、类型化方法、跨学科研究等多种研究方法，以行政主治为背景，对环境诉讼整序化进行了系统研究。全文除引言、结语外，共分四章。第一章环境诉讼的失序与行政主治。第二章环境诉讼整序化的提出及其理由。第三章环境诉讼整序化的逻辑路径。第四章环境诉讼整序化的具体展开。

中文题名：论环境健康风险防控法律制度之构建

英文题名：Constructing an Environmental Health Risks Prevention and Control System in China

研 究 生：周小光

指导教师：王树义教授

授予学位时间：2018 年上半年

内容介绍：本文以如何构建环境健康风险防控法律制度为研究对象，把环境健康问题要实现理念转型，即从"处置"到"预防"作为主线，将环境健康风险评估作为核心环节，把环境污染治理与公众健康防护联系起来，通过制度创新将公众健康防护纳入环境管理制度体系当中，在环境健康风险防控方面拓展环境规制的功能，更好地实现环境法"保障公众健康"的立法初衷。全文除引言、结语外，共分五章。第一章环境法的时代任务：环境健康风险防控。第二章环境健康风险防控的法理基础。第三章环境健康风险防控的制度框架。第四章环境健康风险防控法律制度的域外考察。第五章构建中国环境健康风险防控法律制度的路径选择。

中文题名：论生态惠益分配的法律调节

英文题名：On the Legal Adjustment of Ecological Benefit Distribution

研 究 生：车东晟

指导教师：杜群教授

授予学位时间：2018 年上半年

内容介绍：生态惠益是在人类的生产生活会对环境造成影响的情况下，将人类对环境资源开发利用活动中的实体权利的限制以及设定的义务限度与利益分配问题结合到一起，试图探究环境资源开发利用和保护管理活动中的利益分配和调节问题。本文运用文献研究、类型化研究、系统分析的研究方法，对生态惠益分配的法律调节进行了系统研究。本文在承认环境法领域中存在的利益不平衡的前提下，将该不平衡的利益放置于整个环境资源开发利用与保护管理的过程中进行系统分析，将环境资源开发利用行为中产生的生态惠益的分配分为初始分配和二次分配。在此基础上，本文对生态惠益的法律调节方式进行了细致地探讨，并结合我国现有的环境法相关制度进行了分析，最后揭示了生态惠益和法律调节理论对环境法治的意义。全文除绪论、结语外，共分六章。第一章生态惠益的提出与理论证成。第二章生态惠益法律调节的合理性与必要性。第三章生态惠益的分配。第四章生态惠益分配的法律调节方式。第五章生态惠益分配法律调节的实证分析。第六章生态惠益分配法律调节理论对环境法治的意义。

中文题名：论生态物权

英文题名：Research on Eco-property Rights

研 究 生：孟春阳

指导教师：王树义教授

授予学位时间：2018 年上半年

内容介绍：生态物权不同于环境物权，生态物权是以生态环境为客体、以生态利益的使用和收益为内容的新型物权。本文运用文本分析、文献分析、比较分析的研究方法，以问题为导向，在生态物权理论证成的基础上，提出生态物权法律实现的路径。全文除绪言、结语外，共分五章。第一章生态物权的提出。第二章生态物权的界定。第三章分析了生态物权的性质、特征与功能。第四章生态物权的权利设计。第五章生态物权的实现。

中文题名：民族地区生物多样性国家法与民间法双重保护研究

英文题名：The Dual Conservation of the National Law and Folk Law on Biodiversity in Ethnic Minority Areas

研　究　生：魏晓欣

指导教师：秦天宝教授

授予学位时间：2018年上半年

内容介绍：本文运用法社会学、法规法学以及法经济学中法律多元理论、保护有效性原则及其方便原则等，对民族地区生物多样性保护国家法与民间法的运行机理进行梳理，分析我国生物多样性保护国家法与民间法的现状与困境，探求国家法与民间法的内在逻辑及影响其功能发挥的决定性因素。在探讨民族地区生物多样性保护之国家法与民间法互动的正当性、必要性与可行性的前提下，以国家法的健全、民间法的完善、国家法与民间法的衔接等为路径，通过立法、认可、合作协议等进路，把有益的民间法纳入法治轨道，构建以国家法为主、民间法为辅的多渠道保护路径。全文除导论、结语外，共分五章。第一章民族地区生物多样性保护规范的审视。第二章民族地区生物多样性保护的国家法分析。第三章民族地区生物多样性保护的民间法分析。第四章民族地区生物多样性保护国家法与民间法互动原理。第五章民族地区生物多样性保护国家法与民间法互动的路径。

中文题名：生态城市建设的立法促进研究

英文题名：Research on the Legislative Promotion of Eco-city Construction

研　究　生：罗艺

指导教师：秦天宝教授

授予学位时间：2018年上半年

内容介绍：本文以生态城市建设的立法促进为主要内容，以生态城市建设理性认知为"基本出发点"，贯穿以人为本的"基本理念"，通过综合运用价值分析、比较分析、借鉴完善等"三条研究线"，对生态城市建设的立法促进正当性、立法促进的域外制度借鉴、立法促进的进路和立法促进的主要制度构建"四个考察面"展开具体研究，最终形成研究结论。全文除引言、结语外，共分五章。第一章生态城市建设的理性认知。第二章生态城市建设的立法促进正当性。第三章生态城市建设立法促进的域外经验借鉴启示。第四章生态城市建设立法促进的进路。第五章生态城市建设立法促进的制度构建。

中文题名： 生态环境保护党政同责制度研究

英文题名： The Study of Party and Government Co-resposibility to the Eco-environmental Protection

研 究 生： 杜殿虎

指导教师： 杜群教授

授予学位时间： 2018 年上半年

内容介绍： 本文基于哲学上实践理论和发展理论的基本观点，从习近平新时代法治的背景入手，以"实践—认识—批判性思辨—实践发展"的逻辑和层层递进的方式对我国的生态环境保护党政同责制度展开研究。全文除绪论、结语外，共分五章。第一章习近平新时代法治发展及党政同责的提出。第二章生态环境保护党政同责制度的概念、性质。第三章生态环境保护党政同责制度的正当性。第四章生态环境保护党政同责的适用类型。第五章生态环境保护党政同责制度的整体构建。

中文题名： 环境执法的法经济学分析

英文题名： The Economic Analysis of Environmental Law Enforcement

研 究 生： 梅菲

指导教师： 秦天宝教授

授予学位时间： 2018 年下半年

内容介绍： 本文立足于对当前我国环境执法的成本效益的法经济学分析，对环境执法投入对我国的环境污染状况的影响程度进行了深度分析。首先，从环境执法的基本概念出发，运用经济学理论对环境执法进行了研究分析，并对其成本和效益进行了探讨。之后，通过对我国环境执法的基本行为模式分析以及统计数据的分析描述了我国目前环境执法成本和环境污染状况的关系，并对我国的环境执法要素的现状进行了经济分析，进而通过比较美国的环境执法分析探究了我国环境执法机制的缺陷和不足。最后，根据对我国目前的环境执法要素的现状分析，从六个方面对我国环境执法具体实施提出了强化和完善建议。全文除绪论外，共分六章。第一章环境执法与法经济学分析的基本理论。第二章环境执法的法经济学分析方法。第三章环境执法的行为经济分析以及成本效益分析。第四章我国环境执法要素的经济分析。第五章我国环境执法的问题与缺陷——兼与美国环境执法比较。第六章完善我国环境执法体系的意见和建议。

经济法学

2013 年

中文题名： 反避税法律规制研究

英文题名： The Legal Regulation on the Anti-tax Avoidance

研 究 生： 王宗涛

指导教师： 熊伟教授

授予学位时间： 2013 年上半年

内容介绍： 避税与反避税，是税法学的一个基础而永恒的命题。本文运用文献分析、价值研究、利益衡平、比较研究、实证和案例研究等研究方法，在税法法治视野下，以利益平衡论、反避税的政策性和国别性为视角，尝试探讨反避税的若干法律问题。全文共分五章。第一章避税的法律界定。第二章反避税的法理基础。第三章反避税的中心思路：补充税法漏洞及其模式。第四章反避税的具体运作。第五章我国反避税法律制度及其完善。

中文题名： 金融创新视域下的公司治理——以规制利益冲突为中心

英文题名： On Corporate Governance Under Financial Innovation：Focusing on Regulating Conflicts of Interest

研 究 生： 李安安

指导教师： 冯果教授

授予学位时间： 2013 年上半年

内容介绍： 本文以经济全球化为语境，以资本市场和上市公司为场域，以规制利益冲突为中心，对金融创新视野下公司治理的法律问题进行了较为深入的研究。全文主要内容包括：金融创新与公司治理的交互性、金融创新对公司治理理论的挑战、金融创新诱致的公司治理利益冲突、股权脱钩与债权脱钩的法律规制四个方面。全文除导论、结论外，共分五章。第一章金融创新与公司治理的交互解释。第二章金融创新对公司治理理论的挑战。第三章金融创新诱致的公司治理利益冲突 I：股权脱钩。第四章金融创新诱致的公司治理利益冲突 II：债权脱钩。第五章新型公司治理利益冲突的法律规制。

中文题名： 私有标准的竞争法分析

英文题名： Analysis of Private Standards from Competition Law

研 究 生：于连超

指导教师：宁立志教授

授予学位时间：2013 年上半年

内容介绍：私有标准对全球市场竞争的影响得到 ISO、WTO 以及 OECD 等诸多国际组织的密切关注。本文在对通过私有标准从事的垄断协议行为与滥用行为进行竞争法分析的基础上，归纳总结出私有标准竞争法规制应坚持的基本原则，并在该原则的指导下再进一步完善相关的竞争法规制规则。此外，恰当衔接竞争法规则与私有标准产业政策法规则亦是本文的重要内容。正文由五章组成。第一章主要梳理了标准的概念及其范畴，分析了标准的私有化发展、私有标准的理论诠释及其法律属性，并从竞争法视域探讨了私有标准的经济效益。第二章围绕私有标准中的知识产权问题展开了讨论。第三章分析了通过私有标准的"垄断协议"行为及其规制规则问题。第四章分析了通过私有标准从事的"滥用"行为及其规制规则问题。第五章总结了私有标准竞争法规制的基本原则，并在比较的基础上从标准化法规则与竞争法规则两面提出了完善我国立法的基本思路。

2014 年

中文题名：关税行政中商品归类的法治约束

英文题名：The Rules of Law Principle and the Goods Classification in the Administrative Procedure of Tariff

研 究 生：陈映川

指导教师：熊伟教授

授予学位时间：2014 年上半年

内容介绍：本文综合应用规范分析、比较研究、历史考察、实证研究、类型化、归纳和综合分析等研究方法，尝试对"进出口货物的商品归类"进行系统研究，并从商品归类的实体归类准则和归类程序两个角度，探讨了商品归类本身所应当包含的目标与价值，在一定程度上弥补了狭隘的、单一化的"国家利益"研究视角的不足，系统探讨了商品归类本身应当具有的价值内涵，及应当如何在法律的框架内实现其价值内涵的问题，开辟了商品归类研究的另一条道路——"法治约束"视角。全文除引言、结语外，共分四章。第一章海关商品归类制度概述。第二章商品归类的基本法律原则。第三章商品归类规则适用与准则指引。第四章商品归类的程序约束。

中文题名：金融衍生品投资者保护法律制度研究

英文题名：On the Legal Systems of the Protection for Financial Derivative Investors

研 究 生：窦鹏娟

指导教师：冯果教授

授予学位时间：2014 年上半年

内容介绍：本文采取历史分析、个案分析、比较、演绎等基本研究方法，在金融创新引发投资者危机的时代背景下，分析金融衍生品大行其道所带来的投资者保护困境，致力于突破传统投资者保护理论的局限性，探索真正与金融衍生品相契合的投资者保护法律制度。全文除绪论、结论外，共分五章。第一章衍生金融革命与投资者的危机。第二章金融衍生品与投资者保护的制度契合。第三章金融衍生品投资者适当性制度的改进与完善。第四章金融衍生品信息披露制度的优化及其实现机制。第五章金融衍生品经营行为的法律规制与冷静期规则的引入。

中文题名：竞业限制制度研究——以权利冲突及其化解为视角

英文题名：A Study on Non-competition System：From the Perspective of the Conflict of Rights and Its Resolutions

研 究 生：王博

指导教师：宁立志教授

授予学位时间：2014 年上半年

内容介绍：竞业限制制度是一项合理限制竞争的法律制度，着力化解经营权与劳动权冲突，努力探求竞业限制的合理性标准，应成为竞业限制制度研究的核心与关键。本文以权利冲突及其化解为视角，除绪论、结语外，共分五章对竞业限制制度进行系统研究，通过对各国竞业限制立法及理论的梳理、论证及对比分析，找出我国竞业限制制度存在的问题，并提出相关解决方案。本文为着力解决我国竞业限制制度所面临的一系列困境或问题，首先对我国劳动法倾斜保护原则提出质疑，在平等保护理念之下，依权利界定及限制理论、契约自由原则及其限制制度，分析论证了经营权与劳动权冲突的成因及化解路径，并以竞业限制经济补偿金及违约金的规制为例，从制度设计层面为竞业限制之合理性标准的界定提出构想或意见。本文的主线为：提出问题—分析问题—解决问题。本文在结尾指出了我国竞业限制制度的使命，并为竞业限制之劳资双方描绘了美好愿景——经营权与劳动权在冲突与共存中互利共赢。

中文题名：署名权异化的法律规制研究

英文题名：Research on the Right of Authorship Alienation and Its Legal Regulation

研 究 生：邬跃

指导教师：宁立志教授

授予学位时间：2014 年上半年

内容介绍：署名权是作品精神权利的基础，也是作品精神权利的核心。本文从署名存在的问题入手，提出署名权异化概念，尝试提炼归纳署名权异化现象的类型，探讨其产生的原因、存在的弊害以及规制的对策建议。全文除结语外，共分七个部分。第一部分绪论。第二部分追本溯源：署名及署名权基础理论。第三部分借鉴移植：署名权异化的内涵界定。第四部分外在呈现：署名权异化表现形态。第五部分内在归因：署名权异化的缘由剖析。第六部分利弊之辨：署名权异化的弊害分析。第七部分私权与公益平衡：署名权异化法律规制的完善。

2015 年

中文题名：非典型劳动者权益保护研究

英文题名：Research on Protection for the Rights of Atypical Worker

研 究 生：班小辉

指导教师：喻术红教授

授予学位时间：2015 年上半年

内容介绍：如何加强非典型劳动者的立法保护已成为全球劳动立法的重要议题。本文首先对非典型劳动者的相关基本问题进行研究，以明确本文的研究对象范围；其次对非典型劳动关系的发展动因加以研究，并分析非典型劳动者权益保护的现实困境；接着进一步探索破除困境的理论依据与国外已有的立法举措，并进行经验的总结与评析；最后，剖析我国立法在非典型劳动者权益保护上存在的局限，并提出具体的完善措施。全文除绪论、结论外，共分七章。第一章非典型劳动者基本问题的厘定。第二章劳动关系的非典型化与劳动者保护的困境。第三章非典型劳动者的平等待遇权。第四章非典型劳动者的就业转换权。第五章非典型劳动者的集体劳动权。第六章劳动关系灰色地带中非典型劳动者的保护。第七章我国非典型劳动者立法保护之局限与完善。

中文题名：股权融资中的控制权协议保持问题研究

英文题名：Research on Maintaining Control by Contracts in Equity Financing

研 究 生：杨梦

指导教师：冯果教授

授予学位时间：2015 年上半年

内容介绍：本文以公司所有与公司控制的两权分离为背景，以资本市场和股份公司（尤其是上市公司）为场域，以股东参与性权利与经济性权利的分离再配比为中心，对股权融资过程中控制权协议保持问题进行了系统的研究。全文除导论、结论外，共分五章。第一章阐述了股权融资中的控制权协议保持：市场需求对传统逻辑的挑战。第二章分析了股权融资中控制权协议保持的正当性与负面性。第三章论述了股权融资中控制权协议保持的环境检视。第四章探讨了控制权协议保持制度在我国的确立与实现。第五章研究了防范控制权滥用的股东利益平衡机制设计。

中文题名：民间金融影子银行化的法律分析

英文题名：Legal Analysis of Folk Financial Change Into Shadow Bank

研 究 生：蒋莎莎

指导教师：冯果教授

授予学位时间：2015 年上半年

内容介绍：随着民间金融规模的扩大和组织化程度的增高，特别是互联网与民间资本的结合，民间金融具备了一些新的特征。因而对民间金融的研究不能仍停留在传统形态之上，而是需要观察民间金融的新特征，准确把握民间金融的发展动态和趋势，才能发现治理民间金融乱象的可行性路径。本文除引言、结语外，共分五章。第一章描述了民间金融发展的新趋势：影子银行化。第二章分析了影子银行特征下民间金融的运行模式及其法律性质。第三章分析了民间金融影子银行化的风险。第四章分析了影子银行化对民间金融监管的挑战。第五章提出了影子银行化民间金融机构的监管制度设计。

中文题名： 社会保险争议处理机制研究

英文题名： The Research for Social Insurance Dispute Processing Mechanism

研　究　生： 杨复卫

指导教师： 张荣芳教授

授予学位时间： 2015 年上半年

内容介绍： 本文以中国社会保险为语境，以其争议处理机制为场域，对"社会保险争议处理机制"这一社会保险法领域内的重要问题进行了较为深入和系统的研究，寻求一套具有中国特色的社会保险争议处理机制。在论述过程中，本文对社会保险争议这一命题进行了较为详细的分析，并在其后的争议处理机制中体现社会保险争议的特殊性。全文除导论、结论外，共分五章。第一章社会保险争议的界定。第二章社会保险争议的定性及处理机制的选择。第三章中国社会保险争议处理机制的现状分析。第四章社会保险争议处理机制的境外考察。第五章中国社会保险争议处理机制的调整和完善。

中文题名： 税法解释中纳税人主义研究

英文题名： Tax Law Interpretation Research from the Taxpayer Standpoint

研　究　生： 叶金育

指导教师： 熊伟教授

授予学位时间： 2015 年上半年

内容介绍： 本文综合运用逻辑论证、实证研究、规范分析、比较研究等多种研究方法，并借鉴政治学、社会学、哲学、财政学、法学等多学科的知识，以税法解释为研究对象，以解释立场与方法为依归，以纳税人主义立场为中心，对税法解释进行了较为深入和系统的研究，力求建构一套融税法解释理论与实践为一体、蕴含法律解释共性规律又凸显税法解释个性差异、吸附域外解释经验又展现本土解释特色的税法解释规则体系。全文除导论外，共分五章。第一章纳税人主义的提出。第二章纳税人主义的证成。第三章纳税人主义的环境检视。第四章纳税人主义的基本诉求——以规制国税总局解释权为重心。第五章纳税人主义的运用。

中文题名： 相关市场界定研究——以技术许可协议为视角

英文题名： Research on Definition of Relevant Markets：In the Perspective of Technology Licensing Agreements

研　究　生： 周围

指导教师： 宁立志教授

授予学位时间：2015 年上半年

内容介绍：本文以知识经济全球化为时代背景，以技术许可活动与反垄断法实施的密切互动为基本场域，从多角度对相关市场的基本内涵进行了剖析并尝试着根据技术许可案件的特性从商品市场、技术市场以及创新市场三个维度对技术许可垄断案件中的相关市场界定问题进行了较为深入的分析研究。全文除导论、结论外，共分六章。第一章技术许可与反垄断法的互动。第二章技术许可领域相关市场界定的法学解构。第三章技术许可垄断案件的相关商品市场界定。第四章技术许可垄断案件的相关技术市场界定。第五章技术许可垄断案件的相关创新市场界定。第六章技术许可垄断案件的相关市场界定与我国反垄断法的现代化。

中文题名：资本利得税收法律问题研究

英文题名：Legal Research on Capital Gains Taxation

研 究 生：周晓光

指导教师：熊伟教授

授予学位时间：2015 年上半年

内容介绍：随着资本市场特别是证券市场的繁荣，民众的投资活动日益增多，资本收益如何课税的问题也随之产生。本文采用类比研究、实证分析、比较分析等研究方法，对资本利得税收法律问题分七章进行了研究，旨在学习外国资本利得的基础性税制规则，从我国国情出发，分析目前有关资本税制制度的缺陷，对各国资本利得税制范本加以取舍，并从资本利得税制中国化的角度探讨税制的落实。本文首先在厘定资本利得概念内涵的基础上，总结了我国资本税收的制度困境，认为走出困境的关键在于明确树立资本利得的概念。其次，重点研究了英国、德国和美国的资本利得税制发展以及主导其税制发展的各阶段所得税税收理论。再次，以美国为范本，对资本利得税制的"交易税"特性进行了细化分析，重点介绍了该制度的核心支柱：所得的实现规则。最后，在以上对资本利得税制理论问题探讨的基础上，回归中国现实，对中国现有资本利得税制进行体系化评价，并为资本利得制度的落实提供整体思路。

中文题名：彩票法理念纠偏与制度调整

英文题名：Idea Rectification and Institutional Adjustment of Lottery Law

研 究 生：陈洪平

指导教师：熊伟教授

授予学位时间：2015 年下半年

内容介绍：本文以彩票扩张为背景，以财政法基本理论为指导对现行"收入取向"理念进行深入剖析和深度反思，论证"娱乐取向"理念，探讨基于"娱乐取向"理念的彩票法律制度调整与构建。正文共分四章。第一章现行"收入取向"理念考察。第二章"收入取向"理念反思。第三章娱乐取向——彩票法律制度调整的理念求证。第四章基于"娱乐取向"理念的彩票法律制度调整。

中文题名：金融公平的法律实现

英文题名：Legal Approach to Financial Justice

研 究 生：袁康

指导教师：冯果教授

授予学位时间：2015 年下半年

内容介绍：随着金融公平理念的勃兴，金融市场活动公平进行与金融资源公平配置及其与经济正义和社会公平的联系更加受到重视。本文综合运用价值分析、实证分析、比较研究、法经济学、法社会学、法解释学等多种研究方法，围绕金融公平这一全新观点，以较大的篇幅提炼和证成了金融公平原则，论证了金融公平的理论基础和基本范畴，从而系统性地构建了金融公平的理论体系，并以此为基础探讨了实现金融公平的法律路径。同时，也从法律制度运行机理的视角来研究金融公平的实现路径。全文除绪论、结论外，共分五章。第一章为重新审思金融：金融公平理念的勃兴。第二章阐述了金融公平的三重维度。第三章分析了金融公平法律实现的路径选择及内在机理。第四章比较研究了全球实践与中国问题：金融公平法律实现的经验与困境。第五章探讨了范式重构与进路变革：我国金融公平法律实现的具体路径。

中文题名：利率市场化背景下中央银行的职能调整

英文题名：The Adjustment of Central Bank's Function Against the Background of Interest Rate Liberalization

研 究 生：戚莹

指导教师：冯果教授

授予学位时间：2015 年下半年

内容介绍：利率市场化是指由市场决定资金价格。本文在厘清利率市场化内涵的基础上，指出利率市场化改革成败的关键是能否防范系统性金融风险的发生，进而提出在利率市场化的背景下，防范系统性金融风险应当成为中央银行职能调整的目标，中央银行需要在金融（银行）监管和货币政策两方面有所变革。全文除引言、结语外，共分四章。第一章分析了利率市场化的风险控制：中央银行职能调整的逻辑起点。回答了"利率市场化背景下，为什么中央银行要进行职能调整"的问题。第二章探讨了货币政策与金融监管的分与合：中央银行职能的现实选择与理论诠释。从实践层面分析中央银行货币政策与金融监管职能分离与回归的现象，并从理论层面探讨中央银行分离或者合并金融监管职能的本质与利弊，从而回答"我国中央银行的职能调整目标是什么"的问题。第三章构建了我国中央银行的宏观审慎监管职能，即回答"从金融监管角度，如何实现我国中央银行防范系统性风险的目标诉求"的问题。第四章完善了我国中央银行货币政策职能，即回答"从货币政策角度，如何实现我国中央银行防范系统性风险的目标诉求"的问题。

中文题名：数字时代版权与信息共享之利益平衡研究

英文题名：Study on Balance of Interests Between Copyright and Information Sharing in the Digital Age

研 究 生：李国庆

指导教师：宁立志教授

授予学位时间：2015 年下半年

内容介绍：本文以法的利益平衡原则为逻辑起点，运用法解释学研究方法、体系化研究方法和比较研究方法，对数字时代版权与信息共享之利益平衡这一命题进行了较为深入的研究。全文除导论、结论外，主要内容包括以下五个方面：第一，数字技术引发版权法利益失衡；第二，数字时代重构版权与信息共享之利益平衡的基本构想；第三，版权限制制度中信息共享目标之实现；第四，版权利用制度中信息共享目标之实现；第五，版权救济制度中信息共享目标之实现。

中文题名：隐性行政垄断及其法律规制研究

英文题名：A Study on Recessive Administrative Monopoly and Legal Regulation

研 究 生：李晓鸿

指导教师：宁立志教授

授予学位时间：2015 年下半年

内容介绍：隐性行政垄断是行政机关或法律、法规授权的具有管理公共事务职能的组织等行政主体以不正当的经济援助、行政管制或其他行政手段优待、扶持或保护特定市场经营主体，阻碍、限制或扭曲市场竞争或存在阻碍、限制、扭曲市场竞争威胁，但法律、行政法规尚未禁止的行政行为。本文将行政主体针对国企、民企和外企等市场经营主体实施的隐性行政垄断行为作为研究对象，运用文献研究、实证分析、比较研究、跨学科研究等研究方法，通过对我国当前存在的隐性行政垄断的主要表现形式及危害的分析，提出了规制隐性行政垄断的思路和对策。全文共分八章。第一章导论。第二章隐性行政垄断的一般性界定与分析。第三章当前隐性行政垄断的常见表现。第四章隐性行政垄断的危害。第五章隐性行政垄断法律规制的国际考察。第六章隐性行政垄断法律规制体系的构建。第七章《反垄断法》及相关法律制度的完善。第八章结论与展望。

2016 年

中文题名：不当解雇的法律责任研究

英文题名：Legal Liability of Unfair Dismissals

研 究 生：罗勇

指导教师：张荣芳教授

授予学位时间：2016 年上半年

内容介绍：本文运用比较分析、规范分析、实证分析等研究方法，分六章对不当解雇的法律责任进行了系统研究。第一章阐述了不当解雇的界定。第二章分析了不当解雇法律责任的规范基础。第三章研究了不当解雇的预防责任。第四章论述了不当解雇的恢复原职责任。第五章探讨了不当解雇的损害赔偿责任。第六章提出了我国不当解雇法律责任制度的完善。

中文题名：从市场分割到互联互通——债券市场发展的模式转换及制度实现

英文题名：From Market Segmentation to Market Interconnection：The Development Model Transformation and Implementation of Bond Market

研 究 生：张东昌

指导教师：冯果教授

授予学位时间：2016 年上半年

内容介绍：本文立足我国债券市场发展的现实困境，围绕从债券市场分割到互联互通的发展模式选择问题，以债券市场发展中的"市场、政府与法治"三者关系为主线，对债券市场分割的制度成因、债券市场互联互通的模式证成、债券市场互联互通的制度实现路径和机制等问题进行具体研究。全文除引言、结语外，共分五章。第一章债券市场分割的现实困局。第二章债券市场互联互通模式的选择及证成。第三章债券市场互联互通的实现路径。第四章债券市场互联互通下的监管体系重构。第五章债券市场互联互通下的债券法制统一。

中文题名：就业保险制度的基本问题研究

英文题名：The Research of Employment Insurance System Fundamental Problem

研 究 生：黎大有

指导教师：张荣芳教授

授予学位时间：2016 年上半年

内容介绍：本文综合运用文献分析、规范研究与实证研究相结合、多学科视野相结合、对比分析等多种研究方法，对就业保险制度的基本问题展开系统的研究。全文除绪论、结语外，共分五章。第一章阐述了就业保险制度的基础理论。第二章分析了就业保险的覆盖范围。第三章论述了政府对就业保险的出资义务。第四章研究了就业保险的支付制度。第五章探讨了我国就业保险制度的构建。

中文题名：债券市场风险治理法律机制研究——以信息规则的构建为中心

英文题名：Research on Risk Governance Mechanism for China's Bond Market：Focus on Information Rules

研 究 生：谢贵春

指导教师：冯果教授

授予学位时间：2016 年上半年

内容介绍：本文以债券市场风险治理机制作为研究的中心议题，以信息、信息活动特征与债券市场风险生成和扩散的内在关系作为研究的基础，提出风险治理机制建构的核心是信息规则的法制化的设想，进而围绕风险治理信息规则的构建展开论述，并提出完善我国债券市场风险治理信息规则构建的若干建议。全文主要内容包括：第一章信息活动与风险成因的理论阐述。第二章风险治理信息规则的法理逻辑。第三章风险治理的主体之维：信息能力调节规则。第四章风险治理的工具之维：信息工具使用规则。第五章风险治理的制度之维：完善信息规则的现实进路。

中文题名：关联企业劳动者保护法律问题研究

英文题名：Research on Legal Issues of Laborer Protection in Affiliated Enterprise

研 究 生：鲍雨

指导教师：喻术红教授

授予学位时间：2016 年下半年

内容介绍：本文立足于劳动法倾斜保护弱势劳动者的立法宗旨，以实务中关联企业引发的劳动者保护问题为出发点，结合域外发达国家的立法和实务经验，通过对关联企业内劳动关系现实情况的法律界定，主张将企业主体理论引入劳动法以实现对关联企业劳动关系的有效规制，促进关联企业内劳动者权益得到有效的法律保障，并在此背景下，提出了保护关联企业劳动者的具体应对措施。全文除绪论、结论外，共分五章。第一章关联企业劳动者保护问题的提出。第二章关联企业劳动者保护问题凸显的成因。第三章从属性理论的完善：关联企业理论在劳动法上的运用。第四章关联企业劳动关系的法律澄清。第五章关联企业劳动者保护问题的具体应对。

中文题名：论大数据的法律保护与规制——以知识产权法为视角

英文题名：On Legal Protection and Regulation of Big Data：From the Perspective of Intellectual Property Law

研 究 生：王德夫

指导教师：宁立志教授

授予学位时间：2016 年下半年

内容介绍：面对现有的法律制度和法学研究对于"大数据"以及更为抽象的"数据、信息"的理解仍存分歧，制度供给也不充足，难以应对社会现实和发展需要的现状，大数据相关法律制度的构建与完善将对相关问题的解决发挥至关重要的作用。本文以知识产权法为视角，以大数据为对象，在对大数据概念、内涵及法律定位等基本问题进行分析、研究的基础上，通过前瞻性的展望与判断，从指导理论、制度架构以及对具体问题的解决等多方面出发，对大数据信息构筑系统化的法律保护和规制体系。全文除导论、结语外，共分四章。第一章介绍了大数据的物理描述与法律表达。第二章对"大数据"与"知识产权法律制度"的关系进行多维度的解读和论证。第三章探讨与分析了大数据知识产权法律制度的理论基础。第四章探讨了大数据知识产权法律制度的构建。

中文题名：商业诋毁行为的解析及规制论要

英文题名：A Study on Analysis and Regulation of Commercial Defamation

研 究 生：刘闻

指导教师：宁立志教授

授予学位时间：2016 年下半年

内容介绍：随着近年来商业诋毁相关案件的增多，诋毁行为的构成要件以及法律规制力不足等问题开始受到理论界与实务界的关注。为此，本文针对上述疑问逐一展开分析。全文除引言、结语外，共分五章。第一章界定了商业诋毁的概念。第二章针对商业诋毁所侵害之商誉作了较为全面的论述。第三章探讨了商业诋毁的主体认定问题。第四章围绕诋毁的行为表现展开了分析。第五章就当前立法的不足提出了完善商业诋毁规制的建议。

中文题名：社会保险人研究

英文题名：Study on the Social Insurer

研 究 生：李秀凤

指导教师：喻术红教授

授予学位时间：2016 年下半年

内容介绍：社会保险法律制度的研究离不开对社会保险法律关系的分析和考察。社会保险人是社会保险法律关系中的最重要主体，处于核心地位。本文以社会保险的本质特征为立足点，以给付行政理论为基础，以社会保险法的公、私法性为语境，对社会保险人的主体选择、权义配置、内部治理等问题进行了较为系统、深入的研究。全文除导论、结论外，共分五章。第一章介绍了社会保险人的理论证成。第二章考察了社会保险人的组织形式。第三章探讨了社会保险人的权义配置。第四章剖析了社会保险人的治理机制。第五章讨论了社会保险人与社会保险基金经营。

中文题名：专利无效诉讼制度异化及矫正

英文题名：Dissimilation and Correction About Patent Invalid Litigation System

研 究 生：张迎春

指导教师：宁立志教授

授予学位时间：2016 年下半年

内容介绍：本文对专利无效诉讼制度异化及矫正进行了深入研究。正文共分六章。第一章专利无效诉讼制度的基本理论分析。第二章我国专利无效诉讼制度异化的样态分析。第三章我国专利无效诉讼制度异化之成因。第四章我国专利无效诉讼制度异化之矫正困境。第五章域外防范专利无效诉讼制度异化的具体措施。第六章我国专利无效诉讼制度异化的矫正对策。

2017 年

中文题名：地方财政补贴公平竞争审查研究

英文题名：Research on Fair Competition Review of Local Government Subsidies

研 究 生：钟瑛嫦

指导教师：孙晋教授

授予学位时间：2017 年上半年

内容介绍： 公平竞争审查制度是顺应市场经济发展、促使政府干预市场行为走向法治化与合理化的助推器，对于地方财政补贴的清理与规范能够提供清晰的价值目标、明确的标准及较为成熟的分析框架。本文除引言外，共分五章，遵循"提出问题—分析问题—解决问题"的社会科学研究基本思路，综合运用文献研究和比较研究、跨学科、跨领域的研究以及实证分析的研究方法，在第一章中归纳出竞争法视域下地方财政补贴之症结，在后四个章节中有针对性地对地方财政补贴的问题展开分析，并进而在公平竞争审查视域下提出解决方案。具体内容如下：第一章地方财政补贴现实诟病及制度供给不足；第二章我国规制地方财政补贴的新路径——以公平竞争审查为中心；第三章公平竞争语境下地方财政补贴系统分类；第四章地方财政补贴公平竞争审查的实体构建；第五章地方财政补贴公平竞争审查的程序构建。

中文题名： 双边市场条件下滥用市场支配地位的反垄断法规制

英文题名： Research of Antitrust Legal Regulations on Abuse of Market Dominant Position in Two-sided Markets

研 究 生： 王少南

指导教师： 宁立志教授

授予学位时间： 2017 年上半年

内容介绍： 深入研究双边市场的发展和运行规律，探讨双边市场中企业滥用市场支配地位的反垄断法规制理论，针对双边市场进一步完善禁止滥用市场支配地位的法律制度体系，并结合我国实际提出相应的反垄断法律建议，是当前反垄断法学研究与实践中应当直面的重要课题。本文以禁止滥用市场支配地位理论为主线，论述其在双边市场条件下具体适用的有关法律问题。全文除导论、结论外，共分五章。第一章简要阐述了双边市场的基本理论。第二章对传统禁止滥用市场支配地位理论在双边市场条件下的运用所涉及的基本理论问题作了论述。第三章对双边市场条件下如何认定市场支配地位作了论述。第四章对规制双边市场条件下的价格滥用行为作了论述。第五章对规制双边市场条件下的非价格垄断行为作了论述。

中文题名： 所得概念的税法诠释

英文题名： The Concept of Income from the Perspective of Tax Law

研 究 生： 聂淼

指导教师： 熊伟教授

授予学位时间： 2017 年上半年

内容介绍： 所得税被认为最能体现税收公平原则，因而在世界范围内广泛传播并成为主体税种。本文立足法学的学科特色，以所得的财产权属性为中心，运用法学规范分析方法，紧密围绕"所得的概念"这一主题进行了较为深入和系统的分析研究，力求建构起既富有法学学科特色又吸收经济学分析成果，既充分关照所得定义的比较法资源又回归我国法律实践的定义所得的基本框架。全文除导论、结语外，共分六章。第一章所得概念的实证法阐释。第二章所得概念的财产权属性：以净资产增加为基础。第三章所得概念的源泉之维：以源泉理论为中心。第四章所得概念的支出之维：基于收支一体的整体考量。第五章所得概念的时间之维：以实现原则为依归。第六章个别收益可税性探析：所得概念的具体应用。

中文题名：中央规制地方财政法律机制研究——基于适度集权模式的展开

英文题名：Research on Legal Mechanism of Central Government Regulating Local Finance：Based on Moderate Centralization Model

研 究 生：顾德瑞

指导教师：熊伟教授

授予学位时间：2017 年上半年

内容介绍：本文以适度集权模式为中心，以权限调整和行为规制为核心方略，在保障纳税人权益和实现纳税人基本权利的理念约束下，较为深入和系统地对中央规制地方财政的法律机制进行了研究。全文除导论、代结论外，共分五章。第一章中央规制地方财政的现状描述与问题阐释。第二章适度集权模式的衡量基准与核心方略。第三章适度集权模式的建构：基于权限调整视角。第四章适度集权模式的推进：以行为规制为中心。第五章适度集权模式的运行保障。

中文题名：报复性解雇法律规制研究

英文题名：Study of Prohibiting Retaliatory Discharge

研 究 生：毛景

指导教师：张荣芳教授

授予学位时间：2017 年下半年

内容介绍：报复性解雇行为不但侵犯劳动者的工作权，而且损害劳动者的其他基本权利（如检举权）和社会公共利益。本文围绕报复性解雇法律规制这一核心命题，从概念、类型、问题、理论基础、规制构造等方面展开分析研究。文章清晰地界定了报复性解雇的内涵与外延，提炼出构建与完善禁止报复性解雇制度的理论基础，提出了报复性解雇的具体构成要件，构造了报复性解雇的法律责任制度与双层救济程序，并尝试构建相关规则。全文除导论、结论外，共分七章。第一章报复性解雇基本问题的厘定。第二章我国禁止报复性解雇制度的缺陷。第三章禁止报复性解雇的理论基础。第四章报复性解雇的构成要件。第五章报复性解雇的法律责任。第六章报复性解雇的救济程序。第七章我国禁止报复性解雇制度的完善。

中文题名：竞争法视野下的平行进出口问题研究

英文题名：Study of Parallel Importation Issues Under the View of Competition Law

研 究 生：芦加人

指导教师：宁立志教授

授予学位时间：2017 年下半年

内容介绍：本文综合采用法解释学、历史研究、比较研究、法经济学等研究方法，从横向与纵向两个大研究方向，对平行进口行为进行了系统的研究，不仅涉及理论分析，也包括案例研究。具体而言，横向层面主要通过概念界定、平行进口政策、政策与法律关系、平行进口的反垄断法规制、平行进口的反不正当竞争法规制五个维度进行展开；纵向层面，遵循一条主线原则，即从平行进口的产生原因，到平行进口行为现状与问题，最后分析平行进口行为的规制问题。其中最重要的三个内容是，平行进口的政策解读与市场行为解读，平行进口政策与平行进口法律的关系以及通过竞争法实现对平行进口具体规制之方法。全文除导论、结论外，共分六章。第一章平行进口问题的引出。第二章平行进口政策制定的竞争倾向。第三章平行进口竞争问题的法律分析路径。第四章限制平行进口的垄断协议。第五章平行进口中的滥用市场支配地位行为。第六章平行进口中的不正当竞争行为。

中文题名：论我国实用新型制度的重构

英文题名：On the Reconstruction of Utility Model System in China

研　究　生：宋攀峰

指导教师：宁立志教授

授予学位时间：2017 年下半年

内容介绍：本文综合运用文献分析、实证分析、比较研究、案例分析等多种研究方法，对我国实用新型制度的重构问题进行了系统的研究。本文以利益平衡原则作为主线，系统地梳理了实用新型与国家创新能力之间的关系，理清了创造性与保护范围之间的关系。全文除导论、结语外，共分五章。第一章阐述了实用新型制度的运行机理。第二章分析了我国实用新型制度的困境，并讨论重构的必要性。第三章研究了实用新型制度重构的理论依据。第四章进行了实用新型专利制度的域外考察。第五章探讨了我国实用新型制度的重构思路及对策。

中文题名：我国专利激励制度之检视与改进

英文题名：The Review and Improvement of China Patent Incentive System

研　究　生：余飞峰

指导教师：宁立志教授

授予学位时间：2017 年下半年

内容介绍：专利制度本身内蕴激励功能，专利制度具备鼓励技术创新、推动社会发展的功能。本文将专利制度的"外生性"激励与"内生性"激励合并成为我国的专利激励制度，并以专利激励制度的异化后果为切入点，对专利激励制度进行系统性分析研究。本文首先通过对专利激励制度的内涵进行界定，再通过对专利激励制度的异化成因进行探究，并利用理论工具，参考域外实践状况进行比对，分析并找到我国专利激励制度异化的核心问题："内生性"激励不足，"外生性"激励过强。进而借鉴外国的实践经验，结合理论与实践，提出改进我国专利激励制度的建议。全文除绪论和结语外，共分五章。第一章我国专利激励制度的理论基础。第二章我国专利激励制度的检视。第三章专利激励制度之学理认知和理念重构。第四章专利激励制度的域外多维度实践。第五章我国专利激励制度的改进路径。

2018 年

中文题名：财政法视角的机关法人研究

英文题名：Study on Person of State Organ in the Perspective of Financial Law

研 究 生：张成松

指导教师：熊伟教授

授予学位时间：2018 年上半年

内容介绍：本文以公、私法的交错与互动为语境，以机关法人为研究对象，以机关法人的财政法（公法）约束为重心，对照传统法人理论，遵循"主体—财产—行为—责任"的演绎逻辑，从财政法的视角系统研究机关法人制度。全文除导论、结论外，共分五章。第一章现代法治中的机关法人。第二章机关法人的主体性审视。第三章机关法人的财产能力考察。第四章机关法人的行为自主性审思。第五章机关法人的责任（能力）反思。

中文题名：经济法控权的现实与实现——以公平竞争审查制度为中心

英文题名：Reality and Realiation of Power Control by Economic Law：Centering on Fair Competition Review System

研 究 生：王贵

指导教师：孙晋教授

授予学位时间：2018 年上半年

内容介绍：在当今社会，通过法律实现对权利的有效制约和控制已经取得了较为普遍的认可和接受。在法律控权体系和模式下，经济法控权也是其中重要一环。本文采用实证研究、跨学科跨领域的研究、类型化研究、历史研究、比较研究等多种研究方法，紧紧抓住经济法控权这一核心命题，以经济法控权中仍然存在的问题为导向，以公平竞争审查制度为突破口，在整合经济法控权原有要素的基础上，试图运用公平竞争审查制度解决几个核心问题，同时也使得公平竞争审查制度在更高视角下取得理论支撑和不断完善。全文除导论、结语外，共分五章。第一章经济法控权的现实检思。第二章论述了经济法控权与公平竞争审查制度之耦合。第三章研究了公平竞争审查对广义经济立法之规范。第四章政府经济行为的程序匡正——以健全公平竞争审查程序为视角。第五章探讨了经济法权力主体的责任完善——从公平竞争审查责任切入。

中文题名：商标使用判断标准研究

英文题名：Study on Standard of Trademark Usage

研 究 生：刘毅

指导教师：宁立志教授

授予学位时间：2018 年上半年

内容介绍：本文分六个部分，在对商标使用进行理论分析和制度分析的基础上，结合实例探讨了商标使用现有判断标准在实践中遭遇的困境，并结合我国撤销连续三年不使用商标实务对商标使用判断标准的优化展开研究，提出我国商标使用判断实践应该坚持系统论的指导，不固守使用意图标准、范围标准、对象标准、功能标准、地域标准等已有标准的选择适用，坚持从商标使用主体"人"的要素、商标使用方式"物"的要素以及商标使用对象"志"的要素三方面对具体案件中商标使用进行分析和判断。第一部分为引言。第二部分商标使用相关基础理论。第三部分商标使用相关具体制度。第四部分商标使用的现有判断标准。第五部分我国商标使用判断标准的现状分析和未来发展思考。第六部分结论。

中文题名：应收账款证券化风险及其法律规制

英文题名：The Risks and Legal Regulation of Receivables Securitization

研究生：徐英军

指导教师：冯果教授

授予学位时间：2018 年上半年

内容介绍：本文围绕促进应收账款证券化行为的法制化目标，以应收账款证券化风险及其法律规制为研究对象，遵循从实然层面剖析现象、揭示成因再到应然层面的价值判断、法制对策的逻辑思路，论及应收账款证券化这种市场行为具有哪些法律特征、存在哪些风险因素、它们何以传导、累积而聚集成为局部性风险乃至系统性风险等问题，并着重从权利变动和契约群系统性的角度分析了应收账款证券化既有风险分配、衍生风险生成扩散的逻辑机理，探讨了对应收账款证券化风险进行法律规制的理论基础、制度构架和主要规范建议等。全文除导论和结论外，共分五章。第一章应收账款证券化交易行为的法学诠释。第二章应收账款证券化风险因素的类型解析。第三章契约群影响风险分配与扩散的机理解读。第四章法律规制应收账款证券化风险的逻辑进路。第五章法律规制应收账款证券化风险的规范建构。

中文题名：债券违约处置中的政府定位

英文题名：Positioning of the Government in the Disposal of Bonds Defaults

研究生：段丙华

指导教师：冯果教授

授予学位时间：2018 年上半年

内容介绍：本文主要采用比较研究、案例分析、规范分析以及交叉研究的方法，通过对比不同时期债券违约处置中的政府定位以及域内外债券违约处置中的政府定位，分析债券违约纠纷的司法裁判和债券违约处置中政府定位的实践案例，整理混乱的债券违约处置和债券违约处置中政府定位的制度规范，并结合经济学中的政府定位和债券违约风险管理、政治学中的政府定位和管理学中的治理模式，研究债券违约处置中的政府定位这一法律治理问题。全文除绪论、结语外，共分五章。第一章债券违约处置中政府地位的转变与争议厘清。第二章政府参与债券违约处置的正当性基础。第三章债券违约处置中政府定位的问题与经验。第四章债券违约处置中的政府角色。第五章探讨了债券违约处置中政府角色的制度实现。

民 商 法 学

2009 年

中文题名：保险人法定解除权制度研究

英文题名：A Study on the Insurers' Statutory Rights to Rescind Insurance Contracts

研 究 生：李寒劲

指导教师：温世扬教授

授予学位时间：2009 年上半年

内容介绍：保险合同解除制度是保险法中最重要的制度，而保险人的法定解除权又是保险合同解除制度中的核心内容。保险人的法定解除权是指在投保人或被保险人故意或因过失违反告知义务，足以影响保险人决定是否同意承保或者提高保险费率，并使保险人确实与之订立保险合同时所产生的保险人的解除权。保险人法定解除权作为保险法上的一项合同解除权，其行使和消灭都因保险合同的特性而具有不同于一般合同解除权的特征。因此，本文旨在通过对这些问题进行详细论述，以期对我国保险立法与实践中保险人法定解除权的成立与行使问题提供解决方案。全文共分四章。第一章阐述了保险人法定解除权的基本理论。第二章分析了保险人法定解除权的成立条件。第三章论述了保险人法定解除权的行使。第四章研究、探讨了保险人法定解除权的消灭原因。

中文题名：村镇银行法律制度研究

英文题名：Research on the Legal System of Village Bank

研 究 生：柴瑞娟

指导教师：冯果教授

授予学位时间：2009 年上半年

内容介绍：本文运用了实证分析、比较分析、规范分析等多种研究方法，分六章对村镇银行法律制度进行了全面系统的研究。第一章存在价值论：阐述了村镇银行的存在必要性与发展可行性。第二章实证论：分析了村镇银行的发展现状与困境。第三章研究了村镇银行的发展定位。第四章研究了村镇银行的投资主体。第五章研究了村镇银行的股权结构与公司治理。第六章探讨了村镇银行支农性制度和存款保险制度的构建。

中文题名：董事注意义务研究

英文题名：On Directors' Duty of Care

研 究 生：李强

指导教师：孟勤国教授

授予学位时间：2009 年上半年

内容介绍：本文对什么是董事注意义务？它是如何产生和发展的？董事注意义务产生的理论基础是什么？为什么将对董事主观上的道德要求提升为法定义务？为什么《公司法》可以类型化忠实义务，却只是原则性地规定注意义务？董事注意义务能否类型化？其依据是什么？如何类型化？我国公司立法如何规范董事注意义务？可否以及如何引入英美法的商业判断规则和判断标准？等一系列疑问进行了研究解答。全文除导论、结语外，共分五章。第一章论述了董事注意义务基本理论。第二章分析了董事注意义务类型化的意义和方法。第三章研究了董事注意义务的类型化（一）——积极作为的注意义务。第四章研究了董事注意义务的类型化（二）——消极不作为的注意义务。第五章探讨了我国董事注意义务法律制度的完善。

中文题名：公司治理结构本土化模式选择——中国公司法修改思考

英文题名：The Indigenization of China's Corporate Governance：Thoughts on Revision of China's Corporate Law

研 究 生：施晓红

指导教师：孟勤国教授

授予学位时间：2009 年上半年

内容介绍：自从建立现代企业制度以来，公司治理结构建设一直是一个为社会各界所关注的热门话题，1993 年公司法移植的美国公司治理结构模式在实践中流于形式已经是一个普遍的认识，那么如何完善我们的公司治理结构，我们大概有两条路：一是继续完善美国式的公司治理结构；二是实现公司治理结构的本土化。本文认为我们应当实现公司治理结构的本土化。全文除导言外，共分四章。第一章公司治理结构本土化：一个理论分析框架。第二章中国公司治理结构的产生和演变路径：从法律移植到本土化探索。第三章本土化公司治理结构模式构建。第四章中国公司法修改：公司权力重新配置。

中文题名：解除权制度研究

英文题名：A Study on Right for Discharge

研 究 生：方昀

指导教师：余延满教授

授予学位时间：2009 年上半年

内容介绍：本文通过对解除权进行法理探索、立法考察和比较分析，深入研究解除权的制度特性、规律和发展趋势，理顺特别法与普通法的关系，并以此反思和检讨我国现行法中的解除权制度，以求得其完善的有效途径。全文除导论外，共分四章。第一章解除权制度的理论基础——正当性解读。第二章解除权的种类——类型化研究。第三章解除权的行使与限制——权利性质考量。第四章解除权行使的效力——比较法分析。

中文题名：就业权研究

英文题名：Research on Theory of Employment-related Rights

研 究 生：李运华

指导教师：漆多俊教授

授予学位时间：2009 年上半年

内容介绍：一直以来，我国劳动法领域的研究都很薄弱，就业法又堪称最为薄弱的一环。就业法的核心和基石乃是就业权，就业法即确认和保障就业权的全部就业法律制度的总和。就业权的实现是其他劳动权利发生的前提。本文选择就业权为研究对象，宗旨即在为建立一个以劳动者就业权为核心、以个人权利为导向的就业法律体系提供理论支持和制度选择。全文除导论外，共分七章。第一章分析了就业权的概念建构。第二章阐述了就业权的法哲学基础。第三章剖析了就业权演进中权利存在形态的变化。第四章研究了就业权的权利构造。第五章解析了就业权的性质和效力。第六章研究了就业权的救济。第七章尾论：探讨了构筑以就业权为统纲的就业法制度体系。

中文题名：控制股东行为的法律规制研究

英文题名：Study on the Regulations of Controlling Shareholders' Behavior

研 究 生：隋淑静

指导教师：余能斌教授

授予学位时间：2009 年上半年

内容介绍：我国实践中普遍存在控制股东滥用控制权等问题，表明实践要求加强对控制股东的行为规制。本文选择将控制股东行为作为研究对象，以对控制股东行为的系统分类为基础，具体研究控制股东行为的类型及其法律规制问题。文章的研究包括三个层次：一是为什么规制控制股东行为；二是规制控制股东的哪些行为；三是如何规制控制股东的行为。全文除引言、结论外，共分五章。第一章我国控制股东的行为问题及其现状研究。第二章控制股东行为的类型化研究。第三章控制股东一般行为的法律规制。第四章控制股东行使控制权行为的法律规制。第五章控制股东转移控制权行为的法律规制。

中文题名：劳动合同单方解除制度研究

英文题名：Study on the Unilateral Cancellation System of Labor Contract

研 究 生：彭小坤

指导教师：温世扬教授

授予学位时间：2009 年上半年

内容介绍：劳动合同单方解除制度是劳动合同解除制度最为重要的内容。本文通过对劳动合同单方解除制度及其理论的研究，分析了我国劳动合同单方解除制度存在的主要矛盾，提出适合我国国情的劳动合同单方解除理论，并对我国劳动合同单方解除制度进行重构，以期建立具有中国特色的劳动合同单方解除制度，建立和谐劳动关系，实现社会和谐。全文分五章，首先从劳动合同单方解除的概念入手，对劳动合同单方解除的基本理论进行了梳理和归纳，进而考察比较了美、英、日、法、德五个发达国家的劳动合同单方解除制度，并在此基础上对我国劳动合同单方解除制度进行了检讨，同时对劳动合同单方解除理论进行了再探索，提出了区别适用理论和岗聘分离理论，最后以新理论为指导重构了我国劳动合同单方解除制度，解决了现有的劳动合同单方解除制度中的主要缺陷。

中文题名：劳动合同制度研究——以期限"三分法"为视野

英文题名：Study on the Labor Contract System：Under the "Three Way Classification" of Term

研　究　生：问清泓

指导教师：陈本寒教授

授予学位时间：2009 年上半年

内容介绍：本文以劳动合同的期限制度为主线，以劳动合同"三分法"下的三种劳动合同为重点，以立法缺陷及解决对策为落脚点，采用比较分析、立法研究与司法实践相结合的方法，对固定期限劳动合同、无固定期限劳动合同和以完成一定工作为期限的劳动合同进行了解析，对如何完善我国的劳动立法、如何科学理解和正确实施现行劳动合同法，提出了相关的建设性的建议。全文以劳动合同的"三分法"为基础，共分四章展开研究。第一章阐述了劳动合同的立法理念。第二章探讨了固定期限劳动合同。第三章探讨了无固定期限劳动合同。第四章探讨了以完成一定工作任务为期限的劳动合同。

中文题名：论产品责任适用范围的限制

英文题名：On the Restrictions to the Application Scope of Product Liability

研　究　生：段晓红

指导教师：孟勤国教授

授予学位时间：2009 年上半年

内容介绍：本文采用历史分析、价值分析、比较分析和实证分析等方法，以严格责任在产品责任领域的适用为背景，以严格责任的本质为基点，以严格责任的合理性理论和利益平衡理论为支撑，以产品责任适用范围的限制为主线，围绕"为什么限制"和"如何限制"两个问题，对产品的内涵、外延和产品责任的责任主体进行了较深入的系统研究，并对产品责任法的完善和适用提出了具有可操作性的建议。全文除导言之外，共分六章。第一章严格责任对产品责任适用范围的影响。第二章严格责任确立后限制产品责任适用范围的动因。第三章限制产品责任适用范围的理论基础。第四章限制产品责任适用范围的途径之一：限制责任主体。第五章限制产品责任适用范围的途径之二：界定"产品"概念。第六章限制产品责任适用范围的途径之三：厘清"产品"的外延。

中文题名：论动产用益物权

英文题名：The Study of the Usufruct on Movable Property

研 究 生：夏杰

指导教师：孟勤国教授

授予学位时间：2009 年上半年

内容介绍：我国《物权法》已经明确使用了"用益物权"这一法律概念，并以"用益物权"为名设立专篇规定有关内容。本文以"论动产用益物权"为题展开论述，通过对动产用益物权源流的考证、对国外可资借鉴的立法例的研究以及对国内民法学者之间不同观点的评介，进而对设立我国动产用益物权制度作了必要性和可行性的分析，最后对动产用益物权的权利架构形成初步设想，以期达到有效利用社会资源之目的。全文除前言、结语外，共分四章。第一章阐述了动产用益物权的界定。第二章综述了动产用益权的演进。第三章分析了设立动产用益物权的必要性和可行性。第四章研究了动产用益物权的体系结构构建。

中文题名：论金融互换交易法律制度及其建构——以中国法与 ISDA 金融互换规则契合与冲突为中心

英文题名：An Analysis of Swaps Transaction Legal System and Its Legislation in China：Focus on Coherencies and Conflicts Between ISDA Rule and Chinese Law

研 究 生：洪治纲

指导教师：冯果教授

授予学位时间：2009 年上半年

内容介绍：金融互换是金融衍生工具中的一类，目前已是世界上最重要的金融衍生交易之一。本文中心任务是研究中国金融互换交易法律制度的建构问题并得出相应的结论与建议。本文认为，中国要建构科学、合理的金融互换交易法律制度就必须遵循融合加创新的指导思想与相应路径，即一方面中国要认可与移植现有的 ISDA 金融互换规则，另一方面中国又应当在所认可与移植的 ISDA 金融互换规则之外新制订其他应有的制度，并且所认可与移植的 ISDA 金融互换规则与新制订的其他应有制度将共同构成一套科学完整的中国金融互换交易法律制度。全文除引言、结语外，分上、中、下篇共七章展开研究论证。上篇：金融互换交易法律制度本体论，包括：第一章金融互换界定与金融互换交易制度；第二章 ISDA 金融互换规则的现状及总体评价。中篇：ISDA 金融互换规则与中国现行法的契合与冲突，包括：第三章 ISDA 金融互换规则与中国现行法的契合性研究；第四章 ISDA 金融互换规则与中国现行法的冲突性研究。下篇：中国金融互换交易法律制度的具体建构论，包括：第五章融合与创新：中国金融互换交易法律制度建构的指导思想；第六章集中抑或分散：中国金融互换交易立法模式的选择；第七章构成与制度：中国金融互换交易法律制度的基本内容。

中文题名：民事审级制约机制研究

英文题名：Study on the Restriction Mechanism of Civil Trial Grade

研 究 生：杨瑞

指导教师：赵钢教授

授予学位时间：2009 年上半年

内容介绍：本文采用辩证分析、比较分析、理论分析、规则分析与实证分析相结合的研究方法，分别对民事审级制约机制构建的基本原理、民事程序系统内不同民事审级制约机制的基本理论、各国民事审级制约机制的比较及其共同原理、我国民事审级制约机制的现状及其完善等问题进行分析阐述，以期对审级问题和上诉审问题的研究以及我国民事审判权通过程序自治实现内部自控的构建提供一个独特的视角和一种崭新的思路。全文除绪论、余论外，共分六章。第一章为民事审级制约机制概述。第二章阐述了审级启动制约机制。第三章探析了审判模式与审判范围制约机制。第四章分析了审判权配置制约机制。第五章剖析了裁判范围制约机制。第六章研究了裁判方式制约机制。

中文题名：普通债权质押制度研究

英文题名：Research on the System of Ordinary Creditor's Right Pledge

研 究 生：罗欢平

指导教师：冯果教授

授予学位时间：2009 年上半年

内容介绍：本文对普通债权质押制度进行了系统的研究。本文全面分析了我国普通债权质押理论与实践的现状和存在的问题，指出利益均衡考量的缺失是症结所在，主张基于普通债权区别于动产及其他财产性权利的特性，在构建普通债权质押制度时应重视对利益均衡的思考。本文针对质疑普通债权质押制度价值的观点，指出普通债权能实现占有的转移，故而能在其上设定质权，且普通债权质押制度不会因为质押的式微和债权让与担保的兴起而丧失其存在的价值。在设立问题上，本文指出债权证书的交付、登记等均不能实现普通债权的转移占有，唯有通知第三债务人才能达到此目的，但通知不能实现公示。此外，在质权效力和实现问题上，本文就某些具体问题以及几类典型的普通债权质押的一些特殊问题提出了创新独特观点。全文除引言、结语外，共分五章。第一章我国普通债权质押理论与实践的现状及反思。第二章普通债权质押之标的。第三章普通债权质权之设立。第四章普通债权质权之效力。第五章普通债权质权之实现。

中文题名：亲属身份行为基本理论研究——以法律行为的类型体系重构为起点

英文题名：The Fundamental Research on the Status Juristic Act in the Family Law: Starting with the Reconstruction of Juristic Act System

研 究 生：张作华

指导教师：余延满教授

授予学位时间：2009 年上半年

内容介绍：本文以法律行为的类型体系重构为起点，对亲属身份行为基本理论进行了系统深入的研究，目的是探求亲属身份行为的本质特征及其民法地位。文章首先探讨身份行为与民法总则法律行为的逻辑关系，并试图证成"形成行为"或"关系行为"理论与体系的合理存在，以谋求身份行为在法律行为体系中的合理地位。然后系统研究身份行为自身的特质，以便说明身份行为对于财产行为、身份法对于财产法相对独立的可能性与必要性。本文研究的身份行为基本问题有三：一是身份行为的体系归属问题；二是身份行为的本体问题（包括概念、性质、类型、特征、构成、效力等问题）；三是身份行为的民法典设计问题。全文除导论外，共分七章。第一章阐述了身份行为与法律行为的关系——寻求身份行为的体系归属。第二章至第六章依次讨论了：身份行为的定义与分类、客体——身份关系、性质与特征、构成要素以及身份行为的撤销与无效。第七章探讨了身份行为与民法典的总则设计。

中文题名： 我国股东派生诉讼制度研究

英文题名： Study on the System of Shareholder's Derivative Action in China

研 究 生： 刘冬京

指导教师： 赵钢教授

授予学位时间： 2009 年上半年

内容介绍： 本文打破国内大多学者对股东派生诉讼研究的视角和模式，以我国股东派生诉讼的基本制度和相关程序的完善为视角，采用穿插式的比较研究方法，立足于解决我国股东派生诉讼在立法层面、司法层面以及公司治理实务中的客观需求，全面、深入地探讨了股东派生诉讼制度在立法层面、司法实践以及公司治理实务中所面临的诸多问题，意欲以此为立法或司法实践提供理论上的指导及具体操作规程上的雏形。全文除引言、结语外，共分八章。第一章股东派生诉讼的当事人。第二章股东派生诉讼的管辖法院与审判组织。第三章股东派生诉讼中的证明。第四章股东派生诉讼中的诉讼费用制度。第五章股东派生诉讼的提起与驳回。第六章股东派生诉讼第一审程序中若干特殊情形的处理。第七章股东派生诉讼之生效判决的既判力。第八章股东派生诉讼的再审。

中文题名： 我国政策性担保公司法律制度研究

英文题名： Research on Law Systems of Policy-based Guarantee Companies in China

研 究 生： 陈秋明

指导教师： 冯果教授

授予学位时间： 2009 年上半年

内容介绍： 本文综合运用比较分析法、历史分析法等研究方法，以政策性担保公司的市场准入、内部控制及市场退出为线索，对政策性担保公司法律制度的构建进行了比较系统的研究。全文除导言、结语外，共分四章。第一章政策性担保公司法律制度的基本理论。第二章完善政策性担保公司市场准入制度。第三章强化政策性担保公司内部控制制度。第四章重构政策性担保公司市场退出制度。

中文题名： 物权登记错误救济论

英文题名： On the Remedy of Mistaken Property Registration

研 究 生： 申惠文

指导教师： 孟勤国教授

授予学位时间： 2009 年上半年

内容介绍：物权登记错误，受害当事人可以通过更正登记、异议登记和损害赔偿等多种途径寻求救济。本文结合我国实践中发生的案例，采用功能分析和成本效益分析的方法，对物权登记错误救济制度作进一步的研究。全文除引言、结语外，共分四章。第一章阐述了物权登记错误救济的原理。第二章探讨了物权登记错误的更正救济。第三章分析了物权登记错误的异议救济。第四章研究了物权登记错误的赔偿救济。

中文题名： 物权相对论——物权性质再认识

英文题名： On the Relative Theory of Real Rights：Re-understanding the Nature of Real Rights

研 究 生： 黄俊辉

指导教师： 余能斌教授

授予学位时间： 2009 年上半年

内容介绍： 本文运用历史、比较、逻辑分析的方法，分六章对物权相对论——物权性质再认识进行了深入、全面的研究，提出了"物权相对论""物权属于绝对权"与"物权具有绝对性"是不同的两个命题的观点，考察了"物权绝对性"产生的条件和历史原因，认为不能将"物权绝对"等同于"物权自由"，将"物权相对"等同于"物权不自由"甚至是"无物权"。第一章阐述了物权相对性的理论基础——权利相对性理论的确立。第二章考察了物权观念从绝对性到相对性的历史变迁。第三章分析了物权绝对性及其困境。第四章剖析了物权相对性及其表现。第五章对我国物权相对性理论与实践的考察。第六章探讨了树立物权相对性观念的社会意义。

中文题名： 信用卡交易的民法分析

英文题名： Civil Law Analysis on Credit Card Transaction

研 究 生： 侯春雷

指导教师： 温世扬教授

授予学位时间： 2009 年上半年

内容介绍： 本文运用实证研究、比较法研究、法经济学等多种研究方法，以信用卡的概念与发展现状为研究起点，以信用卡的法律关系为研究基础，以信用卡民事责任的承担为研究重点，以信用卡合同及其规制为基本结论，以信用卡法律制度的完善为研究目的，对信用卡的民法理论展开全面的讨论。全文除前言外，共分五章。第一章信用卡交易之法律关系的构成。第二章信用卡交易之法律关系各论。第三章信用卡交易法律关系之间的独立性与持卡人抗辩权的接续。第四章信用卡交易的民事责任。第五章信用卡合同的法律规制。

中文题名： 行政契约否定论

英文题名： A Negatiistic Argumentation on Administrative Contract

研 究 生： 阎磊

指导教师： 余延满教授

授予学位时间：2009 年上半年

内容介绍：本文主要采用比较分析和逻辑分析的方法，对行政契约问题进行系统的研究。全文除导论、结束语外，共分四章。第一章行政法理论上的行政契约之比较考察。第二章"行政契约"的产生原因与功能分析——兼评判断标准。第三章"行政契约"的基础理论批判。第四章公法领域无契约——"行政契约"是一个伪概念。

中文题名：证据协力义务之比较法研究——以大陆法系民事诉讼为中心

英文题名：Research on the Evidence Assistance Duty from the Angle of Comparison：Centerring About the Civil Procedure Law of Roman Law System

研 究 生：占善刚

指导教师：赵钢教授

授予学位时间：2009 年上半年

内容介绍：本文从比较法的视角全方位地探讨了德国、日本及我国台湾地区等大陆法系国家或地区民诉法所设之证据协力义务规范以及相关的判例、学说所持之见解，在此基础上检视了我国现行民诉法上的证据协力义务规范之缺失并就其如何完善提出了作者的看法。全文除引言、结语、附论外，共分七章。第一章证据协力义务绪论。第二章文书提出义务。第三章勘验协力义务。第四章证人义务。第五章鉴定义务。第六章当事人受讯问义务。第七章不为证明妨害之义务。

中文题名：证券非公开发行监管法律制度研究

英文题名：Studies on Legal System of Securities Private Offering Regulation

研 究 生：万勇

指导教师：冯果教授

授予学位时间：2009 年上半年

内容介绍：本文运用比较研究、实证分析研究以及历史研究等方法，对证券非公开发行监管制度建设进行了比较全面的梳理和论述，通过比较分析美国、我国台湾地区等成熟市场的做法，结合我国实际情况，进行监管制度创新，以求建立一套适合我国国情的证券非公开发行监管制度体系。全文除导论、结束语外，共分八章。第一章分析了证券非公开发行监管的理论。第二章界定了证券非公开发行的标准。第三章界定了非公开发行证券认购人的资格。第四章论述了非公开发行证券的转售制度。第五章剖析了证券非公开发行的发行审核制度。第六章探讨了证券非公开发行的信息披露监管。第七章分析了证券非公开发行的认购形式和定价机制。第八章建立了证券非公开发行的民事救济制度。

中文题名：证券投资基金组织形态研究

英文题名：A Study on Secutities Investment Fund Organization Shape

研 究 生：汪灏

指导教师：张里安教授

授予学位时间：2009 年上半年

内容介绍：本文在明确证券投资基金组织形态概念的基础上，首先研究了世界主要国家证券投资基金组织形态的历史变迁，把握证券投资基金组织形态的发展规律，然后对不同组织形态的法律结构进行了比较研究，正确理解了公司型基金和契约型基金在法律结构上的真正区别，进而对公司型基金和契约型基金的法律结构进行功能分析，比较二者由于法律结构上的差异而在制度功能上产生的优劣，最后提出立法建议，认为我国应移植公司型基金，并保留契约型基金，让二者相互竞争共同发展，由资本市场作出选择，并为移植公司型基金提供了完善的法律制度设计。全文除导论、结语外，共分五章，从不同角度对证券投资基金的组织形态进行讨论。

中文题名：植物新品种权制度研究

英文题名：On New Plant Variety Right System

研 究 生：李瑞

指导教师：余能斌教授

授予学位时间：2009 年上半年

内容介绍：植物新品种权在我国作为一项新的知识产权制度，涉及诸多法律、经济和技术等方面的知识。为保证我国农业生产安全以及生态环境安全，应当全面系统地研究我国植物新品种权制度，以便有效施行植物新品种保护制度，消除国外植物新品种进口的知识产权壁垒，促进我国植物育种者和种子企业的国际合作与交流等。本文分六章对植物新品种权制度进行了研究。第一章分析了植物新品种权制度的相关理论基础。第二章研究了植物新品种权的本体理论。第三章从体系化角度考察了我国植物新品种权现行制度的法律渊源及其实施状况。第四章研究了植物新品种权与农民特权的平衡问题。第五章对国际植物新品种权制度进行比较法考察与借鉴分析。第六章基于前文的分析研究，对完善我国植物新品种权法律救济制度进行基本思考、论证。

中文题名：中国破裂主义离婚法律制度研究——兼论离婚司法的任务及其实现

英文题名：On Marital Breakdown of Divorce Legal System in China：Apropos of the Mission of Divorce Legal System and Its Effectuation

研 究 生：胡志超

指导教师：张里安教授

授予学位时间：2009 年上半年

内容介绍：本文采用法哲学分析、比较研究、历史研究、系统研究、实证研究等多种研究方法对中国破裂主义离婚法律制度进行了研究。全文除导论、结语外，共分四章。第一章阐述了破裂主义与离婚法律制度理念转型的契合。第二章分析了破裂主义的理论基础。第三章研究了破裂主义与我国离婚法律制度的优化与整合。第四章探讨了破裂主义与能动性司法。

中文题名：注意义务的一般理论研究——以侵权行为违反的注意义务为实证

英文题名：Theoretical Research on the Duty of Care：Taking the Breach of the Duty of Care in Tort as Demonstration

研 究 生：金凌

指导教师：余能斌教授

授予学位时间：2009 年上半年

内容介绍：本文分五章，以侵权行为违反的注意义务为实证对注意义务的一般理论进行了分析研究。第一章为注意义务的基本理论。第二章为注意义务产生根据的理论分析。第三章为注意义务的标准与过错认定的理论思考。第四章为违反注意义务的侵权法律后果。第五章对我国侵权法上注意义务立法的检讨与建议。

中文题名：股份有限公司股权变动公示制度研究——以股东名册登记为中心

英文题名：Research on the System of the Publication of Shareholding Change in Joint Stock Limited Company：Share Register's Registration Focused

研 究 生：傅曦林

指导教师：温世扬教授

授予学位时间：2009 年下半年

内容介绍：本文以股东名册登记为中心，对股份有限公司股权变动公示制度进行了全面系统的研究。全文除导论外，共分四章。第一章股权变动公示的民法分析。第二章股东名册登记总论。第三章非上市股份公司股东名册外部登记。第四章上市公司股东名册外部登记。

中文题名：论民事权利的时间限制

英文题名：On the Duration-limitation of Rights

研 究 生：杨巍

指导教师：温世扬教授

授予学位时间：2009 年下半年

内容介绍：本文通过研究解决以下问题：为什么民事权利要受时间的限制？（有些民事权利为什么不受时间的限制？）法律对各种民事权利予以时间限制在历史上是如何产生、演变、发展的？影响这些演变的原因是什么？同类民事权利受时间限制是否具有相同的法理基础和共同适用的规则？现有时间限制的具体制度是否与其应有的功能和规则相符合？全文除导论、结语外，共分四章。第一章阐述了民事权利时间限制的历史源流及成因分析。第二章分析研究了民事权利时间限制的理论依据。第三章界定、探讨了原权利的时间限制。第四章探讨了救济权的时间限制。

中文题名：民事再审事由研究

英文题名：Study on the Reason for the Civil Retrial System

研 究 生：王胜全

指导教师：赵钢教授

授予学位时间：2009 年下半年

内容介绍：本文以民事再审事由为研究对象，从立法论、解释论的两个不同立场，运用比较研究、实证研究的基本方法，全面、深入地探讨了民事再审事由的若干理论和实务问题。全文除引言、结语外，共分五章。第一章民事再审事由绪论。第二章民事再审事由理念论。第三章民事再审事由本体论。第四章程序基本权视维下的民事再审事由。第五章程序基本权视维下的发现新证据再审事由。

中文题名：我国司法制规权研究——基于民事司法的视角

英文题名：On China's Judicial Rule-making Power：A Civil Justice Perspective

研 究 生：王杏飞

指导教师：赵钢教授

授予学位时间：2009 年下半年

内容介绍：本文认为，司法规则泛指最高审判机关在司法过程中所创制的实体性规则与程序性规则之合称。本文从司法创制规则的现实出发，追溯历史的演变与发展，论证其存在的理论基础，探求其功能与价值，为构建我国的司法制规权制度提供具有可行性的方案。全文除引言、结语外，正文分为五章。第一章司法制规权之概念界定。第二章司法制规权的基本考察。第三章司法制规权的确立基础。第四章司法制规权的功能分析。第五章司法制规权之制度构建。

中文题名：有限合伙企业债权人特殊保护机制研究

英文题名：On Creditor's Interests Special Protecting in Limited Partnership

研 究 生：冷铁勋

指导教师：陈本寒教授

授予学位时间：2009 年下半年

内容介绍：本文以有限合伙企业不同阶段如何保护债权人为主线，展开对有限合伙企业债权人特殊保护机制的研究。全文除前言、结语外，共分四章。第一章阐述了有限合伙企业债权人特殊保护的基本理论。第二章探讨了有限合伙企业设立阶段债权人特殊保护机制。第三章研究了有限合伙企业存续阶段债权人特殊保护机制。第四章评析了有限合伙企业清算阶段债权人特殊保护机制。

2010 年

中文题名：产融结合的反垄断法规制研究

英文题名：Study on the Anti-monopoly Regulation of Integration of Industry with Finance

研 究 生：孙晋

指导教师：漆多俊教授

授予学位时间：2010 年上半年

内容介绍：产融结合在带来规模经济、产生协同效应和提高经济效益的同时，也带来了金融风险的加大和传递，冲击金融监管体制，并容易因产融联营形成市场势力妨碍市场竞争、进而可能通过滥用市场优势等行为破坏市场竞争机制。这是我们面前亟待解决的两大现实问题，需要法律规范产融结合以实现产融有效结合。本文采用经济分析方法和多学科交叉研究方法、历史分析和国别比较法、实证分析方法和规范分析方法等多种研究方法，从不同的角度发现问题、分析问题，并在此基础上提出解决问题的综合方法，对产融结合的反垄断法规制进行了系统全面深入的研究。全文除引言外，正文共分九章。第一章为产融结合概论。第二章分析研究了产融结合领域的传统法律规制——金融监管及其局限。第三章归纳与分析了产融结合领域垄断与限制竞争的具体表现及弊害部分。第四章论述了产融结合领域反垄断规制立法执法观的转变。第五章界定了产融结合型企业集团在反垄断法中的主体地位。第六章论证了产融结合之经营者过度集中的反垄断法规制。第七章论述了产融结合型企业集团滥用市场支配地位的反垄断规制。第八章分析了产融结合型企业集团内部垄断协议行为的反垄断规制。第九章分析阐述了产融结合领域反垄断规制制度与金融监管体制的功能差异与互补。

中文题名： 纯粹经济损失赔偿研究

英文题名： Study on the Compensation for Pure Economic Loss

研 究 生： 王璟

指导教师： 温世扬教授

授予学位时间： 2010 年上半年

内容介绍： 纯粹经济损失问题已经成为现代侵权行为法扩张中的主要问题之一。本文分五章，首先从纯粹经济损失的定义入手，厘清了纯粹经济损失与间接经济损失的区别，将纯粹经济利益定性为法益。然后考察比较了英国、德国、法国对待纯粹经济损失赔偿问题的方式及态度，得出责任排除规则背后的政策考量是什么，再结合分析为什么一些经济利益受到公认的保护，得出成立纯粹经济损失赔偿责任的九个考虑因素，并试图用既有的侵权责任构成要件来限制纯粹经济损失的赔偿责任。然后以此考虑因素及严格的构成要件来分析一些具体的纯粹经济损失是否应该得到保护。最后，再结合我国的具体实际，尝试对纯粹经济损失赔偿问题进行具体的立法规定。

中文题名： 慈善法人研究

英文题名： Research on Charity Corporate

研 究 生： 王雪琴

指导教师： 温世扬教授

授予学位时间： 2010 年上半年

内容介绍： 本文主要从法人的角度研究慈善组织。文章在对我国既存的各类慈善法人仔细研究的基础上，分析了其实然和应然两个方面的法律属性，在确定其应为私法人、财团法人和公益法人的前提下，按照法人制度之规范，对慈善法人的设立、财产、责任、治理以及变更、消灭等问题分别进行分析和研究，提出了诸多独到的观点和意见。同时，本文亦探讨了如何修正传统法人制度仅以营利性公司法人为蓝本构建之弊端。全文除引言外，共分五章。第一章慈善法人之法律属性。第二章慈善法人的成立。第三章慈善法人的财产与责任。第四章慈善法人的治理。第五章慈善法人的变动。

中文题名： 第三人精神损害赔偿制度研究

英文题名： Study on the Legal Systems of the Third Person's Spiritual Damage Compensation

研 究 生： 陈春

指导教师： 温世扬教授

授予学位时间： 2010 年上半年

内容介绍： 本文运用比较分析法、理论研究与实证分析相结合的方法、案例分析法等研究方法，通过研究第三人精神损害赔偿的理论基础，对第三人精神损害赔偿进行规范分析，并最终从法律上构建和完善我国的第三人精神损害赔偿制度。全文除引言、结语外，共分四章展开论述。第一章第三人精神损害赔偿的法律界定。第二章第三人精神损害赔偿的理论依据。第三章第三人精神损害赔偿的类型和规范分析。第四章我国第三人精神损害赔偿法律制度的研究。

中文题名： 多式联运中的承运人法律地位与权利义务研究

英文题名： Study on the Carrier's Legal Status, Rights and Obligations in Multimodal Transport

研 究 生： 陈玉梅

指导教师： 张里安教授

授予学位时间： 2010 年上半年

内容介绍： 多式联运是在单式运送的基础上，采用现代科学技术将不同运送模式予以优化组合而产生的一种独立的运输模式。本文综合运用多种研究方法，在对多式联运基本概念界定的基础上，分析多式联运中承运人的不同法律地位：多式联运经营人、实际承运人、无船承运人和承揽运送人（货运代理人）。接着详细介绍了承运人的不同法律地位及其相互之间的区别，不同法律地位之下的权利、义务和责任。最后对我国多式联运、承运人法律地位之法律规定进行了评析，并针对其不足提出了若干立法建议。全文除引言外，共分六章。第一章多式联运与承运人概述。第二章多式联运中的承运人类型。第三章实务中承运人类型辨析。第四章多式联运中承运人的权利义务。第五章多式联运中承运人的责任承担。第六章《鹿特丹规则》与我国对多式联运、承运人法律地位的规定及立法完善。

中文题名： 经营判断法则研究

英文题名： Analysis of Business Judgment Rule

研 究 生： 李中立

指导教师： 张里安教授

授予学位时间： 2010 年上半年

内容介绍：本文采用比较分析、历史分析、社会分析、功能分析和实证分析等多种研究方法，分五章对经营判断法则进行了全面系统的研究。前两章主要是对美国公司法上的经营判断法则进行详细的介绍，并在此基础上分析经营判断法则的功能，即董事经营责任之追究。接下来的两章就围绕该功能进行展开。最后一章是分析如何引进经营判断法则并建立我国的董事经营责任追究制度。正文内容具体安排如下：第一章经营判断法则理论层面之分析。第二章经营判断法则实践层面之分析。第三章董事经营责任理论层面之分析。第四章董事经营责任实践层面之分析。第五章我国董事经营责任追究制度之构建。

中文题名：论动产抵押

英文题名：On Chattel Mortgage

研 究 生：王冬梅

指导教师：张里安教授

授予学位时间：2010 年上半年

内容介绍：本文对我国动产抵押制度存在的问题和完善策略进行论述。全文共分六章。第一章问题的提出。第二章分析了我国发展动产抵押制度的必要性。第三章我国动产抵押权的法律性质之界定。第四章我国动产抵押权的设立与公示。第五章动产抵押制度的内容设计。第六章动产抵押权的实现。

中文题名：论民法中的人格物

英文题名：A Research on the Personhood Property of Civil Law

研 究 生：冷传莉

指导教师：孟勤国教授

授予学位时间：2010 年上半年

内容介绍：本文以司法实践中具有人格利益属性的特定物为研究切入点，全面梳理该类物司法案例的特点以及所展现的特定价值，在综合分析现行立法、司法及理论研究的成功与不足的基础上，从一个全新的学术视角创造性地提出"人格物"的概念，并以此为研究对象，对人格物在民法中的有关问题展开了系统、深入的研究，力求探讨建立人格物法律制度的一般规则，以推动民法理论的创新性研究，同时科学地回应司法实践对人格物规制需求不断增加的现实。全文除引论、余论外，共分六章。第一章人格物的确立。第二章人格物的界定与发展。第三章人格物之典型形态。第四章人格物的基本规则。第五章人格物司法救济的请求权基础和保护原则。第六章人格物疑难问题及解决。

中文题名：农村信用社法律问题研究

英文题名：On the Legal Issues of Rural Credit Cooperative

研 究 生：郑景元

指导教师：余延满教授

授予学位时间：2010 年上半年

内容介绍：本文运用历史研究、比较分析、社会学法理学分析、新制度经济学分析、私法分析等多种研究方法，对农村信用社法律问题进行了全面系统的研究。对农村信用社法律性质的研究不仅在全文中居于前置性地位，而且贯穿于本文论证始终。本文正文共分七章，紧紧围绕"三农"问题，从法律性质出发，通过具体制度分析来安排篇章结构。第一章着重研究了农村信用社的法律性质———一个亟待澄清的前置性问题。第二章主要分析了私法自治：农村信用社组织形式的选择。第三章主要探讨了农村信用社的基础构造———从社员到社员权。第四章具体分析了农村信用社的信用构造———对社股财产与盈余分配的法律控制。第五章着重研究了困境与出路：农村信用社的法人治理。第六章重点从抑制与促进两个方面探讨了农村信用社在反垄断法上的法律地位。第七章主要以政治哲学为切入点分析了农村信用社的私法走向。

中文题名：破产法上的待履行合同研究

英文题名：Research on Executory Contract in Insolvency Law

研 究 生：兰晓为

指导教师：温世扬教授

授予学位时间：2010 年上半年

内容介绍：本文从破产法上待履行合同的范畴出发，逐渐深入，从宏观、微观两方面对待履行合同立法上所需补充或细化之处逐一探讨，并通过讨论待履行合同与相关制度的关系处理以及待履行合同类型化的设计，就各方利益的保护予以关注。本文对破产法上待履行合同的一般规则与其内部诸多特殊规则，在总—分层次框架内力图实现多角度、体系化研究。全文除导言、结语外，共分六章。第一章阐述了待履行合同的范畴。第二章分析了待履行合同与相关制度。第三章研究了待履行合同的选择权。第四章研究了待履行合同的继续履行。第五章论述了待履行合同的转让。第六章探讨了待履行合同的解除。

中文题名：破产重整中的利益分析与制度构造———以利益主体为视角

英文题名：Interest Analysis and System Construction of Bankruptcy Reorganization：From the Perspective of Interests Parties

研 究 生：陈英

指导教师：陈本寒教授

授予学位时间：2010 年上半年

内容介绍：本文选择以"利益"为纵线，以主体类型为横轴，重点对不同主体在重整中的利益状况进行横向考察，进而提出重整制度的规制重心。本文采取了总分相结合的结构，开篇即对重整中各种利益关系的复杂性和利益处理的基本规则进行介绍，在此基础上，分别按照普通债权人、有担保的债权人、股东、社会公众等主体类型平行展开，最后，对各类主体在我国重整立法中的权益状况和重整制度实施环境进行分析检讨并提出若干建议，以期为将来的制度完善提供参考。全文除导言外，共分六章。第一章为利益——重整制度构造的内核。第二章分析了普通债权人的法律地位与制度构建。第三章探讨了有担保的债权人的法律地位与规制重心。第四章考察了股东在重整中的法律地位与权益状况。第五章探索了社会利益在重整程序中的实现途径。第六章探讨了我国重整立法与实践的现状与完善建议。

中文题名：侵权法上的损害问题研究

英文题名：Research on the Damage in Torts

研 究 生：李蓓

指导教师：温世扬教授

授予学位时间：2010 年上半年

内容介绍：损害存在于整个侵权法体系之中，从侵权责任的构成到侵权责任的承担，从法律事实认定到损害赔偿的计算，无不需要通过损害予以确定。本文从侵权法上损害的内部特征和外在表现形式部分入手，详细论述侵权法上损害的问题。通过对损害的具体评定，明确损害的大小，为进一步的损害赔偿奠定基础。全文除引言外，共分四章。第一章损害释义——侵权法上损害的基础。第二章侵权法上的损害——可赔偿性损害解析。第三章侵权法上的损害形态。第四章损害数额的计算。

中文题名：我国民事执行异议之诉研究

英文题名：On the Suit of Objection During Civil Enforcement

研 究 生：陈娴灵

指导教师：赵钢教授

授予学位时间：2010 年上半年

内容介绍：本文将执行异议之诉界定为在民事强制执行过程中，债权人、债务人以及第三人之间存在实体权利义务争议，其实体上的权利因法院不当执行行为而受到侵害或有侵害之虞时，得提起诉讼以获得救济的法律制度。民事执行异议之诉系由案外人异议之诉、债务人异议之诉以及参与分配异议之诉组成。全文除引言、附论、结语外，分上下两篇共六章对我国民事执行异议之诉制度进行了系统、全面、深入的研究。本文从民事执行异议之诉的界定入手，深刻论述了民事执行异议之诉的正当性基础，就民事执行异议之诉的性质问题尝试性地提出了"兼有之诉"之观点，并在已经构筑起的我国民事执行异议之诉的应然体系的基础之上，对每一具体的执行异议之诉的种类有系统、全面和深入的论述和探讨，提出了作者的独到见解。上篇总论包含：第一章民事执行异议之诉的内涵、特征与体系构成；第二章民事执行异议之诉的正当性基础；第三章民事执行异议之诉的性质分析。下篇分论包含：第四章案外人异议之诉；第五章债务人异议之诉；第六章参与分配异议之诉。

中文题名：营业转让制度研究

英文题名：Research on the System of Enterprise Transfer

研 究 生：郭娅丽

指导教师：冯果教授

授予学位时间：2010 年上半年

内容介绍：营业转让制度是一项"理论上模糊，实践中有用的制度"。本文从廓清基本概念入手，探寻制度变迁的深层原因及法理基础，归纳营业转让在实践中的表现形式，探讨营业转让的特殊规则，反思现行制度的优劣，重构中国营业转让制度。文章主要论证了以下问题：第一，营业、营业转让的概念界定；第二，营业转让的商法确立；第三，营业转让的实践应用；第四，营业转让的规则分析；第五，中国营业转让制度的立法构建。

中文题名：有限责任公司股东资格法律制度研究

英文题名：The Analysis on Membership of Limited Liability Company

研 究 生：周荃

指导教师：张里安教授

授予学位时间：2010 年上半年

内容介绍：本文以意思自治之立法理念为纲，以股东资格制度之法律规制为目，以尊重股东的意思自治为核心价值取向，围绕确立一个公平而有效的有限责任公司股东资格法律制度而展开，试图解决以下三方面的问题：（1）有限责任公司股东资格法律制度的价值取向问题；（2）有限责任公司股东资格法律制度构建问题；（3）有限责任公司股东资格相关的法律热点问题。全文除引言外，共分五章。第一章阐述了有限责任公司股东资格立法之价值取向：以自由为主体价值。第二章研究了有限责任公司股东资格之原始取得。第三章分析了有限责任公司股东资格之继受取得。第四章探讨了有限责任公司股东资格之丧失。第五章讨论了有限责任公司股东资格相关热点问题。

中文题名：证券信息网络披露监管法律制度研究

英文题名：Research on Legal System of Securities Information Internet Disclosure Regulation

研 究 生：武俊桥

指导教师：冯果教授

授予学位时间：2010 年上半年

内容介绍：证券信息网络披露具有低成本、广泛性、迅捷性、开放性等优势，在给发行人、上市公司、证券商和投资者等证券市场主体带来诸多便利的同时，也使证券市场面临着诸多监管问题。本文采用诸如法律解释学、比较研究、历史研究、法经济学以及法社会学等多种研究方法，对证券信息网络披露监管法律制度进行了全面研究。全文除引言、结语外，共分七章。第一章阐述了证券信息网络披露监管所面临的挑战。第二章论述了证券信息网络披露监管理念的重塑。第三章分析了证券信息网络披露原则的变化与调适。第四章研究了证券信息网络披露监管的物质基础——电子化披露系统。第五章阐析了证券发行信息网络披露监管。第六章探讨了证券持续信息网络披露监管。第七章研究分析了证券信息网络披露与内幕交易监管。

中文题名：知识产权强制许可制度研究

英文题名：Study on the System of Compulsory Licensing of Intellectual Property

研 究 生：黄丽萍

指导教师：温世扬教授

授予学位时间：2010 年上半年

内容介绍：本文通过对强制许可制度进行法理探索、立法考察和比较分析，较为深入系统地研究知识产权强制许可制度的理论基础、强制许可的事由、对强制许可的限制，以及强制许可的程序，并以此反思和检讨我国现行法中的强制许可制度，以求得完善的有效途径。全文除导论、结语外，共分五章。第一章知识产权强制许可制度的理论基础。第二章知识产权强制许可的事由。第三章知识产权强制许可的限制与补偿。第四章知识产权强制许可的程序。第五章完善我国知识产权强制许可制度的思考。

中文题名：民事诉讼请求研究——以我国民诉立法与司法实践为中心

英文题名：On Civil Claims for Remedy：Focusing on China Civil Procedural Legislation and Judicial Practice

研 究 生：朱建敏

指导教师：赵钢教授

授予学位时间：2010 年下半年

内容介绍：本文紧扣我国民诉立法与司法实践，对诉讼请求的有关理论问题进行了全面、系统、深入的研究，初步形成了诉讼请求研究的理论体系。全文除引言、结语外，共分六章。第一章探讨了诉讼请求的概念、诉讼请求与诉的关系、诉讼请求与诉讼标的的关系以及诉讼请求的基本分类等四个方面的问题。第二章分析研究了诉讼请求的功能及其确定。第三章探讨了放弃及变更诉讼请求。第四章探讨了反驳及承认诉讼请求。第五章探讨了合并诉讼请求的含义及其类型、诉讼请求之单纯合并以及诉讼请求之预备合并。第六章探讨了漏判诉讼请求及其补救的若干问题。

2011 年

中文题名：保险代位的制度构造研究

英文题名：Research on the System Structure of Insurance Subrogation

研 究 生：武亦文

指导教师：温世扬教授

授予学位时间：2011 年上半年

内容介绍：保险代位制度是保险法中的一项基础性的制度，是对损失填补原则的具体落实。本文立足理论与实践相结合，重点解决保险代位权的正当性基础及其制度构建，完善我国保险代位权的立法体系，推动对保险代位权制度的研究，并指导相关立法、执法和司法工作，以达到推动我国保险法学发展和实现中国保险行业法律治理之目的。全文除导论外，共分五章。第一章研究了保险代位的理论框架。第二章分析了保险代位的适用范围。第三章论证了保险代位的构成要件。第四章讨论了保险代位的行使规则。第五章探讨了保险代位权与被保险人损害赔偿请求权的协调。

中文题名：不公平合同条款的法律规制

英文题名：Legal Regulation on Unfair Contract Terms

研 究 生：张良

指导教师：张里安教授

授予学位时间：2011 年上半年

内容介绍：本文采用比较法、规范实证、法社会学、历史考察等多种研究方法，对不公平合同条款的法律规制进行了系统研究。全文除引言外，共分五章。第一章研究了规制不公平合同条款的历史渊源和法理基础。第二章研究了不公平合同条款的间接规制。第三章研究了不公平合同条款的直接规制。第四章进一步探讨了不公平合同条款的判断标准。第五章探讨了我国显失公平制度的缺陷与完善，并结合我国立法、司法实践和理论研究的成果，指出我国法律在规制不公平合同条款方面的不足，提出了完善我国相关法律制度的建议。

中文题名：财产自由的法律研究

英文题名：Legal Studying on Freedom of Property

研 究 生：丁作提

指导教师：漆多俊教授

授予学位时间：2011 年上半年

内容介绍：私人财产权的问题，实质上是一个关于财产自由的政治哲学问题。在一定意义上，私人财产权或财产自由的保护程度取决于我国宪政建设的实际进程和可能前景。本文以私人财产权背后的财产自由为中心，对财产自由的类型、财产内部自由的有关私法和普通法问题、财产外部自由的有关税法问题和财产自由的宪法问题等展开了比较深入的研究。全文除引言、结语外，共分四章。第一章两种财产自由。第二章私法和普通法：财产内部自由的法律。第三章财产外部自由：以税法为中心。第四章宪法·私法·税法：两种财产自由的实现。

中文题名：非经营性国有资产法律保护问题研究

英文题名：On Legal Protection of Non-profit State-owned Property

研 究 生：巩姗姗

指导教师：孟勤国教授

授予学位时间：2011 年上半年

内容介绍：非经营性国有资产是一种稀缺资源，如何有效使用，并使其发挥最大的社会效用，带来最高的社会福利，是资产使用中至关重要的问题。本文以财产法逻辑为出发点，注重民事保护手段，强调建立民事、行政、刑事保护相配合的非经营性国有资产保护法律体制。全文除引论、余论外，共分八章。第一章分析、界定了非经营性国有资产的基本问题。第二章分析了非经营性国有资产使用过程中存在的问题及原因。第三章分析了浪费性消费的人性因素。第四章提出了非经营性国有资产使用的基本原则。第五章专门阐述了非经营性国有资产的正当使用原则。第六章专门阐释了非经营性国有资产的合理使用原则。第七章具体阐述了非经营性国有资产的有效使用原则。第八章阐述了侵害非经营性国有资产的民事责任问题。

中文题名：夫妻财产制研究

英文题名：Research on Matrimonial Property

研 究 生：李国庆

指导教师：余能斌教授

授予学位时间：2011 年上半年

内容介绍：本文从分析夫妻财产制的性质出发，论证夫妻财产制与婚姻目的——共同生活的形成与持续无关，现代夫妻财产制的发生目的，在于方便生活中债权实现与债务清偿，避免不必要的夫妻间的反复的财产清算。本文提出夫妻财产制的立法原则应为：保护人格自由、保护财产权、保护债权人。在上述分析的基础上，本文提出重建我国夫妻财产制的设想。首先，夫妻财产制内容不应规定在离婚制度中，应统一规定在婚姻效力中。其次，应完善我国夫妻财产制的结构，设立夫妻财产制通则，除夫妻普通财产制外另设立夫妻非常财产制。再次，采取净益共同制作为我国法定财产制。又次，夫妻约定财产制内容宜采类型强制并简化类型，仅保留所得共同制与分别财产制度两个类型，约定应以登记作为对抗第三人生效的条件。

中文题名：股权质权问题研究

英文题名：On the Pledge of the Equity

研 究 生：鲁杨

指导教师：陈本寒教授

授予学位时间：2011 年上半年

内容介绍：股权质权是一个横跨财产法与公司法的研究领域。在当前逐步转型以知识和资讯的生产、分配和使用为本位的"知识经济"背景下，股权质权即为较为突出的问题。本文认为，股权质权的最大难点，也是其最特殊的地方，就在于其同时涉及财产法与公司法。因此本文运用概念法学分析、比较研究、历史分析等跨领域研究的方法，对股权质权问题进行了深入全面的研究。全文除导论外，共分四章。第一章讨论了股权质权的跨领域研究问题。第二章分析了财产法领域内的股权质权。第三章分析了公司法领域内的股权质权。第四章探讨了建构中国的股权质权制度。

中文题名：机动车第三者责任分担机制研究

英文题名：Research on the Mechanism of the Loss Spreading of the Third-party Liability of the Motor Vehicles

研 究 生：李一川

指导教师：温世扬教授

授予学位时间：2011 年上半年

内容介绍：本文综合运用法解释学、比较研究、历史研究、法经济学、法社会学等多种研究方法，对机动车第三者责任分担机制进行了全面系统深入的研究。全文除引言、结论外，共分五章。第一章阐述了分担机制的理论基础。第二章分析了分担机制的构造模式。第三章研究了二元分担机制的范围完善问题。第四章探讨了二元分担机制的费率核定问题。第五章讨论了二元分担机制的外部关联问题。

中文题名：建设工程合同制度的规范分析与实证研究

英文题名：Normative Analysis and Empirical Research of System of the Construction Project Contract

研 究 生：钟国才

指导教师：余延满教授

授予学位时间：2011 年上半年

内容介绍：建设工程合同与承揽合同分离调整，是我国合同法的一大特色，极大地丰富了合同法理论。本文以建设工程合同制度作为研究对象，针对司法实践中遇到的有关建设工程合同的重大问题，运用历史研究、比较研究、规范分析和实证分析等法学研究方法，对其进行较为深入、系统的理论研究和探讨，力求为我国建设工程合同领域的立法、制度实施和审判实务提供一定的参考意见。全文除导论、结语外，共分四章。第一章阐述了建设工程合同的成立。第二章分析了建设工程合同的效力判断。第三章研究了建设工程合同的履行。第四章探讨了建设工程合同工程款优先受偿权的司法适用问题。

中文题名：建筑物区分所有权制度研究

英文题名：Research on the System of Condominium Ownership

研 究 生：何云

指导教师：李新天教授

授予学位时间：2011 年上半年

内容介绍：本文就建筑物区分所有权的形成与发展历程、建筑物区分所有权的概念构成、建筑物区分所有专有与共有部分界定的理论分析与具体制度设计、区分所有建筑物之上的管理等问题作了细致的考察、分析和研究，以期通过对以上问题的深入探讨，在时机成熟之时，对我国制定专门的建筑物区分所有权法有所裨益。全文除导论、结语外，共分四章。第一章建筑物区分所有权制度的基本理论研究。第二章建筑物区分所有专有与共有部分如何界定的理论分析与具体制度设计。第三章建筑物区分所有专有与共有部分界定中特殊部分的权属解决规则。第四章建筑物区分所有专有与共有部分之上管理制度的构建与完善。

中文题名：论缔约过失责任

英文题名：On the Liability for Negligence in Contract Formation

研 究 生：陈吉生

指导教师：余延满教授

授予学位时间：2011 年上半年

内容介绍：本文研究了缔约过失责任的性质、保护对象、归责原则、赔偿范围等问题。全文除绪论、余论外，共分四章。其中，绪论部分简要介绍本文的研究意义与研究目的、国内外理论界对缔约过失责任的研究现状、本文主要采取的研究方法。第一章讨论了缔约过失责任在民事责任体系中的定位。第二章分析、讨论了缔约过失责任的保护客体。第三章研究了缔约过失责任的归责原则。第四章探讨了缔约过失责任的赔偿范围。余论部分对我国缔约过失责任制度之完善提出立法建议。

中文题名：论物上负担制度

英文题名：On Encumbrance

研 究 生：张淞纶

指导教师：孟勤国教授

授予学位时间：2011 年上半年

内容介绍：物上负担是附着于物权的非直接支配性权利。而物上负担制度则是调整物上负担的制度。物上负担制度的提出与建构，将成为民法的一次革新。本文共分四个部分对物上负担制度进行了全面系统深入的研究。第一部分物上负担制度的理论基础，包含第一章范式的转换：从人的视角到物的视角；第二章物上负担的基本理论；第三章物上负担的制度意义——兼论物上负担的独特性；第四章简短的结语。第二部分物上负担制度的实证经验，包含第五章作为普遍承认机制的财产法：权力经济学；第六章物上负担的私法史考察；第七章经验考察告诉了我们什么。第三部分构建中国的物上负担制度，包含第八章引论：从两个判例谈起；第九章物上负担制度的实体性规范；第十章物上负担制度的程序性规范。第四部分新物上负担制度在旧民法，包含第十一章物上负担制度与其他制度的整合；第十二章物上负担制度应当成为中国民法的自觉选择。

中文题名：民事判决理由研究

英文题名：Study on the Civil Ratio Decidendi

研 究 生：王合静

指导教师：赵钢教授

授予学位时间：2011 年上半年

内容介绍：民事判决书乃是审判机关裁断民事纠纷和告知当事人裁断结果的书面载体。民事判决理由则是"民事判决书的灵魂和核心"，其对民事判决结果起着证立和支持的功效。民事判决理由阐述得充分与否直接关涉到民事判决的正当性，亦关涉到不同层面主体的利益诉求和价值判断。然而，当前我国的民事判决理由阐述之状况却令人担忧。本文运用跨学科研究、实证研究、文献研究等研究方法，结合民事判决理由所关涉的理论问题和审判实践中判决书的样本分析对其进行考察，以期对提升我国民事判决理由的制作水平有所裨益。全文除绪论、结语外，共分五章。第一章民事判决理由之概述。第二章民事判决理由合理性与结构之法理分析。第三章英美法系和大陆法系民事判决理由之考察。第四章我国民事判决理由之实证分析。第五章我国民事判决理由之改革设想。

中文题名：票据对价研究

英文题名：On Value of Negotiable Instrument

研 究 生：刘铁军

指导教师：温世扬教授

授予学位时间：2011 年上半年

内容介绍：票据对价事关票据的正当性，关乎票据的立法建构与司法践行。因而，研究票据对价具有高度的理论价值和实践意义。本文采用比较法分析、科际整合分析、实证分析三种研究方法，以票据对价为主题，涵盖票据对价各层面的法律问题，主要对票据对价的基础理论、票据对价的效果、票据对价瑕疵的救济等问题进行了系统深入的研究。全文除引言外，共分四章。第一章票据对价的基础理论。第二章票据对价的效力。第三章票据对价瑕疵的救济。第四章我国票据对价制度的解释与重构。

中文题名：让与担保制度研究

英文题名：Study on System of Security Transfer

研 究 生：向逢春

指导教师：陈本寒教授

授予学位时间：2011 年上半年

内容介绍：让与担保制度因其独特的担保形式和特殊的担保功能成为民法上的疑难问题，其争议点已涉及民法学上的基本问题。对让与担保制度的深入研究，不仅有助于我国民法理论的完善，且对于我国经济发展意义重大。本文以问题为中心，对让与担保制度发展中诸多学者在理论中存在的争议进行讨论、研究和澄清，力图通过对让与担保理论进行研究，比较德国日本等国家和地区让与担保制度之特点，重点在于厘清让与担保理论发展中存在的障碍和解决途径，力求对让与担保制度在我国的建立和发展有所裨益。全文除引言、结语外，共分六章。第一章让与担保之概念与性质研究。第二章让与担保之设定与效力研究。第三章让与担保重点问题研究。第四章让与担保与相关制度之比较研究。第五章我国有关让与担保的司法判例与经济实践研究。第六章让与担保立法研究。

中文题名：胎儿民法保护研究

英文题名：The Study on the Fetal Protection of Civi Law

研 究 生：谭冰涛

指导教师：温世扬教授

授予学位时间：2011 年上半年

内容介绍：本文对胎儿民法保护问题进行了系统深入的研究。全文除引言外，共分五章。第一章为比较法上的胎儿保护及相关理论，探讨了胎儿阶段的开始与结束、考察了胎儿民法保护的现状、述评了胎儿民法保护的学说、介绍了有关胎儿权利能力的几种立法模式。第二章完善我国胎儿民法保护的进路。第三章对胎儿损害赔偿的情形进行了探讨。第四章探讨了两类特定主体侵害胎儿权益的情形。第五章论述了母亲堕胎选择中对胎儿生命利益予以保护的问题。

中文题名：消费者撤回权制度研究

英文题名：Reasearch on the Consumer's Right of Cancellation

研 究 生：赵明非

指导教师：张里安教授

授予学位时间：2011 年上半年

内容介绍：经过数十年的发展，消费者撤回权制度已经成为域外立法中的一项相当成熟的制度。围绕我国是否应当移植消费者撤回权制度，以及如何移植消费者撤回权制度这两个问题，本文从消费者撤回权制度的正当性问题出发，逐渐深入，兼顾宏观与微观，对消费者撤回权制度的相关问题逐一探讨，以期为我国日后建立消费者撤回权制度提供些许建议。全文除引言外，共分四章。第一章探讨了消费者撤回权的正当性。第二章分析了消费者撤回权的法律性质。第三章研究了消费者撤回权的适用范围。第四章探讨了消费者撤回权的行使规则与法律效力。

中文题名：中国浮动抵押制度研究

英文题名：Research on the System of China's Floating Charge

研 究 生：潘勇

指导教师：温世扬教授

授予学位时间：2011 年上半年

内容介绍：本文主要围绕中国浮动抵押制度建设进行研究。本文从中国实践出发，借鉴国外浮动抵押的成熟理论，对中国未来的浮动抵押制度设计在充分调研论证的基础上提出具体设想。全文除绪论和结论外，共分五章。第一章评析了中国现行浮动抵押制度及其实施状况。第二章论述了中国浮动抵押的设立问题。第三章阐述了中国浮动抵押的公示问题。第四章研究了中国浮动抵押的效力问题。第五章探讨了中国浮动抵押的实现问题。

中文题名：中国土地征收中的利益平衡问题研究——以农地物权保护为研究视角

英文题名：Research on Interests Balance of Chinese Land Acquisition：On the Farmland Property Protection as Perspective

研 究 生：朱列玉

指导教师：陈本寒教授

授予学位时间：2011 年上半年

内容介绍：土地征收过程中频频发生社会冲突和群体性事件，本文从农地物权的角度切入思考了诸如我国土地利益分配格局的历史是如何演变的？当前我国土地征收制度利益失衡的法律表现在哪里？突破法律视角，导致土地征收利益失衡的原因有哪些？比较法的范例对重构我国土地征收中的利益平衡机制有哪些借鉴意义？等一系列问题。本文认为，这些问题的实质在于我国农村土地利益分配失衡，需要运用利益平衡的法学方法重构农村土地权利体系，同时还应当综合公法与私法规范，限制行政权力、完善土地征收程序。全文除导论、结论外，共分五章。第一章历史论：我国土地征收制度中利益分配格局的演变。第二章必要性：我国农地征收制度中利益失衡的现状与冲突。第三章根源论：我国农地征收制度利益失衡的原因分析。第四章镜鉴性：农地征收中利益平衡的比较法分析。第五章对策论：完善我国农地征收制度中利益平衡问题的法律思考。

中文题名：第三人直接请求权法律问题研究

英文题名：Study on Third Party's Right of Direct Action

研　究　生：朱岿

指导教师：李新天教授

授予学位时间：2011 年下半年

内容介绍：本文以第三人直接请求权制度中的若干问题展开探讨，以求为我国第三人直接请求权制度的立法完善提供有益建言。全文共分六章。第一章绪论。第二章第三人直接请求权的性质。第三章第三人直接请求权的取得与行使。第四章保险人的抗辩与代位求偿。第五章第三人直接请求权的诉讼时效。第六章我国第三人直接请求权的立法完善。

中文题名：服务合同研究

英文题名：Service Contract Research

研　究　生：林宏坚

指导教师：孟勤国教授

授予学位时间：2011 年下半年

内容介绍：本文首先对不同国家和地区有关立法及司法实践加以比较分析，把握各国服务合同学说研究与立法实践的最新动态和成果，结合我国民法学界对服务类合同研究的已有成果和司法实践，从服务合同的定义、特征、适用范围以及合同种类、共通性规则构建等方面对服务合同进行综合系统的研究，并在此基础上提出我国民法典合同法编服务合同一章的立法建议稿。全文除导论、结语外，共分四章。第一章阐述了服务合同的概念与范围。第二章研究了服务合同的分类。第三章比较分析了服务合同的一般规则。第四章探讨、研究了服务合同的违约责任。

中文题名：共同危险行为制度研究

英文题名：A Study on Joint Dangerous Behavior Institution

研　究　生：史尊奎

指导教师：陈本寒教授

授予学位时间：2011 年下半年

内容介绍：本文以共同危险行为制度为研究对象，研究其价值论和构建论。本文从道德意义层面和经济学层面深入探讨共同危险行为制度的价值论，明确提出共同危险行为制度的本质特征，澄清了共同危险行为制度与高空抛物制度的本质区别。在共同危险行为的责任承担上，主张以连带责任为中心的多元化的责任承担方式。将共同危险行为制度置于整个私法变迁的大背景下，研究其制度发展走向。尝试在《侵权责任法》的基础上对共同危险行为制度进行改造与完善，并细化出相应的条文。全文除导言外，共分四章。第一章共同危险行为制度的价值判断与选择。第二章共同危险行为制度的内部构建。第三章共同危险行为的责任承担。第四章我国共同危险行为制度的检讨与完善。

中文题名：内幕交易的认定及其民事责任研究

英文题名：Study on the Identification and Civil Liability of Insider Trading

研 究 生：易仁涛

指导教师：陈本寒教授

授予学位时间：2011 年下半年

内容介绍：内幕交易是指利用未公开的重大信息从事证券交易、泄露该信息使他人从事证券交易或者建议他人从事证券交易的行为。内幕交易的认定及其民事责任问题是目前学术和司法界关注的焦点。本文对内幕交易的认定及其民事责任进行了系统研究，深入剖析了国外关于内幕交易认定的典型立法例及其背后的理论基础，提出应以平等享有信息理论为基础完善我国的内幕交易认定规则以及内幕交易民事责任制度，并拟定了《认定内幕交易及审理内幕交易民事损害赔偿案件若干规定》等。全文除引言、结论外，共分五章。第一章内幕交易概述。第二章内幕交易认定的立法实践与理论基础。第三章以平等享有信息理论构建内幕交易认定规则。第四章内幕交易民事责任研究。第五章我国内幕交易禁止性规范的不足与完善。

中文题名：破产重整制度之债权人利益保护问题研究

英文题名：On Benefit Protection of Creditor in Legal System of Bankruptcy Reorganization

研 究 生：李震东

指导教师：孟勤国教授

授予学位时间：2011 年下半年

内容介绍：债权人利益的保护在破产重整法律制度中具有重要的地位。破产重整制度要实现其维持企业延续、通过再建保持企业发展并促进经济繁荣的特殊优势，难以脱离众多债权人的支持。只有在债权人、债务人以及新投资人之间建立起利益与共关系，才能共同致力于拯救企业的目的。本文分五章，以债权人利益保护为视角，致力于我国破产重整中各项制度建立与健全。第一章论述了破产重整中债权人利益保护的地位。第二章阐述了破产重整制度中债权人的权利与合理限制。第三章探讨了破产管理人的运营机制。第四章研究了破产重整程序中债务人及其关联方的规制问题。第五章探讨了重整程序中的司法保障机制。

中文题名：企业品牌知识产权保护研究

英文题名：Research on Protection of Intellentual Property Rights of Enterprise's Brand

研 究 生：李方

指导教师：张里安教授

授予学位时间：2011 年下半年

内容介绍：本文坚持理论分析和实证分析相结合，理论联系实际，采用经济学分析方法、文献研究法、个案研究法、比较研究法等研究方法，围绕品牌的知识产权保护实践及所面临的问题进行理论与实践相结合的分析研究，逐步阐述论点：国家对品牌的保护，特别是对跨国企业品牌的保护，应与跨国企业品牌为其投资所在国子公司所带来的利益一致，包括品牌价值的评估方法、转让定价及税收政策。对于经跨国企业在投资所在国经营后才实现价值的品牌，投资所在国企业也应享有与其投资成本成比例的合理利益，包括投资所在国税收方面的利益。全文除引言、结论外，共分五章。第一章相关概念解析。第二章企业品牌保护的理论基础及制度概况。第三章品牌的知识产权在跨国投资活动中的保护。第四章我国品牌保护制度的困境与重构。第五章品牌保护限制制度。

中文题名：刑事案件中民事责任的合意解决机制研究

英文题名：On the Consensual Settlement Mechanism to Civil Liabilities in the Criminal Case

研 究 生：旷凌云

指导教师：赵钢教授

授予学位时间：2011 年下半年

内容介绍：本文采用实证研究、过程研究、比较研究、综合研究、对策研究等多种研究方法对刑事案件中民事责任的合意解决机制进行了全面、系统、深入的研究。全文除引言外，共分五章。第一章绪论。第二章刑事案件中民事责任的合意解决机制之理论基础与价值分析。第三章论证了刑事案件中民事责任的合意解决机制之构成要素。第四章我国刑事案件中民事责任的合意解决机制之现状考察。第五章刑事案件中民事责任的合意解决机制之构建设想，从实体法、程序法、其他相关配套措施三个方面探讨了本机制的具体构建。

中文题名：宅基地使用权制度研究

英文题名：Study on the System of Right to Use House Site

研 究 生：刘海峰

指导教师：温世扬教授

授予学位时间：2011 年下半年

内容介绍：宅基地使用权制度是物权法规定的一项重要的用益物权制度，是用以规制农村村民建造房屋一个制度。如何将宅基地使用权改造成能够参与市场流转的权利，使其符合用益物权的基本特性，以及是否应当对其进行改造，是本文需要回答的问题。本文分四章，从宅基地的概念入手，通过分析宅基地使用权的主体、客体、权利内容、特点，研究宅基地使用权制度的种种不足之处，进而从宅基地使用权的发展历史中找出各不足之处的历史成因，最终提出改革宅基地使用权制度的方向和新制度的架构建议。第一章宅基地使用权基本问题研究。第二章宅基地使用权的制度现状及其评价。第三章改革宅基地使用权制度的历史因素分析。第四章改革宅基地使用权制度的方向和建议。

2012 年

中文题名： 大型生产安全事故民事赔偿问题研究

英文题名： Research on Large-scale Production Safety Accidents Compensation of Civil

研 究 生： 余德旋

指导教师： 张里安教授

授予学位时间： 2012 年上半年

内容介绍： 在我国建立起既符合国情又能切实保障生产者利益的生产安全民事赔偿制度非常必要，特别是完善符合我国国情的大型生产安全事故民事赔偿法律制度更是当务之急。本文通过对大型生产安全事故民事赔偿的现状、民事赔偿的价值选择以及赔偿模式进行分析，并对国外具有代表性的不同类型的赔偿机制进行对比研究，进而提出完善我国大型生产安全事故民事赔偿制度的路径。全文除导论外，共分四章。第一章大型生产安全事故民事赔偿的现状及分析。第二章安全生产赔偿的机制选择。第三章大型事故对民事赔偿规范的挑战。第四章我国大型生产安全事故民事赔偿机制之完善。

中文题名： 房地产投资信托法律制度研究

英文题名： Legal Research on Real Estate Investment Trusts

研 究 生： 闫梓睿

指导教师： 李新天教授

授予学位时间： 2012 年上半年

内容介绍： 房地产投资信托是不动产证券化中非常成熟的一种产品。结合世界范围内发生金融危机的特殊时代背景，本文不仅限于介绍房地产投资信托制度，更注重联系我国实际，对该产品乃至整个房地产金融体系的风险防范体制提出构想。本文的研究重点是对时下信托法律、国务院政策、银监会《信托公司房地产投资信托业务管理办法（草案）》的研究与分析。全文除导论、结语外，共分四章。第一章房地产投资信托的基本原理概述。第二章房地产投资信托的设立运营制度。第三章房地产投资信托的信托法律关系。第四章房地产投资信托的证券法律关系。

中文题名： 非经营性国有资产使用权研究

英文题名： On the Right to Use Non-profit State-owned Assets

研　究　生：鲍家志

指导教师：孟勤国教授

授予学位时间：2012年上半年

内容介绍：本文从私法视角对非经营性国有资产的法律保护机制进行理性思考，从物权法维度剖析非经营性国有资产制度改革的法律途径，通过以非经营性国有资产为客体创立一个新型的用益物权——"非经营性国有资产使用权"为立论，从非经营性国有资产的现状和问题、设立非经营性国有资产使用权的必要性和可行性、非经营性国有资产使用权的法律要素和法律保护等四个方面进行全面而系统的研究，旨在为解决非经营性国有资产流失问题提供一定的理论支撑，开辟一条新的非经营性国有资产法律保护机制的探索路径。全文除导论、结束语外，共分四章。

中文题名：股份有限公司股权转让之研究

英文题名：Study on the Stock Transfer of Stock Limited Company

研　究　生：刘涛

指导教师：陈本寒教授

授予学位时间：2012年上半年

内容介绍：股权转让制度是股份有限公司制度的重要内容。本文通过详细阐述股权转让的法理基础和基本原则，分析了股权转让效力的司法认定，在横向比较股份有限公司与有限责任公司股权转让制度不同的基础上，深入剖析了我国股份有限公司股权转让制度立法现状和存在的问题，最后以立法完善为着脚点，在前文理论分析研究的基础上，结合国外先进立法理念和我国的司法实践，对我国股份有限公司股权转让制度的立法提出相应的完善建议。全文共分五章。第一章股份有限公司股权转让基本理论。第二章股份有限公司股权转让与相关制度比较。第三章股份有限公司股权转让效力的影响因素。第四章股份有限公司股权转让中反垄断法律规制。第五章我国股份有限公司股权转让制度的检讨及立法完善。

中文题名：环境侵权民事责任研究

英文题名：Research on Civil Liability of Environmental Tort

研　究　生：赵虎

指导教师：陈本寒教授

授予学位时间：2012年上半年

内容介绍：本文采用历史和比较分析、系统研究、法哲学分析、理论联系实际与演绎、归纳等多种研究方法，紧扣《中华人民共和国侵权责任法》，对环境侵权民事责任的一系列问题进行分析研究，厘清环境侵权民事责任与普通侵权民事责任的差异，并为构建我国环境侵权民事责任理论体系作出应有贡献。全文除导论、结语外，共分五章。第一章阐述了环境侵权民事责任的理论基础。第二章分析了环境侵权民事责任的构成。第三章比较分析了环境侵权民事责任的方式。第四章研究了环境共同侵权责任。第五章探讨了环境侵权民事责任的抗辩事由。

中文题名：金融资源配置公平及其法律保障研究

英文题名：On Fair Allocation of Financial Resource and Legal Protection

研 究 生：田春雷

指导教师：冯果教授

授予学位时间：2012 年上半年

内容介绍：本文综合采用社会科学的各种研究方法，以法学研究为主，辅之以经济学、社会学研究，运用经济学的市场失灵理论、有限理性理论等为分析工具，采用语义分析、历史研究的方法，对金融实践中的种种金融资源配置不公现象进行系统地归纳和总结，分析问题产生的原因并寻找法律解决对策。全文除引言、结语外，共分五章。第一章金融资源配置：法学研究的新视域。第二章金融资源配置公平与金融法传统价值的更新。第三章沉疴待解：我国金融资源配置不公的现状与后果。第四章金融资源配置不公的原因解析。第五章金融资源配置公平的法律保障制度构建。

中文题名：民事诉讼当事人失权制度研究

英文题名：Research on the Syetem of Invalidity of the Parties in the Civil Litigation

研 究 生：刘显鹏

指导教师：赵钢教授

授予学位时间：2012 年上半年

内容介绍：本文从分析民事诉讼当事人失权制度之基本理论入手，考察了该制度构建之理论基础，全方位地梳理了域外民事诉讼当事人失权制度之具体规范，并对两大法系主要国家和地区的相关规定进行了比较，最后落脚于对我国现行民事诉讼当事人失权制度进行评析，并就如何进行完善提出了建议。全文除引言、结语外，共分四章。第一章民事诉讼当事人失权制度概述。第二章民事诉讼当事人失权制度的理论基础。第三章域外民事诉讼当事人失权制度的比较。第四章我国民事诉讼当事人失权制度的现状及其完善。

中文题名：女性视角下的夫妻间权利义务平衡

英文题名：The Balance of Rights & Obligations Between Husband & Wife in a Feminist Perspective

研 究 生：于涓

指导教师：孟勤国教授

授予学位时间：2012 年上半年

内容介绍：男女平等长期以来是国际社会十分关注的议题，也是我国的基本国策。本文试图在婚姻家庭的范畴内着眼于两性差异，从女权主义的视角，揭示法律平等的文本下隐含着的对女性权利的漠视，进而探寻一条以法律改革带动社会观念变革的道路。全文除引言、结语外，共分三章。第一章分析了女性在生育中权利和价值。第二章研究了家务劳动价值保护。第三章阐析了家庭暴力及其民事救济。

中文题名：侵权法一般条款研究

英文题名：Study on the General Provision of Tort Law

研 究 生：刘静波

指导教师：孟勤国教授

授予学位时间：2012 年上半年

内容介绍：侵权法一般条款在侵权法立法和司法中均具有重要地位。本文兼顾立法论与解释论，综合价值考量与技术分析，在充分考虑我国国情和法律环境的基础上，提出我国侵权法一般条款的修改建议稿，并对现行侵权法一般条款进行尽可能符合我国司法实践需要的解读。全文除引言和结论外，共分四章。第一章论述了侵权法的规范模式选择。第二章论述了侵权法一般条款的规定方式及其立法具体化。第三章论述了侵权法一般条款的学理具体化。第四章论述了侵权法一般条款对民法体系的影响，从体系化视角对我国侵权法一般条款规范模式进行反思，并据此对一般条款的解释提出建议。

中文题名：融资融券担保研究

英文题名：Study of Guarantee of the Financing and Securities Lending

研 究 生：曹冬子

指导教师：温世扬教授

授予学位时间：2012 年上半年

内容介绍：融资融券交易又称证券信用交易，是指证券公司向客户出借资金供其买入上市证券或者出借上市证券供其卖出，并收取担保物的经营活动。本文从融资融券担保的基本概念入手，阐述其独有的特点，并深入探讨担保的定性及运行，试图在我国现行法律制度的框架下，为其寻找立足之处。全文除引言外，共分四章。第一章介绍了融资融券担保的理论框架。第二章分析了融资融券担保的设立。第三章探讨了融资融券担保的运行。第四章研究了融资融券担保的制度定位。

中文题名：商事习惯研究

英文题名：The Study on Commercial Customs

研 究 生：艾围利

指导教师：陈本寒教授

授予学位时间：2012 年上半年

内容介绍：商事习惯是人们在各种商事交往活动中形成的习惯。很多发达国家，如德国、法国、日本、美国等都在立法和司法上确立了商事习惯的应有地位。本文在对商事习惯作出界定的基础上，探讨了商事习惯的表现形式和效力，并分别研究了商事习惯在私力救济和公力救济机制中的运用，最后从商事习惯的角度探讨了我国商事立法和司法的完善。全文除导论外，共分五章。第一章研究了现代私法体系中的商事习惯。第二章对商事习惯的表现形式进行了分析并总结了商事习惯的发展趋势。第三章探讨了现代商事纠纷解决体系中的商事习惯适用。第四章研究了商事习惯适用中商事习惯的效力。

第五章从商事习惯的角度提出了完善我国商事立法和司法的一些建议和措施。

中文题名： 商业标识权论

英文题名： On the Right of Commercial Signs

研 究 生： 徐升权

指导教师： 宁立志教授

授予学位时间： 2012 年上半年

内容介绍： 本文采用文献分析、历史分析、比较研究、个案研究等研究方法，尝试性地探讨了"商业标识权"这一概念在知识产权法基础理论中的确认问题，阐述了商业标识权的本质、内容分类、法律保护原则等基础理论问题，并对我国商业标识权保护立法的完善予以了审视。全文包含引言、结论，共分七章。第一章引言。第二章商业标识的概念、种类与功能。第三章确认"商业标识权"的现实基点。第四章确认"商业标识权"的理论原因。第五章商业标识权及相关的基础理论问题。第六章我国商业标识权保护立法的完善。第七章结论。

中文题名： 商业银行参与证券业法律问题研究——论"分业经营"法律概念的失效

英文题名： The Leagal Research on Commercial Bank's Security Business：Invalidation of the Concept of Separate Operation in Laws

研 究 生： 陈文成

指导教师： 张里安教授

授予学位时间： 2012 年上半年

内容介绍： 本文从法学角度研究我国商业银行在当前所谓"分业经营"的法律环境下参与证券业务时应该注意的相关法律问题，主要从宏观金融制度和微观金融实务两个层面展开论述。本文结合西方金融法律理论，从法学角度解释商业银行参与证券业的法律原因；结合法学理论与金融实践，对"分业经营"概念提出质疑，试图在银证股权层面、组织结构层面、业务层面等重新解读银证法律关系，进而提出商业银行参与证券业应该坚持的法律原则和价值取向。全文含导论共分七章。第一章导论。第二章"分业经营"概念在理论、政策和法律上的失效。第三章股权层面——商业银行投资证券类金融机构法律问题分析。第四章组织层面——银证综合经营模式法律问题分析。第五章业务层面——商业银行开展投资银行业务法律问题分析。第六章交易层面——商业银行与证券公司交易合作法律问题分析。第七章立法展望。

中文题名： 提单制度基础理论研究——以有价证券的视角

英文题名： On Basic Theory of the Law System of Bill of Lading：In the View of Negotiable Securites

研 究 生： 陈芳

指导教师： 余延满教授

授予学位时间：2012 年上半年

内容介绍：本文从有价证券的视角对提单制度基础理论进行了系统的研究。其研究分为两条主线，第一条主线是围绕着提单制度基础理论概念范畴的提炼与论证，探索与论证提单制度理论基础概念范畴；第二条主线是以抽象出来的系统概念范畴阐释提单制度法律现象，对困扰提单航运、司法实践的问题予以分析论证，通过提货权、提单有价证券性质、提单签发行为、提单法律关系所构建的提单制度系统概念范畴，全面地阐释提单制度的法律现象，对困扰提单实务中的"托运人诉权""提单批注纠纷""倒签、预借提单""无单放货"等问题进行梳理归类，发掘贯通于这些问题的共性，将提单各法律现象之间整合于有价证券制度逻辑联系中来，构建系统的提单制度理论体系，并在解决提单实践问题能力中验证提单有价证券理论的合理性。全文除引言外，共分七章。第一章提单法律性质研究。第二章提单证券法律特征研究。第三章提单行为研究。第四章提单签发法律问题研究。第五章无单放货法律问题研究。第六章提单保函法律问题研究。第七章电子提单制度理论研究。

中文题名：知识产权一般效力研究

英文题名：Study on General Effect of Intellectual Property

研 究 生：关永红

指导教师：温世扬教授

授予学位时间：2012 年上半年

内容介绍：知识产权的一般效力问题主要是知识产权法的基础理论问题，同时也是对知识产权法律制度的变迁进行梳理、审视及对现行知识产权法律规范进行剖析与抽象的问题。本文围绕知识产权一般效力问题的主题按照"总—分"思路从六方面展开研究。全文除引论、结语外，正文分为六章。第一章阐述了知识产权一般效力的理论体系构建。第二章分析了知识产权控制效力。第三章专门论述了知识产权排他效力。第四章系统研究了知识产权时间效力。第五章探讨了知识产权地域效力。第六章论证了知识产权请求权效力。

中文题名：自然人行为能力制度研究

英文题名：Research on the System of Disposing Capacity of Natural Persons

研 究 生：熊敏瑞

指导教师：余延满教授

授予学位时间：2012 年上半年

内容介绍：自然人行为能力制度是民法中的一项基础性制度，它是作为民事主体的自然人民事能力中尤为重要的制度。自然人行为能力是自然人独立实施法律行为时的品格性要素，决定着自然人是否能真正地实现意思自治。本文分四大部分全面阐释了"自然人行为能力制度"。第一章探讨了自然人行为能力制度构建的基础。第二章论述了现代社会变迁对自然人行为能力制度的影响。第三章分析了相关国家和地区应对现代社会变迁的法律对策。第四章论述了我国自然人行为能力制度的检讨与完善。

中文题名： 惩罚性赔偿的法理与应用

英文题名： Study on Theory and Application of Punitive Damages

研 究 生： 杜称华

指导教师： 温世扬教授

授予学位时间： 2012 年下半年

内容介绍： 2009 年是惩罚性赔偿制度在我国法律体系中迅猛发展的一年。惩罚性赔偿制度主要是英美法系国家采用的一项法律制度，引进英美法系中惩罚性赔偿制度意味着此等条文集已俨然成为我国成文法体制当中的"别样风景线"。本文主要采用脉络分析与体系分析的研究方法，以惩罚性赔偿的源流、性质、功能、构成要件、适用范围与金额的确定等六大问题为主轴来展开对惩罚性赔偿制度的研究。第一章惩罚性赔偿的源与流。第二章惩罚性赔偿的功能。第三章惩罚性赔偿的性质。第四章惩罚性赔偿的构成要件。第五章惩罚性赔偿的适用。第六章惩罚性赔偿金额的确定。

中文题名： 股东民主论

英文题名： On Shareholders' Democracy

研 究 生： 赵金龙

指导教师： 冯果教授

授予学位时间： 2012 年下半年

内容介绍： 本文主要采用法解释学、历史分析、比较分析、实证分析、法经济学、法政治学等多种研究方法，在准确界定股东民主内涵基础上，从公司本质这一公司法和公司治理的最根本问题入手，探讨股东民主基础理论，研究股东民主实践中的问题，对股东民主实践和立法变革进行比较研究，寻求其他法域实践对我国的启迪和借鉴意义，针对股东民主异化问题探讨对我国股东民主制度的完善和创新。全文共六分部分。第一部分引言。第二部分股东民主的界定。第三部分股东民主基础理论之辩。第四部分股东民主异化及其成因。第五部分股东民主实践与立法变革比较考察。第六部分我国股东民主制度的完善。

中文题名： 合同债权质押研究

英文题名： Study on Pledge of the Contract Creditor's Rights

研 究 生： 郭嗣彦

指导教师： 陈本寒教授

授予学位时间： 2012 年下半年

内容介绍： 本文综合采用历史分析法、比较分析法和规范分析法，分六章对合同债权质押开展研究。第一章主要介绍了合同债权质押制度的基本法理。第二章探讨了合同债权质押的客体。第三章分析了合同债权质押的设立制度。第四章探讨了合同债权质押当事人的利益保护问题。第五章研究了合同债权质权的实现问题。第六章完善了我国合同债权质押制度。

中文题名：论公司自治的司法介入

英文题名：The Study on the Judicial Intervention in the Corporation Autonomy

研 究 生：杜晓强

指导教师：冯果教授

授予学位时间：2012 年下半年

内容介绍：本文在现有国内外资料的基础上，采用比较、历史、实证和语义研究等多种研究方法，从我国司法实践中存在的问题出发，分六章对司法介入公司自治的理论与实践问题展开研究，对我国公司立法和司法应当确立的宏观目标、遵循的基本理念和原则以及具体制度的构建提出建议。第一章引言。第二章论述了公司自治和司法介入的理论基础。第三章分析了司法介入公司自治的特性和原则。第四章讨论了司法介入公司自治的模式与程序。第五章探讨了司法介入股东大会运行的限度。第六章研究了股东权利实现的司法介入边界问题。

中文题名：民事案由制度研究

英文题名：A Study on the Systems of the Cause of Civil Action

研 究 生：宋旺兴

指导教师：赵钢教授

授予学位时间：2012 年下半年

内容介绍：本文围绕民事案由制度的诸多问题，如民事案由的定义、特征、分类、构成要素，民事案由与相关概念或制度之间的关系、民事案由的确定、民事案由制度的功能，民事案由制度的历史渊源，域外相近制度与民事案由制度的对比分析，民事案由制度的现状和问题以及民事案由制度的发展和完善等，运用大量数据、图表进行了定性和定量分析，从理论、实务和制度规定等方面，深入、系统阐述和分析了民事案由制度的诸多理论和实务问题，为民事案由的基本理论建构、民事案由制度的实证考察以及发展和完善我国的民事案由制度提出了一管之见。全文除引言外，共分五章。第一章民事案由基本理论。第二章我国民事案由制度的历史考察。第三章域外相近制度之介评。第四章我国民事案由制度的现状与实务审视。第五章我国民事案由制度的发展与完善。

中文题名：民事诉讼当事人适格问题研究

英文题名：Research on the System of Standing to Sue in the Civil Litigation

研 究 生：熊洋

指导教师：赵钢教授

授予学位时间：2012 年下半年

内容介绍：本文采用规范分析法、横向比较分析法、法社会学研究等方法对民事诉讼当事人适格问题进行了全面、深入、系统的研究。全文除绪论、结语外，共分五章。第一章介绍了当事人适格的法理审视。第二章分析了当事人适格的判断标准。第三章探讨了当事人适格的特殊形态之一——诉讼担当。第四章当事人适格的特殊形态之二——

诉讼信托。第五章研究分析了非正当当事人的更换问题。

中文题名：我国融资性担保机构法律问题研究

英文题名：The Legal Research on the Financial Guarantee Institutions in China

研 究 生：臧博

指导教师：李新天教授

授予学位时间：2012 年下半年

内容介绍：本文立足我国国情，借鉴发达国家（地区）的先进经验，以融资性担保机构公司制治理为经，以国内外融资性担保机构发展的历史与现状为纬，采用历史分析、比较分析、规范分析、实证分析的方法，从主体法角度以融资性担保机构作为研究对象，对融资性担保机构的设立、运营、解散及清算问题进行深入研究，以达到完善我国担保行业法律治理之目的。全文围绕以下几个方面展开论述：第一，融资性担保机构基本法理分析；第二，融资性担保机构立法问题；第三，融资性担保机构的设立；第四，融资性担保机构的运营；第五，融资性担保机构的解散及清算。

中文题名：政策性农业保险基本法律问题研究——以法治逻辑与规范进路为中心

英文题名：On Basic Legal Issues of Policy-oriented Agricultural Insurance：Focusing on Legal Logic and Legislation Development

研 究 生：陈风

指导教师：冯果教授

授予学位时间：2012 年下半年

内容介绍：在市场经济条件下，农业保险与农业科技、农业金融一道，构成了现代农业发展的三大支柱。本文尝试从法治逻辑与规范进路的视角研究政策性农业保险的基本法律问题。本文通过检视政策性农业保险的基础理论、解构政策性农业保险法律关系的构造、考察政策性农业保险的制度变迁和提炼政策性农业保险的理性共识，从法律监管制度、组织运营制度和国家扶持制度三个层面设计了我国政策性农业保险的法律制度框架。全文除引言、结论外，共分五个部分。第一部分政策性农业保险的基础理论。第二部分政策性农业保险法律关系的构造。第三部分政策性农业保险的制度变迁与比较法考察。第四部分政策性农业保险的法律监管。第五部分政策性农业保险立法的制度设计。

2013 年

中文题名：FIDIC 合同条件适用性问题比较研究

英文题名：The Comparative Study on the Suitability of FIDIC Contract Conditions

研 究 生：闵卫国

指导教师：余能斌教授

授予学位时间：2013 年上半年

内容介绍：FIDIC 合同条件，是国际咨询工程师联合会在总结了世界各大工程的建设经验后，在英国 ACE 范本基础上，于 20 世纪初开始编制的一套国际工程合同示范文本。FIDIC 合同条件一经问世，由于其在国际工程承包领域中所享有的权威地位及其所具有的科学性、公正性和严谨性，得到国际上的广泛认可和使用。中国工程咨询协会于 1996 年代表中国参加了 FIDIC，成为 FIDIC 的正式会员。我国国内的一些大型建设工程开始使用 FIDIC 合同文本，我国建筑商在国外承包的工程项目也被要求使用 FIDIC 合同文本。本文采用历史研究、比较研究、理论联系实际的研究方法，探讨了 FIDIC 合同条件的性质与特征。然后以此为基础，分别探讨了 FIDIC 合同条件在英美法系、大陆法系、伊斯兰法系和我国的适用性问题。全文除导论外，共分五部分。第一部分阐述了 FIDIC 合同条件的演进、特点与性质。第二部分分析了 FIDIC 合同条件在英美法系的适用。第三部分探讨了 FIDIC 合同条件在大陆法系的适用——以法国、德国、瑞士、日本为例。第四部分研究了 FIDIC 合同条件在伊斯兰法系的适用 ——以沙特阿拉伯为例。第五部分探讨了 FIDIC 合同条件在我国的适用。

中文题名：不动产预告登记制度研究

英文题名：Research on the Institution of Real Estate Notice Registration

研 究 生：王荣珍

指导教师：陈本寒教授

授予学位时间：2013 年上半年

内容介绍：本文运用价值分析、比较研究、实证研究等多种研究方法，从预告登记概念与性质的界定出发，对预告登记的实体与程序问题展开全面、深入、系统的研究。全文除引言、结语外，共分五章。第一章分析了不动产预告登记的概念与性质。第二章论证了不动产预告登记制度的价值与功能。第三章厘定了不动产预告登记的客体。第四章探讨了不动产预告登记的效力。第五章研究了不动产预告登记的发生与消灭。结语部分提出了完善我国预告登记制度的构想，分别拟定了《物权法》《企业破产法》中完善预告登记制度的法律条文，以及将来制定的不动产登记法中关于预告登记的法律条文。

中文题名：惩罚性赔偿制度研究

英文题名：The Study on Punitive Damages

研 究 生：李洁

指导教师：孟勤国教授

授予学位时间：2013 年上半年

内容介绍：本文基于惩罚性赔偿制度适用于侵权损害赔偿的历史实践，以侵权损害赔偿作为切入点，通过分析侵权损害赔偿填补原则在保障受害人权利方面存在的局限，论证惩罚性赔偿制度的正当性，继而通过分析公法上的惩罚不能作为克服侵权损害赔偿填补原则局限的制度选择，以证成惩罚性赔偿制度的必要性。在证成惩罚性赔偿制度必要性的基础上，本文立足于惩罚性赔偿制度的目的和功能分别对惩罚性赔偿的适用范围和适用条件以及惩罚性赔偿数额的确定进行探讨。最后，在对我国与惩罚性赔偿制度相关的立法进行评析后，对我国惩罚性赔偿制度的构建提出相应的立法建议。全文除绪论和结论外，共分四章。第一章证成了惩罚性赔偿制度必要性。第二章探讨了惩罚性赔偿适用范围和适用条件。第三章研究了惩罚性赔偿数额的确定。第四章评析了我国与惩罚性赔偿制度相关的立法并提出相应的立法建议。

中文题名：第三方物流民事法律关系研究

英文题名：The Study on Civil Legal Relationships of Third-party Logistics

研 究 生：彭建安

指导教师：余能斌教授

授予学位时间：2013 年上半年

内容介绍：本文所指的第三方物流，是国家《标准物流术语》认定的"由供方与需方以外的物流企业提供物流服务的业务模式"。本文综合运用法学、管理学、经济学等学科的知识，以民事法律关系为切入点，对第三方物流的主体地位、客体特征和行为内容进行了系统研究，力图解剖这一经济活动的行为特征和法律属性。同时，通过比较分析和实证研究，对物流服务的合同性质、归责原则、法律风险及防范进行了研究，提出了完善物流法律体系的建议。全文除引言外，共分六章。第一章介绍了第三方物流的基本理论。第二章研究了第三方物流民事法律关系的主体。第三章系统研究了第三方物流民事法律关系的客体。第四章以物流合同为视角，对第三方物流民事法律关系的内容进行了研究。第五章对第三方物流运营人面临的法律风险及其防范进行了研究。第六章提出了完善我国第三方物流法律体系的思考。

中文题名：独占性公共资源用益物权研究

英文题名：Research on the Use in Public Resources of Sole Possession

研 究 生：许军

指导教师：孟勤国教授

授予学位时间：2013 年上半年

内容介绍：本文将独占性公共资源用益物权的论证与构建作为研究的中心论题，以孟勤国教授首创的"物权二元结构论"中的"公共资源占用权"为理论指针，分为"是什么""为什么""怎么办"三个层次依次展开论述，分别对应全文正文的三章内容。其中，第一章独占性公共资源的界定。集中讨论"是什么"，即究竟何为独占性公共资源？中心命题在于探讨独占性公共资源的内涵与外延。第二章独占性公共资源利用关系的用益物权定位。集中讨论"为什么"，即为何要将独占性公共资源的利用关系界定为用益物权？中心命题在于论证用益物权定位的必要性。第三章独占性公共资源用益物权的制度构成。集中讨论"怎么办"，即如何构建独占性公共资源用益物权的制度内容？中心命题在于探讨独占性公共资源用益物权的设立、内容、转让、保护以及消灭等制度性问题。

中文题名： 房屋租赁权研究

英文题名： The Study on Residence Leasehold

研 究 生： 谢靖华

指导教师： 陈本寒教授

授予学位时间： 2013 年上半年

内容介绍： 房屋租赁是我国房地产的重要组成部分，房屋租赁制度也是不动产利用的一种重要法律形态，是各国财产法的重要组成部分。本文采用价值分析、交叉学科研究、比较分析、案例研究等多种研究方法，在已有研究的基础上，就房屋租赁权的一些问题进行一些尝试性的探索。本文联系我国现有的房屋租赁立法，从房屋租赁权物权化的性质入手，在对国外房屋租赁权的相关规定作比较分析的基础上结合我国的研究成果，对房屋租赁权进行较为深入的研究。同时，立足于我国的社会现实，总结司法实践中的经验教训，从而对我国房屋租赁权的立法提出自己的观点。全文除引言外，共分五章。第一章对房屋租赁权概念和性质进行了探讨。第二章从权利行使的角度研究了房屋租赁权行使中出现的四大问题，包括房屋承租人的修缮请求权、房屋承租人的租金调整请求权、房屋承租人的转租权和租赁权让与。第三章对房屋租赁权的特殊保护问题进行了研究。第四章从权利救济的角度探讨了侵害房屋租赁权的债权救济方法和物权救济方法。第五章结合我国的司法实践，对我国房屋租赁权立法的完善提出了建议。

中文题名： 股东大会决议瑕疵法律问题研究

英文题名： Legal Study on Defective Resolution of Shareholders' General Meeting

研 究 生： 陈良军

指导教师： 冯果教授

授予学位时间： 2013 年上半年

内容介绍： 本文选择股东大会决议瑕疵法律问题研究为论题，就我国公司法中股东大会决议瑕疵规定存在的问题，在借鉴其他国家立法经验的基础上，运用民商法的基本理论对股东大会决议瑕疵涉及的私法问题进行全面、深入分析，并在此基础上对我国公司立法提出进一步完善的建议。全文除导论和结论外，共分四章。第一章分析研究了股东大会决议的基本理论。第二章评析了股东大会决议瑕疵的内容。第三章研究了股东大会决议瑕疵纠纷的解决。第四章对我国《公司法》和《公司法司法解释四（草稿）》中关于股东大会决议瑕疵的规定进行分析并提出完善建议。

中文题名： 国际海运承运人责任问题研究

英文题名： Carrier's Liability Issues of International Carriage of Goods by Sea

研 究 生： 程一航

指导教师： 陈本寒教授

授予学位时间： 2013 年上半年

内容介绍： 如果说海上货物运输法是海商法的核心，那么其中的承运人责任制度堪称海商法核心之核心。本文所论述的承运人责任，系指国际海上货物运输中公共承运人违反法律规定、合同约定，或者不履行、不完全履行其义务而造成所运输的货物毁损、灭失及其他损失时其所应承担的损害赔偿责任，是一种特殊的民事责任，受民法和海商法的调整。全文除引言外，共分五章。第一章阐述了海运承运人责任的主体。第二章研究了海运承运人责任的归责原则。第三章探讨了海运承运人责任的限制。第四章论述了海运承运人迟延交付的责任。第五章提出了对我国海运承运人责任制度的检讨及立法建议。

中文题名： 合同成立研究

英文题名： Research of the Formation of Contract

研 究 生： 邓峥波

指导教师： 余延满教授

授予学位时间： 2013 年上半年

内容介绍： 本文主要采用规范分析法、比较法和实证分析法等多种研究方法，围绕合同成立制度展开探讨，研究合同成立的性质、合意、要物合同成立及要式合同成立等问题，对不同国家或地区的有关立法及司法实践加以比较分析，同时结合对学说理论的探讨，评价其优劣与得失，并就我国现行立法规定加以分析评价，在此基础上提出若干建议，以期为我国的合同法相关制度的完善和合同法实务操作提供参考性意见。全文含导论共分五章。第一章导论。第二章研究了合同成立的法理基础。第三章论合意。第四章分析研究了合同成立与要式合同。第五章探讨了合同成立与要物合同。

中文题名： 交强险直接请求权法律问题研究

英文题名： On the Direct Claims in Compulsory Traffic Accident Liablilty Insurance

研 究 生： 余文海

指导教师： 冯果教授

授予学位时间： 2013 年上半年

内容介绍： 交强险受害第三人直接请求权（以下简称"交强险直接请求权"）系指交通事故的受害第三人，作为交强险合同外的第三人，依据交强险法律和行政法规的规定直接对保险人享有的保险补偿请求权。交强险直接请求权是交强险制度中不可或缺的核心内容，只有赋予受害第三人直接请求权才能真正实现其保护受害第三人的立法宗旨。本文以交强险直接请求权为核心，沿着"权利价值—权利性质—权利主体—权利行使—权利救济"的逻辑思路，在借鉴发达国家和地区的交强险立法经验基础上，坚持理论与实践相结合，立法与司法相比较，对我国交强险直接请求权有关理论问题进行了研究，并尝试对完善我国交强险立法提出建议。全文共分五章。第一章论述了赋予交强险直接请求权的必要性。第二章分析论证了直接请求权的法律性质。第三章讨论了直接请求权主体的问题。第四章论述了直接请求权的行使问题。第五章阐述了直接请求权的司法救济问题。

中文题名： 交易所异常交易情况处置权研究

英文题名： On the Stock Exchange's Power of Dealing with the Abnormal Transactions

研　究　生：霍洪涛

指导教师：宁立志教授

授予学位时间：2013 年上半年

内容介绍：异常交易情况对证券市场带来的影响较大。鉴于在实践中证券交易所对异常交易处置权的行使一直存在较大争议，本文选择证券交易所异常交易情况处置权为主题进行研究，并选取与其联系紧密的几个重要理论问题和实践难题作为研究重点。本文具体涉及交易所介入异常交易情况的界定、交易所介入异常交易情况的方式和适当性、该权力的权源、性质和外在表现方式、该权力的运行、交易所行使该权力的责任承担与豁免、该权力的外部约束等问题。全文除导论、结语外，共分五章。第一章异常交易情况的界定与交易所介入。第二章交易所异常交易情况处置权的构造。第三章交易所异常交易情况处置权的运行。第四章异常交易情况处置中交易所的责任承担与豁免。第五章异常交易情况处置权的外部约束机制。

中文题名：劳动合同违约责任研究

英文题名：Study on the Liability for Breach of Labor Contract

研　究　生：丁婷

指导教师：温世扬教授

授予学位时间：2013 年上半年

内容介绍：本文从分析劳动合同与普通民事合同如雇佣合同两者存在历史的必然联系与本质的区别着手，借鉴成熟的普通民事合同违约责任体系，结合劳动合同有别于普通民事合同的特殊性，尝试创建劳动合同违约责任体系，即对归责原则、成立要件、违约形态、违约责任承担方式等方面进行全面分析，并结合司法实践的经验，指出现行劳动立法的种种不足，提出立法的建议以及解决劳资纠纷的根本有效途径，以期建立真正和谐稳定的劳动关系。全文除前言外，共分四章。第一章介绍了劳动合同违约责任的基本理论。第二章深刻阐述了劳动合同违约责任的构成。第三章分析研究了劳动合同违约责任的承担方式。第四章探讨论述了我国劳动合同违约责任制度的检讨和完善。

中文题名：离婚损害赔偿制度研究

英文题名：Study on Compensation System of Divorce Damages

研　究　生：梁小平

指导教师：佘延满教授

授予学位时间：2013 年上半年

内容介绍：离婚损害赔偿制度是我国 2001 年《婚姻法》修正案所确立的一种新的离婚救济制度。然而自从其在我国确立以来，与其相关的理论和实践争论从来没有停止过。那么，我国是否有必要规定离婚损害赔偿制度？其制度价值何在？如果该制度有存在的必要，又应如何结合我国的国情加以完善？对此本文通过理论联系实际、比较研究的方法，对离婚损害赔偿制度进行了系统研究，不仅澄清理论上一些错误的认识，而且为完善我国婚姻立法提供一些理论支撑。全文除导论外，共分四章。第一章阐述了离婚损害赔偿的含义与性质。第二章分析了离婚损害赔偿制度的价值。第三章研究了离婚损害赔偿请求权的构成与行使。第四章探讨了离婚损害赔偿的范围。

中文题名：论经济实质原则在企业并购税法中的运用

英文题名：On the Use of the Economic Substance Doctrine in the Enterprise Mergers and Acquisitions Tax Law

研 究 生：霍昱廷

指导教师：冯果教授

授予学位时间：2013 年上半年

内容介绍：本文采用比较分析、文献分析、案例分析、法律解释等多种研究方法，尝试用美国发展比较成熟的经济实质原则及其相关制度来解决并购税法所面临的缺陷问题。通过对我国并购税制的分析，以及对美国经济实质原则及其成文化的详细梳理、分析，结合我国并购市场现实情况，尝试提出现阶段完善我国并购税制的法律建议。全文除导论、结语外，共分五章。第一章我国企业并购税法及其缺陷。第二章经济实质原则——完善企业并购税法的制度选择。第三章经济实质原则的制度内涵——以美国为例。第四章经济实质原则在并购税收调控政策中的运用。第五章经济实质原则与我国税法的完善。

中文题名：人格权利化保护的规范体系研究

英文题名：Study on the Normative System of Right-rization Protection on Personality

研 究 生：孙聪聪

指导教师：李新天教授

授予学位时间：2013 年上半年

内容介绍：人格的权利化保护是现代才出现的人格保护方式。人格权利化保护的规范体系，是指由确认和保护人格权的法律规范所构成的体系，现代立宪主义下，宪法和民法都对人格权进行确认和保护，人格的权利化保护是由宪法上的人格权规范和民法上的人格权法所构成的规范体系。本文从人格权利化保护的规范体系的角度，研究人格权基础理论和人格权立法。全文除导论、结论外，共分五章。第一章阐述了人格：人的伦理存在。第二章分析了民法上人格保护的体系与权利化。第三章剖析了宪法上人格权及其对人格权民事立法的影响。第四章探讨了立法背景下人格权基础理论的展开。第五章研究了人格权规范体系与人格权立法。

中文题名：我国著作权集体管理制度的困境与出路——以利益平衡为视角

英文题名：The Predicament and Outlet of Collective Management of Copyright in China：In the Perspective of the Balance of Interests

研 究 生：王华

指导教师：宁立志教授

授予学位时间：2013 年上半年

内容介绍：著作权集体管理是著作权制度体系中的重要组成部分，在沟通与协调权利人与使用者关系、节约著作权交易成本、提高著作权交易效率等方面发挥着重要作用。本文尝试从利益平衡理念出发，紧密结合《著作权法》第三次修订中有关集体管理制度的规定及其所引发的争议，在解析集体管理制度所涉主体的利益关系的基础之上，就集体管理组织的性质定位、模式选择等基本制度建构问题展开论证，同时结合我国集体管理制度实践，就使用费的收取与分配，以及集体管理组织在数字化时代的自我发展提出相应的完善措施。全文除绪论、结语外，共分六章。第一章利益平衡是集体管理制度价值目标的集中体现。第二章集体管理制度各方利益主体及其法律关系。第三章集体管理组织的性质定位——相对超脱的利益主体。第四章使用费的收取与分配——利益交汇点及其矛盾化解。第五章务实的选择——垄断模式在利益博弈中的胜出。第六章未来愿景——利益平衡在数字化时代的坚守。

中文题名：信息社会背景下的隐私权保护

英文题名：Privacy Protection in the Context of the Information Society

研　究　生：关帅

指导教师：李新天教授

授予学位时间：2013 年上半年

内容介绍：隐私权作为一种新兴的人格权，本质上是要保护纯粹个人的、与公共利益无关的事情，保障个人能够安宁生活，不受非法干扰。但随着信息技术及网络的飞速发展和广泛运用以及国家权力的膨胀，个人的隐私面临着前所未有的困境。本文通过揭示信息社会对隐私权的各种挑战和冲击，分析科学技术对隐私权的影响，比较世界主要国家应对这一系列挑战的立法完善之道，从而寻求我国因应对策以弥补现行法之缺失。全文除引言、结语外，共分五章。第一章研究了传统意义上的隐私权保护。第二章分析了信息社会对隐私权的影响。第三章探究了有关国家及地区对信息社会隐私权的保护。第四章探讨了信息社会背景下隐私权保护的难点问题。第五章论述了我国隐私权保护现状的审视与完善。

中文题名：责任保险中保险人参与行为研究

英文题名：Reserch on the Insurer's Participation Behavior in the Liability Insurance

研　究　生：姚赛

指导教师：温世扬教授

授予学位时间：2013 年上半年

内容介绍：保险人介入被保险人与第三者间的责任关系处理过程是责任保险制度中的一大特色。现代责任保险为强化对被保险人的保护，越来越倾向将"参与"责任关系的处理确定为保险人一方负担的义务，责任保险制度遂被赋予保护被保险人权利的功能。本文选用保险人"参与行为"这个不涉及性质判断的中性表述来统摄整个研究。针对保险人参与责任关系处理过程这个问题，文章具体围绕以下六章展开论证。第一章参与行为原因论：责任保险的特性及其影响。第二章参与行为内涵考：相关概念的厘清。第三章保险人防御义务的负担：保险事故的发生。第四章保险人防御义务的内容之一：抗辩义务。第五章保险人防御义务的内容之二：和解义务。第六章结论和展望。

中文题名： 宅基地使用权制度现代化构造

英文题名： On the Modernization of the Rural Housing Land Use Right in China

研 究 生： 王崇敏

指导教师： 温世扬教授

授予学位时间： 2013 年上半年

内容介绍： 本文综合运用法学、史学、经济学等学科的知识和方法，对我国农村宅基地使用权制度进行了综合分析，考察分析了农村宅基地使用权制度的产生、变化过程，总结了其发展变化规律，以史为鉴，从而为农村宅基地使用权制度的改革创新指明方向。本文同时采用理论与实践相结合的方法，针对现实问题就我国农村宅基地使用权的性质、农村宅基地使用权制度的功能与价值、农村宅基地使用权的原始取得、农村宅基地使用权的流转以及农村宅基地使用权的保障与救济机制进行了研究，提出了我国农村宅基地使用权制度现代化构造的理论基础及具体的构想。全文除导论外，共分六章。第一章我国宅基地使用权制度变迁分析。第二章宅基地使用权制度现代化构造的必要性和可行性研究。第三章宅基地使用权性质、功能和制度价值取向。第四章宅基地使用权原始取得制度的创新。第五章宅基地使用权流转制度的构造。第六章宅基地使用权的保障与救济机制。

中文题名： 证券私募发行准入制度研究

英文题名： On the Regulation of Market Access in Securities Private Offering

研 究 生： 陈冰

指导教师： 陈本寒教授

授予学位时间： 2013 年上半年

内容介绍： 本文从证券私募发行的基本理论入手，结合我国证券市场的现实问题，在比较各国和地区的实践经验的基础上，通过对证券私募发行准入制度的系统研究，为促进我国证券市场发展，降低证券市场风险提供有益的建议和参考，其基本思路是以制度原由—制度本体—制度构建的逻辑方式展开。全文除结语外，含导论共分六章。第一章导论。第二章阐述了证券私募准入制度的法律基础。第三章分析了证券私募发行准入制度的构成。第四章论述了证券私募发行准入方式的模式选择。第五章研究了证券私募发行准入制度的国际趋同。第六章探讨了我国证券私募发行准入制度的构建及完善。

中文题名： 证券业自律管理"公权化"研究

英文题名： Research on the Tendency of Public Right in Self-regulation in Securities Industry

研 究 生： 楼晓

指导教师： 冯果教授

授予学位时间： 2013 年上半年

内容介绍： 本文采用历史分析的方法、法解释学的方法、比较分析的方法，从经济学理论、法学理论的角度，围绕证券业自律管理"公权化"的表象、产生的原因、路径演变等内容对证券业自律管理"公权化"的相关问题进行分析研究，并探讨证券业自律管理"公权化"矫正的途径选择。全文除引言外，共分五章。第一章分析了证券业自律管理及其"公权化"的异化。第二章对证券业自律管理"公权化"国际发展趋势进行了考察。第三章探析了证券业自律管理"公权化"演变的原因。第四章分析了证券业自律管理"公权化"路径依赖。第五章讨论了证券业自律管理"公权化"矫正的路径选择。

中文题名： 中国农地利用资本化法律问题研究

英文题名： Research on the Legal Issues of Capitalization of Rural-land Using in China

研 究 生： 陈文

指导教师： 漆多俊教授

授予学位时间： 2013 年上半年

内容介绍： 农地利用资本化是指把农村土地作为一种资本要素投入市场，对其进行资本化利用，充分发挥其资源优势，体现其价值最大化的过程。农地利用的资本化，实质上是农地利用权利的资本化，也就是农民对土地拥有产权的资本化。全文除结语外，共分七章。第一章绪论。第二章农地利用资本化概述。第三章农地利用资本化的国内外历史沿革。第四章分析了我国农地利用资本化的必要性。第五章从法理的角度论述了农地利用资本化的法律价值取向。第六章我国农地利用资本化的形式与途径。第七章论述了我国农地利用资本化法律制度的完善。

中文题名： FIDIC 合同条件风险负担条款之比较研究

英文题名： The Comparative Research on the Terms of Risk Burden of FIDIC Contract Conditions

研 究 生： 何通胜

指导教师： 余延满教授

授予学位时间： 2013 年下半年

内容介绍： FIDIC 合同条件，是国际咨询工程师联合会在总结了世界各大工程的建设经验后，在英国 ACE 范本的基础上，于 20 世纪初开始编制的一套国际工程合同示范文本。为了预防风险的发生和公平分担风险，FIDIC 合同条件专门设置了风险负担条款。风险负担条款在 FIDIC 合同条件中处于核心地位，甚至可以说 FIDIC 合同条件"是基于业主与承包商之间的风险分担起草的"。因此，本文对 FIDIC 合同条件风险负担条款加以比较研究，无疑具有十分重要的理论与实践意义。全文除导论，共分六个部分对 FIDIC 合同条件风险负担条款之比较展开研究。第一部分 FIDIC 合同条件与风险负担的基本理论。第二部分新红皮书与新银皮书风险负担条款的比较研究。第三部分 FIDIC 合同条件不可抗力条款比较研究。第四部分 FIDIC 合同条件风险负担条款与大陆法系承揽合同风险负担规则的比较研究。第五部分 FIDIC 合同条件与 NEC 和 AIA 合同文本风险负担条款的比较研究。第六部分 FIDIC 合同条件风险负担条款与我国法律及有关示范文本风险负担的规定或条款的比较研究。

中文题名： 不动产收益权质押研究

英文题名： Exploration and Analysis on Guarantee of Profit Right of Real Estate

研 究 生： 李遥

指导教师： 温世扬教授

授予学位时间： 2013 年下半年

内容介绍： 不动产收益权质押是为了满足不同种类经济主体在特定历史时期的融资需求而逐渐发展并日益成熟起来的，因而具有明显的政策背景和浓烈的实用主义色彩。本文除引言外，分四大部分，系统完整地研究、解读不动产收益权质押相关法律问题，辨析不动产收益权的用益物权属性，界定适合出质的不动产收益权范围边界，论证不动产收益权质押的概念、特点、效力等问题，并尝试为将来立法完善提出一些有益建议。其中，第一部分考察了不动产收益权质押立法与实践。第二部分研究了不动产收益权质押法律关系的客体。第三部分探讨了不动产收益权质押的制度构建。第四部分分析研究了不动产收益权质押的发展趋势展望及风险防范。

中文题名： 航空器留置权法律问题研究

英文题名： The Study on Legal Issues of Aircraft Lien

研 究 生： 彭国元

指导教师： 李新天教授

授予学位时间： 2013 年下半年

内容介绍： 本文在现有学术研究的基础上，综合采用概念分析、历史分析、利益分析、比较分析、实证分析等研究方法，力求准确把握航空器留置权制度发展的国际趋势和先进立法理念，从航空器的特殊动产属性以及航空运输行业的特点入手，以航空器留置权与普通动产留置权比较分析为重点，对航空器留置权有关法律问题作了全面分析探讨。全文由引言、正文和结语三部分组成，从航空器留置权的概念界定入手，依次探究航空器留置权的存在基础、适用范围、设立要件、法律效力、行使和救济等理论和实务问题，结语部分归纳了主要研究结论，并对完善我国航空器留置权制度提出了具体立法建议。

中文题名： 民法时效制度价值与体系研究

英文题名： The Research on the Value and the Structure of the Prescription System in Civil Law

研 究 生： 卢学希

指导教师： 余延满教授

授予学位时间： 2013 年下半年

内容介绍：本文主要采用实证分析、比较分析、系统论等研究方法，围绕着如何寻找时效制度的正当性基础，重塑时效的价值目标，进而重构现代民法的时效制度体系展开研究。全文含导论，共分八个部分。第一部分导论。第二部分时效概念的界定。第三部分时效制度的价值。第四部分传统时效体系的破除——取得时效的摒弃。第五部分我国时效制度的体系构建。第六部分失权时效。第七部分失效时效。第八部分时效制度的民法典设计。

中文题名： 输血感染民事责任研究

英文题名： The Research of Civil Liabilities for Transfusion Infection

研 究 生： 杜寒阳

指导教师： 张里安教授

授予学位时间： 2013 年下半年

内容介绍： 本文所称输血感染，是指患者因输血而感染病毒或其他严重疾病的情形，关注的主要是法律实践中因输血感染而产生的问题，并试图在现行法律的基础上，剖析相关的法理和具体规定，并结合社会政策、法经济学、医学技术和伦理等方面的考量，建立起较为完备的关于输血感染的民事责任体系。全文除引言、结语外，共分五章。第一章输血感染民事责任理论概述。第二章输血感染产品责任分析。第三章输血感染一般侵权责任分析。第四章输血感染的违约责任问题。第五章我国输血感染民事责任制度构建。

中文题名： 我国非讼程序立法研究

英文题名： On the Legislation of Non-contentious Procedure in China

研 究 生： 胡辉

指导教师： 赵钢教授

授予学位时间： 2013 年下半年

内容介绍： 本文采用比较分析、历史考察和案例实证等研究方法，分五章围绕三个基本问题展开对我国非诉程序立法研究。其一，非讼程序是什么？文章具体研究了非讼程序的基本原理，得出了"非讼"概念不仅仅是"无讼"，非讼程序的基本原则出现复杂化和基本功能扩大化的初步结论。此外，本文还对比研究了大陆法系主要国家和地区的立法历史与现状，发现各国和地区立法的异同点，为我国立法提供有益参考。其二，为什么要制定非讼程序法？通过研究我国的立法现状及其成因和弊端，论证了我国非讼程序立法的必要性。其三，如何构建非讼程序法律制度？通过总结前人观点和分析域外立法，提出了我国应该制定独立的非讼程序法典并采用总分则结构的主张，且就如何推进独立立法和构建总则和分则的主要内容提出了建议。

中文题名： 我国农民专业合作社法律问题研究

英文题名： Study on Legal Issues of Farmer Cooperatives in Our Country

研 究 生： 吕丝

指导教师：李新天教授

授予学位时间：2013 年下半年

内容介绍：本文立足我国国情，借鉴其他国家和地区的成功经验，从法律主体角度以农民专业合作社作为研究对象，对农民专业合作社的法律性质、社员及社员权、财产制度、治理结构等问题进行深入研究，进而提出对我国《农民专业合作社法》立法完善的建议。全文除导论外，共分六章。第一章农民专业合作社制度价值的分析。第二章农民专业合作社法律性质的研究。第三章农民专业合作社社员及社员权的研究。第四章农民专业合作社财产制度的研究。第五章农民专业合作社治理结构的研究。第六章我国《农民专业合作社法》的完善建议。

中文题名：物权公示效力论——为公示对抗主义辩

英文题名：On Property Publication Effectiveness：A Vindication of Defensive Publication

研 究 生：蒋光辉

指导教师：孟勤国教授

授予学位时间：2013 年下半年

内容介绍：本文采用比较研究、概念与逻辑分析、实证研究、法解释学等研究方法，对物权公示效力论进行了系统研究。全文含引言，共分七个部分。第一部分引言。第二部分物权变动与物权公示的关系。第三部分公示生效与公示对抗的效力内容分析。第四部分公示对抗与公示生效的逻辑与法理思考。第五部分公示生效与公示对抗的法律价值比较分析。第六部分公示效力与物权行为理论。第七部分理论扬弃与制度重构。

中文题名：医疗责任保险法律问题研究

英文题名：On Legal Issues of Medical Malpractice Insurance

研 究 生：陈玉玲

指导教师：张里安教授

授予学位时间：2013 年下半年

内容介绍：本文基于法学思维和医学思维之差异，立足法学研究必须与医学实践相结合，选取医疗责任保险法律问题为论题，通过检视医疗责任保险的基础理论、分析医疗责任保险运行存在中的问题与解决问题的思路，探讨医疗责任保险的发展取向——强制医疗责任保险，认为强制保险是我国医疗责任保险的必然选择。从医疗责任保险的功能和强制医疗责任保险理论基础为出发点，构建强制医疗责任保险的制度框架，进一步对医疗责任保险中保险的对象、范围、期间、抗辩等问题深入研究，以期为相关立法建言献策。全文除导论和余论，共分六个部分。第一部分医疗责任保险的基础理论。第二部分医疗责任保险的模式。第三部分强制医疗责任保险的制度框架。第四部分医疗责任保险的对象、范围与期间。第五部分医疗责任保险中的抗辩。第六部分医疗责任保险中的告知与合作义务。

2014 年

中文题名： 程序裁量权研究——以民事诉讼为中心

英文题名： On the Procedure Discretion：Centered on Civil Procedure

研 究 生： 张亚琼

指导教师： 赵钢教授

授予学位时间： 2014 年上半年

内容介绍： 程序裁量权是民事司法权力体系中不可分离的一项具体权能，也是民事法官职权体系的重要组成部分。对程序裁量权进行全面而深入的研究具有重要的理论和现实意义。本文在对程序裁量权的概念、性质、类型、理论基础等基本问题进行深入研讨的基础上，主要从两个层面揭示了与程序裁量权相关之司法规律：其一是在静态的法律规则配置层面；其二是在动态的民事司法运行层面。经过对两个层面提出问题的分析，本文通过对我国程序裁量权的法律规则配置和民事司法运行现状加以检讨，提出完善我国程序裁量权的基本路径，并试图借以达到既发挥程序裁量权在民事诉讼中的积极作用，又能对其行使过程中的法官恣意和专断加以合理规制的应然状态。全文除引言外，共分五章。

中文题名： 第三人利益合同制度研究

英文题名： Study on the Third Party Beneficiary Contract

研 究 生： 袁正英

指导教师： 宁立志教授

授予学位时间： 2014 年上半年

内容介绍： 本文从研究第三人利益合同制度的理论基础入手，着重解决第三人利益合同制度在我国构建是否必要、有无可能以及如何构造等问题。全文除导论、结语外，共分五章。第一章研究了第三人利益合同的法律界定。第二章分析了第三人利益合同制度的理论形成与国际实践。第三章考察了第三人利益保护的中国实践及其制度。第四章重点研究了第三人利益合同制度的基本构造。第五章探讨了在我国构建第三人利益合同制度的立法问题，并提出了在我国整体构建第三人利益合同制度的具体立法建议。

中文题名： 合同责任与侵权责任的竞合关系研究

英文题名： Concurrence Between Contractual Liability and Tortious Liability

研 究 生： 梅瑞琦

指导教师： 张里安教授

授予学位时间： 2014 年上半年

内容介绍： 合同责任与侵权责任的竞合关系是以合同与侵权的区分为基础的。本文以比较研究方法为主，辅以历史研究方法对合同责任与侵权责任的竞合关系进行了系统深入的研究。全文除引言外，共分五章。第一章合同与侵权责任竞合的司法实践。第二章合同与侵权责任竞合的理论基础批评——责任竞合与意思理论的关系。第三章合同与侵权责任竞合的基础理论考评——责任竞合与纯粹经济损失的关系。第四章合同与侵权的趋同发展与融合理论。第五章合同责任与侵权责任的竞合关系重塑。

中文题名: 集体建设用地使用权流转制度研究

英文题名: The Research on the Circulation System of Collective Constructional Land Use Right

研 究 生: 陈国进

指导教师: 冯果教授

授予学位时间: 2014 年上半年

内容介绍: 本文从民法物权平等理论和鼓励交易原则出发,以集体建设用地使用权制度的现实困境与历史发展、法律规范与改革措施的冲突为维度,结合相关学科的知识及已有成果,在全面分析我国现行土地制度的利弊得失和制度困境后,提出给予集体建设用地完整物权和允许集体建设用地直接流转是解决和突破集体建设用地流转困境的唯一途径的观点,重点对集体建设用地使用权流转的客体范围、主体的权利义务以及相关交易规范和配套制度的建立与完善问题进行探讨。全文含导论、尾论,共分七部分。第一部分导论。第二部分集体建设用地使用权流转之基础理论。第三部分集体建设用地使用权流转之现状分析。第四部分集体建设用地使用权流转之客体研究。第五部分集体建设用地使用权流转之主体研究。第六部分集体建设用地使用权流转之配套制度。第七部分尾论。

中文题名: 集体建设用地使用权流转制度研究

英文题名: Study on the Transferring System of the Right to the Use of Collective Land for Construction

研 究 生: 黄志斌

指导教师: 李新天教授

授予学位时间: 2014 年上半年

内容介绍: 实现集体建设用地与国有建设用地同等入市、同地同权,建立城乡统一的建设用地市场是新时期集体建设用地制度改革的目标。本文以集体建设用地使用权流转制度研究为题,对集体建设用地使用权流转中的法律问题作了深入研究,试图通过研究解决以下问题:什么是集体建设用地使用权?集体建设用地使用权为什么可以流转?集体建设用地使用权如何流转?集体建设用地使用权的流转会带动哪些相关制度变革?全文除导论、结语外,共分五章。第一章论述了集体建设用地使用权的基本理论。第二章分析了集体建设用地使用权流转所存在的障碍及其消解路径。第三章以各试点地区出台的集体建设用地使用权流转规范为分析蓝本,对集体建设用地使用权流转试点改革的基本内容进行了梳理。第四章研究了如何建构集体建设用地使用权流转制度。第五章探讨了如何完善集体建设用地使用权流转的配套制度。

中文题名： 两岸知识产权出资规定的比较研究

英文题名： Comparative Research on Intellectual Property Capitalization Between Cross-strait

研 究 生： 骆增进

指导教师： 冯果教授

授予学位时间： 2014 年上半年

内容介绍： 知识产权与有体物不同，知识产权具有人身性、时效性及价额易随技术、市场等客观环境变动的特点，使其在出资时与有体物的考虑不同，另外，知识产权本身又有不同的类别与各自的特性，知识产权的这些特性对于现物出资制度带来的挑战需要予以回应。本文以两岸知识产权出资规定为研究内容，通过比较的方法，同时参考合同法、知识产权法及公司法的基本原理对上述问题的解决方案加以探索。全文除引言、结语外，共分五章。第一章知识产权出资资格的比较。第二章知识产权出资标的适格性的比较。第三章知识产权价额确保机制的比较。第四章知识产权出资履行的比较。第五章违反出资义务法律责任的比较。

中文题名： 论医疗知情同意权的民法构建

英文题名： The Research on the Stucture of Civil Law of the Rights of Informed Consent

研 究 生： 刘京

指导教师： 张里安教授

授予学位时间： 2014 年上半年

内容介绍： 患者的知情同意权，是指在医疗过程中，医方应当首先向患者告知医疗行为的有关内容，与此同时患者基于医生的告知内容，根据自身的判断，作出是否同意的医疗权利。医方告知义务的履行与患方的同意权的行使，都包含于知情同意权概念之中，二者互相联系且密不可分。本文在分析实践中医患关系诚信缺失现象的基础上，探讨知情同意制度在中国面临的文化困境，并从知情同意制度的基本概念入手，探索医疗行为能力制度的构建以及特殊医疗行为下权利的运行，最后从权利的救济入手，重点探讨了医患纠纷下非诉讼解决机制的完善。全文除导论、结论外，共分五章。第一章研究了医患诚信危机下的知情同意制度的困扰。第二章对知情同意制度的基础理论进行必要梳理。第三章探讨了患者知情同意权的行使。第四章探讨了非常规医疗行为中患者知情同意权的行使。第五章探讨了侵犯患者知情同意权的法律责任及救济机制。

中文题名： 农民专业合作社财产制度研究

英文题名： Research on Property System of Farmers' Professional Cooperatives

研 究 生： 张永兵

指导教师： 温世扬教授

授予学位时间： 2014 年上半年

内容介绍： 本文运用历史分析、理论联系实际、比较研究、法经济学研究等多种研究方法，对农民专业合作社财产制度进行了系统研究。通过对合作社与相关企业制度的比较分析和对合作社价值理念与原则的历史演变与调整的考察，提出了合作社制度内核的三原则标准，即社员与顾客同一原则、民主管理原则和惠顾返还原则，剥离非本质要素，从而为农民专业合作社财产制度之现代化构建提供更多的创新空间。在农民专业合作社财产形成制度上，本文引入投资社员制度，建立法定验资制度，以实现社员主体多元化和资金来源多渠道化，满足农民专业合作社的融资需求，确保农民专业合作社出资真实性，防范虚假出资，平衡保护第三人之利益。本文提出我国应当采用复合责任之立法模式，丰富合作社责任之制度供给。在社员退社制度上，本文建议增加社员债权人提出退社申请之规定，增加社员除名之具体程序与被除名社员之异议与救济方式。全文除导论外，共分六章。第一章合作社原则演变与财产制度困境。第二章农民专业合作社财产权法律属性。第三章农民专业合作社财产形成制度。第四章农民专业合作社财产运行与监督制度。第五章农民专业合作社盈余分配与财产责任制度。第六章农民专业合作社财产结算与清算制度。

中文题名：权利能力论

英文题名：Legal Capacity

研 究 生：张善斌

指导教师：余能斌教授

授予学位时间：2014 年上半年

内容介绍：权利能力是民法学的基本概念，但关于权利能力的涵义、本质、特征等问题众说纷纭，莫衷一是。本文旨在对权利能力的源头及形成过程进行分析，探寻权利能力确立的缘由，反思传统权利能力理论存在的问题，并在总结各个国家和地区现行民法典的不同立法模式的基础上，提出我国未来应采人格与权利能力相区别的立法模式的观点，主张重新定位权利能力。全文共分六章。第一章导论。第二章考察权利能力的源头——罗马法上的人格。第三章分析了权利能力形成的原因——从人格到权利能力。第四章检讨传统权利能力理论——权利能力功能消退。第五章权利能力之革新——重新定位权利能力。第六章结语。

中文题名：柔性的治理：司法建议制度研究

英文题名：Research on the System of Judicial Proposal

研 究 生：操旭辉

指导教师：洪浩教授

授予学位时间：2014 年上半年

内容介绍：本文运用实证分析法、历史分析法、法社会学和法经济学方法等研究方法，对司法建议的起源与发展，运用史志、文件、讲话、案例等较为详实的史料进行了考证，较为全面地展现了司法建议制度的历史变迁，并对司法建议的概念、性质、效力、类型、功能、限度提出了新观点。在构建制度上，本文对庞杂的司法建议提出了限缩与扩张并行的改革方案，建议取消诉讼保障型建议、确认社会治理型建议、抑制权力协调类建议，并从法官知识和司法权的双重维度设定司法建议的限度，并认为法院提出司法建议应以提请注意型为主、以参谋建议型为辅。在程序保障上，本文认为法院相关程序和建议对象的办理程序不可偏废。全文除引言、结语外，共分五章。第一章阐述了司法建议的基础理论。第二章考察了司法建议的历史变迁。第三章分析了司法建议的现实镜像。第四章探讨了司法建议存在的问题与困扰。第五章提出了司法建议制度的改造。

中文题名：上市公司董事薪酬决策之利益冲突研究

英文题名：A Study of Interest Conflicts with Regard to the Determination of Directors' Compensation of Listed Companies

研 究 生：钟芳瑾

指导教师：冯果教授

授予学位时间：2014 年上半年

内容介绍：自 20 世纪以来高管薪酬一直为人们所关注。对任何上市公司而言，如何协调股东与管理层的利益，使之密切联系并趋于一致，是一项根本性的挑战。处理这一挑战的一个至关重要的手段，是完善高管薪酬制度。如何缓解上市公司高管年薪均高现象——"自定薪酬""一股独大""内部人控制"及股东在董事会决定董事薪酬时，对于影响自身利益事项优先考虑小股东的权益回避利益冲突等问题，建立符合公平正义的董事薪酬机制成为当务之急。本文分五部分研究上市公司董事薪酬决策之利益冲突。第一部分明确指出董事与股东间因代理关系导致代理成本。第二部分主要针对董事薪酬决定和执行过程中的利益冲突构成的问题及原因作探讨。第三部分重新审视董事薪酬决策过程及结果所涉及利益冲突相关的法律法规。第四部分考察了世界各国次贷风暴后的金融监管措施。第五部分针对目前高管薪酬的法律规制之不足或缺失提出建议。

中文题名：自营贷款与委托贷款关联交易异化的规制问题研究

英文题名：The Bank Loan and Private Loan via Bank Regarding the Unfair Related Parties Transactions

研 究 生：林永法

指导教师：冯果教授

授予学位时间：2014 年上半年

内容介绍：依据贷款通则规定，贷款制度分成银行自营贷款与委托贷款两种，自营贷款是银行筹集资金借给他人并收取利息；委托贷款则是由委托人指定借款人，委托银行与借款人签订贷款合同。两者在性质上都归类为贷款，但实际上差异甚大。两种贷款都发生关联交易及利益输送问题，关联交易正常使用可以降低企业交易成本，对于企业经营有利。但是，也可能由于代理人问题，产生负面的关联交易，产生不公允的利益输送结果，因而对企业不利，但对代理人有利。上述情形属于不公允的关联交易，本文称其为关联交易的异化。为了切实了解自营贷款和委托贷款产生的关联交易问题，以及提出改善的途径，本文除引言、结论外，共分五章展开研究。第一章论述了银行贷款分为自营贷款与委托贷款产生的问题。第二章论述了自营贷款与委托贷款关联交易异化问题。第三章分析了现行法规对自营与委托贷款关联交易异化的规制。第四章介绍了美国与我国台湾地区对银行贷款关联交易异化的规制。第五章提出了完善自营贷款与委托贷款关联交易异化规制的途径。

中文题名： 地理信息法律问题研究

英文题名： Geographic Information Legal Issues

研 究 生： 黄佳钰

指导教师： 张里安教授

授予学位时间： 2014 年下半年

内容介绍： 地理信息的民商法律问题至少涉及五个方面：地理信息的归属与共享法律问题；地理信息的版权法律问题；地理信息搜集和利用的隐私法律问题；地理信息的合同法律问题；错误的地理信息民事责任认定问题。本文仅讨论三方面问题，即地理信息的版权法律问题、地理空间技术利用的隐私法律问题和地理信息的民事责任。全文除导论、结束语外，共分五章。第一章地理信息版权解析。第二章分析了地理空间技术利用的隐私法律问题。第三章研究了域外地理信息利用的隐私法律规定及协调。第四章探讨了错误地理信息的民事法律责任。第五章提出了我国地理信息法律制度的完善。

中文题名： 集体建设用地使用权及其流转法律问题研究

英文题名： Study on the Legal Issues of Collective Construction Land Use Rights and Its Circulation

研 究 生： 吴明场

指导教师： 温世扬教授

授予学位时间： 2014 年下半年

内容介绍： 本文选取集体建设用地使用权及其流转问题作为研究视角，结合法律思辨性论述方法与微观定量调研分析方法，全面考察我国集体建设用地使用权流转的历史、现状和问题，深入剖析集体建设用地使用权的主要权利构造，定量研究集体建设用地使用权流转的动力机制与意愿因素，对比总结各地在集体建设用地流转的规章制度及其实践经验，最后重点设计了集体建设用地流转的程序保障和收益分配制度，为集体建设用地使用权及其流转的科学管理提供理论支撑，为国家制定集体建设用地使用权流转制度和政策提供立法建议。全文除结束语与展望外，共分六章。第一章导论。第二章集体建设用地使用权及其流转的历史考察与现状检讨。第三章集体建设用地使用权的权利结构。第四章集体建设用地使用权流转的动力机制与意愿因素。第五章集体建设用地使用权流转的实践探索。第六章集体建设用地使用权流转的制度设计。

2015 年

中文题名： 独立担保制度研究

英文题名： Study on the Independent Guarantee System

研 究 生：张亮

指导教师：陈本寒教授

授予学位时间：2015 年上半年

内容介绍：本文通过对独立担保制度的内涵及外延和独立担保的法律关系的深层剖析以及独立担保运行制度的解构，对域外独立担保制度与我国现行的独立担保制度进行对比，寻找我国独立担保制度存在的问题，进而在此基础上提出了完善我国独立担保制度的路径。全文除引言外，共分五章。

中文题名：公司法上的债权出资研究

英文题名：The Research About Creditor's Rights Contribution in Company Law

研 究 生：戴盛仪

指导教师：孟勤国教授

授予学位时间：2015 年上半年

内容介绍：我国于 2013 年底到 2014 年初又进行了新一轮的公司制度改革，《公司法》的修改只涉及出资数额、出资期限等，并未对出资方式进行修改。本文认为作为公司资本制度的构成要素，出资方式也应与深化改革的步伐一致，与公司资本制度中其他要素的深化改革相辅相成。本文提出，拓展出资方式的种类，尽可能大地发挥各种财产在公司运行中的作用，是我国出资制度改革的一个方向，而债权出资是拓展出资方式、加大财产利用的内容之一。本文以公司资本制度改革中的不足为切入点，在对我国公司出资制度进行全面总结的基础上，对出资方式中较为薄弱的环节——债权出资进行较为全面的分析，并提出其制度架构的基本设想。全文除引论外，共分六章。第一章论述了公司资本制度改革视野下的出资方式问题。第二章介绍了债权出资基本理论。第三章论述了债权出资的客体。第四章探讨了债权出资的程序性制度。第五章分析了债权出资的风险防范。第六章分析了债权出资的利益保护机制。

中文题名：构建我国股票发行注册制的法理逻辑

英文题名：On Legal Reasoning of Constructing the Registration System of Stock Issuance in China

研 究 生：吴国舫

指导教师：冯果教授

授予学位时间：2015 年上半年

内容介绍：本文运用宪法秩序理论，循着梳理我国股票发行核准制演进的法理逻辑，剖析其存在问题的实质与成因，进而借鉴境外的立法与实践经验，提出了构建注册制的改革方案和实施方略，为制定注册制改革实施方案和推进改革工作提供参考。全文除引言、结语外，共分五章。第一章我国股票发行核准制施行困局与注册制改革误区。第二章我国股票发行核准制施行困局法理溯源。第三章我国股票发行核准制与境外注册制之比较。第四章我国股票发行注册权的法理解析。第五章系统构建我国股票发行注册制的改革方案与实施方略。

中文题名：机动车强制保险赔偿制度研究

英文题名：Study on the Compensation System of Compulsory Motor Vehicle Insurance

研 究 生：印通

指导教师：李新天教授

授予学位时间：2015 年上半年

内容介绍：为交通事故受害人提供基本保障是机动车强制保险的主要目的和制度价值，然而，《交强险条例》以及《交强险条款》在若干制度安排上背离了《道路交通安全法》第 76 条之基本精神，难以实现为交通事故受害人提供基本保障的目标。因此，机动车强制保险赔偿制度亟待完善。本文以机动车强制保险赔偿制度研究为题，对机动车强制保险制度中保险金赔偿问题作了深入研究。全文除导论、结语外，共分四章。第一章论述了机动车强制保险的理论框架。第二章分析了机动车强制保险的赔偿对象和赔偿要件。第三章探讨了机动车强制保险的赔偿范围和赔偿程序。第四章提出了机动车强制保险赔偿制度的完善建议和具体修法路径。

中文题名：基本养老保险基金投资运营的信托法律机制研究

英文题名：Studies on Trust Law Mechanism of Investment and Operation Under the Basic Pension Insurance Fund

研 究 生：华翠

指导教师：冯果教授

授予学位时间：2015 年上半年

内容介绍：本文通过检视基本养老保险基金投资运营的制度现实，研判基本养老保险基金投资运营的信托进路，解构基本养老保险基金信托法律关系的权义构造，探索基本养老保险基金的信托治理机制、信托监管机制与信托立法保障机制，对基本养老保险基金投资运营中的信托法律问题进行了较为深入的研究。文章建议将信托制度引入到基本养老保险基金的投资运营过程中，并对这一主张的可行性进行了论证。全文除导论、结论，共分五章。第一章困境与出路：基本养老保险基金投资运营的制度反思。第二章命题与证成：通过信托的基本养老保险基金投资运营。第三章主体与行为：基本养老保险基金信托的法律关系结构。第四章治理与监管：基本养老保险基金信托的合作规制架构。第五章立法与变革：基本养老保险基金信托的法治化径路探索。

中文题名：民商事法律适用研究——以法官对民商事案件的裁判思维模式、方法与路径为视角

英文题名：Research on the Application of Civil and Commercial Law：From the Perspective of Judge's Judgment Thinking Mode，Path and Method on the Civil and Commercial Cases

研 究 生：安建须

指导教师：张里安教授

授予学位时间：2015 年上半年

内容介绍：本文以法官对民商事案件的裁判思维模式、方法与路径为视角对民商事法律适用进行了系统研究。在研究中，全文以实证研究、规范分析、比较分析、案例分析为主，通过对司法实践中真实、典型、疑难的民商事案例所涉及的法官裁判思维、法律适用问题进行深入剖析，在实证分析的基础上，对法官应有的裁判思维模式及裁判方法加以总结、提炼与概括，同时，还辅以比较法考察、历史探究和法律社会学的研究方法，加强观点的说服力。全文除引言外，共分四章。第一章阐述了错位的裁判思维模式。第二章法官应有裁判思维模式研究。第三章阐述了"四面一体综合分析法"。第四章探讨了"四面一体综合分析法"的具体运用——对最高人民法院两则公报案例的评析。

中文题名：民事法益研究——以民事法益的类型化与法律保护为聚焦

英文题名：The Research of Civil Legal Interest：In the Perspective of Its Categorization and Legal Protection

研 究 生：张芳

指导教师：李新天教授

授予学位时间：2015年上半年

内容介绍：民事法益的法律保护在立法和司法中均具有十分重要的意义。本文兼顾理论基础、立法论和解释论，综合运用价值分析、技术分析与比较分析，在充分借鉴其他国家立法经验的同时，结合我国的法律环境和基本国情，对现行侵权法一般条款上关于民事法益的内容，进行符合立法目的和司法实践的解读，并提出了民事法益与权利区分保护的侵权法司法解释建议。全文除引言和结论外，共分五章。第一章民事法益概述。第二章民事法益的类型化研究。第三章民事法益保护的必要性证成。第四章民事法益保护之形式及范围。第五章对我国侵权法之调整——基于保护民事法益。

中文题名：强制拍卖问题研究

英文题名：The Study on Compulsory Auction

研 究 生：刘伟

指导教师：陈本寒教授

授予学位时间：2015年上半年

内容介绍：强制执行拍卖作为民事强制执行措施中的重要变价措施，其公开、公正、效率的特点使其成为民事强制执行首要的执行方式。本文结合我国现有的强制拍卖立法，从强制拍卖的性质入手，在对国外以及我国台湾地区对强制拍卖的规定作比较分析的基础上结合我国的研究成果，对强制拍卖进行比较深入的研究。同时，立足于我国的社会现实，总结司法实践中的经验教训，从而对我国强制拍卖的立法提出自己的观点。全文除引言外，共分五章。第一章探讨了强制拍卖的性质。第二章研究了强制拍卖与其他相关制度。第三章分析研究了强制拍卖的方式。第四章剖析了强制拍卖的效力。第五章探讨了对我国强制拍卖制度的检讨与完善。

中文题名：网络虚拟财产研究

英文题名：The Study on Network Virtual Property

研 究 生：唐震

指导教师：李新天教授

授予学位时间：2015 年上半年

内容介绍：网络虚拟财产自"网络虚拟财产第一案"起就备受学界与实务界关注。本文运用实证研究、比较研究、历史研究的研究方法，主要从民法角度来探讨网络虚拟财产及其法律保护，并对所涉问题进行论述。全文除引言、余论外，共分五个部分。第一部分探讨了网络虚拟财产与财产之关系。第二部分考察、研究了网络虚拟财产的权利属性。第三部分主要研究了网络虚拟财产归属问题。第四部分对网络虚拟财产典型争议问题进行研究。第五部分分析研究了网络虚拟财产的法律保护问题。

中文题名：宅基地使用权用益物权化改造研究

英文题名：A Study on the Transformation of Rural Homestead Land Rights into Usufructuary Rights

研 究 生：施适

指导教师：冯果教授

授予学位时间：2015 年上半年

内容介绍：本文在对我国宅基地制度的形成、变迁、运行现状等深入研究与探讨的基础上，结合相关理论成果、实务探索以及域外经验，提出对宅基地使用权用益物权化改造的具体思路，意图达到以下三个研究目标：一是对我国宅基地使用权用益物权化的内涵及其范围等进行基础理论研究，澄清相关模糊认识，明确宅基地使用权的双重法律属性，为丰富、发展和完善我国农户宅基地法律制度提供理论依据；二是结合用益物权理论，在对相关利弊得失进行充分论证的基础上，提出扩大宅基地使用权权能以及有条件允许宅基地使用权流转的具体建议和方案；三是为立法机关制定和完善宅基地用益物权的相关配套法律制度提出建议，以促进我国宅基地用益物权法律制度的建立与完善。全文除导论、结语外，共分五章。第一章宅基地使用权制度的形成 、变迁及其现实困境。第二章宅基地使用权用益物权化改造的正当性分析。第三章用益物权视野下宅基地使用权之具体构造及其保障。第四章用益物权视野下宅基地使用权之取得与消灭制度。第五章用益物权视野下宅基地使用权之流转制度。

中文题名：证券场外交易市场法律规制研究

英文题名：Legal Regulation Research of the OTC Securities Market

研 究 生：刘俊红

指导教师：孟勤国教授

授予学位时间：2015 年上半年

内容介绍：本文从证券从业人员的角度出发，综合运用了民商法学、经济学、社会学以及实践经验等多方面的知识，对场外交易市场法律规制进行了系统性的研究与分析。全文除引言、结束语外，共分六个部分。第一部分研究与探讨了场外交易市场的法律性质。第二部分分析了场外交易市场的做市商制度。第三部分研究与分析了场外交易市场的信息披露制度。第四部分研究了场外交易市场投资者保护制度。第五部分研究与论证了场外交易市场的监管制度。第六部分提出了完善我国场外交易市场法律制度的建议。

中文题名： 最高法院民事判决四元结构论（1985—2014）

英文题名： Four Elements Structure of Civil Judgements on the Supreme Court (1985-2014)

研 究 生： 朱兰春

指导教师： 孟勤国教授

授予学位时间： 2015 年下半年

内容介绍： 案例研究的危机，首先是研究方法的危机。提出这个问题，并试图解决这个问题，正是本文的全部目的。本文立足于民法基本理论体系，以"主体、行为、权利、责任"为基元，从哲学认识论的角度，提炼出四元结构分析法，对最高人民法院发布的全部案例，以四元结构重新归类、多次归类，遵循从一般（大理论）到一般（大实践）的认识路径进行研究。四元结构作为贯穿全文的一根红线，在对全部案例的提精取萃中，基本理清了最高法院三十年来民事审判的历史脉络，由此形成了本文的中心命题：作为民法理论的方法论表达，四元结构既是统领最高法院全部民事判决的总线索，也是揭示最高法院民事审判规律的总钥匙。文章紧紧围绕上述中心命题，按双螺旋线索展开全文，一方面论证四元结构能否以及如何起到统领作用；另一方面实证最高法院的审判思维是否以及如何相对成型。全文除导论、结论外，共分四个部分。

2016 年

中文题名： 反向揭开公司面纱制度研究

英文题名： Reasearch on the Reverse Piercing the Coporate Veil

研 究 生： 杜麒麟

指导教师： 温世扬教授

授予学位时间： 2016 年上半年

内容介绍： 对于司法实践中存在的种种因公司法人人格滥用而导致的新问题，我国现有的公司法体系无法给出解决方案。在解决此类新问题的建议中，较为引人瞩目的是移植美国公司法上的反向揭开公司面纱制度的主张。围绕我国是否应当移植反向揭开公司面纱制度，以及如何移植反向揭开公司面纱制度这两个问题，本文从反向揭开公司面纱制度的制度价值出发，逐渐深入，逐一探讨了反向揭开公司面纱制度的相关问题，对我国反向揭开公司面纱制度的构建提出了些许建议。全文含引论共分六章。第一章引论。第二章反向揭开公司面纱的制度价值。第三章反向揭开公司面纱的类型及适用对象。第四章反向揭开公司面纱的适用标准。第五章反向揭开公司面纱所涉第三人利益的保护。第六章反向揭开公司面纱适用的程序问题。

中文题名：公司集团控制权研究

英文题名：Study on Control Among Members of Corporate Group

研 究 生：冯占省

指导教师：李新天教授

授予学位时间：2016 年上半年

内容介绍：公司集团控制权，作为特殊关联公司的集群——高度组织化、系统化的公司群体内存在的法权形态，是公司集团内成员之间控制权的有序组合及由此形成的控制权机制。本文以正当性理论为手段，以集团组织结构与控制系统的法学分析为内容，对公司集团控制权的组织作用与系统功能进行了分析与研究，并据此探讨了公司集团的立法原理与制度设计。全文除引言、结语外，共分五章。第一章论述了公司集团控制权：控制系统。第二章探讨了集团公司控制权：核心组织。第三章讨论了控股公司控制权：紧密组织。第四章讨论了参股公司控制权：离散组织。第五章讨论了公司跨域控制权：跨域组织。

中文题名：股权转让纠纷法律适用问题研究

英文题名：Research on Application of Law Governing Share Transfer Disputes

研 究 生：肖黄鹤

指导教师：张里安教授

授予学位时间：2016 年上半年

内容介绍：本文从股权转让纠纷的裁判现状入手，借助股权转让行为这一认识工具，剖析出股权转让纠纷背后所隐藏的深层次动因，同时构建起股权转让纠纷裁判的一般性法律规则。股权转让问题涉及公司法、合同法、物权法、外商投资企业法甚至侵权责任法等多个法律部门，法益冲突与折中不可避免，本文尝试从多维视角出发，尽可能全面呈现股权转让规范体系的冲突性问题，并试图找寻出具有衡平精神的冲突规则，为股权转让问题的破解提供些许助益。全文除引言、结论外，共分六章。第一章介绍了股权转让纠纷的司法裁判现状与问题。第二章研究分析了合同法规范在股权转让纠纷中的适用。第三章探讨了物权法规范在股权转让纠纷中的适用。第四章分析论证了公司法规范在股权转让纠纷中的适用。第五章梳理与分析了外商投资企业法规范在股权转让纠纷中的适用。第六章探讨了侵权责任法规范在股权转让纠纷中的适用。

中文题名：计算机字体著作权保护研究

英文题名：Research on the Copyright Protection of Computer Font

研 究 生：王锦瑾

指导教师：张里安教授

授予学位时间：2016 年上半年

内容介绍：本文在目前国内有关计算机字体保护的研究成果基础之上，试图增加研究的准确度、深度和广度，力求对计算机字体的知识产权保护进行全面、细致的研究，以期提出一个适合我国国情的、科学合理的计算机字体知识产权保护模式。全文除绪论、结语外，共分四章。第一章计算机字体导论。第二章计算机字体的著作权保护的必要性和可行性分析。第三章计算机字体著作权保护的适用及限度。第四章关于计算机字体著作权保护制度的结语与展望——计算机字体著作权保护的立法建议。

中文题名：建设工程合同价款结算法律问题研究
英文题名：Research on Legal Issues About Price Settlement of Construction Contract
研 究 生：余卫
指导教师：孟勤国教授
授予学位时间：2016 年上半年
内容介绍：本文立足于建设工程合同价款结算法律规则现状，以辩证的思维加以考察，寻求建设工程价款结算的内在动因和外在影响，进而结合我国法律制度和工程实务，从正当性、合理性的角度全面分析和推理建设工程合同价款结算适用法律的应然状态，从而引申出用法律妥善规范价款结算的原则和规则，同时系统阐述了价款结算的基本理论问题和重大实务问题，初步建立价款结算的理论框架和实务法律规则。本文从建设工程合同价款结算法律规则入手，在研究分析基本法律规则的基础上，重点研究分析了特殊法律规则，从而对建设工程合同价款结算的实务争议问题作出明确的评判。全文除导论、结语外，共分四章。第一章阐述了建设工程合同价款结算依据的正当性分析。第二章对有效建设工程合同价款结算的法律问题进行了梳理。第三章研究了无效建设工程合同的价款结算法律问题。第四章探讨了建设工程造价司法鉴定法律问题。

中文题名：旅游合同中的消费者保护问题研究
英文题名：The Research on the Protection of Tourism Consumers in Travel Contract
研 究 生：汪旭鹏
指导教师：张里安教授
授予学位时间：2016 年上半年
内容介绍：本文基于我国旅游合同的立法现状和既有理论研究成果，在比较、借鉴国外立法例及其理论研究成果的基础上，立足于保护旅游合同中处于弱势地位的旅游消费者的合法权益，分析、总结实务中旅游纠纷处理的热点、难点，对旅游合同中的消费者保护问题进行较为深入的研究和探讨，并为我国现行旅游合同相关立法的修订、完善提出作者的观点和建议。全文除引言外，共分六章。第一章旅游合同与旅游消费者。第二章消费者保护视野下的旅游举办人的义务。第三章消费者保护视野下的旅游合同变更。第四章消费者保护视野下的旅游合同解除。第五章旅游举办人的特殊民事法律责任。第六章新版旅游合同示范文本的检讨。

中文题名：特殊侵权责任中的利益平衡研究

英文题名：Research on the Interests Balance of the Special Tort Liability

研 究 生：雷涛

指导教师：孟勤国教授

授予学位时间：2016 年上半年

内容介绍：特殊侵权责任的利益平衡主要涉及两个方面，即特殊侵权责任成立上的特殊性及其承担上的特殊性，两者构成特殊侵权责任利益平衡的完整体系。本文围绕这两个方面展开对特殊侵权责任利益平衡的研究，力图展现特殊侵权责任利益平衡问题的全貌，最终目的是透过利益平衡的视角，审视特殊侵权责任相关理论及现有立法的不足，并提出完善建议。本文对涉及特殊侵权责任利益平衡的五个具体问题展开论述。全文除绪论、代结语外，共分五章。第一章研究了过错要件的排除。第二章分析研究了过错要件的推定。第三章论述了完全赔偿的突破。第四章阐述了抗辩事由的独立。第五章研究了责任的分担与追偿。

中文题名：危险责任一般条款研究

英文题名：Study on the General Clause of Endangering Liability

研 究 生：张海龙

指导教师：孟勤国教授

授予学位时间：2016 年上半年

内容介绍：本文除引言外，分四章主要对以下问题展开研究、讨论：（1）危险责任立法模式的历史演变是怎样的？危险责任一般条款是如何形成的？（2）危险责任一般条款有哪些利弊？我国是否有必要规定危险责任一般条款？（3）危险责任一般条款当有怎样的范围？如何认识危险责任与相关概念的关系？（4）域外对危险责任一般条款的结构有哪些设计？我国现行法上有哪些危险责任？根据我国现实及以往经验，应如何规定危险责任一般条款？针对上述问题，文章依据比较研究、历史分析、法律解释学等方法，基于现行法规定以及司法实践经验和典型案例，阐析危险责任概念的内涵、外延与理论基础，着重研究罗马法、法国法、德国法上的危险责任，深入讨论一般条款及其在《侵权责任法》的具体表现，进而以此为基础对我国现行法及学者观点进行分析。在独立归纳当前危险责任一般条款六种设计方案特点的基础上，本文认为可以采用危险责任一般条款彰显体系价值。本文认为，授权法官进行价值补充也在所难免，但立法宜尽量缩小价值补充空间，防止一般条款被滥用的司法恣意，同时一般条款须明确禁止司法裁判中类推适用法定类型的危险责任，由此建议采用"具体列举危险源+限制性规范"结构的危险责任一般条款。

中文题名：限定继承制度研究

英文题名：On the Limited Succession

研 究 生：傅强

指导教师：余延满教授

授予学位时间：2016 年上半年

内容介绍：本文从继承法的基础理论出发，比较其他国家和地区的立法例，剖析我国限定继承制度存在的问题及其原因，提出具体的、有针对性的完善立法建议，探寻公平合理、兼顾各方利益的限定继承制度体系。全文除引言外，共分四章。第一章分析阐述了限定继承制度的内涵、历史渊源及价值。第二章解读与分析了我国限定继承制度。第三章比较分析了限定继承制度。第四章反思与重塑：我国限定继承制度的立法完善。

中文题名：优先股股东权益保护研究

英文题名：The Research on Protecting of Preferred Stockholders' Rights

研 究 生：易海辉

指导教师：李新天教授

授予学位时间：2016 年上半年

内容介绍：本文通过分析考察域外优先股股东权益保护经验，在检讨我国试点阶段有关做法的基础上，提出符合我国国情的优先股股东权益保护措施，以推动我国优先股立法的完善。全文除引言、结语外，共分五部分。第一部分介绍、探讨了优先股股东权益保护的基础理论。第二部分主要探讨优先股股东权益受侵害的本质、表现及成因。第三部分主要探讨了法律和章程在优先股股东权事先配置与保护上的作用、边界等问题，提出了优先股股东权益保护的规范体系。第四部分探讨了事中优先股股东对自身权益的自力保护措施，主要包括"用手投票"和"用脚投票"两种途径。第五部分主要探讨事后优先股股东权益的司法救济措施。

中文题名：有限责任公司股权转让限制问题研究

英文题名：Research on Share Transfer Restrictions in the Limited Liability Company

研 究 生：杨信

指导教师：李新天教授

授予学位时间：2016 年上半年

内容介绍：对有限责任公司股权转让进行限制是否有合理的缘由，在设置限制的过程中应该秉持一种什么样的价值取向，除了法律规定之外有无其他形式能够容纳股权转让限制内容，有限责任公司股权转让限制又该如何以全貌示人。本文遵循着前述逻辑思维展开研究。全文除绪论、结语外，共分六章。第一章探讨了有限责任公司股权转让限制的理论基础。第二章解读了有限责任公司股权转让限制的价值意蕴。第三章分析有限责任公司股权转让限制法定具体规则之同意权和优先购买权。第四章分析了有限责任公司章程限制股权转让的边界。第五章分析有限责任公司股权转让限制规则的另类载体——股东协议和公司细则。第六章探讨了我国有限责任公司股权转让限制之体系化建构。

中文题名：在建建筑物抵押的权利冲突与衡平

英文题名：Rights Conflict and Balance of Mortgage of Buildings Under Construction

研 究 生：李倩茹

指导教师：李新天教授

授予学位时间：2016 年上半年

内容介绍：本文以在建建筑物抵押中的权利冲突为切入点，研究在建建筑物抵押权与其他相关物权之间的关系，进而提出权利衡平的实现路径。全文分六个部分展开对在建建筑物抵押的研究。第一部分绪论。第二部分阐述了在建建筑物抵押权利冲突的基础理论。第三部分分析了时间维度的权利冲突与衡平——建造进度的影响。第四部分研究了空间维度的权利冲突和衡平——区分所有的划分。第五部分讨论了物权利用维度的权利冲突和衡平——房地关系的处理。第六部分探讨了在建建筑物抵押权利冲突的解决途径——公示规则的完善。

中文题名：P2P 网贷法律问题研究——兼论商业银行参与 P2P 网贷的法律问题

英文题名：Research on Legal Issues of P2P Lending and Commercial Banks' Participation in P2P Lending

研 究 生：黄斌

指导教师：温世扬教授

授予学位时间：2016 年下半年

内容介绍：P2P 网贷是互联网金融的重要组成部分，已成为我国传统金融模式的重要补充。本文对 P2P 网贷的基本民事法律关系及相应的民事责任如何？如何看待和解释当前 P2P 网贷实践中的特殊交易架构安排？如何在 P2P 网贷中保护好金融消费者权益？如何完善相关法律和监管规则？针对商业银行参与 P2P 网贷的现象，应注意哪些法律问题和如何防范风险？等诸多需要进行研究和探讨的问题，综合结合了民商法学、金融监管、P2P 网贷实践以及商业银行参与 P2P 网贷实践等多方面的知识，对 P2P 网贷的相关法律问题进行了系统的研究与分析。全文除引言、结束语外，共分六个部分。第一部分 P2P 网贷发展状况及其法律检视。第二部分 P2P 网贷主要法律关系辨析。第三部分探讨了 P2P 网贷新型运营模式中典型民商法问题。第四部分研究了 P2P 网贷的金融消费者权益保护。第五部分系统分析了 P2P 网贷平台经营的主要法律风险及防范。第六部分提出了 P2P 网贷立法及监管完善建议。

中文题名：工程分包限制规则研究——以《合同法》第 272 条第 2 款和第 3 款为中心

英文题名：A Study on Subcontract Restrictions：Centralizing on Article 272（2）and （3）of "P. R. C. Contract Law"

研 究 生：张剑

指导教师：孟勤国教授

授予学位时间：2016 年下半年

内容介绍：本文从立法论的角度，以《合同法》第 272 条第 2 款和第 3 款的分包限制规定为研究对象，结合《建筑法》《招标投标法》以及其他法律法规、规章和规范性文件的相关规定，从法律关系的客体、主体、内容和法律后果等方面，从比较法的视角找出中外制度的差异，然后对这些差异进行利弊分析，从而得出本文的中心论点，即转包、违法分包的泛滥，从制度层面来说，是由于我国分包限制规则不完全正当合理，部分与国际惯例脱节，没有反映生产力发展和工程承包的客观规律，某种程度上部分反映了工程分包的客观规律与不合时宜的制度束缚的矛盾和冲撞，所以建议实定法放松对工程分包的限制，在修法之前建议在实务中缓和转包、违法分包的私法后果，并在此基础上，进一步提出对我国《合同法》第 272 条第 2 款和第 3 款的修法建议。全文除绪论，共分六章。第一章工程分包的理论诠释。第二章工程分包范围——客体的限制规则。第三章分包人的资质——主体资格的限制规则。第四章分包权利义务的限制规则。第五章关于违反分包限制规则的民事法律后果。第六章结论与展望。

2017 年

中文题名：保险消费者保护研究——以《消费者保护法》在保险领域的适用为视角

英文题名：Research on the Protection of Insurance Consumer

研 究 生：范庆荣

指导教师：温世扬教授

授予学位时间：2017 年上半年

内容介绍：本文采用比较研究、法律实证研究、实例研究等研究方法，以《消费者保护法》在保险领域的适用为视角，重点论证《消费者保护法》得以适用于保险领域的理论基础，以此为前提进一步探讨《消费者保护法》具体规则对保险人义务、保险消费者权利、保险责任划分及保险纠纷处理产生的影响，根本目的在于为保险消费者提供多重的保护路径。本文注重理论与实践相结合，论述的展开多以司法案例或是实践中出现的问题为引。全文除结语外，共分五章。第一章绪论。第二章"保险消费者"的理论基础。第三章《消费者保护法》对保险人义务的完善。第四章《消费者保护法》对保险消费者权益的扩张。第五章《消费者保护法》对保险责任划分与保险诉调对接的影响。

中文题名：单方法律行为研究

英文题名：The Research on Unilateral Legal Act

研 究 生：黎珞

指导教师：张里安教授

授予学位时间：2017 年上半年

内容介绍：单方法律行为是指依一方当事人作出意思表示而成立的法律行为。本文针对单方法律行为的私法地位、适用范围与特殊的效力规则三个方面的主要问题进行了详细的探讨，试图厘清学界对单方法律行为长久以来存在的争议。除引言之外，正文共分四章。第一章阐述了单方法律行为的基本理论问题。第二章域外私法中的单方法律行为及其分析。第三章研究了单方法律行为的适用范围。第四章结合单方法律行为的特性，研究了单方法律行为独特的法律规则。

中文题名：关于侵害合同债权理论的反思——以意志理论的再探讨为线索

英文题名：Reflection on the Theory of Infringement of the Contract Creditor's Right: Based on the Review of the Theory of Will

研 究 生：危薇

指导教师：余延满教授

授予学位时间：2017 年上半年

内容介绍：本文运用历史研究、比较研究、法经济学、理论联系实践的研究方法，以对意志理论的批判之反思为线索，对侵害合同债权理论进行了检讨。全文含导论、结语，共分六大部分。第一部分导论。第二部分探讨了意志理论的形成与理论基础。第三部分对意志理论批判之再探讨。第四部分探讨了意志理论与合同相对性原则。第五部分研究探讨了意志理论与合同债权的相对性、不可侵犯性。第六部分结语。

中文题名：我国合同自由限制的实证研究

英文题名：The Study on Restrictions of Contract Freedom by Chinese Courts

研 究 生：申蕾

指导教师：孟勤国教授

授予学位时间：2017 年上半年

内容介绍：本文以案例分析为基础，通过对量化案例样本的数据分析找出关键问题，以对关键案例的分析作为研究起点和基本思路，对我国合同自由限制的实证进行了系统研究。文章深入分析了自由在哲学、法学等学科中发展的轨迹，概括出合同自由与限制的同质性，合同自由的有限性、积极性、形式性四个特点，确定了司法应保护的合同自由内容。通过分析对合同自由限制的规律，指出限制合同自由的正当性在于法律对社会各方利益的平衡，其中介于法律利益和非法利益之间的利益，即"超法利益"的认定是审判关键，依赖于法官的自由裁量。本文通过对近年来 478 篇最高人民法院审理合同纠纷生效裁判文书的分析，概括出审判中对合同自由的不当干预情形和限制方式，并对司法应如何对合同自由进行合理限制进行了分析，进而对合同自由立法提出建议，建议确立合同自由原则。全文除引言外，共分四章。第一章合同自由的理论基础。第二章司法对合同自由不当限制的问题。第三章司法应对合同自由的合理限制。第四章保护合同自由的立法和司法建议。

中文题名：我国巨灾再保险制度构建研究

英文题名：Research on Catastrophe Reinsurance Legal System Construction in China

研 究 生：李琛

指导教师：温世扬教授

授予学位时间：2017 年上半年

内容介绍：我国是世界上主要的巨灾高发国家之一。发展巨灾保险成为我国全社会的共识。本文以保险偿付能力的提升为着眼点，就巨灾再保险的理论基础与域外借鉴、构建巨灾再保险制度的总体思路、巨灾再保险合同的法律构造、巨灾再保险证券化制度建构等问题，进行了系统的研究。全文除绪论、结语外，共分五章。第一章巨灾再保险的理论基础。第二章域外巨灾保险与再保险的立法考察。第三章构建我国巨灾再保险制度的总体思路。第四章巨灾再保险合同的法律构造。第五章巨灾再保险证券化制度的建构。

中文题名： 药品致人损害事故救济制度研究

英文题名： A Study on the Relief System of Injury Caused by Drugs

研 究 生： 刘贞

指导教师： 张里安教授

授予学位时间： 2017 年上半年

内容介绍：建立和完善药品、医疗器械救济制度对于保护人类免受药物及医疗器械的天然伤害是相当必要。本文首先从理论上论述药品致人损害的民事责任，围绕药品致人损害侵权责任的归责原则，摸索建立药品致人损害救济的合理模式。同时以一个药品监管前线实践者的视角提出在目前监管制度及环境下构建合理的补偿救济制度，为构建救济赔偿制度提供些许思路。全文除引言外，共分四章。第一章药品致人损害事件概述。第二章药品损害赔偿责任性质的探讨。第三章药品致人损害责任的构成。第四章我国药品致人损害救济赔偿制度的设计。

中文题名： 医疗损害侵权责任研究

英文题名： Research on Tort Liability of Medical Malpractice

研 究 生： 孟睿偲

指导教师： 张里安教授

授予学位时间： 2017 年上半年

内容介绍：本文运用历史、环境、比较、数据、案例、法经济学等多种分析研究方法，从医疗损害侵权责任的价值取向出发，试图以此为基点，通过对比现有的和应有的医疗损害侵权责任的价值取向，对医疗损害侵权责任进行区分，并对医疗损害侵权责任的法律法规进行系统化、分类化的分析与梳理。全文除绪论、结论外，共分五章。第一章医疗损害侵权责任概述。第二章医疗损害侵权责任的价值取向。第三章一般医疗损害侵权责任。第四章特殊医疗损害侵权责任。第五章医疗损害侵权的赔偿责任。

中文题名： 有限责任公司股权转让疑难法律问题研究

英文题名： Research on Complicated Legal Issues Involving Share Transfer in Limited Liability Company

研 究 生： 谢清平

指导教师： 李新天教授

授予学位时间：2017 年上半年

内容介绍：本文通过我国有限责任公司股权转让纠纷进行类型化梳理，对基于我国公司法规范框架内关于协议形式的股权转让、由法定事由发生而引起的特殊形式的股权转让以及股东优先购买权纠纷中所存在的法律问题进行了全面梳理和逐一分析，比较研究了域外法律关于封闭公司股权转让的限制规定，并在此基础上，提出了完善我国有限责任公司股权转让制度的合理化建议。全文除绪论和结语外，共分五章。第一章股权转让基础研究。第二章有限责任公司股权一般转让——协议转让。第三章有限公司股权特殊转让——法定事由发生导致的股权转让。第四章股权转让与股东优先购买权。第五章我国有限责任公司股权转让制度之立法完善。

中文题名：中国高利贷规制制度研究

英文题名：Research on Regulation System of Usury in China

研 究 生：王宏

指导教师：冯果教授

授予学位时间：2017 年上半年

内容介绍：本文基于制度创新的法律考量，以高利贷的法学基础理论研究作为逻辑起点，结合民商法和经济法学理论，运用历史分析、比较法分析、法律解释和法经济学分析等方法，主要研究了中国高利贷规制目前存在哪些具体问题，中国高利贷规制创新有哪些环境支持，中国高利贷规制的思路突破、价值标准以及路径选择分别是什么，如何建构中国高利贷规制制度模式，如何设计中国高利贷规制形式和组织形式等问题。全文除绪论、结语外，共分六章。第一章高利贷的法学理论分析。第二章高利贷规制供给检视。第三章高利贷规制环境审思与思路突破。第四章高利贷规制制度模式重构。第五章高利贷的合法化再塑之一——商事性高利贷。第六章高利贷的合法化再塑之二——小额短期高利贷。

2018 年

中文题名：个人信息的法律界定及类型化研究

英文题名：Legal Definition and Types of Personal Information

研 究 生：韩旭至

指导教师：张里安教授

授予学位时间：2018 年上半年

内容介绍：大数据时代下，个人信息安全受到了极大挑战。尤其是个人信息的商业利用，为个人信息保护提出了新问题。本文采取教义学方法、比较研究、历史研究、案例研究等多种研究方法，对个人信息的法律界定及类型化进行了系统的研究。全文除绪论与结论外，共分五章，分别从个人信息的概念、属性、类型、列举、匿名等五个方面解答个人信息是什么的问题。第一章个人信息的概念内涵。第二章个人信息的属性。第三章个人信息的类型化分析。第四章各别个人信息列举项解读。第五章个人信息匿名的制度构建。

中文题名：论股权众筹公司制度的特色与创新

英文题名：The Characteristics and Innovation of Equity Crowdfunding Company System

研 究 生：孙亚贤

指导教师：李新天教授

授予学位时间：2018 年上半年

内容介绍：本文在对我国股权众筹公司的运营现状及其相关制度深入研究与探讨的基础上，结合已有的理论成果和域外经验，总结概括出股权众筹公司制度的特色及创新。全文除绪论、余论外，共分五个部分。第一部分股权众筹公司的实践困惑与理论争议。第二部分股权众筹公司设立制度对传统公司法律的突破。第三部分股权众筹公司的治理结构特色及制度创新。第四部分股权众筹公司股东退出机制的特色与制度构建。第五部分股权众筹公司监管制度的重构。

中文题名：论合同法上的合意

英文题名：The Consensus of Contract Law

研 究 生：曾建新

指导教师：余延满教授

授予学位时间：2018 年上半年

内容介绍：本文以合同法上的合意为题，主要围绕合意的本质、方式、标准、不合意以及效力五方面展开研究。全文除导论外，共分五章。第一章合意本质论。第二章合意方式论。第三章合意标准论。第四章不合意论。第五章合意效力论。

中文题名：破产重整原因的重构与制度配给

英文题名：Reconstruction of the Cause of Bankruptcy Reorganization and Institutional Rationing

研 究 生：吴亦伟

指导教师：张素华教授

授予学位时间：2018 年上半年

内容介绍：供给侧结构性改革离不开破产法。我国的破产重整制度在回应供给侧结构性改革时出现了一个漏洞，即《企业破产法》第二条第二款直接使得我国的破产重整制度成为一项缺乏激励债务人自愿申请破产重整的跛脚制度。跛脚的破产重整制度不仅限制了债务人自愿破产重整的动力，还扩张了债权人申请破产重整的权利边界，破产重整原因的变革势在必行。全文除引言、结语外，共分四部分。第一部分论证了破产重整原因概念的独立性。第二部分介绍了影响破产重整原因重构的价值取向，继而探讨了中国应选择何种价值取向。第三部分探讨了重构我国的破产重整原因。第四部分论述了重构破产重整原因后的制度配给。

中文题名：预约合同研究

英文题名：Study on Pre-contract

研 究 生：范硕

指导教师：余延满教授

授予学位时间：2018 年上半年

内容介绍：本文以预约合同的特殊性为主线，以其功能和价值为导向，立足于我国司法实践中遇到的相关难题，通过对我国及域外的相关立法、判例及理论成果进行考察与分析，对预约合同相关问题展开了明确的、系统的、类型化的阐释与研究。全文除绪论、结语外，共分四章。第一章预约合同概说。第二章预约合同的认定。第三章预约合同效力之探讨。第四章预约合同之违约责任。

中文题名：转基因作物民事侵权责任研究

英文题名：Study on Civil Tort Liability of Genetically Modified Crops

研 究 生：乔博

指导教师：张里安教授

授予学位时间：2018 年上半年

内容介绍：转基因作物民事侵权责任议题已经成为转基因作物相关法治研究领域的新兴议题。本文运用文献分析、历史分析、实证分析等研究方法，以转基因作物引发的相关民事侵权责任法律问题为中心，从产品责任、环境污染责任、高度危险责任以及一般侵权责任四大方面对转基因作物活动中可能涉及的侵权责任进行了系统阐述与分析探讨，中间以国际社会和世界先进国家对于转基因作物民事侵权责任的相关经验为参照，最后提出符合我国法律制度的建设性意见。全文除引言、结论外，共分五章。第一章转基因作物的技术背景及其可能的危害。第二章产品责任。第三章环境污染责任。第四章高度危险责任。第五章一般侵权责任。

中文题名：物业服务合同研究——以业主权益保护为主线

英文题名：The Realty Service Contract：Focusing on the Protection of Owners

研 究 生：张质

指导教师：余延满教授

授予学位时间：2018 年下半年

内容介绍：物业服务合同所引发的法律问题并非单纯的合同法问题，该项合同制度的构造必须协同考量人法、物权法、侵权法等因素才能妥当安排相关主体的权利和义务。《物权法》《物业管理条例》以及《物业服务纠纷司法解释》等法律规范并未给予业主合理保护，导致单个业主处于结构性劣势地位。为此，本文以物业服务合同为研究对象，以业主权益保护为主线，分五章对物业服务合同的性质、主体、内容以及违约救济等展开研究。第一章论述了物业服务合同的基本理论。第二章探讨了物业服务合同的主体制度。第三章分析了物业服务合同的内容构造——以物业服务人的义务与职权为中心。第四章研究了物业服务人违约之界定及其法律后果。第五章探讨了民法典编纂视野下物业服务合同的立法完善。

诉 讼 法 学

2013 年

中文题名：行政诉讼诉的利益研究
英文题名：Research on Interests of Administrative Litigation
研 究 生：孔维臣
指导教师：林莉红教授
授予学位时间：2013 年上半年
内容介绍：本文以行政诉讼诉的利益为核心议题，采取比较分析、规范分析、系统分析等研究方法，通过对这一主题的深入系统讨论，试图构建行政诉讼诉的利益的理论体系，解决行政相对人的权利救济难题。全文共分五章。第一章行政诉讼诉的利益之解读。第二章行政诉讼诉的利益之演进。第三章行政诉讼诉的利益之要素。第四章行政诉讼诉的利益之衡量。第五章行政诉讼诉的利益之扩张。

中文题名：刑事合并审判制度研究
英文题名：On the Joint Trial of Criminal Procedure
研 究 生：汪容
指导教师：蔡杰教授
授予学位时间：2013 年下半年
内容介绍：刑事合并审判是当今世界任何一个国家的刑事诉讼理论与司法实践中都必须面对的一个问题。本文运用价值分析、比较分析、历史分析、实证分析等多种研究方法，从刑事合并审判制度的基本理论问题入手，针对性地撷取了域外主要代表性国家和地区刑事合并审判制度进行比较研究，并就我国刑事合并审判制度之零散规定与司法实践中存在的弊端进行评析与检讨，提出了我国刑事合并审判制度之体系构建与相关制度完善的建议。全文除引言外，共分五章。第一章刑事合并审判制度概述。第二章合并审判制度之正当性与局限性。第三章域外主要代表国家和地区合并审判制度之比较。第四章我国合并审判现有规定之评析与实践弊端之检视。第五章我国合并审判制度之体系构建与相关制度之完善。

2014 年

中文题名：行政诉讼模式研究

英文题名：Research on Administrative Litigation Mode

研 究 生：宋国涛

指导教师：林莉红教授

授予学位时间：2014 年上半年

内容介绍：围绕行政诉讼模式的议题，本文在对行政诉讼模式进行概述的基础上，运用比较研究、逻辑分析和价值分析的方法对行政诉讼模式进行了研究，提出了行政诉讼模式确立根据三维度和行政诉讼模式非单一性的理论观点。同时对我国行政诉讼立法所体现的诉讼模式进行历史和现状的梳理和评析，指出我国未来应当确立的行政诉讼模式，最后在提出我国行政诉讼模式选择的构想后，就与之相适应的程序制度建设提出了若干理论设想。全文除导论、后记外，共分五章，先后研究了行政诉讼模式的基础理论、域外行政诉讼模式的比较、行政诉讼模式之确立、我国行政诉讼模式历史与现状及其评析以及我国行政诉讼模式之选择与程序制度构建等问题。

中文题名：判决的生成要素研究

英文题名：Study on Generating Elements of the Judgment

研 究 生：邓晓静

指导教师：洪浩教授

授予学位时间：2014 年下半年

内容介绍：判决的生成要素，是诉讼过程中形成与建构判决不可或缺的基本元素，包括判决生成的主体和判决生成的客体。判决生成的主体就是裁判者，而判决生成的客体指向的则是裁判者行使审判权所逐渐确定的判决对象。本文采用实证调研和比较研究的方式，除引言外，共分四章展开研究。第一章判决的本体论。第二章判决生成的主体论。第三章判决生成的客体论。第四章判决的确定及对判决的评价。其中，判决生成的主体是关键性的因素。本文的目的是从法官这一角色出发来考察判决本体的涵义、属性、构成及其表现形式，辨析诉讼中判决生成的主体要素、客体要素及确认和评价，为研究法官队伍的专业化、精英化建设，法官该怎样更加公正高效地行使审判权审理和裁判案件提供多一种观察与思考的角度。

中文题名：刑事庭前程序研究

英文题名：On Pretrial Criminal Procedure

研 究 生：刘晶

指导教师：蔡杰教授

授予学位时间：2014 年下半年

内容介绍：刑事庭前程序起始于检察官向庭前法官提出公诉之时，终结于审判正式开启日之前，在公诉程序和审判程序之间搭起了一座桥梁。庭前程序的运作效果将会影响到整个庭审程序是否能够集中、高效和公正地进行，以及人权保障价值的实现。本文采用比较法学方法、案例研究方法、经济分析方法等研究方法，全面、系统地对刑事庭前程序的概念、功能、构造和原则进行了系统的研究，特别分析了刑事庭前程序中的各种诉讼关系类型以及其主体、客体和行为。同时构建了独立完整的刑事庭前程序，并对检察官公诉的合法性进行全面审查，设置庭前的认罪协商程序，进而对刑事庭前会议的完善提出可行性建议。全文除引言、结语外，共分五章。第一章刑事庭前程序概述。第二章刑事庭前程序的原则。第三章刑事庭前程序的域内外比较。第四章我国刑事庭前程序的现状与反思。第五章我国刑事庭前程序之完善。

2015 年

中文题名：我国多元行政纠纷解决机制研究

英文题名：Research on Diversified Administrative Dispute Settlement Mechanism in China

研 究 生：黄雪娇

指导教师：林莉红教授

授予学位时间：2015 年上半年

内容介绍：围绕着多元行政纠纷解决机制的议题，本文在对纠纷解决机制进行概述的基础上，运用价值分析、比较研究、实证分析等方法，并通过法社会学的视角对多元行政纠纷解决机制进行探讨。随后本文分析了在我国建构多元行政纠纷解决机制的理论基础，对我国现存行政纠纷解决机制的运行现状进行了考察，并对域外行政纠纷解决机制进行研究，最后提出建构我国多元行政纠纷解决机制的体系。全文除导论、结语外，共分五章，先后讨论了多元行政纠纷解决机制概述、多元行政纠纷解决机制的理论基础、我国行政纠纷解决机制之运行现状、多元行政纠纷解决机制之域外考察及对我国的启示以及我国多元行政纠纷解决机制体系的构建等问题。

中文题名：羁押必要性审查制度研究

英文题名：The Research on Review System About Detention Necessity

研 究 生：王莉

指导教师：洪浩教授

授予学位时间：2015 年下半年

内容介绍：本文以理论探讨和实践调研相结合的方式，以对 H 省 S 市检察机关等开展羁押必要性审查的实践为蓝本，对我国羁押必要性审查制度进行立法分析和实证考察，并以联合国刑事司法准则的规定为参照，以域外法治国家的相关制度为借鉴，结合我国检察体制改革的要求，提出了完善我国羁押必要性审查制度的总体思路和具体措施，以期推动该项制度在实践中有效实施、良性运作。全文除引言外，共分五章。第一章羁押必要性审查制度概述。第二章羁押必要性审查的理论基础。第三章羁押必要性审查制度的比较研究。第四章我国羁押必要性审查制度的现实考量。第五章羁押必要性审查制度的完善。

中文题名： 劫机案件侦查制度研究——模式、方法及其他

英文题名： Research on the Hijacking Case Investigation System：Modes，Methods and Others

研 究 生： 张鑫

指导教师： 蔡杰教授

授予学位时间： 2015 年下半年

内容介绍： 劫机案件的侦查是当前民航安全领域亟待研究的一个重要课题。本文通过比较分析、历史分析、实证分析、演绎归纳等多种研究方法，从劫机案件侦查制度的基本理论开始，将英、美、法等航空大国关于劫机案件侦查制度的有关理论和实践经验进行比较，结合我国现行的刑法和刑事诉讼法等实体和程序法律的规定，进行归纳总结和演绎推理，评析和检讨现有制度的优缺点，提出了对劫机案件侦查制度在模式、方法及管理等方面改进的一些基本思路。全文共分七个部分。第一部分对劫机案件侦查制度进行了概述。第二部分阐述了劫机案件侦查制度的法律渊源。第三部分论述了我国劫机案件侦查的主体。第四部分探析了情报主导下的劫机案件侦查模式。第五部分分析了劫机案件线索发现及侦查方法。第六部分研究了劫机案件侦查的管理制度。第七部分结语。

中文题名： 刑事预审制度研究

英文题名： A Study About Criminal Preliminary Hearing System

研 究 生： 罗晖

指导教师： 洪浩教授

授予学位时间： 2015 年下半年

内容介绍： 刑事预审制度已经成为当前西方两大法系各国刑事诉讼制度的重要组成部分。本文分五章对刑事预审制度进行了系统深入的分析研究。文章在吸收和借鉴各方面观点的基础上，重新定义刑事预审的概念，厘清了刑事预审、刑事预审程序和刑事预审制度三者的相互关系，明确指出了刑事预审制度应当是一种程序性司法审查制度，设计了我国刑事预审制度改革的阶段性方案，提出了重构我国刑事预审制度的整体方案。第一章刑事预审制度概述。第二章刑事预审制度的理论基础。第三章域外刑事预审制度的比较法考察。第四章我国刑事预审制度的历史和现状。第五章我国刑事预审制度的重构。

中文题名： 最高人民法院指导性案例制度研究

英文题名： Research on the Guiding Case System of the Supreme People's Court

研 究 生： 谢绍静

指导教师： 赵钢教授

授予学位时间： 2015 年下半年

内容介绍：案例是法律观念、理论、条文在法律实践中融汇与应用的结晶，世界各国普遍重视案例的作用。鉴于指导性案例较强的实践性，本文采用了比较研究、历史分析、规范分析、实证调研的研究方法对最高人民法院指导性案例制度进行了系统、全面的分析研究。全文除引言、结语外，共分五章。第一章指导性案例之基本考察。第二章指导性案例制度产生的背景之梳理。第三章指导性案例制度的规范之解读。第四章指导性案例制度之实证分析。第五章指导性案例制度的完善。

2016 年

中文题名：婚姻诉讼程序研究

英文题名：Research on the Matrimonial Procedure

研 究 生：郝晶晶

指导教师：赵钢教授

授予学位时间：2016 年上半年

内容介绍：本文运用规范分析、比较研究、理论与实践相结合的研究方法，对婚姻诉讼程序进行了研究。全文除引言、结语外，共分五章。第一章婚姻诉讼程序概述。第二章我国婚姻诉讼程序之发展沿革。第三章域外婚姻诉讼程序之考察。第四章对我国婚姻诉讼程序之审视。第五章我国婚姻诉讼程序之完善建议。

中文题名：结构之维检察权研究

英文题名：Research on the Prosecutorial Power from the Perspective of Structure

研 究 生：刘国媛

指导教师：蔡杰教授

授予学位时间：2016 年上半年

内容介绍：本文以问题为导向，摒弃传统的教科书式面面俱到的研究范式，突出研究重点，将结构主义导入检察权研究，从历史性与共时性、整体与部分、"能指"与"所指"、"在场"与"不在场"等结构范畴对检察权进行多视角多层面分析和研究，较为全面地展现检察权的历史变迁、理论与实践争议及其根源。同时从宪政结构层面尝试给检察权一个实至名归的定位，将法理层面理想化逻辑论证与实践层面的实证分析进行结合比较，对中共十八大以来推行的"以审判为中心"的诉讼制度改革、以员额制为核心的检察官责任制改革、以司法民主化为导向的人民监督员制度改革等几项重要的检察改革进行了分析论证，以澄清理想化预设与现实成效之间呈现落差的原因所在，进而对当前改革的未来走向提出建议。全文除结语外，共分六部分。第一部分导论。第二部分古代中国司法中的检察权权能及近代检察制度的移植。第三部分国家权力结构中的检察权。第四部分刑事诉讼结构中的检察权。第五部分检察组织结构中的检察权。第六部分结构之维检察权完善建议。

中文题名：民事诉讼担保制度研究

英文题名：Research on the System of Security in Civil Proceedings

研 究 生：刘芳

指导教师：占善刚教授

授予学位时间：2016 年上半年

内容介绍：本文采用规范分析、比较研究、文献分析的研究方法对民事诉讼担保制度进行了系统全面的研究。本文不仅对民事诉讼担保的基本理论进行了研究，梳理了域内外民事诉讼担保的类型以及诉讼费用担保、保全担保、执行担保、股东决议瑕疵诉讼担保的基本内容，而且还以民事诉讼担保制度的基本理论为指导，对民事诉讼担保的适用条件进行了概括，尝试对我国民事诉讼担保的具体适用程序进行系统性构建。全文除引言、结语外，共分五章。第一章民事诉讼担保制度概述。第二章民事诉讼担保的基本理论研究。第三章域外民事诉讼担保制度之比较考察。第四章我国民事诉讼担保制度之审视。第五章我国民事诉讼担保制度之完善。

中文题名：社会自治组织行政行为司法审查路径研究

英文题名：The Entrance of Judicial Review of Social Autonomy Organization's Administrative Action

研 究 生：田志娟

指导教师：林莉红教授

授予学位时间：2016 年上半年

内容介绍：本文打破立法上公共行政国家垄断的制度定式，将"社会自治组织行政行为"作为独立本体，探究其司法审查的应然理论路径和制度机理。本文在国家治理和行政法治的理论视野下进行了一系列研究：对"社会自治组织"范畴进行了界定和系统论证；提出了国家行政行为与社会自治行政行为的理论分类并进行了相关论证；提出了在诉讼类型化之下对社会自治行政行为司法审查进行独立制度建构的主张，并对该主张的基本逻辑和理论进路进行了分析；提出了社会自治组织行政行为司法审查诉讼要件的"高阶化"设置原则；提出了以"垄断性公共职能"作为社会自治组织行政行为司法审查受案的被告标准。全文除引言外，共分五章。第一章社会自治组织界说。第二章社会自治组织行政行为。第三章社会自治组织行政行为司法审查的现状。第四章社会自治组织行政行为司法审查的理论背景。第五章社会自治组织行政行为司法审查的制度入口。

中文题名：司法变更权研究

英文题名：On the Judicial Alteration Power

研 究 生：陈菲

指导教师：林莉红教授

授予学位时间：2016 年上半年

内容介绍：司法变更权制度，是行政诉讼法中的一个基础理论问题，涉及司法机关在行政诉讼中对行政行为的审查权限。变更判决、撤销重作判决和情况判决都在一定程度上体现了司法变更权。本文以司法权、行政权边界的划分为基础，结合行政行为的种类对司法变更权制度进行了精细化研究，并根据不同标准，提出了司法变更有直接变更和间接变更、明示变更和暗示变更、全面变更和部分变更三种分类的观点，结合我国立法规定，对立法意图进行揣摩，借此理顺我国司法变更权制度的基本逻辑。全文除引言、结语外，共分五章。第一章司法变更权基础理论。第二章司法变更权的域外借鉴。第三章我国司法变更权的制度表现。第四章我国司法变更权的制度审视。第五章我国司法变更权的制度重构。

中文题名：刑事诉讼客体论

英文题名：Research on the Object of Criminal Procedure

研　究　生：娄超

指导教师：蔡杰教授

授予学位时间：2016 年上半年

内容介绍：本文以多重追诉常态化、"审判中心化"为背景，尝试澄清我国学界对诉讼客体理论存在的某些混沌认识，试图阐明并确立诉讼客体的单一性和同一性之识别标准。本文的核心论点是：刑事诉讼客体是进入诉讼系属当中的需要经受刑事实体法评价，且将会受到生效裁判既判力所羁束的特定犯罪事实，并非是实体上的刑事法律关系。作为诉讼客体的犯罪事实，是实体面和程序面的结合，识别诉讼客体应适用诉讼法上的独立标准。全文除引言、结语外，共分六章。第一章刑事诉讼客体概说。第二章刑事诉讼客体的理论基础。第三章域外主要国家（地区）刑事诉讼客体制度之介评。第四章我国刑事诉讼客体问题之评析。第五章刑事诉讼客体的识别标准。第六章我国刑事诉讼客体制度之完善。

中文题名：行政诉讼释明制度研究

英文题名：Research on the Inducement System in Administrative Litigation

研　究　生：刘欣琦

指导教师：林莉红教授

授予学位时间：2016 年上半年

内容介绍：本文提出了行政诉讼释明属于法院的职责，并在此基础上明确了行政诉讼释明行使的原则、界限、法律效力及其保障。本文系统梳理了我国行政诉讼释明制度的确立与发展历程，运用实证研究的方法全面分析了我国行政诉讼释明制度的运行现状，运用对比分析的方法介绍了域外行政诉讼释明制度，并设计了契合行政诉讼特点的行政诉讼释明制度以及《行政诉讼释明指导规则》（建议稿）。全文除引言外，共分五章。第一章行政诉讼释明之概述。第二章域外行政诉讼释明制度之考察。第三章我国行政诉讼释明制度之评介。第四章完善我国行政诉讼释明制度需要明确之问题。第五章完善我国行政诉讼释明制度之具体构想。

中文题名：我国案外第三人异议诉讼制度研究

英文题名：On the Objection Suit System of the Third Party Not Involved in the Original Trial

研 究 生：傅贤国

指导教师：赵钢教授

授予学位时间：2016 年下半年

内容介绍：案外第三人异议诉讼系 2012 年我国修改《民事诉讼法》时在第 56 条第 3 款新增设的一项制度。本文以"案外第三人异议诉讼"为题对我国案外第三人异议诉讼制度进行了全面分析研究。全文除了绪论、结论外，共分五章。第一章我国案外第三人异议诉讼制度概述。第二章案外第三人异议诉讼之法理基础。第三章案外第三人异议诉讼制度之域外考察及其启示。第四章我国案外第三人异议诉讼相关问题之适用。第五章我国案外第三人异议诉讼配套制度之构想。

中文题名：行政机关提起行政合同诉讼问题研究

英文题名：Research on Right of Administrative Body as Plaintiff in Administration Litigation of Administrative Contract

研 究 生：王沁

指导教师：林莉红教授

授予学位时间：2016 年下半年

内容介绍：本文运用概念分析、比较分析、实证研究等多种研究方法对行政机关提起行政合同诉讼问题进行了系统深入的研究，其论述的中心思想是：行政机关应当可以就行政合同提起行政诉讼。全文除引言、结语外，共分六章。第一章行政合同的民事化及其弊端——以土地使用权出让合同为例。第二章行政合同对公定力和执行力的放弃。第三章行政优益权功能的有限性。第四章行政机关提起行政诉讼的域外经验和本土声音。第五章行政机关提起行政诉讼的理念更新。第六章行政机关提起行政诉讼的制度完善。

中文题名：行政诉讼证据协力义务研究

英文题名：Research on the Evidence Assistance Duty in Administrative Litigation

研 究 生：李敬

指导教师：林莉红教授

授予学位时间：2016 年下半年

内容介绍：行政诉讼证据协力义务是指在行政诉讼中，不负举证责任的当事人以及当事人以外的第三人负有积极提供证据以协助法院调查案件事实的义务。本文首次系统地对行政诉讼中的证据协力义务的理论与制度作出全景式的研究，在厘清证据协力义务的内涵和性质的基础上，立足我国现状分析，对域外行政诉讼证据协力义务进行比较考察，在提出我国行政诉讼证据协力义务的设立思路后，重点研究如何在我国具体构建行政诉讼证据协力义务的问题。全文除引言、结语外，共分五章。第一章行政诉讼证据协力义务的概述。第二章域外行政诉讼证据协力义务的比较法考察。第三章我国行政诉讼证据协力义务现状探究。第四章我国行政诉讼设立证据协力义务需明确的问题。第五章行政诉讼证据协力义务在我国的具体构建。

2017 年

中文题名：被告人对质诘问权制度研究

英文题名：The Research on the Legal System of the Defendant's Confrontation Right

研 究 生：郭航

指导教师：陈岚教授

授予学位时间：2017 年上半年

内容介绍：对质诘问权作为被告人的一项基本权利，不仅已被世界上众多国家的宪法和刑事诉讼法予以保障，而且在《欧洲人权公约》《联合国公民与政治权利公约》中也得到了具体的规定。然而回顾我国刑事诉讼程序，被告人的诉讼主体地位较为薄弱，控辩双方并不平等，被告人的辩护权利尚未得到实质性的全面保护，被告人也未被赋予在法庭上与不利证人对质的权利。本文立足于我国这一立法疏漏，试图阐述被告人对质诘问权缺失背后的法律问题及制度障碍，并提出在我国建立被告人对质诘问权制度的初步构想。全文除导论、结论外，共分五章。第一章为对质诘问权制度的概述。第二章较为深入地探讨了被告人对质诘问权的基础理论。第三章着眼于对质诘问权在国外两大法系中立法规定的比较研究。第四章评析了被告人对质诘问权制度在我国缺失的现状，分别叙述了对质诘问权所呈现出的立法疏漏及司法困境。第五章提出了我国被告人对质诘问权制度的建构设想。

中文题名：民事立案制度研究——以起诉受理为中心

英文题名：A Study on the System of Civil Registration Taking the Acceptance of Prosecution as the Center

研 究 生：耿翔

指导教师：赵钢教授

授予学位时间：2017 年上半年

内容介绍：本文以起诉受理为中心对民事一审立案制度进行了深入、系统、全面的探讨。文章采用相关数据、图表分析、案例分析、问卷调查等方法，从法理学和传播学维度全面审视了立案登记制实施一年多来的宏观运行实效和民调概括。针对立案登记制之再革新，运用诉的位阶评价理论，提出了低阶化立案登记制的具体构想——一元审查制，即将诉讼要件从现行的法定起诉条件中剥离开来，只对诉状进行形式审查。作为立案登记制的配套措施，本文提出了多元化纠纷解决机制的进一步完善问题。全文除引言、结语外，共分五章。第一章民事诉讼立案制度概述。第二章立案制度的理论基础。第三章域外民事诉讼立案制度之考察及对我国的启示。第四章对我国民事立案登记制度的实证分析与初步检讨。第五章我国民事诉讼立案制度之再革新。

中文题名：民事诉讼禁止重复起诉研究

英文题名：Research on the Prohibition of Repeated Suits in Civil Procedure

研 究 生：郑涛

指导教师：刘学在教授

授予学位时间：2017 年上半年

内容介绍：本文采用比较、历史、实证研究方法，理论联系实际，强化理论的系统性和逻辑连贯性，除导论、结语外，分五章以中观视角对民事诉讼禁止重复起诉问题进行全面、系统的研究。本文对禁止重复起诉制度的历史渊源和发展历程进行了细致的梳理，重新界定了在我国语境下的禁止重复起诉的内涵，辨析了民事、行政和刑事三大诉讼领域的相关概念；将诉讼系属中和判决确定后的重复起诉问题纳入统一的讨论框架，构建出重复起诉行为识别的一般标准；通过对诉讼标的各学说评述，结合我国国情，重点分析了旧实体法说在我国司法实务中作为重复起诉识别之理论基础的可行性；对特殊情形下的重复起诉问题进行了类型化的归纳总结；分析、探讨了我国禁止重复起诉制度构建的困境与突破。

中文题名：民事诉讼中逾时提出攻击防御方法之规制研究

英文题名：Research on the Regulation Against the Overdue Submissions of the Attacking and Defending Methods in the Civil Litigation

研 究 生：马龙

指导教师：占善刚教授

授予学位时间：2017 年上半年

内容介绍：本文系统性地研究了攻击防御方法、逾时提出攻击防御方法以及对其的规制制度，较为深入地研究了对逾时提出攻击防御方法进行制裁的程序，并针对与促进诉讼进行、保障诉讼效率密切相关的主题进行了分析，尤其是针对我国现行法律中的主张和答辩的提出制度以及再审程序中的新的证据制度，在适时提出主义和辩论主义之下，对两项现行制度的合理性进行了论证，指出其存在的问题并给出解决方案。全文除引言、结语外，共分六章。第一章逾时提出攻击防御方法概述。第二章逾时提出攻击防御方法的规制手段。第三章规制逾时提出攻击防御方法的法理基础。第四章域外逾时提出攻击防御方法规制之比较。第五章我国逾时提出攻击防御方法规制现状。第六章逾时提出攻击防御方法规制之完善。

中文题名：民事诉讼主张研究

英文题名：On the Claim in Civil Procedure

研 究 生：刘丹

指导教师：占善刚教授

授予学位时间：2017 年上半年

内容介绍：本文首先明确了民事诉讼主张的含义、研究角度和研究语境，分析了主张的多种类型，重构了主张的对象。其次，明确了民事诉讼主张的特有程序功能，从传统的研究视角跳脱出来，试图将主张作为当事人行为的一种，研究其在主张者与诉讼程序中的各方主体进行互动时所发挥的作用。再次，在"主张—防御"的理论框架下，重构主张的具体规则，对主张的提出规则和内容规制进行了系统化的研究，明确了主张应当适时提出，深入分析了"适时"的判断标准及可能产生的失权。另外，提出主张具体化义务的缓和所适用的特殊情形，摸索证明禁止的缓和所适用的特殊情形，构建了以原则性规定和例外情形相结合的主张规则。最后，在对现行立法进行梳理和实证调研的基础上，分析问题，提出完善建议。全文除引言、结语外，共分六章。第一章民事诉讼主张概述。第二章至第四章依次分别为：民事诉讼主张的客体、防御、规制。第五章我国民事诉讼主张规范的现状与问题。第六章我国民事诉讼主张制度的完善。

中文题名：我国行政诉讼检察监督制度改造论

英文题名：On the Reform of Administrative Prosecutorial Supervision System in China

研 究 生：杨丹

指导教师：李傲教授

授予学位时间：2017 年上半年

内容介绍：当前，我国国内的经济、社会发展正在经历转型，检察监督制度对于在行政诉讼案件中解决行政纠纷、监督审判和行政权力、保护相对人合法权益、缓解信访压力、和谐官民矛盾有着极其重要的作用。本文综合运用规范分析、案例分析、实证分析、历史分析、比较分析的研究方法，对我国行政诉讼检察监督制度改造进行了论述研究。全文除引言、结语外，共分四章。第一章行政诉讼检察监督概述。第二章我国行政诉讼检察监督制度存在的问题。第三章我国行政诉讼检察监督制度的改造原理。第四章我国行政诉讼检察监督制度的改造方案。

中文题名：行政诉权研究

英文题名：Research on the Right of Administrative Action

研 究 生：梁君瑜

指导教师：林莉红教授

授予学位时间：2017 年上半年

内容介绍：诉权理论乃诉讼法学领域的基础理论之一。尽管民事诉权研究已走向成熟，但因无法对民事诉权理论完全照搬，故行政诉权的本质、内容、构成要件、保障机制等问题仍然疑窦丛生，有待厘清。本文运用规范分析、历史分析、比较分析等多种研究方法，对行政诉权进行了论证研究。全文除导言、结语外，共分四章。第一章诉权及行政诉权之基本界定。第二章行政诉权之本质："诉权层次论"的提出。第三章行政诉权之构成：基于"诉权层次论"的分析。第四章行政诉权之保障：基于"诉权层次论"的探讨。

中文题名：行政诉讼失权制度研究

英文题名：Research on the System of Loss of Right in Administrative Litigation

研 究 生：上官腾飞

指导教师：李傲教授

授予学位时间：2017 年上半年

内容介绍：要解决和完善行政诉讼失权制度就必须立足我国的诉讼现实，对其进行系统性的研究。本文对行政诉讼失权制度进行了系统的研究，不仅探讨了失权制度在实体法部门中的情形，揭示了失权制度的不同基础以及权利丧失的原因，还根据新修订的《行政诉讼法》及《最高人民法院关于适用〈行政诉讼法〉若干问题的解释》和《最高人民法院关于行政诉讼证据若干问题的规定》，梳理了我国行政诉讼失权制度的主要内容及其不足，并在行政诉讼审判结构上对行政诉讼失权制度进行剖析。本文挖掘了行政诉讼失权制度的理论基础，分析了行政诉讼失权制度在完善审前程序和集中审理之间的重要作用，并通过对外国法的考察以及对我国现行行政诉讼失权制度的审视，从全面性的角度，提出了完善行政诉讼失权制度的一系列措施。全文除引言、结语外，共分五章。第一章行政诉讼失权制度的概述。第二章行政诉讼失权制度的理论基础。第三章域外行政诉讼失权制度的考察。第四章我国行政诉讼失权制度的审视。第五章我国行政诉讼失权制度的完善。

中文题名：行政诉讼中合理性审查研究

英文题名：Research on the Administrative Rationality Judicial Review

研 究 生：王东伟

指导教师：林莉红教授

授予学位时间：2017 年上半年

内容介绍：本文以行政诉讼中合理性审查为研究对象，阐述了行政诉讼中合理性审查的根源在于在行政管理领域中要求行政裁量行为不仅要符合法律的明文规定，还要符合行政合理性原则，即符合立法目的与精神、一般法律原则及行政机关职权基本原则等。本文在对比 1989 年与 2014 年《行政诉讼法》中关于合理性审查的法律规定的基础上，以行政判决书为研究样本，对行政诉讼中合理性审查在司法实践中如何运行以及存在哪些问题进行了实证研究。在此基础上，本文提出从行政诉讼中合理性审查的对象、审查标准、审查密度、审查方式及审查结果等方面系统地完善行政诉讼中合理性审查制度。全文除引言、结语外，共分四章。第一章行政诉讼中合理性审查的基础理论。第二章域外行政诉讼中合理性审查的考察与借鉴。第三章我国行政诉讼中合理性审查的法律规定及司法实践。第四章我国行政诉讼中合理性审查制度的完善。

中文题名：刑罚执行法律监督研究

英文题名：On the Legal Supervision of Penalty Enforcement

研 究 生：梁莉

指导教师：陈岚教授

授予学位时间：2017 年下半年

内容介绍：刑罚执行是刑事诉讼的最后一个环节。刑罚功能和价值的实现，取决于刑罚执行的效果。刑罚执行法律监督权作为检察机关依法监督刑罚执行的一项专有权力，是联结刑罚执行权和法律监督权的重要而唯一的纽带。本文围绕刑罚执行法律监督问题进行了系统、全面的研究。全文除前言、结语外，共分六章。第一章为刑罚执行法律监督的概述。第二章探讨了刑罚执行法律监督的基础理论。第三章从历史的角度研究了我国刑罚执行法律监督的发展沿革。第四章从比较视角重点进行了刑罚执行法律监督的域外考察。第五章探讨了我国刑罚执行法律监督制度的现状与问题。第六章提出了我国刑罚执行法律监督制度的完善路径。

中文题名：行政诉讼法律适用原则研究

英文题名：The Study on Principle of the Application of Law in Administrative Litigation

研 究 生：窦家应

指导教师：李傲教授

授予学位时间：2017 年下半年

内容介绍：行政诉讼法律适用的原则，是指人民法院在行政诉讼中选择和适用法律、规范法律解释、协调法律冲突、整合行政审判思维的基本原理。行政诉讼法律适用原则的价值在于可以应对行政诉讼法源复杂的问题，满足不同属性行政法律规范的适用需要，锤炼和形成行政审判思维。本文综合运用概念分析、案例分析、归纳演绎、比较研究的研究方法，从案例、审判实践出发，对行政诉讼法律适用原则进行了系统研究。全文除引言、结语外，共分四章。第一章行政诉讼法律适用原则概述。第二章行政诉讼法律适用原则确立的必要性。第三章行政诉讼法律适用原则的展开。第四章行政诉讼法律适用原则案解。

中文题名：行政诉讼证据可采性规则研究

英文题名：Research on the Admissibility Rules of Administrative Litigation Evidence

研 究 生：王薇

指导教师：林莉红教授

授予学位时间：2017 年下半年

内容介绍：本文在厘清行政诉讼证据可采性规则的含义和特征的基础上，立足我国的现实情况，对域外行政诉讼证据可采性规则进行考察，对我国行政诉讼证据可采性规则的现状进行分析，重点研究如何在我国构建完善的行政诉讼证据可采性规则。全文除引言、结语外，共分四章。第一章行政诉讼证据可采性规则概述。第二章域外行政诉讼证据可采性规则考察。第三章我国行政诉讼证据可采性规则现状分析。第四章完善我国行政诉讼证据可采性规则的具体构想。

2018 年

中文题名：民事听审请求权研究

英文题名：On the Right to Be Heard in Civil Procedure

研 究 生：倪培根

指导教师：刘学在教授

授予学位时间：2018 年上半年

内容介绍：本文综合运用历史分析、法比较学、实证调研、规范分析等多种研究方法，以听审请求权在民事诉讼中的具体实现为视角，在明确听审请求权之双重面向、主客观功能的基础上，归纳出听审请求权作为客观原则在架构诉讼制度时遵循的原理和方法，并梳理出听审请求权作为一种主观权利在受到侵犯后能够寻求哪些救济途径，进而结合我国相关法律规定和司法实践现状，提出有针对性、可行性的完善建议，以促使听审请求权保障理念在我国民事诉讼中得以有效的贯彻。全文除引言、结语外，共分六章。第一章听审请求权的基础理论。第二章听审请求权之基本权利性质及双重面向。第三章听审请求权的基本功能。第四章听审请求权的实现路径。第五章我国听审请求权的保障现状与检视。第六章我国听审请求权保障的完善路径。

中文题名：破产债权人程序自治问题研究

英文题名：Study on the Procedural Autonomy of Bankrupt Creditors

研 究 生：娄奇铭

指导教师：赵钢教授

授予学位时间：2018 年上半年

内容介绍：破产债权人之程序自治，是破产法顺应市场经济规律且依市场机制运作的应然选择。本文运用比较研究、规范研究、数理统计分析、博弈论分析等多种研究方法，对破产债权人程序自治问题进行了系统研究。全文除绪论、结语外，共分五章。第一章破产债权人程序自治之概述。第二章破产债权人程序自治的理论基础。第三章破产债权人程序自治的法经济学分析。第四章我国现有破产立法和司法实践之不足。第五章我国破产债权人程序自治相关改革之设想。

中文题名：我国行政诉讼检察监督制度研究——以复合型制度为视角

英文题名：Research on the Procuratorial Supervision System of Administrative Litigation in China：Take the Compound System as the Perspective

研 究 生：臧荣华

指导教师：李傲教授

授予学位时间：2018 年上半年

内容介绍：本文以"我国行政诉讼检察监督制度研究——以复合型制度为视角"为题，综合运用历史分析、规范分析、价值分析、公共选择理论分析与个人主义方法论、数据统计与个案分析的实证分析、法社会学分析等具体研究方法，侧重从检察监督制度、行政诉讼制度、行政制度及公民维权制度之间的相互交错混同方面，对行政诉讼检察监督制度进行了深度全面的考察、梳理与剖析。本文旨在探讨解答：我国行政诉讼检察监督是什么？何以可能？如果不能，则如何看待与反思当下法律、法学界倡导强化该制度的理论主张及实践设计？如果可能，则可能的范围、方式、构造，及其未来走向？全文除导论、结论外，共分五章。第一章行政诉讼检察监督制度概说。第二章我国行政诉讼检察监督原则。第三章我国行政诉讼检察监督范围。第四章我国行政诉讼检察监督方式。第五章我国行政诉讼检察监督构造。

中文题名： 我国刑事证明标准新论
英文题名： New Theory of Criminal Proof Standard in China
研 究 生： 寿媛君
指导教师： 洪浩教授
授予学位时间： 2018 年上半年
内容介绍： 刑事证明标准在刑事证明活动中是一个可以涉及刑事诉讼全部内容的复杂的概念，其与诉讼结构、刑法的犯罪构成理论、程序价值取向、证据规则等相互影响，组成一个有机的整体。本文以"我国刑事证明标准新论"为题，除引言、结论外，共分七章。第一章刑事证明标准概述。第二章刑事诉讼证明标准的理论基础。第三章域外刑事证明标准比较研究。第四章我国刑事证明标准的历史沿革。第五章我国刑事证明标准现状评析。第六章我国刑事证明标准的体系构建。第七章我国刑事证明标准综合配套制度的完善。

中文题名： 行政课予义务诉讼研究
英文题名： Research on the Imposing Lawsuit in Administrative Litigation
研 究 生： 胡煜
指导教师： 李傲教授
授予学位时间： 2018 年上半年
内容介绍： 伴随着行政行为的多样化和复杂化，民众保护其权利或权益的方式从以排除侵害行政行为为中心，嬗变为以给付行政为中心的请求权。在此背景下，行政课予义务诉讼应运而生。我国未明文建立行政诉讼类型制度，仅能以行政履行判决（课予义务判决）与课予义务诉讼相对应。从诉讼类型的角度出发，在撤销诉讼一体主义模式的影响下，我国行政诉讼制度缺乏对履行之诉相关制度足够的考量与关照。本文立足于此，试图结合我国既有立法，引入域外课予义务诉讼制度。全文除导论外，共分五章。第一章课予义务诉讼之界说。第二章课予义务诉讼之诉讼要件。第三章课予义务诉讼之审理规则。第四章课予义务诉讼之裁判与执行。第五章课予义务诉讼之引入。

中文题名： 检察官办案责任制改革研究
英文题名： Research on the Reform of the Responsibility System for the Prosecutor's Case
研 究 生： 严然
指导教师： 占善刚教授
授予学位时间： 2018 年下半年
内容介绍： 检察官办案责任制改革是为了实现由检察官在一定范围内独立行使办案决定权并承担相应司法责任的目标，而对检察机关办案机制及相应的配套制度进行的一系列调整和完善。检察官办案责任制改革有其内在的政治、经济、社会、文化动因。检察官办案责任制改革的理论依据的是司法亲历性原理、司法权独立行使原则和权责统一理论。检察官办案责任制改革的价值取向是公正、效率、文明。检察官办案责任制改革的核心是改革检察权运行机制，本质是对中国特色社会主义检察制度的完善和发展，类型是体制性改革而非机制性改革，模式是增量改革带动存量改革。检察官办案责任制改革的内容非常广泛，主要包括健全检察机关办案组织和运行机制，明确各类检察人员职责权限，完善检察管理和监督机制，健全检察人员司法责任的认定和追究机制等内容。全文除绪论外，共分五章。第一章检察官办案责任制改革概述。第二章检察官办案责任制改革的主要内容。第三章检察官办案责任制改革的理论思考。第四章检察官办案责任制改革的实证考察。第五章深化检察官办案责任制改革的应有进路。

中文题名： 民事诉讼鉴定费用研究

英文题名： Research on the Cost of Judicial Expertise in Civil Litigation

研 究 生： 杨瑜娴

指导教师： 占善刚教授

授予学位时间： 2018 年下半年

内容介绍： 本文通过探讨民事诉讼鉴定费用的内涵、特点和性质，为本文的展开划定研究基准和研究语境。民事诉讼鉴定费用包括鉴定实费、鉴定报酬和鉴定人出庭费，本文分别介绍了三种鉴定费用的内涵、费用范围和费用标准。本文从民事诉讼鉴定费用的诉讼费用属性出发，介绍其给付规则、负担规则，以阐明法院、当事人之间的权利义务关系，并从其证据调查费用属性出发，介绍鉴定费用请求权的享有、失权和行使规则，以阐明法院、鉴定人之间的权利义务关系，进而通过实证分析其总体认知、费用标准和费用程序，为我国民事诉讼鉴定费用制度的完善思路和具体规则提出具体路径。全文除引言、结语外，共分六章。第一章民事诉讼鉴定费用的概述。第二章民事诉讼鉴定费的构成。第三章民事诉讼鉴定费的给付和负担。第四章民事诉讼鉴定费用的请求权及其规则。第五章我国民事诉讼鉴定费用的司法现状。第六章我国民事诉讼鉴定费用的制度构建。

体 育 法 学

2012 年

中文题名： 体育法基础理论研究

英文题名： Fundamental Theory on Sports Law

研 究 生： 唐勇

指导教师： 汪习根教授

授予学位时间： 2012 年上半年

内容介绍： 本文综合运用多种研究方法，对体育法进行一般法理学的研究。全文除第一章导论、结论外，共分五章。第二章阐释、界定了体育法的基本含义。第三章讨论了体育权利的法理证成。第四章研究了体育法的基本原则。第五章探讨了体育法的机制建构。第六章展望了体育法的发展。

中文题名： 英美侵权法上的过失体育伤害研究

英文题名： On Negligence of Sports Injury in Torts Law of Anglo-American Law

研 究 生： 李倩

指导教师： 肖永平教授

授予学位时间： 2012 年上半年

内容介绍： 本文研究视野下的"体育"，是对体育作为一种"身体运动"的行为模式的描述。文中界定"体育伤害"的标准主要有两个：该伤害产生于体育活动中；该伤害与体育的相关性足以对体育伤害的归责产生特殊影响。本文从侵权法在体育领域的特殊适用的角度来研究过失体育伤害的归责。全文除导论、结语外，共分五章。第一章阐述了英美侵权法上的过失与体育伤害。第二章分析了体育伤害过失中的注意义务。第三章研究了过失体育伤害中违反注意义务的标准。第四章分析了过失体育伤害在普通法上的抗辩制度。第五章分析了制定法上的特殊免责。

2013 年

中文题名： 国际足联争议解决制度研究

英文题名： A Study on the Resolution System of FIFA Disputes

研 究 生： 罗小霜

指导教师：黄进教授

授予学位时间：2013 年上半年

内容介绍：本文分别介绍了国际足联争议解决的相关程序规则及具体实体制度，归纳其在相关问题上的具体态度，评价其对各国足协的示范作用，并最终根据我国的实际情况，探讨我国应当如何完善我国足球纠纷解决制度。全文除导言、结束语外，共分五章。第一章国际足联争议解决的一般问题。第二章国际足联争议解决的程序制度分析。第三章国际足联争议解决的实体制度考察。第四章国际足联对各国足协争议解决制度的示范作用评价。第五章我国足球争议解决制度存在的问题及完善对策。

中文题名：体育贿赂犯罪研究

英文题名：Studies of Sports Bribery

研 究 生：吕伟

指导教师：康均心教授

授予学位时间：2013 年上半年

内容介绍：体育贿赂犯罪是继兴奋剂、赛场暴力、体育歧视问题之后，对体育运动危害最大、影响最深的异化行为。本文在充分考察国内外理论研究现状与司法实践的基础上，对体育贿赂犯罪问题进行了系统的分析和探讨，初步形成了体育贿赂犯罪研究的理论体系与基本结构。全文除引言，附录外，共分五章。第一章界定了体育贿赂犯罪的基本内涵。第二章分析了体育贿赂犯罪的原因。第三章研究了体育贿赂犯罪防控机制问题。第四章说明了体育贿赂犯罪的立法模式。第五章探讨了我国体育贿赂犯罪的特殊问题。

2014 年

中文题名：体育行业自治与法律规制问题研究

英文题名：Research on Self-regulation and Legal Regulation of the Sports Industry

研 究 生：罗思婧

指导教师：汪习根教授

授予学位时间：2014 年上半年

内容介绍：本文围绕体育行业自治与法律规制问题展开研究。全文除引言、结语外，共分六章。第一章为体育行业自治的概述。第二章分析了体育行业自治权及其法律规制。第三章剖析了体育行业自治与法律规制冲突之维。第四章论述了沟通体育行业自治与法律规制的路径选择。第五章以欧盟为例考察了体育行业软硬法共治的域外经验。第六章探讨了我国体育行业规制的重构。

中文题名：运动员参赛资格的法律保护研究

英文题名：A Study on the Legal Protection of Athletes' Eligibility

研 究 生：乔一涓

指导教师：肖永平教授

授予学位时间：2014 年上半年

内容介绍：参赛资格不仅影响到体育组织的自治管理，还与运动员的参赛权及相关权利紧密相连，更关乎个人的基本权利。通过对运动员参赛资格进行立法规制和建立纠纷解决的多种途径以消除参赛资格制度中不合理限制，既是保障运动员权利的需要，也是完善体育行业自治的需要。本文通过研究运动员参赛资格的一般问题，考察参赛资格制度的影响因素及现有保障措施，提出完善国际体育领域运动员参赛资格制度的建议和对我国运动员参赛资格法律保护的启示。全文除前言、结语外，共分四章。第一章论述了运动员参赛资格的基础理论。第二章探讨了参赛资格规则对运动员权利的限制问题。第三章分析了运动员参赛资格法律保护的现状及困境。第四章提出了完善运动员参赛资格法律保护的建议及其对我国的启示。

中文题名：运动员权利保障机制研究

英文题名：Protection Mechanism of Athletes' Rights

研 究 生：钱侃侃

指导教师：汪习根教授

授予学位时间：2014 年上半年

内容介绍：本文立基于维持体育运动健康发展和保护运动员基本权益的现实需要，从法理学的一般路径对运动员权利的内涵与外延进行详尽的分析，厘清运动员权利的内容，搭建运动员权利的权利束结构，并通过运动员权利的证成，明确权利义务关系的主体和界限，支持运动员权利保障机制的实践。全文共分六个部分展开研究。第一部分引言。第二部分文献学视角下的运动员权利研究现状分析。第三部分运动员权利的基本含义。第四部分运动员权利的价值。第五、第六部分分别为运动员权利保障的软性机制和硬性机制。

中文题名：足球协会内部纠纷解决机制研究

英文题名：Research on Internal Dispute Resolution Mechanism of Football Associations

研 究 生：钱静

指导教师：肖永平教授

授予学位时间：2014 年上半年

内容介绍：本文选取足球协会内部的纠纷解决机制作为研究主题，探寻足球领域纠纷解决的主要制度和运行规律。文章在深入分析足球协会内部纠纷解决机制生发机理的基础上，通过考察国际足联这一世界范围内足球事务最高管理机构的内部纠纷解决制度与实践，以及其他国家国内足球协会的内部纠纷解决机制，并结合我国的足球管理体制，提出了完善我国足球协会内部纠纷解决机制的建议与构想。全文除引言、结语外，共分五章。第一章界定了基本概念。第二章探寻了体育协会内部纠纷解决机制存在之理论基础。第三章考察了国际足球联合会的内部纠纷解决机制。第四章对部分国家足球协会内部的纠纷解决机制进行了阐述和剖析。第五章探讨了我国足球协会内部纠纷解决机制的建立与完善。

2015 年

中文题名：瑞士联邦最高法院对国际体育仲裁院裁决的审查

英文题名：Research on the Judicial Review of Swiss Federal Tribunal Towards CAS Awards

研 究 生：熊瑛子

指导教师：肖永平教授

授予学位时间：2015 年上半年

内容介绍：设在瑞士洛桑的国际体育仲裁院已经成为解决体育争议的世界权威机构，其作出的体育仲裁裁决根据《瑞士联邦国际私法》应该受到瑞士联邦最高法院的审查。本文通过分析瑞士联邦最高法院审查国际体育仲裁院裁决的法理基础、程序机制和统计数据，阐释了瑞士联邦最高法院撤销体育仲裁裁决的五项理由，揭示了瑞士联邦最高法院审查体育仲裁和商事仲裁裁决的不同做法，并附带性地论述了瑞士司法审查制度对中国的启示，提出中国运动员在国际性赛事中维护自身合法权益的建议。全文除导论、结论外，共分五章。第一章分析了瑞士联邦最高法院审查仲裁裁决的理论基础和制度框架。第二章采用了大量数据说明和预测瑞士联邦最高法院审查体育仲裁案件的特点和趋势。第三章归纳了以违反程序正义为由撤销仲裁裁决的理由之一，包括仲裁庭组成不当和仲裁庭管辖权异议两个方面。第四章研究了以违反程序正义为由撤销裁决的理由之二，包括仲裁庭超裁或漏裁、违反平等听证原则和违背公共秩序三个方面。第五章集中论述了以公共秩序为由撤销裁决问题，包含程序和实体两个方面。

中文题名：体育赛场反暴力法律问题研究

英文题名：The Studies of Legal Problems of the Anti-violence in Sports Stadium

研 究 生：刘水庆

指导教师：康均心教授

授予学位时间：2015 年上半年

内容介绍：在全球法治化的背景下，运用法律手段防控体育赛场暴力行为已经成为一种趋势，法律手段已经成为解决体育赛场暴力问题的一种有效的手段。本文运用文献资料法、比较的方法、历史分析法、规范分析法和案例分析法，从法学的视角对体育赛场暴力行为进行了探讨，主要研究了体育赛场暴力的一般法律问题，探索了法律防控体育赛场暴力的措施和实践。全文除引言、结语外，共分五章。第一章阐述了体育赛场反暴力的一般问题。第二章研究了体育赛场运动员暴力的法律问题。第三章分析了体育赛场观众暴力的法律问题。第四章探讨了体育赛场上其他类型暴力的法律问题。第五章说明了我国体育赛场暴力的法律问题。

中文题名：学校体育人身伤害救助义务研究

英文题名：Study on the Duties to Aid the Injured in the School Physical Education

研 究 生：成家全

指导教师：汪习根教授

授予学位时间：2015 年上半年

内容介绍：本文基于现代社会风险分担和风险损害的关联理论与法哲学上的义务论，在对学校体育伤害事故引起的赔偿纠纷进行实证分析的基础上，以救助行为作为研究的逻辑起点，以对遭受体育风险损害主体的基本生存权利和生活权利的保护为目的，将救助义务置于救助行为中考察，以救助行为存在的时间轴为标准，综合考虑学校的性质、学校与学生的关系、学校履行救助行为过程中的风险、损害、过错、因果联结、伦理等因素，把学校体育中的救助义务分为广义救助义务、一般救助义务和严格救助义务。本文针对不同类型的救助义务，以义务论为视角，深入研究学校体育纠纷下的救助义务以及救助义务的类型、法理基础、确立标准、履行标准、纠纷中责任承担、损害后果分担等法律问题，整体性解决学校体育领域内涉及救助义务的纠纷，在救助义务的承担主体上，完善以"政府主导、体育主体参与"的救助义务履行模式。全文除结语外，共分六部分。第一部分引言。后续五部分分别是关于学校体育纠纷中的救助义务、法理阐述、规范分析、责任分担和解决途径。

中文题名：竞技足球犯罪中的被害人研究

英文题名：Research on the Victims of the Crime in the Competitive Football

研 究 生：刘莉

指导教师：康均心教授

授予学位时间：2015 年下半年

内容介绍：本文以竞技足球犯罪被害人为研究对象，通过运用文献分析、内容分析、归纳对比、定性与定量分析等各种具体研究方法，对竞技足球犯罪被害人主体及其特征、被害人权利、被害人的被害原因和被害人自身的被害预防进行分析研究，以找出其发展规律，帮助司法实务部门制定刑事政策，更好地预防和打击竞技足球犯罪，促进中国竞技足球的健康发展。全文除绪论、结论外，分理论篇和各论篇两部分展开论述。其中理论篇共计三章。第一章竞技足球犯罪被害人概念界定。第二章竞技足球犯罪被害人的分类。第三章竞技足球犯罪被害人的特征。各论篇分四章以被害人主体为标题进行的分析研究。第四章中国足协。第五章足球俱乐部。第六章足球运动员。第七章足球球迷。

2016 年

中文题名：国际体育仲裁的法律适用——以国际体育仲裁院为视角

英文题名：Application of Law in International Sports Arbitration from the Perspective of the Court of Arbitration for Sport

研 究 生：杨磊

指导教师：肖永平教授

授予学位时间：2016 年上半年

内容介绍：本文通过对国际体育仲裁院的仲裁实践进行归纳、比较、分析，揭示了国际体育仲裁法律适用的规律和特殊性，并在审视其存在的问题和成因后，给出了相应的解决建议，在一定程度上能够提高体育仲裁当事人对仲裁庭法律适用的可预见性，对于完善国际体育仲裁机制具有积极意义，也为我国体育仲裁制度的建立提供了参考。全文除引言、结语外，共分五章。第一章探讨了国际体育仲裁协议的法律适用。第二章研究了国际体育仲裁的程序法律适用。第三章分析了国际体育仲裁实践中主要程序性事项的法律适用。第四章讨论了国际体育仲裁的实体法律适用。第五章阐释了国际体育仲裁法律适用的问题及其解决。

2018 年

中文题名：反兴奋剂国际标准之治疗用药豁免研究

英文题名：A Study on the International Standard for Theraputic Use Exemption

研 究 生：李真

指导教师：肖永平教授

授予学位时间：2018 年上半年

内容介绍：反兴奋剂规制体系中的治疗用药豁免问题是我国学界较少关注的问题，该制度不仅影响到运动员体育权利等相关利益的实现，更关乎其健康权。通过完善相关规则和鼓励治疗用药豁免的实施，既是保障运动员参加体育赛事和获得治理的需要，也是体育领域内反兴奋剂事业发展的需要。本文主要研究治疗用药豁免国际标准和相关指南的具体内容，考察反兴奋剂工作中治疗用药豁免实施中的具体措施，以期进一步提出完善该制度的建议。全文除引言、结语外，共分五章。第一章反兴奋剂体系与治疗用药豁免标准的界定。第二章治疗用药豁免的正当性。第三章治疗用药豁免标准在体育组织中的实施。第四章治疗用药豁免标准的新发展和问题。第五章启示和建议。

中文题名：体育文化权及其法治保障机制研究

英文题名：Research on the Right to Sports Culture and Its Legal Protection System

研 究 生：安效萱

指导教师：汪习根教授

授予学位时间：2018 年上半年

内容介绍：本文从体育文化的权利保障角度出发，分析了体育文化权的概念和法理基础，进而研究体育文化权的国内外法治保障机制，最后提出完善体育文化权法治保障机制的建议。全文除引言、结语外，共分七章。第一章体育文化权基础理论。第二章体育文化权法理探析。第三章体育文化权法律保障的域外考察及其经验借鉴。第四章体育文化权法治保障的本土现状及其评析。第五章体育文化权法治保障的价值遵从。第六章体育文化权法治保障的规范体系。第七章体育文化权法治保障实施体系。

中文题名：足球协会纪律处罚权问题研究

英文题名：A Research on Disciplinary Power of Football Association

研 究 生：陈星儒

指导教师：肖永平教授、黄进教授

授予学位时间：2018 年下半年

内容介绍：足球协会纪律处罚是足球协会维系行业自治的重要手段，不论是国际足联、洲际足联还是国家足球协会，都需要通过处罚形式对违反纪律规则的行为进行规制。本文选取足球协会纪律处罚权为研究主线，综合运用法理学、行政法学等多方面知识，在研究足球协会纪律处罚权的权力起源和性质的基础上，考察足球协会纪律处罚权设定与运行的一般性规则和处罚权监督机制，分析其权力属性、运行流程、权力监督、纪律处罚权的规制路径，提出了完善足球协会纪律处罚权规制制度的建议与具体措施，进而总结出对我国足球协会纪律处罚权制度的启示。全文除绪论、结论外，共分五章。第一章足球协会纪律处罚权的源起与性质。第二章足球协会纪律处罚权的运行。第三章足球协会纪律处罚决定的效力。第四章足球协会纪律处罚权的监督。第五章足球协会纪律处罚权规制的制度完善。

宪法学与行政法学

2009 年

中文题名：当前我国的大众文化转型研究——以2005"超级女声"现象为例

英文题名：A Case Study on the Transition of Present Chinese Popular Culture: Take 2005 Super Girls' Phenomenon as an Example

研 究 生：汪平

指导教师：刘祖云教授

授予学位时间：2009 年上半年

内容介绍：本研究立足于对中国大众文化的现实考察和实证分析，立足于大众文化理论的本土化和民族化的理性思考，以中国社会转型特定的历史条件为背景，充分利用近年来中国大众文化发展的最新文本和经验，从超女现象出发，通过各种渠道得来的调查数据，深度挖掘超女现象背后暴露的种种社会问题。本文沿着学科交叉、渗透、融合的理论研究路向，从本土的文化现象出发进行个案分析，并试图揭示我国当前大众文化的嬗变和转型，力图使研究的主题呈现多样化和本土化的特点，使研究的结论既对中国大众文化的传播实践产生积极的影响，又对国内相对薄弱的大众文化理论研究提供直接的方法论启示。全文除导论、结语外，共分四章。第一章超女现象：一个典型的大众文化现象。第二章超女现象反映了我国当前大众文化转型。第三章超女现象推动了我国当前大众文化转型。第四章从超女现象看当前我国大众文化转型的困境。

中文题名：法明确性原则与宪法的关系研究

英文题名：The Principle of Law Clarity and Modern Constitution

研 究 生：韩永红

指导教师：秦前红教授

授予学位时间：2009 年上半年

内容介绍：明确的法律能为人们提供较为确定的指引，一般人才可以根据法律所确定的权利义务作出特定行为，从而有助于实现社会秩序的稳定。研究法的明确性可以从多个角度进行理解，既可以从制度实践的角度去理解，也可以从法律思想的角度去认识，还可以从法治原则的角度去理解，本文即从这三方面着手探讨法的明确性原则问题。全文除导论外，共分五章。第一章主要确定法明确性原则的概念并检视前人关于法明确性原则论述的思想脉络。第二章对有关法明确性原则的基本理论进行探讨。第三章围绕宪法明确性原则进行了阐释。第四章主要论及作为司法审查原则的法律明确性原则。第五章主要论述授权明确性原则。

中文题名：公共场所视频监控的行政法律问题研究

英文题名：The Research on the Administrative Problems of Video Surveillance in Public Places

研 究 生：陈睿

指导教师：周佑勇教授

授予学位时间：2009 年上半年

内容介绍：政府主导的视频监控系统作为一种新形态的技术控制手段，为政府、警察机构等社会既存的强制力量组织提供了一种新的更富有效率的方式，政府通过视频监控系统这项科技力量的延伸，获取了更大的控制力量。而这种延伸的强制性也可能侵犯到社会公众的外在与内在之自由等基本权利。有鉴于此，本文分五章就公共场所视频监控的行政法律问题展开研究。第一章概述了视频监控，介绍了视频监控及其功能特征、使用现状等。第二章阐述了权利与公共权力的博弈。第三章探讨了视频监控使用中的权利争议。第四章论述了行政法层面对视频监控涉及基本权利保护的立法规范。第五章探讨了视频监控侵权行为之行政救济。

中文题名：公民申诉权研究

英文题名：Research on Citizens' Right of Petition

研 究 生：廖曜中

指导教师：李龙教授

授予学位时间：2009 年上半年

内容介绍：全文除导言、结束语外，由三部分，共计八章。第一部分公民申诉权基本理论构建。包含第一章至第三章，从自然发展的角度定义了申诉及申诉权的全新内涵，系统概括了申诉的起源，并从人性的角度论述人类申诉的产生及历史发展趋势，进而比较分析了传统申诉权、现实申诉权和应然申诉权，全面分析了公民申诉力的个体差异性。第二部分当代社会申诉现状透析。包含第四章、第五章，结合历史和现实生活，揭示古往今来的社会申诉现状，把通常意义上的"申诉"概念广义化，认为申诉内容涵盖当前社会申诉、控告、信访问题及一切要求社会改良，维护自己和他人合法、合理权益的行为。第三部分申诉权的深层内涵及未来发展。包含第六章至第八章，把申诉与公民基本生活结合起来，提出申诉权既是一项基本人权，也是一项基本人权保障权。

中文题名：国家赔偿问题研究

英文题名：A Study on State Compensation

研 究 生：孙德元

指导教师：周叶中教授

授予学位时间：2009 年上半年

　　内容介绍：随着我国政治、经济、文化和法治环境的进步，《国家赔偿法》的许多规定已经不合时宜。如何从整体上为未来的新国家赔偿法作一种法理与宪政的分析，成为作者一直苦苦思索和执著探寻的问题。本文以国家赔偿问题为研究对象，通过从宪政法理学的角度对国家赔偿法治化、国家赔偿责任的构成及属性、国家赔偿的归责原则与范围以及国家赔偿的程序、标准和费用进行分析，以期为我国未来新的国家赔偿立法提供若干参考。全文除前言、结语外，共分四章。第一章从法理尤其是宪政法理学的视角透视国家赔偿法治化的原则性要求，为后面的分析奠定理论基调。第二章分析了国家赔偿责任的构成及属性。第三章聚焦国家赔偿的归责与范围问题。第四章将问题再度缩小，以行政赔偿为例阐述国家赔偿的程序、标准和费用。

　　中文题名：国民大会制度研究
　　英文题名：Research on the National Assembly
　　研 究 生：汤海清
　　指导教师：陈晓枫教授
　　授予学位时间：2009 年上半年
　　内容介绍：国民大会制度是孙中山五权宪法体系中的一个重要组成部分，具有创新意义，是其直接民权思想的积极映照，也是五权宪法制度的关键所在。本文通过对国民大会制度进行分析与研究，以期理解其对中国宪政发展道路的选择与制度创新具有的重要理论价值与现实意义。本文前两章分别介绍和分析国民大会制度的社会与历史背景和理论基础。第三、第四章分别分析了国民大会的制度设计和职能。第五章重点分析了国民大会制度与党国体制的关系。第六章在总结比较的基础上，对国民大会的历史地位作出评价，并分析其被取消的原因。余论部分对国民大会制度进行了更进一步的分析，认为它虽然具有创新性，但因其存在不成熟、自身定位的模糊和结构的不合理等问题而最后走入历史。

　　中文题名：海关权力的宪政研究
　　英文题名：A Research on the Customs Power in Terms of Constitutionalism
　　研 究 生：陈少华
　　指导教师：李龙教授
　　授予学位时间：2009 年上半年
　　内容介绍：海关权力在国家权力体系中只是较小的一支，其力量总是被人们所忽视。然而，海关权力的发展对于市场经济建设和立宪主义的成长有着不可低估的作用。海关权力、市场经济和立宪主义间的协调共进，催生和促进了海关权力向公共性质的转化。但是，上述内容是在什么条件下发生的，其发生的机理如何，对我国海关权力的发展有什么样的借鉴意义，以及在中国特色的社会主义立宪主义下怎样构建我国海关的未来发展等，是本文要深入研究和论证的内容。全文除导论外，共分四章。第一章从立宪主义的视角对海关权力的发展历史进行了整体考察。第二章从立宪主义发展的维度对海关权力的性质进行了解读。第三章从立宪主义的层面全面而系统地分析了海关权力的价值。第四章从立宪主义的视角提出了海关权力发展的未来构想。

中文题名： 海峡两岸和平协议研究

英文题名： On the Peace Agreement Signed by the Both Sides Across the Taiwan Strait

研 究 生： 祝捷

指导教师： 周叶中教授

授予学位时间： 2009 年上半年

内容介绍： 台湾是中国神圣领土的一部分。解决台湾问题、实现祖国完全统一，既是全体中华儿女的共同心愿，也是我国宪法和法律赋予公民的基本义务。本文从和平协议的性质、主体、内容、谈判和实施五个方面，创建和平协议研究的理论框架，并对和平协议中的若干理论问题进行探讨，以期助益于两岸签订和平协议以及构建两岸关系和平发展框架。全文除绪论外，共分五章。第一章和平协议性质论，回答和平协议是什么的问题。第二章和平协议主体论，回答和平协议谁去签的问题。第三章和平协议内容论，回答和平协议签什么的问题。第四章和平协议谈判论，回答和平协议怎么签的问题。第五章和平协议实施论，回答和平协议签了之后怎么办的问题。本文将根据理论探讨的结论，形成《海峡两岸和平协议》（建议稿）全文及说明，附于文后，以供参考。

中文题名： 教育公平：中国教育法律制度的终极价值追求

英文题名： Education Fairness：The Ultimate Value of Chinese Educational Legal System

研 究 生： 周翠彬

指导教师： 汪习根教授

授予学位时间： 2009 年上半年

内容介绍： 本文以教育公平作为中国教育法律制度的终极价值追求展开研究。全文除结语外，共分导论、总论和分论三个部分。第一部分导论，阐述了教育公平问题的提出原因、对目前教育公平的研究现状进行了简单的归纳、对教育公平等相关概念进行了剖析等，并讨论了教育公平作为法律价值的意义。第二部分总论，包括三章内容：第一章论述了中国教育法律制度价值取向之流变。第二章分析了教育公平的法律规范。第三章探讨教育公平的法律规范重构。第三部分分论，包括四章内容：第四章引言。第五章至第七章分别论述了基础教育、基础后学历教育和非学历教育中的教育公平。

中文题名： 近代中国议会制度的源流

英文题名： The Origin of Parliamentary System of Modern China

研 究 生： 李云霖

指导教师： 陈晓枫教授

授予学位时间： 2009 年上半年

内容介绍： 在代议民主中，无论哪种政体，议会皆为政治运作的中心。议会是民主的象征和法治的泉源，要贯彻民主法治的精神，必须从认识议会、尊重议会与健全议会开始。本文围绕近代中国议会制度的源流展开探讨。全文除导论、结语外，共分六章。

第一章主要论述了西方议会制度的理论、西方议会思想传入中国的历程及其特征。第二章论述了王权体制下的议会制度。第三、第四两章论述了三权体制下的议会制度。第五章阐述了五权体制下的议会制度。第六章从文化的角度论述了中国传统和议会制度的冲突。结语指出近代中国议会制度源流的特征，归纳出近代中国议会制度留给我国的根本政治制度——人民代表大会制度的教训，还指出作为实现民主形式的议会制度的未来。

中文题名：立法过程中的利益衡量研究

英文题名：On the Theory of Balancing of Interests in Legislative Process

研 究 生：杨炼

指导教师：汪习根教授

授予学位时间：2009 年上半年

内容介绍：立法作为社会分配权利和义务的重要手段和衡量人们行为的重要准则，理应充分发挥社会利益的分配功能和调控功能。然而，并非所有的利益都能够在立法中得到反映。法律本身是不同利益调和折中的产物，立法过程中对利益的表达和整合，对各种利益的重要性进行评估和衡量，以及为利益的协调整合提供标准是法律调整的关键，因此对立法过程中利益衡量的研讨，是法学研究的崭新内容。法律的形成过程，就是在立法过程中各利益主体表达利益、沟通利益和整合利益的过程。全文除引言外，共分五章。第一章分析了利益冲突与利益衡量的关系。第二章至第四章依次分析了立法过程中的利益衡量、利益表达和利益整合。第五章分析了利益衡量与我国立法的完善。

中文题名：流动人口权利保障的宪政研究

英文题名：The Constitutional Analysis on Guaranteeing Floating Population's Right

研 究 生：刘高林

指导教师：周叶中教授

授予学位时间：2009 年上半年

内容介绍：流动人口问题是在国家转型中以主体权利普遍受侵害的形式表现出的综合性问题。它实际的根源在于宪政国家建构仍不完善，同样也就需要建构宪政国家来解决。本文基于中国国家转型的宪政研究进路，在对流动人口现实的权利现状、作为制度连接点的户籍和权利保障的现实困境进行系统研究的基础上，指出了流动人口权利保障的症结在于"权力组织体系"在国家转型过程中步调失衡，从而使流动人口的权利保障逸出了体系之外，并进而针对性地提出了权利保障的近、中、远期战略思路。全文共分四部分。第一部分流动人口权利现状的梳理。第二部分户籍制度的研究。第三部分流动人口权利保障的现实困境剖析。第四部分结论。

中文题名：论中国侦查权的配置、控制和保障——以宪政为视角

英文题名：Study on the Power of Investigation in China and Regulation

研 究 生：王德光

指导教师：李龙教授

授予学位时间：2009 年上半年

内容介绍：本文用宪政的价值理念和制度设计作为参照，对侦查权的基本规律进行探索，对我国侦查权的现状进行剖析，并对我国侦查权的改革和建设提出建议。全文除导言外，共分四章。第一章介绍了侦查权的释义。第二章论述了侦查权的配置。第三章探讨了对侦查权的控制。第四章论述了中国侦查权的保障。

中文题名：企业国有资产监管权力制约研究

英文题名：Study on Power Restriction of State-owned Assets of Enterprises Supervision

研 究 生：张新平

指导教师：李龙教授

授予学位时间：2009 年上半年

内容介绍：本文认为目前在困扰我国改革的各类问题中，企业国有资产监管改革最具有根本性和全局性意义。全文除导论外，共分五章。第一章通过对企业国有资产监管历史发展及现状的概述，为企业国有资产监管权力制约研究奠定理论基础，并为未来改革框架设计提供历史和现实基点。第二章通过对西方发达资本主义国家企业国有资产监管现状的介绍与分析，为我国企业国有资产监管权力制约规则与机制的重构提供经验借鉴。第三章通过对我国企业国有资产监管中存在问题的深入剖析，说明我国企业国有资产监管权力制约规则和机制重构的必要性。第四章通过对权力制约理论及公共选择理论的简介和评析，为我国企业国有资产监管权力制约规则和机制的重构提供理论支撑和方向指导。第五章通过借鉴部分理论及成熟经验，从宪政建设和经济转型的高度，对我国未来企业国有资产监管权力制约的规则和机制的重构提出对策及建议。

中文题名：全国人大常委会监督权研究

英文题名：Research on Superintendence of Standing Committee of the National People's Congress

研 究 生：廖哲韬

指导教师：周叶中教授

授予学位时间：2009 年上半年

内容介绍：本文讨论了全国人大常委会监督权的基本问题，并针对这些问题对完善全国人大常委会监督权制度提出了一些建议。全文除导论、余论外，共分五章。第一章阐述了全国人大常委会监督权的基本理论问题。第二章从历史和国际纵横两个角度对全国人大常委会监督权与历史上相近制度以及与西方资本主义国家议会监督制度进行了比较，从中得出一些基本结论。第三章分析了全国人大常委会监督权体系，并重点论述了财政监督权、特定问题调查权、质询权和规范性文件备案审查权。第四章探讨了全国人大常委会监督权在行使过程中必须面对的权力关系，剖析了其与执政党权力、行政权与司法权之间的关联。第五章简要说明了全国人大常委会监督权所面临的困境，并对如何摆脱此困境提出了自己的建议。

中文题名：社会分层与中国近现代政体选择

英文题名：On the Social Stratification and Choice of Regime in Modern China

研 究 生：张乐

指导教师：陈晓枫教授

授予学位时间：2009 年上半年

内容介绍：政体选择既是一个历史问题，也是一个现实问题。本文以阶层利益诉求行为这一概念为工具来探讨社会分层与政体选择之间的关系，并在此基础上对中国近代立宪史进行考量。全文共分五章。第一章首先对政体和社会分层的概念作简要界定，然后介绍政体与社会分层对应关系的相关学说及历史上政体演变的阶级背景。第二章提出阶级行为的概念，将一定阶级经常性的、具有重复性的社会行为，称之为阶级行为。第三章从阶级的角度对中国近代早期立宪过程进行分析。第四章探讨了国民党党国体制产生的社会阶层背景。第五章指出当代中国政府通过发展经济来增强自身的合法性并导致社会阶层的多元化，这使得中国朝民主化方向不断进步。

中文题名：统治权研究

英文题名：On the Power of the Rule

研 究 生：钱宁峰

指导教师：陈晓枫教授

授予学位时间：2009 年上半年

内容介绍："统治权"在近代德国、日本和中国宪法文件中的出现意味着在宪法文本背后存在着某种特殊的权力形态。这种权力形态就是本文所要讨论的统治权。从表面上看，上述三国在权力结构上呈现出极为相似的一面，然而，近代中国统治权形态则有自身特殊的性质，本文重点讨论近代中国统治权形态。全文除导论和结语外，共分五章。第一章概述了统治权。第二章介绍了近代中国统治权各种形态。第三章主要论述了统治权与立宪主义之间的关系。第四章主要探讨了统治权与国家权力运行之间的关系，侧重于分析统治权的现实运作。第五章主要分析了统治权的相关问题。

中文题名：违法行政行为治愈论

英文题名：On Cure of Illegal Administrative Action

研 究 生：张峰振

指导教师：林莉红教授

授予学位时间：2009 年上半年

内容介绍：基于公共利益、行政经济与效率，在一定条件下，违法行政行为可被治愈，即通过追认、补正、转换等方式，消除行政行为的瑕疵，使其由违法变为合法，从而使行政行为预期的法律效力得以持续。这种例外制度即是本文的研究对象。本文从违法行政行为的法律后果入手，对行政法治愈制度的理论基础、现实状况、治愈方式、适用范围以及治愈对现行法律制度产生的影响等问题进行了探讨。全文除引言外，共分六章。第一章重点探讨了治愈的基本理论问题。第二章重点介绍了域内外治愈制度之立法及实践状况。第三章至第五章分别论述了违法行政行为治愈的三种方式：追认、补正、转换。第六章简要论证了违法行政行为治愈的立法建构及治愈对行政救济制度的影响。

中文题名：我国非物质文化遗产行政法保护研究

英文题名：A Study on Administrative Law Protection of Intangible Cultural Heritage in China

研 究 生：高轩

指导教师：汪习根教授

授予学位时间：2009 年上半年

内容介绍：我国社会的生产、生活中存着丰富多彩的非物质文化遗产，但是由于我国社会经济发展水平的低下，加之人们对自己的非物质文化遗产缺乏应有的保护意识，众多的中华民族的非物质文化遗产已经消失在历史的深处。有鉴于此，本文对我国非物质文化遗产行政法保护展开研究。全文除导言外，共分七章。第一章对非物质文化遗产进行界定。第二章论述了我国非物质文化遗产行政法保护的必要性。第三章主要论述了我国非物质文化遗产行政法保护的缺陷。第四章探讨了非物质文化遗产行政保护机制。第五章分别研究了国际和我国的非物质文化遗产行政法保护的立法模式。第六章探讨了我国非物质文化遗产行政法保护立法的主要内容。第七章论述了国务院《征求意见稿》的宪政考量并就我国非物质文化遗产保护法提出立法建议。

中文题名：我国检察机关法律监督研究

英文题名：A Study on Legal Supervision by Procuratorial Organs

研 究 生：金波

指导教师：周叶中教授

授予学位时间：2009 年上半年

内容介绍：本文从宪政的层面，以权力制约为基点，以法律监督为研究对象，探究我国检察机关为何被确定为法律监督机关、法律监督机关对于人民代表大会制度的必要性、法律监督在我国监督体系中的地位和作用以及法律监督实现的途径等问题。全文除导言、结束语外，共分七章。第一章考察和梳理了我国检察制度的渊源。第二章探讨了我国检察机关在国家宪政体制中的地位。第三章分析论述了我国检察机关法律监督的法理基础与宪政价值。第四章探讨了我国检察机关法律监督的内涵与外延。第五章至第七章分别从对司法活动、行政活动和立法活动的监督三个方面阐述了我国检察机关法律监督的实现问题。

中文题名：我国新闻法制化研究

英文题名：A Study on Legal Systematization in Chinese News

研 究 生：丁汀

指导教师：周叶中教授

授予学位时间：2009 年上半年

内容介绍：构建中国特色社会主义新闻法制乃是当代中国新闻法制工作之必然要求，其上承建设社会主义法治国家的历史使命，下接充分发挥新闻社会作用的实践任务，因而是一个十分重要的课题。然而，我国学界对中国特色社会主义新闻法制的研究在目前看来并未深入，本文对此作出进一步尝试。全文除引言外，共分七章。第一章探讨了中国特色社会主义新闻法制的一般理论。第二章阐述了中西方新闻法制化进程的历史演进。第三章对中外新闻传播法制进行了比较研究。第四章主要研究了我国新闻法制的运行问题。第五章着重研究了我国新闻法制的功能和价值取向。第六章分析了中国特色社会主义新闻法制面临的挑战。第七章提出了一些解决新闻法制所存在的问题的方案，以期能够对中国特色社会主义新闻法制的发展有所助益。

中文题名：宪法基本权利规范在刑事法中的效力研究

英文题名：On the Validity of the Norms of Constitutional Fundamental Rights in Penal and Criminal Procedure Law

研 究 生：宦吉娥

指导教师：秦前红教授

授予学位时间：2009 年上半年

内容介绍：本文对宪法基本权利规范在刑事法中的效力展开研究。全文除导论、余论外，共分五章。五章内容可细分为两个部分，第一章和第二章为基础理论部分，第三章至第五章为问题的具体展开。第一章在对我国宪法基本权利规范理论基础之缘起与演进进行回顾与反思的基础上，确立了我国宪法基本权利规范的理论基础，界定了宪法基本权利规范的概念。第二章探讨了宪法基本权利规范在部门法中效力的理论渊源，以及在刑事法中效力的概念、构成及影响因素。第三章探讨了宪法基本权利规范对刑事法的目的拘束力。第四章探讨了宪法基本权利规范对国家刑罚权的边界限定力。第五章探讨了宪法基本权利规范对刑事司法程序的控制力。

中文题名：相对人行政法行为研究

英文题名：Research on the Behavior of Private Party in Administrative Law

研 究 生：钟芳

指导教师：周佑勇教授

授予学位时间：2009 年上半年

内容介绍：相对人行政法行为在行政法中占据着重要的地位，并发挥着重要的作用，然而，在理论和立法上，相对人行政法行为都没有得到应有的重视，是行政法学上最缺乏研究的课题之一。为了确立相对人的主体地位，并扩大行政法的疆域，本文明确相对人行政法行为在行政法中的地位，确立不同行为的运行规则，保障相对人行政法行为作用的发挥，并用相对人行政法行为理论对相关行政法理论和制度体系进行一个重新的审视，以期对行政法治建设有所贡献。全文除结语外，共分四章。第一章绪论。第二章相对人行政法行为概念的厘定。第三章相对人行政法行为效力剖析。第四章相对人行政法行为类型化的探索。

中文题名：协商性司法要论

英文题名：On Deliberative Judicature

研 究 生：李贵成

指导教师：李龙教授

授予学位时间：2009 年上半年

内容介绍：本文以交往合作为视角对传统的法理念进行梳理，在此基础上，将协商民主的合理因素即多元社会背景下的交往理性和社会主体的平等合作引入司法，进而提出了协商性司法的概念、构成要件、基本理念，并以此对传统的诉讼模式、程序等进行重构，以解决当前我国司法中存在的司法裁判合法性、合理性、权威性危机问题，为司法和司法改革提供基本理论支撑。全文除引言、导论、余论外，共分四章。第一章自然主义与实证主义：关于法的两种进路。第二章协商主义——法的交往合作之维。第三章司法合理性与协商性司法。第四章协商性司法的理念。

中文题名：行政法治二元模式的法哲学研究

英文题名：Dual Mode of the Administrative Rule of Law Studies in Jurisprudence

研 究 生：程关松

指导教师：李龙教授

授予学位时间：2009 年上半年

内容介绍：本文共分六章从法哲学角度对行政法治二元模式展开研究。第一章导论。第二章论述了古典规范主义行政法治模式的形成，并归纳出古典规范主义行政法治模式的三种范式。第三章探讨了近代功能主义行政法治模式的形成，主要从人性恶的假设与执行权的发现的视角展开，并归纳了该模式的三种范式，第四章研究近代规范主义行政法治模式的形成，先后论述了自然权利与执行权的宪政化和执行权的建制化与理性主义的宪政机制，进而归纳了该模式的三种范式。第五章分别以立法型国家、司法型国家、政府型国家为对象，阐述了规范主义行政法治模式的宪政实践。第六章在论述现代公共行政的演变和介绍行政法治基本理念基础上，探讨了功能主义行政模式的正当化和法治化建构。

中文题名：行政法中的不确定法律概念研究

英文题名：On Indefinite Legal Concept in Administrative Law

研 究 生：尹建国

指导教师：周佑勇教授

授予学位时间：2009 年上半年

内容介绍：长期以来，我国行政法学界对不确定法律概念的研究尚不够重视，有限的研究也多集中于在讨论行政裁量问题时的"附带提及"。基于此，本文着意在考察域内外既有研究成果的基础上，系统探讨行政法中不确定法律概念的相关问题，以期为我国行政法学界更进一步地展开对该课题的理论研究与实务工作，建立初步统一的对话平台提供帮助。全文除导言外，共分八章。第一章辨析了不确定法律概念的界定。第二章探析了不确定法律概念的成因与类型化。第三章探讨了不确定法律概念具体化的模式构建。第四章是对不确定法律概念的规范解释。第五章讨论了不确定法律概念的价值补充。第六章讨论了不确定法律概念具体化的行政参与。第七章讨论了不确定法律概念具体化的说明理由。第八章探讨不确定法律概念具体化的司法审查。

中文题名：行政诉判关系的逻辑及其制度建构——以民事诉讼比较为视角

英文题名：The Logic and System Construction of the Administrative "Appeal-decision" Relationship：Comparing with Civil Procedure Law

研 究 生：邓刚宏

指导教师：林莉红教授

授予学位时间：2009 年上半年

内容介绍：本文以民事诉判关系与行政诉判关系的比较为主线，对行政诉判关系的一致性与非一致性的逻辑以及制度建构进行初步研究。全文除导论、代结语外，共分六章。第一章行政诉判关系之解释，主要分析了行政之"诉""判"的含义与意义、行政诉判关系的基本内涵、蕴涵的基本问题以及其研究价值。第二章构建行政诉判关系的逻辑框架，主要讨论了主观公权利保护和客观法秩序维护两种理想功能模式下的行政诉判关系特点。第三章行政诉判关系的逻辑分析（一），以主观公权利救济为逻辑路径，论证了主观公权利、行政诉权、诉讼请求、行政判决之间关系逻辑上以及内容上总保持着相当程度的一致性。第四章行政诉判关系的逻辑分析（二），以行政客观法秩序维护为逻辑路径，探讨了行政诉判关系的逻辑与制度建构。第五章行政诉判关系原则之重构，在分析了"依诉择判"原则的内涵、理论基础以及局限性的基础上，进一步论证了行政诉讼应当确立"依行政行为效力择判"原则，并就其适用进行讨论。第六章行政诉外判关系及其制度建构，主要分析梳理了行政诉判关系定位以及制度建构。

中文题名：行政违法的检察监督问题研究

英文题名：On Procuratorial Supervision over Illegal Administrative Actions

研 究 生：张运萍

指导教师：周佑勇教授

授予学位时间：2009 年上半年

内容介绍：本文综合运用规范分析、比较研究和历史分析、实证分析等方法，归纳了域外行政违法检察监督的立法状况，系统分析我国行政违法检察监督的现状，深入阐述行政违法检察监督的必要性，进而提出对行政违法进行检察监督的基本思路。全文除导论外，共分五章。第一章行政违法的检察监督基本理论阐析。第二章行政违法的检察监督制度之比较法分析。第三章行政违法的检察监督实证研究。第四章行政违法的检察监督完善Ⅰ：诉讼性监督模式。第五章行政违法的检察监督完善Ⅱ：非诉讼性监督模式。

中文题名： 行政执法责任制研究

英文题名： Research on the Responsibility System for Administrative Law Enforcement

研 究 生： 何琳

指导教师： 叶必丰教授

授予学位时间： 2009 年上半年

内容介绍： 行政执法责任制作为一种新型的行政法律责任制度，是中国 20 世纪 80 年代社会处于转型时期民主与法治发展的必然产物。本文以我国各省、自治区、直辖市行政执法责任制规定为样本，运用实证研究的方法对我国行政执法责任制的设定形式、法规规章结构、行政执法职责、行政执法评议考核以及行政执法责任落实等进行分析研究，并通过对外国先进经验的借鉴提出了一些完善我国行政执法责任制的想法。全文除引言外，共分六章。第一章研究了各地行政执法责任制的设定。第二章探讨了各地行政执法责任制法规规章总则的内容。第三章分析了行政执法职责。第四章探讨了行政执法评议考核制度。第五章研究了行政执法责任的落实。第六章为附则。

中文题名： 幸福的法哲学研究

英文题名： On Happiness from the Perspective of Legal Philosophy

研 究 生： 李蕾

指导教师： 汪习根教授

授予学位时间： 2009 年上半年

内容介绍： "幸福"是东西方文明共同追求的"理想价值"，"幸福"虽然在众多科学领域被广泛知晓与提及，却从未被上升至法哲学的层面进行系统的解答与论证。本文首次将"幸福"一词从心理学、伦理学、哲学、经济学领域抽象出来作为分析法哲学的工具与方法。本文从纷繁复杂的幸福概念与研究范式出发，以古希腊"理性主义幸福观"至后现代"主观主义幸福观"为研究脉络，从而总结出幸福观的发展变迁之中的历史规律与时代特征，以及在幸福观的历史流变的基础上反思幸福的法哲学内涵。全文共分五章。第一章论述了法学视野下幸福观的历史流变。第二章论述了幸福的价值之维。第三章论述了幸福的权利之维。第四章论述了幸福的民主政治之维。第五章探讨了构建体现中国人幸福观的民主法治的可能途径。

中文题名： 中国电视媒体依法管理研究

英文题名： The Research on the Legal Management of China's Broadcast Television Media

研 究 生： 冯元

指导教师： 周叶中教授

授予学位时间： 2009 年上半年

内容介绍： 本文基于电视媒体传播的基本理论，以马克思主义理论为指导，严格遵循法学研究特色，对我国电视媒体的依法管理展开阐述。全文除导论和结语外，共分六章。第一章论述了我国电视媒体依法管理的含义、特征、必要性和制度要求。第二章论述了我国电视媒体的管理必须始终坚持宪法法律至上原则、程序正当原则、公益关怀原则、党的领导等基本原则。第三、第四章分别探讨了我国电视媒体依法管理的主体和客体。第五章研究了我国电视媒体依法管理的基本程序。第六章在指出我国现行电视媒体管理制度的缺陷后，从立法制度、执法制度和司法制度三个方面探讨了我国电视媒体管理制度的完善问题。

中文题名：中国民主政治法治化研究

英文题名：On the Legalization of Democratic Politics in China

研 究 生：王新生

指导教师：李龙教授

授予学位时间：2009 年上半年

内容介绍：在中国，民主政治法治化已成为发展社会主义民主政治的重要途径和方式。本文遵循从民主政治法治化的一般理论到中国民主政治法治化的具体实践的思路展开论述。全文除引言、结语外，共分六章。前三章主要研究民主政治法治化的一般理论，分别论述了民主政治与法治的内在机理、民主政治法治化的原因、中国民主政治法治化的内容。后三章主要研究中国民主政治法治化的具体实践，并针对中国的民主政治实践需要，进行初步的制度建构，分别论述了中国民主政治法治化的前提和基础、基本途径、制度建构。

中文题名：走向大一统——中国传统治国模式的生成：从黄帝至秦汉

英文题名：Go to Da-Yi-Tong：The Generation Process of the Running Country Mode from the Huang-Di to the Qin and Han Dynasties

研 究 生：潘传表

指导教师：李龙教授

授予学位时间：2009 年上半年

内容介绍：本文从历史演变的角度描述了从黄帝至秦汉这段时期中国治国模式（即大一统模式）的生成过程，将大一统作为一种治国模式来理解，表现为一套治国安邦的制度体系，包括政治制度、法律制度和意识形态，各部分之间相互支撑、严丝合缝，体现出高度的文明和成熟程度。这套在历史演变中生成的治国模式极为高明和巧妙，天然地契合中国的地理和人文，是中国传统政法智慧的集中体现。即使与现代的民主法治治国模式相比，大一统的治理模式也有其优长之处。本文围绕大一统治国模式的生成历史而展开。全文除引言、总结和余论外，共分五章。第一章介绍了大一统思想的历史演变。第二章论述了地理条件对制度发展的影响。第三章论述了民族和国家的凝聚过程。第四章论述了大一统国家的治理之术的演进。第五章论述了王权合法性标准的演变。

中文题名：当代中国检察权性质与职能研究

英文题名：On the Nature and Function of Procuratorial Power in Contemporary China

研 究 生：王俊

指导教师：秦前红教授

授予学位时间：2009 年下半年

内容介绍：本文以当代中国检察权性质及其功能为研究对象，全文共分七章。第一章导论。第二章论述了检察权及其演进，首先阐述了检察权的含义，进而梳理出历史上检察权的发展演变轨迹。第三章对影响检察权性质定位的诸多因素进行了思考。第四章探讨了检察权的性质定位，分别考察了前法治主义视角下以及法治主义视角下的检察权属性等问题。第五章讨论了我国的检察职能问题，先对域外检察职能变迁进性梳理，接着对中华人民共和国成立后的检察职能变迁及其影响因素进行了考察。第六章通过对我国检察权应当具备实现人权保障、维护法制统一、参与国家治理和促进社会和谐等基本职能的论证，对我国检察职能进行界定。第七章探讨了我国检察监督权的完善。

中文题名：法治的生活之维

英文题名：Life Dimension of Rule of Law

研 究 生：罗丽华

指导教师：李龙教授

授予学位时间：2009 年下半年

内容介绍：从生活的维度研究法治，是法治理论丰富和发展的需要，也是法治实践探索和反思的结果。本文除导论外，共分四章。第一章通过对法治进行追根溯源，得出法治在生活中产生、在生活中发展、在生活中生成，即法治本就是"生活"的法治。第二章从文化视角、历史视角、价值视角对生活进行解读，得出生活由自在向自觉、由日常生活向非日常生活转化并最终实现两者和谐统一的历史必然性。第三章通过对法治与生活的价值考察，得出自由与秩序是法治与生活的共同价值目标和价值基础。第四章通过分析中国法治难以进入"生活世界"的原因探讨了中国法治进入"生活世界"的路径。

中文题名：法治政府视野下我国司法审查制度的完善

英文题名：The Government in China Under the Rule of Law, Judicial Review of Vision

研 究 生：罗欧

指导教师：林莉红教授

授予学位时间：2009 年下半年

内容介绍：本文着重论述在我国建设法治国家、法治政府的大时代背景下，构建我国司法审查制度的有关问题。全文除导言、结语外，共分五章。第一章概述了司法审查制度。第二章先后以大陆法系的法、德两国以及英美法系的英、美两国为对象，考察了国外司法审查（行政诉讼）制度的演变。第三章在法治政府建设视野下对中国行政诉讼制度演变进行了研究。第四章讨论了法治政府视野下我国司法审查范围的完善。第五章对司法审查的几种特殊对象加以分析。

中文题名：民事检察权研究

英文题名：On Civil Procuratorial Power

研 究 生：倪瑞兰

指导教师：秦前红教授

授予学位时间：2009 年下半年

内容介绍：本文分七章试图通过对否认民事检察权合理性的观点进行分析，论证民事检察权存在的合理性，同时在概括我国民事检察权的发展脉络，以及对世界各国民事检察权进行比较分析的基础上，找出我国现行民事检察权存在的问题与不足，并提出相应的完善建议。全文除导论外，共分七章。第一章概述民事检察权。第二章民事检察权的历史沿革。第三章民事检察权的比较法考察。第四章民事检察权正当性研究。第五章我国民事检察权行使中存在的问题、原因及对策。第六章民事检察监督方式研究。第七章民事检察权的拓展。

中文题名：我国公民知情权现状及其原因探析——以东西方传统文化比较为视域

英文题名：The Situation of the Right to Know of Citizens in China and the Brief Analysis of Its Reasons：A Comparative Horizon in Tradition Culture Between the Eastern and the Western

研 究 生：曾晓阳

指导教师：秦前红教授

授予学位时间：2009 年下半年

内容介绍：本文主要从知情权生成机理入手，认为知情权的发展沃土主要在于现代的宪政文明与理念，因而着重阐述了知情权在国外（主要以美国、日本为例）得以充分发展的宪政文化背景，从而与中国目前实际的宪政文化背景相比较，找出我国公民知情权保护滞后的原因，希冀所探讨的问题能为我国的法治建设提供一些有益的思考。全文除引言和结语外，共分五章。第一章论述了知情权的基本含义。第二章对知情权的生成机理进行了简要分析。第三章陈述了国外公民知情权的保护现状。第四章阐述了我国公民知情权的保护现状。第五章对我国公民知情权保护滞后的原因分析，指出显性原因是知情权的法律保障体系不科学，而隐性原因则是中国当前实际的宪政氛围制约着公民知情权发展。

中文题名：行政纠纷和解机制研究——以和解形态是否型式化为视角

英文题名：Research on Settlement Mechanism of Administrative Disputes：From the Perspective of Whether the Form of Settlement is Patterned

研 究 生：李娟

指导教师：林莉红教授

授予学位时间：2009 年下半年

内容介绍：本文选取了行政纠纷和解形态是否型式化作为独特视角，试图从一个更接近现实的角度来观察行政纠纷和解的不同形态及其法律性质、条件、程序、效力等不同之处，探讨相应的法律治理密度和法律控制方法，力图构建一个更符合实际情形、更反映现实需求的行政纠纷和解机制。全文除引论外，共分五章。第一章概述了行政纠纷和解。第二章分析了行政纠纷和解的型式化问题，将所有行政纠纷和解形态划为"型式化和解"与"未型式化和解"两大板块。第三章通过对域外型式化和解和未型式化和解的不同法律控制方法进行比较分析，为我国行政纠纷和解机制之构建提供比较法上的素材与参考。第四章分别从行政过程和行政诉讼两条脉络，分析型式化和解在我国缺失的原因，考察未型式化和解在我国运行现状、规则及其问题。第五章指出对型式化和解和未型式化和解的法律控制方式和手段应有所不同，并分别提出了治理方法及构建路径。

中文题名：行政契约违约责任研究

英文题名：Study on Breach Liabilities of Administrative Agreement

研 究 生：杭仁春

指导教师：张泽想教授

授予学位时间：2009 年下半年

内容介绍：本文在借鉴国外关于行政契约之立法例及国内外民事契约违约责任制度的基础上，力图构建出行政契约违约责任制度，旨在填补我国行政契约法研究领域之空白，并对我国行政契约之立法和行政实务之活动起到积极的促进作用。全文共十三章。第一章比较了行政契约与民事合同制度。第二章概述了行政契约违约责任。第三章论述了行政契约违约责任的归责原则及构成要件。第四章讨论了行政契约违约行为形态。第五章探讨了行政契约给付不能及其法律效果。第六章探讨了行政契约给付迟延及其法律效果。第七章探讨了行政契约给付拒绝及其法律效果。第八章探讨了不完全给付及其法律效果。第九至十二章是关于违约责任形式，主要探讨了行政契约违约责任形式中的继续履行、损害赔偿和违约金三种形式。第十三章论述了行政契约违约责任之免除。

2010 年

中文题名：辩护权研究

英文题名：Research on Right of Defense

研 究 生：艾超

指导教师：陈晓枫教授

授予学位时间：2010 年上半年

内容介绍：辩护权作为被追诉人一项基本权利，得到了世界许多国家宪法和国际人权公约的确认。然而，由于制度不完善和文化基础薄弱等原因，对辩护权的宪法权利地位认识不够，现实中经常忽视宪法辩护权条款的规范作用和人权保障价值，对辩护权的限制比较普遍。本文基于我国的现状，从辩护权的人权属性和宪法权利地位的认识出发，对被追诉人辩护权问题进行思考和审视。全文除引言、余论外，共分五章。第一章论述了辩护权作为人权必要内容的历史进程。第二章重点分析了辩护权从人权必要内容到宪法权利的逻辑发展。第三章详细阐述了辩护权从纲领化到实证化的行程，从历史进程的角度重新思考了辩护权的诉讼权利体系。第四章论述了辩护权的延伸，即律师辩护权的权利性质和内容。第五章详细论述了我国辩护权制度存在的问题与需完善之处，重点对我国宪法规定的辩护权进行反思并提出完善的思考。

中文题名： 出入境自由权之规范性研究

英文题名： The Normative Study of the Right to Leave and Return

研 究 生： 何流

指导教师： 秦前红教授

授予学位时间： 2010 年上半年

内容介绍： 本文立足于国际人权法和国际移民法的国际环境，以国外出入境自由权的产生、变迁和发展为参照，论述出入境自由权的权利起源、属性和具体特征，结合中国当前的法律环境和政治环境，提出了对公民出入境自由权进行保障和规制的一些建议。全文除导论外，共分四章。第一章论述了出入境自由权的内涵、权利属性以及起源与发展。第二章针对出入境自由权的权利正当性进行研究，从而为出入境自由权的保障提供了理论依据。第三章探讨了对出入境自由权进行限制的理论和方法。第四章讨论了如何对国内的出入境管理机构进行限制，以充分保障公民的出入境自由权。

中文题名： 儿童权利研究——义务教育阶段儿童受教育权的保障

英文题名： On the Right of Children：The Protection of Chinese Children's Right to Compulsory Education

研 究 生： 管华

指导教师： 周叶中教授

授予学位时间： 2010 年上半年

内容介绍： 本文以儿童权利为起点，对儿童受教育权的保障进行了较为全面的研究。全文除引言和余论外，共分五章。第一章探讨儿童与人权主体范围的扩展，提出我国儿童年龄的上限确定在 14 岁为宜。第二章探讨了儿童权利的证成，在三种关于权利来源的论证范式的基础上，提出了权利证成的尊重范式，结合儿童观的流变论证了儿童权利的来源。第三章概说了儿童受教育权，指出作为基本权利的受教育权需要满足基本性并载入宪法，然后结合儿童思维，提出以儿童为中心的教育观，还论述了受教育权的性质及内容。第四章论述了儿童受教育自由权及其保障，指出受教育自由权包括儿童的受教育自由权、家长教育权、教师的教学自由以及建立教育机构的自由。第五章论述了受教育社会权，指出受教育社会权包括现有教育设施的入学请求权和必要教育设施创设请求权两个方面。

中文题名： 法治视野下特别权力关系问题研究

英文题名： Research on the Special Power Relation Under the Rule of Law

研 究 生： 邓志

指导教师： 周佑勇教授

授予学位时间：2010 年上半年

内容介绍：本文的主题是法治视野下特别权力关系问题研究，重点是从特别权力关系与行政法治的冲突角度分析问题。全文由导论、正文、结语组成。其中，导论部分旨在对目前研究的现状作一个总体的归纳，论述行政法治背景下对特别权力关系进行法治化的必要性和必然性。第一章阐述了特别权力关系基本理论，从特别权力关系的概念入手，具体列举了特别权力关系的类型，并分析了特别权力关系的特征和本质——强制且不可消除。第二章结合我国基本国情探讨了特别权力关系在我国大陆的现状。第三章分析了特别权力关系与行政法治的冲突问题。第四章对特别权力关系在域外的发展与法治化问题进行了探讨。第五章论述了我国特别权力关系的重构，主要从理论和制度两方面提出重构设想。

中文题名：基因权利研究

英文题名：Research on the Right to Gene

研 究 生：张小罗

指导教师：徐亚文教授

授予学位时间：2010 年上半年

内容介绍：基因权利是基于基因之上产生的新的综合性的基本人权。它发轫于科学技术的创新，植根于基因利益的诉求，导源于对人性尊严的保障。本文除导论外，共分五章。第一章界定了基因的相关概念的内涵与外延，论述了基因、基因组、基因资讯、基因检测等相关概念。第二章阐述了科技发展对法律的影响、科技的发展引起基本权利的变化、基因科技的发展与基因权利的产生。第三章主要阐述了基因权利的相关争议、基因权利的内涵、基因权利的性质。第四章论述了基因权利的具体形态，主要包括基因隐私权、基因平等权、基因知情权、基因财产权与基因人格权等。第五章主要从宣言保障、立法保障、司法保障等几方面分析了基因权利的保障之道。

中文题名：阶级与宪政——从洛克到黑格尔和马克思

英文题名：Class and Constitutionalism：From Locke to Hegel and Marx

研 究 生：涂四益

指导教师：秦前红教授

授予学位时间：2010 年上半年

内容介绍：本文旨在通过对洛克、黑格尔和马克思宪政理论的分析，揭示出国家制度的设计如何从单纯地限制政府权力发展到注重宪政的社会基础、特别是宪政的物质基础，同时展现出洛克式的自由主义和马克思的共产主义思想之间的传承关系。全文包括导言、正文和结语。导言简述了现代宪政的三部曲，陈述了选取洛克、黑格尔和马克思的宪政与社会理论进行研究在当代中国的意义。第一章论述了近代宪政与洛克的古典自由主义。第二章讨论了精英统治和黑格尔的普遍阶级。第三章论述了马克思的哲学与历史学中的资产阶级宪政。第四章研究了马克思的阶级与宪政理论。结语简述了苏联社会以及现代资产阶级社会的宪法和阶级的基本面貌。

中文题名：近现代中国公务员考绩法制研究

英文题名：Research on Legal System of Civil Service Performance in Modern China

研 究 生：秦涛

指导教师：陈晓枫教授

授予学位时间：2010 年上半年

内容介绍：本文以近现代中国的考绩法制为研究对象，全文除引言外，共分五章。第一章概述了公务员考绩法制，明确了公务员的定义和考绩的内涵以及公务员考绩制度在现代民主国家中的重要意义。第二章通过比较了古代中国和主要资本主义国家的公务员考绩法制来描述清末和民国初年中国公务员考绩制度的制度背景和可借鉴资源。第三章主要回顾并描述了北洋政府执政的 17 年间中国考绩法制的立法与实施，结合当时的军阀统治的现实对这项制度的立法和实施进行评述与检讨，并在民主宪政的语境下讨论官僚制度的考绩规则影响和民主控制的历史借鉴。第四章主要梳理了南京国民政府成立后的公务员考绩法制的文本材料和影响考绩立法的孙中山先生的思想。第五章主要整理了中国共产党创建后各个历史时期的干部考核政策与制度，特别分析了改革开放以后我国当代政府绩效与公务员考绩中出现的问题，并提出以科学的考绩立法来控制官僚，用考绩法制化来实现建设高效廉洁的服务型政府的法治目标。

中文题名：警察罚理论研究

英文题名：Research on Polizeidelikt

研 究 生：陈实

指导教师：周佑勇教授

授予学位时间：2010 年上半年

内容介绍：警察罚乃特定国家在由传统社会向现代法治社会转型过程中，在国家行政事务尚未实现高度分工的情况下，为维护社会公共秩序，实现对社会的有效管理，而通过国家立法的形式，交由警察机关决定的，具有人身强制性质的法律制裁方式。在中国，警察罚作为法律移植的产物，历经一百多年的演变而形成了自身的特色，这一制度在维护公共安全和社会秩序方面发挥了重要作用。但随着我国向法治社会的迈进，现有警察罚制度的弊病也日益显现。本文本着追求法治理想、立足现实国情的精神，展开了对警察罚制度的理论研究。全文共分六章。第一章警察罚的制度发展与法律定位。第二章警察罚的理论定位。第三章海峡两岸警察罚之比较。第四章是我国警察罚之实体检讨。第五章我国警察罚之适用程序探析。第六章我国警察罚制度的改革方向论证。

中文题名：论民族主义与宪政

英文题名：Nationalism and Constitutionalism

研 究 生：韩轶

指导教师：周叶中教授

授予学位时间：2010 年上半年

内容介绍：本文试图从民族与国家这两个民族主义的基本构成要素出发，对民族主义与宪政之间的关联进行梳理。文章认为，作为一项政治学理论，民族主义学说在一定程度上反映了宪政的历史与现状；作为一种文化样态，民族主义是宪政制度的文化基础之一；作为一支重要的政治力量，民族主义更参与了宪政形成与发展的全过程。全文分四章。第一章从民族主义的概念入手，阐明民族主义复杂的理论层面，并针对民族主义运动所极易呈现的极端表现进行分析。第二章以民族国家历史演进和民族主义观念变化为视角，认为民族主义观念的分化实则为国家的权力构造和权力治理提供了充分的自由空间，宪政理论则致力于在其中求得平衡。第三章基于民族主义立场，关注对自由主义宪政的价值自省和修正。第四章将视角转向宪政的未来，探讨了宪政对民族主义价值诉求的应对也即文化认同与制度认同之间的协调问题。

中文题名：区域发展的人权法研究

英文题名：Human Rights Law Study on Regional Development

研 究 生：王琪璟

指导教师：汪习根教授

授予学位时间：2010 年上半年

内容介绍：本文是区域发展战略同人权法学彼此结合的产物，全文除引言外，共分七章。第一章概述了人权法学与区域发展及其相互关系。第二章将区域发展战略导入人权法学，探讨了区域人权发展问题的理论前提与现实依据。第三章为区域发展的人权法总论，指出区域人权发展战略与机制的总体思路包括区域人权法治目标选择、发展战略规划、法律机制构建以及发展状况评估四个环节，最终目的是为实现各区域人权保障与协调的全新格局。第四至六章从区域经济发展、区域社会全面发展、区域可持续发展三方面着眼，讨论经济、社会各领域、环境与可持续发展三大领域中的六项具体权利的保障问题。第七章以我国中部地区构建"两型社会"相应的人权法治建设为例进行实证研究。

中文题名：司法预救济制度和再救济制度研究

英文题名：A Study of the Judicial Pre-remedy System and the Judicial Post-remedy System

研 究 生：郭孝实

指导教师：汪习根教授

授予学位时间：2010 年上半年

内容介绍：本文试图从社会公正与司法公正的探讨开始，以司法救济本身的法律特征和司法实践入手，探讨建立旨在实现社会公正的司法预救济制度和司法再救济制度，最终促进完善司法救济体系建设。全文除引言外，共分九章。第一章分别对社会公正与司法公正进行阐述后，论述了两者间的辩证关系。第二章探讨了现行的司法救济体制。第三章讨论了司法预救济制度的基本理论问题。第四章探讨了司法预救济制度的现实构建。第五章对司法预救济制度与相关制度的关系进行了分析。第六章讨论了司法再救济制度的基本理论问题。第七章以德国、美国、日本、新西兰为例，介绍了国外对于被害人补偿的相关法律制度。第八章探讨了司法再救济制度的构建。第九章探讨了统一的司法救济体系建设。

中文题名： 我国财政体制的宪政思考

英文题名： Constitutional Thoughts on the Public Financial System of China

研 究 生： 邹广

指导教师： 周叶中教授

授予学位时间： 2010 年上半年

内容介绍： 本文以我国财政体制的宪政思考作为主要论题，以传统经济学领域对财政体制的研究为基础展开论述，认为宪法、宪政应当对财政体制给予足够关注，以财政—财政体制—财政权力—宪政分析作为主要脉络，以财政体制中的财政权力为突破口进行阐述，运用宪政理论中的分权制约原理，对财政体制权力进行横向、纵向的划分，并选取其中的税收权力正义控制、预算权力的民主保障、转移支付权力的法治矫正进行深入分析，最终将财政体制升华到、归宿到人权保障的现实意义中来。全文共分七章。第一章导论。第二章财政体制的多重分解。第三章财政体制与宪政的关联向度。第四章我国财政体制中权力与权利分离：税收的正义控制。第五章我国财政体制中权力横向分立：预算的民主保障。第六章我国财政体制中权力纵向分立：转移支付的法治矫正。第七章代结语：我国财政体制之人权期待。

中文题名： 我国城市基层治理中的公众参与

英文题名： The Public Participation of the Urban Grassroots Governance in China

研 究 生： 王卫

指导教师： 周叶中教授

授予学位时间： 2010 年上半年

内容介绍： 本文从城市基层社会矛盾演化及利益表达和协调中的公众参与兴起及其基本运行模式入手，运用宪政理论、行政程序法、治理理论、公众参与理论等综合学科知识，结合深圳市城市治理模式的实证研究，考察了城市治理中影响公众参与的因素以及公众参与的运行模式，揭示了中国特色的宪政建设的动力和演进方向。全文除导论外，共分五章。第一、第二章主要探讨本文的理论框架，分析城市治理为什么需要公众参与，比较了不同民主体制下的公众参与理念及实践等。第三章从实证角度重点分析了我国公众参与的现状、困境、运行机制及其影响。第四章全面分析了境外城市基层治理中公众参与的主要特征，得出境外经验对本土基层治理探索的启示。第五章指明出路，认为切实转变政府职能，发挥党组织的轴心作用、大力开展社区建设并发展民间组织以及强化公众参与的制度建设才是实现有效的公众参与的可行路径。

中文题名： 我国警察权力的法律规制研究

英文题名： A Study on the Legal Regulation of Police Power in China

研 究 生： 文华

指导教师： 周叶中教授

授予学位时间：2010 年上半年

内容介绍：我国警察权力的法律规制，既是宪法与行政法学关注的重要课题，也是建设社会主义法治国家进程中必须重点解决的实践难题。本文围绕这一主题，在吸收已有研究成果的基础上，对我国警察权力法律规制的意义、基本原则、基本途径和制度建构进行了较深入的探讨。全文除导论和结论外，共分七章。第一章论述了警察权力法律规制的意义。第二章对境外法治国家和地区规制警察权力的经验进行了考察，择要介绍了比例原则、司法审查原则和警察内部监督机制。第三章提出了我国警察权力法律规制的基本原则，即法治原则、程序原则、适度原则和权责一致原则。第四章至第七章分别论述了我国警察权力法律规制的基本途径，即权力制约、权利制约、权力主体的自我约束和警察权力的制度建构。

中文题名：宪法诉愿研究

英文题名：Study on Constitutional Complaint

研 究 生：汪新胜

指导教师：汪进元教授

授予学位时间：2010 年上半年

内容介绍：在现代违宪审查制度的发展过程中，作为直接保护公民宪法权利的宪法诉愿制度发挥着越来越重要的作用。宪法诉愿制度的确立丰富了现代基本权利救济体系，强化了基本权利对国家公权力的控制和约束，扩大了基本权利的保护范围。全文除导论、结语外，共分五章。第一章分析了宪法诉愿的学理基础。第二章介绍了宪法诉愿的概念与功能。第三章分析了宪法诉愿的程序要件。第四章讨论了宪法诉愿的运行机制。第五章检视了宪法诉愿程序的审查基准。

中文题名：宪政在城市——从晚清到民国

英文题名：Constitutionalism in City：From Late Qing Dynasty to Republic of China

研 究 生：解国臣

指导教师：陈晓枫教授

授予学位时间：2010 年上半年

内容介绍：宪政是近代中国的不懈追求，中国宪政历程中虽有一定的高潮，但总体上来说是失败的。本文从城市的角度来探讨近代中国宪政的进程。这样，一方面因为城市意味着一个具体的时空，可将宪政的研究拉向了地方性和现实性，从而避免了抽象的缺陷。另一方面，城市具有聚集性，可将城市内部不同的社会要素和阶层整合为一个相对独立的整体，因而探讨城市与宪政的关系，避免了因果关系的片面性。全文共分五章。第一章绪论。第二章主要从历史的角度探讨了近代中国城市的转型。第三章从宏观的角度探讨了宪政和城市的关系。第四章从微观的角度探讨了宪政与城市的关系，主要选择了四个城市：北京、上海、武汉和香港。第五章结语对近代中国宪政与城市的关系进行了总结。

中文题名：行政程序抗辩权论

英文题名：On the Right of Defense in the Administrative Procedure

研 究 生：龚向田

指导教师：周佑勇教授

授予学位时间：2010 年上半年

内容介绍：本文除导论外，共分五章。第一章行政程序抗辩权之本体论，主要探讨了行政程序抗辩权的起源、涵义、性质、主要类型以及行政程序抗辩权与相关范畴的关系。第二章行政程序抗辩权之理论基础，阐明了行政程序抗辩权的理论基础主要包括行政沟通理论、程序正义理论以及人的主体性理论。第三章行政程序抗辩权之价值论，主要揭示了行政程序抗辩权的人权价值、法治价值以及和谐价值。第四章行政程序抗辩权之保障论，揭示了英美法系行政程序抗辩权的保障制度与大陆法系行政程序抗辩权的保障制度之现状及启示。第五章行政程序抗辩权之救济论，通过对程序工具主义对行政程序抗辩权救济的否定与程序本位主义对行政程序抗辩权救济的肯定进行阐述，论证了行政程序抗辩权之救济的理论依据。

中文题名：行政法的正义理论研究

英文题名：The Research on Justice Theory of Administrative Law

研 究 生：戴建华

指导教师：周佑勇教授

授予学位时间：2010 年上半年

内容介绍：行政法的理论基础作为一种法学理论，属于意识形态范畴，归根结底是由行政法的基础即利益关系决定。利益是行政法体系中最核心的概念，一切行政法的理论和实践都最终归结于利益衡量上。揭示行政法的理论基础，应从行政法价值层面进行剖析与阐释。因为利益是一个非常抽象的概念，只有在特定价值的指引下，具体利益才能反映行政法的目标、功能以及宗旨等一系列问题，价值反映社会的利益导向，特定的利益是社会价值的基础。因此，本文力图从"正义价值"的视角出发，建构行政法的正义理论。全文共分五章。第一章导论。第二章分析了行政法正义的基础。第三章分析了行政法正义在法律原则层面的体现。第四章分析了行政法正义在制度层面的实现方式。第五章分析了行政法正义的司法保障。

中文题名：行政给付诉讼研究

英文题名：Research on the Administrative Service Litigation

研 究 生：熊勇先

指导教师：林莉红教授

授予学位时间：2010 年上半年

内容介绍：本文从五个方面对行政给付诉讼展开了研究。全文除导言、结语外，共分五章。第一章行政给付诉讼之导入，分析了我国行政履行判决的适用条件、适用范围以及适用现状等。第二章行政给付诉讼之界说，以行政处理为标准对行政给付诉讼内涵进行了界定，并将其特征归纳为诉讼对象的广泛性、诉讼功能的双重性以及诉讼两造的变动性，在此基础上对课予义务诉讼与行政给付诉讼的分立进行了阐述。第三章行政给付诉讼形态，以行政给付请求权为标准对行政给付诉讼形态进行了划分。第四章行政给付诉讼要件，指出在区分起诉要件和诉讼要件的基础上，行政给付诉讼要件应包括法院审判权、当事人、诉讼标的以及诉之利益等。第五章行政给付诉讼制度，指出行政给付诉讼中，一般实行"谁主张、谁举证"的举证责任分配原则，但在合法以及自愿的基础上，可以适用调解等。

中文题名：行政给付制度研究

英文题名：On the Administrative Benefit System

研 究 生：喻少如

指导教师：秦前红教授

授予学位时间：2010 年上半年

内容介绍：行政给付是一种重要的行政行为制度，是现代服务行政的重要体现。建构科学的行政给付理论、明确国家的给付责任和义务、夯实公民宪法上的社会权以及行政法上的受益权基础、确立适当的行政给付程序和完善的监督救济机制，对于切实推进民生行政，具有重要的理论和实践意义。本文从厘定行政给付的概念入手，以权利义务关系视角为中心，因袭传统的"主体—行为—程序—监督与救济"的逻辑思路，运用公法学理论工具，着重对我国行政给付制度的本体功能、价值基础、实践运行等问题进行了初步的探讨，并提出若干完善建议。全文除引言外，共分五部分。第一部分主要探讨了行政给付的概念界定、功能分析和历史发展走向。第二部分着重分析了行政给付的宪法基础。第三部分探讨了行政给付的基本原则。第四部分讨论了行政给付程序建构问题。第五部分研究了行政给付的监督和救济机制。

中文题名：行政规划法律规制研究

英文题名：Study on Legal Regulation of Administrative Plan

研 究 生：孟鸿志

指导教师：周佑勇教授

授予学位时间：2010 年上半年

内容介绍：本文在全面分析和总结国外行政规划法治化的理论与实践的基础上，针对我国国情和法制实践，系统梳理、抽象和分析了行政规划的基本范畴、制度现状等，并以事前的立法规制和事后的监督救济为视角，对行政规划的法律规制体系作了进一步拓展性阐述和论证。全文除引言外，共分五章。第一章行政规划的范畴分析，系统梳理并界定了行政规划的基本概念等。第二章行政规划法律制度的比较考察，着重梳理和分析了两大法系主要国家的行政规划法治化的基本经验。第三章行政规划法律规制的理念、原则与模式，阐述了行政规划应确立的人权保障和权力制约的法治理念以及适用的法律优先和法律保留原则等。第四章行政规划的立法规制，从立法规制的角度分别提出并阐述了行政规划的组织法规制、规划法规制和程序法规制三种基本控制模式。第五章行政规划的监督与救济，从事后监控的角度，系统梳理和论证了行政规划中的利害关系人及其权利构成的主要形式。

中文题名：行政行为的撤销研究

英文题名：The Revocation of Administrative Acts

研　究　生：谭剑

指导教师：周佑勇教授

授予学位时间：2010 年上半年

内容介绍：本文从原理和制度层面对行政行为的撤销进行分析。全文除引言外，共分五章。第一章介绍了行政行为撤销的一般理论。第二章论述了行政行为撤销的正当性，从价值和功效方面对原行政行为机关和上级行政机关撤销行政行为的正当性进行分析。第三章探讨了行政行为撤销的标准，包括主要证据不足、适用依据错误、严重违反行政程序、超越职权和滥用职权五项。第四章研究了行政行为撤销的限制，对限制行政行为撤销的理论基础、利益基础进行了分析，并结合相关法条和案例分析了限制行政行为撤销的各种具体因素。第五章讨论了行政行为撤销的结果。

中文题名：行政收费法治化研究——以信息公开和公众参与为分析路径

英文题名：On Legalization of Administrative Charge：Taking the Analytical Path of Information Publicity and Public Participation

研　究　生：沈小平

指导教师：林莉红教授

授予学位时间：2010 年上半年

内容介绍：本文对行政收费法治化相关问题进行了研究。全文除导论、结语外，共分五章。第一章论述了行政收费法治化之基础理论。第二章论述了我国行政收费的现状及治理困境。第三章探讨了我国行政收费制度法治化的理想与现实。第四章讨论了信息公开与行政收费法治化。第五章论述了公众参与与行政收费法治化。

中文题名：选择性执法及其治理研究

英文题名：Research on Selective Enforcement and Its Governance

研　究　生：汪燕

指导教师：林莉红教授

授予学位时间：2010 年上半年

内容介绍：本文试图从社会心理学的场域理论视角分析执法者选择性执法的原因，以找出因应的治理措施，并旨在从平等权的视角解决同种情况下的选择性不作为问题，以利于行政不作为的行政相对人或者行政相关人从平等权入手监督行政机关的行政不作为。全文除导言、结语外，共分四章。第一章阐述了选择性执法的一般理论，包括对其进行界定、论述其特征、分类和性质。第二章借助社会心理学的场域理论，解剖选择性执法的成因。第三章论述了选择性执法治理的一般理论，主张以人性尊严理论作为治理选择性执法的理论基础，在剖析行政法平等原则的内涵的基础上，提出行政执法一致性原则。第四章讨论了治理选择性执法的具体途径，主要从立法、行政和司法三个层面探讨选择性执法的控制。

中文题名：中国法学社团研究——以中国法学会为例

英文题名：The Study of the Chinese Legal Organizations：Take China Law Society as an Example

研 究 生：刘海燕

指导教师：李龙教授

授予学位时间：2010 年上半年

内容介绍：本文立足于我国国情，立足于科学发展，从宪法的角度，通过分析社团一般理论，回顾中国法学社团的历史，考察中国法学会的历史和现状，对中国法学会的地位及法学社团的管理和发展等问题进行了较为系统的研究，提出了中国法学会法律地位的具体内涵，并提出了我国法学社团发展的三项主要建议。全文除引言外，共分四章。第一章阐述了关于社团的基本理论。第二章介绍了中国法学社团的发展，先后陈述了中国法学社团的分类、职能以及中国法学会的历史发展。第三章论述了中国法学会的地位及功能。第四章探讨了中国法学社团的规范化，首先阐述了中国法学会内部治理规范化的价值追求，接着论述了中国法学会引导全国法学社团规范化进程，最后探讨了中国法学会引导法学社团建立完善以章程为核心的自律机制。

中文题名：中国共产主义青年团法律问题研究——以软法、硬法为分析工具

英文题名：The Research on Legal Problems of the Chinese Communist Youth League：By Soft Law and Hard Law

研 究 生：何成锋

指导教师：周佑勇教授

授予学位时间：2010 年上半年

内容介绍：本文以共青团的性质、职能、特点为逻辑起点，通过把脉共青团治理的历史，提炼了共青团治理的类型，在此基础上，提出了共青团治理的创新及方向，就是要适应公共治理和公民社会及宪政制度的要求，进行依法之治。全文共分六章。第一章引言。第二章共青团组织法律问题研究的理论框架——软法、硬法探究，通过对国内外有关软法的理论归纳和整理，并与硬法的比较，使软法概念更加清晰和突出。第三章共青团治理研究，指出共青团治理模式的历史逻辑就是共青团组织存续的合法性逻辑，罗列了共青团治理模式的类型。第四章共青团组织的依法之治，对共青团组织的依法之治理论依据、现实基础、实现路径等进行研究。第五章共青团组织的软法之治，提出了共青团软法的历史、分类、功能、发展方向以及软法的非理性化问题，是对共青团软法的第一次全面阐述。第六章共青团的硬法规制，指出共青团组织的硬法创制是目前共青团组织发展的制约瓶颈，提出创制《中国共青团法》的立法构想。

中文题名：转型社会的宪法功能研究

英文题名：Research on the Function of Constitution in the Transformation of Society

研 究 生：吕宁

指导教师：汪习根教授

授予学位时间：2010 年上半年

内容介绍：宪法功能是宪法学基本理论研究的范畴之一，在宪法学理论体系中具有重要地位。宪法作为根本法的性质和地位的体现离不开对宪法功能的正确认识和合理定位。对宪法功能的研究有助于对宪法价值的理解和掌握。全文除导论外，共分四章。研究的总体思路是以宪法功能、社会转型及其相互之间关系的一般理论为基础，在对宪法功能的理论基础进行探寻后，通过国家和社会关系的研究路径对转型社会的宪法功能内容重心进行定位，在强调宪法社会转型功能的前提下，立足于现阶段转型中国，分别从经济、政治、文化与狭义社会的转型领域对宪法的具体功能进行简单分析。最后在对宪法功能实现一般理论的研究基础上，分析我国宪法功能实现的相关问题。

中文题名：转型中国的权利话语——比较现代性语境中的"社会—文化"分析

英文题名：Rights Discourse in Transitional China：The Socio-cultural Analysis in the Context of Comparative Modernity

研 究 生：桂晓伟

指导教师：汪习根教授

授予学位时间：2010 年上半年

内容介绍：本文以当代中国转型社会所面临的权利意识觉醒和"无公德个人"现象并存的两难困境作为问题切入，以西方自由主义权利话语的虚无主义病症和伦理性自我理解困境作为反思视角，通过"知识谱系学"和"效果历史"的分析方法，深入中西各自的社会—历史语境进行比较文化分析，最终提出一种"社会儒学的社群路径"作为建构转型中国权利话语之政治哲学基础的可欲选择，并拟通过一项基于中国乡土社会的比较社会—文化分析对其进行验证和完善。全文共分八章。第一章导论。第二章反传统的传统：自由主义权利话语的源起。第三章古典与功利传统：自由主义权利话语的发展与成熟。第四章自由与平等背后：自由主义权利话语的定性与危机。第五章转型中国权利话语的历史发展。第六章转型中国权利话语的方法论探讨。第七章转型中国权利话语的理论准备。第八章转型中国权利话语的实证分析：基于社群与团结的思考。

中文题名：出入境边防检查权研究

英文题名：Study on the Power of Exit-entry Frontier Inspection

研 究 生：陈立波

指导教师：周佑勇教授

授予学位时间：2010 年下半年

内容介绍：出入境边防检查，是国家通过设在对外开放口岸的出入境边防检查机关依法对出入境人员、交通运输工具及其携带、载运的行李物品、货物等实施检查、监督的一种行政管理活动。它是维护国家主权、保卫国家安全、维护社会管理秩序、方便合法出入境的必要手段，是出入境管理工作的一个重要组成部分。本文针对出入境边防检查权的特点，围绕出入境边防检查权源自哪里、其合法性基础何在、它作为一种公权力类型是如何配置和运行、它运行的法律效果及其相应的行为模式是什么、如何法律救济这条主线展开研究。全文共分五章分别阐释上述五个问题。

中文题名：论职业协会惩戒权的公法规制

英文题名：On the Regulation of Professional Association's Disciplinary Power by the Public Law

研 究 生：谭九生

指导教师：秦前红教授

授予学位时间：2010 年下半年

内容介绍：本文坚持公法学的立场、观点和方法，结合政治学、经济学、社会学以及行政管理学学科的前沿理论和知识，剖析如何规制职业协会惩戒权以救济成员的合法权益。全文除引言外，共分五章。第一章诠释了职业协会惩戒权的概念。第二章阐述了职业协会惩戒权公法规制的法理基础。第三章厘定了职业协会惩戒权的外在边界与内在限度，指出外在边界具体包括惩戒权的主体、约束的客体以及惩戒权的内容，而内在限度具体包括了惩戒权的目的公益性、损益合比例性、适用平等性这三方面内容。第四章探讨了职业协会惩戒权运行的正当程序，主要讨论了惩戒决定人的无偏私、被惩戒人得到听证的机会以及说明惩戒理由三方面的内容。第五章论证了职业协会惩戒行为的司法审查，从职业协会惩戒行为的可诉性、司法审查的时机和司法审查的强度三个方面展开论述。

中文题名：网络信息政府监管研究

英文题名：Study on the Legal System of Government Supervision of Network Information

研 究 生：唐汇西

指导教师：周佑勇教授

授予学位时间：2010 年下半年

内容介绍：网络信息政府监管是指行政主体运用立法等方式，以矫治社会失序为目的，凭借行政许可、行政强制等行政手段，以维护公共利益为目标，依法对网络信息服务进行直接的经济、社会干预或控制的活动。与此相对应，监管的对象主要是网络信息服务提供者（包括网络信息服务商和网络信息个体提供者）和网络运营机构。网络信息政府监管已经成为当前社会治理的重点和难点问题。全文除导论外，共分五章。第一章阐释了网络信息政府监管的社会基础和法理基础。第二章阐释了网络信息监管的主体及其原由。第三章阐释了网络信息监管的方式和措施。第四章阐释了网络信息政府监管的立法构想。第五章分析了网络信息政府监管的法律救济。

中文题名：行政管理体制改革视野下的行政监察权

英文题名：Powers of Administrative Supervision Under the Vision of the Administrative System Reform

研 究 生：陈伟

指导教师：周佑勇教授

授予学位时间：2010 年下半年

内容介绍：本文是在我国行政管理体制改革视野下，以行政管理体制改革的目标和要求为逻辑起点，探讨行政监察权的基本问题。全文除导论外，共分五章。第一章结合行政管理体制改革的目标和要求，探讨了行政监察权与行政管理体制改革的问题。第二章探讨了行政监察权的权力属性和职能定位，指出行政监察权既具有行政权属性，也具有监督权属性。第三章阐释了行政监察权的范围和配置，指出行政监察权作为一种比较特殊的权力类型，既有特定的行使主体，也有特定的监察对象等。第四章论述了行政监察权的运行，指出行政监察活动必须严格按照法律规定的程序进行，运用监察职权实施的每一项活动，都会产生一定的法律效果。第五章论述了行政监察权的监督与制约，分别从权力规制的哲学基础、行政监察权的立法规制和行政监察权的司法审查三个方面展开分析讨论。

中文题名：中国社会转型时期的宪法秩序研究

英文题名：Research on the Constitutional Order of China's Social Transition

研 究 生：刘茂林*

指导教师：周叶中教授

授予学位时间：2010 年下半年

内容介绍：本文就中国社会转型时期的宪法秩序问题展开系统性研究。全文共分为五章。第一章导论。第二章论述社会经济转型与宪法秩序，分别阐述了社会经济转型的宪法意义、社会经济转型与宪法经济体制的关联、社会经济转型中的公民宪法经济权利体系。第三章论述社会政治转型与宪法秩序，主要阐述了社会政治转型的宪法意义、社会政治转型与宪法体制的变迁以及社会政治转型与公民宪法政治权利的发展。第四章论述社会文化转型与宪法秩序，先后阐述了社会文化转型的宪法意义、社会文化转型与宪法体制的变迁以及社会文化转型与公民文化权利的发展。第五章社会转型的国际环境与宪法秩序，分析了社会转型的国际背景与宪法的关系后，分别阐述了国际经济、国际政治和国际文化背景下中国宪法秩序的构建。

2011 年

中文题名：从行政裁判院到行政法院——近代中国行政诉讼制度变迁研究

英文题名：From Administrative Tribunal to Administrative Court：Study on the Changes of Administrative Litigation System in Modern China

研 究 生：宋智敏

指导教师：陈晓枫教授

授予学位时间：2011年上半年

内容介绍：行政诉讼是以民主政治为基础、以司法审查为手段、以保护公民私益和制约行政权滥用为己任的一种法律制度。中国近代仿效大陆法系国家建立了行政诉讼与普通诉讼并行的二元司法体制，在行政诉讼上经历了从"行政裁判院"到"平政院"再到"行政法院"的变迁过程。本文利用政治权力结构这一观察窗口，以行政审判组织为中心，在宏观上，以行政诉讼制度在中国的形成、发展和定型为线索，分析了不同政治结构中行政诉讼制度的变迁。在微观上，从理念、制度、运行、历史评价四个层面展开对每一阶段行政诉讼制度变迁的研究。全文除前言外，共分五章。第一章西方行政法治思想传入的中国语境。第二章皇权体制下的行政裁判院。第三章三权分立下的平政院。第四章五权分治下的行政法院。第五章行政诉讼制度变迁的启示。

中文题名：村民自治的宪政真意探寻

英文题名：The Exploration of the Genuine Meaning of Villagers' Autonomy：Under Constitutional Context

研　究　生：曹利

指导教师：陈晓枫教授

授予学位时间：2011年上半年

内容介绍：本文从纠正工具主义的偏颇入手，更为全面地阐释了民主宪政背景之下的自治内涵，并以此对村民自治的各个方面进行探讨，以期明晰村民自治的具体内涵并提升村民实践的自治品级。全文除导论、尾论外，共分六章。第一章讨论了村民自治的主体范围，论述其中的属地主义和属人主义之间的辩证统一。第二章讨论了村民自治的内容和对象，反思了经济发展的僭越地位，阐述了政治提升的独立价值以及在当前情形下其与其他自治内容之间的可能位阶问题。第三章讨论了选举中的能人现象所隐含的政治逻辑以及其背离自治精神的潜在可能性。第四章讨论了当前改善村民自治的决策与监督的思路——建制化进路的问题与不足，提出非建制化的相对优势及其在村民自治实践中的意义。第五章讨论了村民自治实践中监督的改进问题等。第六章围绕如何建构从村委会与基层政府和村规民约与法律政策两个方面的问题讨论了村庄与国家的关系。

中文题名：发展权视野下知识产权的发展研究

英文题名：The Study of Intellectual Property Development in the Perspective of Right to Development

研　究　生：滕锐

指导教师：汪习根教授

授予学位时间：2011年上半年

内容介绍：本文以发展权为视角，梳理知识产权的发展和脉络，总结其未来的发展趋势，以期对整个学科的研究给予裨益。本文在梳理知识产权和发展权的相互关系之后，从知识产权的产生开始，通过分析知识产权的演变过程，论证知识产权和社会发展的相互作用。随后，论证在发展权视野下知识产权的法典化、国际化的趋势以及其对传统文化等方面的影响，以此论证发展权对知识产权在发展过程中的全方位的影响。最后，指出中国知识产权制度应该在发展权的视野之下，因应本土的要求，因循国际的变化，追逐时代的潮流，坚定不移地选择自己的正确路径。全文除引言外，共分三章。第一章社会发展，知识产权的价值追求。第二章文化传承，知识产权的传统保护。第三章走向法典，知识产权的必然发展。

中文题名： 房屋征收法律制度研究

英文题名： A Study on the Legal System of House Takings

研 究 生： 顾大松

指导教师： 林莉红教授

授予学位时间： 2011 年上半年

内容介绍： 本文以"发展与保护并重、公益与私益均衡的房屋征收法律制度构建"为核心命题展开研究。全文除导言、余论外，共分五章。第一章发展与保护：房屋征收法制的双重目的，梳理了我国不同历史时期的房屋拆迁立法，剖析了现有房屋征收立法践行权利保护目标的制度配置，揭示房屋征收公益与私益均衡理念。第二章规则到原则：房屋征收立法的技术进步，首先剖析现有房屋征收立法从规则到原则的进步与缺失，其次讨论房屋征收各项法律原则的来源、内涵及其发展征收法制的空间。第三章公法与私法：房屋征收制度的交叉属性，界定了房屋征收的内涵与特征，探讨了房屋征收制度中征收决定、征收补偿的公私法属性。第四章单一到多样：房屋征收类型的适度扩张，首先探讨房屋征收类型化的必要，其次具体探讨我国特有的"区段征收"及"扩张征收"等特殊类型。第五章房屋与土地：征收补偿的共同要素，探讨征收补偿自由主义理论向功能主义理论的变迁，房地合一的被征收房屋市场价值补偿机制，房屋征收中规划变更时被征收人的土地发展权补偿问题。

中文题名： 高校自主招生的法律控制研究

英文题名： Study on Legal Control on Autonomous Enrollment of Institutions of Higher Education

研 究 生： 秦后国

指导教师： 周佑勇教授

授予学位时间： 2011 年上半年

内容介绍： 高校自主招生系新生事物，存在一系列问题，本文提出，在公平原则总的指导下，事前进行立法完善，事中进行程序控制，事后进行法律救济的自主招生综合控制模式，以期实现自主招生法治。全文除引言、结语外，共分五章。第一章自主招生及法律控制模式，指出自主招生必须受到法律控制。第二章自主招生的基本原则，指出公平应成为贯穿并指导自主招生立法完善、程序实施、事后救济的基本原则。第三章自主招生的立法完善，强调依法自主招生是依法行政的必然要求，且该法须为良法。第四章自主招生的正当程序，指出自主招生正当程序有利于控制高校权力，保护考生权利，该程序至少应体现中立性、公开性、参与性。第五章自主招生的法律救济，论述了教育系统内的救济和司法机关救济。

中文题名： 公共用公物权研究

英文题名： Study on Real Right of Public Used Public Property

研 究 生： 张杰

指导教师： 汪进元教授

授予学位时间： 2011 年上半年

内容介绍： 本文集中围绕公共用公物权有关命题展开研究，力图构建由公共用公物所有权、公共用公物使用权、公共用公物管理权和公共用公物权救济组成的公共用公物权理论架构，以期为我国公共用公物权理论研究提供有益参考。全文除引言外，共分七章。第一章介绍了公共用公物的学理界定。第二章阐述了公共用公物权的基本理论。第三章论述了公共用公物权变动，对公共用公物权的设立、变更和消灭的条件、程序以及法律后果进行了论证。第四章对公共用公物所有权的法律性质进行了研究。第五章探讨了公共用公物使用权。第六章论述了公共用公物管理权。第七章研究了公共用公物权救济。

中文题名： 公民检举权研究

英文题名： A Research on People's Right to Exposure

研 究 生： 李志明

指导教师： 李龙教授

授予学位时间： 2011 年上半年

内容介绍： 本文以公民检举权为研究对象，遵循从公民检举权的一般理论到公民检举权法治化的具体实践的思路，运用规范分析与比较研究等方法，对公民检举权的内涵、价值与功能、内容、基本原则与立法保障展开了系统的研究。全文除引言、结语外，共分五章。第一章对公民检举权进行了学理分析，探讨了公民检举制度的含义、理论基础和当代价值。第二章对中外公民检举权制度进行了比较考察。第三章对公民检举权的内容即检举人的检举权利及义务进行了界定。第四章探讨了公民检举权实现的基本原则与途径。第五章探讨了我国公民检举权保障制度的完善问题。

中文题名： 近代中国公民基本权利变迁研究

英文题名： The Research on the Transition of the Fundamental Rights for Chinese Citizens in Modern China

研 究 生： 柳飒

指导教师： 陈晓枫教授

授予学位时间： 2011 年上半年

内容介绍： 本文以权利史为视角，梳理近代中国公民基本权利在价值、规范、保障三方面的样态，分析其变迁的内在机理和外在机制，探讨制约近代中国公民基本权利实现的因素，以作为当今借鉴。全文除导论、结语外，共分四章。第一章分析基本权利价值，先后分析了近代中国基本权利观念的引入和构建、预备立宪时期基本权利观的层级分化状况和军阀制宪时期基本权利观的发展与变异、国民党制宪时期基本权利观的"主义"化倾向和表征。第二章分析基本权利规范，分别对近代中国基本法中的自由权体系、参政权体系和社会权体系进行整理。第三章研究基本权利保障，先后考察了行政控制与基本权利保障的关系、司法救济与基本权利保障的关系。第四章研究近代中国公民基本权利变迁机制，依次分析了社会背景与权利变迁的关系、意识形态与权利变迁的关系以及权力模式与权利变迁的关系等。

中文题名：近代中国宪法变迁与中央官署变革——从官制改革到五院政府

英文题名：The Changing of Constitution and the Transforming of Central Government in Modern China：From Central Official Reform to Government of Five Branches

研 究 生：陈胜强

指导教师：陈晓枫教授

授予学位时间：2011 年上半年

内容介绍：本文以规范宪法学为理论依据，首先分析了宪政背景下宪法变迁与中央官署变革的四对基本关系，继而分时段考察了近代中国宪法变迁与中央官署变革的历程，并总结出其变迁特点的双重性等。全文除引言、余论外，共分六章。第一章阐述了宪法变迁与中央官署变革的基本理论。第二章至第五章依次对清末（1901—1911）、民国前期（1912—1928）、训政时期（1928—1946）和宪政时期（1947—1949）四个时期的宪法变迁进行考察，并对中央官署在宪法变迁中的作用和其与宪法变迁的关系进行规范分析和历史分析。第六章指出近代中国宪法变迁和中央官署变革呈现出形式和实质相分离的双重特点，并分析了这种双重特点的文化基因。

中文题名：近代中国议会制度研究

英文题名：Study on Parliamentarism in Modern China

研 究 生：高珂

指导教师：陈晓枫教授

授予学位时间：2011 年上半年

内容介绍：议会民主的实施成为衡量国家社会实施民主宪政的标准。而近代宪政从一开始就体现出以富强范式为特征的价值诉求。因此，近代议会制度在传统政治文化影响下，严重偏离了民主宪政运行的轨道。从民初议会政治的失败，到国民党统治时期党国体制的建立，反映了近代中国民主政治发展的曲折历程。本文从宪政史和宪法文化角度，对近代中国议会制度进行系统研究，以求比较全面反映议会政治在近代中国的坎坷命运。全文除引言外，共分五章。第一章主要论述了西方议会制度在清末的引进、传播与植入。第二章主要分析了近代议会制度在民初的临摹及实践。第三章主要论述了北洋军阀时期议会制度的蜕变与失败。第四章阐述了国民党统治时期党国体制下的议会制度。第五章对我国近代议会制度进行了反思。

中文题名：论行政登记——基于公私法双重视域

英文题名：Research on the Administrative Registration：In Dual Aspects of Public Law and Private Law

研 究 生：文婧

指导教师：周佑勇教授

授予学位时间：2011 年上半年

内容介绍：本文围绕行政登记中公私法纠结难辨之处，在公私法双重视域下一一辨明，以期对相关立法改进和实务处置有所助益。全文除导论、结语外，共分四章。第一章行政登记：释明与限定，从行政登记的概念、类型化分析两方面构筑对行政登记的基本认知，提出一个具有分析框架意义的行政登记的概念和范畴。第二章行政登记的制度定位：功能与性质，在具体考察行政登记的功能演变的前提之下对其功能定位作出明确判断，同时还在梳理各种学说的基础上辨析行政登记的性质。第三章行政登记的审查方式和效力，认为对于我国而言，应当走行政登记审查方式的第三条道路——必要性审查，即形式审查再加上有重点、有列举的实质审查，并认为行政登记具有公法效力，也会产生私法效力，即证明力和有公信力。第四章行政登记错误的处理规则，主要涉及行政登记错误的表现形式、行政登记错误的自我更正制度、司法审查制度和赔偿制度。

中文题名：民国时期教学自由权研究

英文题名：The Right to Freedom of Teaching in Republic of China

研 究 生：孟令战

指导教师：陈晓枫教授

授予学位时间：2011 年上半年

内容介绍：本文主要探讨教学自由权观念是如何在民国时期传入中国的，它是如何在中国生根发芽的，中国人又是如何建立创设教学自由权制度，如何在具体办学中践行教学自由权。通过对这些问题的分析，希望能为我国现代大学的发展和教学自由权的维护提供一些有益的借鉴。全文除导论外，共分五章。第一章从教学自由权观念出发，探讨了教学自由权是否具有本土的资源，以及它传入中国的理论准备。第二章探讨了教学自由权的制度创设，分别从现代大学制度的创建、教学自由权的法律规定、"教育独立运动"等方面来论述。第三章分析了教学自由权的权利向度。第四章探寻了教学自由在实际践行过程中，与政府权力、政党政治等的关系以及它与国家之间的关系等。第五章探讨了民国时期教学自由权观念、制度及运行对我国当代实现大学自治、教学自由等所能提供的借鉴。

中文题名：民间治理的宪政功能

英文题名：The Constitutionalism Functions of the Governance by Civil Society

研 究 生：李炳辉

指导教师：周叶中教授

授予学位时间：2011 年上半年

内容介绍：本文认为，宪政的根基存在于民间社会之中，我国宪法之所以权威性有所不足，实因民间社会力量弱小使然。因此，要发展中国的宪政，当从民间社会出发，以民间治理夯实宪政之根基。民间治理在两个方面对宪政有所推动，其一，在处理民间社会与国家的关系问题上，民间治理既可以生长民间社会控制国家的力量，也可以巩固国家的合法性，重塑国家权威；其二，民间治理以培育公民意识、发展阶层共和与塑造政治共同体的形式，为宪政提供坚实的基础。因此，当代中国的宪政发展，必须从民间社会开始。全文除导论、余论外，共分四章。第一章讨论了宪政的根基问题。第二章引出了民间治理的概念。第三章探讨了民间治理的外部效应。第四章探讨了民间治理的内部效应。

中文题名：农民社会保障权研究

英文题名：Study on the Farmers' Social Security Right

研 究 生：张晶

指导教师：周叶中教授

授予学位时间：2011 年上半年

内容介绍：本文从农民社会保障权的基本法律属性入手，在对我国农民社会保障权的变迁与现状进行分析，并充分借鉴西方发达国家的成功经验和一般规律后，提出了我国农民社会保障权实现的总体构想和具体思路。全文除导论、余论外，共分五章。第一章从社会保障权的概念和特征入手，对社会保障权作为现代社会的一项基本人权和公民的宪法基本权利的权利属性进行充分论证。第二章通过考察我国农民社会保障制度的发展及其历史沿革来分析农民社会保障权内容、方式和手段的变化。第三章关注西方发达国家所建立的农民社会保障制度对我国的借鉴意义。第四章提出我国农民社会保障权实现的总体构想。第五章以区域群体为视角，针对不同群体的农民所具有的不同社会保障需求，提出不同的构建思路。

中文题名：社群主义法律观研究

英文题名：Study on Views of Law from the Perspective of Communitarianism

研 究 生：张知干

指导教师：李龙教授

授予学位时间：2011 年上半年

内容介绍：社群主义是在批判以罗尔斯为代表的新自由主义基础上发展起来的一种政治哲学思潮。本文研究社群主义的自我观、权利观、正义观和宪政观。全文除绪论外，共分五章。第一章研究社群主义法律主体观，首先对社群进行界定，其次考察了社群与个体。第二章研究社群主义法律责任观，对自由主义权力观进行批判与反驳，指出社群主义并不一般地否定具体的法律权利，而更愿意倡导责任的主题化。第三章研究社群主义法律正义观，指出它认为正义应当建立在个人美德、社群公共善、社会（国家或者人类社会）普遍善之层级第次公度的基础上，替代自由主义个人权利实现的正义观的乃是社群主义所主张的社群公共善。第四章研究社群主义宪政观，指出社群主义主张美德基础上的实质主义宪政观。第五章探讨了社群主义法律观与我国的法治建设。

中文题名：生存权保障体系研究——以中国为论域

英文题名：On Security System of Right to Life in China

研 究 生：张扩振

指导教师：汪进元教授

授予学位时间：2011 年上半年

内容介绍：本文主要论述的公民生存权的保障和救济体系基本是以国家制度体系供给为主导的。本文围绕在我国建立怎样的生存权保障体系才能保障公民的生存权这一主题展开。全文除导言、结语外，共分五章。第一章对生存权的意涵和保障历史进行了分析，重点探讨生存权的概念。第二章批判介绍了现代国家生存权保障体系构建的两种进路，分别是社会国家的进路和自由国家的进路。第三章分析了财政税收制度、社会保障制度、农村土地制度等生存权制度保障体系。第四章介绍了政治民主、表达自由两个方面政治权利，以及经济与社会权利对生存权的保障。第五章介绍了生存权的行政救济、司法救济和其他救济体系。

中文题名：晚清表达自由制度研究

英文题名：A Research on the System of Freedom of Expression in Late Qing Dynasty

研 究 生：李默菡

指导教师：陈晓枫教授

授予学位时间：2011 年上半年

内容介绍：本文对晚清的表达自由制度的创制和实践进行研究，并在此基础上分析了其对当代表达自由制度的创制及实施带来的历史借鉴。全文除绪论外，共分五章。第一章对中国传统社会的"言禁""报禁"及"党禁"等言论控制政策进行了历史回顾。第二章主要研究了表达自由制度在晚清萌生的历史过程。第三章主要分析了晚清表达自由的制度创制，发现晚清的表达自由立法，是以法律为名剥夺和限制表达自由。第四章主要研究了晚清表达自由制度的法律实践。第五章研究了民国时期在晚清表达自由立法的基础上，完成了传统法律文化与现代法律制度的整合，形成近代表达自由立法的新传统：以下位法限制和剥夺宪法中公民的基本权利。

中文题名：宪政视野下的土地问题——以土地权利为分析中心

英文题名：Land Issues in the View of Constitutionalism：Based on Land Rights

研 究 生：杨天波

指导教师：周叶中教授

授予学位时间：2011 年上半年

内容介绍：本文在宪法学的思维框架下，以土地权利为切入角度来研究土地问题，通过对宪法中土地权利的揭示以寻求解决中国土地问题的途径。全文除导论外，共分四章。第一章选取自晚清预备立宪以来中国立宪史中典型的宪法文本为研究对象，重点探讨了新中国成立以来历部宪法中土地权利变迁的历史轨迹。第二章通过具体分析"城市的土地属于国家所有"和"农村和城市郊区的土地属于集体所有"这两个条款在宪法语境中含义，探究城市和农村存在不同的土地权利形态以及隐藏其中的不同逻辑。第三章指出城市土地权利的边界在于厘定征地权，重点分析了分税制的推行、土地财政的兴起与征地权之间的关系，最后提出重塑征地权运行机制的途径。第四章指出农村土地的功能决定了农村土地的权利形态，重点分析了农村土地中的"集体化"与"被集体化"以及"新的集体"与"改良的集体"。

中文题名：宪政视野下的中国律师制度研究

英文题名：A Study of China's Lawyer System in the Perspective of Constitutionalism

研 究 生：沈敏

指导教师：秦前红教授

授予学位时间：2011 年上半年

内容介绍：本文基于宪政建设的视野，对律师制度在宪政建设中的作用作了比较全面的分析，指出了我国律师制度存在的诸多问题，并针对这些问题提出了一些完善建议，以期立足于社会主义宪政建设的实践，建立中国特色的律师制度。全文除导论、结语外，共分四章。第一章阐述了律师制度的宪政定位，指出了律师制度对于宪政建设的重要作用，澄清了本文进行论述的基础性问题。第二章从中国律师制度的历史变迁和中外律师制度的比较两个角度对我国律师制度进行了介绍。第三章全面分析了我国律师制度的现状，对我国律师制度进行了详细描述。第四章基于社会主义宪政建设的视角，针对我国律师制度存在的诸多问题，提出了诸多完善建议。

中文题名：宪政视野下同案同判问题研究

英文题名：Analysis on Judicial Consistency According to Similarity of Cases：Under Constitutional Context

研 究 生：冯小光

指导教师：陈晓枫教授

授予学位时间：2011 年上半年

内容介绍：本文从宪政的角度，以司法诉讼中人们所关注的同案同判问题为立足点，探讨我国法律中的价值内容及其实现，并对影响法律实施过程中的诸多因素加以分析。全文除导言外，共分七章。第一章首先简要对同案同判的概念加以界定，然后介绍同案同判与宪法秩序功能的关系，最后揭示同案同判所宣示的价值理念。第二章介绍同案同判与宪法基本权利的关系。第三章论述同案同判与宪政体制下如何坚持法治（同案同判）与维护党的权威之间的关系。第四章论述同案同判与宪政中法渊源的关系。第五章探讨同案同判与宪政中法律解释的关系。第六章对同案异判进行反思。第七章提出实现同案同判的途径。

中文题名：行政案卷排他性规则研究

英文题名：Study on the Administrative Files Exclusivity Rule

研 究 生：邱丹

指导教师：林莉红教授

授予学位时间：2011 年上半年

内容介绍：行政案卷排他性规则，是指行政机关应以行政案卷为依据作出行政行为，而不得以行政案卷以外当事人未知悉、未论证的证据和文件作为依据的规则。我国当前对行政案卷排他性规则的立法仍较为零散和不完整，甚至存在相互矛盾之处，给执法和司法造成了一定的障碍。深入研究行政案卷排他性规则，为立法提供建议，为执法和司法提供思路，具有必要性和紧迫性。全文除导言、结语外，共分四章。第一章主要对行政案卷排他性规则的基础问题进行探讨。第二章探讨行政案卷排他性规则在行政程序和行政救济中的具体要求，以及适用行政案卷排他性规则的例外情形。第三章评析我国行政案卷排他性规则的现有规定与立法和适用中存在的问题，提出完善我国行政案卷排他性规则的建议。第四章深入探讨行政案卷排他性规则在实践中的运用。

中文题名：行政判决既判力扩张问题研究——兼与民事判决既判力相关问题比较

英文题名：On the Expansion of Administrative Res Judicata：Comparing with the Civil Res Judicata

研 究 生：田勇军

指导教师：林莉红教授

授予学位时间：2011 年上半年

内容介绍：既判力是源于大陆法系民事诉讼的理论，是指确定判决在实体法上对于当事人和法院所具有的强制性通用力。而所谓判决既判力的扩张，就是打破判决既判力的相对性，将判决既判力的主观范围突破原、被告双方，对案外当事人产生既判力，以及判决既判力的客观范围突破判决主文限定，对于判决理由、判决确定的有关焦点产生效力，或者审判过程中的中间判决也被赋予既判力等。本文除引言外，共分六章。第一章阐述既判力及其扩张的基础理论。第二章分析行政判决既判力扩张的决定性因素。第三章论述行政判决既判力主观范围及其扩张。第四章论述行政判决既判力客观范围及其扩张。第五章探讨行政判决既判力扩张的界限——既判力之基准时。第六章讨论行政判决既判力与行政再审。

中文题名：行政诉讼标的理论研究——以实体与程序连接为中心

英文题名：Research on the Object of Administrative Proceedings：Center on the Connection of Substantive Law and Procedural Law

研 究 生：马立群

指导教师：林莉红教授

授予学位时间：2011 年上半年

内容介绍：诉讼标的理论是诉讼法学体系中最基础的理论之一，其横跨实体法领域与程序法领域，是连接实体法与诉讼法的桥梁。本文分六章对行政诉讼标的展开研究，前四章为本论，探讨行政诉讼标的的发展及内涵，后两章为功能论，重点探讨行政诉讼标的在诉讼运作中的程序功能。第一章诉讼标的的理论概述。第二章行政诉讼标的与宪法规范的取向。第三章行政诉讼标的理论的域外考察。第四章我国行政诉讼标的理论的现状与建构。第五章行政诉讼标的与既判力的客观范围。第六章诉讼标的与诉之客观合并与变更。

中文题名：知识产权的宪法保护研究

英文题名：A Study of the Constitutional Protection of the Intellectual Property Rights

研 究 生：邹波

指导教师：秦前红教授

授予学位时间：2011 年上半年

内容介绍：从宪政的角度分析知识产权，可认为知识产权法实质上是国家主持的发明人、创造人与社会公众之间签订的以自由为标的的"合同"。知识产权人权属性和权利公私融合的趋势表明知识产权保护的公法化。为此，探讨如何用宪法的模式来加强对知识产权的保护，理清知识产权国内保护与国际保护的关系问题，最终通过知识产权的宪法性保护使我国的知识产权保护既能促进科技的进步和社会的发展，也符合国际公约中关于知识产权保护的要求，就显得意义重大。本文除导论外，共分五章。第一章分析了知识产权宪法属性。第二章对知识产权宪法保护理论与制度进行了比较分析。第三章阐述了我国知识产权保护的现状与问题。第四章研究了我国知识产权宪法保护的机制问题。第五章总结、反思和探讨了知识产权宪法属性及相关制度保障的问题。

中文题名：中国集体土地流转的法律问题研究

英文题名：A Study of Some Legal Questions of the Transfers of Collective Land in China

研 究 生：符健敏

指导教师：汪进元教授

授予学位时间：2011 年上半年

内容介绍：本文以宪法学为视角，通过历史分析、规范分析、价值分析等方法，讨论现行集体土地流转的制度模型及其存在的问题，在此基础上提出集体土地流转应当遵循的原则、程序及救济。全文共分五章。第一章导论。第二章论述集体土地流转的现状及障碍，指出集体土地流转在所有权层面和类物权层面的两种模式及其存在的三个问题。第三章论述集体土地流转原则，认为主要包括集体土地所有权不受侵犯、平等保护等原则。第四章探讨集体土地流转的程序，对公益性建设等四种用地的流转程序进行了区分研究。第五章论述集体土地流转纠纷的救济，分析了现在救济法体系的缺陷，提出应从私力救济、行政救济、司法救济和国家赔偿四个方面系统地完善集体土地流转的救济制度。

中文题名：中国民主宪政的选择——1946 年政治协商会议前后

英文题名：The Choice of Democracy and Constitutionlism in China：Before and After the 1946 Political Consultative Conference

研 究 生：杨蓉

指导教师：周叶中教授

授予学位时间：2011 年上半年

内容介绍：本文通过对 1946 年政治协商会议前后形成的诸多力量分别分析，最终论述何种力量才是当时国家发展最需要的力量、为什么这一力量所支持的建国模式以及在实践中所表现的法律系统与法律传统会继续发展与延续等问题。全文除导论外，共分五章。第一章力图说明在抗战胜利的条件下民主宪政国家的发展需要什么。第二章通过分析国民党的指导思想、内部构成以及政权运行，说明国民党始终只会坚持自己的法统，政治协商会议协议效果堪忧。第三章通过分析第三方力量的成长经历，说明第三方力量为什么成为国共两党在政治协商上所争夺的"战友"。第四章主要论述共产党的指导思想，以及政权实践的经验——在毛泽东思想的指导下建立新民主主义共和国。第五章论述了国是问题只能付诸武力解决，指出新民主主义精神及新民主主义理论中的一些政策和经验已经被时代赋予了新的意义，需要执政党正确对待。

中文题名：中国司法能动问题研究

英文题名：A Study of Judicial Activism in China

研 究 生：周伟

指导教师：秦前红教授

授予学位时间：2011 年上半年

内容介绍：本文立基于司法能动主义的基础理论，对西方主要国家司法能动的发展与流变予以分析和总结，在分析论证司法能动本源的基础上，对中国既存的司法能动现象予以梳理，并结合宪法文本和宪政理论对我国的司法能动问题予以分析，最终对我国司法能动的发展路径予以取舍和设计。全文除导言外，共分五章。第一章主要是对司法能动主义的法理学思考。第二章分别对美、英、德、法的司法能动现象进行总结和归纳，并对各国的宪政文化、权力体制与司法能动之间的关系加以分析和论证。第三章探讨能动司法在中国的展开。第四章结合中国现实状况、宪法与法律文本、宪政理论对我国司法能动问题进行评判。第五章对司法能动主义的展望。

中文题名：作为基本权利的居住权研究

英文题名：Residence Right as a Fundamental Right

研 究 生：廖丹

指导教师：秦前红教授

授予学位时间：2011 年上半年

内容介绍：居住权是在长期对人保护的过程中，形成的一个统一且独立的基本权利，并正在成为世界人权体系中的最重要一环。本文尝试进行理论的建构，希望通过对与居住相关的若干基本权利分析、论证的基础上进行整合，为居住权的成立提供理论支撑。全文除引言、结语外，共分六章。第一章主要对居住的相关基本概念、基础理论进行澄清。第二章对居住权的独立存在进行法律上的论证，寻找其法理上的存在根据。第三章梳理居住权从古至今的发展规律。第四章从直接价值和间接价值两个方面入手，探讨居住权的价值。第五章论述居住权的内容，指出居住权是由多个子权利在长期的历史发展过程中形成的，因此居住权不是单一性的权利。第六章探讨居住权的法制保障体系，指出对居住权的保障应当是一个完整的法律体系。

中文题名： 作为宪法权利的劳动权研究

英文题名： A Study on the Labor Right as a Constitutional Right

研 究 生： 张晓明

指导教师： 陈晓枫教授

授予学位时间： 2011 年上半年

内容介绍： 本文对作为宪法权利的劳动权的基础理论进行了阐释，并从国家义务的角度对劳动基本权利的立法、行政和司法保障进行了论述，进而建议构建劳动宪法部门，以便加强劳动权宪法规范对劳动生活的影响，使其真正成为"劳动生活基本秩序宪法规范"。全文除引言和余论外，共分五章。第一章劳动基本权利的基础理论（上），包括对公民、国家与劳动权的论述，对劳动权宪法规范的分析等。第二章劳动基本权利的基础理论问题（下），包括劳动基本权利的效力、限制、冲突与竞合以及义务承担。第三章劳动基本权利的立法保障问题。第四章劳动基本权利的行政保障。第五章为劳动基本权利的司法救济。

中文题名： 公法视野下的非政府组织研究

英文题名： A Research of NGO in the View of Public Law

研 究 生： 姬广刚

指导教师： 周叶中教授

授予学位时间： 2011 年下半年

内容介绍： 本文在公法视野下对非政府组织展开研究。全文除导言外，共分五章。第一章非政府组织概述，界定了非政府组织的概念，阐述其理论基础和产生及发展，并对中外非政府组织进行比较研究。第二章探讨了非政府组织与宪政，首先阐述了宪政的基本价值，然后分别论述了非政府组织与民主法治以及非政府组织与人权保障。第三章论述了非政府组织的宪法基础，在阐述非政府组织与结社自由理论后，探讨了非政府组织的宪法依据和宪法限制。第四章论述了非政府组织的行政法基础，依次阐述了非政府组织在行政法关系中的双重地位、分析了非政府组织的行政权力、讨论了非政府组织的发展对传统行政法的影响。第五章探讨了非政府组织的法律规制，先后阐述了非政府组织主体资格法律制度、非政府组织的行为规制和非政府组织的行政法律责任。

中文题名：劳动权的宪法保护研究

英文题名：A Study of Constitutional Protection of Labor Rights

研　究　生：任丽莉

指导教师：秦前红教授

授予学位时间：2011 年下半年

内容介绍：本文旨在通过对宪法制度层面的劳动权保护进行探讨，为我国公民劳动权的发展和保护提供新的研究视角与研究路径。全文除导论和结语外，共分七章。第一章通过劳动权的概念和内容、劳动权与劳动权利的关系、劳动权宪法保护的必要性等方面阐明劳动权的宪法定位。第二章从历史的维度考察劳动权的宪法地位，从而阐明劳动权宪法保护的历史意义。第三章考察作为国际人权规范之劳动权。第四章立足劳动权的宪法权利属性分析劳动权宪法保护中的国家义务。第五章从劳动权对国家权力的效力和劳动权对私人之间活动的效力两个方面探讨作为宪法权利的劳动权的宪法规范效力。第六章分析我国劳动权宪法保护的现状与制度困境。第七章针对我国劳动权宪法保护的现状与制度困境，提出四条因应路径。

中文题名：司法功能论——中国法院司法功能之诊视

英文题名：A Research on the Judicial Function of the Chinese Courts

研　究　生：谭义军

指导教师：江国华教授

授予学位时间：2011 年下半年

内容介绍：近年来，有关司法功能的理论研究和实务似乎整体上"迷失了方向"，并在司法基本路线上出现了一定程度的分歧。本文认为此种分歧的根源之一就在于对诸如司法功能等基本理论问题缺乏一种清晰的理论解答。本文以宪政原理为维度，应用多样化的阐释方法来解读我国法院的司法功能。全文除导论、结语外，共分五章。第一章对司法功能一词进行了学理解释。第二章从法史学的角度考察了司法功能重心的变迁问题。第三章从病症学的角度对我国司法功能障碍之表现进行了扫描。第四章从病理的角度就我国司法功能障碍的原因进行了分析。第五章从我国司法功能谱系重构的角度探讨了司法功能的强化问题。

中文题名：宪法根本性研究

英文题名：A Study on the Essentiality of Constitution

研　究　生：刘清元

指导教师：秦前红教授

授予学位时间：2011 年下半年

内容介绍：自近代宪法诞生以来，宪法作为根本法的地位便早已确定，然而，对于宪法为何是根本法这一问题，人们的认识仍旧有所局限。本文目的即在于对此命题进行重新审视。全文除导论和余论外，共分四章。第一章论述了宪法根本性的原因在于宪法规范政府权力，指出在宪法之前，政府权力一直受个人意志支配，宪法诞生就是为了规范政府的权力。第二章研究了宪法根本性之理论，包括高级法理论、制宪权理论与法律位阶理论。第三章考察了宪法根本性之表现，主要在三个方面：一是规范人权的主体与内容，保障人权；二是规范选举制度、政党制度、行政与立法关系，配置政府权力；三是宪法效力至上。第四章探讨了宪法根本性的维护问题，论述宪法修改在内容、程序与时间上都应作一些特殊限制，以及各国宪法都构建了违宪审查制度。

中文题名：宪政视角下的我国村民自治权问题研究

英文题名：On Villager's Autonomy Right in China from the Constitutional Perspective

研 究 生：熊娜

指导教师：周佑勇教授

授予学位时间：2011 年下半年

内容介绍：本文从权利语境的角度对村民自治权的主体、运行、保障及救济等方面进行研究，通过创新和完善村民自治权的运行机制，理顺村级各类组织的关系，缓和党的领导与村民自治内在张力，力求将对村民自治发展的研究落脚到如何实现村民的各项民主权利上来。全文除引言外，共分六章。第一章介绍了村民自治权的基础理论。第二章全面审视了村民自治权的法制建设，分别从中央立法和地方行政立法两个层面展开论述。第三章围绕村民自治权主体的学理之争，合理界定了村民自治权的主体与特征。第四章展示了村民自治权的运行情况，将村民自治权分为直接的权利和保障性的权利两大类。第五章以马克思经典理论对权利的论述为起点，揭示了村民自治权法律保障的宪政意义，并分析了其必要性和可行性。第六章论述了村民自治权的发展趋势和完善村民自治权的路径选择。

中文题名：越南违宪审查制度研究

英文题名：Research on Constitutional Review System of Vietnam

研 究 生：陈文胜

指导教师：秦前红教授

授予学位时间：2011 年下半年

内容介绍：本文根据违宪审查制度的基本理论以及对三个国家不同模式违宪审查制度的比较，考察越南违宪审查制度。全文除导论外，共分四章。第一章研究违宪审查制度的基本理论。第二章通过不同模式的违宪审查制度的比较研究，提出了建设越南违宪审查制度的几个建议。第三章根据违宪审查制度的基本理论，分析了越南违宪审查存在的理论基础、越南违宪审查的法律规定以及越南现行违宪审查制度存在问题，研究违宪行为在越南的体现。第四章分析建设越南违宪审查机制的原则与模式思路，提出了符合越南违宪审查的模式就是建立越南宪法法院。

中文题名：中国基层自治研究

英文题名：Study on Community Self-governance in China

研 究 生：殷昭举

指导教师： 周叶中教授

授予学位时间： 2011 年下半年

内容介绍： 中国城乡居民以基层自治组织为主要载体，行使四项民主等权利，推动自治实践活动不断发展。面对基层自治中存在种种问题，需要进一步加强法制建设、体制建设和机制建设的现状，本文对中国基层自治展开研究。全文除导言外，共分五章。第一章试图厘清基层自治基本理论，以期对实践中错综复杂的基层自治进行理论层面的解读和指导。第二章以相对宏观的历史视角对基层自治形态发展进行检视，不仅考察民族国家之后的基层自治形态，更考察在民族国家出现之前的基层自治形态。第三、第四两章分析了我国基层自治的主要载体即城市居民委员会、农村村民委员会在基层自治实践过程中所取得的成绩，以及居民委员会和村民委员会的自身组织状况，还分析了目前我国基层自治存在的问题等。第五章提出了完善我国基层自治制度、提升我国基层自治水平的政策指针。

中文题名： 中国宪政发展道路研究——以中国执政党与人民代表大会关系为主线

英文题名： A Study on the Route to Chinese Constitutionalism: Based on the Relationship Between China's Ruling Party and the People's Congress

研 究 生： 甘霖

指导教师： 周叶中教授

授予学位时间： 2011 年下半年

内容介绍： 宪政是现代政治发展的主流。现代政治是政党政治，而政党政治的核心是宪法政治。宪法政治下，政党控制或影响国家权力最重要的活动舞台就是议会。议会与政党成为支撑并促进西方国家宪政发展的两翼。中国执政党与人民代表大会的关系也构成了中国宪政发展道路的主线。中国共产党是中国唯一的执政党，这决定了中国执政党主导立宪是中国宪政科学发展的关键环节。本文围绕中国宪政发展道路展开研究。全文除导论、结束语外，共分七章。第一章论述名实关系是中国宪政发展的认识前提。第二章阐述立宪路径选择是中国宪政发展的首要环节。第三章论述党国关系是中国宪政发展的逻辑起点。第四章论述党政关系是中国最重要的政治关系，也是中国宪政发展的核心问题。第五章论述中国现有的权力结构是中国宪政发展的基本框架。第六章阐述公民社会是中国宪政发展的社会基础。第七章论述党内民主是中国宪政发展的核心动力。

2012 年

中文题名： 城乡规划权的宪政规制研究

英文题名： On the Constitutional Governance of Urban and Rural Planning Power

研 究 生： 邢翔

指导教师： 秦前红教授

授予学位时间： 2012 年上半年

内容介绍： 本文从宪政的理念和制度出发，针对我国城乡规划权力行使中存在的依据不充分问题、权力制约弱化问题、财产权利保障不足问题、正当程序缺失问题和权利救济制度不完善等问题，采用比较研究、规范分析、实证分析、历史分析等方法，提出制约和规范城乡规划规划权的具体路径。全文共分七章。第一章绪论。第二章对城乡规划和城乡规划权的基本概念进行了理论分析。第三章至第七章分别从城乡规划权行使的公共利益制约、权力制约、财产权利制约、程序制约和权利救济五个方面针对我国城乡规划权行使中存在的问题，论述了制约城乡规划权的方式并提出了完善的建议。

中文题名：大部制改革的法学分析

英文题名：On the Reform of the Super Ministry System in China from the Legal Perspective

研 究 生：邓剑光

指导教师：周叶中教授

授予学位时间：2012 年上半年

内容介绍：本文旨在通过从法哲学、法理学、宪法学与行政法学四大维度对大部制改革进行法学分析，认为我国的大部制改革，应当从风险的法治应对视角出发，以形成正义的利益分配秩序为目标，在宪政中国的框架中以法治的路径予以推进，建立协调的行政决策、行政执行与行政监督机制。全文除导言和结论外，共分四个部分。第一部分风险的法治应对：大部制改革的时代背景，提出大部制改革的内在脉络和取得良好效果的决定因素。第二部分正义的利益分配秩序：大部制改革的法治表征，阐明大部制改革归根结底是要保证社会和市场获得更合理的利益份额。第三部分宪政主义：大部制改革的价值基准，认为超越个体的主权组织是当下最符合人类利益的选择。第四部分行政权重置：大部制改革的具体内容，提出大部制改革主要集中于行政权的改革，应当在行政法的领域加以审视。

中文题名：法人基本权利问题研究

英文题名：Research on Fundamental Rights of Legal Person

研 究 生：李高雅

指导教师：秦前红教授

授予学位时间：2012 年上半年

内容介绍：本文以法人作为研究主体，以法人的基本权利作为论证着力点，试图为法人基本权利体系的建构以及保护寻求理论源泉和实践支撑。全文除导论外，共分五章。第一章从法人的基本概念入手，分节探讨有关法人的基础理论问题。第二章综合对比分析不同法系不同国家对于法人基本权利制度的法治实践现状，为我国的法人基本权利体系建构提供借鉴。第三章探讨法人的具体类型主体的基本权利，通过分析不同类型的法人，为法人基本权利的保护制度提供实践上的支撑点，从而认定法人为基本权利的主体。第四章从一般意义上探讨法人基本权利体系的构建。第五章通过在现行宪法文本中寻求法人基本权利的理论性依据等，探索法人基本权利保护的中国模式。

中文题名：法治的传播之维

英文题名：Rule of Law as Communication

研　究　生：夏雨

指导教师：汪习根教授

授予学位时间：2012 年上半年

内容介绍：法治作为法律的哲学是一种全新的世界观，是凝聚全社会的价值符号，是建构社会的重要理论。法治要建构社会现实，成为人们的思维方式、内心信念和解释生活的模式，一个重要的途径就是传播。本文以具体的法治传播实践作为考察重点展开研究。全文除导论外，共分七章。第一章介绍了哈贝马斯和胡克的法哲学理论。第二章研究了法治传播的价值在人身上的一个可能体现。第三章分析了政治领袖人物作为法治传播者的作用。第四章剖析了执政党作为传播者所扮演的角色，并就宪政与法治背景下政党制度的发展与改革进行探讨。第五章探讨了法律知识分子作为法治传播者所起的作用。第六章切入中国法治传播实践领域——普法，分别从主体、内容、目的、效果、限度等方面进行反思。第七章进入法制新闻报道领域并评估这一法治传播实践。

中文题名：功能扩展视野中的司法能动研究——兼论中国司法的能动化改革

英文题名：Research on Active Judiciary in the View of Functional Expansion：And on the Reform of Active Judiciary in China

研　究　生：刘杰敏

指导教师：汪习根教授

授予学位时间：2012 年上半年

内容介绍：研究司法权的一般规律及其与中国具体国情的契合，对坚持、改革、完善与发展社会主义司法理论和制度体系具有重大理论价值。本文从司法功能扩展性的角度对我国的司法能动理念进行反思，并在此基础上提出对我国司法改革未来走向的基本看法。全文除导论外，共分五章。第一章首先对司法权进行词源探析，然后论述了司法权的源形态及制度和司法权的发展形态。第二章介绍了司法权的功能理论、基本功能形态，并对司法权功能进行类型分析。第三章依次论述了司法权功能扩展性的表征、深化和司法的能动化趋势。第四章首先从司法权功能与治理的视角解读能动司法，然后阐述司法能动的扩展合法性，随后对功能扩展与能动司法进行法哲学分析。第五章对能动司法的功能扩展性进行解读，分别以中国司法改革的实践、争议以及中国司法功能的扩展为切入点展开论述。

中文题名：论单一制例外中的权力强度配置

英文题名：An Analysis on Power Strength：From the Angle of Exceptional Units in the Unitary System

研　究　生：张颖

指导教师：陈晓枫教授

授予学位时间：2012 年上半年

内容介绍：本文选取单一制例外作为分析的切入点，对单一制国家权力结构实现方式进行分析。文章将权力看作一种资源，从它的配置到实现，根据不同的模式，资源的投入和实现的程度会在"强度"这个指标上呈现差异。反过来，权力强度的差异，是适应不同制度需求而产生的结果。在配置之后形成的权力关系中，单一制例外和作为配置主体的统一国家中央政权，会分别对这种强度作出选择，其选择的机理就是强度配置所遵循的规律，以这种规律性认识指导制度构建，正是推进单一制国家纵向权力配置过程规范化、配置体系运行秩序化的路径。全文共分六章。第一章导论。第二章论述单一制例外的分析构型。第三章阐述单一制例外的历史进程。第四章探讨单一制例外的制度构建。第五章介绍当代单一制例外的发展。第六章论述中国特色的单一制例外。

中文题名：煤矿安全生产中行管伦理失范及其法律规制研究

英文题名：Study on Administrative Ethics Anomie and Its Regulation of Law to Coal Mineral Enterprise in Our Country

研 究 生：刘忠魁

指导教师：陈晓枫教授

授予学位时间：2012 年上半年

内容介绍：本文主要从煤矿安全生产中行管伦理失范的主要表现、特征及导致的后果入手，具体阐述煤矿安全生产中行管伦理法律规制的必要性与可行性。通过归纳总结我国目前煤矿安全生产中行管伦理法律规制的现状，分析出其中存在的主要问题，提出了进一步构建与完善我国煤矿安全生产领域行管伦理法律规制体系的建议和具体的相关措施。全文共分六章。第一章引言。第二章论述行管伦理及行管伦理的法律规制。第三章首先陈述煤矿安全生产中行管伦理的失范乱象，然后对此进行原因分析。第四章论述煤矿安全生产中行管伦理法律规制的作用。第五章阐述我国煤矿安全生产中行管伦理法制约束的进程。第六章探讨构建完善的煤矿安全生产行管伦理的法律规制体系。

中文题名：美国行政法官制度研究

英文题名：Research on Administrative Judiciary in the United States of America

研 究 生：官继慧

指导教师：周佑勇教授

授予学位时间：2012 年上半年

内容介绍：我国缺乏对美国行政法官制度的系统性研究。本文通过对美国行政法官制度的系统研究，来澄清一些被误解的事实，并且提出借鉴美国行政法官制度来提高我国行政法治的水平和进程。全文除引言外，共分六章。第一章从六个方面对行政法官制度研究中几个重要的相关概念进行阐述。第二章分三个部分论述美国行政法官制度的产生、建立以及法律原则。第三章探讨美国行政法官制度的运作，分为行政法法官的资格认定及管理、职能、听证组织形式、权力、独立性保障、审查制度等六个部分进行探讨。第四章探讨美国行政法官集中使用制度。第五章以 SSA、NLRB 和 EEOC 为例进行分析。第六章讨论美国行政法官制度对我国的借鉴。

中文题名：民国时期宗教自由权研究

英文题名：The Study of the Institution of Religion Freedom in Republic of China

研 究 生：揭梅

指导教师：陈晓枫教授

授予学位时间：2012年上半年

内容介绍：本文试图通过研究民国时期的宗教自由权制度，评价民国宗教自由权保护的得与失，总结民国宗教治理的经验与教训，并结合当代我国宗教自由权现状，提出宗教法律体系建构，找到宗教自由权实现的合理路径，从而使宗教法治化，为社会主义宪政建设以及和谐社会的构建贡献应有的力量。全文除导论、结语外，共分五章。第一章探讨宗教自由权的基本理论。第二章探讨民国时期宗教自由权法制渊源，较为详细地评述了中国传统宗教法制的发展历程和中国传统法律的儒家化以及二者对民国宗教自由权制度的深刻影响。第三章研究民国时期宗教自由权的法律保护。第四章论述民国时期宗教自由权的克减，主要研究宗教自由权的法律边界问题。第五章探讨可能为当代宗教法治化所借鉴的经验和教训。

中文题名：民族地区紧急状态下的人权克减问题研究

英文题名：Derogation of Human Rights of Minority Regions in Emergency

研 究 生：高歌

指导教师：陈晓枫教授

授予学位时间：2012年上半年

内容介绍：紧急状态是现代民主宪政国家的重要课题，世界上大多国家已经建立起较为完备的紧急状态法治。本文通过考察民族地区突发事件中的人权克减与保障事实，从宪政的视角，探究中国紧急状态下人权克减的理论与实践，试图完善我国突发事件应对法，构建符合中国实际的紧急状态法制。本文以制度构建为立足点，研究的中心命题是以法治规制紧急状态下的人权克减，即在法治原则下行使紧急权，在人权保障原则下克减公民基本权利。全文除引言外，共分四章。第一章为民族地区紧急状态和突发事件的概念辨析。第二、第三章分别对民族地区紧急状态人权克减的法理和法律运行分析。第四章探讨民族地区紧急状态下人权保障的制度构建与完善。

中文题名：农民集中居住的宪政分析

英文题名：The Constitutional Analysis of Farmers' Concentrated Residence

研 究 生：杨成

指导教师：陈晓枫教授

授予学位时间：2012年上半年

内容介绍：本文试图在宪政视野下，以建设服务型地方政府为契机，规范地方政府行政权力运行机制，加强对地方政府行政权力的监督与制约，防止其侵入农民私人领域而蚕食农民的权利；赋予农民居住自由权、完整的土地财产权，深化集中居住决策的信息公开，实现广泛而有效的公众参与，强化农民的主体地位，让农民以主人翁的姿态参与农村城镇化建设，并能与地方政府进行有效的博弈，从而切实维护农民的合法权益，确保农民集中居住获得良性推进。全文除导论、结语外，共分五章。第一章在理想与现实之间：农民集中居住的困境。第二章权利缺位或残缺：农民难以进行有效的权利抗争。第三章角色错位和程序正义缺失：地方政府权力的失控。第四章制度正义：农民集中居住良性推进的制度保障。第五章程序正义：农民集中居住良性推进的程序保障。

中文题名：青少年权益的宪法保护研究

英文题名：Research on Constitutional Protection of Rights and Interests of Adolescents

研 究 生：卢雍政

指导教师：秦前红教授

授予学位时间：2012 年上半年

内容介绍：青少年权益的宪法保护是在创新社会管理、推动和深化社会体制改革、促进社会和谐发展的大背景下重要的理论和实践问题。本文以青少年权益的宪法保护为题，共分六章，详细分析了宪法保护青少年权益的内涵和意义，并对现下的青少年权益保护的现状进行解析，分析了青少年权益保护的规范和具体制度，研究了不同类型青少年群体的保护现状并提出了具体对策，介绍了域外青少年权益保护的先进理论和经验并进行比较研究，同时对青少年权益的宪法保护机制进行构建，最后分析了青少年权益宪法保护的具体路径，提出了青少年权益的宪法保护在实践中的具体方案，实现一种"高屋建瓴"式的理论和制度建构，试图完成青少年权益保护的"顶层设计"，对我国的青少年权益保护工作具有一定的指导意义。

中文题名：少数民族发展权法律保障研究

英文题名：Legal Safeguard Mechanism of the Minority Nationality Right to Development

研 究 生：彭建军

指导教师：汪习根教授

授予学位时间：2012 年上半年

内容介绍：当今世界，多民族国家普遍存在，且这些语言、宗教和文化多样性的少数民族由于在人口数量上居于少数，各方面发展处于不均衡甚至十分落后的处境下，如何运用与发展权有关的理论和制度分析不同国家针对少数民族的政策和制度，揭示其所面临的发展困境及原因，进而从人权和权利保护角度提出发展框架和路径，是本文主要论证的内容。全文除导言和结语外，共分五章。第一章讨论了少数民族发展权的理论基础。第二章阐述了少数民族发展权的内容。第三章探讨了国际合作与少数民族发展权的保障机制。第四章介绍了少数民族和民族地区在中国的发展权实践。第五章研究了中国少数民族发展权法律保障机制的完善。

中文题名：司法权规约体系研究

英文题名：Research on the Regulating System upon Judicial Power

研 究 生：吴展

指导教师： 江国华教授

授予学位时间： 2012 年上半年

内容介绍： 本文基于司法权规约体系之构建这一命题，在探究司法权拓展一般规律的基础上，具体研究我国司法权规约体系构建之具体问题。全文除导论外，共分五章。第一章主要探讨司法权运行失范及其成因，通过对微观、宏观法律框架的分析，认为我国司法权之运行是存在相应的法律规范依据的。第二章主要分析域外司法权规约之历史经验，通过对域外主要国家司法权拓展经验的分析，指出司法权在其演变过程中确实存在运行失范的可能。第三章主要探讨我国司法权规约体系构建之政治性规约，指出执政党之执政行为对于司法权之具体运行而言是一种重要的政治性规约。第四章主要分析我国司法权规约体系之功能性规约。第五章主要倡导一种司法权规约体系之自律式构建。

中文题名： 特别行政区高度自治权研究

英文题名： The Study on the High Degree of Autonomy of the Special Administrative Region of the People's Republic of China

研 究 生： 黄振

指导教师： 周叶中教授

授予学位时间： 2012 年上半年

内容介绍： 高度自治权是特别行政区制度的核心，是保障特别行政区制度有效运行、实现国家统一、保障港澳社会稳定和经济繁荣的重要保障。高度自治权的动态运行和静态配置，实现了单一制国家结构下中央和地方关系的良性互动，促使特别行政区制度的政治体制、司法体制、经济结构、社会治理的有效运行，贯穿于特别行政区制度的始终。本文主要从自治权的一般理论、高度自治权的授权原理、高度自治权运行的冲突分析、高度自治权的协调机制以及高度自治权的司法纠纷解决机制五个方面，逐步展开对高度自治权的探讨。

中文题名： 网络公共领域研究

英文题名： Research on the Network Public Sphere

研 究 生： 熊威

指导教师： 秦前红教授

授予学位时间： 2012 年上半年

内容介绍： 本文就网络公共领域问题展开系统性的研究，在对传统公共领域理论本源进行分析和与公民社会结合论证的基础之上，论述现代网络公共领域的产生与兴起。全文共分五部分。第一部分主要对网络公共领域进行理论分析。第二部分主要对网络公共领域进行分析考察。第三部分从民主政治、司法制度和我国的公民权利三个方面，对网络公共领域进行宪政考量。第四部分主要论述了网络公共领域存在的问题及现实的障碍。第五部分探讨了我国网络公共领域理想化的建设之道。

中文题名：我国监狱服刑人员权利研究

英文题名：The Research on Prisoners' Human Rights in China

研 究 生：杨帆

指导教师：秦前红教授

授予学位时间：2012 年上半年

内容介绍：作为一个特殊的群体，服刑人员对社会的危害以及社会对他们复杂的情感使得他们几乎成为社会弱势群体中的弱势群体。如何对待他们，给予他们何种待遇已成为检验人权发展水平以及文明发展进程的标尺。在我国，几千年的"义务本位"思想和政治、经济体制模式，严重的阻碍了人权的发展，而对于服刑人员的人权保障阻力更大。本文以我国监狱服刑人员权利为研究对象。全文共分六章。第一章导论。第二章论述服刑人员权利的来源与基础。第三章介绍国际社会关于服刑人员权利的保障。第四章对我国服刑人员权利现状的分析。第五章探讨服刑人员权利保障体系的构建。第六章讨论了特殊类型服刑人员的权利保障。

中文题名：行政法上的平等原则研究

英文题名：On the Principle of Equality in Administrative Law

研 究 生：尚海龙

指导教师：周佑勇教授

授予学位时间：2012 年上半年

内容介绍：在行政法原则体系中，平等原则居于首要地位。本文基于宪政的视角，围绕着行政法平等原则是什么、如何具体化以及如何适用等三个方面的问题进行了系统研究，勉力建立我国较为成熟的行政法平等原则理论体系。全文除引言外，共分六章。第一章探讨了行政法平等原则的基础性问题。第二章提出了平等原则在行政法中的作用首先体现为对行政法规范本身的拘束。第三章论述了平等原则对行政裁量发挥着极其重要的调控作用。第四章提出了在行政法解释的过程中，平等原则发挥着不可替代的导向、统一与整合的功能与作用。第五章提出了平等原则是填补行政法漏洞的正当性依据，是行政法漏洞填补方法的理论基础。第六章对平等原则的司法适用广度、强度、模式与结果等四个问题进行了系统研究。

中文题名：行政主导型社会治理模式之逻辑与路径——以行政法之社会治理功能为基点

英文题名：The Logic and Path of Administration of Oriented Social Governance Model：Based on Social Governing Functions of Administrative Law

研 究 生：李鹰

指导教师：江国华教授

授予学位时间：2012 年上半年

内容介绍：本文以行政法之功能发挥为切入点，以社会管理体制创新之逻辑与路径为研究重心，试图基于逻辑分析与推演，以点到面为行政法之功能探究展开一个立体的多向维度。在此框架内，顺着宪政体制、社会管理主体之行政法律关系、以行政法为代表的公法之功能以及社会治理之可行路径等四条主线展开对全文观点的论证。全文除导论外，共分四章。第一章宪政体制：行政主导型社会治理模式之逻辑原点。第二章公主私辅：行政主导型社会治理模式之逻辑结构。第三章公法主治：行政主导型社会治理模式之逻辑推论。第四章公退民进：行政主导型社会治理模式之逻辑进路。

中文题名： 政府危机管理下维稳行政法治化研究

英文题名： Study on Ruling by Law of Maintaining Stability Administration Under Government Crisis Management

研 究 生： 申艳红

指导教师： 周佑勇教授

授予学位时间： 2012 年上半年

内容介绍： 在社会转型期，社会各种矛盾和利益冲突不断发生，维护社会稳定的执政目标和行政目标，就更凸显其价值和重要地位。我国政府决策者提出了维护社会稳定的执政目标，因此维稳理念逐渐成为政府工作在新时期的工作重心，维稳行政在当下中国成为日常行政中的一个重要内容，并成为政府工作的指导思想和行政目标。但在实践中，由于缺乏理论指导，出现了大量乱象丛生的维稳行政活动，学术界需要对此作出研究。本文尝试从法治行政的视角，运用法学尤其是行政法的相关理念对维稳行政及其法治化进行探讨。全文共分七章。第一章导论。第二章探讨政府危机管理下维稳行政基本理论。第三章探讨维稳行政法治化的法理基础。第四章论述维稳行政法律原则的体系构建。第五章分析维稳行政的规范。第六章论述维稳行政中二元主体合作：政府与社会。第七章探讨维稳行政二元机制互动：维稳与维权。

中文题名： 中国共产党基层组织建设的宪政维度

英文题名： The Constitutionalism Dimension of the Construction of the Grassroot Organizations of Communist Party of China

研 究 生： 傅瑜

指导教师： 周叶中教授

授予学位时间： 2012 年上半年

内容介绍： 中国共产党的基层组织建设关涉中国共产党执政的基础与国家的前途，意义十分重大。在民主政治的呼声越来越高、依法治国理念深入人心的当代中国，以宪政维度审视中国共产党的基层组织建设，具有十分重要的理论和现实意义。本文从宪政的理念和实践出发，考察了中国共产党基层组织建设的相关问题。全文除导论和余论外，共分五章。第一章探讨了中国共产党基层组织建设的一般理论。第二章简要回顾了中国共产党基层组织建设的历史演变。第三章论述了中国共产党基层组织建设的民主维度。第四章论述了中国共产党基层组织建设的权利维度。第五章论述了中国共产党基层组织建设的法治维度。

中文题名：中国共产党治国理政的根本途径研究——基于人民代表大会制度的分析

英文题名：Research on the Basic Way of Chinese Communist Party Governance：Based on the Analysis of the System of People's Congress

研 究 生：伊士国

指导教师：周叶中教授

授予学位时间：2012 年上半年

内容介绍：本文以马列主义执政理论为指导，基于现代政党执政的视角，对人民代表大会制度在中国共产党治国理政中的作用作了比较全面的分析，指出了人民代表大会制度是中国共产党治国理政的根本途径，是中国共产党长期执政的根本制度保障。全文除导论外，共分五章。第一章阐述了政党治国理政的一般理论，对国外政党执政模式进行了比较分析，并对中国共产党探索执政模式的历程进行了总结。第二章论述了中国共产党科学执政与人民代表大会制度的关系。第三章阐述了中国共产党民主执政与人民代表大会制度的关系。第四章阐述了中国共产党依法执政与人民代表大会制度的关系。第五章阐述了中国共产党长期执政与人民代表大会制度的关系。

中文题名：中国经济特区立法问题研究——以深圳经济特区为例

英文题名：On the Legislation of SEZ：A Case Study in Shenzhen SEZ

研 究 生：李庆丰

指导教师：周叶中教授

授予学位时间：2012 年上半年

内容介绍：本文缘起于对我国经济特区立法在理论和制度上存在的问题进行的思考，试图以深圳为分析范本展开研究，以期在现行立法体制内，对经济特区立法的制度设计以及发展前景提出设想，充分发挥经济特区立法的功能。全文除导论外，共分四章。第一章从经济特区立法的基本理论入手，回顾我国经济特区立法权产生的历史及其法律依据的变迁历程，总结经济特区立法权的性质、特色及功能等。第二章结合经济特区的设置特点、地理位置等影响性因素，分析其立法特色。第三章研究了深圳经济特区立法内容。第四章围绕近年来探讨深圳经济特区立法的理论与现实背景，对不同属性的立法权力冲突问题、立法功能和立法结构问题提出认知和解决方案等。

中文题名：中国行政监察制度的特色与完善

英文题名：The Features and Perfect of China's Administrative Supervision System

研 究 生：曾超鹏

指导教师：陈晓枫教授

授予学位时间：2012 年上半年

内容介绍：当代中国的行政监察法律制度随着 1949 年中华人民共和国的成立而创设，并随着当代中国历史的演进而变迁，它不仅是对西方现代化监督法制的简单模仿，也能够反映出中国传统法律制度的特色。行政监察是当代中国监察制度中的主要监督方式，按照"依法治国"的原则，行政监察法律制度不仅规范中国行政监察权力运行，也保障着"科层制"政府中上级对下级的控制从而确保法律的执行。本文除余论外，共分六个部分围绕中国行政监察制度的特色与完善展开研究。第一部分绪论。第二部分概念与制度变迁——中国行政监察制度概述。第三部分行政监察机关的职权及其法律属性分析。第四部分有中国特色的中国行政监察法制。第五部分当代中国行政监察法制的不足及其原因。第六部分完善当代中国行政监察法制的设想。

中文题名：中国行政诉讼撤诉问题研究——以原告合法权益保障为出发点
英文题名：Study on the Withdraw in the Administrative Lawsuit in China：For Ensuring the Legal Interests of Plaintiff
研 究 生：史艳丽
指导教师：林莉红教授
授予学位时间：2012 年上半年
内容介绍：为了解决行政诉讼撤诉制度面临的困境和存在的问题，本文分导论、正文和结语三个部分共四章，探讨行政诉讼撤诉制度。第一章导论。第二章行政诉讼撤诉制度的理论分析，分别阐述了行政诉讼撤诉制度的诉权理论、立法目的和价值追求。第三章行政诉讼撤诉制度的运行及其问题检视，对行政诉讼撤诉制度运行的外在环境进行了简单介绍，梳理立法和司法解释对撤诉的具体规定，探讨行政诉讼撤诉司法实践背后的司法政策的变迁。第四章中国行政诉讼撤诉的完善，从三个层面对行政诉讼撤诉制度的完善进行构思。

中文题名：近现代中国责任内阁体制研究
英文题名：The Changing of Responsible Cabinet System in Modern China
研 究 生：董力
指导教师：陈晓枫教授
授予学位时间：2012 年下半年
内容介绍：本文以法律文化学的分析方法为研究路径，通过考察近现代中国内阁体制的变迁来为中国特色社会主义政权组织体制建设提供历史经验。全文除引言外，共分五章。第一章责任内阁思想传入的中国语境。第二章皇权体制下的内阁制。第三章三权分立下的内阁制。第四章五权分治下的内阁制。第五章结论。

中文题名：我国人民法院司法能力建设研究
英文题名：Research on the Construction of Courts' Judicial Ability in China
研 究 生：卢上需
指导教师：周叶中教授
授予学位时间：2012 年下半年
内容介绍：本文研究在现有阶段和现有体制下，中国共产党领导下的人民法院司法能力建设的基本理论、基本状况、基本结构和基本结论。全文除绪论外，共分四章。第一章权力理论：法院司法能力建设的理论基础，着重研究权力及其产生的主客观条件，提出权力的六个特征，明确权力基本理论对法院司法能力建设的指导作用。第二章司法本质：法院司法能力建设的客观需要，着重研究司法权的政治地位和作用、与政党关系、司法权的概念、司法权结构等。第三章固本增能：我们法院司法能力建设的基本内容，着重研究人民法院司法能力建设的政权基础、司法权关系、司法能力建设的历史经验教训和评价等。第四章中国特色：法院司法能力建设的基本方向，着重研究法院职能定位、现行体制机制、组织结构等基本情况，提出了司法能力建设的基本原则、内容、推进方法和能力建设的评价标准和机制。

中文题名：宪政设计研究

英文题名：On the Constitutional Design

研 究 生：黄秋生

指导教师：周叶中教授

授予学位时间：2012 年下半年

内容介绍：本文研究内容主要包括宪政的概念、人类社会制度的设计简史、宪政设计的基本原则与技术要求、宪政之政治、经济、文化与权利保障制度设计以及宪政中国设计的基本思路。全文除引言外，共分六章。第一章阐述了宪政是一种社会形态。第二章论述了宪法和宪政的产生就是人民为自己设计社会制度的开始。第三章论述了宪政设计必须遵循一定的原则与理念，宪政的基本原则是支撑起宪政大厦这个社会形态的精神支柱，因而也是宪政设计必须遵循的基本原则。第四章指出了宪政设计是一门技术和这些技术的要求。第五章阐述了宪政设计的内容不仅是政治制度设计，还包括经济与文化制度设计，更重要的是要设计好权利保障制度。第六章结合中国的社会实际，提出了宪政中国设计的基本思路。

中文题名：宪政视野下大学治理结构研究

英文题名：Constitutional Vision of University Governance Structure

研 究 生：李新亮

指导教师：秦前红教授

授予学位时间：2012 年下半年

内容介绍：本文融合了法学和教育学的研究理论和研究方法，从宪政视角研究一个颇具现实意义的问题——大学治理结构。全文除结语外，共分五章。第一章探讨大学治理结构的宪政基础，依次对宪政内涵进行了多角度界定，阐述大学治理结构与宪政核心理念，介绍了大学治理结构的相关研究。第二章论述大学治理结构与政策执行，首先探讨作为一种制度的大学治理结构，并对大学治理结构进行分类，随后探讨了大学组织与政策执行，以及大学对教育公共政策执行的应对策略分析。第三章为案例分析，选取了两所同一层次的研究型大学执行本科教学评估政策的情况作为分析对象，详述了两所大学的治理结构和政策执行过程。第四章分别阐述了社会学制度主义理论的解释逻辑和社会学制度理论对制度有效因素的解释力。第五章对影响教育公共政策执行方式选择的原因进行分析。

2013 年

中文题名：当代中国政治参与法治化研究——基于人权保障的阐释

英文题名：The Research on the Legalization of Political Participation in Contemporary China：From the Perspective of Safeguarding Human Rights

研 究 生：陈佑武

指导教师：李龙教授

授予学位时间：2013 年上半年

内容介绍：以人权保障的视角阐释当代中国政治参与法治化是一项具有深远意义的研究课题，是在当代中国经济、社会和文化的发展中所提出并且迫切需要论证的问题。政治参与法治化与人权保障之间是一个互动的过程：一方面，政治参与法治化成就人权保障的各项基本条件；另一方面，人权保障也是推进政治参与法治化的基本路径。人权保障的提出不仅是对政治参与法治化提出要求，更为政治参与法治化的发展指明方向。全文除引言和结语外，共分四章。第一章阐释当代中国政治参与、法治与人权保障的历史发展。第二章论述当代中国政治参与法治化促成人权保障的基本条件。第三章论证当代中国政治参与法治化以人权保障为基本原则。第四章探讨以人权保障为路径促进当代中国政治参与法治化。

中文题名：公民文化权研究

英文题名：On the Civil Right to Culture

研 究 生：黄明涛

指导教师：秦前红教授

授予学位时间：2013 年上半年

内容介绍：本文认为公民文化权作为一项宪法权利，一方面因其对于现代人之自由的不可或缺性以及与社会文化生活之多样性、创造性的深刻关联，获得价值内核上的确立，另一方面则因应当下国人对于国家之文化角色的重新定位而进一步在政治哲学的意义上获得肯定。在此基础上，本文系统性地对公民文化权进行了法规范意义的建构，使得文化生活中的权利话语体系得以初步建立。全文共分六章。第一章交代选题背景、研究现状等。第二章对文化权进行了定义，并厘清了相关概念之间的混淆。第三章对文化权的价值内核进行了梳理，主要包括文化权与现代人的自由、文化多样性、文化创造性的关系三个方面。第四章论述了当前观念中对于国家文化角色的误解，并在此基础上进行了理论检讨与反思。第五章进行文化权的规范建构。第六章为余论。

中文题名：国民政府时期的县自治研究

英文题名：On the County Autonomy During the National Government

研 究 生：莫鹏

指导教师：陈晓枫教授

授予学位时间：2013 年上半年

内容介绍：本文的研究属宪法史的范畴，主要考察国民政府时期的县自治理念、制度设计和运行。并在此基础之上，对国民政府将县自治作为实现国家宪政重要路径的合理性，以及发轫于基层的宪政建设路径在当代的可行性进行探讨。全文除导论、余论外，共分四章。第一章从地方自治的基础理论入手，探讨县自治理论的历史渊源及其形成过程。第二章从制度构建的动因、制度的设计以及县自治的权力架构三个方面探讨了国民政府时期县自治的制度构建。第三章重点考察了县自治的实施状况，并在此基础上对县自治实施的成果进行了检讨。第四章在梳理与比较 20 世纪上半叶中国宪政建设道路的基础上，对国民政府时期县自治的宪政意义进行了综合考量，最后得出结论，即由基层自治走向全国宪政是中国宪政建设的可行之路。

中文题名：立宪主义视野中的国有资产监管研究

英文题名：Research on Supervision of State-owned Assets from Constitutional Perspective

研 究 生：谷道敏

指导教师：秦前红教授

授予学位时间：2013 年上半年

内容介绍：本文对国有资产的监督和管理展开深入分析，核心命题在于论述国有资产监管的宪法基础与宪政价值，并在宪法和立宪主义精神的具体要求下分析国有资产监管体制改革的问题，并初步分析我国经济体制改革和基本经济制度完善的问题。全文除导论外，共分六章。第一章范畴论：作为宪政发展动力的国有资产。第二章比较论：国有资产监管与宪政发展的域外经验。第三章价值论：宪法价值影响下的国有资产监管的原则和目标。第四章规范论：国有资产监管的法律和制度体系。第五章运行论：国有资产监管的现状、问题与改进。第六章结论。

中文题名：论宪政权威

英文题名：On Constitutional Authority

研 究 生：朱道坤

指导教师：周叶中教授

授予学位时间：2013 年上半年

内容介绍：本文围绕宪政权威展开讨论。全文除引言外，共分六章。第一章阐述宪政权威的基本内容，将宪政权威理念细分为三个层面的内容：民主所产生的公意型权威、法治所产生的规则型权威、优化权力配置所产生的善政型权威。第二章讨论西方宪政权威的产生轨迹，指出西方国家的宪政权威是建基于对西方父权权威否定的基础之上的。第三章探讨中国父权制对宪政权威的阻碍，论述了宪政权威由于各种原因，在中国的发展过程中难以顺应传统现实和时代需求。第四章研究中华人民共和国建立初期的权威异化，论述中华人民共和国的建国时期虽然建立起强大的政治权威，然而这种控制存在诸多问题。第五章研究转型过程中的权威困局，指出党和国家必须寻求权威生成模式的转型。第六章探讨宪政权威的中国道路，阐明在新的社会转型期，中国共产党想要持续执政，就必须通过改革来促成权威模式的转型。

中文题名：少数人权利研究

英文题名：Research on Minority Rights

研　究　生：孙高峰

指导教师：李龙教授

授予学位时间：2013 年上半年

内容介绍：本文以法律文本和实践为基础，以少数人权利为研究对象，在现有理论研究成果的基础上，从少数人权利保障角度，探讨少数人权利的宪法保障如何成为可能。全文共分六章。第一章导论。第二章为少数人权利的界定，分析了少数人的称谓和概念，研究了少数人权利的概念及其普遍性和特殊性等。第三章阐述少数人权利的宪政理论，分别研究了少数人权利的四种宪政理论，即人本主义理论、平等理论、宽容理论、文化多元理论。第四章对国际人权公约、区域性人权公约及英、美、法、德等四国宪法中的少数人权利保护立法情况进行分析总结，为完善我国的少数人权利保护提供借鉴。第五章探讨了以宪法为中心的我国少数人权利保护制度的完善。第六章为结语。

中文题名：特别行政区制度在中国特色大国治理中的作用研究

英文题名：On the Functions of Special Administrative Region Institution in the Governance of Great Country with Chinese Characteristics

研　究　生：刘文戈

指导教师：周叶中教授

授予学位时间：2013 年上半年

内容介绍：本研究缘起于对特别行政区制度的作用进行的思考，认为此制度在实现国家统一的进程中，从具体和总体两个层面影响着中国特色大国治理，并成为中国特色大国治理的重要创新机制。特别行政区制度对于中国特色大国治理的作用，既包括对思维模式、指导思想和治理方式的总体作用，也包括对某一方面和某一具体结构的具体作用。全文分六部分。第一部分导论。第二部分回顾特别行政区制度的历史并提出了特别行政区制度的分析框架。第三部分概述治理理论，并分析了治理理论在特别行政区制度论域内的适用。第四部分分析了特别行政区制度对中国特色大国治理结构的作用。第五部分以特别行政区制度的四个断面为例探讨特别行政区制度对中国特色大国治理模式的影响。第六部分结合特别行政区制度的二元结构分析框架归纳了特别行政区制度对中国特色大国治理的作用机制。

中文题名：网络文化治理研究

英文题名：Study on the Governance of Network Culture

研　究　生：王雷鸣

指导教师：周叶中教授

授予学位时间：2013 年上半年

内容介绍：本文围绕网络文化治理展开研究。全文除导论、结语外，共分五章。第一章网络文化及其新发展，主要界定了网络文化的内涵、特征、功能及其存在的主要问题，分析了网络文化发展的新形态、新趋势、新挑战。第二章从管理到治理：网络文化规制模式变革，主要分析了我国网络文化传统规制模式及其困境，研究了发达国家网络文化规控的主要做法和经验，进而阐释了治理理论及其对网络文化规制的启示，提出了网络文化治理的宏观思考。第三章网络文化治理主体：政府、公民社会组织、公民的角色定位，主要分析了政府、公民社会组织、公民等不同主体在网络文化治理中的角色定位及作用发挥等。第四章自由与秩序的平衡：网络文化治理之原则，主要对网络文化治理中的网络言论自由及其保障和规制进行了阐述。第五章法治：网络文化治理之诉求，主要对网络文化治理的法治诉求进行了系统的论述。

中文题名：文化建设法制化研究

英文题名：Study on the Legalization of Culture-building

研 究 生：文友华

指导教师：周叶中教授

授予学位时间：2013 年上半年

内容介绍：本文分五章对我国文化建设的法制化进行了全面分析。第一章通过对文化建设的界定及其制度沿革的梳理，认为文化建设的基本内容主要包括文化事业、文化产业和文化安全等。第二章通过对转型时期中国文化建设的整体形势及其法制化相关问题的阐述，提出法制化是我国文化建设的必由之路。第三章通过对公民文化权益和文化建设法制化之间关系的分析，认为公民文化权益保护是文化建设法制化的逻辑起点。第四章阐述了文化建设法制化应加快立法完善，明确立法应坚持的基本原则和技术选择以及当前推进文化建设立法重点领域。第五章分析了文化建设法制化应进行的执法体制变革，通过对我国文化执法制度的现状以及文化执法制度变革的直接动力、方向和原则的确定，指出文化执法的具体制度完善应包括的内容。

中文题名：我国抗诉权研究

英文题名：The Research of the Power to Protest in China

研 究 生：龙婧婧

指导教师：江国华教授

授予学位时间：2013 年上半年

内容介绍：本文的研究主题是我国检察机关的抗诉权。全文除导论和结语外，共分五章。第一章本体论，即研究抗诉权是什么。首先明确抗诉权的基本内涵，其次是从历史渊源和法律渊源两个方面来回答"抗诉权从何而来"的问题。第二章认识论，即研究抗诉权如何定位。通过对权力关系的范畴展开探讨，从抗诉权在国家权力体系中的横向定位、纵向定位，抗诉权与公民权利关系的层面明确抗诉权的角色定位。第三章价值论，即研究抗诉权何以正当。从法理基础、思想文化传统及其现实背景三个方面展开论述。第四章实践论，即研究抗诉权如何运行。分别从程序设计、制度运行特点、运行效果、运行中具体问题等角度展开研究。第五章发展论，即研究如何完善抗诉权的运行。从宏观、中观、微观三个层面展开分析。

中文题名： 五四宪法的形成及历史地位研究

英文题名： Research on the Establishment and Historical Status of the Constitution of 1954

研 究 生： 胡玲芝

指导教师： 陈晓枫教授

授予学位时间： 2013 年上半年

内容介绍： 本文对五四宪法体系的形成进行研究，并探讨其形成的历史背景、阶段过程、方式方法和特点局限。全文共分六章。第一章为引言。第二章阐述五四宪法形成的背景，发现五四宪法形成的历史真实以及隐藏其中的强大动力。第三章研究五四宪法体系的形成历程，从萌芽、初创、确立三个阶段探析新中国宪法体系的形成过程。第四章主要探究五四宪法重要共识的形成方式。第五章论述新中国宪政的形成标志，指出五四宪法是新中国宪政体制形成的最主要的标志，这也是五四宪法的历史地位之所在。第六章探讨新中国宪政体制的特点与局限，主张反思新中国宪政体制的优缺点及其形成原因，既是研究这一历史问题本身的需要，也是今日中国宪政建设之所急。

中文题名： 香港特别行政区行政主导政制研究

英文题名： The Research on Executive-led Political System of the Hong Kong Special Administrative Region

研 究 生： 戴颖欣

指导教师： 周叶中教授

授予学位时间： 2013 年上半年

内容介绍： 本文从历史角度分析香港特区行政主导政制产生的合理性和适应性，结合香港特区现实问题，分析目前香港特区政制运行中遇到的挑战。文章从《香港基本法》以及"一国两制"方针为分析出发点，试图在法制层面对行政主导政制运行中的问题进行探讨，并以完善香港特区行政主导政制实施为落脚点，希望能对香港特区政制发展问题的探讨有积极意义。全文除引言外，共分五章。第一章香港特区行政主导政制概述。第二章香港特区行政主导政制面临的民主压力。第三章香港特区行政主导政制的法治压力。第四章香港特区行政主导政制的再认识。第五章香港特区行政主导政制压力的应对。

中文题名： 行政任务委外的法律问题研究

英文题名： Research on the Legal Issues of Administrative Tasks Outsourcing

研 究 生： 张鲁萍

指导教师： 周叶中教授、杨小军教授

授予学位时间： 2013 年上半年

内容介绍： 为了缓解政府的压力，各国纷纷通过行政任务的委外，引入私主体的力

量来履行行政任务，实现共同治理的目标。然而，在产生良好社会治理效果的同时，行政任务的委外也面临着诸多法律问题，本文围绕这些问题展开研究。全文除导论、余论外，共分四章。第一章阐述行政任务委外的基础理论，包括概念界定、对行政任务委外正当性的充分论证、梳理域外国家和我国行政任务委外的历史发展。第二章论述行政任务委外的方式，主要解决行政机关通过何种具体的路径或方式来将纷繁复杂的行政任务委外的问题。第三章探讨行政任务委外的界限，主要解决行政机关到底可以将哪些行政任务在多大程度上委由私主体来履行的问题。第四章论述行政任务委外后的国家责任，在充分分析我国立法保障责任、政府规制责任和司法救济责任存有不足的前提下，提出相应的完善路径。

中文题名：行政诉讼起诉期限制度研究
英文题名：Study on the Limitation of Actions of the Administrative Litigation System
研 究 生：林俊盛
指导教师：林莉红教授
授予学位时间：2013 年上半年
内容介绍：本文从诉讼类型化的角度，探讨如何从整体上构建我国的行政诉讼时效制度以及进一步完善其中的起诉期限制度。全文除导言和结语外，共分四章。第一章起诉期限之界定，论述行政诉讼起诉期限的内涵、外延、性质和特征，行政诉讼起诉期限制度与相关制度的关系等问题。第二章起诉期限之设定，对各种诉讼类型的具体时效规则的历史发展、理论依据予以厘清，并对各种具体时效制度在解决实际行政争议规则体系中的地位、功能作出恰当的界定。第三章起诉期限之适用，讨论起诉期限的种类、计算等相关具体规则的适用问题，对完善相关具体规则提出合理化建议。第四章起诉期限之补救，介绍域外国家和地区有关起诉期限届满后的补救程序和途径，对我国实践中存在"程序重新进行"的现实需求、现有行政赔偿的程序和时效规则存在的缺陷和问题予以检讨，并提出若干建议。

中文题名：行政执法方式变革研究——基于社会管理创新的视角
英文题名：The Innovation of the Method of Administrative Enforcement of Law: Based on the Visual Angle of Social Management Innovation
研 究 生：戢浩飞
指导教师：秦前红教授
授予学位时间：2013 年上半年
内容介绍：本文立足于社会管理创新的宏观场景，指出应对当下的行政执法方式进行变革。全文除引言、结语外，共分六章。第一章概述行政执法方式，初步阐释了本文所涉及的几个基本概念。第二章论述了行政机关的职能定位和社会管理创新对行政执法的基本要求。第三章梳理了我国行政执法发展的历史阶段，反思了行政执法方式的现状，得出了行政执法方式确有改进变革之必要的结论。第四章对西方不同国家行政执法发展的基本趋势及其运作概况进行比较法的考察，以期充分认识并借鉴其有益经验。第五章从理念更新、原则指导和构建系统三个层面探讨行政执法变革的路径。第六章着眼于我国当前行政执法实践中出现的新型执法方式，构建适合我国行政执法实际的执法制度。

中文题名： 行政执法与刑事司法衔接机制研究

英文题名： Research of Administrative Law Enforcement and Criminal Justice Cohesion Mechanism

研　究　生： 李辰星

指导教师： 江国华教授

授予学位时间： 2013 年上半年

内容介绍： 本文以行政执法调研和检察机关调研为基础，以我国有关行政执法中发现涉嫌犯罪案件的"两法衔接"工作现状为背景，采用比较分析、矛盾分析等方法进行研究。全文共分五个部分。第一部分范畴论，全面思考和理解行政执法和司法衔接中各要素的内涵和外延，对行政执法、刑事司法等概念进行界定。第二部分关联论，以两法衔接机制中各要素的相互内在理论联系，分析行政执法与刑事司法衔接的必要性和可行性。第三部分法理论，从法治主义、职能分工与协作理论、行政刑法学说三个视角深入论证了"两法衔接"机制的法理意义和价值。第四部分运行论，分析实践中出现的机制运行不足与运行缺陷及其成因，反推现有法律依据和具体规范中的疏漏及缺失。第五部分改良论，以体系、制度的设定承接理论部分的分析，将法制建设与实践相结合，弥补现有缺陷及不足，试图全面架构和逐项完善行政执法与刑事司法衔接机制的实践体系。

中文题名： 征税权配置与合宪运行研究

英文题名： The Configuration and Constitutional Operation of Taxation Power

研　究　生： 白春娟

指导教师： 陈晓枫教授

授予学位时间： 2013 年上半年

内容介绍： 本文站在宪政的视角，运用历史研究、比较分析、实证研究、案例研究等方法，对国家征税权进行全方位检视，提出完善我国征税权，确保征税权合宪运行的思路。全文共分六章。第一章为绪论。第二章从历史角度分析征税权从专制税赋到民主税收发生的质的飞跃。第三章论述宪政视角下的征税权及其配置，分析应然层面的征税权，重点研究征税权的配置等。第四章研究征税权的合宪运行保障，首先提出征税权基本配置无法解决具体"收多少税"的困惑，然后介绍公共预算制度对解决此问题的显著作用，并比较了英国、美国、德国的预算制度。第五章探讨我国征税权配置与运行中的问题，分析了我国征税权权力来源的理论缺陷等。第六章为对完善我国征税权配置与运行机制的设想，分别从完善征税权的配置方面和征税权运行的民意参与方面，提出完善我国征税权运行的建议。

中文题名：作为宪法权利的环境权研究

英文题名：Research on the Environmental Right as a Fundamental Constitutional Right

研 究 生：张思思

指导教师：秦前红教授

授予学位时间：2013 年上半年

内容介绍：本文从环境权入宪的法理基础入手，梳理了环境权的发展历程，为环境权入宪厘清一些误区，并论证分析了环境权的主体和内容。本文客观地将环境权的主体落实在公民身上，指出环境权是一项实体性权利而不是程序性权利，是一项生态性权利而不是经济性权利，是以权利为本位的权利但附带部分义务内容。全文共分三章。第一章详细分析了环境权与第一、第二代人权的区别和联系，指出环境权和发展权同属于第三代人权，论述了环境权和环境法基本原则之间的联系。第二章考察了环境权的制度保障，梳理了环境权保护的国际法文献，并对国内的环境权立法保护、司法保护和行政保护进行了分析，提出了完善环境权保护的几类建议。第三章首先对我国学者对环境权入宪必要性的论争进行梳理，然后展开对环境权入宪的可行性、重大社会效用和环境权入宪的路径与方式的论证。

中文题名：法治视野下的法官自由裁量权研究

英文题名：Research on Judge's Power of Discretion from the Perspective of Rule of Law

研 究 生：陈旗

指导教师：汪习根教授

授予学位时间：2013 年下半年

内容介绍：在中国特定发展时期，法官自由裁量权没有获得其在法治发达国家获得的认同和尊重，权力行使的现实不仅加重了社会公众的疑惑和抵触，也引起学术界的深深忧虑，如何规制和优化法官裁量权逐渐成为一个非常现实的问题。本文除导论，分上下篇，共十章围绕相关问题展开研究。上篇理论篇。包括六章：第一章法治与法官自由裁量权。第二章法官自由裁量权比较研究。第三章法官自由裁量权多维解读。第四章影响法官自由裁量权的因素分析。第五章法官自由裁量权规制的理想模式构建。第六章与自由裁量权有关的现实问题。下篇方法篇。包括四章：第七章方法论一：发现和阐释法律。第八章方法论二：推理和论证理由。第九章方法论三：衡量与优选方案。第十章结语：自由中的不自由。

中文题名：论安全生产的法治化

英文题名：Research on the Legalization of Production Safety

研 究 生：张文杰

指导教师：秦前红教授

授予学位时间：2013 年下半年

内容介绍：本文主要运用公法学的理论资源和知识，分析安全生产法治化的规范和事实层面的问题，核心命题在于论述安全生产法治化的重大意义及未来趋势，为安全生产法治化的正当性进行论证，也为安全生产的未来发展提供思路。全文除导论外，共分七章。第一章主要关注我国历史上安全生产制度化和规范化的情形。第二章重点介绍不同国家和地区的安全生产法治化的规范体系以及实践经验。第三章着重介绍安全生产法治化受到的价值层面的影响，以及这些价值进入规范后的具体表现和产生的现实意义等。第四章重点对当下我国安全生产的法律体系进行全面描述和结构性分析。第五章介绍安全生产法律体系下形成的基本法律制度的主要内容以及这些制度结构中的问题及其改进思路。第六章探讨安全生产法治化的完善，是基于前文的规范性研究而进行的实效性和对策性研究。第七章为结论。

中文题名：农村社区权力结构研究——以鄂东 L 县学堂村社区为例

英文题名：Research on Rural Community Power Structure in China：Based on the Case of L County Xuetang Rural Community in the East of Hubei Province

研 究 生：徐炜

指导教师：刘祖云教授

授予学位时间：2013 年下半年

内容介绍：本文以农村社区为研究视域，以权力精英为切入点，以质性研究方法为主要手段，探讨农村权力结构的内在构成、演变过程、运行逻辑。在此思路的指引下，本文选取位于鄂东 L 县的学堂村为研究个案，总结该农村社区中的四大精英群体，并以社区事务为引详析其权力运作的主要流程以及影响权力的各个主体，并再次论证了精英主义理论学者所念兹在兹的主要观点。论文试图抽象出一个中国农村社区权力结构模型作为中国权力结构的理想类型，同时还细分为三种可能的内生演变类型或形变，借此回应前人的研究脉络，也欲拓宽后来者研究的道路，展现另一种视野。全文除绪论外，共分五章。第一章个案社区基本状况及政治精英。第二章经济精英参与社区事务状况分析。第三章社会（宗族）精英参与社区事务状况分析。第四章文化精英参与社区事务状况分析。第五章结论与讨论。

中文题名：社会重大事件行政调查法治研究——以行政权的社会回应性为视角

英文题名：Research on the Rule by Law for the Administrative Inquiry of the Major Social Event：View of the Social Responsiveness of the Administrative Power

研 究 生：刘军

指导教师：林莉红教授

授予学位时间：2013 年下半年

内容介绍：本文以社会重大事件为研究对象进行研究探讨。全文除引言、结语外，共分五章。第一章社会重大事件概述，包括对社会重大事件的学理分析和成因分析。第二章社会重大事件行政调查的基本理论，分别探讨了社会重大事件调查的社会回应性理论、社会重大事件调查权的性质以及社会重大事件调查制度的功能、意义和基本原则。

第三章社会重大事件调查的比较法考察，分别考察了英国、美国、韩国的行政调查法制和我国台湾地区重大事故调查制度。第四章我国社会重大事件调查制度的运行现状考察，重点对安全事故调查以及人大参与重大事件调查的相关问题进行介评。第五章我国社会重大事件行政调查制度建构，主要围绕调查程序模式、调查主题、调查范围之立法、证据与事实调查以及其他相关重要制度形式与内容进行探讨。

中文题名：违宪审查基准的原理与技术研究——以美国、德国为考察对象

英文题名：Study on Principles and Technology of Constitutionality Review Standard：An Examination of United States and Germany

研 究 生：龙滔

指导教师：周叶中教授

授予学位时间：2013 年下半年

内容介绍：世界各国的违宪审查活动在具体实践过程中不断深化和推进，逐步形成了以美国为代表的三重审查基准模式和以德国为代表的比例原则模式。本文聚焦于违宪审查的技术研究，选取违宪审查基准作为研究对象，采取比较分析法、历史分析法、规范分析法和实证分析法相结合的研究方法，通过对抽象审查和具体审查，消极主义和积极主义的比较，对违宪审查的概念与特征、理论基础以及启动违宪审查的形式要件与程序要件的研究，来阐述违宪审查基准的理论基础和价值追求。在此基础上，本文进一步对美国、德国审查基准模式的形成及其类型化的特征进行了考察、比较、评析，论证了在美国、德国审查基准模式的基础上建立更为周延的审查基准体系的必要性和可能性，并结合各国的实践和理论界的学说，提出了建立五重审查基准的审查基准体系。

中文题名：宪法人权视野下的民生刑法观研究

英文题名：Study on the Outlook on Criminal Law from the View of People's Livelihood in the Perspective of Constitutional Human Rights

研 究 生：汪斌

指导教师：陈晓枫教授

授予学位时间：2013 年下半年

内容介绍：本文从宪法人权视野出发，系统研究民生刑法观及相关问题。全文共分五部分。第一部分阐述宪法终极价值观与民生刑法观的关系，包括保障人权是宪法的永恒价值追求、民生权是人权的重要内容、民生权发展必然要求刑法的保护等。第二部分阐述民生刑法观的基本问题，包括民生刑法观的理论依据、价值、基本原则、功能等。第三部分阐述民生刑法观的基本要求，即适度犯罪化、刑罚轻缓化、宽严时策化、司法人性化。第四部分阐述民生刑法观在实践中的具体实现，包括在刑事立法方面、刑事司法方面、刑罚执行方面的实现。第五部分阐述与民生刑法观相关的几个问题，包括刑法原则的宪法化、刑事司法解释的完善、死刑限制等问题。

2014 年

中文题名：当代中国特邀制度研究

英文题名：On the TeYao System in Modern China

研 究 生：李玲

指导教师：李龙教授

授予学位时间：2014 年上半年

内容介绍：本文对当代中国特邀制度从实践论、认识论和发展论的角度予以研究。全文除导论外，共分五章。第一章概说当代中国特邀制度，主要描述了当代中国特邀制度的表现，阐述了其基本内涵、基本要素、功能等。第二章论述民主制度与特邀实践，梳理了特邀制度在当代中国选举民主和协商民主这两大领域的不同实践，揭示了特邀制度的历史必然性和现实合理性，同时揭示了特邀制度的现实困境。第三章论述监督制度与特邀实践，对当代中国行政监督、司法监督制度中的特邀人民监督员制度进行了考察，并分析了这种制度的内在弱点和缺陷。第四章分析了当代中国特邀制度的理论基础，把党建理论与特邀党代表制度等结合起来，力图寻找特邀制度与当代中国政治与法律理论的内在联系。第五章论述特邀制度与国家治理能力现代化，运用身份政治理论将特邀制度置于身份社会中进行研究，指出特邀制度属于精英民主、可控民主的范畴。

中文题名：党内民主法制化建设研究

英文题名：A Study of Inner-party Democracy Legalization Construction

研 究 生：江玉桥

指导教师：江国华教授

授予学位时间：2014 年上半年

内容介绍：本文主要从党内民主法制化的角度来分析、论证并展望中国共产党的党内民主法制化，提出党内民主法制化的关键是从党的选举、决策、管理和监督等层面推动民主，扩大党内选举的范围，规范党内权力的运作机制，增强党内民主监督的力度，最终通过不断的民主实践将党内民主规范化、制度化、法制化，使党内民主在水平上能够有质的提升，并以此为基础推进人民民主和社会主义民主的政治进程。全文除导论、结语外，共分五章。第一章分析党内民主法制化的基本内涵、特征和发展历程等。第二章从经济、政治、党自身的执政能力加强等几个方面阐释党内民主法制化是历史的必然。第三章论述我国当前党内民主的实践情况，并对实践中出现的问题和弊端进行分析。第四章论述当代西方国家的党内民主法制化的建设，探索西方的党内民主法制化建设对于我国执政党的参考价值。第五章提出对推进党内民主法制化的思考和建议。

中文题名：国家治理体系现代化研究——以法治、善治与共治为视角

英文题名：The Research of the Modern National Governance System：The View of Rule of Law，Good Governance and Common Governance

研 究 生：刘洪彬

指导教师：徐亚文教授

授予学位时间：2014 年上半年

内容介绍：本文整体的研究思路建基于对"国家—社会"框架以及现代性反思理论的应用与思考之上。20 世纪 90 年代治理理论逐渐流行，国家治理成为研究热点。随着相关研究的不断深化，如何将国家治理的体系楔入现代化的语境，构建现代化语境下的国家治理体系已经引起学术界的关注，甚至成为焦点。但目前我国国家治理体系现代化的研究总体上仍处于初始探索阶段，远未成熟。本文对这一问题就理论和实践等方面的认识进行探讨。全文除导论、结束语外，共分七章。第一章对国家治理理论的渊源与发展进行梳理。第二章对国家治理体系现代化基本内涵予以界定。第三章至第五章分别依次对善治、法治以及共治理论进行阐述。第六章分析国家治理体系现代化矛盾运动。第七章以食品安全治理为例证，对国家治理体系现代化进行样本化的分析。

中文题名：国家主席制度研究

英文题名：A Study of China's Presidency

研 究 生：翟明煜

指导教师：秦前红教授

授予学位时间：2014 年上半年

内容介绍：国家主席制度是我国宪法中的一项较为独特的制度设计，这项制度关系到我国整个国家机构的权力分配与运作。作为一种独特的国家元首模式，国家主席制度在中国有着深厚的历史发展背景和广阔的未来发展空间，自 1982 年宪法制定实施以来，随着中国改革开放的发展，国家主席制度发生了重大的变化，国家主席成为了具有实权的国家元首。本文旨在通过对国家主席制度的探讨，为中国国家元首制度和政体模式的选择提供一定的指引和参考。全文除绪论、结语外，共分五章。第一章介绍中华人民共和国成立以前中国的国家元首制度，分析中国古代的皇帝制度以及清末民初时期中国在国家元首制度方面的选择和变化。第二章介绍 1954 年宪法所设计的国家主席制度。第三章探讨国家主席的职权。第四章探讨国家副主席制度及权力交接的问题。第五章探讨国家主席制度的发展与完善。

中文题名：金融自由权利的宪法视维

英文题名：On Financial Right of Constitutional Economics

研 究 生：张恩蓉

指导教师：陈晓枫教授

授予学位时间：2014 年上半年

内容介绍：本文的研究首先是一种理论拨正的研究，力图探究立宪经济学视维下金融自由的内涵。作为一种行动权利，金融自由的规范理论所建构的"主体—行为—救济"模型恰当地阐释了金融行为自由的内涵。作为一种制度安排，新制度经济学理论所建构的"产权—救济—路径依赖"模型则有效解释了金融产权制度降低交易成本的功能。作为金融领域的基础性权利，金融自由是建设现代金融体系的核心。本文的研究同时又是一种实证研究，试图建构金融自由充分舒展的制度框架。全文除引言外，共分四章。第一章论述金融自由权利基本理论之拨正。第二章考察历史维度下的金融自由权利。第三章论述我国金融自由权利的现实维度。第四章分析我国金融自由权利的未来向度。

中文题名：近代中国营业自由法制研究（1840—1937）

英文题名：Modern Chinese Business Free Legal System Research（1840-1937）

研 究 生：张大为

指导教师：陈晓枫教授

授予学位时间：2014 年上半年

内容介绍：本文以近代中国营业自由法制为研究对象，从时间节点上来看，主要研究 1840 年至 1937 年之间的营业自由法制。全文除绪论外，共分五章。第一章阐述营业自由法制的基础理论。第二章对清末营业自由法制的概述、分析，认为这是近代中国营业自由法制建设之开端。第三章对民国初年的营业自由法制状况进行了梳理、归纳，既包括民国初年营业自由入宪之动因，也包括民国初年主要思想家、政治家的营业自由观念，还有民国初年营业自由之宪法表达等。第四章主要研究南京国民政府前期的营业自由法制建设，对营业自由法制创建之背景，营业自由法制的思想基础以及营业自由法制的构建、实施进行了详尽的描绘、解析。第五章探讨近代中国营业自由法制的当代启示，对近代中国营业自由法制进行了总结，并对当代营业自由法制建设进行了展望。

中文题名：经济、社会、文化权利的宪法保障比较研究

英文题名：Comparative Analysis on the Constitutional Enforcement of Economic，Social and Cultural Rights

研 究 生：涂云新

指导教师：秦前红教授

授予学位时间：2014 年上半年

内容介绍：本文基于国际人权法的最新发展和当代宪政的历史必然，运用了规范实证主义、法解释学、系统功能主义、比较法学、案例和经验研究等多种研究方法，围绕经济、社会、文化权利的历史渊源、阐释路径、建制基础、立法保障、行政保障、司法保障和国际法保障等核心法学问题展开了系统性发掘和论述，勉力建立我国较为成熟的经济、社会、文化权利保障理论体系。全文共分五部分，总计十三章。第一部分包括：第一章导论。第二章人权的概念渊源与历史演进：以经济、社会、文化权利为重心。第三章"社会国原则"：经济、社会、文化权利保障的宪法根基。第四章经济、社会、文化权利的阐释框架与基本内涵。第二部分包括：第五章经济、社会、文化权利的保障模式和路径选择。第六章经济、社会、文化权利保障的财政税收分析——中央和地方的财政给付。第三部分包括：第七章经济、社会、文化权利的立法保障：以立法活动为中心。第八章经济、社会、文化权利的行政保障：以给付行政为中心。第九章经济、社

会、文化权利的司法保障：以司法审查为中心。第四部分包括：第十章经济、社会、文化权利保障中的特别问题：文化权利专论。第十一章经济、社会、文化权利保障的国际法和国内法互动。第十二章经济、社会、文化权利保障的现实困境与中国面向。第五部分即第十三章结论和启示。

中文题名： 精神障碍者强制医疗与权利保护研究

英文题名： Study on Compulsory Medical and the Rights Protection of Mental Disorders

研 究 生： 王岳

指导教师： 杨小军教授

授予学位时间： 2014 年上半年

内容介绍： 本文从精神障碍历史出发，在大量查询国际组织及主要发达国家及地区关于精神卫生立法资料的基础上进行了比较法研究，寄希望为完善我国净胜卫生立法特别是关于强制医疗和患者权利保护方面做些基础工作。全文共分九章。第一章引言。第二章为疯癫与强制医疗的历史反思。第三章从精神障碍者强制医疗的法律性质与精神障碍者强制医疗的基本原则展开探讨。第四章探讨了精神障碍者强制医疗的入院标准。第五章介绍了精神障碍者强制住院治疗程序设计。第六章介绍了美国关于精神障碍者权利保护的立法经验以及我国的因应之道。第七章针对精神障碍者的隔离、约束和特殊治疗问题进行了探讨。第八章论述了精神障碍者的监护制度。第九章探讨了精神障碍者强制医疗的监督和救济机制。

中文题名： 论社会利益的宪法配置

英文题名： On Constitutional Configuration of the Social Interests

研 究 生： 陈子远

指导教师： 陈晓枫教授

授予学位时间： 2014 年上半年

内容介绍： 本文紧紧围绕"宪法是多元化社会利益的制度性安排"这一核心命题展开相关论述。本文认为，宪法具有配置社会利益的基础功能，这既是宪法发展史上一以贯之的一条主线，也是社会生活带给我们的有益启示。全文除引言和结语外，共分四章。第一章预设了宪法配置社会利益的若干基础理论。第二章论述了宪法配置社会利益的历史脉络，指出我国不同时期对社会利益的配置因集权符号的变迁而存在表面差异，但由一元化的权威主体主导社会利益配置和安排的法律文化传统则一以贯之。第三章探讨了宪法配置社会利益的现实困厄。第四章基于前面章节的理论铺垫和历史钩沉，结合现实中面临的社会利益配置失衡问题，探索宪法配置社会利益的衡平之道。

中文题名： 论中国检察权威与其社会基础

英文题名： On Procuratorial Authority and Its Social Basis

研 究 生： 曾翀

指导教师： 陈晓枫教授

授予学位时间：2014 年上半年

内容介绍：中国检察权威的生成、存续及其发展方向紧紧依附于由中国政治、经济、文化、社会组织等所构成的中国社会。本文共分五章来论述这一问题。第一章概述中国检察权威，主要对检察权威进行了界定，论述了中国检察权威的构成要素和价值功能。第二章主要论述了中国检察权威所赖以生存的政治、经济、价值观念以及社会组织基础。第三章梳理了检察制度的起源与发展情况以及中国检察制度的诞生与发展情况。第四章主要描述了改革开放以来中国政治发展的转型情况、经济发展的转型情况、价值观念的转型情况和民间社会的生长情况以及由此给中国检察权威提出的新要求。第五章论述了中国的政治体制改革方向、经济体制改革方向、文化体制改革方向和社会体制改革方向及其对中国检察权威提出的新要求，进而提出了中国检察权威的因应路径。

中文题名：南京国民政府时期央地权力关系研究（1928—1937）

英文题名：A Study on the Authority Division Between the Central Government and the Localities of the Nanjing National Government（1928-1937）

研 究 生：艾强

指导教师：陈晓枫教授

授予学位时间：2014 年上半年

内容介绍：如何处理中央与地方关系的问题，是古今中外任何一个国家都要面临的重大问题。合理划分和配置中央政府与地方政府的职权是宪法行政法学研究的重要课题。本文综合运用法学、史学、社会学等相关学科的理论和方法，将历史分析与比较分析合、规范分析与经验分析相结合，对具有典型意义的西方国家和我国历史上有代表意义的朝代的中央与地方关系进行了分析，对南京国民政府（1928—1937）央地关系处理特别是在中央与地方权力划分上进行了研究，同时对当前我国中央与地方事权划分提出了观点。全文除引言、结语外，共分五章。第一章国际和我国历史上的央地关系借鉴。第二章国民政府时期央地权力关系概况。第三章南京国民政府时期央地关系表现及原因。第四章南京国民政府时期中央与地方权力划分。第五章当代中国央地关系之构建。

中文题名：社会保障权的公法保障

英文题名：The Public Law Protection of the Right to Social Security

研 究 生：宋艳慧

指导教师：董皞教授、周叶中教授

授予学位时间：2014 年上半年

内容介绍：本文尝试从狭义公法角度对社会保障权问题进行梳理和研究。全文除导言、结语外，共分五章。第一章基本权利与社会保障权，阐明社会保障权是基本权利发展到现代的产物，是第三代人权的重要内容，具有基本权利的属性。第二章社会保障权的起源与流变，介绍社会保障权产生的历史背景和理论动因，分析了社会保障产生的经济、社会条件等。第三章国家社会保障的义务，对国家的社会保障权义务的内容及其边界问题进行了探讨。第四章社会保障权的宪法保障，在明确国家的社会保障义务的基础上，展开社会保障权的宪法保障探讨。第五章社会保障权的行政法保障，首先对社会保障权的行政立法保障进行了分析；其次厘清社会保障给付行政的行为种类、效力，以明确其保障行为的轨迹；最后对社会保障行政的正当程序进行了论证，并提出了以正当程序保障给付行政的具体建议。

中文题名：土地征收法制研究

英文题名：Research on the Legal System of Land Expropriation

研 究 生：徐国良

指导教师：陈晓枫教授

授予学位时间：2014 年上半年

内容介绍：本文采取历史、实证和比较分析等研究方法，对我国土地征收法制的发展历程、性质、程序、基本原则等进行深入的讨论与研究，为我国土地征收法制的完善建言献策。全文除导论外，共分五章。第一章概述土地征收法制，深入剖析土地征收概念，全面探讨土地征收的性质以及法律特征等。第二章探讨我国土地征收法律体系，主要从三个方面论述：一是梳理世界各国土地征收的立法状况，将之划分为分散式与法典化两种模式；二是介绍我国土地征收法律体系的状况；三是探究我国土地征收立法的改革。第三章讨论土地征收中的公共利益界定。第四章论述土地征收的基本原则，认为土地征收必须遵守一定的基本原则，如正当程序与公平补偿。第五章讨论了我国土地征收法制的改革路径及思考。

中文题名：我国检察制度改革研究

英文题名：The Research on Prosecutorial System Reform of China

研 究 生：刘洪林

指导教师：周叶中教授

授予学位时间：2014 年上半年

内容介绍：检察制度是我国司法制度的重要组成部分。随着改革开放的不断深入，中国检察制度也需要不断改革、完善和发展。本文围绕当前"法治中国"建设的特定历史背景，对我国检察制度改革展开研究。全文共分六章。第一章为导论。第二章考察我国检察制度历史与现实。第三章考察域外检察制度历史与现实。第四章分析我国检察制度改革的动因和基础，指出检察制度的改革，既有强烈的政治动因，是我们国家政治改革发展的重要部分，同时也为社会现实发展所推动。第五章分析我国检察制度改革的宏观构想。第六章阐释我国检察制度改革的具体构想。

中文题名：我国行政检察制度研究

英文题名：Research on Chinese Administrative Procuratorial System

研 究 生：张彬

指导教师：陈晓枫教授

授予学位时间：2014 年上半年

内容介绍：本文认为当前深入研究具有中国特色的行政检察制度，完善对行政权依法行使的监督模式，对于促进依法行政、司法体制改革、服务经济社会建设都具有特殊的时代意义。本文意在通过理论分析与实证考察，深化理论与总结经验，为我国行政检察制度的完善及科学发展建言献策。全文除引言、结语外，共分四章。第一章行政检察制度的基本理论。第二章行政检察制度的正当性依据，详细阐释了我国行政检察制度的正当性问题。第三章我国行政检察制度的实证考察，通过实证，论述了我国行政检察制度近年来的实然性问题。第四章我国行政检察制度的完善路径，重在论述我国行政检察制度完善发展的应然性问题。

中文题名：我国行政起诉制度研究

英文题名：A Study on the Institution of Protection to Right to Sue in Administrative Litigation in China

研 究 生：常晓云

指导教师：林莉红教授

授予学位时间：2014 年上半年

内容介绍：行政诉讼"起诉难"是当前人民群众反映强烈的问题之一。为此，本文主体分为四个部分对我国行政诉讼制度展开研究。第一部分行政起诉制度原理论，主要论述行政起诉制度及行政起诉权。第二部分行政起诉制度比较论，通过比较研究，指出域外的行政内救济先行原则、立案登记制等值得我国行政起诉制度借鉴。第三部分我国行政起诉制度运行论，从当事人起诉和法院立案两方面来考察我国行政起诉制度的运行状况。第四部分我国行政起诉制度完善论，论述行政起诉制度之构建标准、评析相关立法动态、提出行政起诉制度完善之建议。

中文题名：我国开发区建设的法治化研究

英文题名：Study on the Legalization of the Construction of Development Zones in China

研 究 生：余宗良

指导教师：江国华教授

授予学位时间：2014 年上半年

内容介绍：本文通过规范分析和实证分析，从四个方面进行论述，旨在探讨我国开发区建设的法治化走向。全文共分五章。第一章绪论。第二章开发区规则"表达"：从政策主导走向法律主导，分析开发区当前制度表达的政策化、开发区制度供给滞后引发的问题、阐述开发区的应然制度表达和法律主导化转型。第三章开发区功能定位：从"为经济而增长"走向"以自由看待发展"，分析开发区实然的经济主导功能定位和竞争体制安排、开发区经济社会功能转向的背景和方向。第四章开发区管理机构"身份"：从国家行政主体走向社会行政主体，分析开发区管理机构的制度创新实践、开发区管委会目前的身份安排、论述开发区管委会公务法人的社会行政主体身份转型方向。第五章开发区治理结构：从单一政府管理走向多元协作治理，分析开发区单一政府管理模式的现状、阐述开发区多元协作治理转型。

中文题名：中国行政听证制度的功能困境及其治理研究

英文题名：A Study on the Function Dilemma and the Treatment Approach of the Administrative Hearing System in China

研　究　生：张倩

指导教师：江国华教授

授予学位时间：2014 年上半年

内容介绍：在当代中国，行政听证已经成为行政法领域一个十分重要的问题，但行政听证制度在运行过程中却遭遇了各种制度困境和功能困境。这些困境的表现形式十分多样，隐藏其背后的原因也十分复杂。本文试图从一个全景式的角度观察中国行政听证制度的存在样态和功能困境，进而分析产生这些困境的原因，并在此基础上提出若干建议。全文除导论、结语外，共分五章。第一章梳理了中国行政听证制度的制度现状及其预设功能。第二章分析了我国行政听证制度的功能困境。第三章探讨了我国行政听证制度之所以出现功能困境的立法诱因。第四章探寻了我国行政听证制度功能困境的宏观背景。第五章指出了治理我国行政听证制度的可能路径，讨论了解决行政听证制度功能困境的基本方法。

中文题名：中央与地方关系法治化研究

英文题名：Research on Legalizing Central-local Relations

研　究　生：车海刚

指导教师：秦前红教授

授予学位时间：2014 年上半年

内容介绍：本文以政治学、经济学和宪法学等多学科交叉融合的视角，审视和分析央地关系法治化的理论基础、实践路径和可能面临的问题及解决之道。全文共分六章。第一章导言。第二章阐述中央与地方权力关系的理论基础和基本原则，提出处理我国中央和地方关系的五条基本原则。第三章探讨中央与地方权力划分的历史演变和国际借鉴，考查中央与地方关系的历史发展和国际经验。第四章论述我国中央与地方关系法治化的现状和目标，认为我国中央与地方关系的法治化应以合宪性、法制化和可操作性为目标。第五章提出我国中央与地方关系法治化的实现路径，包括法律保障机制的建构和中央与地方争端解决机制的建构。第六章探讨党政关系和中央与地方关系法治化，认为要形成科学合理、符合政治文明要求的党政关系，使党政关系适应并服务于央地关系法治化的目标。

中文题名：海峡两岸农地征收制度比较研究

英文题名：Comparative Study of Cross-strait Land Requisition System

研　究　生：林哲森

指导教师：秦前红教授

授予学位时间：2014 年下半年

内容介绍：本文通过考察我国台湾地区的土地征收制度，审视和剖析大陆地区的土地征收制度，对两岸土地征收的目的、类型、征收补偿的范围以及土地征收的程序进行阐述和分析，以期借鉴我国台湾地区土地征收制度，不断完善大陆地区现行的土地征收制度。全文除导论外，共分六章。第一章以法史学的角度，考察了两岸农地征收制度的源起及发展，梳理了我国大陆地区及台湾地区农村土地制度的发展脉络。第二章探讨征收的基本理论问题，寻求农地征收的正当性基础。第三章从功能角度对台湾地区农地征收的法律制度进行了剖析。第四章主要研究我国大陆地区农地征收制度体系，解析在土地公有制为基本土地制度的前提下，规范行政机关将农民集体所有土地征为国有的权力，以及该项权力行使的程序与其应当承担的补偿义务。第五章对两岸农地征收制度开展比较。第六章论述对我国大陆农地征收制度改进的构想。

中文题名：立法后评估制度研究

英文题名：On the System of After-legislation Evaluation

研　究　生：谢忠华

指导教师：周叶中教授

授予学位时间：2014 年下半年

内容介绍：本文以立法后评估制度为研究对象。本文除绪论外，共分六章。第一章介绍立法后评估制度的基础理论。第二章主要介绍如何明确立法后评估主体、确定立法后评估范围和评估内容。第三章探讨立法后评估标准和指标，先从合法性、合理性、执行性和时效性四个方面对立法后评估标准的内容进行了介绍，再对立法后评估指标的选取运用进行阐述。第四章论述立法后评估的方法，除了运用传统文献收集整理、座谈访问、问卷调查等方法外，还从法学、社会学、经济学等视角对立法后评估制度进行了研究方法上的创新。第五章主要对立法后的评估程序进行了系统的梳理和论述。第六章为立法后评估制度的个案分析，以《广州市房屋租赁管理规定》和《广州市农村房地产权登记规定》的立法后评估为例。

中文题名：行政决策中的公众参与研究——以广州实践作为样本

英文题名：Research on Public Participation in Administrative Policy-making

研　究　生：夏金莱

指导教师：秦前红教授

授予学位时间：2014 年下半年

内容介绍：本文旨在以广州的实践为样本，对行政决策中的公众参与问题进行系统的研究，为行政决策公众参与制度的构建提供思路。全文除绪论和结语外，共分六章。第一章对行政决策和公众参与这两个核心概念进行了界定。第二章梳理了行政决策公众参与的理论基础，对公众参与的现实状况进行反思，并以广州为样本，对行政决策公众参与的立法状况、实践状况和公众参与组织的发展状况进行了分析。第三章论述了行政决策公众参与的前提——决策公开，分别讨论了三个问题：为什么公开，公开什么以及如何公开。第四章探讨行政决策公众参与的主体，涉及其基本条件、特征、范围以及公众代表的遴选方式。第五章研究了行政决策公众参与的类型和形式，指出两者之间是内容与形式的关系，认为划分类型是为了更好地研究公众参与的形式。第六章对行政决策后评估中的公众参与及公众权利保障进行了探讨。

2015 年

中文题名：广东省改革开放中主动适应性立法研究

英文题名：On the Active Adaptation Legislation of Guangdong Province in the Reform and Opening-up Process

研 究 生：范贤政

指导教师：陈晓枫教授

授予学位时间：2015 年上半年

内容介绍：广东是我国改革开放的先行地、立法工作的"试验田"，在长期改革发展实践中形成了依法治省的"广东经验"。总结并完善"广东经验"，探明"广东经验"对法治中国建设的重要功能，是本文研究之缘起。全文共分八章。第一章为导论。第二章分析了省级地方主动适应性立法的概念、性质、特征、功能等。第三章主要介绍了改革开放以来广东省主动适应性立法的阶段划分。第四章至第七章依次分别介绍了广东省主动适应性立法的价值趋向、立法体制、立法过程、立法技术。第八章主要总结了省级地方主动适应性立法的"广东经验"，进而指出"广东经验"的不足，并提出完善建议，最后就区域法制如何服务于法治中国建设提出初步构想。

中文题名：海峡两岸海洋事务合作的法律机制研究

英文题名：Research on the Legal Mechanism of Cross-strait Ocean Affairs Cooperation

研 究 生：叶正国

指导教师：周叶中教授、杨小军教授

授予学位时间：2015 年上半年

内容介绍：本文以两岸关系和平发展和制度化协商作为研究背景，以"一个中国"框架作为研究前提，以两岸海洋事务合作及其法律机制为主要研究对象。全文除导论、结语外，共分六章。第一章论述两岸海洋事务合作的政治结构化困境。第二章探讨两岸海洋事务合作的治理转向。第三章论述两岸海洋事务合作的法治建构等。第四章论述两岸海洋事务合作的法制体系。第五章研究两岸间海洋事务合作的法律治理，探寻只涉及两岸的海洋事务合作法律治理中存在的问题及其制度完善的路径。第六章讨论两岸在共同涉及其他主体的海洋事务合作中双方及与国际法相关机制的协调问题，主要包括法律基础、法律关系和法律模式。

中文题名：我国检察机关反腐败职能研究

英文题名：A Study on the Anti-corruption Functions of Our Procuratorial Organs

研 究 生：杨秋波

指导教师：周叶中教授

授予学位时间：2015 年上半年

内容介绍：本文立足于检察机关的反腐败职能，运用历史分析、比较研究、实证研究等多重研究方法力图展现检察机关反腐败职能的概貌并提出改革思路。全文除绪论外，共分五章。第一章讨论检察视角的腐败概念，并从宪法学角度研究了检察权的概念，认为其属于法律监督权，但不能等同。第二章讨论了我国政党主导的反腐败体制的弊端以及转型方向。第三章探讨了我国检察机关反腐败职能的当代实践，对检察机关反腐败职能进行制度层面和实践层面的双重考察。第四章考察了域外主要国家和地区检察机关反腐败职能，通过对美、英、德、法以及亚洲的新加坡、日本、韩国，我国的台湾地区、香港地区反腐败体系以及检察机关反腐败职能的梳理，得出域外主要国家和地区反腐败效能明显的主要原因。第五章对我国检察机关反腐败改革展望，提出了我国检察机关反腐败改革的方向和具体路径。

中文题名：香港特别行政区司法权研究

英文题名：Research on the Judicial Power of HKSAR

研 究 生：王艺璇

指导教师：秦前红教授

授予学位时间：2015 年上半年

内容介绍：本文从不同角度对香港特别行政区的司法权进行论述。全文除导论、结论外，共分四章。第一章香港司法机构的基本架构。详细阐述了其回归前后司法机构设置的变迁和司法人员的组成、任职资格、选任方式等，力图从内部架构和运行特点等方面展示香港的司法权。第二章香港特区司法权的实际运作。通过对各个不同时间节点重要案例判决及影响的分析，试图描绘香港法院阐明并扩大自身权力的过程，展示香港法院自身对于司法权的认识。第三章一国两制框架下的香港司法权。目的在于厘清香港司法权的性质及其在"一国两制"框架中的作用，明确"一国两制"基本国策对香港司法权的原则约束。第四章行政主导与司法权的关系。结合对基本法文本的分析得出行政主导体制对行政与司法二者关系的理论预设，从实然层面考察了司法扩权对行政主导体制所构成的现实挑战，提出对司法权在香港政治体制中地位的设想。

中文题名：刑事被告人权利宪法保障比较研究

英文题名：The Comparative Study on the Constitution Guarantees of Criminal Defendants' Rights

研 究 生：周紫阳

指导教师：江国华教授

授予学位时间：2015 年上半年

内容介绍：随着国际国内人权理念的不断发展，刑事被告人权利保护也变得愈发重要。世界上许多国家宪法以及国际人权公约对刑事被告人的重要的权利进行了确认，然而我国现行宪法对刑事被告人权利的规定明显不足。本文正是基于种种与宪政发达国家宪法规定以及国际人权公约的差距，从刑事被告人重要权利的人权属性和宪法地位的认识出发，在对宪政发达国家刑事被告人权利宪法保障的规定进行比较的基础上，对我国刑事被告人权利宪法保障问题进行了思考和审视。全文除导论外，共分五章。第一章阐述刑事被告人权利的基本理论。第二章比较研究美国、加拿大和德国刑事被告人权利的基本构造。第三章比较研究美国、加拿大、德国三国刑事被告人权利入宪方式。第四章比较研究美国、加拿大、德国三国刑事被告人权利宪法保障制度。第五章具体分析我国刑事被告人权利宪法保障的可能模式。

中文题名： 中国行政法学的现代性困境与嬗变

英文题名： Modernity Predicaments of Chinese Administrative Jurisprudence and Its Changing Trend

研 究 生： 周海源

指导教师： 江国华教授

授予学位时间： 2015 年上半年

内容介绍： 本文探讨了中国行政法学的现代性困境与嬗变。全文除导论外，共分五章。第一章论述传统行政法学的基本构造，指出传统行政法学是教义法学与自然法学的统一体。第二章论述传统行政法学的现代性困境，认为在逻辑层面，传统行政法学存在客观主义、形式主义和封闭性困境；在实践层面，政府规制、私主体行政、合作治理等新公共行政现象对已有的以行政行为为中心的行政法理论体系造成严重冲击。第三章探讨行政法学嬗变的根源，指出社会、行政与法律构成行政法学变迁的内在促因，行政法学的学科体系及其理论脉络需要放置于社会、行政与法律构成的博弈关系中进行考虑。第四章论述行政法学研究范式上的回应，分别从研究对象、研究逻辑和分析框架三个方面展开。第五章分别从理论支点演化、学科体系拓展、基本原则变迁三个角度论证行政法学的理论体系有可能形成"回应型的行政法学"。

中文题名： 中国政治宪法学的生成逻辑与价值诉求

英文题名： The Logic of Generation and Pursuit of Value of the Chinese Political Constitutional Jurisprudence

研 究 生： 王少俊

指导教师： 汪进元教授

授予学位时间： 2015 年上半年

内容介绍： 本文站在中立的立场，对中国政治宪法学的缘起和理论的源流进行了分析，对其基础性理论进行了合乎逻辑的梳理，并对其价值和现实困难进行了较为深入的思考。全文除导论、结语外，共分四章。第一章探讨了中国政治宪法学的缘起，主要叙述了政治宪法学产生的历史背景。第二章整理归纳了中国政治宪法学的生成逻辑，概括了以陈端洪、高全喜等为代表的政治宪法学派学者的主要观点，使之更具逻辑性和体系性。第三章探讨了中国政治宪法学所蕴含的价值，主要是站在中国政治宪法学的立场，通过对其论点的阐释，提炼出政治宪法学中所包含的伦理思想以及民族主义的政治思想。第四章提出了中国政治宪法学实践中的难题，指出这些实践难题从另一个方面反映了中国政治宪法学的理论观点还不够扎实，无法对现实起指导作用的问题。

中文题名：中亚地区宪法体制变迁研究

英文题名：Change of Constitutional Regimes in Central Asia：A Legal Perspective

研 究 生：董和平

指导教师：周叶中教授

授予学位时间：2015 年上半年

内容介绍：中亚国家脱胎于苏联的加盟共和国，自 20 世纪 90 年代开始，经历了国家独立和宪法转型的历史过程。对中亚地区宪法变迁与宪法治理的研究具有极为重要的地缘政治意义。本文首先通过还原中亚五国政治制度变革和宪法治理转型的历史，梳理出其宪法理念和宪法制度变迁的规律；然后重点分析中亚国家宪法治理的制度体系，研究其设计特点和运行问题，以说明其宪法变迁的民主效果和社会代价，以及未来制度改进的建议；最后针对我国宪法治理和社会管理中的问题，结合中亚宪法变迁过程和宪法治理中的经验教训，提出可供借鉴和参考的意见。全文除绪论外，共分五章。第一章中亚国家的宪法变迁。第二章中亚国家宪法体制变迁的特点与影响因素。第三章中亚国家宪法体制的基本架构。第四章中亚国家现行宪法体制的特点。第五章中亚宪法体制变迁对我国的影响和启示。

中文题名：最高法院院长制度研究

英文题名：Research on the President of the Supreme Court System

研 究 生：赵伟

指导教师：秦前红教授

授予学位时间：2015 年上半年

内容介绍：我国的最高法院院长身兼多重身份，而我国宪法、法律并未对最高法院院长的多重身份予以明确确认，最高法院院长的角色和地位往往是由历史传承和工作惯例确定的。这使得我国最高法院院长成为游离于宪法与法律之外的行者，而囿于全国人大及其常委会的监督阙如，最高法院院长的权力不断扩张，且愈加不受宪法、法律规制。因此，对我国最高法院院长的角色、职权及其地位进行法律界定和规范就显得尤为迫切和重要。本文除绪论、结语外，共分五章。第一章阐述最高法院院长制度的基础理论。第二章对我国最高法院院长制度的历史变迁进行梳理和分析。第三章提出要规范我国最高法院院长的选任以及职权行使，并创设我国法官职业保障制度等举措。第四章重点论述了最高法院院长同其他国家机关之间的关系。第五章对宪政架构下的最高法院院长的角色定位和职权运行进行分析。

中文题名：我国未成年人检察制度研究

英文题名：On Chinese Juvenile Prosecuting System

研　究　生：阮雪芹

指导教师：秦前红教授

授予学位时间：2015 年下半年

内容介绍：本文较为系统地阐述了我国的未成年人检察制度，共分五章。第一章概括阐述了未成年人检察制度研究的背景、对象、特点等内容，明确了研究对象的特殊性。第二章重点阐释了我国未成年人检察制度的理论基础以及我国的价值选择。第三章以我国上海市和湖北省检察机关为代表，考察了我国未成年人检察制度在实践中的发展及其在长期的探索中取得的显著成效。第四章重点阐释了在司法改革的背景下，我国应不断推进未成年人检察机构的独立性建设，并在未成年刑事检察制度、民事、行政检察方面进行完善，建构更加完备的未成年人检察体系。第五章对新刑诉法规定的若干特殊检察制度进行了分析，指出我国在实施中存在的问题，借鉴外国经验，推动我国特殊制度的完善。

中文题名：香港终审法院法官涉《基本法》案件行为方式研究

英文题名：Research on Behavioral Measures of Hong Kong Court of Final Appeal Justice in Cases Concerning the Basic Law

研　究　生：张霄龙

指导教师：周叶中教授

授予学位时间：2015 年下半年

内容介绍：本文对香港终审法院法官涉《基本法》案件行为方式展开研究。全文除引言、结语外，共分五章。第一章主要对大法官行为方式进行了介绍与评述。第二章详细介绍了香港特区终审法院与法官制度。第三章主要论证了香港特区终审法院法官涉《基本法》解释方法是灵活多样的，认为其对大法官们并没有拘束力。第四章是全文的核心章节，主要内容是构建适用于香港特区终审法院的 Marks 模型。

2016 年

中文题名："中华民国宪法"法理定位研究

英文题名：A Study on the Legal Position of the "Constitution of the Republic of China"

研　究　生：段磊

指导教师：周叶中教授

授予学位时间：2016 年上半年

内容介绍：本文从"中华民国宪法"法理定位问题的问题意识入手，分别从主权、历史和现状三个层面出发，构建一套用于解决这一问题的理论体系和策略体系，以期助益于这一问题的解决。全文除绪论和结语外，共分五章。第一章问题意识与理论面向。第二章"中华民国宪法"法理定位的主权面向。第三章"中华民国宪法"法理定位的历史面向。第四章"中华民国宪法"法理定位的两岸面向。第五章"中华民国宪法"法理定位策略之形成与应用。

中文题名： 基于法治思维和法治方式的社会治理研究

英文题名： A Study on the Social Governance Based on Legal Thinking and Legal Way

研 究 生： 蔡辉

指导教师： 周叶中教授

授予学位时间： 2016 年上半年

内容介绍： 社会治理是"国家治理、政府治理、社会治理"三位一体系统中的重要组成部分，社会治理体系和治理能力的现代化，是国家治理体系和治理能力现代化的重要内容和重要基础。在依法治国框架下，依法推进社会治理是必由之路。全文除导论外，共分九章。第一章为社会治理概述。第二章论述社会治理的法治思维和法治方式的基本意涵。第三章探讨筑牢社会治理领域的法治意识基础。第四章论述构建社会治理领域的法律制度体系。第五章论述以法治思维和法治方式创新人口服务管理。第六章探讨以法治思维和法治方式创新社会组织建设。第七章研究以法治思维和法治方式创新基层治理。第八章论述以法治思维和法治方式创新网络社会治理。第九章论述以法治思维和法治方式创新化解社会矛盾法治体系。

中文题名： 论澳门特别行政区的行政主导体制

英文题名： On the Executive-led System of the Macao Special Administrative Region

研 究 生： 浦海龙

指导教师： 周叶中教授

授予学位时间： 2016 年上半年

内容介绍： 根据"一国两制"的制度设计，回归后，澳门特别行政区实行的制度并非"三权分立"，而是行政主导的政治体制。这一政治体制的特点是"行政主导、司法独立，行政和立法既相互制约又相互配合"。全文分为六章来研究这一体制。第一章绪论。第二章概述行政主导体制，对"行政主导"和"行政主导体制"两个概念进行辨析，明确行政主导是在分权的体制下行政权居于主导地位的一种政治现象。第三章论述澳门实行行政主导的政治体制并非简单的政治妥协，而是立足于澳门的历史、植根澳门的现实，具有充分的历史依据和现实依据。第四章论述澳门特区行政主导体制的主要内容。第五章研究澳门特区行政主导体制的运作特点，重点分析了回归以来，澳门行政主导体制在运作中表现出的三个鲜明特点。第六章探讨澳门特区行政主导体制的完善。

中文题名： 穷尽行政救济原则研究

英文题名： On the Principle of Exhaustion of Administrative Remedies

研 究 生： 韩玉亭

指导教师： 江国华教授

授予学位时间： 2016 年上半年

内容介绍： 本文主要围绕五个部分展开研究。其一，穷尽行政救济原则的基本内涵，主要回答穷尽行政救济原则是什么的问题。其二，穷尽行政救济原则的历史演变，从历史的视角来看，穷尽行政救济原则在历经诸多经典判例及相关立法的累积之后，其发展的脉络逐渐清晰化，其发展历程大致经历了三个阶段。其三，穷尽行政救济原则的法理基础，从法理学视角来看，权力分立理论、行政自制理论以及司法有限理论分别从不同的视角来证成了穷尽行政救济原则适用的必要性和可行性。其四，穷尽行政救济原则的具体适用，主要回答穷尽行政救济原则在具体的行政纠纷解决中应如何适用的问题。其五，穷尽行政救济原则的中国范式，主要回答源自国外的穷尽行政救济原则如何逐步实现中国本土化转型的问题。

中文题名：香港特别行政区行政与立法关系研究

英文题名：Research on the Relationship Between Executive and Legislature of the HK-SAR

研 究 生：付婧

指导教师：秦前红教授

授予学位时间：2016 年上半年

内容介绍：本文以香港特别行政区的行政与立法关系为分析对象，全面系统梳理了港英殖民统治时期至香港回归后历届政府的行政与立法关系，分九章展开研究。第一章对行政与立法关系的基本理论进行分析，对世界范围内主要几种政体中的行政与立法关系进行比较研究。第二章至第四章按照时间线索，对港英殖民统治时期及 1997 年香港回归后的行政与立法关系进行了整体上的梳理。第五章至第七章分别从立法会的重要职权和其他重要制度设计层面对立法与行政的关系进行了研究。第八章进一步对形塑香港行政与立法关系的立法会内部政党政治进行研究。第九章总结 1997 年前后香港立法与行政关系的变迁及变迁背后的深刻动因，并提出改善香港行政与立法关系、提升香港管治素质的建议。

中文题名：中国社会治理法治化研究

英文题名：Study on the Rule of Law in Chinese Social Governance

研 究 生：吴华钦

指导教师：周叶中教授

授予学位时间：2016 年上半年

内容介绍：本文研究直面当前社会发展最严重的问题，试图以社会治理的最新理论分析和探究中国社会问题的实质，最终总结出中国社会治理转变的关键点以及社会治理法治化的路径。全文除导论和结论外，共分四章。第一章通往社会治理的法治，主要探讨社会治理的理论问题，指出社会治理的前提是如何处理国家与社会的关系问题。第二章中国社会治理法治化的经验研究，重点探讨中国的社会治理史，主要考察古代的王朝国家、近代各个时期以及改革开放前计划经济时代和改革开放后市场经济时代的社会治理。第三章当下社会治理法治化的比较研究，主要是在时间和空间上对方法、内容和效果进行比较。第四章中国社会治理法治化之路，从法治化道路的基本内涵、基本目标、基本方式与基本保障等方面着手，为中国社会治理法治化提供一条切实具有可操作性的路径。

中文题名：表达自由制度的近代植入与文化重构——以民国前期为例（1911—1937）

英文题名：The Recent Implantation and Cultural Reconfiguration of Expression Freedom System：Taking the Early Days in ROC as Example（1911-1937）

研 究 生：佘超

指导教师：陈晓枫教授

授予学位时间：2016 年下半年

内容介绍：本文通过系统梳理和深入剖析民国前期的表达自由制度的生成脉络和背后文化机理，不仅有助于我们从一个更深的层次上理解西方式表达自由之所以在中华大地落地生根之艰难的根本缘由，且希求对于当下及未来在党的十八届四中全会所确立的全面依法治国原则的新时代背景之下，究竟该如何进行符合中国基本国情的、兼顾既有文化传统的、并具现实可操作性的相关制度构建工作，提供可供思考与借鉴的价值和资源。全文除引言和结语外，共分四章。第一章论述关于表达自由制度文化分析的一般理论。第二章考察清末民初时期表达自由制度的初步植入与文化冲突（1840—1912）。第三章探讨北洋政府时期表达自由制度的继续异化与文化阻抗（1912—1928）。第四章论述了南京国民政府时期表达自由制度的完备再造与文化重构（1928—1937）。

2017 年

中文题名：从宪法规范到法律规范：基本权利立法研究

英文题名：From Constitution Norm to Law Norm：The Research of Fundamental Rights' Legislation

研 究 生：彭超

指导教师：江国华教授

授予学位时间：2017 年上半年

内容介绍：本文研究的根本目的是为实现基本权利保障法治化。基本权利保障法治化的内在逻辑前提是形成完备的基本权利法律规范体系，而基本权利法律规范之完备，内在需要对基本权利立法问题进行全面系统研究。本文研究了五大问题：（1）基本权利立法是什么；（2）中国基本权利立法与谁有关；（3）中国基本权利立法情况怎么样；（4）中国为什么需要基本权利立法；（5）中国如何完善基本权利立法。这五个问题分别是从本体角度、关联角度、实践角度、价值（认识）角度和方法角度来研究基本权利立法。全文除引言、结语外，共分四章。第一章基本权利立法之基础理论。第二章基本权利立法之影响主体。第三章基本权利立法之反思检视。第四章基本权利立法之完善方略。

中文题名：党内法规关系论

英文题名：On the Internal Party Regulation Relationship

研 究 生：苏绍龙

指导教师：秦前红教授

授予学位时间：2017 年上半年

内容介绍：本文立基于法治一般规律和宪法学基础理论，结合中国特色社会主义法治体系建设和推进国家治理现代化的时代背景，跳出传统党建理论的话语惯性和"国家法中心主义"的思维定式，在依法治国与制度治党、依规治党统筹推进、一体建设的视野下，综合运用历史分析、规范分析、比较研究和数据统计等多种方法，研究党内法规作为当代中国特有法治现象的生成发展、话语流变、内涵、性质与功能，进而建构党内法规关系理论，试将其作为党内法规相关现象独特的分析工具，党内法规制度建设的路径参照，以及党内法规制度建设科学化、规范化、系统化的检测工具。本文分为关系基础论、关系要素论和关系发展论等三大板块，绪论和第一章为关系基础论；第二至第五章为关系要素论；结论兼为关系发展论。

中文题名：高级人民法院研究

英文题名：Research on the Higher People's Court

研　究　生：李莺

指导教师：江国华教授

授予学位时间：2017 年上半年

内容介绍：高级人民法院处在上下级法院纵向关系坐标的交汇口，起着承上启下的枢纽作用，其身份的多重性难免会产生角色上的错位和功能上的重叠。在既有的研究成果中，大部分研究是针对最高人民法院或者基层人民法院展开的，所形成的成果不足以为高级人民法院的现实运作提供理论指导。本文试图对高级人民法院的运作进行全方位解读，厘清它与上下级法院的职能区别，并对其角色和功能进行更为精准的定位。全文除绪论、结语外，共分四章。第一章对高级人民法院的历史脉络进行梳理。第二章从结构与功能的角度展开，讨论我国高级人民法院的实境运转。第三章论述有关司法改革对高级人民法院带来的冲击与影响。第四章从整体上进行反思，并对如何完善高级人民法院职能提出建议。

中文题名：公共选择视野下的美国竞选资金监管问题研究

英文题名：Research on Campaign Finance Regulation in USA：A Public Choice Perspective

研　究　生：敖海静

指导教师：项焱教授

授予学位时间：2017 年上半年

内容介绍：本文采用公共选择理论作为基本的分析方法和工具，对美国联邦竞选资金问题展开研究，以期尽可能从较新的研究视角和范式重新理解竞选资金监管背后的理论和实践逻辑，推进我国学界对这一论题的研究。论文共分五章。第一章绪论。第二章较详细地介绍了作为本文理论基础和研究工具的公共选择理论及其与法律研究的关系。第三章从法律史的角度梳理了美国竞选资金监管的发展历程，并在此基础上简要总结了立法和司法当中有关竞选资金监管问题最主要的三种规则形式。第四章详细分析了三种竞选资金监管的规则形式：开支限制、捐赠限制和公共基金资助，同时还分析了司法审查所受到的影响。第五章余论。

中文题名： 国家安全的法律分析

英文题名： Legal Analysis of National Security

研 究 生： 庞远福

指导教师： 周叶中教授

授予学位时间： 2017 年上半年

内容介绍： 本文以"国家安全的法律分析"为题展开研究。全文除绪论、结语外，共分四章。第一章国家安全释义。第二章国家安全的宪法化与法律化。第三章国家安全法律的整体功能，主要论述其政治功能、导向功能和规制功能，继而探讨了国家安全法律的定位问题。第四章国家安全权的构造及其展开，通过对相关国家安全法律法规的梳理，运用结构功能主义的框架与方法，分析作为我国国家安全法律法规之轴心的国家安全权力的基本构成要素。

中文题名： 国家法规范视野下的县政权力研究

英文题名： Research on Powers of Hsien Governance from the View of National Legislation

研 究 生： 周旸洋

指导教师： 周叶中教授、董皞教授

授予学位时间： 2017 年上半年

内容介绍： 本文从法治角度出发，将县严格界定为基层治理单元，尽量在研究中摆脱科层制度的影响，并在此基础之上分析县政权力的来源、运行和保障制度。全文除引言外，共分五章。第一章对县的概念进行辨析，对中华人民共和国成立以来的行政区划结构进行了梳理，并对当前中国县制的内涵外延进行了分析等。第二章讨论了地方政府的基本形态，对国家结构形式及中央与地方关系的相关概念进行了辨析，对部分西方国家和我国中央与地方关系、地方政府的基本内涵进行探讨和分析等。第三章论述了县政权力的来源。第四章论述了县政权力的运行，重点论述县政权力运行的组织机构和县政权力运行的制度。第五章探讨县政权力的监督与保障，梳理分析了现有的从纵向和从横向上监督县政权力的主要制度和法律上对县政权力的保障制度。

中文题名： 权力秩序论

英文题名： On Power Order

研 究 生： 刘桂新

指导教师： 周叶中教授

授予学位时间： 2017 年上半年

内容介绍： 本文从历史的角度分析当代中国权力秩序基本特点形成的历史渊源。本文认为，当代中国权力秩序的历史渊源，一方面深植于中国传统政治之中，另一方面也需要放在世界范围内的政治现代化背景下进行考察。全文包括引言和四章正文。引言部

分重点提出了权力秩序的两重理解以及理想权力秩序的三要素，作为考察不同历史时期权力秩序的共同参照。第一章围绕"权力秩序问题"概念，对当代两种权力秩序即资本主义权力秩序与社会主义权力秩序作出了纲领性阐释。第二章论述了西方政治文明演进过程中两种现代权力秩序的形成过程。第三章论述了中国权力秩序从传统向现代的演进过程。第四章论述了改革开放以来中国权力秩序的重大变革和新时期权力秩序问题以及未来走向。

中文题名： 未成年人权益保障制度研究

英文题名： Research on the Protection System of Minor's Rights and Interests

研 究 生： 杨丽娟

指导教师： 江国华教授

授予学位时间： 2017 年上半年

内容介绍： 对于未成年人权益的保护，我国仍以家庭、亲属、朋友间的私力救助和保护为主，国家亲权主义在我国尚未完全形成。本文试图在顶层设计思维下，大力推进国家亲权主义的确立与普及，并完善与此相匹配的规范化、制度化的公权保障，真正建构起一张保护未成年人的综合、全面且行之有效的网络体系，切实将未成年人的权益保障归于实处。全文除导论和结束语外，共分七章。第一章未成年人权益保障制度之概念界定与价值预设。第二章未成年人权益保障制度之权益构成。第三章未成年人权益保障制度之法理基础。第四章中国未成年人权益保障之法制体系。第五章未成年人权益保障之国际公约。第六章中国未成年人权益保障制度之现状。第七章中国未成年人权益保障制度之完善。

中文题名： 行政法律关系理论之研究

英文题名： Study on the Theory of Administrative Legal Relationship

研 究 生： 李福林

指导教师： 江国华教授

授予学位时间： 2017 年上半年

内容介绍： 本文主要目的在于运用行政法律关系理论提升民主法治国家的人民在行政法律关系中的法律地位、增强行政法学作为规范学科对法规范的理解、提供行政法学完整观察行政事实的体系等方面的功能来弥补行政行为形式理论的本身的局限性，在行政行为形式理论对行政法现象的描述功能和解释功能不断"萎缩"的背景下，提升行政法律关系理论在行政法体系中的地位和比重。全文除导论和结语外，共分六章。第一章行政法律关系。第二章行政法律关系理论之学术脉络。第三章行政法律关系理论之学术面向。第四章行政法律关系理论之学术特质。第五章行政法律关系理论之学术价值。第六章从"行为论"到"关系论"的行政法学。

中文题名： 英国议会委员会制度研究——"民主"作为制度的评价标准

英文题名： UK Parliamentary Committee System："Democracy" is the Criteria for the

System Evaluation

研 究 生：王宇欢

指导教师：秦前红教授

授予学位时间：2017 年上半年

内容介绍：本文的研究对象为英国议会委员会制度，并且选择"民主"作为这一制度的评价标准。此外，本文通过对英国议会委员会制度的民主性进行分析，为我国人大常务委员会制度的改革提出几点建议。全文除引言、结论外，共分七章。第一章民主：英国议会委员会制度的评价标准。第二至第五章依次为：英国议会委员会的历史变迁、组织结构、功能权力、运行程序。第六章政治关系与影响评价。第七章对我国的启示与借鉴。

中文题名：中国国家荣誉制度研究

英文题名：Research on the National Honor System

研 究 生：陈先郡

指导教师：江国华教授

授予学位时间：2017 年上半年

内容介绍：本文分七章对国家荣誉制度展开研究。第一章主要对国家荣誉制度中的一些基本概念进行了考证分析，并对国家荣誉制度及其构成等展开研究。第二章主要论述了国家荣誉制度的理论基础、功能和重大意义。第三章主要对中国古代荣誉制度的发展演变及其内容进行了详细的梳理和分析。第四章对我国近代的荣誉制度立法实践进行了梳理。第五章分别对美、英、澳等六国的国家荣誉制度的历史沿革等进行了系统梳理和对比研究。第六章将当代中国国家荣誉制度自新中国成立以来大致划分为五个阶段，指出《国家勋章和国家荣誉称号法》成为我国第一部专门的国家荣誉制度基本法律，开辟了国家荣誉制度的新境界。第七章先后论述了中国国家荣誉制度的基本原则、体系与形式、载体的功能、管理制度等，并在此基础上提出《国家勋章和国家荣誉称号法》的配套法规条例及具体实施办法立法建议草案。

中文题名：中国检察组织结构与功能研究

英文题名：Research on Structures and Functions of Chinese Procuratorial Organizations

研 究 生：彭胜坤

指导教师：陈晓枫教授

授予学位时间：2017 年上半年

内容介绍：本文着重围绕结构和功能，对我国检察组织进行研究，以期对促进当下检察改革和检察制度的完善有所裨益。全文除导论和结语外，共分五章。第一章检察组织基础论，阐述了检察组织的概念、构成要素，以及我国检察组织的发展历程与主要特征、外部关系等。第二章中国检察组织功能论，分别从价值层面、法治运行层面考察和评述我国检察组织功能。第三章中国检察组织结构论，首先对组织结构进行概说，其次阐述我国检察组织结构的概念、特征，并进行组织学分析，最后对我国检察组织结构进行述评。第四章检察组织结构比较研究，在简要介绍世界主要国家和地区检察组织职能、结构的基础上，从纵向层级结构、横向部门结构等方面对检察组织结构进行类型化分析。第五章中国检察组织改革论，从改革的总体思路、重点和路径上论述我国检察组织改革问题。

中文题名：中国民间资本的宪法保护研究

英文题名：A Research on the Constitutional Protection of Private Capital in China

研 究 生：刘晓明

指导教师：周叶中教授

授予学位时间：2017 年上半年

内容介绍：近年来，我国民间资本外流现象日趋严重，这不仅是个经济问题更是一个法律问题。本文围绕中国民间资本的宪法保护展开研究。全文除导论外，共分六章。第一章通过对资本、民间资本等概念的解析，阐释了中国民间资本的基本意涵。第二章阐述了中国民间资本的特性及其产生发展的历程。第三章论述了我国宪法历次修订中对民间资本的规制及保护、发展与变化。第四章对民间资本在宪法范畴内以及在民法范畴内的概念分析和保障范围的归纳。第五章通过对美国、英国、法国和德国宪法对公民和法人财产权保护相关规定的介绍，及对民间资本财产权保护的判例分析，阐述了域外宪法对于民间资本保护的相关理论和经验，探讨可以在其中得到的有益借鉴之处。第六章从经济所有制结构、宪法地位、财产权保障体系、立法技术等角度分析了我国宪法对于民间资本保护的缺失与不足。

中文题名：中国行政组织法体系构建研究——以法治政府建设为视角

英文题名：Research on Construction of Chinese Administrative Organic Law System：With Construction of Government Ruled of Law as the Angle

研 究 生：张彬

指导教师：江国华教授

授予学位时间：2017 年上半年

内容介绍：本文以法治政府建设为视角，重点探讨中央行政组织体系和地方行政组织法体系的建构。全文共分为八章，按照从理论到实证、从古至今、由内及外、先总后分的逻辑顺序进行安排。第一章主要对行政组织、行政组织法、行政组织法体系等基本概念进行界定。第二章从法治政府建设的角度探讨中国行政组织法体系建构的基础，通过对法治政府的内涵、目标以及行政组织法体系功能的分析，指出中国行政组织法体系建构对法治政府建设的价值和意义。第三章对我国行政组织法体系的历史和现状进行实证考察。第四章着重对英国、美国、法国、德国、日本五国的行政组织法律制度进行简要介绍。第五章分析我国行政组织法体系建构模式。第六章至第八章探讨中国行政组织法体系的具体建构。

中文题名： 国家科研资助与学术权利保障

英文题名： National Research Funding and the Guarantee of Academic Rights

研 究 生： 陶军

指导教师： 秦前红教授

授予学位时间： 2017 年下半年

内容介绍： 本文主要从学术（自由）权利的积极权利属性和国家的积极保障义务出发对国家科研资助行为的内涵、性质、特点和价值等进行分析，并对国家科研资助保障公民学术权利的作用进行探讨。本文按照理论研究—实证研究—结论与建议的总体逻辑展开，共分六章。第一章深入分析国家科研资助这一核心研究对象。第二章总体提出学术权利的实现与保障这一基础理论框架。第三章将具体研究对象置入基础理论框架之中，将二者有机结合起来作深入探析。第四章重点考察我国的国家科研资助制度。第五章选取美国、英国、日本这三个能代表美、欧、亚三洲的发达国家，对它们的国家科研资助及其对学术权利保障的状况进行考察。第六章结论和建议部分，从学术权利保障和法治建设的维度，对现行国家科研资助体系进行评价，并提出相应的完善建议。

中文题名： 宪法视野下以审判为中心诉讼制度改革研究

英文题名： The Research on the Reform of Trial Centered Litigation System Under the Constitutional Vision

研 究 生： 马岩

指导教师： 周叶中教授

授予学位时间： 2017 年下半年

内容介绍： 我国宪法第 135 条明确规定的"分工负责、互相配合、互相制约"是刑事司法活动中公、检、法三机关处理相互关系的一项基本原则，是宪法权力分工和制衡原则在司法权配置方面的具体体现。基于宪法原则和规则的要求，探究并推动以审判为中心的诉讼制度改革是新时代我国宪法实施及法治建设的必然要求。本文为此分七个部分加以探讨研究。第一部分导论。第二部分阐述以审判为中心的基本内涵和法理基础，主要分析以审判为中心的内涵外延。第三部分论述以审判为中心在我国宪法中的安排。第四部分介绍西方国家宪制对以审判为中心的建构与安排。第五部分阐述推进以审判为中心诉讼制度改革的现实困境。第六部分讨论以审判为中心的宪法价值及目标定位。第七部分研究推进以审判为中心诉讼制度改革的现实进路。

2018 年

中文题名： 德国行政法院研究——兼论中国特色行政法院的构建

英文题名： Research on German Administrative Court：Building of Administrative Court with Chinese Characteristics

研 究 生： 钟健平

指导教师：周叶中教授

授予学位时间：2018 年上半年

内容介绍：从当前世界各国为监督行政权而构建的司法体系来看，主要有行政法院体系和普通法院体系两大类。德国建立的独立行政法院体系以其独立性、公正性和专业性赢得了"法治国的支柱或基石"的美誉，也赢得了各国的关注和借鉴。本文从比较法视角，对德国行政法院的设立与发展进行专门研究，进而为我国行政审判体制及行政审判机构的建构提供借鉴，也为我国正在进行的司法体制改革提供一定参考。全文除前言、结束语外，共分五章。第一章介绍德国行政法院的基本制度。第二章论述德国行政法院发展的内部动因。第三章着重分析推动德国行政法院设立与发展的主要外部因素。第四章探讨中国行政法院构建的动力基础。第五章研究中国特色行政法院构建的制度路径选择。

中文题名：德国联邦忠诚原则研究——以联邦宪法法院裁判为中心

英文题名：A Study on the German Federal Loyalty Principle：Centered on the Judgment of the Federal Constitutional Court

研 究 生：向雪宁

指导教师：祝捷教授

授予学位时间：2018 年上半年

内容介绍：在联邦和州之间的关系平衡方面，德意志联邦共和国时常被视作典范。德国经验之所以成功，与德国宪法上明确的国家权力划分以及健全的争议解决机制紧密相关。与此同时，还有一项被广泛应用于联邦宪法法院裁判实践的不成文宪法原则——"联邦忠诚原则"被认为发挥了重要作用。本文以联邦宪法法院的裁判为中心，以联邦宪法法院从联邦忠诚原则中具体推导出的义务要求为分类标准，对德国联邦忠诚原则进行系统性论述。全文除导论、余论外，共分四章。第一章联邦忠诚原则的渊源流变：从条约忠诚到联邦忠诚。第二章联邦忠诚原则之联邦与州的顾及与体谅义务。第三章联邦忠诚原则之联邦内部间的相互扶助义务。第四章联邦忠诚原则之联邦与州的共同合作义务。

中文题名：地方人大权力运行启动机制研究

英文题名：Research on the Starting Mechanism of Power Operation by the Local People's Congress

研 究 生：胡爱斌

指导教师：周叶中教授

授予学位时间：2018 年上半年

内容介绍：当前地方人大的实际地位与其宪法法律地位并不完全相称，出现这种境况，主要原因在于地方人大权力行使不够主动、不够到位，以致部分权力虚置、权力休眠现象较为突出。要将法律文本中地方人大的权力变为制度实施中的权力，关键环节在于权力运行的启动。因此，地方人大权力运行启动机制成为发挥我国地方人大作用、检验我国人民代表大会制度功能的重要命题，本文对此展开系统研究。全文除引言、结语外，共分五章。第一章对地方人大权力运行启动机制这一本体作了详细分析。第二章对地方人大权力运行启动机制的制度逻辑进行了具体阐述。第三章对地方人大权力运行启动机制的实践过程进行了历史考察。第四章对地方人大权力运行启动机制的影响因素进行了分析。第五章就完善地方人大权力运行启动机制提出了构想和建议。

中文题名：基本权利的司法保障

英文题名：Research on the Judicial Protection of Fundamental Rights

研 究 生：刘文君

指导教师：江国华教授

授予学位时间：2018 年上半年

内容介绍：司法保障是基本权利保障的重要方式之一，法院的核心职能是审判案件，法院裁判能够较为全面地体现司法对公民基本权利的保障功能。沿袭实践主义的进路，本文以法院裁判为主要研究素材，揭示基本权利司法保障的实践现状与发展理路。全文除绪论、结语外，共分五章。第一章我国基本权利司法保障命题之证成。第二章基本权利司法保障的现实路径。第三章法律规则化的基本权利司法保障。第四章法律原则化的基本权利司法保障。第五章未经法律化的基本权利司法保障。

中文题名：人大常委会专题询问制度研究

英文题名：A Study on the Special Inquiry Institution

研 究 生：刘一鋈

指导教师：周叶中教授

授予学位时间：2018 年上半年

内容介绍：专题询问制度是一项具有中国特色的、新生的议会监督制度，它立意于加强人大监督刚性，夯实人大监督权威。本文力图从理论到实践，从历史到现实，从问题到对策对专题询问制度进行全方位的论述。全文共分五章，按照"理论研究—历史梳理—实证研究—优化路径"的总体逻辑展开。第一章阐述专题询问的一般理论。第二章阐述专题询问制度的历史源流及创建渊源，依次考察了我国宪法及宪法性法律中关于询问的规定、专题询问制度确立的具体过程和创建的重要渊源。第三章阐述了专题询问制度的实证现状，先后考察了专题询问制度在法规范层面、静态层面和动态层面上的实然状况。第四章阐述了专题询问制度的问题，并进行相关反思，指明了专题询问制度必须法治化的四个基本面向。第五章阐述了专题询问制度的优化路径。

中文题名：食品安全社会共治研究

英文题名：Research on the Food Safety Social Co-governance

研 究 生：唐亮

指导教师：江国华教授

授予学位时间：2018 年上半年

内容介绍：伴随着政府职能性质的再认识以及公共行政民主化的浪潮，我国食品安全治理模式逐渐从一元的政府规制走向多元的社会共治，力图借助社会力量和市场力量实现食品安全治理。但随之而来会出现很多新问题。由此，就必须对食品安全社会共治进行全方位审视才能回应这些问题。本文分九章对此展开研究。第一章绪论。第二章聚焦食品安全风险这个基本问题。第三章对共治的基本内涵和法理建构进行探讨。第四章阐释食品安全立法、治理体制以及治理价值取向的变迁。第五章重在勾画食品安全社会共治的主体群落。第六章关注食品安全社会共治的规则体系。第七章探讨食品安全社会共治的监控机制。第八章重在分析食品安全社会共治的矫正机制。第九章对食品安全社会共治的问责机制进行剖析。

中文题名：我国宪法上的外交权研究

英文题名：The Study of Diplomatic Power in Our Constitution

研 究 生：张筱倜

指导教师：秦前红教授

授予学位时间：2018 年上半年

内容介绍：外交作为一项政治活动源远流长。在经济全球化和世界一体化的背景下，外交展现了新的生机与活力。国家之间彼此相连，没有谁能够脱离国际社会而独立存在，外交事务对一国之重要性远超历史上的任何时期。纷繁复杂的外交现象背后是各国外交权的行使，宪法作为国家组织法在各国外交权规范配置中处于中心位置。本文通过规范分析、实证考察及比较研究，对我国宪法上的外交权展开研究。全文除导论外，共分五章。第一章对外交权的基础理论进行宪法学分析。第二章对美日两国宪法上外交权进行比较研究。第三章对我国宪法变迁和外交权发展进行历史考察。第四章对我国现行宪法上的外交权进行研究。第五章提出我国外交权体系法治化构建的基本路径。

中文题名：香港特别行政区行政长官制度的完善研究

英文题名：On the Perfection of the System of the Executive Chief of Hong Kong Special Administrative Region

研 究 生：底高扬

指导教师：秦前红教授、张定淮教授

授予学位时间：2018 年上半年

内容介绍：本文结合相关法律规定和既有实践，从理论上对香港特区行政长官制度进行系统检视，找出具体问题并提出相应的完善建议。全文除绪论、结语外，共分七章。第一章对香港特区行政长官制度进行了界定。第二章对香港特区行政长官制度与港英时期总督制度的关系进行探讨，指出前者不是后者的延续，而是理性逻辑和主权逻辑在建构香港特区宪制秩序语境中展开的产物。第三章对香港特区行政长官产生制度的合理设计进行了分析。第四章重新定位香港特区行政长官的相关"组织"制度。第五章研究推动香港特区行政长官职权落实的可行之道。第六章对香港特区行政长官的负担制度进行了理性审视。第七章分析未来香港特区行政长官制度发展问题。

中文题名：公民调解权利研究——以人民调解制度为核心

英文题名：Research on Citizens' Right to Mediation：The People's Mediation System as the Core

研 究 生：马红安

指导教师：周叶中教授

授予学位时间：2018 年下半年

内容介绍：人民调解作为一项兼具历史传统和现代扩展的公民间行为，一项兼具个体间协调沟通和权力主导推进的权利冲突解决方式，当然地与公民权利的保护和充分实现具有丰富的联系。本文从"公民调解权利"的概念创新出发，运用宪法基本权利理论进行了深入分析，指出了人民调解实践中存在的现实困境和产生原因，并提出了破解权利保障困境的理论思考和行动对策。本文分为理论概述、权利运动实证分析、困境探析、路径创新等几个部分。全文除绪论外，共分四章。第一章"当事人调解权利"认知。第二章"公民调解权利"的证成。第三章公民调解权利实现的困境。第四章破解公民调解权利实现困境的路径。

刑 法 学

2009 年

中文题名：德国刑法学中的犯罪事实支配理论研究

英文题名：Research on Tatherrschaftslehre in Germany Criminal Jurisprudence

研 究 生：廖北海

指导教师：刘艳红教授

授予学位时间：2009 年上半年

内容介绍：由于正犯与共犯的区分在我国共同犯罪体制之下实属必要，亦属难题，引进犯罪事实支配理论以解决正犯与共犯的区分问题不失为合理的研究路径。本文从犯罪事实支配理论之内外两层次对该理论予以研究，以便全面揭示该理论的概貌，彻底澄清我国学界对该理论的诸多误解，准确分析该理论在我国刑法中的可行性，适当论证该理论在我国刑法中的具体适用。全文除引言、结语外，共分四章。第一章对犯罪事实支配理论的发展史进行了翔实的考察。第二章对犯罪事实支配理论的本体论展开了详细的研究。第三章对犯罪事实支配理论的关系论予以了详细的探讨。第四章主要阐述了犯罪事实支配理论的具体适用问题。

中文题名：犯罪构成本原论及其本土化研究——立足于文化视角所展开的比较与诠释

英文题名：On Origin and Localization of Composition of Crime：The Comparison and Annotation on Culture to Composition of Crime

研 究 生：彭文华

指导教师：莫洪宪教授

授予学位时间：2009 年上半年

内容介绍：本文以犯罪构成为研究对象，通过对中西方文化在本体论、方法论、认识论、模式论等方面的分析、比较，认为作为一种法律文化，犯罪构成及其理论体系的构建必然植根于一国的文化之中，这是全球化时代犯罪构成本土化首先需要考虑的因素。当然，辩证扬弃外来法律文化即犯罪论体系的优缺点，吸纳其他关联学科的长处，也是犯罪构成本土化必须面对的。全文除绪论、结束语外，共分六章。第一章犯罪构成法源论。第二章犯罪构成本体论。第三章犯罪构成方法论。第四章犯罪构成认识论。第五章犯罪构成模式论。第六章犯罪构成本土化。

中文题名：共犯界限论

英文题名：On the Boundary of Complicity

研　究　生：刘斯凡

指导教师：马克昌教授

授予学位时间：2009 年上半年

内容介绍：共犯的界限是共犯理论中的一个重要问题，根据我国立法，共犯界限包括分工分类法下的界限和作用分类法下的界限。本文从共犯体系入手，评析了单一正犯体系和二元参与体系的优劣，阐明了共犯处罚根据的基本内涵，再分别就分工分类法和作用分类法下共犯的界限展开论证，最后结合我国立法对我国共犯界限的具体问题加以总结。全文除引言外，共分五章。第一章论述了共犯的体系。第二章论述了共犯的处罚根据。第三章探讨了分工分类法下共犯界限的基本理论。第四章探讨了作用分类法下共犯界限的基本理论。第五章对共犯界限理论的再整理。

中文题名：共犯中止研究

英文题名：Approach to the Discontinuance of Joint Crimes

研　究　生：刘雪梅

指导教师：刘艳红教授

授予学位时间：2009 年上半年

内容介绍：本文紧紧围绕共犯中止的成立条件及其司法认定这一核心命题展开研究。首先对中外共犯中止的立法概况、概念、争议问题进行介绍；然后对共犯中止的处罚根据进行研究；再针对共犯中止的特殊性、对共犯中止的成立条件以及各种共犯类型的中止的认定问题进行研究；最后，对与共犯中止有关的共犯关系脱离进行研究。全文除引言外，共分五章。第一章共犯中止概述。第二章共犯中止的处罚根据。第三章共犯中止的成立条件。第四章共犯中止的认定。第五章共犯关系的脱离。

中文题名：集合犯研究

英文题名：Research on the Aggregate Offence

研　究　生：张莉琼

指导教师：林亚刚教授

授予学位时间：2009 年上半年

内容介绍：本文以集合犯理论为课题，运用比较研究的方法，深入分析了集合犯的概念、构成特征、类型以及与相近罪数形态的界分等问题，并结合集合犯理论对我国刑法中的集合犯立法形式与内容作了深入分析，也对司法实务中集合犯的疑难问题作了探讨，并提出了完善集合犯立法的建议。全文除引言和余论外，共分六章。第一章辨析了集合犯的概念。第二章探讨了集合犯的构成特征。第三章论述了集合犯立法及分类。第四章分析了我国集合犯的立法。第五章考察了集合犯与相关罪数形态的关系。第六章论述了集合犯的司法运用。

中文题名：间接正犯研究

英文题名：On the Indirect Criminal

研 究 生：肖志锋

指导教师：林亚刚教授

授予学位时间：2009 年上半年

内容介绍：本文对间接正犯进行了全面而深入的研究。全文除引言外，共分六章。第一章中外间接正犯的理论概览。第二章间接正犯的理论基础。第三章间接正犯的性质及基本特征。第四章间接正犯的着手。第五章间接正犯的理论类型及其认定。第六章间接正犯的处罚原则和立法建议。

中文题名：紧急避险研究

英文题名：Study on Necessity

研 究 生：李小涛

指导教师：许发民教授

授予学位时间：2009 年上半年

内容介绍：紧急避险作为法定的正当化事由之一，在国内外刑法立法与司法实践中处于十分重要的地位。本文立足于我国刑事立法，采取比较分析的方法探讨关于紧急避险的基本理论与实践难题，对紧急避险的发展演变、成立条件和正当化根据等问题进行了系统的论析。全文除引言外，共分九章。第一章紧急避险概述。第二章紧急避险的根据。第三章紧急避险的起因条件。第四章紧急避险的客观行为条件。第五章避险人的避险意思。第六章紧急避险的限度。第七章紧急避险的主体条件。第八章假想避险与避险过当。第九章紧急避险与其他排除犯罪性事由。

中文题名：聚众犯罪研究

英文题名：Research on the Assembling Crime

研 究 生：刘德法

指导教师：马克昌教授

授予学位时间：2009 年上半年

内容介绍：本文在国内法学界首次就聚众犯罪的基本问题进行系统研究，从理论与实践相结合的层面，对聚众犯罪展开了深入的探讨，以期为刑事司法实务提供可鉴参考的理论依据。全文除绪论外，共分六章。第一章分别论述了聚众犯罪的概念、特征、分类、聚众犯罪与共同犯罪等刑法范畴的关系等，展示了聚众犯罪的基本面貌。第二章重点论述了聚众犯罪的客观行为特征。第三章论述了聚众犯罪行为人刑事责任的承担问题。第四章论述了聚众犯罪可能存在的停止形态，重点论证了聚众犯罪实行行为的着手问题。第五章论述了聚众犯罪的转化犯问题。第六章探讨了我国聚众犯罪的立法缺陷，并提出了具有独到见解的完善建议。

中文题名： 量刑基准研究

英文题名： Research on the Basic Criterion for Weighing of the Penalty

研 究 生： 韩光军

指导教师： 康均心教授

授予学位时间： 2009 年上半年

内容介绍： 本文综合运用哲学思辨、比较、历史等研究方法，对量刑基准进行系统深入研究，分析梳理了各种刑罚目的、责任理论及其指导下的量刑基准问题，反思重构了刑罚目的论及责任论，并在此基础上确立了与其相对应的量刑基准，探讨了量刑基准要素确立原则及量刑时应予特别注意的量刑基准要素，比较评析了德、日及我国量刑基准立法规定的优劣得失，提出了我国刑事立法有关量刑基准规定的完善构想，以便为司法实践提供必要的理论支持。本文分别论述了量刑和量刑基准内涵等内容、量刑基准的目的论影响、量刑基准的责任论基础、量刑基准要素的确立要求、量刑基准常见要素分析、量刑基准立法例的述评与借鉴。

中文题名： 论共犯的若干罪数形态

英文题名： On the Pattern of Complicity's Crimes

研 究 生： 袁建伟

指导教师： 林亚刚教授

授予学位时间： 2009 年上半年

内容介绍： 在刑法领域，共同犯罪问题是刑法理论中最重要、最复杂的问题之一。在我国刑法学界，对于罪数的研究一般是以单独犯罪为前提的，而对共犯的罪数涉及较少，尤其是共犯罪数的判断标准，几乎是一片空白。基于这种现状，从共同犯罪的基本理论出发，通过对各种共犯形态和相关罪数形态的界定，本文对共犯与单独犯之区分、共犯的罪数的判断标准进行了较为深入的分析，提出了从属的犯罪构成标准说来解决共犯的罪数问题，并且结合相关罪数形态与数罪的判断对这一标准进行检讨。全文除前言、余论外，共分五章。第一章主要内容是对共犯的基础理论的介绍与界定。第二章探讨了共犯的罪数判断标准。第三章探讨了共犯的想象竞合犯问题，包括组织犯、共同实行犯、教唆犯以及帮助犯的想象竞合犯。第四章探讨了共犯的结果加重犯问题，包括组织犯、共同实行犯、教唆犯以及帮助犯的结果加重犯。第五章探讨了共犯的连续犯问题，包括组织犯、共同实行犯、教唆犯以及帮助犯的连续犯。

中文题名： 目的刑论研究

英文题名： Research on the Intention Penalty Theory

研 究 生： 刘晓山

指导教师： 康均心教授

授予学位时间： 2009 年上半年

内容介绍： 本文以作为刑罚正当化根据的目的刑论为研究对象，通过对目的刑论概念、渊源、内容、效力等因素的全面考察，力求深入探讨目的刑论刑罚原理中具有理性、建设性的理念。全文由五章构成，前两章在分别论述目的刑论概念、理论基础、渊源、内容以及效力之后，第三章对目的刑论在刑罚正当化中的根据进行合理定位。后两章结合目的刑论具体探讨目的刑论在刑事政策、刑罚结构以及具体刑罚制度中的运用和展开。各章具体安排如下：第一章目的刑论概述。第二章目的刑论的内容概说及其评析。第三章目的刑论的定位。第四章目的刑论的运用。第五章目的刑论在刑罚制度中的展开。

中文题名： 骗取贷款、票据承兑、金融票证罪研究
英文题名： Study on the Crimes of Cheating Loan, Bills Acceptance, Finance Tickets
研 究 生： 刘箭
指导教师： 刘艳红教授
授予学位时间： 2009 年上半年
内容介绍： 骗取贷款等金融信用的犯罪当前已成为我国经济生活中一种对法益侵害极其严重的犯罪。随着骗取贷款、票据承兑、金融票证罪的颁布实施，对其进行系统的深入研究具有重要的理论意义和刑事司法实践指导意义。本文在对骗取贷款、票据承兑、金融票证罪概述的基础上，分别对法益、构成要件、形态、界限认定、立法反思及完善等几个方面的内容进行了全面深入的研究。

中文题名： 受贿罪问题研究
英文题名： Study on the Issues of Bribery
研 究 生： 张羽
指导教师： 贾宇教授
授予学位时间： 2009 年上半年
内容介绍： 本文对受贿罪进行了详细论证和系统研究。全文除前言外，共分七章。第一章阐述了受贿罪的立法状况。第二章探讨了受贿罪的犯罪构成。第三章研究了受贿罪的犯罪形态。第四章论述了受贿罪的犯罪类型。第五章讨论了受贿罪的司法认定。第六章提出了受贿罪的立法完善。第七章提出了惩治和预防受贿罪的政策完善。

中文题名： 数罪并罚论
英文题名： On Concurrent Punishment for Several Crimes
研 究 生： 任彦君
指导教师： 林亚刚教授
授予学位时间： 2009 年上半年
内容介绍： 数罪并罚是我国刑罚裁量制度之一。本文从数罪并罚制度的基本理论入手，对古今中外的数罪并罚立法加以介绍，对数罪并罚制度的指导原则、适用原则、根据和价值进行分析，对数罪并罚的体系性地位以及适用范围进行探讨。在此基础上，对于数罪的认定标准、数罪的分类以及并罚的对象进行了分析，尤其是对备受争议的牵连犯、同种数罪等问题，进行深入的探讨。另外，对于涉及并罚的选择性规范和连续犯的

某些问题也作了进一步研究。在数罪并罚规则的适用上，结合司法实践中出现的问题以及理论争议对如下诸多问题进行了讨论和分析：吸收原则、并科原则和限制加重原则在各种具体情况下的运用；刑罚执行完毕前发现漏罪或者又犯新罪的并罚规则；减刑、假释、缓刑等情况下发现漏罪或者又犯新罪的并罚规则；数罪并罚时量刑情节的适用；数罪累犯的处理；单位数罪的处理等等。在上述研究的基础上，对数罪并罚立法和司法解释的进一步完善提出了一些建议。

中文题名：未成年人犯罪刑事政策研究

英文题名：On the Criminal Policy on Juvenile Delinquency

研 究 生：张蓉

指导教师：李希慧教授

授予学位时间：2009 年上半年

内容介绍：本文对未成年人犯罪刑事政策进行了系统而深入的研究。全文除导言外，共分五章。第一章未成年人犯罪刑事政策概述。第二章未成年人犯罪刑事政策的实践及问题。第三章未成年人犯罪刑事政策与根本、基本刑事政策的互动关系。第四章未成年人犯罪刑事政策指导性内容的观念误区与修正。第五章未成年人犯罪刑事政策的贯彻实现。

中文题名：未成年人刑罚制度研究

英文题名：Research on Juvenile Penalty System

研 究 生：胡春莉

指导教师：康均心教授

授予学位时间：2009 年上半年

内容介绍：未成年人犯罪是一个严重的社会问题，为了有效地预防未成年人犯罪，应当建立和完善未成年人刑罚制度。本文围绕这一问题展开研究。全文除引言外，共分七章。第一章未成年人犯罪概述。第二章建立未成年人刑罚制度的根据。第三章未成年人刑罚制度的原则。第四章未成年人刑罚的立法模式。第五章未成年人刑种评析。第六章未成年人刑罚裁量和执行制度。第七章未成年人刑罚消灭制度。

中文题名：我国著作权刑法保护问题研究

英文题名：Research on Problems of Criminal Protection of Copyright in China

研 究 生：贺志军

指导教师：莫洪宪教授

授予学位时间：2009 年上半年

内容介绍：随着知识经济的兴起，全球盗版问题日趋严重，欧美各国及世贸组织框架内打击盗版呈不断强化之势。由此，著作权刑法保护也渐成国际社会一个热点问题。我国提出科学发展观和建设创新型国家的任务，又在着力实施《国家知识产权战略纲要》，著作权刑法保护无疑面临着新的挑战和问题。只有以内在的制度逻辑为依据，才能更好地对我国著作权刑法保护进行"问题性研究"。本文从深入制度的内在逻辑入手，致力于找出我国著作权刑法保护所面临的主要问题并探寻其应对策略。全文除导论、结语外，共分五章。第一章论述了我国著作权刑法保护制度的变迁与主要挑战。第二章探讨了我国著作权刑法保护的正当性。第三章考察了我国著作权刑法与 TRIPS 协定的符合性检验。第四章论述了我国著作权刑法在数字网络技术下的有限扩张。第五章对我国著作权刑法适用的实效进行了研究。

中文题名： 吸收犯研究

英文题名： Researches on Absorbable Offence

研 究 生： 杨国举

指导教师： 许发民教授

授予学位时间： 2009 年上半年

内容介绍： 吸收犯是罪数理论中最具争议的问题之一。目前，在吸收犯的几乎所有问题上，理论上都存在很大的争议。研究吸收犯，对其进行科学的建构，既可以使刑法理论从无谓的争论中解脱出来，也可以重新厘清各罪数形态之间的关系，建立界限清晰、科学、实用的罪数论体系。本文对吸收犯及相关问题进行了深入的研究。全文共分七章。第一章导论。第二章对吸收犯的概念进行了重新建构，并在此基础上，对构成吸收犯的要件中的三个要件进行了研究。第三章主要探讨了吸收关系的概念及其成立的范围。第四章探讨了吸收关系成立的标准。第五章探讨了吸收关系的形式。第六章探讨了吸收犯与牵连犯、连续犯、想象竞合犯和法条竞合之间的关系。第七章在上述研究的基础上，对我国的罪数论体系进行了重新构建。

中文题名： 现代刑事侦查方法研究

英文题名： Study on Modern Criminal Investigation Methods

研 究 生： 奥夫西里（ALFOUSSEYNI DIAWARA）

指导教师： 莫洪宪教授

授予学位时间： 2009 年上半年

内容介绍： 国际范围内严重的犯罪越来越多，使得司法程序和审判过程需要更高的技术水平，只有专家才能够解决和追踪。而在当前的社会经济背景下，严重的犯罪获得了泛滥的有利条件。面对日益增长的各种犯罪，本文认为我们必须找到一种必要、高效的方法来应对，而这一方法将给我们提供切实可靠的工具和构架，以及充分有效的技术和司法支撑，进而帮助警务人员和司法机关还原犯罪发生的真实场景，发掘并建立刑事证据，鉴定并识别当事人。全文围绕现代刑事侦查方法分十二章展开研究。第一章现代刑事侦查方法概述。第二章侦查假说。第三章犯罪调查的组织和策划。第四章犯罪现场调查。第五章逮捕策略。第六章讯（询）问的策略。第七章搜查和查封的策略和技术。第八章对人或物的识别。第九章调查实验。第十章刑事鉴定、诊断和检查。第十一章法律专家意见。第十二章网络侦查方法。

中文题名：刑法解释的沟通之维

英文题名：Interpretation of Criminal Law as Communication

研 究 生：黄奇中

指导教师：马克昌教授

授予学位时间：2009 年上半年

内容介绍：本文以刑法解释的合法性为总的指导思想，对刑法解释的各问题域进行分析。全文除导论、余论外，共分七章。第一章对方法论的法律解释学与本体论意义上的法律解释学进行了阐述与比较分析。第二章以合法性为视角分析了我国现行刑法解释理论中存在的问题。第三章在叙述、评析各种刑法解释目标理论的基础上，提出了确立一种超越主观主义与客观主义的程序意义上的刑法解释目标观。第四章在对我国现行刑法解释体制进行合法性与合理性（正当性）分析的基础上，提出建立一种以沟通理性为基础的参与式的居于一元与多元之间的刑法解释体制。第五章在分析传统刑法解释对象以及刑法渊源理论的基础上，提出建构一种居于规范与事实之间的刑法解释对象观。第六章分析了类推解释的实质，提出了以沟通理性为指导来决定刑法解释方法的选择路径的主张等。第七章分析了如何确定刑法解释的基本原则的问题，提出了以广义的罪刑法定原则为刑法解释的基本原则，并以沟通理性为指导对罪刑法定原则的思想基础与价值（机能）进行了新的解读。

中文题名：刑法中的放任理论研究

英文题名：Study on the Theory of "Not Purposeful" in Criminal Law

研 究 生：尹东华

指导教师：林亚刚教授

授予学位时间：2009 年上半年

内容介绍：本文从"放任"的概念入手，在对国外及我国刑法中的相关放任理论进行全面介绍评析的基础上，展开对放任的心理学分析和规范分析，从理论和实证两个不同的角度，对刑法中的放任问题进行深入探讨。全文除引言、结语外，共分八章。第一章论述了放任的概念。第二章阐述了西方主要国家刑法中的放任理论。第三章论述了我国刑法中的放任理论。第四章为放任的心理学分析之一——意欲要素的提出。第五章为放任的心理学分析之二——放任是意欲要素。第六章为放任责任的规范分析。第七章探讨了放任的衍生问题。第八章为放任理论的实证分析。

中文题名：刑法中的客观违法性论

英文题名：Research on the Theory of Objective Illegality in Penal Law

研 究 生：许强

指导教师：刘艳红教授

授予学位时间：2009 年上半年

内容介绍：本文以客观违法性论在中国刑法理论中的实现为出发点，从客观违法性论的理论变迁、客观违法性论的理论基础以及客观违法性论在我国刑法理论中的地位等角度对该理论进行初步介绍，并在这个基础之上，结合客观违法性与保安处分、客观违法性论与犯罪构成理论等内容，对于客观违法性论在我国理论中的具体运用提供依据和论证。全文除引言外，共分六章。第一章对客观违法性论作了概括性的介绍。第二章对客观违法性论的理论基础进行了分析。第三章对客观违法性论的对立面主观违法性论进行了专门的探讨。第四章对客观违法性论的主要内容进行了介绍。第五章对客观违法性论在刑法中的运用进行了初步的尝试。第六章对客观违法性论与犯罪构成理论的关系进行了有益的尝试。

中文题名：刑法中的行为论纲

英文题名：Behavior Outline in the Criminal Law

研 究 生：邹佳铭

指导教师：林亚刚教授

授予学位时间：2009 年上半年

内容介绍：刑法学中的行为研究并不是一个孤立的范畴，行为是犯罪构成体系中的行为，犯罪构成的逻辑结构与行为的定位和性质互为条件。我国耦合平面式的犯罪构成体现的是一种定罪的规格和标准，没有展现定罪的过程，作为评价客体的行为是不存在的，危害行为和实行行为在我国犯罪构成中的定位十分模糊。评价客体和评价标准不分的局面，不仅造成我国刑法理论中的行为概念使用十分混乱，而且也使得我国的犯罪构成体系缺乏入罪与出罪、社会保护与人权保障的平衡。为此，本文将行为放置在犯罪的司法评价过程中，从事实与规范、价值分离的立场区分了刑法中的四个行为。在对各个行为的论述中，本文还探讨了具体行为向案件事实的转化以及构成行为的解释问题，并就实行行为与未遂犯成立之间的关系，以及实行行为在共犯人分类中的意义提出了作者的观点。全文除序言外，共分六章。第一章行为之概说。第二章我国刑法中的行为理论研究。第三至六章依次是刑法中的一般行为、具体行为、构成行为和实行行为。

中文题名：刑事被害人权益研究

英文题名：Study on Right of Crime Victims

研 究 生：周亦峰

指导教师：马克昌教授

授予学位时间：2009 年上半年

内容介绍：在漫长的刑法史中，刑事被害人在追诉犯罪的活动中的地位与作用经历了曲折的变化。在恢复正义的自然理念支配下，人类从原始的私力救济中逐渐解脱出来转而依赖于国家的垄断性的裁决。然而，近代以降，刑事司法追诉理念的国家本位主义在打击犯罪的有效性上的突出表现并不能掩盖被害人个体利益被集体漠视的窘境。对刑事被害人权益的关注已经成为众多法学家呼吁的焦点之一。事实上，拓展公民对自身权益的自我实现能力是对人性尊严最有力的尊重方式。本文正是基于此而进行的尝试性论证。全文共分五章展开论证。第一章刑事被害人权益概说。第二章刑事被害人权益与宪法权利的贯彻。第三章刑法视野下的刑事被害人权益。第四章刑事诉讼法视野下的刑事被害人诉讼权利。第五章刑事被害人权益保障的制度完善。

中文题名：证券内幕交易罪研究

英文题名：Research on the Crime of Insider Trading in Securities

研 究 生：张小宁

指导教师：莫洪宪教授

授予学位时间：2009 年上半年

内容介绍：本文以证券内幕交易、泄露内幕信息罪为主轴，主要借鉴美国、欧盟、日本法理论并结合中国法关于本罪的相关问题进行分析。论述内容涉及证券的概念、本罪的概念、各国关于本罪的立法概况、本罪的法益、行为样态、主观要素、内部人员的判断、证券内幕信息的界定以及对于本罪的规制方法等方面。希望通过该研究，对中国证券内幕交易、泄露内幕信息罪的立法修订、司法审判、学理研究提供参考意见。全文除引言和附录外，共分七章。第一章证券内幕交易罪基础论。第二章证券内幕交易罪法益论。第三章证券内幕交易罪主体论。第四章证券内幕交易罪行为论。第五章证券内幕信息论。第六章证券内幕交易罪主观要素论。第七章证券内幕交易罪规制论。

中文题名：中国社会死刑观念实证研究

英文题名：The Empirical Research on the Opinions of Death Penalty Under Chinese Culture

研 究 生：邝璐

指导教师：莫洪宪教授

授予学位时间：2009 年上半年

内容介绍：死刑是最严厉的刑罚方法。我国是保留死刑并适用死刑的国家之一，民众对死刑的支持率一直被认为是保留死刑的最重要原因。本文以武汉大学刑事法研究中心与德国 Max Plank 研究所合作，在国内部分省市分别对具有死刑案件办案经验的法律工作者和普通民众对死刑的态度进行的死刑态度调查数据为基础，对中国社会不同群体的死刑观进行考察，进而提出引导国民改变原有死刑观念的具体方案。全文除引言、结语外，共分六章。第一章死刑观念概述。第二至五章则依次分别分析了决策者、承办死刑案件的司法实务工作者、刑法学者及普通民众的死刑观。第六章死刑观念冲突与疏导。

中文题名：刑法中社会相当性理论研究

英文题名：Research on the Theory of Social Appropriateness in Criminal Law

研 究 生：陈璇

指导教师：马克昌教授

授予学位时间：2009 年下半年

内容介绍：本文围绕刑法中社会相当性理论，除引言、结语外，共分五章。第一章介绍了德国刑法学中社会相当性理论。第二章论述了社会相当性的概念界定和理论基础。第三章研究了社会相当性理论的价值探寻与体系定位。第四章论述了社会相当性的判断方法。第五章探讨了社会相当性理论的实际运用。

2010 年

中文题名：操纵证券市场罪研究

英文题名：On the Crime of Stock Market Manipulation

研 究 生：余磊

指导教师：莫洪宪教授

授予学位时间：2010 年上半年

内容介绍：本文以"操纵证券市场罪研究"为题，对我国《刑法》第 182 条规定的操纵证券、期货市场罪中的操纵证券市场罪进行了深入研究与分析。全文以作为中国刑法通说的犯罪构成四要件论为基本思路，但又摆脱了单纯的客体、客观要件、主体、主观要件的论述次序与框架，有针对性地对本罪构成要素中的重要问题以及认定本罪的方法与惩治措施进行分析。全文除引言外，共分七章，依次为本罪概述、客体论、行为论、主体论、主观要素论、认定论、规制论，并附有附录"操纵证券市场罪经典判例解析"部分。

中文题名：当代中国刑事和解制度构建研究

英文题名：On the Construction of Contemporary Chinese Criminal Reconciliation System

研 究 生：袁剑湘

指导教师：林亚刚教授

授予学位时间：2010 年上半年

内容介绍：本文从中西方刑事和解制度的产生及其社会背景分析入手，对刑事和解制度的概念及特点、刑事和解制度在中西方的理论基础与法律价值、当代中国刑事和解制度构建的根基以及当代中国刑事和解制度化设计等问题进行了深入研究。在此基础上分析了刑事和解的制度困扰与解决途径，指出了相关刑事实体法及程序法的不足，并提出了完善刑事立法的建议。全文除引言外，共分四章。第一章刑事和解制度概述。第二章刑事和解制度的理论基础与价值分析。第三章当代中国刑事和解制度构建的根基。第四章当代中国刑事和解制度化设计。

中文题名：定罪机制研究

英文题名：Research on Conviction Mechanism

研 究 生：怯帅卫

指导教师：贾宇教授

授予学位时间：2010 年上半年

内容介绍：本文对刑法学的研究对象和内部学科划分进行了分析，提出了一些新的定罪理念，立足于事实与规范相对区分的观点，对定罪的过程进行了剖析。本文还简要地介绍了国外及近年国内法哲学的研究成果，在定罪思维中引入法律方法、法律论证理论，探讨哲学诠释学转向对法律解释学的影响等。另外，本文也对定罪思维与犯罪论体系、犯罪构成理论进行了比对分析。全文除导论外，共分五章。第一章为概说。第二章分析了定罪原则。第三章探讨了案件事实的证明。第四章研究了刑法规范及其解释。第五章阐述了定罪方法。

中文题名：毒品犯罪争议问题研究

英文题名：Studies of Disputes on Drug's Crime

研 究 生：张洪成

指导教师：刘艳红教授

授予学位时间：2010 年上半年

内容介绍：本文着重运用了形式科学的抽象思辨与逻辑推理方法、实证科学的经验研究的综合方法，立足于刑法理论，并综合考虑司法实践中的现状，展开对毒品犯罪争议问题的研究。全文除导言外，共分六章。第一章"毒品"与"毒品犯罪"新解。第二章毒品犯罪主观故意之辨析。第三章毒品犯罪中毒品的数量计算与换算。第四章特殊毒品犯罪行为定性与处理。第五章毒品犯罪的既遂与未遂。第六章毒品犯罪的其他争议问题。

中文题名：公务受贿犯罪主体研究

英文题名：Research on the Subject of the Official Bribery Crimes

研 究 生：罗永鑫

指导教师：刘艳红教授

授予学位时间：2010 年上半年

内容介绍：本文分七章对公务受贿犯罪主体进行了全面而深入的研究。第一章为公务受贿犯罪主体概述。第二章为公务受贿犯罪之传统主体"国家工作人员"界析。第三章、第四章、第五章分别探讨了公务受贿犯罪新型主体："近亲属""离职的国家工作人员"和"密切关系人"。第六章论述了公务受贿犯罪主体之间的关系。第七章讨论了我国公务受贿犯罪主体的立法完善。

中文题名：共犯的共犯

英文题名：The Accomplice of Accomplice

研 究 生：田淼

指导教师：林亚刚教授

授予学位时间：2010 年上半年

内容介绍：本文以共犯的共犯为研究课题，根据共同犯罪具有社会化、组织化等特征，采用了犯罪社会学方法、比较法、结构主义等方法对共犯之共犯现象进行了系统研究。全文除导论外，共分三章。第一章采用比较的方法，对共犯之共犯的标准予以科学界定，并以此为基础将共犯之共犯划分为九种类型，并系统论述了共犯之共犯的特征。第二章在对共犯之共犯概念予以科学界定的基础上，采用比较法、结构主义等方法，对共犯之共犯的九种具体类型分别从特征、形态、处断等三个方面予以系统研究。第三章从本体论、认识论、方法论和实践论各个层面讨论共犯之共犯置换的可能性与必要性、正当性与有效性。

中文题名： 共犯认识错误问题研究

英文题名： Research on the Mistake Issues of Complicity's Crimes

研 究 生： 袁雪

指导教师： 林亚刚教授

授予学位时间： 2010 年上半年

内容介绍： 共犯认识错误是刑法理论中异常复杂的问题之一，其研究具有重大的理论价值。本文从共犯基础理论出发，以分工为标准对不同类型的共犯人认识错误问题分别进行了研究，对主客观相统一原则在处理共犯认识错误问题中的具体应用进行了较为深入的分析。全文除前言外，共分五章。第一章阐述了共犯认识错误的基础理论。第二章分析研究了共同实行犯认识错误。第三章探析了教唆犯认识错误。第四章研究了帮助犯的认识错误。第五章研究探讨了共犯认识错误其他诸问题。

中文题名： 共同犯罪的死刑适用

英文题名： Application of Death Penalty of Joint Offense

研 究 生： 冉妮莉

指导教师： 林亚刚教授

授予学位时间： 2010 年上半年

内容介绍： 本文从应然的理论角度对共同犯罪中的死刑适用进行了系统深入的探讨研究。本文试图在共同犯罪的范围内，找出解决这类犯罪适用死刑的原则和标准，从刑事政策、程序的控制和量刑情节等几个大的方面进行探讨研究，提供作者对解决这类问题的一些想法，为了达到既能符合国际趋势又能解决国内的实际问题的目标，本文对法律建设方面存在的不足，提供一些建议。全文除引言外，共分五章。第一章阐述了共同犯罪中死刑适用之对象。第二章探讨了刑事政策与共同犯罪的死刑适用问题。第三章研究了共同犯罪中死刑适用之限制。第四章分析了共同犯罪的死刑适用之程序。第五章系统研究了量刑情节与共同犯罪中死刑适用。

中文题名： 过失共同犯罪研究

英文题名： Research on Joint Negligent Crime

研 究 生： 王东明

指导教师： 贾宇教授

授予学位时间： 2010 年上半年

内容介绍： 过失共同犯罪在刑法学界是一个争议很大的问题。本文借鉴国外的相关理论与研究成果，从立法建议的立场对过失共同犯罪的相关问题进行了论述。本文从共同犯罪和过失犯罪的基础理论切入论证成立过失共同犯罪的理由，内容涉及过失共同犯罪的概念、构成要件、犯罪类型、对共同过失犯罪人的定罪处罚原则以及过失共同犯罪与相关犯罪类型的关联。全文除引言外，共分四章。第一章概述过失共同犯罪。第二章论述过失共同犯罪的本体内容。第三章讨论过失共同犯罪的类型及共同犯罪人的刑事责任分配。第四章主要论述相关犯罪类型与过失共同犯罪的关联。

中文题名： 竞技体育刑法规制问题研究

英文题名： Research on the Criminal Law's Restriction on Competitive Sports

研 究 生： 郭玉川

指导教师： 莫洪宪教授

授予学位时间： 2010 年上半年

内容介绍： 当代竞技体育具有重要的文化、伦理、经济和政治等价值。自从其实行职业化和商业化以来，竞技体育获得了飞速发展，但同时也产生了一系列诸如"假球""赌球""黑哨"等负面的东西，因此，探讨对竞技体育领域有关行为是否予以犯罪化，以及在刑法现有规定的基础上司法如何介入该问题十分必要。本文除引言外，共分六章。第一章为竞技体育概述。第二章阐述了竞技体育领域的犯罪问题现状与类型。第三章阐释了竞技体育刑法规制的基本问题。第四章至第六章分别具体研究分析了伤害型、欺诈型、赌博型竞技体育犯罪行为的刑法规制问题。

中文题名： 论环境刑法的行政从属性

英文题名： Administrative Subordination of the Environment Criminal Law

研 究 生： 杜琪

指导教师： 马克昌教授

授予学位时间： 2010 年上半年

内容介绍： 环境刑法的行政从属性是指依据环境刑法条文的规定，环境犯罪的可罚性全部或部分取决于环境行政法或基于该法所发布的行政处分。环境刑法的行政从属性与环境刑法的立法、司法及其发展都密切相关。本文以环境刑法的立法、司法及其发展为主线，对环境刑法的行政从属性进行了较为深入、系统的研究。全文除导论、结论外，共分五章。第一章环境刑法行政从属性概论。第二章行政从属性对环境刑事立法的影响。第三章行政从属性对环境刑事司法的影响。第四章环境刑法行政从属性的理性分析及限制。第五章从新型的环境伦理看环境刑法行政从属性的发展。

中文题名： 论前科

英文题名： Research on Criminal Record

研 究 生： 覃剑峰

指导教师： 康均心教授

授予学位时间： 2010 年上半年

内容介绍： 前科一般指曾经犯过罪，受过刑事处罚的一种法律状态。本文搜集整理了相关史料和文献，从前科的基本问题入手，运用哲学思辨、比较、历史等研究方法，探讨了前科的历史沿革、概念、性质和理论根据，进而阐明了前科的存废之争及后遗效应。同时，本文探讨了前科消灭的概念、特征、理论根据、渊源以及我国缺失前科消灭的原因和我国确立前科消灭的意义，最后探讨了前科消灭制度的构造。全文除引言外，共分五章。第一章前科的基本问题。第二章前科存废之争。第三章前科的后遗效应。第四章前科消灭。第五章前科消灭的构造。

中文题名：论走私普通货物、物品罪

英文题名：Study on Crime of Smuggling Common Goods or Articles

研 究 生：路红青

指导教师：李希慧教授

授予学位时间：2010 年上半年

内容介绍：走私罪是一个古老的罪名，对走私普通货物、物品的行为进行处罚也是古已有之。但中国的各朝各代以及世界各国的规定并不完全相同，研究走私普通货物、物品犯罪的立法沿革及中外对比对于我们了解走私普通货物、物品罪的变迁和发展趋势有重要意义。本文对走私普通货物、物品罪进行了深入系统的研究。全文共分六章。第一章为概述。第二章重点分析了走私普通货物、物品罪的构成要件。第三章探讨了走私普通货物、物品罪的界限区分。第四章研究了走私普通货物、物品罪的犯罪形态认定问题。第五章研究了关于走私普通货物、物品罪的共同犯罪认定问题。第六章研究了走私普通货物、物品罪的刑事责任。

中文题名：人格导入定罪研究

英文题名：Research on Personality into Determining Guilt

研 究 生：胡东平

指导教师：刘艳红教授

授予学位时间：2010 年上半年

内容介绍：本文将形式科学的抽象思辨与逻辑推理方法、实证科学的经验研究与定量分析方法、人文科学的内在理解和解释方法以及传统理论研究中的比较分析方法相结合，以综合的"方法群"而不是单一的方法展开本文的研究。文章通过对人格与定罪关系的理论与实证进行分析，主张应当将心理学上的人格概念移植到刑法学中来，并在定罪中考虑人格因素。全文除导言、结语外，共分五章。第一章为人格导入定罪的概述。第二章阐述了人格导入定罪的理论基础。第三章研究了人格导入定罪的刑法根据。第四章进行了人格导入定罪的实证分析。第五章探讨了人格导入定罪的模式。

中文题名：人身危险性研究

英文题名：Researches on Personal Dangerousness

研 究 生：代承

指导教师：康均心教授

授予学位时间：2010 年上半年

内容介绍：本文从人身危险性的历史考察入手，探讨人身危险性的概念、人身危险性在刑法理论中的地位，并在此基础上结合我国当前刑事立法、司法现状，分析人身危险性在完善我国刑事法律制度中的作用。全文除引言外，共分三章。第一章人身危险性理论概述。第二章人身危险性理论的地位。第三章人身危险性理论的适用与制度构建。

中文题名：少年刑法比较总论

英文题名：A Comparative Study on General Provisions of Juvenile Criminal Law

研 究 生：赵俊

指导教师：林亚刚教授

授予学位时间：2010 年上半年

内容介绍：本文采用纵向、横向、层面（宏观）、局点（微观）比较研究法以及理论联系实践的方法，从少年刑法的调整对象、少年刑法的目的、与刑法的关系方面对少年刑法进行界定，就中外少年刑法历史、产生原因、演进特点、立法概况、立法体例展开研究，并展望立法前景与提出我国少年刑法立法可以分两步走：第一步，在现有普通刑法典——《中华人民共和国刑法》中以专章和编对少年刑事案件适用实体准据予以规定；第二步，在上面立法适用过程中，积累经验，然后制订单行的少年法令或法案、单行法典，可以是单一刑事实体法，也可以集中少年刑事实体、程序、组织各类规范的综合性少年刑事法典。全文除引言外，共分七章。第一章为少年刑法概念。第二章分析了少年刑法的基本原则。第三章研究了少年刑法的本体。第四章研究了未成年人犯罪的构成。第五章讨论了少年刑事责任。第六章论述了少年刑罚。第七章探讨了少年处遇的发展。

中文题名：少数民族地区刑事习惯问题研究

英文题名：Research on Criminal Custom of Ethnic Minority Areas

研 究 生：杨新红

指导教师：康均心教授

授予学位时间：2010 年上半年

内容介绍：本文综合运用历史研究、材料分析、文化分析、哲学思辨等研究方法，对少数民族地区刑事习惯问题进行了较为深入的系统研究，对刑事习惯的概念与特征进行分析、界定，从历史角度考察刑事习惯的起源与变迁，分析梳理刑事习惯的积极功能和消极功能，阐释刑事习惯的具体适用中（罪与罚两方面）的现实表现，思考刑事习惯与刑事制定法的良性互动问题，对良性互动的适用原则及路径提出完善构想。全文除引言外，共分五章。第一章刑事习惯概说。第二章刑事习惯的功能。第三章至第四章分别为刑事习惯的具体适用（一）、（二）。第五章刑事习惯与刑事制定法的良性互动。

中文题名：社会治安综合治理制度完善研究——以犯罪防控论为切入

英文题名：Research on the System Improvement of Comprehensive Measures to Maintain Law and Order：From the Perspective of the Theory of Crime Prevention and Control

研 究 生：周亮

指导教师：康均心教授

授予学位时间：2010 年上半年

内容介绍：本文以犯罪防控论为指导，综合运用实地调研、历史分析、对比研究等研究方法，系统理清了社会治安综合治理的发展脉络，深刻阐明了社会治安综合治理的形成机理，客观分析了当前社会治安综合治理面临的突出问题，切实明确了社会治安综合治理发展完善的思路和方法，并从组织制度、决策制度、执行机制、优化机制和法律制度五个方面对社会治安综合治理进行了系统完善。全文除导论、结语外，共分九章。第一章社会治安综合治理的形成机理。第二章与国外犯罪防控机制的比较及借鉴。第三章当前社会治安综合治理存在的突出问题及解决路径。第四章犯罪防控论的新构建及其切入。第五章至第九章分别为社会治安综合治理组织制度、决策制度、执行机制、优化机制、法律制度的完善。

中文题名：首要分子问题研究

英文题名：On the Ringleader

研 究 生：肖扬宇

指导教师：许发民教授

授予学位时间：2010 年上半年

内容介绍：首要分子是我国特有的一类犯罪人，现行《刑法》第 97 条规定"首要分子是指在犯罪集团或者聚众犯罪中起组织、策划、指挥作用的犯罪分子"。本文在诸多前贤的研究基础之上，采用历史研究、比较研究的方法，以首要分子行为人为主线，结合我国犯罪论和刑罚论的有关理论，对首要分子问题进行了深入、系统地梳理研究，进而提出了作者本人的观点。全文除绪论外，共分七章。第一章国内的首要分子制度与域外的相关制度。第二章首要分子概说。第三章首要分子的认定与类型划分。第四章首要分子与共犯形态。第五章首要分子与停止形态。第六章首要分子与罪数形态。第七章首要分子的刑事责任。

中文题名：刑事和解研究

英文题名：Study on Victim-offender Mediation on Criminal Matters

研 究 生：陈晓明*

指导教师：马克昌教授

授予学位时间：2010 年上半年

内容介绍：如何在刑事司法工作中实现被害人利益保护与加害人复归社会两大目标的平衡是当今各国刑事司法制度面临的一项重大课题。刑事和解是传统刑事司法制度在理论上面临困惑和实践中遭遇挫折的基础上产生的。它对加害人、被害人和国家之间的关系予以重新评价，并在刑事司法中对各当事人进行重新定位，以努力实现既保护被害人利益又使犯罪人顺利复归社会的目标。刑事和解是一种全新的刑事司法模式。在我国，构建科学、严谨的刑事和解制度不仅有利于避免传统刑事司法的诸多弊端，而且也有利于促进和谐社会的建立。本文试图通过对刑事和解的基本理论问题和司法实务问题的分析与研究，为在我国构建刑事和解制度提供一些建设性意见。全文除引言、结束语外，共分六章。第一章刑事和解透视。第二章刑事和解的域外考察。第三章刑事和解的本土探寻。第四章刑事和解的社会问题分析。第五章刑事和解的法律问题解析。第六章刑事和解的制度构建。

中文题名： 医事犯罪刑法规制研究

英文题名： Study on the Criminal Regulation of Medical Crimes

研 究 生： 李坤

指导教师： 莫洪宪教授

授予学位时间： 2010 年上半年

内容介绍： 医事犯罪是发生在医事活动中的犯罪行为。本文从医事犯罪相关刑事责任的角度，对医事犯罪的基本问题、行为类型、阻却责任事由以及两种新型的医事犯罪进行了深入研究。在此基础上对我国关于传统医事犯罪行为与新型医事犯罪进行反思，并提出完善相关刑事立法的建议。全文除引言外，共分六章。第一章医事行为与医事犯罪。第二章医事过失犯罪。第三章医事故意犯罪。第四章医事犯罪阻却事由。第五章新型医事犯罪之一——器官移植的刑法规制。第六章新型医事犯罪之二——辅助生殖的刑法规制。

中文题名： 运输毒品罪研究

英文题名： Research on the Crime of Drug Trafficking

研 究 生： 曾彦

指导教师： 莫洪宪教授

授予学位时间： 2010 年上半年

内容介绍： 本文除导言外，分七章对运输毒品罪进行了系统深入的研究。第一章运输毒品罪概述，介绍了毒品犯罪的概念、国内外运输毒品罪的立法沿革及现状。第二章分析了运输毒品罪的刑法定位。第三章探讨了运输毒品罪的客观行为，包括运输毒品行为的本质特征、种类、认定等。第四章剖析了运输毒品罪的主观故意，分析了运输毒品罪的故意形式、主观动机与目的、运输毒品罪主观明知的推定以及运输毒品罪中的认识错误。第五章研究了运输毒品罪的未完成形态，包括预备形态、未遂形态、中止形态以及特殊情形下的犯罪形态：控制下交付。第六章探讨了运输毒品罪的共犯问题。第七章研究了运输毒品罪的刑罚裁量，即运输毒品罪的法定刑设置，运输毒品罪的死刑适用之争，以及运输毒品罪的刑事政策问题。

中文题名： 罪与非罪界定论

英文题名： Discussion on the Distinguishment of Crime from Noncrime

研 究 生： 李占州

指导教师： 莫洪宪教授

授予学位时间：2010 年上半年

内容介绍：本文以"罪与非罪界定论"为题，对罪与非罪的界定进行了深入系统的研究分析。全文共分五章。第一章罪与非罪界定概述，介绍了罪与非罪界定的意义、价值取向和研究方法论。第二章阐述了罪与非罪界定的原则。第三章分析了罪与非罪界定的逻辑起点：犯罪本质。第四章研究了罪与非罪界定的事实起点：事实行为。第五章探讨了罪与非罪界定的一般标准：犯罪构成有机性的提倡。

2011 年

中文题名：帮助犯研究

英文题名：Approach to the Accessorial Crime

研 究 生：张伟

指导教师：吴振兴教授

授予学位时间：2011 年上半年

内容介绍：帮助犯虽非法定共犯，但从学理的角度就帮助犯的相关问题进行深入研究，有助于准确厘定罪与非罪，合理适用刑罚。全文除引言外，共分六章。第一章研究阐述了帮助犯的概念及立法沿革。第二章研究了帮助犯的处罚根据。第三章重点研究了帮助犯的构成要件。第四章为帮助犯之界限论析。第五章探究了帮助犯的学理类型。第六章探讨了帮助犯的其他问题。

中文题名：不作为正犯研究

英文题名：Study of the Principal Offender of Omission

研 究 生：洪求华

指导教师：马克昌教授

授予学位时间：2011 年上半年

内容介绍：本文对不作为正犯进行了深入、系统的研究。全文除绪论外，共分五章。第一章源于作为为基础的不作为正犯学说，主要介绍以作为为基础的不作为正犯学说。第二章源于不作为为基础的不作为正犯学说，主要介绍了保障人义务说、保障人地位强弱说、正犯标准说和排他性支配说等。第三章一个新的正犯理论的提起，探讨了新的正犯理论提起的必要性，以及新的正犯理论。第四章不作为正犯理论，研究了支配犯的不作为正犯、义务犯的不作为犯正犯以及支配犯与义务犯并合的不作为正犯。第五章不作为正犯设例之检讨，本文列出七个设例群，以该设例群来检讨作者提出的理论。

中文题名：犯罪结果研究

英文题名：Studies on the Consequences of the Crime

研 究 生：张纪寒

指导教师：林亚刚教授

授予学位时间：2011 年上半年

内容介绍：对客观事实的犯罪结果进行内部建构，理顺犯罪结果与犯罪构成的关系，为犯罪的成立、犯罪的认定、犯罪的形态等诸多问题的解决提供新的思路与方法。本文采用目的论分析、比较分析、实证分析与规范分析相结合、理论到实践等多种分析研究方法，对犯罪结果进行了系统深入的专题研究。全文除导论、结语外，共分六章。第一章犯罪结果的学说与理论争议，对国内外犯罪结果研究与学说争议进行了系统梳理与分析。第二章犯罪结果界定的理论前提，厘清了犯罪结果研究与基本犯罪观、刑法机能之间的关系。第三章犯罪结果的界定。第四章分析与厘定了犯罪结果的分层与分型。第五章犯罪结果与构成要件的关系。第六章犯罪结果与犯罪的认定。

中文题名：犯罪控制模式研究

英文题名：Research on the Models of Crime Control

研 究 生：焦俊峰

指导教师：康均心教授

授予学位时间：2011 年上半年

内容介绍：本文以政治社会学的视角，围绕犯罪控制领域国家力量和社会力量的相互关系，从犯罪控制权力结构入手，综合运用理论分析、历史分析、实证分析等研究方法，通过对比中外犯罪控制历史，探讨了中国传统社会犯罪控制模式的特点、中华人民共和国成立后犯罪控制模式的变化，以及犯罪控制模式的现状。在考察宏观社会背景的基础上，提出了犯罪控制模式的理想构建。全文除引言外，共分五章。第一章阐述了犯罪控制模式的概念及其分类。第二章探究了中国与西方国家犯罪控制模式的历史演进。第三章进行了犯罪控制模式的运行现状分析。第四章进行了犯罪控制模式重构的社会背景分析。第五章提出了犯罪控制模式的理想构建。

中文题名：国际化背景下中国知识产权刑法保护研究

英文题名：Study on Criminal Protection of Intellectual Property in the Background of Internationalization

研 究 生：雷山漫

指导教师：林亚刚教授

授予学位时间：2011 年上半年

内容介绍：全文除导论外，共分五章。第一章阐释了知识产权刑法保护国际化的相关理论。第二章结合知识产权的特点，论述了在知识产权刑法国际化的过程中我们应遵循利益平衡原则、及时原则和谦抑性原则。第三章论及知识产权刑法保护国际化之立法模式改革。第四章在分析现行刑事立法的不足的基础上就知识产权刑法保护的立法完善问题作了详细论证。第五章针对知识产权的刑事立法保护和刑事司法保护的密切联系，探讨了我国知识产权刑法保护国际化过程中完善知识产权刑事司法保护的发展方向。

中文题名：利用影响力受贿罪研究

英文题名：Research on the Bribes by Influence

研 究 生：王春福

指导教师：康均心教授

授予学位时间：2011 年上半年

内容介绍：本文以利用影响力受贿罪罪名为研究对象，以该罪的侵害法益为原点，就利用影响力受贿罪的行为构造、犯罪主体、犯罪之主观方面以及本罪之罪与非罪、此罪与彼罪之界限、本罪之犯罪形态等问题进行了深入的研究。全文除前言外，共分五章。第一章利用影响力受贿罪保护法益探究。第二章利用影响力受贿构造及方式微探。第三章利用影响力受贿罪主体评析。第四章利用影响力受贿罪主观方面研究。第五章利用影响力受贿罪的司法认定。

中文题名：垄断犯罪立法研究

英文题名：The Legislative Research on Monopoly Crime

研 究 生：胡剑波

指导教师：许发民教授

授予学位时间：2011 年上半年

内容介绍：本文从规范刑法角度出发，对垄断犯罪进行了较为系统、全面、深入的专题探讨研究，并在此基础上提出了具体的具有可操作性的立法建议。全文除引言外，正文共分四章。第一章论述了垄断行为犯罪化的根据。第二章讨论了垄断犯罪构成要件的设置。第三章探究了垄断犯罪的刑事责任。第四章阐明了垄断犯罪罪名体系的建构。

中文题名：论财产罪中的占有

英文题名：Prossession in the Crime Against Property

研 究 生：张红昌

指导教师：马克昌教授

授予学位时间：2011 年上半年

内容介绍：本文除导言外，共分五章对财产罪中的占有问题进行了深入、系统的专题研究。第一章财产罪中占有的理论解读（一），对财产罪中占有的本权说、占有说理论及财产罪保护法益的应然立场进行了研究。第二章财产罪中占有的理论解读（二），对夺取罪中的占有、占有夺取的过程及占有夺取的类型进行了研究分析。第三章财产罪中占有的构造，阐释了占有的意思、占有事实、财产罪中占有与民法中占有的异同等。第四章财产罪中占有的认定研究。第五章财产罪中占有的解释功能，研究了罪与非罪的界限、此罪与彼罪的界限、夺取罪既遂与未遂的界限及刑罚轻重的解释理由问题。

中文题名：群体性事件的刑事解决机制研究

英文题名：The Criminal Settlement Mechanism of the Mass Incidents

研 究 生：王敏敏

指导教师：康均心教授

授予学位时间：2011 年上半年

内容介绍：群体性事件的调控应当是多元化的，刑事解决机制可以说是最后手段。在对群体性事件一般规律的客观把握下，本文从五个方面讨论社会转型时期群体性事件中的刑事介入问题。全文除引言外，共分五章。第一章为群体性事件的概述。第二章群众性事件的现实观照，从整体上把握群体性事件的现象、原因以及应对思维。第三章分析了群体性事件刑事解决机制的一般问题。第四章探讨了群体性事件的宏观刑事解决机制，在整体上把握群体性事件，从观念创新、制度设计、制度适用三个层次理性思量刑事手段的介入空间。第五章剖析了群体性事件的微观刑事解决机制，针对群体性事件中多发的聚众犯罪，提出针对性的具体措施。

中文题名：死刑检察监督制度研究

英文题名：Research on Prosecution Supervision of Death Penalty

研 究 生：孙宝民

指导教师：莫洪宪教授

授予学位时间：2011 年上半年

内容介绍：本文遵循刑事一体化的思路，以强化死刑案件法律监督为主线，以实现死刑的司法控制为目标，立足死刑立法及实践存在的问题，从理论与实践的结合、实体和程序的统一，跨学科、多角度地研究死刑案件立案、侦查、审判、执行环节的监督措施，努力构建和探索死刑检察监督的理论体系及运作方式。全文除绪论外，共分四章。第一章基础论：死刑检察监督理论概述。第二章实体论：死刑检察监督的标准。第三章程序论：死刑检察监督的程序。第四章改革论：死刑检察监督的完善。

中文题名：体育冲突及其法律控制机制研究

英文题名：Research on Sports Conflict and Its Legal Control Mechanism

研 究 生：夏婧

指导教师：康均心教授

授予学位时间：2011 年上半年

内容介绍：体育冲突逐渐成为社会、政治、经济等领域的共同话题。对此，十分有必要对体育冲突及其控制体系进行一番深入的思考和探索。本文对体育冲突及其法律控制机制展开研究。本文通过探讨中西方语源及典籍中"冲突"的含义，创造性地定义了"体育冲突"的概念，并将"社会冲突理论"作为研究的理论基础，构架了体育冲突的原因体系与结构层次，重点分析了体育冲突的本源性原因与非本源性原因。同时，本文基于对体育冲突正负功能的分析，结合社会控制理论，提出了法律控制体育冲突的观点，构建了体育冲突法律控制机制的模型，论述了体育冲突法律控制机制的实现路径。全文除引言、结语外，共分五章。第一章绪论。第二章体育冲突的基本问题。第三章体育冲突及其控制的理论探讨。第四章体育冲突的法律控制机制。第五章体育冲突法律控制机制的完善与补充。

中文题名：未成年人犯罪生成机理研究

英文题名：Research on the Mechanism of Forming Juvenile Delinquency

研 究 生：邓小俊

指导教师：莫洪宪教授

授予学位时间：2011 年上半年

内容介绍：本文研究的未成年人犯罪生成机理是从微观视角解释未成年人具体犯罪行为形成的过程，强调的是未成年人个体实施犯罪行为的情形，是指在未成年人犯罪生成的过程中，各种致罪因素之间相互作用的过程、方式和原理。全文除引言外，共分五章。第一章为未成年人犯罪生成机理之基础论。第二章探析了未成年人犯罪生成的内在主观要件——犯罪性论。第三章阐释了未成年人犯罪生成的外在客观条件——犯罪机会论。第四章研究了未成年人犯罪性与犯罪机会的作用机理——犯罪生成论。第五章探讨了未成年人犯罪生成机理之防控论。

中文题名：刑法中的正当职务行为研究

英文题名：The Research on the Justifiable Duty Act in the Criminal Law

研 究 生：马骏

指导教师：许发民教授

授予学位时间：2011 年上半年

内容介绍：本文采用比较研究的方法，在充分考察国内外相关理论研究现状及立法规定的基础上，对职务行为的相关理论问题进行了系统的分析对比和探讨，初步构建了适合于我国的职务行为理论体系。全文除引言外，共分五章。第一章为职务行为概说。第二章阐述了职务行为的理论基础。第三章探讨了职务行为的成立条件。第四章分析和探讨了几种具体的职务行为。第五章分析和探讨了职务行为过当及处理。

中文题名：刑法主观解释研究

英文题名：Studies of Subjective Interpretation to Criminal Law

研 究 生：黎邦勇

指导教师：马克昌教授

授予学位时间：2011 年上半年

内容介绍：本文围绕刑法主观解释这一基本命题展开系统研究。全文除导言、余论外，共分五章。第一章罪刑法定原则对刑法解释观的选择。第二章刑法立法意图的形成、表达机理及形式。第三章把握刑法立法意图的解释准则。第四章刑法解释的类型化思维模式。第五章主观解释视域下的类推解释。

中文题名：有组织犯罪文化研究

英文题名：Research on the Culture of Organized Crime

研 究 生：张爽

指导教师：莫洪宪教授

授予学位时间：2011 年上半年

内容介绍：有组织犯罪文化是犯罪亚文化的一部分，犯罪组织成员的价值观迥异于普通人，而且与非有组织犯罪人也有很大差异，对其独立进行研究具有较大意义。全文除绪论、结论外，共分五章。第一章有组织犯罪传统文化解析。第二章有组织犯罪文化认同研究。第三章有组织犯罪道德文化分析。第四章有组织犯罪情感文化解读。第五章有组织犯罪文化防控体系的建构。

中文题名：积极一般预防理论研究

英文题名：On the Theory of Positive General Prevention

研 究 生：陈金林

指导教师：马克昌 教授、陈家林教授

授予学位时间：2011 年下半年

内容介绍：本文运用大量的第一手资料，对积极一般预防理论的发展史进行了全面的梳理，详细介绍了它从早期的思想碎片（从社会心理的层面观察犯罪）到统治性理论的发展过程，并对积极一般预防理论的性质进行了全面探讨，深入分析了它与消极一般预防理论、报应理论的不同，探析了积极一般预防理论的作用机理，界定了影响积极一般预防必要性和效果的因素，指出了各种影响因素的不同地位和作用形式，建设性地探讨了积极一般预防理论在刑法实践中运用的可能性及其形式。全文除引言外，共分五章。第一章积极一般预防理论的历史发展。第二章积极一般预防理论的概念。第三章积极一般预防理论的经验证实与规范评价。第四章积极一般预防效果的实现。第五章积极一般预防理论的运用。

中文题名：客观处罚条件研究

英文题名：Research on the Objective Punishment Conditions

研 究 生：吴情树

指导教师：马克昌 教授、陈家林教授

授予学位时间：2011 年下半年

内容介绍：本文主要通过介绍和讨论德国、日本有关客观处罚条件的研究成果，对我国刑法中类似客观处罚条件的客观超过要素的立法现象进行评析，期冀对我国刑法中个别犯罪的主观罪过形态的认定有所助益。全文除导论外，正文共分五章。第一章介绍了客观处罚条件基础论。第二章阐述了客观处罚条件定位论。第三章研究了客观处罚条件机能论。第四章研究了客观处罚条件关系论。第五章探析了客观处罚条件启示论。

中文题名：宽严相济刑事政策实证研究

英文题名：The Empirical Research on the Criminal Policy of Combining Leniency with Severity

研 究 生：马献钊

指导教师：莫洪宪教授

授予学位时间：2011 年下半年

内容介绍：本文沿着宽严相济刑事政策赖以建立的逻辑基础、历史基础、观念基础和现实基础这一基本逻辑，展开了对宽严相济刑事政策的考察、研究。全文除引言、结语外，分为总论和分论两部分，共分七章。其中总论部分四章：第一章宽严相济刑事政策之逻辑基础。第二章宽严相济刑事政策之历史基础。第三章宽严相济刑事政策之观念基础。第四章宽严相济刑事政策之现实基础。分论部分三章：第五章宽严相济刑事政策视野下刑事和解制度之实践。第六章宽严相济政策视野下非监禁刑制度的完善。第七章宽严相济政策视野下的有组织犯罪防控。

中文题名：驱逐出境刑研究

英文题名：Research on Deportation

研 究 生：柯良栋

指导教师：马克昌教授、莫洪宪教授

授予学位时间：2011 年下半年

内容介绍：本文对驱逐出境刑进行了深入、细致的研究。全文除引言外，正文分五章。第一章采取了比较研究的方法，从历史的角度概述了我国驱逐出境刑的产生、发展过程，并对国外驱逐出境制度进行了详细的考察，主要论述了美国的驱逐出境刑制度。第二章论述了驱逐出境刑的概念和属性。第三章探讨了保留驱逐出境刑的意义。第四章探讨了驱逐出境刑的适用原则及范围。第五章论述了驱逐出境刑的适用方式和期限。

中文题名：受贿犯罪主体研究

英文题名：On the Subject of Bribery Crime

研 究 生：朱华

指导教师：康均心教授

授予学位时间：2011 年下半年

内容介绍：全文从权力出发对各种受贿犯罪的犯罪主体进行了系统、全面、深入的研究，并从犯罪主体的角度提出了完善我国受贿犯罪刑事立法的若干建议。全文除导论外，共分六章。第一章我国受贿犯罪主体的立法演进。第二章受贿罪的犯罪主体。第三章其他受贿犯罪的犯罪主体。第四章国际公约及相关国家和地区刑法规定的受贿犯罪的犯罪主体。第五章我国受贿犯罪的立法完善——基于犯罪主体的思考。第六章受贿犯罪的立法体系。

2012 年

中文题名：不纯正不作为犯的基本问题

英文题名：Study on the Basic Theory of Impure Omission

研　究　生：邱戚

指导教师：林亚刚教授

授予学位时间：2012 年上半年

内容介绍：本文对不纯正不作为犯的基本问题进行了深入系统的研究，其中主要探讨了不纯正不作为犯的基本范畴和不作为的因果关系，着重研究了不纯正不作为犯的等价性和作为义务的来源。全文除序言、结语外，共分五章。第一章不纯正不作为犯的基本范畴，研究了不纯正不作为犯发展史、不作为的行为性、不纯正不作为犯的概念及构造。第二章不纯正不作为犯的因果关系，探析了大陆法系刑法理论、我国刑法理论的争论。第三章不纯正不作为犯的等价性，评析了大陆法系、我国刑法中等价性理论，阐释了等价性否定论之提倡的有关问题。第四章不纯正不作为犯的作为义务：形式义务论，考察了大陆法系、英美法系、苏联、中国内陆形式义务论的学说和判例，探究了四来源说之展开以及犯罪行为成为先行行为之论证等。第五章不纯正不作为犯的作为义务：实质义务论，探讨、研究了德国、日本、我国台湾地区、我国内陆刑法学界的实质义务论。

中文题名：犯罪论体系的比较与建构

英文题名：On the Comparing and Constructing of the Criminal Theory System

研　究　生：秦永峰

指导教师：马克昌教授、莫洪宪教授

授予学位时间：2012 年上半年

内容介绍：本文对犯罪论体系的比较与构建进行了深入、系统的研究。全文除引言外，共分五章。第一章论述了犯罪论体系的一般原理，讨论了犯罪论体系的概念、特征，在此基础上指出构建犯罪论体系的方法、评价标准及其分类，介绍了犯罪论体系的不同分类及本文所采用的分类标准。第二、三、四章分别探讨了德日犯罪论体系、英美犯罪论体系、苏联及我国的犯罪论体系的起源、形成、发展及其主要特征等。第五章在介绍三大犯罪论体系的基础上，对它们进行了宏观体系的比较、具体构成要素的微观比较以及哲学层面的比较，评析了三大犯罪论体系，探讨了新犯罪论体系的建构。

中文题名：犯罪预备行为处罚限度研究

英文题名：Study of Punishment Limit of Crime in Preparation Behavior

研　究　生：许健

指导教师：贾宇教授

授予学位时间：2012 年上半年

内容介绍：本文借鉴国内外不同国家和地区的立法、司法实践以及理论研究的成果，从犯罪预备行为、预备犯和犯罪预备的基础理论切入，论证犯罪预备行为处罚的理由，内容涉及犯罪预备行为的概念、犯罪预备的概念、预备犯的概念、犯罪预备行为的结构特征构成及认定、特殊形态犯罪预备行为的认定、犯罪预备行为的实行性转化及预备犯的归属、犯罪预备行为的处罚限度等，并从立法建议的立场对犯罪圈进行实质性的限缩，行为造成的风险有程度之分，刑法的容忍也有限度之别，容忍限度和风险程度之间的平衡存在界限。本文通过对大量预备犯罪案件研究，试图在程度和限度之间寻找平衡之界，提出分则应明确规定独立的十个预备罪。全文除导论、结语外，共分四章。第一章犯罪预备行为处罚概述。第二章犯罪预备行为规范考察与特殊形态。第三章犯罪预备行为转化及预备犯归属。第四章犯罪预备行为处罚范围的体系性思考。

中文题名： 非刑罚处罚制度研究

英文题名： On the Non-punishment System

研 究 生： 刘志刚

指导教师： 康均心教授

授予学位时间： 2012 年上半年

内容介绍： 本文以非刑罚处罚制度为研究对象，通过逻辑分析、价值分析和比较分析的研究方法对该制度的概念、基础理论、司法适用和立法完善等问题进行研究。全文围绕非刑罚处罚制度的基础理论、现行制度和完善三个层面，分五章展开论述。第一章为非刑罚处罚制度概述。第二章研究了非刑罚处罚制度的理论基础。第三章探讨了非刑罚处罚制度的适用问题。第四章剖析了非刑罚处罚制度的缺陷。第五章讨论了非刑罚处罚制度的完善。

中文题名： 附条件引渡研究

英文题名： Research on Conditional Extradition

研 究 生： 邹江江

指导教师： 康均心教授

授予学位时间： 2012 年上半年

内容介绍： 当今引渡活动中，附条件引渡已经成为主体，少有被请求国不附有任何条件即同意引渡的具体事例。本文以研究立足于在国际刑法视域中用辩证和发展的眼光看待国家之间的附条件引渡合作，综合运用实证分析、比较研究、程序与实际相结合等研究方法，系统理清了附条件引渡的发展脉络，深刻阐明了附条件引渡的形成机理，客观分析了当前国际私法协助中开展附条件引渡合作面临的突出问题，切实界定了附条件引渡的概念内涵和特征，并借鉴西方发达国家的相关经验，从附条件引渡的实现过程、附加条件的基本原理、实体附加条件、程序附加条件和中美引渡制度比较五个方面对附条件引渡进行了全面的剖析、研究。全文除引言外，共分五章。第一章附条件引渡的基本问题。第二章附条件引渡的实现。第三章实体附加条件。第四章程序附加条件。第五章中美附条件引渡制度比较。

中文题名： 宏观经济调控视野下的洗钱犯罪预控新模式研究

英文题名： The New Mode of Criminal Prevention and Control for Money Laundering Under the View of Macro-economic Control

研 究 生： 杨阳

指导教师：莫洪宪教授

授予学位时间：2012年上半年

内容介绍：本文对宏观经济调控视野下的洗钱犯罪预控新模式进行了系统深入研究，尤其是对洗钱犯罪的方法及预控洗钱犯罪的对策进行了重点研究。全文除引言外，共分五章。第一章为洗钱犯罪概述。第二章介绍了洗钱犯罪的方法。第三章分析了宏观经济调控视野下的洗钱犯罪成因。第四章阐述了运用宏观经济调控预控洗钱犯罪制度的构建。第五章探讨了利用宏观调控解决反洗钱面临的难题。

中文题名：混合身份共犯研究

英文题名：Research on Mixed Identity Common Crime

研 究 生：林铤

指导教师：吴振兴教授

授予学位时间：2012年上半年

内容介绍：本文从犯罪形态的角度，将不同身份者共同实施身份犯罪的场合作为一种特殊的犯罪形态——混合身份共犯，尝试对不同身份者共同实施身份犯时的定罪量刑问题以及其他相关问题进行研讨。全文除引言外，共分五章。第一章主要研究了混合身份共犯的前提问题。第二章主要研究了混合身份共犯的本体问题。第三章主要研究了混合身份共犯的定罪问题。第四章主要研究了混合身份共犯量刑问题。第五章主要研究了混合身份共犯的其他相关问题，包括其与间接正犯、认识错误和未完成形态的关系及处理问题。

中文题名：量刑模型研究

英文题名：Research on Sentencing Model

研 究 生：王联合

指导教师：吴振兴教授

授予学位时间：2012年上半年

内容介绍：本文以量刑模型作为研究对象，通过分析中外有代表性的量刑模型的优劣得失，探求量刑模型的内在规律，从而为我国规范化量刑模型的建立提供理论支持。全文含引论，共分八章。第一章引论。第二章量刑模型概述。第三章中外量刑模型评介。第四章量刑基准。第五章量刑情节与刑罚的结构关系。第六章量刑情节与刑罚的数量关系。第七章个罪量刑模型比较研究。第八章死刑与无期徒刑的量刑模型。

中文题名：全流通时代的证券犯罪问题研究

英文题名：Research on the Security Crime Under Circulation Time

研 究 生：王崇青

指导教师：莫洪宪教授

授予学位时间：2012年上半年

内容介绍：本文研究始终站在行为无价值立场上，带着"问题意识"，坚持刑法谦抑性原则，坚持形式解释和实质解释相统一，将在司法实践中频繁发生而又极具理论价值的若干证券犯罪问题作为研究切入点，并适当借鉴美国、欧盟、日本法理论，紧紧围绕证券犯罪司法实务中争议较多的行政认定和刑事认定的衔接、因果关系、共同犯罪、兜底条款及立法完善等问题展开论述。内容涉及证券犯罪的概念、类型、法益、行政认定和刑事认定的衔接、因果关系、共犯形态、兜底条款、立法问题等方面。全文除引言外，共分五章。第一章证券犯罪概述。第二章证券犯罪的行政认定与刑事认定的衔接。第三章证券犯罪的因果关系及认定。第四章证券犯罪的共犯形态。第五章证券犯罪的"兜底条款"及立法完善。

中文题名：食品安全的刑法保护

英文题名：The Criminal Law Protection of the Food Safety

研 究 生：陈晓华

指导教师：莫洪宪教授

授予学位时间：2012 年上半年

内容介绍：本文共分六个部分对食品安全的刑法保护问题进行了系统的专题研究。第一部分引言。第二部分食品安全刑法保护概说。第三部分刑事政策与食品安全。第四部分食品安全的刑事立法保护。第五部探讨了刑事司法在惩治危害食品安全方面的困境与完善。第六部分危害食品安全刑法保护与行政法保护的衔接。

中文题名：信息刑法基本问题研究

英文题名：Research on Basic Questions of Information Criminal Law

研 究 生：黄琰

指导教师：皮勇教授

授予学位时间：2012 年上半年

内容介绍：本文从体系研究的方式出发，从理论与实践相结合的层面对刑法中存在的信息相关问题进行了深入探讨，提出了一些独特的观点。全文除引言、结语外，共分五章。第一章信息概述。第二章刑法中的信息，研究了信息对于犯罪构成各要素的影响，包括以信息样态出现的犯罪对象、信息所承载或体现的信息法益、以信息为对象的犯罪行为及作为定罪量刑因素的信息数量几个方面。第三章秘密信息与刑法保护，研究了信息区别于物质财产的重要表现——秘密性所带来的刑法保护问题，并分析了侵犯秘密信息的犯罪行为和刑事责任。第四章财产信息与刑法保护，研究了信息的财产属性给刑法保护带来的挑战，深入分析了财产的变迁和属性等。第五章人身相关信息与刑法保护，研究了信息的人身性对刑法保护所产生的影响。

中文题名：刑法中的正当化事由基本问题研究

英文题名：A Research on Basic Issues of Justified Cause in Criminal Law

研 究 生：王骏

指导教师：许发民教授

授予学位时间：2012 年上半年

内容介绍：本文以刑法中正当化事由的若干基本问题为研究对象，首先厘清正当化事由是怎样一个范畴；其次探寻这一范畴所赖以存在的根基是什么，在此基础上充分展开规范违反说与法益侵害说、行为无价值论与结果无价值论间对立的论述，对正当化事由根据诸说进行评判并进行确证；最后，分别对定位、认定等问题展开研究。全文除导言外，共分五章。第一章介绍了正当化事由范畴论。第二章研究了正当化事由根基论。第三章探讨了正当化事由根据论。第四章研究了正当化事由定位论。第五章论述了正当化事由认定论。

中文题名：走私罪研究

英文题名：Research on the Crimes of Smuggling

研 究 生：梁争

指导教师：康均心教授

授予学位时间：2012 年上半年

内容介绍：本文系统而重点地对走私罪存在的争议及疑难问题进行了梳理和分析研究，并试图以理论与实践相结合的视角来对走私罪进行研究、分析与探讨。本文从目前对非暴力性犯罪的刑罚适用，特别是限制死刑的趋势入手，探讨了走私罪刑罚适用的存在问题和解决对策，阐明走私罪死刑适用的基本原则和基本要求；结合《刑法修正案（八）》对走私罪所作出的大幅度的修订，全面归纳修订的内容和特点，深入分析修订的原因，重点论述修订对将来的影响；引用全国人大法工委、最高人民法院、海关总署等单位举行的走私罪相关问题调研中收集的相关资料和数据，针对走私罪在立法和司法上存在的诸多不足和缺陷，全面提出走私罪立法和司法完善的建议。全文除导言、结语外，共分为九章。第一章至第八章依次分别为：走私罪概述、主体、主观方面、行为、未完成形态、共犯、罪数、刑罚。第九章为走私罪的立法和司法完善。

中文题名：道路交通过失犯论纲

英文题名：Basic Research on the Road Traffic Negligent Crime

研 究 生：袁希利

指导教师：许发民教授

授予学位时间：2012 年下半年

内容介绍：本文以道路交通过失犯论纲为题，对交通道路过失犯进行了专题研究。文章通过对过失犯理论的梳理，在研究信赖原则的基础上，提出了以"容许风险理论"作为解决交通过失犯罪责任的主要理论依据；通过对交通过失犯的相关问题的深入研究，提出了"交通过失竞合和交通共同过失的责任认定"，对实践中正确解决交通过失犯的相关刑事责任具有重要价值；提出"应当从主客观两方面重点审查过失犯的构成"，为实践中正确认定交通过失犯提供了理论指南。全文除引言外，共分五章。第一章过失犯的基本问题。第二章交通过失犯的判断径路。第三章交通过失犯中信赖原则的适用及替代。第四章注意规范保护目的与交通过失犯的成立。第五章交通过失犯认定的其他问题。

中文题名：刑法谦抑的司法实现

英文题名：The Judicial Implement of the Penalty Moderation

研 究 生：万选才

指导教师：莫洪宪教授

授予学位时间：2012 年下半年

内容介绍：刑法谦抑，是指国家应当力求以最小的刑罚支出，获取最大的预防和控制犯罪效益。本文对刑法谦抑的司法实现进行了系统深入的分析研究。全文除引言、结束语外，共分五章。第一章介绍了刑法谦抑的基本理论。第二章研究了刑法谦抑司法实现的基础。第三章分析了刑法谦抑司法实现的障碍。第四章探讨了刑法谦抑司法实现的具体路径。第五章考量了刑法谦抑的司法限度。

中文题名：主犯研究

英文题名：Research on the Principal Criminal

研 究 生：杨开江

指导教师：林亚刚教授

授予学位时间：2012 年下半年

内容介绍：本文从共同犯罪的基本理论出发，通过对各国主犯立法以及理论的比较，对主犯的概念、司法实践中的主犯认定、主犯的罪数与犯罪形态、主犯规制的司法完善等问题进行了深入的探讨。全文除前言外，共分五章。第一章主犯概念论。第二章主犯认定论。第三章主犯责任论。第四章主犯罪数形态论。第五章主犯余论。

2013 年

中文题名：抽象危险犯研究

英文题名：Research on Abstract Potential Damage Offense

研 究 生：李婕

指导教师：马克昌教授、陈家林教授

授予学位时间：2013 年上半年

内容介绍：本文运用大量的第一手资料，对抽象危险犯的发展史进行了全面的梳理，不仅详细介绍了从古典刑法的抽象危险犯到风险社会下抽象危险犯的发展过程，全面探讨了抽象危险犯的性质，深入分析了抽象危险犯与具体危险犯的区别、抽象危险的限定解释及抽象危险犯的处罚根据，而且还深入探索了抽象危险犯理论的归责路径，界定了抽象危险的认定标准，指出了各种影响因素的不同地位和作用形式，建设性地探讨了抽象危险犯的典型罪名在司法实践中认定的标准及完善建议。全文除导论外，共分四章。第一章风险社会下抽象危险犯的新发展。第二章风险社会下抽象危险犯的正当化依据。第三章抽象危险犯的认定。第四章抽象危险犯若干罪名分析。

中文题名：犯罪的行政从属性研究

英文题名：Research on the Administrative Accessoriness of Crimes

研 究 生：刘夏

指导教师：莫洪宪教授

授予学位时间：2013 年上半年

内容介绍：本文对犯罪的行政从属性进行了深入、细致的研究。全文除引言外，共分四章。第一章行政从属性的概念及分类。第二章行政违法与刑事违法之关系。第三章从属于行政规范之犯罪。第四章从属于行政行为之犯罪。

中文题名：宽严相济刑事政策下的少数民族犯罪控制研究

英文题名：A Study of the Control of Ethnic Minority Crime Under Guidance of the Lenient and Severe Criminal Policy

研 究 生：艾尔肯·沙木沙克

指导教师：莫洪宪教授

授予学位时间：2013 年上半年

内容介绍：本文以我国新疆地区为例，对新疆少数民族犯罪的基本情况进行调查，从犯罪学、社会学以及民族学等方面对少数民族犯罪进行分析，科学地揭示了少数民族犯罪现象，并且从刑法学、刑事政策学角度探讨少数民族犯罪控制问题，特别是对在少数民族犯罪控制中如何贯彻宽严相济刑事政策进行了详细的讨论，提出了一些有价值的观点，在一定程度上丰富和完善了我国少数民族犯罪的理论研究。全文共分七个部分。第一部分为引言。第二部分分析了我国少数民族犯罪的现状、特点与趋势。第三部分为刑事政策概述。第四部分为宽严相济刑事政策之概述。第五部分探讨了宽严相济刑事政策与少数民族刑事政策的关系。第六部分探讨了少数民族犯罪控制中宽严相济政策的贯彻。第七部分研究、讨论了宽严相济刑事政策下少数民族犯罪的社会控制。

中文题名：量刑方法类型化研究

英文题名：On the Sentencing Method Typology

研 究 生：唐亚南

指导教师：康均心教授

授予学位时间：2013 年上半年

内容介绍：本文运用理论与实践相结合、历史和现实相结合、单一学科与多元学科相结合的方法对量刑方法类型化进行了深入的分析研究。全文除引言外，共分四章。第一章量刑方法类型化概述。第二章量刑方法类型化的理论基础。第三章我国量刑方法类型化的现状及存在的问题。第四章我国量刑方法类型化的司法完善。

中文题名：量刑基本理论研究

英文题名：Research on the Basic Theory of Sentencing

研 究 生：王刚

指导教师：皮勇教授

授予学位时间：2013 年上半年

内容介绍：基于量刑在理论与实践上的双重价值，本文围绕量刑理论的五个核心问题展开深入研究，通过比较研究的方法，结合我国司法实践的现状和学界的主流观点，对相关问题作了系统的梳理、分析和论证，提出了相对独到的见解。全文除绪论外，共分五章。第一章量刑基础论。第二章量刑原则论。第三章刑事法官自由裁量权论。第四章量刑方法论。第五章量刑程序论。

中文题名：期货犯罪研究

英文题名：On the Futures Crime

研 究 生：吴凤

指导教师：康均心教授

授予学位时间：2013 年上半年

内容介绍：本文以期货犯罪为研究对象，分引言、期货犯罪本体论、期货犯罪现象论、期货犯罪原因论、期货犯罪防控论五个部分对期货犯罪进行了深入、系统的研究。其中，第一部分期货犯罪本体论，重点界定了期货犯罪等基础性概念及其特征，介绍了国内外期货市场发生发展背景，并重新归纳总结目前我国期货犯罪的类型。第二部分期货犯罪现象论，主要阐述期货犯罪的主体、期货犯罪行为及期货犯罪的危害后果等现象。第三部分期货犯罪原因论，从期货犯罪的特点出发，从期货市场和法律制度两个层面研究了我国期货犯罪的个体原因和社会原因，立法原因和司法原因。第四部分期货犯罪防控论，主要对如何遏制期货犯罪提出方法和建议。

中文题名：牵连犯研究

英文题名：The Research on Implicated Offense

研 究 生：陈细田

指导教师：林亚刚教授

授予学位时间：2013 年上半年

内容介绍：本文主要采用比较研究的方法，在充分考察国内外理论研究现状和司法实践的基础上，对牵连犯的相关理论问题进行了系统的分析和探讨，初步构建了适合我国的牵连犯理论体系。全文除引言外，共分五章。第一章牵连犯的罪数本质。第二章牵连犯的存与废。第三章牵连犯的概念、特征及类型。第四章牵连犯的适用。第五章牵连犯与相关罪数形态。

中文题名：预备犯研究

英文题名：Research on Preparatory Crime

研 究 生：许海霞

指导教师：林亚刚教授

授予学位时间：2013 年上半年

内容介绍：本文采用比较法研究、理论实践相结合研究的方法，对刑法上预备犯的本体构造、犯罪构成构造、处罚根据反思及量刑基本问题等相关问题进行了系统、全面的研究。全文除引言外，共分五章。第一章导论。第二章预备犯的本体论。第三章预备犯的犯罪构成论。第四章预备犯的处罚根据论。第五章预备犯的量刑论。

中文题名：转型期犯罪治理模式变迁研究

英文题名：Research on the Transition of Crime Governance Modes in the Transitional Period

研 究 生：黄石

指导教师：康均心教授

授予学位时间：2013 年上半年

内容介绍：本文通过梳理不同时期犯罪治理的策略体系特点，归纳犯罪治理模式的演变逻辑，指明新的转型时期犯罪治理模式的发展路向。全文除导论外，共分四章。第一章德化治理：传统社会的犯罪治理模式。第二章运动治理：计划体制下的犯罪治理模式。第三章综合治理：经济转型时期的犯罪治理模式。第四章多元治理：和谐社会构建中的犯罪治理模式创新。

中文题名：非监禁刑问题研究

英文题名：Research on the Non-imprisonment Penalty Issues

研 究 生：王耀忠

指导教师：贾宇教授、林亚刚教授

授予学位时间：2013 年下半年

内容介绍：本文围绕非监禁刑基本理论和刑罚观念，针对非监禁刑的立法和司法问题，结合作者的调研材料，采用理论紧密联系实践的方法，在借鉴国外理论与实践经验的基础上展开研究和探讨。通过对犯罪原因的反思提出了层阶一体化责任观，在对其原因、依据、正当性论证的基础上设计了《犯罪内因量表》《犯罪外因量表》、计算公式以及适用方法，并努力将层阶一体化责任观贯彻到非监禁刑的司法和执行中去，提出并设计了《假释罪犯重要因素人身危险性评估量表》等，将假释罪犯的再犯危险性预测因子分成宣判前预测因子和执行期间预测因子两大类，并赋予了执行期间预测因子独立的再犯危险性判断功能。全文除前言、结语外，共分三部分。第一部分非监禁刑的观念问题。第二部分非监禁刑的立法问题。第三部分非监禁刑的司法问题。

中文题名：教唆犯比较研究

英文题名：Comparative Study on Instigator

研 究 生：彭泽君

指导教师：马克昌 教授、莫洪宪教授

授予学位时间：2013 年下半年

内容介绍：本文就教唆犯的一些重要问题作了比较探讨。全文主要分为引言、文献

综述、正文三大部分，其中正文包括八个部分。第一部分考察了教唆犯的起源与演变。第二部分论述了教唆犯的概念与成立要件。第三部分探讨了教唆犯的性质与生存空间。第四部分研究了教唆犯的分类及其与相关概念的区分。第五部分讨论了教唆犯的特殊形态，包括教唆犯的未完成形态与罪数形态两部分。第六部分分析了教唆犯的定罪。第七部分探讨了教唆犯的处罚。第八部分提出了完善我国刑法中教唆犯立法的建议。

中文题名：论人格缺陷——基于自我肯定需求理论

英文题名：Theory of Personality Defect：Based on the Theory of the Self-assertiveness Demands

研 究 生：杨文博

指导教师：贾宇教授、林亚刚教授

授予学位时间：2013 年下半年

内容介绍：通过弥补需求缺陷来矫正人格缺陷的自然过程被称为自我肯定需求理论。本文围绕自我肯定需求理论展开对人格缺陷的论述与分析研究。全文共分六章。第一章刑法学的人性思想基础。第二章辩证人性论与犯罪行为发生过程。第三章人格缺陷的基本理论。第四章人格缺陷的生成机制。第五章人格缺陷与犯罪的关系。第六章人格缺陷的社会矫正。

中文题名：受贿罪中贿赂形式研究

英文题名：Research on the Bribery Forms in Bribe-taking Crime

研 究 生：赵灿

指导教师：康均心教授

授予学位时间：2013 年下半年

内容介绍：受贿犯罪本身是一种隐秘的犯罪，而在与立法和司法的不断博弈过程中，催生出了更多新的形式。受贿犯罪类型复杂多变，刑事立法的原有模式也在不断受到挑战和冲击。本文正是基于这种考虑，对我国受贿罪的贿赂形式问题进行了分析，以期该问题的研究能够更进一步，从而也为研究受贿罪或其他贿赂犯罪提供一些粗浅的理论帮助。全文除导言、结语外，共分四章。第一章贿赂的基本概念，分析、界定了贿赂的概念、法律特征、贿赂在受贿罪中的地位以及贿赂犯罪构成要件。第二章贿赂的表现形式，探讨了贿赂行为对象的基本范围、贿赂财务的本质要素——利益，贿赂利益的存在方式。第三章贿赂形式的具体认定，详细阐释了现实利益和预期利益情形贿赂形式、占有转移和所有移转的贿赂形式、双方控制和单方控制的贿赂形式以及贿赂财务的价值计算。第四章若干新型贿赂形式研究，研究分析了干股型、交易型、委托理财型贿赂形式。

中文题名：我国有组织犯罪刑事治理检讨与对策

英文题名：The Review and Countermeasures of Chinese Organized Crime Criminal Governance

研 究 生：罗明海

指导教师：许发民教授

授予学位时间：2013 年下半年

内容介绍：本文立足于域外借鉴和本土检讨，从刑法学、犯罪学、刑事政策学的角度出发，采用历史分析法、比较研究法，以问题为中心，提出旨在提高我国有组织犯罪刑事治理效率的基本对策。全文除前言、余论外，共分五章。第一章国际有组织犯罪概念及其刑事规制。第二章我国港澳台地区有组织犯罪概念及刑事规制。第三章我国有组织犯罪发展及其刑事治理的历史回顾。第四章我国有组织犯罪刑事治理之检讨。第五章我国有组织犯罪刑事治理之对策。

中文题名：新型受贿罪研究

英文题名：Studies on the New Criminal Types of Bribery

研 究 生：钱晶晶

指导教师：吴振兴教授

授予学位时间：2013 年下半年

内容介绍：本文结合"两高"出台的《关于办理受贿刑事案件适用法律若干问题的意见》与《关于办理商业贿赂刑事案件适用法律若干问题的意见》，从纷繁复杂、形式多样的新型受贿犯罪中，概括界定新型受贿罪的概念，探究其深层原因，总结出新型受贿罪的犯罪手段罪与非罪的混合性、犯罪结果具有期权化、犯罪对象扩展至财产性利益、犯罪主体具有一定的间接正犯性等共同特征。文章重点探讨了新型受贿罪犯罪手段的隐蔽性、受贿对象的扩展性、受贿行为的认定以及受贿数额的计算等热点问题，并从法律文化的角度分析受贿罪差异性产生的原因，从犯罪预防角度探讨了反受贿犯罪预防机制的完善，提出了受贿罪的立法完善建议，构建反受贿的可行机制。全文除引言外，共分十章。第一章新型受贿罪的概述。第二章交易形式型受贿。第三章干股分红型受贿。第四章合作投资型受贿。第五章委托理财型受贿。第六章赌博型受贿。第七章挂名领薪型受贿。第八章特定关系型受贿。第九章权属未变型受贿。第十章新型受贿罪余论。

2014 年

中文题名：不作为共犯研究

英文题名：Study on Joint Crime by Omission

研 究 生：古瑞华

指导教师：吴振兴教授

授予学位时间：2014 年上半年

内容介绍：本文采用系统分析、比较分析以及事实和价值二元分析法等研究方法，对不作为共犯进行了系统深入的研究探讨。全文除绪论、结语外，共分七章。第一章为不作为共犯的概念界定。第二章为不作为共犯的理论聚讼。第三章论述了不作为共犯的成立条件。第四章探讨研究了不作为共犯的常态类型。第五章介绍了不作为共犯的特殊类型。第六章讨论了不作为共犯的相关问题。第七章论述了不作为共犯的刑事处罚问题。

中文题名： 定罪基础理论和实践问题研究——以定罪中的非确定性类型为中心

英文题名： Study on the Theory and Practice of Conviction：On the Perspective of Uncertainty Type

研 究 生： 洪星

指导教师： 康均心教授

授予学位时间： 2014 年上半年

内容介绍： 本文从定罪实践中的问题出发，对定罪理论中的一些基础性问题进行了重新审视，再以此为基点，围绕定罪实践中存在问题较多的"非确定性"现象及与之相应的"非确定性定罪"展开了论述。本文首先分析了定罪的类型，论述了非确定性定罪存在的必然性及其价值。其次，对法律规范中存在的非确定性因素进行了实证分析，较全面梳理了非确定性因素在法律规范中寓居的空间范围，为区分确定性定罪和非确定性定罪提供了较明确的参考。随后，结合调研和实际案例考察了非确定性定罪的运行状态，指出其存在的主要不足和问题，进而提出规范非确定性定罪的总体构想。全文除引言外，共分五章。第一章定罪概述。第二章定罪的类型——以确定性和非确定性为标准的划分。第三章非确定性因素的实证分析。第四章非确定性定罪的实践——基于案例的考察。第五章非确定性定罪的总体构想。

中文题名： 渎职罪的基本理论问题研究

英文题名： On the Theoretical Issues of Crime of Dereliction of Duty

研 究 生： 王杨

指导教师： 康均心教授

授予学位时间： 2014 年上半年

内容介绍： 本文在充分考察国内目前对渎职罪的立法和司法现况的基础上，致力于对渎职罪基本理论问题进行全面分析和系统探讨，希望能有助于渎职案件的司法实践，并推动当今语境下渎职罪理论体系的完善。全文除引论外，共分七章。第一章渎职罪的犯罪主体。第二章渎职罪的危害结果。第三章渎职罪的因果关系。第四章渎职罪的主观罪过。第五章渎职罪的"前案"。第六章渎职罪的共犯。第七章渎职罪的罪数。

中文题名： 对向犯研究

英文题名： Research on the Correspondence Offense

研 究 生： 李岚林

指导教师： 林亚刚教授

授予学位时间： 2014 年上半年

内容介绍： 本文在尝试构建必要共犯理论的基础上，针对对向犯的本质，重新建构其应有的结构形态。为完整系统地介绍对向犯，本文除了对其结构作深入剖析并探讨其成罪条件外，更导入作为上位概念的必要共犯理论，并将其与其他复数参与正犯类型相比较，展现其可能形成的参与关系，进而探讨对向犯的可罚性法理基础。全文除引言、结语外，共分五章。第一章必要共犯理论概述。第二章对向犯的形成结构。第三章对向犯的成罪条件。第四章对向犯与其他复数参与正犯类型之比较。第五章我国刑法分则中的对向犯。

中文题名：机能主义刑法理论研究

英文题名：On the Functionalism Criminal Law Theory

研　究　生：赖正直

指导教师：康均心教授

授予学位时间：2014 年上半年

内容介绍：本文采用文献研究、比较研究、观察研究的方法，对机能主义刑法理论开展了全面的研究，并挖掘其对我国刑事法学的借鉴意义。全文除导论外，分为三个部分，共七章。第一部分概括机能主义刑法理论的主要观点及其产生和发展历程，包括第一章机能主义刑法理论的产生；第二章机能主义刑法理论的思想渊源；第三章机能主义刑法理论的新发展。第二部分对机能主义刑法理论的意义和价值作出评判，主要内容为第四章机能主义刑法理论的评价与借鉴。第三部分阐述了机能主义刑法理论对我国的借鉴意义，包括第五章机能主义刑法理论与我国刑法解释理论；第六章机能主义刑法理论与我国案例指导制度；第七章机能主义刑法理论与我国人民陪审员制度。

中文题名：金融诈骗罪的若干疑难问题研究

英文题名：Research on the Some Difficult Problems About the Crime of Financial Fraud

研　究　生：古加锦

指导教师：莫洪宪教授

授予学位时间：2014 年上半年

内容介绍：本文对金融诈骗罪的若干疑难问题进行了深入系统的研究。全文除前言外，共分十章。第一章阐述了单位金融诈骗行为的处理。第二章分析了金融诈骗罪的非法占有目的。第三章研究了内外勾结金融诈骗的行为定性。第四章探讨了金融诈骗罪的罪数形态。第五章分析了集资诈骗罪的疑难问题。第六章探析了票据诈骗罪的疑难问题。第七章研究了信用证诈骗罪的疑难问题。第八章信用卡诈骗罪的疑难问题。第九章保险诈骗罪的疑难问题。第十章提出了金融诈骗罪的立法完善建议。

中文题名：量刑情节限制暴力犯罪死刑适用研究

英文题名：The Study on the Sentencing Plot Restrict the Application of the Violent Death Penalty

研　究　生：陈攀

指导教师：莫洪宪教授

授予学位时间：2014 年上半年

内容介绍：系统研究量刑情节限制暴力犯罪死刑的适用问题，不仅有助于死刑制度的理论研究，拓展这一问题的研究层次和领域，而且有助于司法实务，为司法实践中正确裁量死刑和严格控制死刑提供理论指导和参考。本文正是立足于此，研究量刑情节限制暴力犯罪死刑适用的相关问题。文章采用实证分析、历史分析、比较研究、综合研究的方法，从分析暴力犯罪和量刑情节的概念、特征以及暴力犯罪死刑的发展史入手，在量刑情节分类基础上，探讨了具体量刑情节在限制暴力犯罪死刑适用中所起的作用及存在的问题，提出完善建议。全文除引言、结语外，共分五章。第一章为量刑情节与暴力犯罪死刑限制适用概述。第二章分析了法定量刑情节与暴力犯罪死刑限制适用。第三章探讨了酌定量刑情节与暴力犯罪死刑限制适用。第四章研究了共同犯罪案件量刑情节与暴力犯罪死刑限制适用。第五章提出了量刑情节与暴力犯罪死刑限制适用的思考和完善。

中文题名：量刑适当实证研究——以相对性为视角

英文题名：Empirical Research on Appropriate Sentencing：From the Perspective of Relativity

研 究 生：叶三方

指导教师： 马克昌 教授

授予学位时间：2014 年上半年

内容介绍：在刑事审判实践中，"定罪正确，量刑适当"是个案审判质量的标准。本文以量刑适当为主题，立足审判实践，以许霆案为点，以量刑适当和量刑不当的复杂性为面，分析影响量刑适当的诸多因素，探索量刑适当的一般标准和量刑适当的方法，希望以量刑适当塑造审判权威，以审判权威保障量刑适当。文章重点研究了关于量刑适当相对性的立场（各种因素的产物）和量刑方法、量刑适当的一般标准，同时还研究了量刑主体、独立量刑程序和量刑规范化的实践。通过以点带面的分析，本文试图说明一个观点，即人类追求量刑公正的崇高目标，需要着眼于个案的量刑适当，而审视量刑适当，当以量刑适当相对性为立场。法官在为量刑适当而积极努力的同时，需要全社会以相对性立场去理性地看待量刑结果，在全社会强化司法公信，维护司法权威。需要明确，司法权威需要个案量刑适当来支撑，个案量刑适当需要司法权威作保障。全文除引言、结语外，共分六章。第一章量刑适当的一般标准。第二章量刑适当的相对性特征。第三章量刑适当与量刑主体。第四章量刑适当与量刑方法。第五章量刑适当与量刑程序。第六章量刑适当与量刑规范化。

中文题名：论信息安全的刑法保障

英文题名：On Criminal Law Support of the Information Security

研 究 生：赵文胜

指导教师：赵廷光教授

授予学位时间：2014 年上半年

内容介绍：本文从信息的概念和特征入手，对信息安全的含义、信息安全的技术保障与法律保障的关系、我国刑法对信息安全的保障以及如何建立一个科学的刑事政策体系等问题进行了深入研究。全文除引言外，共分四章。第一章为信息安全概述。第二章信息安全与刑法保障。阐述了信息与法律的关系、法律在信息安全体系中的作用，探讨了信息安全感的缺失与刑法需求、危害信息安全行为的种类及特征、各国信息安全保障的形式法律政策等。第三章我国刑法对信息安全的保障。分析研究了我国刑法对信息安全的保障体系以及对几种网络危害行为犯罪化的刑法考查。第四章提出了建立一个科学的保障信息安全的刑事立法和司法体系。

中文题名：情节犯研究

英文题名：The Research on Circumstance Crime

研 究 生：刘长伟

指导教师：许发民教授

授予学位时间：2014 年上半年

内容介绍：本文在充分考察国内外两种犯罪定量的模式的基础上，通过批判性地借鉴现有的研究成果，对情节犯的立法设置、理论构造和司法认定中的基本问题进行了深入的分析和论证，使理论上对情节犯的研究达到更深的层次。全文除引言外，共分四章。第一章为情节犯的理论定位与概念。第二章情节犯的立法设置及完善，主要评价了情节犯的立法演变和立法特点，分析了情节犯在立法上所具有的价值与在立法上所存在的缺陷，提出了情节犯的立法完善建议。第三章情节犯与犯罪构成理论关系的辨析，阐述了不同犯罪定量立法模式下的犯罪构成理论，分析和论证了"情节严重"的理论定位与主观认知。第四章情节犯的认定，论述了"情节严重"或"情节恶劣"的存在范围和认定的标准，分析了情节犯的未完成形态，论述了情节犯与司法解释的关系，提出了如何完善司法解释的建议。

中文题名：我国刑法中兜底条款研究

英文题名：Study on the Miscellaneous Provisions in China Criminal Law

研 究 生：马东丽

指导教师：莫洪宪教授

授予学位时间：2014 年上半年

内容介绍：本文遵循"兜底条款是什么，为什么，怎么样，怎么办"的思路对我国刑法中兜底条款进行了系统深入的研究。全文除引言、结语外，共分五章。第一章兜底条款概论，界定了兜底条款的概念与特征，梳理了兜底条款的类型，分析了兜底条款与相关概念的关系。第二章兜底条款的价值蕴含，探讨了兜底条款的存在依据、兜底条款的价值。第三章兜底条款的合理范围，研究了我国刑法中兜底条款的适用范围以及兜底条款范围的合理限制。第四章兜底条款的解释，阐释了我国刑法解释的现实透视、兜底条款的基本理念、兜底条款的解释规制。第五章兜底条款的司法适用，分析了兜底条款罪名司法适用的现状，提出了完善兜底条款的司法适用建议。

中文题名：刑罚威慑效能实证研究——以犯罪预防为视角

英文题名：The Empirical Analysis of the Deterrent Efficacy of Punishment：Taking Criminal Prevention as the View

研 究 生：刘娜

指导教师：贾宇教授、林亚刚教授

授予学位时间：2014 年上半年

内容介绍：本文以犯罪预防为视角，对刑罚威慑效能实证进行了深入系统的研究。本文一方面从犯罪学、经济学和心理学理论中找寻刑罚威慑效能的理论基础，多元化、全面化地认识刑罚威慑效能；另一方面采用实证研究的方式，从客观层面上，通过相关的统计数据对刑罚威慑效能进行评估，从主观层面上，通过问卷调查和访谈的方式考察不同类型的犯罪人对于刑罚威慑效能的感知。在刑罚严厉性的应用上，本文提出对犯罪人产生威慑作用的并非实际刑罚，而是犯罪人对于刑罚严厉性的自我感知，即"观念刑罚"。全文除引言、结语外，共分八章。第一章刑罚威慑效能概述。第二章研究构架与研究设计。第三章刑罚威慑效能之客观评估测量。第四章刑罚对于人身犯罪威慑效果的考察。第五章刑罚对于财产犯罪威慑效果的考察。第六章刑罚对于毒品犯罪威慑效果的考察。第七章刑罚对于职务犯罪威慑效果的考察。第八章刑罚威慑效能的理性认识与运用。

中文题名：刑法保护机能的扩张与限制

英文题名：Expansion and Restriction on the Function of the Criminal Law

研 究 生：申纯

指导教师：康均心教授

授予学位时间：2014 年上半年

内容介绍：本文围绕刑法保护机能的扩张与限制这一主题，对刑法理论和刑事立法的发展趋势进行了考察，试图通过对扩张和限制的平衡，寻求适合我国刑法未来发展趋势的定位。文章从刑法的机能入手探讨了刑法未来的发展趋势，对风险社会理论和风险刑法等理论提出了新的见解，对刑法保护机能扩张的模式进行了归纳总结，并以人权保障机能和刑法基本原则对刑法保护机能进行限制，对作为犯罪本质的"规范违反说"进行了新的解读。全文除引言外，共分四章。第一章刑法保护机能的解读。第二章刑法保护机能的扩张。第三章对刑法保护机能的限制。第四章刑法保护机能的协调发展。

中文题名：刑法保护前置化趋势研究

英文题名：Research on the Pre-trend of Criminal Protection

研 究 生：李晓龙

指导教师：林亚刚教授

授予学位时间：2014 年上半年

内容介绍：本文对刑法保护前置化趋势进行了深入系统的研究。全文含引言、结论，共分八章。第一章引言。第二章刑法保护前置化的现实考察，讨论了德国、日本、我国刑法的保护前置化趋势。第三章刑法保护前置化的基本理论。第四章刑法保护前置化的存在问题，分别探讨了法益论、罪责论、预防论对刑法前置化的批判。第五章刑法保护前置化的必要界限。论述了偏向风险刑法、立足传统刑法的前置化界限以及刑法保护前置化界限的提出等。第六章阐述了法益保护前置化的限制路径。第七章探讨了刑法处罚前置化的限制路径。第八章结论。

中文题名： 刑法的特殊财产类型研究

英文题名： On Special Property Within Criminal Law

研 究 生： 陈烨

指导教师： 吴振兴教授

授予学位时间： 2014 年上半年

内容介绍： 本文对刑法的特殊财产类型进行了系统深入的研究。全文除引言、结语外，共分五章。第一章特殊财产的基本问题，阐述了特殊财产的问题缘起、界定标准、类型以及研究意义。第二章无形财产的刑法保护问题，研究了无形财产的概念、特征、主要类型以及刑法保护的基本思路和完善的具体建议。第三章财产性利益的刑法保护范围，介绍了财产性利益国内外研究概况，评析了财产性利益的实质解释、内涵与外延、财产性利益的司法认定及立法完善问题。第四章无体物的刑法保护边界，阐释了无体物的理论溯源、基本问题及其刑法规制。第五章不动产的刑法保护路径，分析了不动产犯罪的争议与现状，探析了不动产犯罪的刑法困境，提出了不动产犯罪的立法构想。

中文题名： 医疗过失的刑法学研究

英文题名： Research on Medical Negligence from the Perspective of Criminal Law

研 究 生： 李颖峰

指导教师： 马克昌教授、莫洪宪教授

授予学位时间： 2014 年上半年

内容介绍： 本文从医事刑法的基础理论角度出发，紧紧围绕医疗过失这一个要件展开了较为全面、系统、深入的研究，试图在构建刑事医疗过失的理论体系的基础上，对这一问题展开较为详尽的研究。这一理论体系包括：医疗过失概述、医疗过失本体论、医疗过失认定论以及医疗过失限制论等四部分。本文的研究对于有效地规制和预防医疗责任事故，从而减少医疗纠纷具有重要意义。全文除绪论、结语外，共分四部分。

中文题名： 淫秽电子信息犯罪研究

英文题名： A Study on the Crime of Pornographic Electronic Information

研 究 生： 周新

指导教师： 林亚刚教授

授予学位时间： 2014 年上半年

内容介绍： 本文采用现代刑法学理论（尤其是虚拟空间的刑法理论）、融合性社会学、犯罪学和计算机信息技术等相结合的知识体系，作为主导理论分析方法，并结合以

实践调研、焦点案例分析等实证分析法，形成对淫秽电子信息犯罪研究的理论联系实际的分析方法体系，来展开对淫秽电子信息犯罪的深入研究。全文除引言、结论外，共分四章。第一章淫秽电子信息犯罪概述。第二章淫秽电子犯罪本体论。第三章淫秽电子信息犯罪共犯论。第四章淫秽电子信息犯罪的处罚论。

中文题名：英美刑法中的严格责任及其借鉴

英文题名：On the Strict Liability Doctrine in the Anglo-American Criminal Law and Its Adoptability

研 究 生：江岚

指导教师：康均心教授

授予学位时间：2014 年上半年

内容介绍：本文在梳理英美法系刑法中严格责任的发展历程及其真实内涵的基础上，对英美刑法中的严格责任予以评析，进而确定其当今涵义及引入我国时的定位，并以此为基础讨论该制度与我国刑法相融合的可能性，最后对严格责任制度在我国刑法中的立法模式和司法适用提出构想。全文除引言、结语外，共分四个部分。第一部分严格责任制度概述。第二部分严格责任制度存在的合理根据，评析了英美刑法中严格责任制度。第三部分严格责任在中国语境下的论证。第四部分严格责任制度的借鉴，对严格责任制度在我国刑法中的适用提出新的体系设计。

中文题名：职务犯罪的刑事政策研究

英文题名：The Research on Criminal Policy in Duty Crime

研 究 生：闫利国

指导教师：许发民教授

授予学位时间：2014 年上半年

内容介绍：本文从现有的刑事政策研究成果出发，采用实证分析法、价值分析、比较分析等方法，对职务犯罪刑事政策有关问题进行了研究，提出了具体的改进建议。全文除引言外，共分五章。第一章职务犯罪刑事政策的界定及概述。第二章职务犯罪的立法政策，探讨了职务犯罪的犯罪化的标准，以及职务犯罪的刑罚配置正当性、影响刑罚配置的因素等问题。第三章职务犯罪的司法政策。第四章职务犯罪的执行政策（行刑政策）。第五章职务犯罪刑事政策的评估，探讨了职务犯罪刑事政策评估的内容、功能和意义，并对我国职务犯罪刑事政策的评估现状及其原因进行了分析，提出了改进我国职务犯罪刑事政策评估的具体建议。

中文题名：自首制度实证研究

英文题名：Empirical Research on Voluntary Surrender

研 究 生：张昱

指导教师：莫洪宪教授

授予学位时间：2014 年上半年

内容介绍：本文分上下两篇，共计六章对自首制度进行了系统深入的实证研究。上篇为我国自首制度的历史发展，包含三章：第一章我国古代自首制度的立法嬗变；第二章我国自首制度的继承与发展；第三章我国自首制度发展的社会文化根据。下篇为我国自首制度的司法运行，包含三章：第一章实证研究样本的选择；第二章自首制度的司法运行；第三章自首制度的价值分析。

中文题名：利用影响力受贿罪研究

英文题名：Research on Bribery in Influence Crime

研 究 生：黄海龙

指导教师：马克昌 教授、莫洪宪教授

授予学位时间：2014 年下半年

内容介绍：本文立足于我国刑法关于利用影响力受贿罪的规定，通过梳理国内外的相关立法与理论，分析本罪的犯罪构成要件，厘清其犯罪形态及本罪与它罪的界分，对存在的疑难问题、争议问题进行了深入探讨。全文分六章。第一章利用影响力受贿罪的立法述评。第二章利用影响力受贿罪的客体。第三章利用影响力受贿罪的客观要件。第四章利用影响力受贿罪的主体要件。第五章利用影响力受贿罪的犯罪形态。第六章利用影响力受贿罪的司法认定。

2015 年

中文题名：环境刑事政策研究

英文题名：Research on Environmental Criminal Policy

研 究 生：胡雁云

指导教师：马克昌 教授、莫洪宪教授

授予学位时间：2015 年上半年

内容介绍：本文以生态环境安全与社会经济发展的矛盾为切入点，以人类生存权和发展权的纷争为主轴，在对环境刑事政策进行详尽的论述和深刻的剖析基础上，构建我国环境刑事政策的理论模型，并在此模型基础上分析我国环境刑事政策的立法实现和司法实现。全文除引言、结语外，共分四章。第一章环境刑事政策概论。第二章环境刑事政策的立法实现。第三章环境刑事政策的司法实现。第四章我国环境刑事政策之理念选择和理论模型构建。

中文题名：论刑法中的明知

英文题名：On the Knowledge in Criminal Law

研 究 生：靳宁

指导教师：陈家林教授

授予学位时间：2015 年上半年

内容介绍：本文采用刑法解释学、比较刑法学、历史分析法等研究方法对刑法中的明知进行了系统深入的研究。全文除引言外，共分四章。第一章明知的概念论，主要阐述了我国刑法中明知的概念、类型及特征，解读了我国刑法总则与分则中明知规定的学理。第二章明知的本体论，探讨了哲学视野中的明知问题，分析了责任主义与明知，研究了主观不法理论中的明知以及规范论刑法思潮与明知。第三章明知的规范论，阐述了明知的地位、明知的机能、明知的辨析问题。第四章明知的构造论，研究了对构成要件要素的明知，探讨了对违法阻却事由的明知，分析了明知与违法性意识问题，探析了对客观处罚条件的明知。

中文题名：坦白制度研究

英文题名：Research on the System of Confession

研 究 生：吴占英

指导教师：马克昌 教授、莫洪宪教授

授予学位时间：2015 年上半年

内容介绍：本文以坦白制度的基本原理作为主要研究内容，论题从基本原理的视角对坦白制度展开了系统研究，并创建性地提出了较为科学的有关坦白制度的理论体系。全文除导论外，共分九章。第一章我国坦白制度之演变。第二章域外坦白制度之考察。第三章坦白的概念、特征及分类。第四章坦白制度的根基。第五章坦白制度的价值剖析。第六章坦白的成立要件。第七章坦白的认定。第八章坦白的处遇。第九章坦白制度的缺陷及其完善。

中文题名：刑法中的动机理论研究

英文题名：Research on Motive Theory in Criminal Law

研 究 生：刘红艳

指导教师：陈家林教授

授予学位时间：2015 年上半年

内容介绍：鉴于动机在刑事侦查、刑事审判以及犯罪预防等方面扮演着重要的角色以及其在司法运作中具有的重要价值，本文采用文献分析法、历史分析法、比较分析法和样本分析的方法对刑法中的动机理论进行了系统、深入的分析研究。全文除引言、结语外，共分四章。第一章刑法中的动机概述。第二章动机理论之基础问题，考察了动机理论的沿革，分析了动机的存在范围，研究了动机与相关概念的关系。第三章动机与定罪，分析了动机对定罪的影响，研究了正当化事由中的动机理论，探讨了期待可能性与动机理论，界定了典型类罪中的动机。第四章动机与量刑，对动机影响量刑之案例样本进行了分析，研究了动机对量刑的影响，剖析了动机对死刑裁量的限制适用与影响。

中文题名：中国量刑规范化的基本问题研究

英文题名：The Basic Problem of China's Sentencing Standardization

研 究 生：刘胜超

指导教师：皮勇教授

授予学位时间：2015 年上半年

内容介绍：本文通过对域外量刑改革和我国量刑规范化改革的理论与实践的分析，积极探索我国量刑改革的前进方向，为量刑失衡的克服提供相关理论支撑。全文除结论外，共分六章。第一章为绪论。第二章讨论了我国量刑的基本原则和根据。第三章讨论了基准刑的确定。第四章讨论了刑罚的量化。第五章讨论了量刑情节及其量化评价。第六章主要讨论了宣告刑的确定问题。

中文题名：中小学校园犯罪防控研究

英文题名：Research on the Prevention and Control of the School Crime of Primary and Secondary Schools

研 究 生：刘猛

指导教师：康均心教授

授予学位时间：2015 年上半年

内容介绍：本文以中小学校作为关注场域，对发生在中小学校园、侵害在校未成年人的犯罪现象进行了研究，并在分析中小学校园犯罪概况特点的基础上，提出了中小学校园犯罪事前、事中和事后全过程的防控对策。全文除绪论外，共分五章。第一章中小学校园犯罪的概念。第二章中小学校园犯罪的概况与特点。第三章事前防控：中小学校犯罪的情境预防。第四章事中预防：中小学校园犯罪的应急处置。第五章事后防控：中小学校园犯罪被害人的恢复。

中文题名：抽象危险犯研究

英文题名：Research on the Abstract Dangerous Crime

研 究 生：张军

指导教师：林亚刚教授

授予学位时间：2015 年下半年

内容介绍：本文采用比较研究、规范分析、理论与实践密切结合的方法对抽象危险犯进行了研究。全文除引言外，共分五章。第一章抽象危险犯的立论前提——刑法中的危险，界定了刑法中危险的概念与特征，分析了其地位与功能，梳理了其分类。第二章抽象危险犯的理论基础——危险犯与行为犯、结果犯，分析研究了危险犯、危险犯与未遂犯和不能犯的关系以及与行为犯和结果犯的关系。第三章抽象危险犯的规范梳理，界定了抽象危险犯的概念、特征与意义，梳理了抽象危险犯的构成要件以及犯罪停止形态与竞合。第四章抽象危险犯的立法考察。第五章余论："风险社会"、"风险刑法"与抽象危险犯理论——探索与反思。

中文题名：毒品犯罪死刑适用疑难问题研究——以死刑限制适用为视角

英文题名：Research on Miscellaneous Problems of Implicating Death Penalty in Drug-crime Cases：From the Perspective of Restraining Its Implementation

研 究 生：吴爽

指导教师：马克昌 教授、莫洪宪教授

授予学位时间：2015 年下半年

内容介绍：本文以刑法基本理论为指导，结合我国现行法律和司法实务部门出台的司法解释、规范性文件中的相关规定，并辅以大量真实案例，对毒品犯罪犯死刑适用中的疑难问题进行了深入探讨与研究。全文除导论外，共分四章。第一章毒品犯罪死刑适用概述。第二章毒品数量与毒品犯罪死刑适用。第三章毒品共同犯罪与死刑适用。第四章毒品犯罪中的诱惑侦查与死刑适用。

中文题名：对向犯研究

英文题名：Research on the Correspondence Offence

研 究 生：蔡淮涛

指导教师：吴振兴教授

授予学位时间：2015 年下半年

内容介绍：本文采用了比较研究方法、归纳研究方法、理论思辨和社会学实证分析结合法、辩证的方法对对向犯的基础理论进行体系性的探讨，回应对向犯在司法适用上的难题，具有重要的理论和实践意义。全文除绪论外，分上下两篇共计六章展开论述。上篇为对向犯基础论，包括：第一章对向犯的理论溯源——必要共犯理论的梳理；第二章对向犯行为主体和行为结构的特殊品性；第三章对向犯的内涵、类型和构成特征。下篇对向犯适用论，包括：第四章对向犯与相关犯罪形态的界分；第五章片面对向犯的若干问题；第六章对向犯司法适用中的几个疑难问题。

中文题名：贪污贿赂犯罪防控原理研究

英文题名：Research on Prevention and Control Principle of Corruption and Bribery Crime

研 究 生：詹复亮 *

指导教师：莫洪宪教授

授予学位时间：2015 年下半年

内容介绍：本文以唯物辩证法和历史辩证法为指导，采用历史分析、比较分析、实证分析及总分结合等方法，较为系统地研究阐述了贪污贿赂犯罪行为、性质、特点、危害、成因、演变趋势和规律，以及防控措施和立法完善、侦查程序和措施、预防措施和策略等内容，初步检讨了当下贪污贿赂犯罪防控的思路、措施、方法及存在的问题，用以提升防控贪污贿赂犯罪、深入推进反腐败斗争的理论层次、决策层次、战略层次，进一步强化防控措施，增强反腐败斗争的实际效果等内容。全文包含引言，共分六部分。第一部分引言。第二部分贪污贿赂犯罪现象及成因。第三部分贪污贿赂犯罪防控措施和防控机制的比较借鉴。第四部分当代中国惩治贪污贿赂犯罪立法及完善。第五部分贪污贿赂犯罪侦查。第六部分贪污贿赂犯罪预防。

中文题名：我国检察机关办案组织研究

英文题名：Research on the Procuratorial Case-handling Organization in China

研 究 生：郑青

指导教师： 马克昌 教授、莫洪宪教授

授予学位时间：2015 年下半年

内容介绍：本文以我国检察机关办案组织建设为题，聚焦检察改革的最新实践和发展动向，综合运用多种研究方法，对检察机关办案组织的基本范畴、我国办案组织的发展脉络、域外办案组织的共性特征、当前改革创新的经验成效、办案组织建设的基本规律等问题进行了系统深入的探讨研究。通过反思当前办案组织建设中存在的突出问题，结合司法体制改革要求，提出构建完善办案组织的基本主张。全文除导论外，共分六章。第一章为检察机关办案组织的概述。第二章阐述了检察机关办案组织的历史发展。第三章为检察机关办案组织的比较研究。第四章为我国检察机关办案组织改革的实证分析。第五章探讨了检察机关办案组织的理论基础。第六章提出了我国检察机关办案组织建设的基本构想。

2016 年

中文题名：敌人刑法：言说与规范

英文题名：Study on the Enemy Criminal Law

研 究 生：罗钢

指导教师：莫洪宪教授

授予学位时间：2016 年上半年

内容介绍：本文通过梳理敌人刑法的历史演进以及思想根基，系统性、主题性地全面呈现所有支持和反对敌人刑法的意见纷争，正本清源，并结合社会背景和时代之需来正确评估其价值和意义，规范化构建敌人刑法，限定其适用范围和边界，希冀既抑制其内在缺陷，又能充分发挥其因应恐怖活动的优势，从而协调刑法机能，更新刑罚观念，在法治国理念下对日益猖獗的恐怖活动犯罪作出及时且合理的回应。全文除结语外，共分六章。第一章敌人刑法演进与塑成。第二章敌人刑法论争：一个危险的概念？第三章敌人刑法论争：一个多余的概念？第四章敌人刑法论述。第五章敌人之规范建构：嵌入中国情境。第六章敌人刑法之形塑：中国反恐刑事政策。

中文题名：考试刑法制度研究

英文题名：Research on Examination of Criminal Law

研 究 生：姜子倩

指导教师：陈家林教授

授予学位时间：2016 年上半年

内容介绍：本文以考试行政法与考试刑法的互动关系为视角，旨在具体划分考试行政法和考试刑法的边界，探寻考试刑法立法的正当性根据，将考试刑法的运行控制在合理范围之内。全文除导论外，共分四章。第一章为考试刑法的基本范畴。第二章考试刑法的存在根据，分析了考试刑法具有的行政刑法属性，研究了考试刑法的产生具有深厚的社会基础、文化基础和权利基础。第三章探讨了考试刑法的规制限度问题。第四章考试刑法的典型罪名，主要结合《刑法修正案（九）》的内容讨论组织化、集团化的考试作弊行为的刑法规制的具体方案。

中文题名：量刑观研究——基于个案公正的立场

英文题名：Research on Sentencing Concept：Based on the Standpoint of Individual Justice

研 究 生：叶圣彬

指导教师：莫洪宪教授

授予学位时间：2016 年上半年

内容介绍：本文采用语义分析、历史分析、比较分析、思辨分析、价值分析、实证分析等研究方法，从词义的解读、理论的借鉴、价值的衡量、现实的践行等层面，多维度研究量刑观这一课题。全文除导论、余论外，共分五章。第一章为量刑观的概述。第二章研究了量刑观的视角：报应与预防。第三章探讨了量刑观的落地：刑种的裁量。第四章分析了量刑观的取向：基于立场的商榷与抉择。第五章论述了量刑观的坚守：实现司法独立。

中文题名：美国中间制裁研究

英文题名：Research on Intermediate Sanctions in the United States

研 究 生：尹露

指导教师：康均心教授

授予学位时间：2016 年上半年

内容介绍：中间制裁作为一种监禁刑的替代措施，是传统刑罚与刑罚执行方法的结合，属于广义上的刑事制裁方法。本文以历史的视角，采实证研究和比较分析的方法展开对美国中间制裁的研究。全文除导言、结语外，共分五章。第一章首先从内涵、外延和特征三个方面对中间制裁进行多维解读，回溯中间制裁的产生背景和发展阶段，对中间制裁背后的现代刑罚理念进行探索。第二章从定性、定位、适用和分类四个维度对中间制裁予以定型化解读。第三章和第四章将本文所选取的最具代表性的七类中间制裁依功能和属性划分为限制性和恢复性两大类，分别对各个制裁方式的含义和实施现状进行述评和思考。第五章回归我国的刑罚体系，从刑罚种类和刑罚执行两大角度将中间制裁与我国制度进行对接，通过对中间制裁实践经验的理性分析，提出以转变理念和完善社区行刑的路径为出发点，强化以开放式处遇的方式来推动整个非监禁化进程的改革思路。

中文题名：民生刑法限度论

英文题名：Research on the Boundary of the Criminal Law Protection of People's Livelihood

研 究 生：蒋晗华

指导教师：康均心教授

授予学位时间：2016 年上半年

内容介绍：本文除了广泛运用归纳法、演绎法等传统的研究方法外，还有针对性地运用了历史分析、概念分析、规范分析、比较分析、类型分析等研究方法，将其与本文的研究思路、研究内容紧密结合，以民生刑法保护为主线，以刑法对民生领域的干预度为着眼点，从干预广度和干预深度两个方面对民生刑法的规制限度问题进行了探讨和研究。全文除导论外，共分四章。第一章民生刑法概说。第二章民生刑法的理念基础。第三章民生刑法的调控广度——入罪机制的确立。第四章民生刑法的调控深度——协调与适应机制的确立。

中文题名：网络金融犯罪若干问题研究

英文题名：Research on Related Problems of Network Financial Crimes

研 究 生：张启飞

指导教师：皮勇教授

授予学位时间：2016 年上半年

内容介绍：网络金融作为一种金融新形态，在改变传统金融模式的同时，也不断引发网络金融犯罪。研究、探讨网络金融犯罪领域相关的法律问题，是预防网络金融犯罪的重要方面，有益于网络金融的健康发展。本文着重讨论网络金融电子数据、电子代理人、网络金融平台涉及的法律问题，并对网络洗钱犯罪、网络信用卡诈骗犯罪、第三方支付诈骗犯罪、互联网金融犯罪予以重点研究。全文除引言、结语外，共分五章。第一章为网络金融犯罪的概述。第二章探讨了网络金融犯罪的基础问题。第三章研究了网络洗钱犯罪。第四章剖析了新型网络支付诈骗犯罪。第五章分析探讨了互联网金融创新的刑法保障。

中文题名：未成年人犯罪及其预防研究

英文题名：Research on Juvenile Delinquency and Crime Prevention

研 究 生：程凌

指导教师：李希慧教授

授予学位时间：2016 年上半年

内容介绍：未成年人犯罪是一个国际性的严重的社会问题。加强未成年人犯罪研究，促进未成年人犯罪的预防工作是世界各国面临的共同课题。本文以未成年人犯罪及其预防为题，分四部分从多学科相融合的角度，对未成年人犯罪的现象和未成年人犯罪的原因进行综合分析，并提出相应的犯罪预防对策，以进一步推进预防未成年人犯罪工作的深入开展，促进未成年人的健康成长。第一部分介绍了未成年犯罪与预防研究中的相关概念，对未成年人犯罪及其预防研究中的基本概念进行了界定。第二部分探讨了未成年人犯罪的现象，分析了未成年人犯罪的现状、趋势和特征。第三部分深入剖析了未成年人犯罪的成因。第四部分提出了未成年人犯罪预防的新举措。

中文题名：我国禁毒刑事政策调整研究

英文题名：Research on Adjustment of China's Criminal Policy of Illicit Drugs

研　究　生：任娇娇

指导教师：莫洪宪教授

授予学位时间：2016 年上半年

内容介绍：毒品犯罪防治对策就是禁毒刑事政策。禁毒刑事政策的制定与调整以毒品市场运行现状与威慑理论为基础。禁毒刑事政策、毒品市场现状与威慑理论三者之间相互影响、相互制约。本文采用实证研究、比较分析的研究方法，依据三者之间的互动关系，以毒品市场运行现状为切入点，深刻反思禁毒刑事政策的效果与威慑理论现存的问题，以期找到有效的毒品犯罪预防与治理之策。全文除导论外，共分五章。第一章为我国禁毒刑事政策检讨。第二章分析了我国禁毒刑事政策面临之挑战。第三章阐述了我国禁毒刑事政策调整之理论依据。第四章探讨了我国禁毒刑事政策之应然调整。第五章提出了我国禁毒刑事政策的总体构建。

中文题名：刑法解释的诠释学论说

英文题名：On Hermeneutic from Interpretation of Criminal Law

研　究　生：付玉明

指导教师：贾宇教授、林亚刚教授

授予学位时间：2016 年上半年

内容介绍：本文借鉴当代诠释学理论的最新研究成果，对刑法解释问题进行通盘的梳理、总结和深入分析，力求在刑法解释原理和解释方法论上有所突破。本文对各种刑法解释方法进行系统分析，吸纳诠释学理论中的"本体性"资源，结合中国当前具体的司法实践，提出了"刑法诠释学"的概念理论和解释机制，对刑法总则与刑法分则中具有争议的重大疑难问题进行深入分析和研究，以期能够推进刑法解释的基础理论研究，并合理应对和解决司法实践中在解释论问题上存在的诸多疑难问题，为司法机关分析案件事实、适用法律提供较为科学合理且具有现实操作性的方案。全文除导论、结论外，共分五章。第一章诠释学视野下的刑法解释学。第二章刑法解释的诠释学论说。第三章刑法诠释学的机能原理与实现机制。第四章刑法诠释学的规范文本。第五章刑法诠释学的方法展开。

中文题名：刑事禁止令制度研究

英文题名：Research on Criminal Prohibition Order System

研　究　生：秦继红

指导教师：康均心教授

授予学位时间：2016 年上半年

内容介绍：本文采用文献综述、实证研究、比较研究的研究方法，以刑事禁止令制度为主线，以发现该制度在立法、适用和执行上的问题为导向，意在解决如何使刑事禁止令制度得到最有效的适用和最大程度的落实为目的，对刑事禁止令制度进行了系统研究探讨。全文除导论外，共分四章。第一章比较系统地对我国刑事禁止令制度进行了论述。第二章分析了刑事禁止令的适用问题，包括刑事禁止令的适用前提、内容、适用对象、适用程序等。第三章探讨了刑事禁止令执行相关问题。第四章提出了刑事禁止令制度的完善路径。

中文题名： 行政执法与刑事司法衔接研究——以食品安全两法衔接为视角

英文题名： A Convergence Research on Administrative Law and Criminal Justice：A Convergence Perspective of the Two Laws in the Food Safety Field

研 究 生： 王圆圆

指导教师： 许发民教授

授予学位时间： 2016 年上半年

内容介绍： 本文在借鉴前人研究成果的基础上，通过实证调研，以食品安全两法衔接为考察对象，主要从刑法学角度对两法衔接立法状况、两法衔接执法实践状况等进行阐述，分析造成两法衔接实践困境的多种原因，在论证分析的基础上，提出了完善我国两法衔接的路径选择。全文除绪论外，共分四章。第一章两法衔接制度概述。第二章两法衔接的立法状况。第三章两法衔接的执法实践状况。第四章完善两法衔接的路径选择。

中文题名： 中国追诉时效制度研究

英文题名： On China's System of the Limitation of Prosecution

研 究 生： 王登辉

指导教师： 莫洪宪教授

授予学位时间： 2016 年上半年

内容介绍： 追诉时效既与事实有关，也与价值有关。本文以刑事一体化思想为指导，对中国追诉时效制度这一主题展开了法律工程研究。本文澄清了对《刑法》第 88 条的错误认识，指出追诉时效制度具有丰富的内容，不等于有限追诉，也不等于无限期追诉，更不能混同于办案期限。本文对追诉时效在类案中的适用提出了较新颖的观点，认为追诉时效的本质是国家刑罚权的克制，并对追诉时效制度的法理依据诸学说以及报应理论、预防理论、并合理论进行了批判，提出"强制缔约说"是刑罚的本质。全文除引言外，共分六章。第一章对"立案侦查"和"受理"的教义学解释。第二章对"逃避侦查或者审判"的教义学解释。第三章讨论了追诉时效终止和无限期追诉的相关问题。第四章研究了追诉时效的计算问题。第五章讨论了追诉时效制度的意义、法理依据与本质。第六章追根溯源：刑罚的正当性基础和本质。

中文题名： 教唆犯研究

英文题名： Research on the Abettor

研 究 生： 谭彬

指导教师： 林亚刚教授

授予学位时间： 2016 年下半年

内容介绍： 本文主要借鉴德日刑法理论中的相关理论，对我国刑法中的教唆犯问题进行了探讨，同时在一些具体问题上考察了英美法系中教唆罪或从犯的相关立法和理论，以期对我国刑法中的教唆犯问题有所借鉴。另外，本文在对各个问题的论述中，也尝试通过单一正犯体系的理论路径对教唆犯的相关问题予以解释和说明，以期为我国刑法中的教唆犯问题的解决提供另一种理论选择。全文除引言外，共分五章。第一章教唆犯的性质。第二章教唆犯的构成。第三章教唆犯的停止形态。第四章教唆犯的刑事责任。第五章教唆犯的其他问题。

中文题名： 刑法中的赔偿制度研究

英文题名： Research on Compensation System in Criminal Law

研 究 生： 刘蕊

指导教师： 康均心教授

授予学位时间： 2016 年下半年

内容介绍： 刑法中的赔偿制度生长于刑事法律与民事法律、实体法与程序法之间，作为一项边缘性制度，对其研究往往集中于在诉讼法领域对其程序性问题的探讨。非刑罚处罚方法是刑法中的赔偿制度的本质属性，然而在刑法学研究中却长期处于真空状态，可以说非刑罚处罚方法在刑事责任体系研究中的缺位正是刑法学理论研究不完整性的体现。本文从刑法学的视角，对赔偿制度予以系统性、体系性的研究。全文除导论外，共分四章。第一章刑法中的赔偿制度概述。第二章刑法中赔偿制度的基本理论。第三章刑法中的赔偿制度对刑事责任的影响。第四章刑法中赔偿制度的适用。

中文题名： 中法单位（法人）犯罪比较研究

英文题名： Comparative Research on the Unit（Corporate）Crime Between China and France

研 究 生： 郑佳

指导教师： 康均心教授

授予学位时间： 2016 年下半年

内容介绍： 法人犯罪是现代社会经济发展的产物，对法人犯罪行为进行刑法规制已成为世界立法趋势。本文以比较的视角，从概念、理论、立法、成立及处罚等五个层面，对中法两国的单位（法人）犯罪进行了研究，并在此基础上提出了完善我国单位犯罪成立条件和刑事处罚的建议。全文除导论外，共分六章。第一章单位（法人）犯罪的概述。第二章单位（法人）犯罪的理论。第三章单位（法人）犯罪的立法。第四章单位（法人）犯罪的成立。第五章单位（法人）犯罪的刑罚。第六章我国单位犯罪立法的完善。

2017 年

中文题名： 风俗犯罪初论

英文题名： Reserch on Moral Crime

研 究 生： 胡波

指导教师：莫洪宪教授

授予学位时间：2017 年上半年

内容介绍：本文综合运用历史研究方法、比较研究方法以及法解释学方法对风俗犯罪进行了阐述与论证。本文由风俗犯罪的演进入手，在对其进行较为细致的梳理的前提下，根据我国的社会文化与法律传统，对风俗犯罪进行了较为合理的界定，阐明了风俗犯罪的立法目的与社会属性，厘清了其与自然犯、无被害人犯罪之间的异同。在此基础上，本文提出了"风俗犯罪的正当化"理论，并结合法益理论、伤害原则、补充性原则、罪刑均衡原则以及比例原则等展开具体的论证，得出了"社会生活中的性风俗不是刑法所保护的法益"的结论。然后，根据风俗犯罪正当化的内涵进一步设定风俗犯罪正当化的验证标准，再依据此标准将我国大陆刑法中的风俗犯罪进行逐一验证，最后依据验证结论并结合我国的实际国情，提出了完善风俗犯罪的立法建议。全文除导言、结语外，正文共分五章。第一章风俗犯罪的演进。第二章风俗犯罪概说。第三章风俗犯罪的正当化。第四章风俗犯罪的验证。第五章风俗犯罪的完善。

中文题名：受贿犯罪量刑研究

英文题名：The Study on Sentencing for Crimes of Acceptance of Bribery

研　究　生：杨尚文

指导教师：康均心教授

授予学位时间：2017 年上半年

内容介绍：受贿犯罪是一种严重的腐败行为。公众对此类案件颇为关注，其中重要的关注点便是量刑问题。长久以来，受贿犯罪量刑失衡、处罚不公等问题广受公众诟病，相关裁判文书中对量刑说理的不充分，又使得公众对受贿犯罪量刑的过程和理由不甚清楚，以致对司法公正产生质疑。受贿犯罪量刑之所以出现上述问题，既有法律制度不完善方面的原因，也有司法实践中法律适用不规范、量刑自由裁量权缺乏规制等原因。有鉴于此，实现受贿犯罪量刑公正已成为司法实务中亟待解决的重点、难点问题。另外，在经济社会快速发展与大力推进反腐败斗争的新形势下，《刑法修正案（九）》对受贿犯罪的量刑规定作出了重大调整，如何准确理解并适用新的法律规定，成为当下值得认真研究的问题。本文以受贿犯罪量刑为研究对象，采用文献资料研究和实证研究相结合、定性研究和定量研究相结合、比较借鉴研究和制度创新相结合的研究方法，共分成六个部分对受贿犯罪量刑问题进行了具体论述，即绪论、受贿犯罪量刑的基础理论、受贿犯罪量刑的现状考察、受贿犯罪量刑的立法前提、受贿犯罪量刑的司法运行、受贿犯罪量刑的制度构建。

中文题名：司法人员渎职犯罪若干问题研究

英文题名：Several Questions Research About the Judicial Staff Malfeasance Crime

研　究　生：刘阳

指导教师：莫洪宪教授

授予学位时间：2017 年上半年

内容介绍：司法机关工作人员渎职犯罪是指司法人员在履行司法职责的过程中，不履行、不正确履行、超越自身司法权力所实施的犯罪行为。本文采用历史研究、案例研究、比较研究的方法，系统分析了司法人员渎职犯罪的理论基础，以及犯罪构成要件、共犯理论、犯罪形态、罪数判定等刑法基本理论在司法人员渎职犯罪中的演绎适用。继而结合司法实务中的疑难案件，分析司法实务中常出现难点、疑点和争议点，并提出了司法人员渎职犯罪走向完善的路径及方向。全文除引言、结语外，共分五章。第一章司法人员渎职犯罪概论。第二章司法人员渎职犯罪构成要件。第三章司法人员渎职犯罪其他共性问题。第四章、第五章分别为司法人员渎职犯罪若干疑难问题研析（之一）和（之二）。

中文题名：我国国家安全刑法保障研究——以"总体国家安全观"为视角

英文题名：On the Safeguard of China's National Security by Criminal Laws：From the Perspective of the Overall National Security

研 究 生：虞文梁

指导教师：康均心教授

授予学位时间：2017 年上半年

内容介绍：本文采用文献综述、实证研究、比较研究、古今比较、中外比较等方法，按照"发现问题、提出问题、分析问题和解决问题"的研究思维逻辑，主要围绕"概念体系、历史沿革、国外借鉴、当前现状及缺憾、理论体系、规则体系、治理体系"等方面开展研究。文章从总体国家安全的视角，立足刑事法律，提出构建国家安全刑法保障的理论体系、法律体系和治理体系；从实证研究的角度，搜集了国家安全领域国内外典型性案例，借助大数据分析模式，对该领域的犯罪预防和犯罪惩治提出了相应的对策建议；从理论、政策、立法和治理等方面分别阐述保障国家安全与保障人权的相互关系，主张将国家安全纳入法治轨道，推动国家安全与人民安全的协调统一。全文除引言外，共分七章。第一章至第二章分别为我国国家安全刑法保障概述与历史发展。第三章为域外国家安全刑法保障现状及借鉴。第四章为当前我国国家安全刑法保障的现状及缺憾。第五章至第七章分别为我国国家安全刑法保障理论体系、规范体系及治理体系构建。

中文题名：新时期防控恐怖活动犯罪立法研究

英文题名：Research on the Legislation of Prevention and Control of Terrorism Crime in the New Period

研 究 生：杨淼鑫

指导教师：皮勇教授

授予学位时间：2017 年上半年

内容介绍：当前国家安全的主要威胁是恐怖主义。恐怖活动已成为当前我国国家安全的严重威胁，是我们已经面临和必须解决的突出问题。本文以新时期防控恐怖活动犯罪立法为题，主要研究了如何在新时期反恐政策的指导下，探析我国反恐刑事立法、

《反恐怖主义法》等反恐相关立法规定中存在的问题，并以国外反恐立法为借镜进行完善，从而更好地防控恐怖活动犯罪，实现反恐治本清源的目的。全文共分五章。第一章主要介绍了新时期我国恐怖活动的基本概况。第二章分析了新时期我国防控恐怖活动的政策与立法原则。第三章讨论了我国防控恐怖活动犯罪的立法现状及存在的问题。第四章论述了国外防控恐怖活动犯罪的相关立法及借鉴价值。第五章对我国防控恐怖活动犯罪提出了立法完善建议。

中文题名：刑法中的目的解释研究

英文题名：Research on the Purposive Interpretation in Criminal Law

研　究　生：周天泓

指导教师：莫洪宪教授

授予学位时间：2017 年上半年

内容介绍：本文采用文献研究、比较研究、案例研究、思辨研究等研究方法对刑法中的目的解释进行了深入系统的研究。全文除绪论外，共分五章。第一章目的解释在两大法系中的流变——以德国与美国为例。第二章刑法中目的解释的当代命运——从方法到理念。第三章目的归结路径探究，全面回顾了在传统的法学方法论中主客观目的解释的理论依据与理论缺陷，揭示了主体性哲学理念在目的归结上的理论困境，引入主体间性哲学理念对目的归结的路径进行了重新的探索。第四章刑法中目的解释的法治风险及控制，揭示并分析了目的解释对于刑事法治的风险与原因，归纳并评析了学界现有的风险控制方案，结合我国司法体制，对目的解释的风险防控提出了新的框架与方法。第五章目的解释在中国刑法解释学中的映照——对当前几个热点问题的分析。

中文题名：终身监禁制度研究

英文题名：Research on the Mechanism of Life Imprisonment

研　究　生：马微

指导教师：康均心教授

授予学位时间：2017 年上半年

内容介绍：本文采用实证分析、规范价值分析、比较研究、历史研究等研究方法，以国外的终身监禁为逻辑起点，对终身监禁的概念、性质、类型、特征和价值进行了论述，随后将研究视角转向我国的终身监禁制度，对我国的终身监禁制度进行了全面的剖析，同时分析了我国新设立的终身监禁制度的缺陷，最后尝试从立法、司法和执行层面重新构建我国的终身监禁制度。全文除绪论、结语外，共分五章。第一章终身监禁概述。第二章终身监禁的理论基础与价值。第三章我国刑法中的终身监禁。第四章我国终身监禁制度的缺陷。第五章我国终身监禁制度的设计重构。

中文题名：酌定量刑情节研究

英文题名：The Research on Discretionary Circumstances of Sentencing

研　究　生：钟彦君

指导教师：莫洪宪教授

授予学位时间：2017 年上半年

内容介绍：酌定量刑情节虽未在刑法中明文规定，但其在各类案件中广泛存在，甚至较法定量刑情节有着更广的存续时间及空间，在具体事实中通过犯罪行为及犯罪行为人的表现予以反映，直接影响到犯罪人的刑事责任，是司法裁判活动中不可忽视的要素。但酌定量刑情节缺乏明确、具体的法律根据，需要司法裁判者基于量刑基本理论并从立法精神、刑事政策理念等方面予以甄别、权衡，通过探究酌定量刑情节的内在实质根据和适用原则，据以判断酌定量刑情节的成立与范围，进而指引其适用路径。本文主要采用分析研究法、综述研究法、例证研究法展开论述。全文除引言、结语外，共分四章。第一章阐述了酌定量刑情节的基本问题。第二章探讨了酌定量刑情节的适用原则与根据。第三章考量了酌定量刑情节与量刑模式。第四章论述了酌定量刑情节的具体适用。

中文题名：我国检察机关领导体制研究

英文题名：Research on Chinese Procuratorial Leadershio System

研 究 生：金鑫

指导教师：康均心教授

授予学位时间：2017 年下半年

内容介绍：本文在充分吸收以往本选题各类相关研究成果的基础上，尝试运用组织学、制度学、政治学、比较学、历史学等多种研究方法，拟从比较、历史、政治、组织、法律等方面全方位、广视野、多角度地解析我国检察机关领导体制，揭示我国检察机关领导体制的运动规律，并在全面厘清检察机关领导体制的基本要素之后，结合现实背景与基本遵循，提出我国检察机关领导体制发展完善的可行性路径。全文除导论、结语外，共分六章。第一章检察机关领导体制的基本问题。第二章我国检察机关领导体制的历史发展。第三章中国共产党的领导与检察机关领导体制。第四章我国检察机关领导体制的结构与过程分析。第五章我国宪法体制与检察机关领导体制。第六章我国检察机关领导体制的完善和发展。

中文题名：寻衅滋事罪处罚依据与范围研究

英文题名：Research on the Punishment Basis and Scope of Creating Disturbance Crime

研 究 生：王园

指导教师： 马克昌 教授、贾宇教授、林亚刚教授

授予学位时间：2017 年下半年

内容介绍：寻衅滋事罪是我国刑法分则"妨害社会管理秩序罪"中规定的重要罪名。本文认为，寻衅滋事罪的处罚依据与处罚范围问题不仅直接关系到该罪的认定，更是和社会秩序与公民自由、集体法益与个人法益的冲突与对立密切相关，涉及刑法的核心价值领域，具有非常重要的理论与现实意义。鉴于此，本文对寻衅滋事罪的处罚依据与范围进行了系统、深入的研究。全文除结语外，共分四章。第一章为寻衅滋事罪的实

践反思。第二章研究了社会秩序的刑法保护。第三章分析探讨了寻衅滋事罪的处罚范围。第四章分析研究了寻衅滋事罪的处罚限度。

2018 年

中文题名： 曾受刑事或行政处罚的定罪功能研究

英文题名： Research on Function of Conviction of the Plot That Has Received Criminal or Administrative Penalties

研 究 生： 段阳伟

指导教师： 陈家林教授

授予学位时间： 2018 年上半年

内容介绍： 本文从曾受刑事或行政处罚定罪功能的内涵、规范现状、时代背景，以及曾受刑事或行政处罚定罪功能之争议、肯定、限制和实现等几个方面对曾受刑事或行政处罚的定罪功能从理论和实践相结合的角度予以详细论述。全文除引言外，共分五章。第一章曾受刑事或行政处罚定罪功能概述。第二章曾受刑事或行政处罚定罪功能之争议。第三章曾受刑事或行政处罚定罪功能之肯定。第四章曾受刑事或行政处罚定罪功能之限制。第五章曾受刑事或行政处罚定罪功能之实现。

中文题名： 大数据环境下个人信息刑法保护的基本问题

英文题名： Basic Issues on Criminal Protection of Personal Information in Big Data Environment

研 究 生： 王肃之

指导教师： 皮勇教授

授予学位时间： 2018 年上半年

内容介绍： 在大数据环境下，信息对于社会的存在和发展日益重要。"信息社会"在极大程度上方便人们生活的同时也伴生着巨大的信息风险。侵犯个人信息犯罪层出不穷并且愈演愈烈，其对传统犯罪结构与形式的实质性突破不仅挑战着既有的刑法治理模式，也挑战着传统刑法的理论体系，亟待研究和解决。本文除引言、结语外，共分六章。第一章大数据环境下的个人信息及其法律保护概述。第二章大数据环境下侵犯个人信息犯罪的对象。第三章大数据环境下侵犯个人信息犯罪的法益。第四章大数据环境下侵犯个人信息的危害行为。第五章大数据环境下侵犯个人信息犯罪司法适用中的疑难问题。第六章大数据环境下个人信息刑法保护的立法建议。

中文题名： 风险预防原则下危害食品安全行为刑法规制的边界

英文题名： The Boundary of Food Crime Under the Principle of Risk Prevention

研 究 生： 沙建嵩

指导教师： 莫洪宪教授

授予学位时间： 2018 年上半年

内容介绍：食品安全是当今世界各国和地区普遍面临的民生、经济和法律问题，以刑法来维护食品安全越来越受到重视。风险预防原则以及该原则在刑法领域中的贯彻而生的风险刑法理论，是当代刑事法发展的重要议题。本文采用文献分析、法解释学、案例分析、比较分析、历史分析的研究方法，对风险预防原则下危害食品安全行为刑法规制的边界进行了系统研究。全文除绪论、结论外，共分六部分。第一部分危害食品安全犯罪刑法规制的理论基础。第二部分我国危害食品安全犯罪的现状与规制困境。第三部分食品安全风险与风险预防原则。第四部分刑法中风险预防原则的贯彻与危害食品安全犯罪。第五部分风险预防原则下我国危害食品安全犯罪的实体问题。第六部分影响危害食品安全犯罪圈的刑事程序问题。

中文题名：互联网环境下的秘密信息刑法保护研究

英文题名：Research on Criminal Law Protection of Secret Information in Internet Environment

研 究 生：王启欣

指导教师：皮勇教授

授予学位时间：2018 年上半年

内容介绍：本文运用分析、比较、理论联系实际的方法，将国家秘密、商业秘密和个人秘密三类秘密信息的刑法保护问题置于互联网这一大的技术环境和社会环境下进行研究，重点结合互联网环境下秘密信息及其安全保护境况发生的变化，从刑法理论完善和立法改进双重角度提出国家秘密从严保护、商业秘密合理保护、个人秘密两型保护的具体建议。全文除引言、结语外，共分六章。第一章互联网环境下的秘密信息及其刑法保护状况。第二章互联网环境下秘密信息刑法保护的基础问题。第三章互联网环境下国家秘密的刑法保护。第四章互联网环境下商业秘密的刑法保护。第五章互联网环境下个人秘密的刑法保护。第六章网络服务提供者保护秘密信息的刑法义务。

中文题名：集资型犯罪规制范围研究

英文题名：The Study on the Scope of Regulation of Fund-raising Crimes

研 究 生：刘芷含

指导教师：莫洪宪教授

授予学位时间：2018 年上半年

内容介绍：本文所指的集资型犯罪主要涵盖非法吸收公众存款罪、集资诈骗罪、擅自发行股票、公司、企业债券罪，以及目前被规定为非法经营罪的"擅自募集基金份额的行为"。集资型犯罪是伴随民间融资而出现的概念。在国家对民间融资接纳程度提升的社会背景下，刑法应当如何调整集资型犯罪的规制范围，以适时回应金融改革深化和经济形势转变，从而为民间融资预留合法的空间，是本文所探讨的根本问题。本文以平衡金融安全与金融自由的价值理念为导向，通过明确性和适当性两个维度，对集资型犯罪的规制范围进行具体审视，并分别从立法和司法两个方面提出相应的完善性建议。全文除引言外，共分四章。第一章集资型犯罪之形势分析与理性反思。第二章集资型犯罪规制范围之现状考察。第三章集资型犯罪规制范围之司法界定。第四章集资型犯罪规制范围之立法完善。

中文题名：禁止重复评价原则研究

英文题名：Research on the Principle of Prohibiting Repetitive Assessment

研 究 生：黄鹏

指导教师：敬大力教授、莫洪宪教授

授予学位时间：2018 年上半年

内容介绍：现代法治是规则之治，禁止重复评价是刑事法治的题中之意。本文认为禁止重复评价原则是刑事司法评价的基本指导原则和方法论，主要从其基础理论、价值论、方法论、例外论和定罪实践论、量刑实践论等方面进行体系化的展开和论述。全文除绪论外，共分五章。第一章阐述了禁止重复评价原则的基础理论。第二章分析了禁止重复评价原则的价值根据。第三章对禁止重复评价原则的方法构建及例外论进行了澄清。第四章研究了禁止重复评价原则在定罪上的司法适用。第五章探讨了禁止重复评价原则在量刑上的司法适用。

中文题名：论没收犯罪所得

英文题名：Research on Confiscation Prceeds of Crime

研 究 生：薛文超

指导教师：莫洪宪教授

授予学位时间：2018 年上半年

内容介绍：本文运用文献分析、法解释学、实证分析、比较分析等多种研究方法，在梳理和比较分析德国、英美、我国台湾地区等关于没收犯罪所得的新近学术资料的基础上，对我国没收犯罪所得实践、影响刑事没收刑事实体界定的程序法内容展开系统深入的研究。本文通过比较法的考察，以及对我国现有没收犯罪所得规范与实践问题的梳理，认为《刑法》第 64 条无法解决包括没收犯罪所得在内的刑事没收制度庞杂的制度难题，进而提出修法的建议。全文除前言、结语外，共分六章。第一章为没收犯罪所得的界定。第二章分析了没收犯罪所得的价值。第三章剖析了没收犯罪所得的实体问题。第四章研究了没收犯罪所得的程序实现。第五章考察了没收犯罪所得的实践。第六章提出了没收犯罪所得制度的完善建议。

中文题名：论信息网络犯罪刑事归责的预防转向

英文题名：Treatise on the Preventive Turn of Criminal Imputation of Information and Cybercrimes

研 究 生：敬力嘉

指导教师：莫洪宪教授

授予学位时间：2018 年上半年

内容介绍：探索网络空间中信息网络犯罪的治理模式，是刑法理论面临的时代挑

战。本文运用文献分析法、历史分析、比较分析、样本案例分析的方法对信息网络犯罪刑事归责的预防转向问题进行了系统研究。全文除导言外，共分六章。第一章阐述了网络空间中的信息网络犯罪。第二章分析了信息网络犯罪刑事归责的多维度挑战。第三章研究了刑事归责预防转向中的法益保护原则。第四章研究了刑事归责预防转向中的责任原则。第五章探讨了刑事归责预防转向中的比例原则。第六章分析了预防转向中的刑事责任认定。

中文题名： 论银行不良贷款的刑事治理

英文题名： On the Criminal Regulation of the Non-performing Bank Loans

研 究 生： 吴美满

指导教师： 莫洪宪教授

授予学位时间： 2018 年上半年

内容介绍： 本文在构建以刑事治理为核心的大叙事过程中，在方法论层次上糅合了社会学、文化学、政治学、经济学、金融学、犯罪学、检察学以及区域分析和心理分析等研究方法对银行不良贷款的刑事治理主题进行了刑事一体化研究，对于不良贷款，提出从"处置"到"治理"的理论跨越；对于治理的内涵，提出从"线性"到"立体"的手段跨越，构建以刑事治理为主轴的"三位一体"不良贷款综合治理体系的制度构想；对于追赃挽损，提出从放任流失到公益诉讼理论构想。文章围绕不良贷款的刑事治理这一理论命题，用六个观点创新展开论述。全文除结语外，共分六章。第一章意义厘定：不良贷款治理与金融秩序建设。第二章周期困局：不良贷款的处置危机。第三章因果揭示：不良贷款犯罪来源考察。第四章范式变迁：不良贷款综合治理。第五章法理证成：刑事治理的理论剖析。第六章目标重塑：刑事治理主要范畴司法解释。

中文题名： 酌定减轻处罚制度研究

英文题名： Research on the Discretionary Mitigated Punishment System

研 究 生： 薛丰民

指导教师： 康均心教授

授予学位时间： 2018 年上半年

内容介绍： 作为苏俄刑法舶来品的酌定减轻处罚制度，又称为特殊减轻处罚制度，是依据酌定量刑情节在法定量刑幅度最低刑以下判处刑罚的制度。本文从酌定减轻处罚制度的历史脉络、理论基础、适用的实体条件、程序限制等多个角度进行理论探讨，试图"激活""修正"酌定减轻处罚制度。全文除绪论外，共分五章。第一章酌定减轻处罚制度概述。第二章酌定减轻处罚制度的理论基础。第三章"特殊情况"的体系化梳理。第四章"法定刑以下"的内涵与裁量。第五章酌定减轻处罚制度核准权调整与适用保障。

中文题名： 罪数形态竞合研究

英文题名： Research on the Concurrence of Form of Quantity of Crime

研 究 生： 余向阳

指导教师：林亚刚教授

授予学位时间：2018年上半年

内容介绍：本文结合目前我国刑法学界对罪数理论多数说的观点和德国竞合论的有益之处，以及我国大陆和台湾地区刑法学界对该现象的研究成果，对罪数形态竞合现象进行理论上的探讨，力求为该竞合现象的研究建立较为全面的理论体系，为抽象的罪数形态竞合现象的研究拨开理论的云雾。全文包括绪论在内，共分六章。第一章绪论。第二章罪数形态竞合之概论。第三章罪数形态竞合之定位与前提。第四章罪数形态竞合之处理依据。第五章异种罪数形态竞合。第六章同种罪数形态竞合与多种罪数形态竞合。

中文题名：论前科消灭与复权

英文题名：On the Elimination of Criminal Record and Rehabilitation

研 究 生：程聘

指导教师：康均心教授

授予学位时间：2018年下半年

内容介绍：本文首先从前科消灭与复权的基本问题入手，探讨前科、复权的历史演进、概念、价值和原则，进而对前科、前科消灭和复权的定义进行明确界定；其次，探讨了前科消灭与复权在我国刑罚体系中的定位及两者的关系；最后，总结了我国目前关于前科消灭和复权的立法规定和司法现状，分析我国前科消灭和复权立法存在的问题，在充分借鉴国内外对前科消灭与复权制度立法经验的基础上，结合我国国情对我国前科消灭与复权制度进行再构造。全文除绪论、结语外，共分五章。第一章前科消灭与复权制度的基本问题。第二章前科消灭与复权制度的关系。第三章我国前科消灭与复权的现状与问题。第四章前科消灭与复权制度的域外考量。第五章我国前科消灭与复权制度的再构造。

中文题名：正当防卫限度论

英文题名：On the Limits of Justifiable Defense

研 究 生：李迎春

指导教师：康均心教授

授予学位时间：2018年下半年

内容介绍：本文运用比较研究、历史研究、规范分析、案例研究多种研究方法，沿着正当防卫限度概念厘定—成立条件—判断标准与规则—判断方法的大致思路展开对正当防卫限度的深入阐述与研究，旨在从正面研究的视角，在介绍正当防卫限度基本理论的前提下，深入、细致地梳理和借鉴德、日、英、美国家中正当防卫限度判断标准的理论，以重构我国正当防卫限度成立条件、判断标准与方法为重心，最后以解决我国正当防卫限度司法实践存在的问题为落脚点。本文采用新标准和新方法进行检视、分析问题、解决问题并提出完善意见，展开对我国正当防卫限度理论的整理与构建研究。全文除引言外，共分四章。第一章正当防卫限度概述。第二章正当防卫限度判断标准。第三章我国正当防卫限度的理论检视与重构。第四章我国正当防卫限度的司法检视与完善。

知识产权法学

2016 年

中文题名：商标共存法律问题研究

英文题名：Research on Legal Issues of Trademark Coexistence

研 究 生：凌洪斌

指导教师：聂建强教授

授予学位时间：2016 年下半年

内容介绍：为进一步梳理商标共存相关问题，构建和完善商标共存理论体系，本文对商标共存法律问题开展系统化和体系化的深入研究，兼具理论和实践的重要价值。全文除绪论、结语外，共分五章。第一章商标共存基础内容探微。第二章商标共存正当性的多维度解读。第三章商标善意共存的认定标准审视。第四章商标协议共存的法律评析。第五章我国商标共存制度的检讨与完善。

2017 年

中文题名：植物新品种权限制与例外研究

英文题名：Study on the Restrictions and Exceptions of the Plant Variety Rights

研 究 生：刘庆

指导教师：秦天宝教授

授予学位时间：2017 年上半年

内容介绍：植物新品种权限制和例外是对"专有权利"的限制和排除，分为无需植物新品种权人同意但是需要支付使用费的使用方式和无需权利人同意且无需支付使用费的使用方式。本文以有关植物种权的限制与例外的演进发展为着眼点，运用规范分析、比较分析、案例分析、历史分析等研究方法，以植物育种中的生物技术为主线，串联起"植物新品种权限制与例外的产生—植物新品种权限制和例外的发展—植物新品种权限制与例外面临的挑战—我国的选择"思路展开研究。全文除引言、结语外，共分六章。第一章植物新品种权限制和例外的概述。第二章植物新品种权限制和例外的产生。第三章植物新品种权限制和例外的发展。第四章植物新品种权限制和例外面临的挑战。第五章植物新品种权限制与例外的理论反思。第六章我国植物新品种权限制和例外的现状与未来选择。

中文题名： 专利滥诉的法律规制

英文题名： Legal Regulation on Abuse of Patent Litigation

研 究 生： 胡小伟

指导教师： 宁立志教授

授予学位时间： 2017 年上半年

内容介绍： 形态各异的专利诉讼失范行为是对专利侵权救济方式的过度工具化利用，总体上表现为"'专利蟑螂'、专利恶意诉讼、标准必要专利禁令滥用、专利懈怠"等形态，本文将其统称为"专利滥诉"。专利滥诉的有增无减，对经济发展、技术创新、竞争秩序等造成了严重危害，同时也极大地浪费了司法资源，对专利滥诉予以有效的法律规制势在必行。鉴此，本文以"专利滥诉的法律规制"为主线展开研究。全文除导论、结语外，正文分五章。第一章专利滥诉的概念界定及生成机理分析。第二章规制专利滥诉的理论阐释。第三章专利滥诉法律规制的域外实践。第四章我国规制专利滥诉的现状及制度困境。第五章我国专利滥诉的法律规制对策。

中文题名： 作品增值利益的法律分配

英文题名： The Legal Distribution of the Value-added Interests of Works

研 究 生： 曾青未

指导教师： 宁立志教授

授予学位时间： 2017 年上半年

内容介绍： 本文以作品的利益构成要素及其分配的原则和方法为主线，对作品的增值利益分配问题进行了研究。首先，通过对作品增值利益的细分，以及对利益链上参与主体投入的要素进行界定，来确立研究的横向线索。其次，以增值利益产生的三种方式为纵向线索，按照要素贡献的基本分配原则，对三种增值利益的分配问题分别进行分析。最终，通过对不同类型的增值利益分配矛盾进行拆分解析后，总结出整体性的增值利益分配规则，力图塑造出具有著作权法特色的公平的利益分配方式。全文除绪论、结语外，共分五章。第一章阐述了作品的增值利益及其构成要素。第二章论述了作品增值利益法律分配的价值与原则。第三章研究了演绎作品增值利益的法律分配。第四章探讨了视听作品增值利益的法律分配。第五章分析了艺术品增值利益的法律分配。

附录一 指导教师姓名索引

（按指导教师姓名汉语拼音字母顺序排列）

指导教师姓名	专业	授予学位时间	研究生姓名	论文题目	页码
左海聪 Francis G. Snyder	国际法学	2009 年上半年	陈 彬	国际法自足制度研究	26
别 涛	环境与资源保护法学	2013 年上半年	陈学敏	环境司法制度研究	154
		2016 年下半年	胡 斌	欧盟温室气体《减排分担决议》研究	166
别 涛 王树义	环境与资源保护法学	2012 年上半年	郭 武	论环境习惯法的现代价值	152
		2015 年上半年	冯 汝	环境法私人实施研究	160
		2016 年上半年	党惠娟	论环境法适应性与我国环境法治发展——基于开放系统论的展开	163
		2017 年下半年	朱 丽	论环境公共利益的司法保护——以环境公益诉讼制度与实践为研究中心	170
蔡 杰	诉讼法学	2013 年下半年	汪 容	刑事合并审判制度研究	264
		2014 年下半年	刘 晶	刑事庭前程序研究	265
		2015 年下半年	张 鑫	劫机案件侦查制度研究——模式、方法及其他	267
		2016 年上半年	刘国媛	结构之维检察权研究	268
		2016 年上半年	娄 超	刑事诉讼客体论	270
蔡守秋	环境与资源保护法学	2009 年上半年	冯 琳	环境法在军事领域的适用研究	134
		2009 年上半年	李建勋	区域海洋环境保护法研究	138
		2009 年上半年	王晓冬	可持续能源法问题研究	136
		2009 年上半年	吴贤静	"生态人"：环境法上的人之形象	134
		2009 年上半年	杨凌雁	论环境法对健康权的保护	137
		2010 年上半年	王欢欢	社会性别视角下环境法之反思	142
		2011 年上半年	陈叶兰	农村环境自治模式研究	147
		2011 年上半年	高 敏	论环境立法的成本效益评估	146

		2009 年下半年	陈 璇	刑法中社会相当性理论研究	388
		2010 年上半年	陈晓明*	刑事和解研究	395
		2010 年上半年	杜 琪	论环境刑法的行政从属性	392
		2011 年上半年	洪求华	不作为正犯研究	397
		2011 年上半年	黎邦勇	刑法主观解释研究	401
		2011 年上半年	张红昌	论财产罪中的占有	399
马克昌 陈家林	刑法学	2011 年下半年	陈金林	积极一般预防理论研究	402
		2011 年下半年	吴情树	客观处罚条件研究	402
		2013 年上半年	李 婕	抽象危险犯研究	409
马克昌 贾 宇 林亚刚	刑法学	2017 年下半年	王 园	寻衅滋事罪处罚依据与范围研究	435
马克昌 莫洪宪	刑法学	2011 年下半年	柯良栋	驱逐出境刑研究	403
		2012 年上半年	秦永峰	犯罪论体系的比较与建构	404
		2013 年下半年	彭泽君	教唆犯比较研究	412
		2014 年上半年	李颖峰	医疗过失的刑法学研究	420
		2014 年下半年	黄海龙	利用影响力受贿罪研究	422
		2015 年上半年	胡雁云	环境刑事政策研究	422
		2015 年上半年	吴占英	坦白制度研究	423
		2015 年下半年	吴 爽	毒品犯罪死刑适用疑难问题研究——以死刑限制适用为视角	424
		2015 年下半年	郑 青	我国检察机关办案组织研究	426
马克昌 孟勤国	刑法学 民商法学	2014 年上半年	叶三方	量刑适当实证研究——以相对性为视角	417
		2009 年上半年	段晓红	论产品责任适用范围的限制	196
		2009 年上半年	李 强	董事注意义务研究	193
		2009 年上半年	申惠文	物权登记错误救济论	199
		2009 年上半年	施晓红	公司治理结构本土化模式选择——中国公司法修改思考	194
		2009 年上半年	夏 杰	论动产用益物权	196
		2010 年上半年	冷传莉	论民法中的人格物	207
		2011 年上半年	巩姗姗	非经营性国有资产法律保护问题研究	212
		2011 年上半年	张淞纶	论物上负担制度	215
		2011 年下半年	李震东	破产重整制度之债权人利益保护问题研究	219
		2011 年下半年	林宏坚	服务合同研究	218
		2012 年上半年	鲍家志	非经营性国有资产使用权研究	221
		2012 年上半年	刘静波	侵权法一般条款研究	224
		2012 年上半年	于 涓	女性视角下的夫妻间权利义务平衡	223

		2017 年上半年	王金鹏	论国家管辖范围以外海洋保护区	168
		2017 年上半年	王鲁权	论环境保护第三方监督——以多元共治为背景	168
		2017 年上半年	卫乐乐	我国核能开发的风险规制研究——以核安全为视角	170
		2018 年上半年	范兴嘉	环境诉讼整序化研究——以行政主治为背景	173
		2018 年上半年	罗 艺	生态城市建设的立法促进研究	175
		2018 年上半年	魏晓欣	民族地区生物多样性国家法与民间法双重保护研究	175
		2018 年下半年	梅 菲	环境执法的法经济学分析	176
秦天宝	知识产权法学	2017 年上半年	刘 庆	植物新品种权限制与例外研究	441
邵沙平	国际法学	2010 年下半年	杨咏亮	战争罪的刑事责任问题研究	52
宋连斌	国际法学	2009 年上半年	杨 玲	国际商事仲裁程序研究	28
		2009 年下半年	叶 丹	公共秩序保留在我国涉外民商事司法实务中之适用研究	36
		2010 年上半年	王 钢	国际商事调解技巧研究	42
		2011 年上半年	姆 多 (Mamoudou Samassekou)	OHADA 和中华人民共和国国际商事仲裁法比较研究	53
		2012 年上半年	董海洲	论法院在仲裁中的作用——以英国《1996 年仲裁法》为视角	70
		2012 年上半年	马永梅	辩论主义与我国涉外民事诉讼程序的完善	64
		2012 年上半年	王 珺	国际商事仲裁裁决方法研究	67
		2013 年上半年	颜杰雄	仲裁裁决撤销制度的比较研究	87
		2013 年上半年	杨晓强	国际私法文献的翻译问题研究	81
		2014 年上半年	魏增产	反垄断法在国际商事仲裁中的适用	95
		2014 年上半年	翁 杰	法律选择的本体与方法	95
		2015 年上半年	吴 卡	国际条约的演化解释研究	108
		2016 年上半年	彭丽明	仲裁员责任制度比较研究	117
孙 晋	经济法学	2017 年上半年	钟瑛嫦	地方财政补贴公平竞争审查研究	187
		2018 年上半年	王 贵	经济法控权的现实与实现——以公平竞争审查制度为中心	191
万鄂湘	国际法学	2009 年上半年	毛俊响	国际人权条约中的权利限制条款研究	28
		2009 年下半年	魏忆龙	知识产权证券化——从比较法研究探讨立法可行性	38
		2011 年上半年	刘 丽	《欧洲人权公约》实施机制——兼论对亚洲及中国的启示	52

汪习根	宪法学与行政法学	2009 年上半年	高　轩	我国非物质文化遗产行政法保护研究	294
		2009 年上半年	李　蕾	幸福的法哲学研究	298
		2009 年上半年	杨　炼	立法过程中的利益衡量研究	291
		2009 年上半年	周翠彬	教育公平：中国教育法律制度的终极价值追求	290
		2010 年上半年	桂晓伟	转型中国的权利话语——比较现代性语境中的"社会—文化"分析	313
		2010 年上半年	郭孝实	司法预救济制度和再救济制度研究	306
		2010 年上半年	吕　宁	转型社会的宪法功能研究	313
		2010 年上半年	王琪璟	区域发展的人权法研究	306
		2011 年上半年	滕　锐	发展权视野下知识产权的发展研究	316
		2012 年上半年	刘杰敏	功能扩展视野中的司法能动研究——兼论中国司法的能动化改革	332
		2012 年上半年	彭建军	少数民族发展权法律保障研究	335
		2012 年上半年	夏　雨	法治的传播之维	332
		2013 年下半年	陈　旗	法治视野下的法官自由裁量权研究	349
王树义	环境与资源保护法学	2009 年上半年	丁岩林	法律生态化研究	134
		2009 年上半年	李静云	论后京都时代气候保护国际法律新秩序的构建	137
		2009 年上半年	梁剑琴	环境正义的法律表达	136
		2009 年上半年	邱　秋	中国自然资源国家所有权制度研究：面向可持续发展的思考	139
		2009 年上半年	王宏巍	论法律移植与中国环境法的发展	136
		2009 年上半年	张炳淳	生态税的法律建构研究	139
		2009 年上半年	张海峰	环境犯罪及其刑事责任研究	135
		2009 年下半年	汪再祥	环境法学对生态学的借用与误用——围绕生态学在环境法学中的三个核心面相的思考	140
		2010 年上半年	傅剑清	论环境公益损害救济——从"公地悲剧"到"公地救济"	140
		2010 年上半年	刘国涛*	生物自然力法的演绎式构建——自然资源法创新研究	143
		2010 年上半年	铁　燕	中国环境管理体制改革研究	143
		2010 年上半年	吴　宇	论全球环境法的形成与实现	141
		2010 年下半年	温英民	论我国基本环境法律制度之完善	144
		2011 年上半年	付　健	我国环境纠纷非诉调解机制研究	148
		2011 年上半年	黄　莎	论儒家环境伦理观对中国环境法的影响	146

		2015 年上半年	艾瑞拉 （MOGA-KPELY AURELIE-CLEMENCE）	《儿童权利公约》在中非共和国的适用研究	105
		2015 年上半年	刘 亮	大陆架界限委员会建议的性质问题研究	107
		2016 年上半年	邓妮雅	海上共同开发管理模式法律问题研究	115
		2016 年上半年	郭 冉	美国核安全法律制度研究	116
		2017 年上半年	迪 佳 （DJIBRIL Moudachirou）	海上油气资源共同开发的法律问题研究：以尼圣共同开发案和塞毛共同开发案为重心	119
		2017 年下半年	徐 敏	中西法律文化冲突与中国国际法实践及价值认同研究	126
		2017 年下半年	张 郭	限制日本主权的北纬 29°线与钓鱼岛主权归属研究	125
		2018 年上半年	黄文博	海上共同开发争端解决机制的国际法问题研究	127
		2018 年上半年	张光耀	欧洲能源互联网法律与政策研究	128
叶必丰	宪法学与行政法学	2009 年上半年	何 琳	行政执法责任制研究	298
易显河	国际法学	2012 年上半年	廖济贞	欧洲人权法院自由判断余地原则研究	72
		2013 年上半年	朱玲玲	国家单方行为的解释与效力判定	82
		2014 年上半年	哈丽思	国际核污染争端的要素及解决	97
		2015 年上半年	杨 瑛	《联合国海洋法公约》对军事活动影响的法律问题探析	105
		2017 年上半年	郝雅烨子	《联合国海洋法公约》争端解决机制下的临时措施制度研究	119
余劲松	国际法学	2010 年上半年	郭 鸣	纳税人权利保护法律问题研究	45
		2012 年上半年	郭载宇	国际货物买卖中所有权功能的弱化	66
		2012 年下半年	虞汪日	国际商事合同违约损害赔偿法律制度研究	77
		2013 年下半年	林仟雯	资产价值最大化目标体现于两岸重整程序的法律研究	93
		2013 年下半年	毛婵婵	国际投资条约仲裁中公共利益保护问题研究——以 ICSID 仲裁为视角	90
		2013 年下半年	王启行	两岸专利审查制度比较与调和之研究	91
		2014 年上半年	宋家法	国际商事仲裁司法审查制度研究	97
余敏友	国际法学	2009 年上半年	穆罕默德 （MOHAMMED AL ESSAWI）	发展中国家在 WTO 争端解决机制中的参与及优惠待遇	25

		2017 年上半年	刘桂新	权力秩序论	370
		2017 年上半年	刘晓明	中国民间资本的宪法保护研究	373
		2017 年上半年	庞远福	国家安全的法律分析	370
		2017 年下半年	马 岩	宪法视野下以审判为中心诉讼制度改革研究	374
		2018 年上半年	胡爱斌	地方人大权力运行启动机制研究	375
		2018 年上半年	刘一鋆	人大常委会专题询问制度研究	376
		2018 年上半年	钟健平	德国行政法院研究——兼论中国特色行政法院的构建	374
		2018 年下半年	马红安	公民调解权利研究——以人民调解制度为核心	378
周叶中董皞	宪法学与行政法学	2017 年上半年	周旸洋	国家法规范视野下的县政权力研究	370
周叶中杨小军	宪法学与行政法学	2013 年上半年	张鲁萍	行政任务委外的法律问题研究	346
		2015 年上半年	叶正国	海峡两岸海洋事务合作的法律机制研究	361
董皞周叶中	宪法学与行政法学	2014 年上半年	宋艳慧	社会保障权的公法保障	356
周佑勇	宪法学与行政法学	2009 年上半年	陈 睿	公共场所视频监控的行政法律问题研究	288
		2009 年上半年	尹建国	行政法中的不确定法律概念研究	296
		2009 年上半年	张运萍	行政违法的检察监督问题研究	297
		2009 年上半年	钟 芳	相对人行政法行为研究	295
		2010 年上半年	陈 实	警察罚理论研究	305
		2010 年上半年	戴建华	行政法的正义理论研究	309
		2010 年上半年	邓 志	法治视野下特别权力关系问题研究	303
		2010 年上半年	龚向田	行政程序抗辩权论	309
		2010 年上半年	何成锋	中国共产主义青年团法律问题研究——以软法、硬法为分析工具	312
		2010 年上半年	孟鸿志	行政规划法律规制研究	310
		2010 年上半年	谭 剑	行政行为的撤销研究	311
		2010 年下半年	陈立波	出入境边防检查权研究	313
		2010 年下半年	陈 伟	行政管理体制改革视野下的行政监察权	315
		2010 年下半年	唐汇西	网络信息政府监管研究	314
		2011 年上半年	秦后国	高校自主招生的法律控制研究	317
		2011 年上半年	文 婧	论行政登记——基于公私法双重视域	320
		2011 年下半年	熊 娜	宪政视角下的我国村民自治权问题研究	329
		2012 年上半年	官继慧	美国行政法官制度研究	333
		2012 年上半年	尚海龙	行政法上的平等原则研究	337

附录二 论文作者姓名索引

（按论文作者姓名汉语拼音字母顺序排列）

陈金林	积极一般预防理论研究	马克昌 陈家林	刑法学	2011 年下半年	402
陈珺	欧盟法一般法律原则——以欧盟法院司法实践为视角	黄德明	国际法学	2018 年下半年	131
陈克宁	主权财富基金监管法律问题研究	李仁真	国际法学	2011 年上半年	60
陈立波	出入境边防检查权研究	周佑勇	宪法学与行政法学	2010 年下半年	313
陈良军	股东大会决议瑕疵法律问题研究	冯果	民商法学	2013 年上半年	232
陈南辉	金融资产管理公司若干法律问题研究	李仁真	国际法学	2012 年下半年	77
陈攀	量刑情节限制暴力犯罪死刑适用研究	莫洪宪	刑法学	2014 年上半年	416
陈旗	法治视野下的法官自由裁量权研究	汪习根	宪法学与行政法学	2013 年下半年	349
陈秋明	我国政策性担保公司法律制度研究	冯果	民商法学	2009 年上半年	199
陈睿	公共场所视频监控的行政法律问题研究	周佑勇	宪法学与行政法学	2009 年上半年	288
陈少华	海关权力的宪政研究	李龙	宪法学与行政法学	2009 年上半年	289
陈胜强	近代中国宪法变迁与中央官署变革——从官制改革到五院政府	陈晓枫	宪法学与行政法学	2011 年上半年	319
陈实	警察罚理论研究	周佑勇	宪法学与行政法学	2010 年上半年	305
陈淑芬	国际法视角下的清洁发展机制研究	杨泽伟	国际法学	2010 年下半年	50
陈伟	行政管理体制改革视野下的行政监察权	周佑勇	宪法学与行政法学	2010 年下半年	315
陈文	中国农地利用资本化法律问题研究	漆多俊	民商法学	2013 年上半年	238
陈文成	商业银行参与证券业法律问题研究——论"分业经营"法律概念的失效	张里安	民商法学	2012 年上半年	225
陈文胜	越南违宪审查制度研究	秦前红	宪法学与行政法学	2011 年下半年	329
陈文涛	保险经纪人法律制度比较研究	张湘兰	国际法学	2009 年上半年	24
陈细田	牵连犯研究	林亚刚	刑法学	2013 年上半年	411
陈先郡	中国国家荣誉制度研究	江国华	宪法学与行政法学	2017 年上半年	372
陈娴灵	我国民事执行异议之诉研究	赵钢	民商法学	2010 年上半年	209
陈向阳	论我国政府采购法律制度的完善	李仁真	国际法学	2014 年下半年	103
陈小龙	电信网互联互通若干法律问题研究	张湘兰	国际法学	2013 年上半年	80
陈晓华	食品安全的刑法保护	莫洪宪	刑法学	2012 年上半年	407
陈晓明*	刑事和解研究	马克昌	刑法学	2010 年上半年	395
陈星儒	足球协会纪律处罚权问题研究	黄进	体育法学	2018 年下半年	286
陈熊	海峡两岸民用航空损害赔偿制度比较研究	肖永平	国际法学	2012 年上半年	68

程雨燕	环境行政处罚研究：原则、罚制与方向	张梓太	环境与资源保护法学	2009 年上半年	135
丛雪莲	欧盟专利诉讼制度研究	韩德培 黄 进	国际法学	2010 年下半年	51
崔明健	国际域名争议解决机制的利益平衡研究	韩德培 肖永平	国际法学	2011 年上半年	55
崔起凡	WTO 争端解决中的证据问题研究	张湘兰	国际法学	2013 年下半年	88
代 承	人身危险性研究	康均心	刑法学	2010 年上半年	393
戴建华	行政法的正义理论研究	周佑勇	宪法学与行政法学	2010 年上半年	309
戴盛仪	公司法上的债权出资研究	孟勤国	民商法学	2015 年上半年	248
戴颖欣	香港特别行政区行政主导政制研究	周叶中	宪法学与行政法学	2013 年上半年	346
党惠娟	论环境法适应性与我国环境法治发展——基于开放系统论的展开	别 涛 王树义	环境与资源保护法学	2016 年上半年	163
德里斯 （DRISS ED-DARAN)	国际海底区域制度——在海底区域活动时保护海洋环境的义务	杨泽伟	国际法学	2014 年上半年	97
邓朝晖	魁北克国际私法研究——兼论对中国区际法律冲突问题之借鉴	韩德培 黄 进	国际法学	2009 年下半年	37
邓达奇	"政法"研究	徐亚文	法学理论	2012 年上半年	5
邓刚宏	行政诉判关系的逻辑及其制度建构——以民事诉讼比较为视角	林莉红	宪法学与行政法学	2009 年上半年	297
邓剑光	大部制改革的法学分析	周叶中	宪法学与行政法学	2012 年上半年	331
邓 瑾	跨国企业集团破产的国际私法问题研究	韩德培 肖永平	国际法学	2011 年下半年	62
邓妮雅	海上共同开发管理模式法律问题研究	杨泽伟	国际法学	2016 年上半年	115
邓 宁	联合国安理会职能的宪政改造——理论构建、法律困境与改革前景	余敏友	国际法学	2012 年上半年	69
邓珊珊	"公共法律案件"的法理学研究	徐亚文	法学理论	2012 年上半年	4
邓小俊	未成年人犯罪生成机理研究	莫洪宪	刑法学	2011 年上半年	401
邓晓静	判决的生成要素研究	洪 浩	诉讼法学	2014 年下半年	265
邓峥波	合同成立研究	余延满	民商法学	2013 年上半年	233
邓 志	法治视野下特别权力关系问题研究	周佑勇	宪法学与行政法学	2010 年上半年	303
迪 佳 （DJIBRIL Moudachirou)	海上油气资源共同开发的法律问题研究：以尼圣共同开发案和塞毛共同开发案为重心	杨泽伟	国际法学	2017 年上半年	119
底高扬	香港特别行政区行政长官制度的完善研究	秦前红 张定淮	宪法学与行政法学	2018 年上半年	377

范 硕	预约合同研究	余延满	民商法学	2018 年上半年	263
范贤政	广东省改革开放中主动适应性立法研究	陈晓枫	宪法学与行政法学	2015 年上半年	361
范相尧	海峡两岸经济合作架构协议法律问题研究	余敏友	国际法学	2014 年上半年	98
范晓亮	跨国银行服务合同法律适用问题研究	何其生	国际法学	2012 年下半年	78
范兴嘉	环境诉讼整序化研究——以行政主治为背景	秦天宝	环境与资源保护法学	2018 年上半年	173
范兴科	新发展理念视域下中国特色人权发展道路研究	李 龙	法学理论	2018 年上半年	22
方 昀	解除权制度研究	余延满	民商法学	2009 年上半年	194
冯 琳	环境法在军事领域的适用研究	蔡守秋	环境与资源保护法学	2009 年上半年	134
冯 汝	环境法私人实施研究	别 涛 王树义	环境与资源保护法学	2015 年上半年	160
冯小光	宪政视野下同案同判问题研究	陈晓枫	宪法学与行政法学	2011 年上半年	323
冯 元	中国电视媒体依法管理研究	周叶中	宪法学与行政法学	2009 年上半年	298
冯占省	公司集团控制权研究	李新天	民商法学	2016 年上半年	253
符健敏	中国集体土地流转的法律问题研究	汪进元	宪法学与行政法学	2011 年上半年	325
付 健	我国环境纠纷非诉调解机制研究	王树义	环境与资源保护法学	2011 年上半年	148
付 婧	香港特别行政区行政与立法关系研究	秦前红	宪法学与行政法学	2016 年上半年	367
付 璐	欧盟温室气体排放交易机制的立法研究	王 曦	环境与资源保护法学	2010 年下半年	145
付文佚	转基因食品标识的比较法研究	韩德培	国际法学	2009 年上半年	34
付玉明	刑法解释的诠释学论说	贾 宇 林亚刚	刑法学	2016 年上半年	429
傅宏宇	中国医患纠纷的解决机制研究	肖永平	国际法学	2014 年上半年	100
傅剑清	论环境公益损害救济——从"公地悲剧"到"公地救济"	王树义	环境与资源保护法学	2010 年上半年	140
傅攀峰	仲裁裁决既判力问题研究	黄 进	国际法学	2015 年上半年	111
傅 强	限定继承制度研究	余延满	民商法学	2016 年上半年	255
傅曦林	股份有限公司股权变动公示制度研究——以股东名册登记为中心	温世扬	民商法学	2009 年下半年	203
傅贤国	我国案外第三人异议诉讼制度研究	赵 钢	诉讼法学	2016 年下半年	271
傅 瑜	中国共产党基层组织建设的宪政维度	周叶中	宪法学与行政法学	2012 年上半年	338
富天放	WTO《政府采购协定》研究	左海聪	国际法学	2009 年下半年	35

郭 航	被告人对质诘问权制度研究	陈 岚	诉讼法学	2017 年上半年	272
郭 敏	我国人民陪审员制度改革研究	汪习根	法学理论	2017 年下半年	20
郭明磊	双重国籍的国际法问题研究	肖永平	国际法学	2011 年上半年	59
郭 鸣	纳税人权利保护法律问题研究	余劲松	国际法学	2010 年上半年	45
郭 冉	美国核安全法律制度研究	杨泽伟	国际法学	2016 年上半年	116
郭少青	论我国环境基本公共服务的合理分配	王树义	环境与资源保护法学	2014 年上半年	159
郭嗣彦	合同债权质押研究	陈本寒	民商法学	2012 年下半年	227
郭 武	论环境习惯法的现代价值	别 涛 王树义	环境与资源保护法学	2012 年上半年	152
郭孝实	司法预救济制度和再救济制度研究	汪习根	宪法学与行政法学	2010 年上半年	306
郭娅丽	营业转让制度研究	冯 果	民商法学	2010 年上半年	209
郭玉川	竞技体育刑法规制问题研究	莫洪宪	刑法学	2010 年上半年	392
郭载宇	国际货物买卖中所有权功能的弱化	余劲松	国际法学	2012 年上半年	66
哈丽思	国际核污染争端的要素及解决	易显河	国际法学	2014 年上半年	97
韩承勋	韩国环境管理体制与基本法律制度研究	王树义	环境与资源保护法学	2018 年上半年	172
韩光军	量刑基准研究	康均心	刑法学	2009 年上半年	382
韩 晶	论环境法协调发展原则——以利益为分析视角	张梓太	环境与资源保护法学	2009 年上半年	138
韩旭至	个人信息的法律界定及类型化研究	张里安	民商法学	2018 年上半年	261
韩 轶	论民族主义与宪政	周叶中	宪法学与行政法学	2010 年上半年	305
韩永红	法明确性原则与宪法的关系研究	秦前红	宪法学与行政法学	2009 年上半年	287
韩玉亭	穷尽行政救济原则研究	江国华	宪法学与行政法学	2016 年上半年	366
杭仁春	行政契约违约责任研究	张泽想	宪法学与行政法学	2009 年下半年	302
郝发辉	《全面禁止核试验条约》研究	黄德明	国际法学	2012 年下半年	75
郝晶晶	婚姻诉讼程序研究	赵 钢	诉讼法学	2016 年下半年	268
郝雅烨子	《联合国海洋法公约》争端解决机制下的临时措施制度研究	易显河	国际法学	2017 年上半年	119
何 蓓	自主武器系统的国际法问题研究	曾令良 黄德明	国际法学	2018 年下半年	132
何成锋	中国共产主义青年团法律问题研究——以软法、硬法为分析工具	周佑勇	宪法学与行政法学	2010 年上半年	312
何春茜	环境执法均衡论——以行政过程为中心	张梓太	环境与资源保护法学	2012 年下半年	153
何 丹	再保险的法律问题研究——基于与原保险关联的视角	何其生	国际法学	2017 年上半年	123
何 琳	行政执法责任制研究	叶必丰	宪法学与行政法学	2009 年上半年	298

胡志超	中国破裂主义离婚法律制度研究——兼论离婚司法的任务及其实现	张里安	民商法学	2009 年上半年	202
华翠	基本养老保险基金投资运营的信托法律机制研究	冯果	民商法学	2015 年上半年	249
宦吉娥	宪法基本权利规范在刑事法中的效力研究	秦前红	宪法学与行政法学	2009 年上半年	295
黄斌	P2P 网贷法律问题研究——兼论商业银行参与 P2P 网贷的法律问题	温世扬	民商法学	2016 年下半年	257
黄海龙	利用影响力受贿罪研究	马克昌 莫洪宪	刑法学	2014 年下半年	422
黄佳钰	地理信息法律问题研究	张里安	民商法学	2014 年下半年	247
黄俊辉	物权相对论——物权性质再认识	余能斌	民商法学	2009 年上半年	200
黄丽萍	知识产权强制许可制度研究	温世扬	民商法学	2010 年	211
黄莉娜	国际合作打击索马里海盗问题研究	曾令良	国际法学	2012 年上半年	65
黄明涛	公民文化权研究	秦前红	宪法学与行政法学	2013 年上半年	342
黄鹏	禁止重复评价原则研究	敬大力 莫洪宪	刑法学	2018 年上半年	438
黄奇中	刑法解释的沟通之维	马克昌	刑法学	2009 年上半年	386
黄秋生	宪政设计研究	周叶中	宪法学与行政法学	2012 年下半年	341
黄莎	论儒家环境伦理观对中国环境法的影响	王树义	环境与资源保护法学	2011 年上半年	146
黄石	转型期犯罪治理模式变迁研究	康均心	刑法学	2013 年上半年	412
黄伟	单一海洋划界公平解决的法律问题研究	杨泽伟	国际法学	2009 年上半年	25
黄文博	海上共同开发争端解决机制的国际法问题研究	杨泽伟	国际法学	2018 年上半年	127
黄翔	外资国家安全审查制度比较研究	张庆麟	国际法学	2018 年上半年	129
黄晓燕	文化权利的国际法保护研究	黄德明	国际法学	2013 年上半年	86
黄雪娇	我国多元行政纠纷解决机制研究	林莉红	诉讼法学	2015 年上半年	266
黄雅屏	国际河流水资源争端解决模式研究	韩德培 郭玉军	国际法学	2012 年上半年	66
黄琰	信息刑法基本问题研究	皮勇	刑法学	2012 年上半年	407
黄赟琴	条约在国内法院的适用问题研究	万鄂湘	国际法学	2013 年上半年	86
黄振	特别行政区高度自治权研究	周叶中	宪法学与行政法学	2012 年上半年	336
黄志斌	集体建设用地使用权流转制度研究	李新天	民商法学	2014 年上半年	243
黄智宇	生态减灾的法律调整：以环境法为进路	杜群	环境与资源保护法学	2016 年上半年	165
霍洪涛	交易所异常交易情况处置权研究	宁立志	民商法学	2013 年上半年	233

拉斐尔 (RAFEA ABU RAHMAH)	巴勒斯坦问题的国际法研究	余敏友	国际法学	2010 年下半年	49
拉马罗 (SOJA Tsimandilatse Lahimaro)	论马达加斯加环境权的实现	秦天宝	环境与资源保护法学	2014 年上半年	158
赖正直	机能主义刑法理论研究	康均心	刑法学	2014 年上半年	416
兰　薇	体育发展权研究	汪习根	法学理论	2012 年上半年	7
兰晓为	破产法上的待履行合同研究	温世扬	民商法学	2010 年上半年	208
雷山漫	国际化背景下中国知识产权刑法保护研究	林亚刚	刑法学	2011 年上半年	398
雷　涛	特殊侵权责任中的利益平衡研究	孟勤国	民商法学	2016 年上半年	255
冷传莉	论民法中的人格物	孟勤国	民商法学	2010 年上半年	207
冷铁勋	有限合伙企业债权人特殊保护机制研究	陈本寒	民商法学	2009 年下半年	204
黎邦勇	刑法主观解释研究	马克昌	刑法学	2011 年上半年	401
黎大有	就业保险制度的基本问题研究	张荣芳	经济法学	2016 年上半年	185
黎　珞	单方法律行为研究	张里安	民商法学	2017 年上半年	258
李安安	金融创新视域下的公司治理——以规制利益冲突为中心	冯　果	经济法学	2013 年上半年	177
李　蓓	侵权法上的损害问题研究	温世扬	民商法学	2010 年上半年	209
李炳辉	民间治理的宪政功能	周叶中	宪法学与行政法学	2011 年上半年	320
李　琛	我国巨灾再保险制度构建研究	温世扬	民商法学	2017 年上半年	259
李辰星	行政执法与刑事司法衔接机制研究	江国华	宪法学与行政法学	2013 年上半年	348
李　丹	论环境管理创新的法律进路	杜　群	环境与资源保护法学	2012 年上半年	151
李　方	企业品牌知识产权保护研究	张里安	民商法学	2011 年下半年	220
李福林	行政法律关系理论之研究	江国华	宪法学与行政法学	2017 年上半年	371
李高雅	法人基本权利问题研究	秦前红	宪法学与行政法学	2012 年上半年	331
李广兵	跨行政区水污染治理法律问题研究	蔡守秋	环境与资源保护法学	2014 年上半年	158
李贵成	协商性司法要论	李　龙	宪法学与行政法学	2009 年上半年	296
李国庆	夫妻财产制研究	余能斌	民商法学	2011 年上半年	213
李国庆	数字时代版权与信息共享之利益平衡研究	宁立志	经济法学	2015 年下半年	183
李寒劲	保险人法定解除权制度研究	温世扬	民商法学	2009 年上半年	193
李　豪	地方人大常委会规范性文件备案审查制度研究	李　龙	法学理论	2012 年上半年	6
李洪峰	非政府组织制度性参与国际法律体系研究	曾令良	国际法学	2013 年下半年	89

李晓奋	中国语境下的能动司法	徐亚文	法学理论	2012 年上半年	8
李晓鸿	隐性行政垄断及其法律规制研究	宁立志	经济法学	2015 年下半年	184
李晓龙	刑法保护前置化趋势研究	林亚刚	刑法学	2014 年上半年	419
李晓述	跨境教育法律问题研究	黄进	国际法学	2009 年下半年	36
李昕	垃圾信息的全球法律控制	曾令良	国际法学	2009 年下半年	37
李新亮	宪政视野下大学治理结构研究	秦前红	宪法学与行政法学	2012 年下半年	341
李秀凤	社会保险人研究	喻术红	经济法学	2016 年下半年	187
李妍辉	论环境治理的金融工具	秦天宝	环境与资源保护法学	2012 年上半年	152
李彦	打击跨国网络犯罪国际法问题研究	黄志雄	国际法学	2017 年上半年	120
李遥	不动产收益权质押研究	温世扬	民商法学	2013 年下半年	239
李一川	机动车第三者责任分担机制研究	温世扬	民商法学	2011 年上半年	213
李一丁	论遗传资源相关传统知识获取和惠益分享中的利益平衡	秦天宝	环境与资源保护法学	2013 年上半年	155
李莺	高级人民法院研究	江国华	宪法学与行政法学	2017 年上半年	369
李鹰	行政主导型社会治理模式之逻辑与路径——以行政法之社会治理功能为基点	江国华	宪法学与行政法学	2012 年上半年	337
李迎春	正当防卫限度论	康均心	刑法学	2018 年下半年	440
李颖峰	医疗过失的刑法学研究	马克昌 莫洪宪	刑法学	2014 年上半年	420
李钰	我国社区矫正立法问题研究	汪习根	法学理论	2017 年上半年	20
李云超	文化产业融资促进法律问题比较研究	郭玉军	国际法学	2015 年上半年	110
李云霖	近代中国议会制度的源流	陈晓枫	宪法学与行政法学	2009 年上半年	290
李运华	就业权研究	漆多俊	民商法学	2009 年上半年	195
李占州	罪与非罪界定论	莫洪宪	刑法学	2010 年上半年	396
李兆良	海上保险免责条款研究	张湘兰	国际法学	2014 年上半年	98
李真	反兴奋剂国际标准之治疗用药豁免研究	肖永平	体育法学	2018 年上半年	285
李震东	破产重整制度之债权人利益保护问题研究	孟勤国	民商法学	2011 年下半年	219
李志明	公民检举权研究	李龙	宪法学与行政法学	2011 年上半年	318
李中立	经营判断法则研究	张里安	民商法学	2010 年上半年	206
连俊雅	跨境旅游纠纷非诉讼解决机制研究	黄进	国际法学	2018 年上半年	128
练爽	主权财富基金若干法律问题研究	张庆麟	国际法学	2012 年上半年	74
梁春艳	社会主体提起的环境行政公益诉讼研究	杜群	环境与资源保护法学	2016 年上半年	164
梁剑琴	环境正义的法律表达	王树义	环境与资源保护法学	2009 年上半年	136

刘高林	流动人口权利保障的宪政研究	周叶中	宪法学与行政法学	2009 年上半年	291
刘功文	气候领域的国际合作机制——京都机制研究	杜　群	环境与资源保护法学	2010 年上半年	142
刘桂新	权力秩序论	周叶中	宪法学与行政法学	2017 年上半年	370
刘国利	文化多样一体的法哲学研究	李　龙	法学理论	2017 年上半年	19
刘国涛*	生物自然力法的演绎式构建——自然资源法创新研究	王树义	环境与资源保护法学	2010 年上半年	143
刘国嫒	结构之维检察权研究	蔡　杰	诉讼法学	2016 年上半年	268
刘海峰	宅基地使用权制度研究	温世扬	民商法学	2011 年下半年	220
刘海燕	中国法学社团研究——以中国法学会为例	李　龙	宪法学与行政法学	2010 年上半年	312
刘衡	国际法之治：从国际法治到全球治理	余敏友	国际法学	2011 年上半年	54
刘红艳	刑法中的动机理论研究	陈家林	刑法学	2015 年上半年	423
刘洪彬	国家治理体系现代化研究——以法治、善治与共治为视角	徐亚文	宪法学与行政法学	2014 年上半年	352
刘洪林	我国检察制度改革研究	周叶中	宪法学与行政法学	2014 年上半年	357
刘箭	骗取贷款、票据承兑、金融票证罪研究	刘艳红	刑法学	2009 年上半年	383
刘杰敏	功能扩展视野中的司法能动研究——兼论中国司法的能动化改革	汪习根	宪法学与行政法学	2012 年上半年	332
刘京	论医疗知情同意权的民法构建	张里安	民商法学	2014 年上半年	244
刘晶	刑事庭前程序研究	蔡　杰	诉讼法学	2014 年下半年	265
刘静波	侵权法一般条款研究	孟勤国	民商法学	2012 年上半年	224
刘军	社会重大事件行政调查法治研究——以行政权的社会回应性为视角	林莉红	宪法学与行政法学	2013 年下半年	350
刘俊红	证券场外交易市场法律规制研究	孟勤国	民商法学	2015 年上半年	251
刘丽	《欧洲人权公约》实施机制——兼论对亚洲及中国的启示	万鄂湘	国际法学	2011 年上半年	52
刘丽	论国际商法的一般法律原则及其适用	左海聪	国际法学	2011 年上半年	57
刘莉	竞技足球犯罪中的被害人研究	康均心	体育法学	2015 年下半年	284
刘亮	大陆架界限委员会建议的性质问题研究	杨泽伟	国际法学	2015 年上半年	107
刘琳	论我国环境法律责任承担方式的发展	王树义	环境与资源保护法学	2017 年下半年	172
刘柳	从习惯理论到惯习理论：社会治理法治化模式的理论转向	李　龙	法学理论	2017 年上半年	17

刘 贞	药品致人损害事故救济制度研究	张里安	民商法学	2017 年上半年	260
刘 真	国际金融稳定法律机制研究	李仁真	国际法学	2012 年上半年	66
刘芷含	集资型犯罪规制范围研究	莫洪宪	刑法学	2018 年上半年	437
刘志刚	非刑罚处罚制度研究	康均心	刑法学	2012 年上半年	405
刘忠魁	煤矿安全生产中行管伦理失范及其法律规制研究	陈晓枫	宪法学与行政法学	2012 年上半年	333
柳 飒	近代中国公民基本权利变迁研究	陈晓枫	宪法学与行政法学	2011 年上半年	318
龙婧婧	我国抗诉权研究	江国华	宪法学与行政法学	2013 年上半年	345
龙 滔	违宪审查基准的原理与技术研究——以美国、德国为考察对象	周叶中	宪法学与行政法学	2013 年下半年	351
龙湘元	同性婚姻若干法律问题比较研究	肖永平	国际法学	2015 年上半年	110
娄 超	刑事诉讼客体论	蔡 杰	诉讼法学	2016 年上半年	270
娄奇铭	破产债权人程序自治问题研究	赵 钢	诉讼法学	2018 年上半年	277
楼 晓	证券业自律管理"公权化"研究	冯 果	民商法学	2013 年上半年	237
卢 青	美国投资银行诚信义务研究	张庆麟	国际法学	2012 年上半年	71
卢上需	我国人民法院司法能力建设研究	周叶中	宪法学与行政法学	2012 年下半年	340
卢卫彬	军舰海难救助相关法律问题研究	黄德明	国际法学	2018 年上半年	127
卢学希	民法时效制度价值与体系研究	余延满	民商法学	2013 年下半年	239
卢雍政	青少年权益的宪法保护研究	秦前红	宪法学与行政法学	2012 年上半年	335
芦加人	竞争法视野下的平行进出口问题研究	宁立志	经济法学	2017 年下半年	189
鲁冰清	我国水资源权属制度研究	蔡守秋	环境与资源保护法学	2016 年上半年	165
鲁 杨	股权质权问题研究	陈本寒	民商法学	2011 年上半年	213
陆 寰	国家豁免中的商业例外问题研究	郭玉军	国际法学	2012 年上半年	68
陆尚乾	跨国证券权利冲突法之研究	黄 进	国际法学	2009 年上半年	30
路红青	论走私普通货物、物品罪	李希慧	刑法学	2010 年上半年	393
罗 超	国际组织与其成员间的法律责任问题研究	杨泽伟	国际法学	2013 年下半年	91
罗 钢	敌人刑法：言说与规范	莫洪宪	刑法学	2016 年上半年	426
罗欢平	普通债权质押制度研究	冯 果	民商法学	2009 年上半年	198
罗 晖	刑事预审制度研究	洪 浩	诉讼法学	2015 年下半年	267
罗嘉航	核能安全的国家责任研究	黄德明	国际法学	2013 年下半年	91
罗丽华	法治的生活之维	李 龙	宪法学与行政法学	2009 年下半年	300
罗明海	我国有组织犯罪刑事治理检讨与对策	许发民	刑法学	2013 年下半年	413
罗 欧	法治政府视野下我国司法审查制度的完善	林莉红	宪法学与行政法学	2009 年下半年	300
罗思婧	体育行业自治与法律规制问题研究	汪习根	体育法学	2014 年上半年	281

毛杰	WTO 货物贸易多边补贴规则的法律问题研究	万鄂湘	国际法学	2012 年上半年	63
毛景	报复性解雇法律规制研究	张荣芳	经济法学	2017 年下半年	189
毛俊响	国际人权条约中的权利限制条款研究	万鄂湘	国际法学	2009 年上半年	28
毛真真	《跨太平洋伙伴关系协定》中国有企业规则研究	黄志雄	国际法学	2017 年上半年	118
梅菲	环境执法的法经济学分析	秦天宝	环境与资源保护法学	2018 年下半年	176
梅瑞琦	合同责任与侵权责任的竞合关系研究	张里安	民商法学	2014 年上半年	242
孟春阳	论生态物权	王树义	环境与资源保护法学	2018 年上半年	174
孟昊	非政府组织参与全球金融治理的法律分析	张庆麟	国际法学	2010 年下半年	50
孟鸿志	行政规划法律规制研究	周佑勇	宪法学与行政法学	2010 年上半年	310
孟令战	民国时期教学自由权研究	陈晓枫	宪法学与行政法学	2011 年上半年	320
孟睿偲	医疗损害侵权责任研究	张里安	民商法学	2017 年上半年	260
闵卫国	FIDIC 合同条件适用性问题比较研究	余能斌	民商法学	2013 年上半年	229
莫鹏	国民政府时期的县自治研究	陈晓枫	宪法学与行政法学	2013 年上半年	342
莫万友	国际贸易中的违约损害赔偿制度研究	郭玉军	国际法学	2009 年上半年	26
姆多（Mamoudou Samassekou）	OHADA 和中华人民共和国国际商事仲裁法比较研究	宋连斌	国际法学	2011 年上半年	53
穆罕默德（MOHAMMED AL ESSAWI）	发展中国家在 WTO 争端解决机制中的参与及优惠待遇	余敏友	国际法学	2009 年上半年	25
纳西尔（Aliyu Nasiru Adamu）	尼日利亚民主选举的国际法分析	余敏友	国际法学	2010 年上半年	45
倪培根	民事听审请求权研究	刘学在	诉讼法学	2018 年上半年	276
倪瑞兰	民事检察权研究	秦前红	宪法学与行政法学	2009 年下半年	300
聂淼	所得概念的税法诠释	熊伟	经济法学	2017 年上半年	188
宁红玲	投资者-国家仲裁与国内法院的相互关系研究	漆彤	国际法学	2018 年上半年	129
潘传表	走向大一统——中国传统治国模式的生成：从黄帝至秦汉	李龙	宪法学与行政法学	2009 年上半年	299
潘德勇	论国际法的拘束力	曾令良	国际法学	2011 年上半年	57

秦 涛	近现代中国公务员考绩法制研究	陈晓枫	宪法学与行政法学	2010 年上半年	305
秦永峰	犯罪论体系的比较与建构	马克昌 莫洪宪	刑法学	2012 年上半年	404
覃剑峰	论前科	康均心	刑法学	2010 年上半年	392
邱 丹	行政案卷排他性规则研究	林莉红	宪法学与行政法学	2011 年上半年	324
邱 秋	中国自然资源国家所有权制度研究：面向可持续发展的思考	王树义	环境与资源保护法学	2009 年上半年	139
邱思珣	论嗣后协定与嗣后惯例的适用——以 WTO 法律解释为视角	曾令良 李雪平	国际法学	2017 年上半年	122
邱 威	不纯正不作为犯的基本问题	林亚刚	刑法学	2012 年上半年	403
屈 凌	国际航空运输侵权研究——以华沙体系为视角	黄 进	国际法学	2011 年上半年	54
冉妮莉	共同犯罪的死刑适用	林亚刚	刑法学	2010 年上半年	391
任娇娇	我国禁毒刑事政策调整研究	莫洪宪	刑法学	2016 年上半年	429
任丽莉	劳动权的宪法保护研究	秦前红	宪法学与行政法学	2011 年下半年	328
任世丹	贫困问题的环境法应对	杜 群	环境与资源保护法学	2011 年上半年	148
任彦君	数罪并罚论	林亚刚	刑法学	2009 年上半年	383
任 颖	论中国特色社会主义人权理论体系的建构	李 龙	法学理论	2016 年上半年	14
阮雪芹	我国未成年人检察制度研究	秦前红	宪法学与行政法学	2015 年下半年	364
沙建嵩	风险预防原则下危害食品安全行为刑法规制的边界	莫洪宪	刑法学	2018 年上半年	436
上官腾飞	行政诉讼失权制度研究	李 傲	诉讼法学	2017 年上半年	274
尚海龙	行政法上的平等原则研究	周佑勇	宪法学与行政法学	2012 年上半年	337
邵 敏	法律与身份——基于对平等的阐释和反思	徐亚文	法学理论	2016 年上半年	13
申 纯	刑法保护机能的扩张与限制	康均心	刑法学	2014 年上半年	419
申惠文	物权登记错误救济论	孟勤国	民商法学	2009 年上半年	199
申 柯 (Moussa Sékou TRAORE)	中国与非洲统一商法组织（OHA-DA）法域合同法若干方面的比较研究	肖永平	国际法学	2012 年上半年	74
申 蕾	我国合同自由限制的实证研究	孟勤国	民商法学	2017 年上半年	259
申艳红	政府危机管理下维稳行政法治化研究	周佑勇	宪法学与行政法学	2012 年上半年	338
沈 敏	宪政视野下的中国律师制度研究	秦前红	宪法学与行政法学	2011 年上半年	323
沈小平	行政收费法治化研究——以信息公开和公众参与为分析路径	林莉红	宪法学与行政法学	2010 年上半年	311
师 维		莫洪宪	刑法学	2014 年上半年	

孙华玲	气候难民的迁徙权研究	蔡守秋	环境与资源保护法学	2013 年上半年	156
孙 吉	欧盟能源并购的法律与政策问题研究	黄 进	国际法学	2013 年上半年	85
孙建华	国际航空融资租赁若干法律问题研究	肖永平	国际法学	2017 年上半年	121
孙 晋	产融结合的反垄断法规制研究	漆多俊	民商法学	2010 年上半年	204
孙晶晶	弱势儿童权利保护研究	汪习根	法学理论	2011 年上半年	3
孙来清	基于社会复杂性的科学立法研究	李 龙	法学理论	2017 年上半年	18
孙亚贤	论股权众筹公司制度的特色与创新	李新天	民商法学	2018 年上半年	262
孙玉超	国际航空运输自由化的法律问题研究	肖永平	国际法学	2010 年上半年	41
孙玉凤	国际投资协定中的劳工权保护问题研究	张庆麟	国际法学	2014 年下半年	102
谭 彬	教唆犯研究	林亚刚	刑法学	2016 年下半年	430
谭冰涛	胎儿民法保护研究	温世扬	民商法学	2011 年上半年	216
谭 剑	行政行为的撤销研究	周佑勇	宪法学与行政法学	2010 年上半年	311
谭九生	论职业协会惩戒权的公法规制	秦前红	宪法学与行政法学	2010 年下半年	314
谭 民	中国-东盟能源贸易与投资合作法律问题研究	杨泽伟	国际法学	2013 年下半年	93
谭义军	司法功能论——中国法院司法功能之诊视	江国华	宪法学与行政法学	2011 年下半年	328
汤海涵	澳大利亚并购投资相关法律制度研究	李仁真	国际法学	2012 年下半年	76
汤海清	国民大会制度研究	陈晓枫	宪法学与行政法学	2009 年上半年	289
唐海清	非物质文化遗产的国际法保护问题研究	郭玉军	国际法学	2010 年上半年	40
唐汇西	网络信息政府监管研究	周佑勇	宪法学与行政法学	2010 年下半年	314
唐 亮	食品安全社会共治研究	江国华	宪法学与行政法学	2018 年上半年	376
唐 旗	论 WTO 对能源贸易规则的重构——以能源安全为视角	余敏友	国际法学	2009 年下半年	38
唐亚南	量刑方法类型化研究	康均心	刑法学	2013 年上半年	410
唐 勇	体育法基础理论研究	汪习根	体育法学	2012 年上半年	280
唐 震	网络虚拟财产研究	李新天	民商法学	2015 年上半年	251
陶 军	国家科研资助与学术权利保障	秦前红	宪法学与行政法学	2017 年下半年	374
陶 蕾	论气候变化背景下水法的适应性	张梓太	环境与资源保护法学	2012 年上半年	152
陶立早	金融消费者倾斜保护机制研究——以国际金融法为视角	李仁真	国际法学	2015 年上半年	109
滕 锐	发展权视野下知识产权的发展研究	汪习根	宪法学与行政法学	2011 年上半年	316

汪新胜	宪法诉愿研究	汪进元	宪法学与行政法学	2010 年上半年	308
汪旭鹏	旅游合同中的消费者保护问题研究	张里安	民商法学	2016 年上半年	254
汪 燕	选择性执法及其治理研究	林莉红	宪法学与行政法学	2010 年上半年	311
汪再祥	环境法学对生态学的借用与误用——围绕生态学在环境法学中的三个核心面相的思考	王树义	环境与资源保护法学	2009 年下半年	140
王 斌	网络环境下版权侵权归责制度研究	肖永平	国际法学	2015 年上半年	110
王 博	竞业限制制度研究——以权利冲突及其化解为视角	宁立志	经济法学	2014 年上半年	179
王崇敏	宅基地使用权制度现代化构造	温世扬	民商法学	2013 年上半年	237
王崇青	全流通时代的证券犯罪问题研究	莫洪宪	刑法学	2012 年上半年	406
王春福	利用影响力受贿罪研究	康均心	刑法学	2011 年上半年	398
王德夫	论大数据的法律保护与规制——以知识产权法为视角	宁立志	经济法学	2016 年下半年	186
王德光	论中国侦查权的配置、控制和保障——以宪政为视角	李 龙	宪法学与行政法学	2009 年上半年	291
王登辉	中国追诉时效制度研究	莫洪宪	刑法学	2016 年上半年	430
王定贤	不正当竞争国际私法问题研究	黄 进	国际法学	2009 年上半年	24
王东君	数字版权管理的法律限制问题研究	聂建强	国际法学	2011 年上半年	59
王东明	过失共同犯罪研究	贾 宇	刑法学	2010 年上半年	391
王东伟	行政诉讼中合理性审查研究	林莉红	诉讼法学	2017 年上半年	275
王冬梅	论动产抵押	张里安	民商法学	2010 年上半年	207
王 刚	量刑基本理论研究	皮 勇	刑法学	2013 年上半年	410
王 钢	国际商事调解技巧研究	宋连斌	国际法学	2010 年上半年	42
王 贵	经济法控权的现实与实现——以公平竞争审查制度为中心	孙 晋	经济法学	2018 年上半年	191
王合静	民事判决理由研究	赵 钢	民商法学	2011 年上半年	215
王 宏	中国高利贷规制制度研究	冯 果	民商法学	2017 年上半年	261
王宏巍	论法律移植与中国环境法的发展	王树义	环境与资源保护法学	2009 年上半年	136
王 华	我国著作权集体管理制度的困境与出路——以利益平衡为视角	宁立志	民商法学	2013 年上半年	235
王欢欢	社会性别视角下环境法之反思	蔡守秋	环境与资源保护法学	2010 年上半年	142
王 慧	儿童虐待国家干预制度比较研究	黄 进	国际法学	2015 年下半年	111
王继恒	环境法的人文精神论纲	王树义	环境与资源保护法学	2011 年上半年	145
王佳红	英国议会监察专员制度变迁史研究（1967—2017）	项 焱	法律史	2018 年上半年	1
王家兵	国际法视野下的国家民主治理问题研究	杨泽伟	国际法学	2014 年下半年	101

王胜全	民事再审事由研究	赵　钢	民商法学	2009 年下半年	203
王思思	柯里的利益分析理论研究	肖永平	国际法学	2010 年上半年	43
王肃之	大数据环境下个人信息刑法保护的基本问题	皮　勇	刑法学	2018 年上半年	436
王　婷	论我国环境司法中的利益衡量	王树义	环境与资源保护法学	2011 年上半年	147
王　薇	行政诉讼证据可采性规则研究	林莉红	诉讼法学	2017 年下半年	276
王　卫	我国城市基层治理中的公众参与	周叶中	宪法学与行政法学	2010 年上半年	307
王晓冬	可持续能源法问题研究	蔡守秋	环境与资源保护法学	2009 年上半年	136
王新生	中国民主政治法治化研究	李　龙	宪法学与行政法学	2009 年上半年	299
王杏飞	我国司法制规权研究——基于民事司法的视角	赵　钢	民商法学	2009 年下半年	204
王雪琴	慈善法人研究	温世扬	民商法学	2010 年上半年	205
王雅菡	外国法院判决承认和执行中的互惠	何其生	国际法学	2018 年上半年	129
王　杨	渎职罪的基本理论问题研究	康均心	刑法学	2014 年上半年	415
王耀忠	非监禁刑问题研究	贾　宇 林亚刚	刑法学	2013 年下半年	412
王艺璇	香港特别行政区司法权研究	秦前红	宪法学与行政法学	2015 年上半年	362
王宇欢	英国议会委员会制度研究——"民主"作为制度的评价标准	秦前红	宪法学与行政法学	2017 年上半年	371
王玉婷	WTO 宪政理论研究	左海聪	国际法学	2009 年上半年	24
		马克昌			
王　园	寻衅滋事罪处罚依据与范围研究	贾　宇 林亚刚	刑法学	2017 年下半年	435
王圆圆	行政执法与刑事司法衔接研究——以食品安全两法衔接为视角	许发民	刑法学	2016 年上半年	430
王　岳	精神障碍者强制医疗与权利保护研究	杨小军	宪法学与行政法学	2014 年上半年	355
王兆平	环境公众参与权的法律保障机制研究——以《奥胡斯公约》为中心	杜　群	环境与资源保护法学	2011 年上半年	145
王子妍	论欧盟竞争法纵向限制规制的"美国化"	黄　进	国际法学	2012 年上半年	71
王宗涛	反避税法律规制研究	熊　伟	经济法学	2013 年上半年	177
危　薇	关于侵害合同债权理论的反思——以意志理论的再探讨为线索	余延满	民商法学	2017 年上半年	259
卫　欢	中国第三部门的法理学研究	李　龙	法学理论	2011 年上半年	4
卫乐乐	我国核能开发的风险规制研究——以核安全为视角	秦天宝	环境与资源保护法学	2017 年上半年	170

吴 展	司法权规约体系研究	江国华	宪法学与行政法学	2012 年上半年	335
吴占英	坦白制度研究	马克昌 莫洪宪	刑法学	2015 年上半年	423
吴 智	全球化背景下两岸直接投资的法律制度研究	曾令良	国际法学	2010 年上半年	46
伍德志	信任与法治	徐亚文	法学理论	2012 年上半年	8
伍穗龙	WTO 货物贸易框架下私人标准研究	余敏友	国际法学	2013 年下半年	88
武俊桥	证券信息网络披露监管法律制度研究	冯 果	民商法学	2010 年上半年	210
武小川	论公众参与社会治理的法治化	汪习根	法学理论	2014 年上半年	10
武亦文	保险代位的制度构造研究	温世扬	民商法学	2011 年上半年	211
夏 杰	论动产用益物权	孟勤国	民商法学	2009 年上半年	196
夏金莱	行政决策中的公众参与研究——以广州实践作为样本	秦前红	宪法学与行政法学	2014 年下半年	360
夏 婧	体育冲突及其法律控制机制研究	康均心	刑法学	2011 年上半年	400
夏少敏	环境软法研究	张梓太 王树义	环境与资源保护法学	2015 年上半年	161
夏 雨	跨国旅游服务纠纷解决机制研究	黄 进	国际法学	2010 年上半年	43
夏 雨	法治的传播之维	汪习根	宪法学与行政法学	2012 年上半年	332
向逢春	让与担保制度研究	陈本寒	民商法学	2011 年上半年	216
向 力	国际海上货物运输公约外部关系研究——以《鹿特丹规则》为主要考察对象	张湘兰	国际法学	2010 年上半年	41
向 前	国际商法自治性研究	左海聪	国际法学	2009 年上半年	28
向雪宁	德国联邦忠诚原则研究——以联邦宪法法院裁判为中心	祝 捷	宪法学与行政法学	2018 年上半年	375
向雅萍	全球金融危机背景下国际货币体系改革的法律路径研究	李仁真	国际法学	2012 年上半年	72
肖海棠	专利权限制制度比较研究	郭玉军	国际法学	2010 年上半年	48
肖黄鹤	股权转让纠纷法律适用问题研究	张里安	民商法学	2016 年上半年	253
肖健明	开放条件下我国银行业金融安全法律制度的构建——以国际法与比较法为视角	杨泽伟	国际法学	2010 年上半年	43
肖杰文	法与神经科学研究刍议	汪习根	法学理论	2015 年上半年	12
肖 鹏	转基因食品安全监管法律制度比较研究	肖永平	国际法学	2018 年下半年	132

徐 敏	中西法律文化冲突与中国国际法实践及价值认同研究	杨泽伟	国际法学	2017 年下半年	126
徐妮娜	著作权的国际私法问题研究	韩德培 肖永平	国际法学	2011 年上半年	61
徐 鹏	1966 年联合国人权两公约的实施	曾令良	国际法学	2014 年下半年	101
徐升权	商业标识权论	宁立志	民商法学	2012 年上半年	225
徐 炜	农村社区权力结构研究——以鄂东 L 县学堂村社区为例	刘祖云	宪法学与行政法学	2013 年下半年	350
徐英军	应收账款证券化风险及其法律规制	冯 果	经济法学	2018 年上半年	192
徐忠麟	我国环境法治的社会资本理论考察	张梓太 王树义	环境与资源保护法学	2015 年下半年	162
许海霞	预备犯研究	林亚刚	刑法学	2013 年上半年	411
许 健	犯罪预备行为处罚限度研究	贾 宇	刑法学	2012 年上半年	404
许 健	全球治理中的经合组织及中国与其合作的法律问题研究	余敏友	国际法学	2015 年下半年	112
许 军	独占性公共资源用益物权研究	孟勤国	民商法学	2013 年上半年	231
许 强	刑法中的客观违法性论	刘艳红	刑法学	2009 年上半年	386
薛丰民	酌定减轻处罚制度研究	康均心	刑法学	2018 年上半年	439
薛文超	论没收犯罪所得	莫洪宪	刑法学	2018 年上半年	438
闫利国	职务犯罪的刑事政策研究	许发民	刑法学	2014 年上半年	421
严 然	检察官办案责任制改革研究	占善刚	诉讼法学	2018 年下半年	278
严 阳	国际软法基本理论问题研究	曾令良 余敏友	国际法学	2017 年上半年	121
阎 磊	行政契约否定论	余延满	民商法学	2009 年上半年	200
阎 愚	冲突法的范式研究	肖永平	国际法学	2010 年上半年	39
颜杰雄	仲裁裁决撤销制度的比较研究	宋连斌	国际法学	2013 年上半年	87
阳明华	贸易与文化冲突的法律协调——以文化贸易为中心	左海聪	国际法学	2010 年上半年	44
杨百胜	商鞅变法法理研究	李 龙	法学理论	2016 年上半年	15
杨 成	农民集中居住的宪政分析	陈晓枫	宪法学与行政法学	2012 年上半年	334
杨 丹	我国行政诉讼检察监督制度改造论	李 傲	诉讼法学	2017 年上半年	274
杨 帆	我国监狱服刑人员权利研究	秦前红	宪法学与行政法学	2012 年上半年	337
杨 方	银行系统风险监管的法律问题研究	李仁真	国际法学	2010 年上半年	47
杨复卫	社会保险争议处理机制研究	张荣芳	经济法学	2015 年上半年	181
杨国举	吸收犯研究	许发民	刑法学	2009 年上半年	385
杨汉臣	人权司法化问题研究	汪习根	法学理论	2016 年上半年	15
杨开江	主犯研究	林亚刚	刑法学	2012 年下半年	409

515

叶 波	国际贸易中的健康和安全法律问题研究：聚焦 WTO、欧盟和中国	曾令良	国际法学	2009 年上半年	26
叶 丹	公共秩序保留在我国涉外民商事司法实务中之适用研究	宋连斌	国际法学	2009 年下半年	36
叶金育	税法解释中纳税人主义研究	熊 伟	经济法学	2015 年上半年	181
叶 泉	海洋划界前资源开发临时安排法律问题研究	张湘兰	国际法学	2014 年下半年	102
叶三方	量刑适当实证研究——以相对性为视角	马克昌	刑法学	2014 年上半年	417
叶圣彬	量刑观研究——基于个案公正的立场	莫洪宪	刑法学	2016 年上半年	427
叶正国	海峡两岸海洋事务合作的法律机制研究	周叶中 杨小军	宪法学与行政法学	2015 年上半年	361
伊士国	中国共产党治国理政的根本途径研究——基于人民代表大会制度的分析	周叶中	宪法学与行政法学	2012 年上半年	339
伊媛媛	环境权利的可诉性研究	王树义	环境与资源保护法学	2014 年下半年	160
易海辉	优先股股东权益保护研究	李新天	民商法学	2016 年上半年	256
易仁涛	内幕交易的认定及其民事责任研究	陈本寒	民商法学	2011 年下半年	219
殷 悦	海上人身伤亡损害赔偿法律问题研究	张湘兰	国际法学	2009 年上半年	29
殷昭举	中国基层自治研究	周叶中	宪法学与行政法学	2011 年下半年	329
尹东华	刑法中的放任理论研究	林亚刚	刑法学	2009 年上半年	386
尹建国	行政法中的不确定法律概念研究	周佑勇	宪法学与行政法学	2009 年上半年	296
尹 露	美国中间制裁研究	康均心	刑法学	2016 年上半年	427
尹颖舜	核事故损害赔偿中的国家补偿责任问题研究	王树义	环境与资源保护法学	2014 年上半年	157
印 通	机动车强制保险赔偿制度研究	李新天	民商法学	2015 年上半年	249
于 涓	女性视角下的夫妻间权利义务平衡	孟勤国	民商法学	2012 年上半年	223
于连超	私有标准的竞争法分析	宁立志	经济法学	2013 年上半年	177
于 颖	远程消费者保护机制研究	黄 进	国际法学	2012 年上半年	74
于志宏	内地与香港特区法院判决承认与执行问题研究	黄 进	国际法学	2010 年上半年	45
余 超	表达自由制度的近代植入与文化重构——以民国前期为例(1911—1937)	陈晓枫	宪法学与行政法学	2016 年下半年	368
余德旋	大型生产安全事故民事赔偿问题研究	张里安	民商法学	2012 年上半年	221
余飞峰	我国专利激励制度之检视与改进	宁立志	经济法学	2017 年下半年	190

曾 炜	WTO 法中的必要性检验法律问题研究	左海聪	国际法学	2010 年上半年	38
曾晓阳	我国公民知情权现状及其原因探析——以东西方传统文化比较为视域	秦前红	宪法学与行政法学	2009 年下半年	301
曾 彦	运输毒品罪研究	莫洪宪	刑法学	2010 年上半年	396
翟明煜	国家主席制度研究	秦前红	宪法学与行政法学	2014 年上半年	353
詹复亮*	贪污贿赂犯罪防控原理研究	莫洪宪	刑法学	2015 年下半年	425
占善刚	证据协力义务之比较法研究——以大陆法系民事诉讼为中心	赵 钢	民商法学	2009 年上半年	201
张百灵	正外部性理论与我国环境法新发展	蔡守秋	环境与资源保护法学	2011 年上半年	149
张 彬	我国行政检察制度研究	陈晓枫	宪法学与行政法学	2014 年上半年	357
张 彬	中国行政组织法体系构建研究——以法治政府建设为视角	江国华	宪法学与行政法学	2017 年上半年	373
张炳淳	生态税的法律建构研究	王树义	环境与资源保护法学	2009 年上半年	139
张成松	财政法视角的机关法人研究	熊 伟	经济法学	2018 年上半年	191
张 弛	国际法遵守理论与实践的新发展	余敏友	国际法学	2012 年下半年	77
张 弛	遗产管理法律制度比较研究	肖永平	国际法学	2015 年上半年	111
张大为	近代中国营业自由法制研究（1840—1937）	陈晓枫	宪法学与行政法学	2014 年上半年	354
张东昌	从市场分割到互联互通——债券市场发展的模式转换及制度实现	冯 果	经济法学	2016 年上半年	185
张恩蓉	金融自由权利的宪法视维	陈晓枫	宪法学与行政法学	2014 年上半年	353
张 芳	民事法益研究——以民事法益的类型化与法律保护为聚焦	李新天	民商法学	2015 年上半年	250
张峰振	违法行政行为治愈论	林莉红	宪法学与行政法学	2009 年上半年	293
张光耀	欧洲能源互联网法律与政策研究	杨泽伟	国际法学	2018 年上半年	128
张 郭	限制日本主权的北纬 29°线与钓鱼岛主权归属研究	杨泽伟	国际法学	2017 年下半年	125
张海峰	环境犯罪及其刑事责任研究	王树义	环境与资源保护法学	2009 年上半年	135
张海龙	危险责任一般条款研究	孟勤国	民商法学	2016 年上半年	255
张 函	国际艺术品贸易中的法律问题	郭玉军	国际法学	2009 年上半年	29
张红昌	论财产罪中的占有	马克昌	刑法学	2011 年上半年	399
张红显	社会稳定风险评估机制的法理研究	徐亚文	法学理论	2013 年上半年	9
张洪成	毒品犯罪争议问题研究	刘艳红	刑法学	2010 年上半年	390
张 华	欧洲联盟对外关系中的"人权条款"法律问题研究	曾令良	国际法学	2009 年上半年	32
张纪寒	犯罪结果研究	林亚刚	刑法学	2011 年上半年	397

张霄龙	香港终审法院法官涉《基本法》案件行为方式研究	周叶中	宪法学与行政法学	2015 年下半年	365
张小罗	基因权利研究	徐亚文	宪法学与行政法学	2010 年上半年	304
张小宁	证券内幕交易罪研究	莫洪宪	刑法学	2009 年上半年	388
张 晓	工商行政执法有效性研究	李 龙	法学理论	2012 年上半年	6
张晓冬	基金会法律问题研究	肖永平	国际法学	2013 年上半年	84
张晓京	WTO 与粮食安全——法律与政策问题	余敏友	国际法学	2013 年上半年	79
张晓静	货币债务跨国履行的法律问题研究	张庆麟	国际法学	2011 年上半年	56
张晓明	作为宪法权利的劳动权研究	陈晓枫	宪法学与行政法学	2011 年上半年	327
张筱倜	我国宪法上的外交权研究	秦前红	宪法学与行政法学	2018 年上半年	377
张新平	企业国有资产监管权力制约研究	李 龙	宪法学与行政法学	2009 年上半年	292
张 鑫	劫机案件侦查制度研究——模式、方法及其他	蔡 杰	诉讼法学	2015 年下半年	267
张亚琼	程序裁量权研究——以民事诉讼为中心	赵 钢	民商法学	2014 年上半年	242
张银净	中韩服务贸易市场开放若干法律问题研究——以法律、教育、金融服务贸易为分析重点	张湘兰	国际法学	2011 年下半年	63
张迎春	专利无效诉讼制度异化及矫正	宁立志	经济法学	2016 年下半年	187
张 颖	论单一制例外中的权力强度配置	陈晓枫	宪法学与行政法学	2012 年上半年	332
张永兵	农民专业合作社财产制度研究	温世扬	民商法学	2014 年上半年	244
张宇庆	论推进民间环保服务的合同方法	杜 群	环境与资源保护法学	2014 年上半年	159
张 羽	受贿罪问题研究	贾 宇	刑法学	2009 年上半年	383
张 昱	自首制度实证研究	莫洪宪	刑法学	2014 年上半年	421
张运萍	行政违法的检察监督问题研究	周佑勇	宪法学与行政法学	2009 年上半年	297
张知干	社群主义法律观研究	李 龙	宪法学与行政法学	2011 年上半年	321
张芷凡	海上通道安全若干法律问题研究	张湘兰	国际法学	2013 年上半年	83
张 质	物业服务合同研究——以业主权益保护为主线	余延满	民商法学	2018 年下半年	263
张作华	亲属身份行为基本理论研究——以法律行为的类型体系重构为起点	余延满	民商法学	2009 年上半年	198
章 成	北极地区大陆架划界问题研究	黄德明	国际法学	2015 年上半年	107
赵 灿	受贿罪中贿赂形式研究	康均心	刑法学	2013 年下半年	413
赵 虎	环境侵权民事责任研究	陈本寒	民商法学	2012 年上半年	222
赵金龙	股东民主论	冯 果	民商法学	2012 年下半年	227
赵 俊	少年刑法比较总论	林亚刚	刑法学	2010 年上半年	394
赵 力	数字化孤儿作品法律问题研究	聂建强	国际法学	2013 年下半年	92

周俊杰	信用评级机构监管法律问题研究	李仁真	国际法学	2014 年下半年	104
周亮	社会治安综合治理制度完善研究——以犯罪防控论为切入	康均心	刑法学	2010 年上半年	394
周青山	体育领域反歧视法律问题研究	肖永平	国际法学	2011 年上半年	60
周荃	有限责任公司股东资格法律制度研究	张里安	民商法学	2010 年上半年	210
周天泓	刑法中的目的解释研究	莫洪宪	刑法学	2017 年上半年	434
周围	相关市场界定研究——以技术许可协议为视角	宁立志	经济法学	2015 年上半年	181
周伟	中国司法能动问题研究	秦前红	宪法学与行政法学	2011 年上半年	326
周小光	论环境健康风险防控法律制度之构建	王树义	环境与资源保护法学	2018 年上半年	174
周晓光	资本利得税收法律问题研究	熊伟	经济法学	2015 年上半年	182
周晓明	论冲突法中的最密切联系理论	肖永平	国际法学	2009 年上半年	30
周新	淫秽电子信息犯罪研究	林亚刚	刑法学	2014 年上半年	420
周雪峰	法、人格、自由的内在逻辑结构研究——立基于康德和黑格尔的法哲学	李龙	法学理论	2011 年上半年	2
周艳芳	环境法与公众参与：以现代性理论为视角	王曦	环境与资源保护法学	2010 年下半年	144
周旸洋	国家法规范视野下的县政权力研究	周叶中 董皞	宪法学与行政法学	2017 年上半年	370
周怡	渔业资源保育与可持续发展原则之研究——以贸易措施为手段	曾令良	国际法学	2011 年上半年	60
周怡良	高度洄游鱼种之养护与管理的国际合作：原则、机制和组织	曾令良	国际法学	2012 年上半年	65
周忆	系统重要性金融机构处置的法律问题研究	李仁真	国际法学	2017 年下半年	125
周亦峰	刑事被害人权益研究	马克昌	刑法学	2009 年上半年	387
周银玲	标准在全球治理中的地位及与国际法的关系	曾令良	国际法学	2015 年上半年	107
周银强	国际商事交易中反腐败法律问题研究	左海聪	国际法学	2013 年下半年	90
周园	ICSID 仲裁中的准据法问题研究	黄进	国际法学	2015 年上半年	106
周紫阳	刑事被告人权利宪法保障比较研究	江国华	宪法学与行政法学	2015 年上半年	362
朱兵强	民意与司法关系研究	李龙	法学理论	2013 年上半年	9
朱道坤	论宪政权威	周叶中	宪法学与行政法学	2013 年上半年	343
朱光琪	视听表演者权研究	聂建强	国际法学	2015 年上半年	110
朱华	受贿犯罪主体研究	康均心	刑法学	2011 年下半年	403

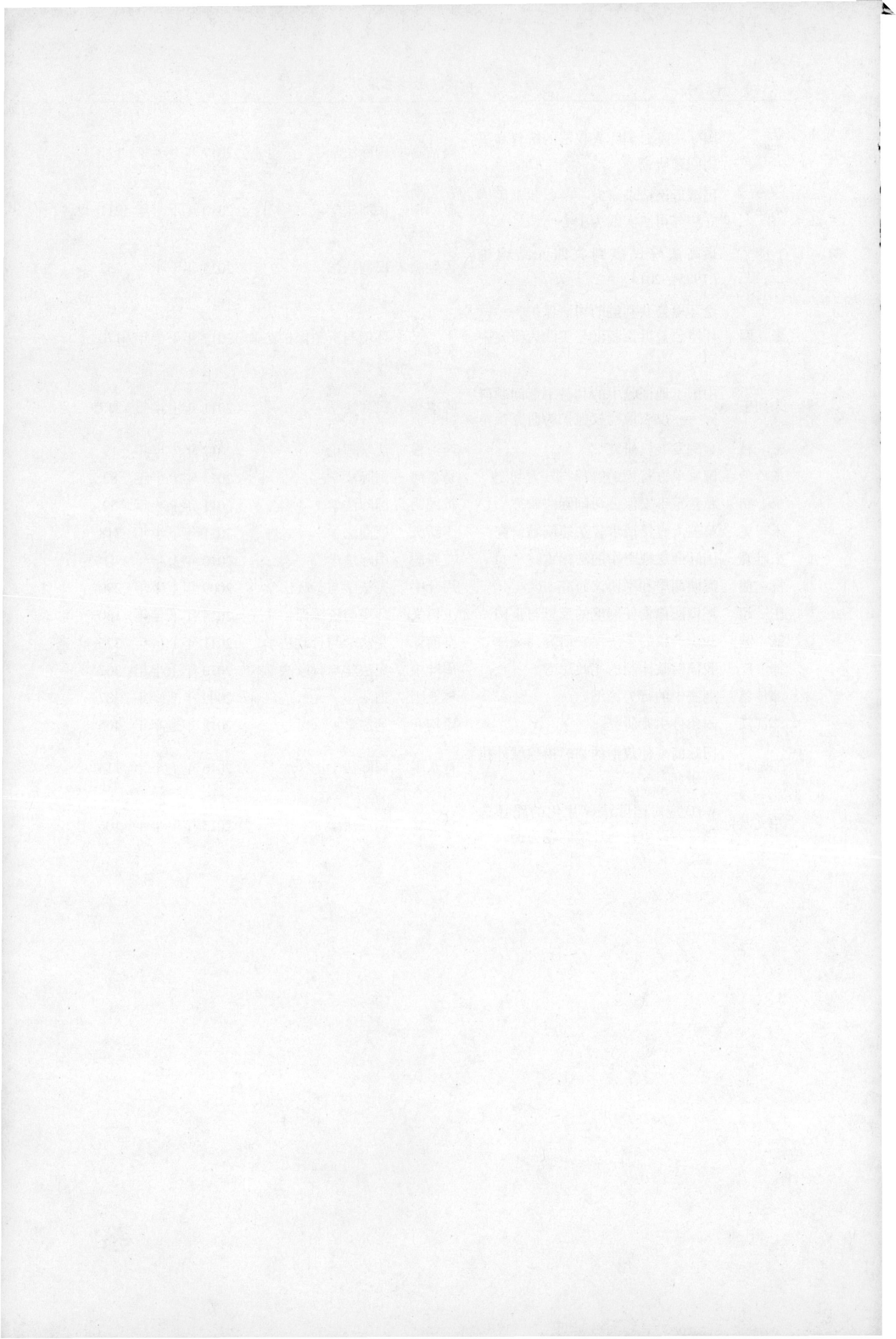